AF565851

VOLKER STALMANN

PAUL HIRSCH 1868–1940

HISTORISCHE DEMOKRATIEFORSCHUNG
Schriften der Hugo-Preuß-Stiftung und der Paul-Löbe-Stiftung
Band 24

Herausgegeben von Detlef Lehnert

Dr. Volker Stalmann, Wissenschaftlicher Mitarbeiter bei der Kommission für Geschichte des Parlamentarismus und der politischen Parteien in Berlin

Volker Stalmann

Paul Hirsch 1868–1940

Sozialdemokratischer Kommunalexperte,

Bürgermeister und Ministerpräsident in Preußen

(M) | METROPOL

Umschlagabbildungen:
li.: Paul Hirsch, Foto von Anneliese Kretschmer (Ausschnitt), Dortmund 1932
Jüdisches Museum Berlin, InvNr. 2006/147/23, Schenkung von Eva Hirsh
re.: Paul Hirsch, gezeichnet von Emil Stumpp, mit Unterschrift von Paul Hirsch, 26. 9. 1932 / *Emil-Stumpp-Archiv*

ISBN: 978-3-86331-724-9

Ansbacher Str. 70, 10777 Berlin
www.metropol-verlag.de

Druck: AALEXX Druck Produktion, Großburgwedel

Inhalt

Paul Hirsch – zur Einführung

Paul Hirsch war der erste demokratisch gewählte Ministerpräsident Preußens. In den unübersichtlichen ersten Tagen der Revolution im November 1918 ins Amt gelangt, konnte der Sozialdemokrat anderthalb Jahre lang die Neugestaltung des größten deutschen Landes nach dem Ende des Ersten Weltkrieges mitprägen. Nach seinem Rücktritt erlangte der kommunalpolitische Experte seit 1925 als Dortmunder Bürgermeister wieder etwas größere Bekanntheit. Heute ist Paul Hirsch weitgehend in Vergessenheit geraten, obschon er in der Figurengalerie Preußens einen der vorderen Plätze verdient hätte. Insofern mutet es einigermaßen merkwürdig an, dass Hirsch bis heute nicht Gegenstand einer annähernd zureichenden historischen Biographie geworden ist.

Ob dies mit der lange Zeit vorherrschenden Geringschätzung der biographischen Darstellungsform zusammenhängt, die vor dem Hintergrund struktur- und kulturhistorischer Fragestellungen in Rechtfertigungsnot geraten war, mag bezweifelt werden. Denn mittlerweile erfreut sich dieses Genre wieder großer Beliebtheit, da es letztlich treffend die Interdependenzen zwischen Individuum und Gesellschaft und damit die dialektische Beziehung zwischen der Persönlichkeit und den überindividuellen Prozessen herauszuarbeiten und somit dem Ensemble von Antworten auf komplexere Fragestellungen einen Zusammenhalt zu geben vermag.

Der Grund für das Fehlen einer Biographie über Hirsch dürfte vielmehr in den Negativurteilen zu suchen sein, die Zeitgenossen und ihnen folgend die Forschung, wenn auch in unterschiedlicher Akzentuierung und Vehemenz, über Hirschs Ministerpräsidentschaft fällten. Man glaubte von eilig verfertigten Schwarzweißskizzen Auskunft über den Protagonisten erlangen zu können. So stellen sich bei seinem Namen zuweilen sofort als Markierung die Vokabeln „unbedeutend" und „führungsschwach" ein, die die Geringschätzung mancher Zeitgenossen und ihnen folgend auch von Teilen der Forschung reflektieren. Diese Sicht begründete ein allgemeines Desinteresse an der Person Paul Hirschs, der zu einer regelrechten Leerstelle, ja zu einer Unbekannten in der Forschung avancierte. Sieht man einmal von einigen Monographien und bilanzierenden Problemaufrissen ab[1], erfuhr die Amtszeit Hirschs als Ministerpräsident bislang

1 Vgl. Spenkuch, Preußen, S. 236 f.; Orlow, Weimar Prussia 1918–1925, bes. S. 52–73; Möller, Parlamentarismus, bes. S. 33–132 u. 324–339 (die vollständigen Titel aller in den

keine eingehende Untersuchung, die auch seiner Rolle als Regierungschef gerecht geworden wäre. Das Gleiche gilt auch für seine Person. Bislang kann lediglich auf zwei Aufsätze und einige kleinere Handbuchartikel rekurriert werden. Verwiesen sei hier auf die von Renate Karnowsky verfasste biographische Skizze, die 1984 in einem der Stadt Prenzlau gewidmeten Sammelband veröffentlicht wurde.[2] 2016 folgte ein im Heimatkalender Prenzlau publizierter siebenseitiger Aufsatz aus der Feder Waldemar Wiesers.[3] Daneben kann auf kurze Artikel einiger Nachschlagewerke zurückgegriffen werden, zu denen die von Klaus Malettke in der Neuen Deutschen Biographie und von Renate Karnowsky in dem Handbuch „Biographien bedeutender Dortmunder" publizierten Skizzen zählen.[4] Erwähnung fand Hirsch auch in verschiedenen Handbüchern und Lexika.[5] Die geringe Zahl der über Paul Hirsch erschienenen Publikationen umschreibt letztlich das Defizitäre der Forschungssituation.

Dabei konnte Hirsch als eine durchaus beeindruckende Persönlichkeit gelten, obschon er in seiner äußeren Erscheinung vergleichsweise unauffällig war. Seine Gestalt war hochgewachsen und schlank, er trug eine Glatze und einen Schnurrbart. Eine runde Brille, lange Zeit eine stilistische Vorliebe von Intellektuellen, verlieh seinem schmalen, aber doch auch eckigen Gesicht den passenden Akzent. Charisma ging Hirsch ab. Mit seinem nüchternen, zurückhaltenden, ja verschlossenen Naturell schien er sich nur bedingt als politischer Menschenfänger zu eignen, obschon er ein durchaus einnehmendes Wesen, vor allem im kleineren Rahmen, in der Fraktion oder im Kabinett, gehabt haben muss.

Als ein in materiell eher prekären Verhältnissen lebender Schriftsteller und Journalist fand Hirsch in den 1890er-Jahren zur Sozialdemokratie, und auch er war wie sie ein Außenseiter in der Gesellschaft und der Politik des Kaiserreichs. Gleichwohl stach der studierte, zurückhaltende und auf Abstand Bedachte deutlich von der Masse der Arbeiterfunktionäre ab, die aus einfachen Verhältnissen stammten und nur über eine Volksschulbildung verfügten, so als ob er sich nur

Fußnoten dieses Buches mehr als einmal verwendeten Publikationen finden sich im Literaturverzeichnis; nur die Schriften von Paul Hirsch wurden zu werkbiographischen Illustrationszwecken jeweils einmal auch in den Fußnoten vollständig aufgeführt).

2 Karnowsky, Paul Hirsch, ein preußischer Ministerpräsident.

3 Wieser, Paul Hirsch.

4 Malettke, Hirsch; Karnowsky, Hirsch.

5 Schröder, Sozialdemokratische Parlamentarier, S. 509; Hirsch, Paul, in: Lexikon deutsch-jüdischer Autoren, Bd. 11, München 2002, S. 393–397; Hindenburg, Biographisches Handbuch, Teil 2, S. 958–960; Vor die Tür gesetzt, S. 77 u. 229; Wininger, Große Jüdische National-Biographie, Bd. 3, S. 119 f.

versehentlich in ihre Nähe verirrt habe. Er habe, so schrieb eine Dortmunder Zeitung einmal, „oft den Eindruck eines allzu kühlen Menschen“ gemacht.[6] Kühl, reserviert, ja geradezu abweisend wirkte er auf manche Zeitgenossen, wenngleich auch von tiefem sozialen Empfinden, ein Mann, der sich um die Sorgen und Nöte der ihm unterstellten und anvertrauten Mitarbeiter, der Angestellten, Beamten und Arbeiter, zu kümmern wusste.[7] Diese eigentümliche Mischung aus Distanz und Zugehörigkeit haftete Hirsch zeitlebens an; er teilte sie mit anderen Sozialdemokraten, die bürgerlicher Herkunft und akademisch gebildet waren und bei aller Nähe zur Partei und zur Arbeiterschaft sich doch auch im Äußeren, in der Kleidung und im Habitus abzuheben wussten. Hinzu trat sein jüdischer Hintergrund, seine kulturelle, wenn auch nicht glaubensbezogene Verwurzelung im Judentum, die für seinen Aufstiegswillen und seine Bildungsmotivation ausschlaggebend und mitbestimmend waren.

Hirschs fehlende oder doch begrenzte Ausstrahlungskraft mochte auch an seinem rhetorischen Stil gelegen haben. Dass soll nicht heißen, dass er nicht auf seine Art wirkungsvoll reden konnte. Früh trat er als Redner auf und war dann häufig in SPD-Versammlungen zu finden. Aber seine Rhetorik war doch eher nüchtern und vernunftorientiert, er dozierte mehr, als dass er seine Hörer mitriss. So wusste der „Vorwärts“ anlässlich des Erscheinens seiner Erinnerungen 1929 lobend zu erwähnen, dass seine „Abneigung gegen jeden äußeren Aufputz, gegen Phrasen und Schnörkel einen Grundzug“ seines Wesens bilde. So wie er auch in seinem Memoirenwerk die Ereignisse mit „schlichter Knappheit und sachlichem Ernst“ darzustellen wusste[8], so fehlten auch in seinen Reden die rhetorischen Girlanden, deren sich andere gerne bedienten. Sicher vermochte auch er kämpferisch aufzutreten und über den politischen Gegner herzuziehen. Und dennoch, seine Reden glichen vom Aufbau und von der Struktur her eher Vorlesungen, in denen er seine Hörer mit den Details einer Gesetzesvorlage, ihren Mängeln, Defekten oder auch Vorzügen und Vorteilen vertraut zu machen und sie zu belehren versuchte. Das Akademische, fast etwas Professorale vermochte er letztlich nie abzulegen.[9]

Hirsch war von einem unaufhörlichen Arbeitsdrang beseelt, sozusagen ein Workaholic, der in seiner Arbeit aufging. Er war ein Monomane der Politik, der selten Urlaub machte und offenbar nur zweimal ins Ausland reiste, und dies

6 WAV Nr. 57 v. 1. 11. 1932: Karl Böttcher, Paul Hirsch (Stadtarchiv Dortmund, Bestand Nr. 500).

7 Ebd.

8 Vorwärts Nr. 593 v. 19. 12. 1929, S. 3: Ein Stück preußische Geschichte.

9 Wachenheim, Vom Großbürgertum, S. 108.

allein um seine Familie an den Ferienort, nach Karlsbad und ein anderes Mal in die Niederlande, zu begleiten.[10] Von seinem unglaublichen Arbeitseifer zeugt seine beeindruckende schriftstellerische und journalistische Produktivität, die ihren beredten Ausdruck in seinen zahlreichen Büchern, Buchbeiträgen und Artikeln fand. Nicht selten musste Hirsch die Nächte zu Hilfe nehmen, um seine publizistischen Arbeiten fertigstellen zu können.

Er war belesen und nannte eine umfangreiche Bibliothek sein eigen, in der Klassiker, moderne Literatur und politische Werke zu finden waren.[11] „Vollgestopfte Bücherschränke", so schrieb Karl Böttcher anlässlich des Rücktritts Hirschs als Dortmunder Bürgermeister 1932 in der „Westfälischen Allgemeinen Volkszeitung", „sind seit Jahren seine treuesten Lebensgefährten in arbeitsreichen Tagen, in arbeitsdurchwachten Nächten gewesen, und so wird aus seiner Feder jetzt noch manches fließen, was Interesse und Beachtung verdient".[12] Hirsch suchte auch die Nähe zur Kultur, war häufiger und gern gesehener Gast in Opern und Theatern und pflegte einen engen Kontakt zu Schriftstellern und Künstlern.[13] Er war, so lässt sich zusammenfassen, ein sozial engagierter Intellektueller mit vielseitigen Interessen und einem zwar zurückhaltenden, aber doch auch menschenfreundlich gewinnenden Wesen, ohne das seine politische Karriere nicht zu denken gewesen wäre. Hirschs Persönlichkeit war letztlich ebenso vielgestaltig und abwechslungsreich wie sein Lebensweg.

1868 in Prenzlau als Sohn eines jüdischen Kaufmanns geboren, hatte sich Hirsch nach seinem abgebrochenen Medizinstudium als Schriftsteller und Journalist früh für kommunalpolitische Fragen interessiert und begonnen, Aufsätze, Broschüren und Bücher zu diesem Thema zu verfassen. Nach der Jahrhundertwende sollte er neben Hugo Lindemann und Albert Südekum zu einem der bedeutendsten kommunalpolitischen Experten der SPD avancieren. 1899 vermochte er auch ein Mandat in der Charlottenburger Stadtverordnetenversammlung, der er bis 1920 angehören sollte, zu erringen. Sein parteiinterner Aufstieg war letztlich in seinem kommunalpolitischen Engagement als Praktiker und Theoretiker begründet. Insofern bietet seine Vita nicht nur die Gelegenheit, seine Rolle bei der Formulierung kommunalpolitischer Grundsätze und programmatischer Grundlagen in der SPD herauszuarbeiten, sondern auch der Frage nach den Gestaltungsspielräumen und -grenzen der Sozialdemokratie auf Gemeindeebene näherzutreten. Durch die scharfe Konturierung seines

10 Karnowsky, Paul Hirsch, ein preußischer Ministerpräsident, S. 316.

11 Ebd.

12 Wie Fn. 6.

13 Karnowsky, Paul Hirsch, ein preußischer Ministerpräsident, S. 316 f.

kommunalpolitischen Engagements soll das in der Forschung erarbeitete Bild seine Ergänzung finden.[14]

Nach seinem unvollendet gebliebenen Studium hatte Hirsch zeitweise eine Anstellung als Stenograph im preußischen Abgeordnetenhaus gefunden und war bald darauf auch auf der Journalistentribüne des Parlaments zu finden, wo er instruktive Einblicke in den Maschinenraum der preußischen Politik bekam. 1908 wurde er als einer der ersten Sozialdemokraten in den Landtag gewählt, wo er 1911 zum Vorsitzenden der kleinen, sechs Abgeordnete zählenden Fraktion avancierte. Aufgrund ihrer ins Grundsätzliche streifenden oppositionellen Haltung wurde das kleine Häuflein in dem nach dem Dreiklassenwahlrecht gewählten Abgeordnetenhaus von der konservativen Mehrheit rasch angefeindet und vom Präsidium des Hauses nach Kräften diskriminiert. Nach Ausbruch des Weltkrieges bemühte sich Hirsch, die auseinanderstrebende Fraktion zusammenzuhalten und auf die Gegner der Kriegskreditbewilligung Rücksicht zu nehmen. Doch auch er konnte die Spaltung der Landtagsfraktion nicht verhindern. Nach dem Zusammenbruch des Kaiserreichs und dem republikanischen Neubeginn sollte er noch bis 1932 dem preußischen Landtag angehören.

Während die Tätigkeit der sozialdemokratischen Reichstagsfraktion als relativ gut erforscht gelten kann, wurde das Wirken der sozialdemokratischen Abgeordneten im preußischen Abgeordnetenhaus bislang kaum untersucht.[15] Im Mittelpunkt dieses Abschnitts wird deshalb neben der innerparteilichen Diskussion über die Frage der Teilnahme an den preußischen Landtagswahlen die Art und Weise des Auftretens, die Taktik und Strategie der sozialdemokratischen Fraktion im Parlament stehen. Eine weitere Frage wird sich auf die Rolle Hirschs im Ersten Weltkrieg beziehen und seinen Bemühungen, den zentrifugalen Kräften innerhalb der Fraktion und der sich abzeichnenden Spaltung der Fraktion im Weltkrieg entgegenzuwirken, wie auch den damit verbundenen Rückwirkungen auf seine Stellung innerhalb der Partei nachgehen.

Besondere Beachtung soll die Ministerpräsidentenzeit Hirschs finden, der im November 1918 durch die Revolution an die Macht gelangte und zusammen mit seinem früheren Fraktionskollegen und (seit 1917) Unabhängigen

14 Zur sozialdemokratischen Kommunalpolitik vgl. Krapf, Die letzten Bastionen, S. 13–29; Fülberth, Konzeption; Rebentisch, Die deutsche Sozialdemokratie; ders., Programmatik; v. Saldern, Frühe sozialdemokratische Kommunalpolitik; dies., Die Gemeinde in Theorie und Praxis; dies., Sozialdemokratische Kommunalpolitik; dies., SPD und Kommunalpolitik.

15 Verwiesen sei hier auf Spenkuch, Preußen, S. 127–141; Heimann, Der Preußische Landtag, S. 53–59.

Sozialdemokraten Heinrich Ströbel ein Revolutionskabinett bildete. Während die USPD-Mitglieder bereits Anfang Januar 1919 aus dem Kabinett ausschieden und Hirsch zeitweilig einer mehrheitssozialdemokratischen Alleinregierung vorstand, konnten nach den Wahlen Ende Januar mit der Bildung einer sog. Weimarer Koalitionsregierung aus SPD, DDP und Zentrum stabile politische Verhältnisse in Preußen einkehren. Neben der Bewältigung der unmittelbaren Kriegsfolgen, der Demobilmachung, der Lebensmittelversorgung und der Aufrechterhaltung von Sicherheit und Ordnung stand die Demokratisierung von Staat, Wirtschaft und Gesellschaft im Vordergrund. Mit der Verabschiedung des vorläufigen Staatsgrundgesetzes, des Gesetzes zur vorläufigen Ordnung der Staatsgewalt in Preußen, im März 1919 wurde in Grundzügen die im November 1920 beschlossene preußische Verfassung vorweggenommen und so eine wichtige Entscheidung präjudiziert. Der Kapp-Lüttwitz-Putsch im März 1920, der in erschreckender Deutlichkeit die Fahrlässigkeit und Bedenkenlosigkeit der regierenden Sozialdemokraten im Umgang mit den alten Eliten, dem Militär zumal, offenbarte, sollte schließlich zum Rücktritt Hirschs führen.

Paul Hirsch gilt gemeinhin als schwacher Ministerpräsident, der rückblickend ganz im Schatten seines Nachfolgers Otto Braun stand. Nicht zuletzt Braun bemängelte in seinen Erinnerungen die mangelnde Entschlusskraft seines Vorgängers, der in den Sitzungen des Preußischen Staatsministeriums „wenig mehr als ein Diskussionsleiter" und sein Rücktritt nach dem Kapp-Lüttwitz-Putsch 1920 deshalb auch „kein politischer Verlust" gewesen sei.[16] In der Forschung wurde dieses Urteil weitgehend unwidersprochen rezipiert und das Bild eines führungsschwachen, kaum durchsetzungsfähigen Politikers gezeichnet.[17] Vor der Hintergrundfolie des als tatkräftig und agil charakterisierten Braun schien dessen scheinbar profilarmer Vorgänger Hirsch geradezu negativ abzustechen.[18] Anknüpfend an das Braun-Urteil über Hirsch schlug auch dessen Biograph Hagen Schulze in dieselbe Kerbe. „Ein schwächlicher Ministerpräsident wie Paul Hirsch, dem es, soweit feststellbar, nie gelang, seine Auffassungen im Staatsministerium gegen erheblichen Widerspruch durchzusetzen", sei aufgrund der verfassungsrechtlichen Situation „zur völligen Konturenlosigkeit verurteilt" gewesen.[19]

Aber wird dieses wenig schmeichelhafte Urteil der Zeitgenossen und Nachgeborenen der Amtszeit und Leistung von Paul Hirsch wirklich gerecht? Entsprang die scheinbare Führungsschwäche Hirschs nicht doch der Rücksichtnahme auf

16 Otto Braun, Weimar, S. 34.

17 Vgl. Möller, Parlamentarismus, S. 41.

18 Winkler, Weimar, S. 130.

19 Schulze, Braun, S. 368.

die verschiedenen, divergente Zielsetzungen verfolgenden Koalitionspartner, der USPD im November und Dezember 1918, der DDP und dem Zentrum nach 1919, sowie dem Bemühen um Einbindung und Integration der unterschiedlichen, zentrifugalen Kräfte innerhalb der eigenen Partei? War nicht die Bilanz der Amtszeit von Paul Hirsch durchaus vielschichtiger und erfolgreicher, als es das bisher tradierte und kolportierte Bild vermitteln will? Und konnten nicht auch bei der Bewältigung der unmittelbaren Kriegsfolgen oder der Verabschiedung der vorläufigen Verfassung Preußens Erfolge verzeichnet werden?

Nach seinem Rücktritt fiel Hirsch keineswegs ins Bodenlose, vielmehr wusste er sich zunächst, wenn auch in zweiter Reihe, als Staatssekretär im Wohlfahrtsministerium als Teil der Regierung zu behaupten. Ab 1921 fand er zudem auf kommunaler Ebene einen neuen, seinem bisherigen Wirken verpflichteten politischen Rahmen für seine Ambitionen. Als Stadtrat und stellvertretender Bürgermeister Charlottenburgs seit 1921 und schließlich als (zweiter) Bürgermeister Dortmunds von 1925 bis 1932 blieb er der Kommunalpolitik verbunden.

Jene sozialdemokratischen Kommunalpolitiker, die nach 1918 in Amt und Würden gelangten und in führender Position sozialdemokratische Grundsätze und Prinzipien umzusetzen versuchten, finden seit einiger Zeit verstärkt Beachtung. Einigen gelang es, ihre Stadt nachhaltig zu prägen. Zu ihnen zählten der langjährige Oberbürgermeister Magdeburgs Hermann Beims und mit Einschränkungen wegen ihres frühen Ausscheidens (1924/25) auch die Amtskollegen Robert Leinert in Hannover, Philipp Scheidemann in Kassel und Eduard Schmid in München.[20] Wenn Hirsch auch nicht zum Oberbürgermeister der Westfalenmetropole, sondern nur zu dessen Stellvertreter gewählt wurde und sozusagen aus der zweiten Reihe heraus agieren musste, bleibt dennoch die Frage nach den Spuren und Ergebnissen seines Wirkens. Es überrascht, dass er heute in der Erinnerungskultur der Stadt kaum eine Rolle spielt. Weder eine Straße noch ein Platz erinnern an den damaligen Bürgermeister. Immerhin fand ein Beitrag Renate Karnowskys über Hirsch Eingang in die seit 1994 von Hans Bohrmann herausgegebene Reihe der Biographien bedeutender Dortmunder[21], doch ist er ansonsten in Publikationen über die Geschichte Dortmunds geradezu randständig[22]. War er wirklich so unbedeutend, wie dieser erste Eindruck suggerieren

20 Köster, Die Ära Beims; Angermair, Eduard Schmid; Berlit-Schwigon, Leinert; Mühlhausen, „Das große Ganze“.

21 Karnowsky, Hirsch.

22 Vgl. Luntowski u. a., Geschichte der Stadt Dortmund; ders., Die kommunale Selbstverwaltung; ders., Kleine Geschichte; 100 Jahre Theater Dortmund, bes. die Beiträge von Brandenburg, Stadttheater, und Häußner, Das Dortmunder Theater.

mag, oder spielte er nicht doch als ein für Eingemeindungen zuständiger Bürgermeister eine größere Rolle für die Entwicklung der Stadt? Hirschs Amtszeit bietet letztlich die Möglichkeit, der Frage nach den Handlungsoptionen sozialdemokratischer Kommunalpolitiker in der Weimarer Republik nachzugehen. Gelang es Hirsch an der Spitze der Stadtverwaltung in Dortmund, die von seiner Partei und ihm erhobenen Forderungen und Postulate auch in der Praxis umzusetzen oder scheiterte er nicht doch in vielen Fragen an den in Politik und Wirtschaft hochschlagenden Widerständen?

Die zunehmenden antisemitischen Anfeindungen und Diffamierungen, die Hirsch das Amt verleidet und zu seinem Entschluss, vom Amt des Bürgermeisters zurückzutreten, beigetragen haben mochten, erreichten nach der sog. Machtergreifung der Nationalsozialisten 1933 einen neuen Höhepunkt. Hirsch, der als Sohn jüdischer Eltern geboren wurde, aber bald als religiöser Dissident firmierte, fand nach 1933 aus opponierender Solidarität zum Judentum zurück und trat der Berliner jüdischen Gemeinde wieder bei. Das Interesse an der Biographie resultiert letztlich nicht nur aus der herausgehobenen politischen Position Hirschs, sondern auch aus seiner Stellung als Deutscher jüdischer Herkunft, der nach 1933 Rechtsversagungen, Zurücksetzungen und Diskriminierungen erfahren musste. Anhand seines Werdegangs kann letztlich exemplarisch die Geschichte Deutscher jüdischer Herkunft im Kaiserreich, in der Weimarer Republik und im sog. Dritten Reich sowie das facettenreiche Verhältnis der deutschen Juden zur Sozialdemokratie nachgezeichnet und konkretisiert werden.

Angesichts des Fehlens eines eigenen Nachlasses und der spärlichen Informationen über Hirschs Privat- und Familienleben wird im Mittelpunkt der Arbeit seine politische Biographie stehen. Deren von dennoch insgesamt sehr breit erschließbarem Quellenmaterial[23] getragene Darstellung soll, den skizzierten Schwerpunkten folgend, das Wissen um sein schriftstellerisches, parlamentarisches und politisches Wirken bündeln und zu einem Lebensbild zusammenzufassen versuchen, das der Vielgestaltigkeit und Vielfarbigkeit seines Lebensweges besser gerecht wird als die bisweilen zu einseitigen und apodiktischen Urteile in der allgemeinen historischen Literatur.

23 Zu großem Dank verpflichtet bin ich Herrn Rainer Lampe (Dipl.-Pol.), der mir bei der Materialsichtung und den Recherchearbeiten für dieses Buch eine wertvolle Hilfe war. Danken möchte ich auch den Mitarbeiterinnen und Mitarbeitern der besuchten Archive und Bibliotheken für ihre Unterstützung, insbesondere dem Jüdischen Museum in Berlin für die freundliche Bereitstellung von Fotos aus der Sammlung Paul Hirsch.

I. VON DEN FRÜHEN JAHREN BIS ZUM ERSTEN WELTKRIEG

Über das Elternhaus von Paul Hirsch, seine Kindheit und Jugend ist vergleichsweise wenig bekannt. Geboren wurde er am 17. November 1868 in Prenzlau im preußischen Regierungsbezirk Potsdam als Sohn des jüdischen Kaufmanns Nathan Hirsch und seiner Ehefrau Lina, geb. Pincus. Er war das zweite von sechs Kindern. Sein damals 30-jähriger Vater stammte aus dem westpreußischen Leßen im Landkreis Graudenz und hatte nach seiner Umsiedlung nach Prenzlau im Mai 1868 das Bürgerrecht erhalten, was von einer gewissen Wohlhabenheit zeugt, da für die Erlangung des Bürgerrechts der Nachweis eines Mindesteinkommens erforderlich war.[1] Pauls Eltern dürften sich in Prenzlau kennengelernt haben, wo Lina 1842 auch geboren wurde. Ihre Heirat scheint vor der Geburt des ersten Kindes Fanny Eliason 1867 erfolgt zu sein. Im Gleichmaß der Jahre folgten Paul und seine Geschwister Hermann, Martin, Richard und Alfred.[2]

Zu den wenigen Aussagen, die sich für die Zeit in Prenzlau treffen lassen, zählte, folgt man den Adressbüchern der Stadt Prenzlau, ein häufiger Wohnungswechsel. Das Wohnumfeld war mittelständisch geprägt, seine Nachbarn waren meist Handwerksmeister oder Rentiers.[3] 1875 siedelte die Familie nach Berlin über, wo Pauls Vater zehn Jahre später im November 1885 im Alter von 47 Jahren verstarb.[4] Sein früher Tod war für die Familie ein schwerer Schlag und sollte auch die Lebensplanung des damals 17-jährigen Paul nachhaltig beeinflussen. Ungeachtet dieser wenigen Daten bleibt Pauls familiärer Hintergrund eigentümlich blass.

1 Stadtarchiv Prenzlau, Rep. 8, Nr. 97: Prenzlauer Bürgerbuch 1828–1880 (Eintrag unter dem 18. Mai 1868), S. 416 f.

2 Zu Lina Hirsch vgl. https://www.geni.com/people/Lina-Hirsch/6000000003079453958 (sämtliche Weblinks in diesem Buch wurden am 16. 8. 2023 überprüft).

3 Hatten Hirschs im Jahr 1866 in der Königstraße 162 gewohnt, so lassen sie sich im Jahr 1870 in der gleichen Straße unter der Nummer 176 und vier Jahre später in der Klosterstraße 33 nachweisen. Vgl. Stadtarchiv Prenzlau, Wohnungs-Anzeiger der Stadt Prenzlau nebst deren Vorstädte. Nach amtlichen Quellen zum ersten Male herausgegeben, Prenzlau 1866, S. 12; Wohnungs-Anzeiger 1870, S. 13 u. 53; Wohnungs-Anzeiger 1874, S. 25.

4 Zu Nathan Hirsch vgl. https://www.geni.com/people/Nathan-Hirsch/6000000003079598295.

1. Herkunft, Familie und Studium

Fragt man nach den Prägungen und Einflüssen, die Pauls Leben bestimmen sollten, wird man auf seine Herkunft aus dem Bürgertum und seine jüdische Konfession zu verweisen haben. Konnte er sich auch später als Sozialdemokrat in erster Linie der Arbeiterschaft verbunden fühlen und wohl nicht erst seit dem Gemeindeaustritt ein gebrochenes Verhältnis zur Religion haben, so waren beide Stränge, mochte er es später gelegentlich auch abstreiten, weiterhin wirkungsmächtig. So formte die Zugehörigkeit zum Bürgertum nicht unwesentlich sein Selbstverständnis, seine Einstellungen und Dispositionen. Der „bürgerliche Wertehimmel", die ihm vermittelten kulturellen Leitbilder und Wertvorstellungen, die um die Begriffe Arbeit, Leistung und Bildung kreisten, formten seine Mentalität und seinen Habitus.[5] Ungeachtet seines Wirkens für die Sozialdemokratie und seines Eintretens für die Belange der Arbeiterschaft schien er auch später diesen bürgerlichen Werthaltungen, an denen sich freilich auch Vertreter der Arbeiterbewegung anderer Herkunft in modifizierter Form orientierten, einen hohen Stellenwert beizumessen.

Eine prägende Linie und letztlich auch einen verhängnisvollen Fluchtpunkt in seiner Biographie bildete die Konfession. Man muss dies betonen, auch wenn er früh mit seiner Herkunft gebrochen zu haben schien. Führte ihn 1897 ein Polizeibericht noch als „mos[aisch]"[6], so firmierte er bei der Wahl in den preußischen Landtag 1908 als konfessionslos.[7] Noch 1954 wird er, Bezug nehmend auf seine Zeit als Dortmunder Bürgermeister, in einem an die Bayerische Staatskanzlei gerichteten Schreiben des Dortmunder Stadtarchivs als „Dissident (Jude)" bezeichnet.[8] Doch ungeachtet seiner Distanzierungsversuche wurde Hirsch immer wieder auf seine jüdischen Wurzeln verwiesen. Dazu dürften nicht zuletzt die antisemitischen Diffamierungen und Verunglimpfungen und die damit zusammenhängenden Differenzerfahrungen beigetragen haben. Sein nicht eindeutig zu datierender Austritt aus der jüdischen Gemeinde spielte

5 Andreas Schulz, Lebenswelt und Kultur des Bürgertums im 19. und 20. Jahrhundert, 2. Aufl. Berlin 2014, S. 19–25; Manfred Hettling/Stefan-Ludwig Hoffmann (Hg.), Der bürgerliche Wertehimmel. Innenansichten des 19. Jahrhunderts, Göttingen 2000; Jürgen Kocka (Hg.), Bürger und Bürgerlichkeit im 19. Jahrhundert, Göttingen 1987.

6 Vgl. Landesarchiv Berlin, A Pr. Br. Rep. 030, Polizeipräsidium Berlin, Nr. 10729: Überwachung des sozialdemokratischen Schriftstellers Paul Hirsch, Bl. 1 v.

7 Handbuch für das Preußische Abgeordnetenhaus. Ausgabe für die 21. Legislaturperiode, Hg. A. Plate, Berlin 1908, S. 392; ferner Mann, Biographisches Handbuch, S. 182 f.; Hamburger, Juden im öffentlichen Leben, S. 522–530.

8 Stadtarchiv Dortmund, Bestand 111/01, R.r. 21/1.

hierbei keine entscheidende Rolle, da der rassistisch motivierte Antisemitismus nicht zwischen jüdischer Konfessionszugehörigkeit und Dissidententum unterschied und die jüdische Herkunft als Entscheidungskriterium wertete. Unter dem Eindruck der an Schärfe zunehmenden Anfeindungen und Diskriminierungen durch die Nationalsozialisten sollte Hirsch schließlich 1933 der Synagogengemeinde in Berlin wieder beitreten.

Die jüdische Gemeinde in Prenzlau zählt zu den ältesten in Brandenburg, deren erste Anfänge sich bereits im frühen 14. Jahrhundert nachweisen lassen. 1871 waren in Prenzlau 337 Juden ansässig, was bei einer Gesamteinwohnerzahl von 15 772 einem Anteil von 2,1 % entsprach. Die Gemeindemitglieder gehörten meist dem gewerblichen Mittelstand und dem Wirtschaftsbürgertum an und verdingten sich als Kaufleute, Pferdehändler, Fabrikanten, Schneider oder als Ärzte. Zeichen der zunehmenden Assimilation der Juden war die bereits seit 1850 übliche Verwendung der deutschen Sprache im Gottesdienst an Stelle des Hebräischen.[9]

Ob der sich im 19. Jahrhundert verstärkende Säkularisierungstrend und der damit einhergehende Bedeutungsschwund der Religion auch in Pauls Elternhaus seinen Niederschlag gefunden hatte, muss angesichts der defizitären Quellenlage offenbleiben, ist aber gleichwohl sehr wahrscheinlich. Durch die voranschreitende Verbürgerlichung und die Adaption bürgerlicher Umgangsformen, Verhaltensmuster und Gebräuche wurde der Assimilationsprozess verstärkt, sodass die durch Konfession und Kultur geschaffenen Gräben ein Stück weit überwunden werden konnten. In diese Richtung wirkte auch die Gesetzgebung des Norddeutschen Bundes und des Deutschen Reiches 1869/71, die mit der Konfessionszugehörigkeit verbundene Einschränkungen und Diskriminierungen beseitigte und einen wichtigen Beitrag zur rechtlichen Gleichstellung der Juden leistete. Im letzten Drittel des 19. Jahrhunderts, nach der Reichsgründung zumal, definierten sich die in Deutschland lebenden Juden mithin nicht so sehr über ihre Religionszugehörigkeit, sondern über das Kriterium Nation; sie fühlten sich weniger als deutsche Juden denn als Deutsche, die sich einer bestimmten Religionsgemeinschaft zurechneten.[10]

Der mit der Aufhebung der Rechtsbeschränkungen verbundene „Eintritt" der Juden in die deutsche Gesellschaft (Jacob Toury) war mit großen Hoffnungen

9 Zu den Zahlen des Jahres 1871 vgl. Brilling, Geschichte, S. 182; https://de.wikipedia.org/wiki/Prenzlau; ferner Kohn, Prenzlau; Gerhard Kegel, Prenzlau, in: Irene Dieckmann/Julius H. Schoeps (Hg.), Wegweiser durch das jüdische Brandenburg, Berlin 1995, S. 196–219.

10 Vgl. Rürup, Jüdische Geschichte, S. 87–89; Nipperdey, Deutsche Geschichte 1866–1918, Bd. 1, S. 405–408.

und Erwartungen verbunden. Soziale Integration und kulturelle Anpassung umschreiben die beiden Seiten dieses Akkulturationsprozesses[11], der seinen Ausdruck im Verzicht auf die traditionelle Kleidung der Juden, im Gebrauch der deutschen Sprache, aber auch im Bedeutungsverlust der jüdischen Speisegesetze und Sabbatregeln fand. Für den sozialen Aufstieg der Juden entscheidend dürfte aber vor allem ihre traditionelle Hochschätzung der Bildung gewesen sein. Die zentrale Bedeutung der Bildung illustriert allein der relativ hohe Anteil der Juden im höheren Schulwesen, der im späten 19. Jahrhundert in Preußen achtmal höher war als der ihrer nichtjüdischen Schulkameraden. In Berlin gehörten in jener Zeit ein Viertel der Gymnasiasten und knapp ein Drittel der Realgymnasiasten der jüdischen Konfession an, obwohl Juden lediglich gut 4 % der Einwohner der Hauptstadt stellten.[12] Auch Paul Hirsch sollte in Berlin diesen Bildungsweg beschreiten.

Die Bildungsmotivation war zusammen mit dem Aufstiegswillen und der Anpassungsbereitschaft wesentliche Voraussetzung für den sozialen Aufstieg der Juden, der auch in der Überrepräsentation in bildungs- und wirtschaftsbürgerlichen Berufen seinen Ausdruck fand. Mit seiner Tätigkeit als Kaufmann konnte Pauls Vater mithin als repräsentativ gelten. Mit der starken Stellung der Juden im Handel und im Bankwesen korrelierte ihr marginaler Anteil in der Landwirtschaft, der Folge der überkommenen Sonderstellung und Diskriminierung der Juden in der Gesellschaft war. Neben der Berufsstruktur war der hohe Grad der Verstädterung ein weiteres charakteristisches Merkmal der deutschen Juden. So lebten nach der Jahrhundertwende über ein Viertel der Juden in Großstädten mit mehr als 100 000 Einwohnern, während dies nur bei 12 % der Gesamtbevölkerung der Fall war.[13] In Berlin lebten 1910 allein 26,9 % der deutschen Juden.[14]

11 Gegenüber dem Begriff Assimilation, der in erster Linie einen eindimensionalen Prozess der soziokulturellen Anpassung einer Minderheit an die Mehrheit beschreibt, hebt der Terminus Akkulturation schärfer auf die Wechselseitigkeit der kulturellen Beeinflussung ab. Zu den Begriffen Assimilation und Akkulturation vgl. Volkov, Antisemitismus als kultureller Code, S. 132 f.; Yehiel Ilsar, Zum Problem der Symbiose. Prolegomena zur deutsch-jüdischen Symbiose, in: Bulletin des Leo Baeck Instituts 14 (1975), N. F., Nr. 51, S. 122–165; Christhard Hoffmann, Zum Begriff der Akkulturation, in: Claus Dieter Krohn u. a. (Hg.), Handbuch der deutschsprachigen Emigration 1933–1945, Darmstadt 1998, Sp. 117–126. Vgl. auch Simone Lässig, Jüdische Wege ins Bürgertum. Kulturelles Kapital und sozialer Aufstieg im 19. Jahrhundert, Göttingen 2004.

12 Volkov, Antisemitismus als kultureller Code, S. 142, insgesamt das Kapitel Jüdische Assimilation und Eigenart im Kaiserreich, S. 131–145.

13 Ebd., S. 111–145, hier S. 135.

14 Nipperdey, Deutsche Geschichte 1866–1918, Bd. 1, S. 397.

Als die Familie Hirsch 1875 nach Berlin zog, folgte sie mithin einem allgemeinen Trend, der viele Juden zu Ende des 19. Jahrhunderts von der Kleinstadt in die Metropole führte.[15]

Ungeachtet ihres Umzugs blieb die Familie Hirsch durch vielfältige freundschaftliche und verwandtschaftliche Bande mit der Uckermark verbunden. Der Bezug zur nordbrandenburgischen Kleinstadt wurde auch durch Pauls Heirat mit der sechs Jahre jüngeren Lucie Jacoby am 17. März 1905 aufrechterhalten. Sie stammte zwar aus dem von Prenzlau 24 km entfernten Pasewalk. Doch war Lucies Schwester Selma mit dem Prenzlauer Sanitätsrat Waldemar Ehrlich verheiratet, und auch ihr Bruder Ludwig hatte seinen Lebensmittelpunkt in dieser Stadt. Pauls Onkel bzw. Vetter führten in Prenzlau die Speditionsfirma Julius Jacoby. Pauls und Lucies Familienverhältnisse bleiben gleichwohl weithin im Dunkeln. Bekannt ist lediglich, dass sie zwei Töchter hatten, die 1908 geborene Thea und die zwei Jahre später zur Welt gekommene Eva.[16]

Für Paul Hirsch war Prenzlau in vielfältiger Hinsicht auch seit seinem Umzug nach Berlin ein Stück Heimat. Dies mochte auch daran gelegen haben, dass seine Mutter ihren Lebensabend bis zu ihrem Tod im August 1919 in ihrer Geburtsstadt verbrachte.[17] Die politische Entwicklung der Stadt verfolgte Paul weiterhin mit Interesse und wirkte auch später als preußischer Ministerpräsident bei der Besetzung der Prenzlauer Landratsstelle mit.[18] Diese Heimatbindung und die Verwurzelung im Brandenburgischen, in Berlin und Preußen bildeten weitere Orientierungspunkte in seiner Vita, die Mitte der zwanziger Jahre durch die Übernahme des Bürgermeisterpostens in Dortmund und seinen Umzug ins Ruhrgebiet ihre vorübergehende Ergänzung fanden.

Nachdem Paul Hirsch anfangs in Berlin eine Privatschule besucht hatte, wechselte er Ende September 1879 auf das Gymnasium „Zum Grauen Kloster“.[19] Das 1574 in der heutigen Klosterstraße gegründete Bildungsinstitut war das erste und älteste und damit renommierteste Gymnasium Berlins, zu dessen Schülern keine Geringeren als Johann Gottfried Schadow, Friedrich Ludwig

15 Volkov, Antisemitismus als kultureller Code, hier S. 135.

16 Vgl. den Personalbogen Hirschs, in: Stadtarchiv Dortmund, Bestand 111/01, Lfd. Nr. 21/1, unfoliiert; vgl. auch die biographischen Unterlagen zu Paul Hirsch, 7.5.1954, in: Ebd., Bestand 111/01, Lfd. Nr. 21/3, Bl. 157; ferner Karnowsky, Paul Hirsch, ein preußischer Ministerpräsident, S. 301.

17 Vgl. https://www.geni.com/people/Lina-Hirsch/6000000003079453958.

18 Vgl. Karnowsky, Paul Hirsch, ein preußischer Ministerpräsident, S. 301 f.; Nagel, Der Kreis Prenzlau und seine Landräte, S. 234–236.

19 Vgl. den Lebenslauf von Paul Hirsch, in: Stadtarchiv Dortmund, Bestand 111/01, Lfd. Nr. 21/1, Bl. 32.

Jahn, Karl Friedrich Schinkel, Otto von Bismarck oder Emil Rathenau gehörten.[20] Ostern 1888 legte Paul Hirsch hier seine Reifeprüfung ab.[21] Sein Bildungsweg illustriert nicht nur die gehobene soziale Stellung der Familie, sondern auch die in der jüdischen Bevölkerung vorherrschende Affinität zur Bildung. Da sein Vater früh verstarb, sollte Paul nach dem Willen seiner Mutter ursprünglich vor dem Abitur die Schule verlassen. Doch der Direktor vermochte sie schließlich davon abzubringen, da später, so Pauls Tochter Thea im Rückblick einer Jahrhundertspanne, „aus dem Jungen einmal etwas werden wird".[22]

Nach dem Abitur schrieb sich Paul am 13. April 1888 an der Berliner Universität ein, wo er ein Studium der Medizin begann. Während seiner Studienzeit zog er in Berlin wiederholt um, was nicht nur an den Wohnverhältnissen, sondern auch an der Höhe des Mietpreises gelegen haben dürfte. Wohnte er 1888 noch in der Straßburger Straße 53, so wies das Studentenverzeichnis im Sommerhalbjahr 1892 die Lothringer Straße 67, im folgenden Winterhalbjahr die Artilleriestraße 3 und schließlich im Winterhalbjahr 1893/94 die Auguststraße 71 als seine Adressen aus.[23] Mit der finanziellen Unterstützung, die er von seiner Mutter erhalten haben wird, konnte er vermutlich nur das Notwendigste bestreiten. Mit dem Eintrag in das Matrikelbuch, das alle Mitglieder einer Universität auflistete, wurde er Mitglied einer Rechtsgemeinschaft und kam in den Genuss der Privilegien des akademischen Bürgerrechts. An der Berliner Universität belegte er Vorlesungen über Zoologie bei Professor Franz Eilhard Schulze, der auch Direktor des Zoologischen Instituts war, über Anatomie bei Professor Wilhelm Waldeyer, über Botanik bei Privatdozent Heinrich Krabbe sowie Pathologische Anatomie und Krankheiten der Leber bei Professor Rudolf Virchow. Zu seinen weiteren Vorlesungsthemen zählten Physik, Physiologie, Krankheiten der männlichen Geschlechtsorgane, Toxikologie oder Geburtshilfe. Auch Entwicklungsgeschichte und Darwins Lehre, die er bei dem Völkerkundler Professor Robert Hartmann hörte, durften in dem Reigen nicht fehlen.

20 Harald Scholtz, Gymnasium zum Grauen Kloster 1874–1974. Bewährungsproben einer Berliner Gymnasialtradition in ihrem vierten Jahrhundert, Weinheim 1998; Knut Elstermann, Klosterkinder. Deutsche Lebensläufe am Gymnasium zum Grauen Kloster in Berlin, Berlin 2009.

21 Vgl. den Personalbogen von Paul Hirsch, in: Stadtarchiv Dortmund, Bestand 111/01, Lfd. Nr. 21/1, unfoliiert; Karnowsky, Paul Hirsch, ein preußischer Ministerpräsident, S. 302.

22 So die Mitteilung von Thea Kahn gegenüber der Historikerin Renate Karnowsky 1983. Zit. nach Karnowsky, Paul Hirsch, ein preußischer Ministerpräsident, S. 302.

23 Universitätsarchiv HU Berlin, Studentenverzeichnis SH 1888, S. 71; SH 1892, S. 72; WH 1892/93, S. 74; WH 1893/94, S. 76.

Nach Ablauf der Matrikel schrieb er sich am 5. November 1892 erneut an der Universität ein. Im Wintersemester 1892/93 folgte noch ein Kurs über Hygiene bei Professor Max Rubner, der 1891 als Nachfolger von Robert Koch den Lehrstuhl über Hygiene an der Universität übernommen hatte.[24] Die Medizinische Fakultät an der Friedrich-Wilhelms-Universität genoss damals einen hervorragenden Ruf. Es mag deshalb auch nicht überraschen, dass in den von Hirsch besuchten Hörsälen wissenschaftliche Koryphäen unterrichteten.[25]

Hirsch schien, folgt man dem Journalisten und Leiter des innenpolitischen Ressorts des „Berliner Tageblatts" Erich Dombrowski, der unter dem Pseudonym Johannes Fischart 1919/20 führende Repräsentanten der jungen Republik vorstellte, eine „führende Rolle" in der Studentenbewegung der neunziger Jahre gespielt zu haben.[26] Weitere Belege lassen sich allerdings hierfür nicht beibringen. Sein Studium schloss Hirsch nicht mit einer Prüfung ab, sodass er auch keine Approbation als Arzt erhielt. Gleichwohl wurde ihm am 11. Dezember 1893 ein Abgangszeugnis mit dem Nachweis der von ihm besuchten Vorlesungen ausgestellt. „Hinsichtlich seines Verhaltens auf der hiesigen Universität", so lautete das Urteil über seine Studienzeit, „ist Nachtheiliges nicht zu bemerken".[27]

Nach den Angaben, die Hirsch 1925 bei seinem Amtsantritt als Dortmunder Bürgermeister machte, soll er sich nach seinem Medizinstudium auch dem Studium der Nationalökonomie gewidmet haben.[28] Anhand der Matrikelbücher der Universität findet diese Aussage keine Bestätigung, weshalb davon auszugehen ist, dass Hirsch versucht haben dürfte, sich durch Privatstudium dieses

24 Walter Höflechner, Schulze, Franz Eilhard, in: Neue Deutsche Biographie (NDB), Bd. 23, Berlin 2007, S. 723 f.; Andreas Kleinert, Kundt, August, in: NDB, Bd. 13, Berlin 1982, S. 291; Ernst Wunschmann, Krabbe, Heinrich Gustav, in: Allgemeine Deutsche Biographie 51 (1906), S. 355 f.; Constantin Goschler, Rudolf Virchow. Mediziner – Anthropologe – Politiker, Köln 2002; Karl Heinz Ciz, Robert Hartmann (1831–1893). Mitbegründer der deutschen Ethnologie, Gelsenkirchen 1984; Eberhard J. Wormer, Rubner, Max, in: NDB, Bd. 22, Berlin 2005, S. 158 f.

25 Vgl. Rüdiger vom Bruch/Heinz-Elmar Tenorth (Hg.), Geschichte der Universität Unter den Linden 1810–2010, 6 Bde., Berlin 2010–2013, hier Bd. 1: Gründung und Blütezeit der Universität zu Berlin 1810–1918, Hg. Elmar Tenorth/Charles E. McClelland, Berlin 2013.

26 Fischart, Die Männer der Übergangszeit, S. 158–163, hier S. 160.

27 Universitätsarchiv HU Berlin, AZ, 11. 12. 1893: Paul Hirsch.

28 Nachweisung der persönlichen Verhältnisse der Oberbürgermeister, Bürgermeister, besoldeten Beigeordneten und besoldeten Magistratsmitgliedern, in: Stadtarchiv Dortmund, Bestand 111/01, Lfd. Nr. 21/1, Bl. 71 f., hier Bl. 72. Ferner auch die Auskunft von Paul Hirschs Tochter Thea Kahn gegenüber Renate Karnowsky; vgl. Karnowsky, Paul Hirsch, ein preußischer Ministerpräsident, S. 302.

Themenfeld zu erschließen. Bekannt ist immerhin, dass er sich in den 1890er-Jahren einem Kreis um den Berliner Privatdozenten für Physik Leo Arons zugesellte, dem ein bunter Haufen von Akademikern, Kaufleuten und Arbeitern angehört haben soll. Arons (1860–1919), der aus einer wohlhabenden jüdischen Bankiersfamilie stammte, war wegen seiner Mitgliedschaft in der SPD die Venia Legendi aberkannt worden, sodass er privatim unterrichten musste.[29] „Die Teilnehmer dieser Abende, an denen die verschiedensten politischen und wirtschaftlichen Fragen zwanglos erörtert wurden, setzten sich in ihrer übergroßen Mehrzahl aus Anhängern der sozialdemokratischen Partei zusammen."[30] Leo Arons weckte Hirschs Interesse an der preußischen Landespolitik. Er warnte nicht nur vor einer Unterschätzung des preußischen Parlaments, sondern setzte sich auch vehement für eine Beteiligung der SPD an den preußischen Landtagswahlen ein und dürfte auch seinen Adepten in diesem Sinne beeinflusst haben.[31] In Kreis um Leo Arons lernte Hirsch überdies den Berliner Privatdozenten für Geschichte und späteres Mitglied des Vereins für Socialpolitik Ignaz Jastrow kennen, den er später in einer Festschrift zu würdigen wusste.[32] Wenn er auch sein Studium nicht mit einem Abschluss beendete, so vermittelte es ihm neben der Fähigkeit des wissenschaftlichen Arbeitens doch tiefere Kenntnis der Medizin sowie der Nationalökonomie und damit eine breite Bildung, die ihm später bei seiner Karriere von Nutzen sein konnte. Darüber hinaus mochte dies auch zur Ausbildung von Charaktereigenschaften wie der Affektkontrolle und der Gelassenheit beigetragen haben. So meinte der „Dortmunder General-Anzeiger" bei Hirschs Rücktritt als Dortmunder Bürgermeister 1932, dass sein Studium, oder wie das Blatt sich ausdrückte, sein „Intellektualismus" ihn „trotz aller sozialen und demokratischen Gesinnung nie [habe] aggressiv werden" lassen".[33] Angemerkt sei noch, dass Hirsch während seines Studiums von Oktober 1892 bis September 1893 den für das mittlere Bürgertum üblichen einjährigen Militärdienst beim Zweiten Garderegiment zu Fuß absolvierte.[34]

29 Hans-A. Schwarz, Leo Arons – Politiker zwischen Bürgertum und Arbeiterbewegung, in: Gewerkschaftliche Monatshefte 51 (2000), S. 285–296.

30 Paul Hirsch, Jastrow als Politiker, in: Sozialpolitische Studien. Festgabe für Ignaz Jastrow zum 70. Geburtstag, Hg. Carl Clodius, Berlin 1929, S. 1–14, Zitat S. 3.

31 Vgl. den Nachruf von Paul Hirsch, Leo Arons als Kommunalpolitiker, in: SM 25 (1919), S. 1062–1064, hier S. 1062.

32 Vgl. Fn. 30.

33 GAD Nr. 255 v. 15. 9. 1932, S. 5: Bürgermeister Paul Hirsch hat sein Pensionierungsgesuch eingereicht.

34 Vgl. Personalbogen von Paul Hirsch, in: Stadtarchiv Dortmund, Bestand 111/01, Lfd. Nr. 21/1, unfoliiert.

2. Die frühen Jahre politischen Wirkens

Um seinen Lebensunterhalt zu bestreiten, übernahm Paul Hirsch nach seinem Studium eine Stelle als Stenograph im Preußischen Abgeordnetenhaus. Er begann Stenographie-Lehrbücher herauszugeben und Beiträge für stenographische Fachzeitschriften zu verfassen.[35] 1894 erschien die nach authentischen Quellen bearbeitete Geschichte der Arendsschen Stenographie, 1894 und 1895 die zusammen mit Wilhelm Engelbrecht redigierte und herausgegebene Freie stenographische Presse. 1897 folgten schließlich die „Unterrichts-Briefe für die Erlernung der Arendsschen Stenographie".[36]

2.1 Hirsch und die SPD

Als Stenograph erlebte er die Debatten im preußischen Landtag und die politischen Auseinandersetzungen in Nahaufnahme. Er habe, so Erich Dombrowski, „aus jahrelanger Erfahrung von der Tribüne her die Praxis des Parlaments wie nur irgendeiner" gekannt. Zusammen mit Curt Baake, der von November 1918 bis März 1919 als Unterstaatssekretär die Reichskanzlei leiten sollte[37], gab er zudem seit 1896 eine Parlamentskorrespondenz („Politisch-parlamentarische Nachrichten") heraus, die nicht nur von sozialdemokratischen, sondern auch von bürgerlichen Parteiorganen für die parlamentarische Berichterstattung rezipiert worden sein soll. Nicht nur im preußischen Abgeordnetenhaus, sondern auch im Reichstag sei er auf der Journalistentribüne zu finden gewesen. Stenographische Berichte fertigte er nach Angaben Dombrowkis zudem auf Gewerkschaftskongressen und Parteitagen an.[38] Sein Interesse an der Politik, das ohne Frage schon vorhanden gewesen sein dürfte, wurde durch seine Arbeit im Maschinenraum der preußischen Politik weiter verstärkt. Dabei begann er sich nach seinem Studium allmählich der SPD zu nähern. Dass er sich ungeachtet seines bürgerlichen

35 Karnowksy, Paul Hirsch, ein preußischer Ministerpräsident, S. 302.

36 Paul Hirsch, Geschichte der Arends'schen Stenographie. Nach authentischen Quellen bearbeitet, 2 Teile, Berlin 1894; Freie stenographische Presse. Redigiert und hgg. von Paul Hirsch und Wilhelm Engelbrecht, Berlin 1894/95; Paul Hirsch, Unterrichts-Briefe für die Erlernung der Arendsschen Stenographie, Berlin 1897.

37 Zu Curt Baake vgl. Franz Osterroth, Biographisches Lexikon des Sozialismus. Bd. I. Verstorbene Persönlichkeiten, Hannover 1960, S. 13.

38 Fischart, Die Männer der Übergangszeit, S. 161. – Im November 1896 wurde auf der Konferenz der Vertreter der sozialdemokratischen Presseorgane die Schaffung eines Bureaus beschlossen, das die Parteipresse mit selbständigen Parlamentsberichten beliefern sollte. Vgl. Vorwärts Nr. 265 v. 11. 11. 1896, S. 4: Preßkonferenz.

Hintergrunds der nach dem Fall des Sozialistengesetzes wieder legalisierten Partei zuwandte, mag vielleicht mit seinen prekären Lebensverhältnissen erklärt werden. Darüber muss ihn jedoch auch der emanzipatorische Impetus der Partei und die Entschiedenheit, mit der sie gegen den grassierenden Antisemitismus Stellung bezog, angezogen haben.

So ins politische Leben seiner Zeit eingeführt, publizierte er 1896 in der im Jahr zuvor ins Leben gerufenen und monatlich erscheinenden Zeitschrift „Der Sozialistische Akademiker. Organ der sozialistischen Studierenden und Studierten deutscher Zunge" einen fünfseitigen Beitrag über die Landtagsverhandlungen zur Lehrerbesoldung und zur Regelung der Richtergehälter. Die Zeitschrift, die seit 1897 von Joseph Bloch (1871–1936) allein unter dem Titel „Sozialistische Monatshefte" herausgegeben wurde, bildete ein Forum des reformistisch-revisionistischen Flügels der Partei.[39]

Zu Beginn seines Aufsatzes ermahnte Paul Hirsch eindringlich die Sozialdemokraten, die Debatten des preußischen Abgeordnetenhauses nicht zu vernachlässigen. „Ein wie vorzügliches Agitationsmaterial gewähren uns, um nur ein Beispiel aus den letzten Tagen zu erwähnen, die im Abgeordnetenhause zu dem Antrag auf Aufhebung der Bestimmungen des Bundesraths betr. den Betrieb von Bäckereien und Konditoreien gehaltenen Reden!" Es sei letztlich keineswegs ausgeschlossen, dass Sozialdemokraten „in absehbarer Zeit" in das Abgeordnetenhaus gewählt würden. Bei der Behandlung der Vorlagen ging Hirsch scharf mit den Konservativen ins Gericht, die Anstoß an der Höhe der Volksschullehrerbesoldung genommen hätten. Seine Kritik richtete sich auch gegen die im Gesetzentwurf über die Regelung der Richtergehälter beabsichtigte Ernennung der Gerichtsassessoren durch den Justizminister, da Referendare bislang automatisch nach der großen Staatsprüfung zum Gerichtsassessor ernannt worden waren. Die Verhandlungen, so Hirsch, hätten deutlich gezeigt, dass das Abgeordnetenhaus bestrebt sei, „die Gesetzgebung rückwärts zu revidiren, und dass die Interessen der ‚Edelsten und Besten' stets dem Gemeinwohl vorangehen" würden. „Das auf Grund des Dreiklassenwahlsystems zusammengetretene Abgeordnetenhaus" sei eben „durch und durch reaktionär".[40]

39 Eike Midell, Sozialistische Monatshefte (SM), in: Simone Barck u. a. (Hg.), Lexikon sozialistischer Literatur. Ihre Geschichte in Deutschland bis 1945, Stuttgart 1994, S. 443–445; Alfons Breuer, Sozialistische Monatshefte (1895–1933), in: Heinz-Dietrich Fischer (Hg.), Deutsche Zeitschriften des 17. bis 20. Jahrhunderts, Pullach 1973, S. 265–280.

40 Paul Hirsch, Schule und Justiz vor der preußischen Volksvertretung, in: Der Sozialistische Akademiker 2 (1896), S. 355–360, Zitate S. 355 u. 360.

Die SPD wurde zu Hirschs politischer Heimat. Die 1875 aus dem Zusammenschluss des 1863 von Ferdinand Lassalle gegründeten Allgemeinen Deutschen Arbeitervereins und der 1869 ins Leben gerufenen Sozialdemokratischen Arbeiterpartei August Bebels und Wilhelm Liebknechts hervorgegangene Sozialistische Arbeiterpartei gehörte damals zu den politischen Außenseitern der Gesellschaft. Die seit der Jahrhundertmitte rasch voranschreitende Industrialisierung, der damit verbundene soziale und wirtschaftliche Wandel, die im europäischen Vergleich relativ frühe Einführung des allgemeinen, gleichen Reichstagswahlrechts für Männer und die Überforderung des politischen Liberalismus hatten zur frühen Entstehung einer radikalen sozialistischen Partei geführt. Durch ihre revolutionäre Rhetorik, ihre beständigen Angriffe auf die monarchisch-autoritäre Staatsverfassung, die hierarchisch strukturierte Gesellschaftsordnung und das bürgerlich-kapitalistische Wirtschaftssystem begannen die beiden sozialistischen Parteien um 1870 für die Regierung und die bürgerliche Gesellschaft zu einer ernstzunehmenden Gefahr zu werden. Die Pariser Kommune von 1871, die Attentate der russischen Anarchisten und auch die 1873 einsetzende Wirtschaftskrise verstärkten die Angst vor der proletarisch-sozialistischen Revolution und schufen ein Klima, das sich gegen politische Minderheiten richtete und den Boden für Ausnahmegesetze schuf.

Mit dem 1878 verabschiedeten Sozialistengesetz wurden Vereine, Versammlungen, Druckschriften und alle Aktivitäten verboten, die auf den „Umsturz der bestehenden Staats- und Gesellschaftsordnung“ gerichtet waren. Da den Sozialdemokraten das aktive und passive Wahlrecht erhalten blieb, die Ausführung den lokalen und regionalen Behörden oblag, das Gesetz befristet war und nach zweieinhalb Jahren verlängert werden musste, war es wenig effektiv und insofern nicht mit Unterdrückungsgesetzen des 20. Jahrhunderts wie unter dem NS-Regime zu vergleichen. So konnten die Sozialdemokraten während des Sozialistengesetzes ihren Stimmenanteil bei den Reichstagswahlen von 7,6 % (1878) auf 19,7 % (1890) steigern und zur stimmenstärksten Partei des Reiches aufsteigen. Aufgrund der überholten Wahlkreiseinteilung, die den Bevölkerungsverschiebungen seit der Reichsgründung nicht mehr Rechnung trug, kam die Partei 1890 mit 35 Sitzen allerdings nur auf einen Mandatsanteil von 8,8 % und lag deutlich hinter dem katholischen Zentrum, den Konservativen sowie Links- und Nationalliberalen.[41] Nach Fall des Sozialistengesetzes vermochte die in Sozialdemokratische Partei Deutschlands umbenannte Organisation ihren Stimmenanteil bei den Reichstagswahlen 1893

41 Ritter/Niehuss, Wahlgeschichtliches Arbeitsbuch, S. 39 f.

mit 23,3 % oder 44 Mandaten weiter auszubauen.[42] Dies war ohne Frage auch ihren Bemühungen um Verbesserung der Lage der gewerblichen Arbeiterschaft oder, um den zeitgenössischen Ausdruck zu bemühen, des Proletariats geschuldet.

Aufmerksam muss Paul Hirsch damals die Entwicklung der Partei verfolgt haben. So war sein zweiter Artikel, der in der Zeitschrift „Sozialistischer Akademiker" erschien, dem Parteitag der SPD in Gotha vom Oktober 1896 gewidmet. Gegenstand der Verhandlungen dieses Parteikonvents waren unter anderem der Arbeiterschutz, die Frauenfrage und die Wahlrechtsproblematik. Daneben waren ein Rechenschaftsbericht über die parlamentarische Tätigkeit, ein Bericht über den internationalen Arbeiter- und Gewerkschaftskongress und Fragen der Organisation verzeichnet.[43] Bei der Nachbetrachtung des Parteitags fand Hirsch bei allem Wohlwollen auch kritische Worte. Moniert wurde, dass das Thema Arbeiterschutz zu kurzfristig auf die Tagesordnung gesetzt worden sei und weder der Referent noch die Delegierten ausreichend vorbereitet gewesen seien, sodass „sich die Debatte nicht zu der ihr gebührenden Höhe [habe] aufschwingen" können und sich in Einzelheiten verloren habe. Demgegenüber sprach sich Hirsch lobend über das der Frauenagitation gewidmete Referat Clara Zetkins aus, die es „in meisterhafter Weise verstanden" habe, „die springenden Punkte hervorzuheben", sodass die Diskussion dem Parteitag „zur Zierde gereicht" habe. Anschließend ging Hirsch auf die Debatten über die Verhältnisse der sozialdemokratischen Presse ein, streifte die Haltung der sozialdemokratischen Zeitschrift „Die Neue Welt", um ausführlich auf die Auseinandersetzungen zwischen dem „Vorwärts" und dem Redakteur der Frankfurter „Volksstimme", dem promovierten Juristen Max Quarck, einzugehen. Dabei konnte Hirsch nicht umhin, das Hineinziehen persönlicher Momente in die Debatte zu beklagen. „Wenn bei dieser Gelegenheit ein Redner von ‚verkrachten Existenzen' sprach, die mit offenen Armen in die Partei aufgenommen werden, wofern sie nur den Doktortitel mitbringen, so ist das mehr als eine persönliche Spitze, es ist darin ein System zu erblicken für das Misstrauen, das viele aus Arbeiterkreisen hervorgegangene Genossen den aus bürgerlichen und namentlich aus akademischen Kreisen zu ihnen kommenden entgegenbringen." Es schien, als ob Hirsch ähnliche unerfreuliche Erfahrungen gemacht hatte, nach denen sozialdemokratische Arbeiter einen „mit dem Makel einer besseren Bildung behafteten" Akademiker, wie er mokant bemerkte, „als minderwerthigen und weniger zuverlässigen Genossen" betrachten würden. Akademisch gebildete

42 Ebd., S. 40.

43 Protokoll SPD-Parteitag 1896.

Sozialdemokraten hätten zumindest das Recht, „als gleichberechtigte Faktoren angesehen zu werden".[44]

Akademiker spielten nach dem Fall des Sozialistengesetzes in der Partei eine maßgebliche Rolle. Lag der Anteil der Akademiker unter ihren 35 Reichstagsabgeordneten 1890 noch bei 8,6 %, so stieg er bis 1912 unter den 110 SPD-Abgeordneten auf 17,3 %. Werden auch Personen mit abgebrochenem Studium berücksichtigt, lag er sogar bei 23,6 %. Die wachsende Bedeutung von akademisch gebildeten Personen mit oder ohne Abschluss ist auf den steigenden Bedarf der Partei an juristischer und fachlicher Expertise zurückzuführen, mit der die Komplexität der Gesetzgebung bewältigt werden sollte. Akademikern wurde darüber hinaus zugetraut, anders als Arbeitervertretern, die nur über eine einfache Bildung verfügten, im Parlament rhetorisch gewandt und selbstsicher auftreten zu können und von Vertretern des Besitz- und Bildungsbürgertums und des Adels ernst genommen zu werden. Eine besondere Rolle unter den sozialdemokratischen Akademikern spielten Juden, die in der Reichstagsfraktion von 1912 allein 12 der 110 Abgeordneten stellten und auch alle bis auf den belesenen Autodidakten Eduard Bernstein ein Studium absolviert hatten. Die Überrepräsentation der Juden unter den Akademikern hing mit ihrer sozialen Herkunft aus dem Bürgertum, ihrem Bildungsethos und ihrem Wunsch nach gesellschaftlicher Anerkennung zusammen. Da ihnen der Staatsdienst versperrt blieb, wählten sie zumeist freie Berufe und ließen sich bei juristischer Ausbildung als Rechtsanwälte nieder.

Die Haltung der Partei gegenüber ihren akademisch gebildeten Mitgliedern war ambivalent. Einerseits wurde um sie geworben und von einzelnen Exponenten versucht, mit der 1895 gegründeten, vierzehntägig erscheinenden Zeitschrift „Der sozialistische Akademiker" Studenten direkt anzusprechen. Andererseits waren die Vorbehalte gegenüber den „Genossen Herren Doktoren", die nach kurzer Mitgliedschaft ein Parteiamt oder eine Reichstagskandidatur angetragen bekamen, zeitweise erheblich.[45]

Der damals 27-jährige Paul Hirsch, so lässt sich zusammenfassen, hatte zwar in der SPD eine politische Heimat gefunden, konnte jedoch ein gewisses Unbehagen über das im Parteivolk latent vorhandene Misstrauen gegenüber akademisch gebildeten Anhängern und Mitstreitern nicht verhehlen. Gleichwohl war er bereit, über diese Misshelligkeiten hinwegzusehen und sich auf das

44 Paul Hirsch, Der sozialdemokratische Parteitag, in: Der Sozialistische Akademiker 2 (1896), S. 639–642, Zitate S. 639 u. 640 f.

45 Vgl. Auernheimer, „Genosse Herr Doktor", S. 48–98, die Zahlen S. 48–50; Hamburger, Juden im öffentlichen Leben, S. 406, insg. S. 404–410.

große Ganze zu konzentrieren. Für Hirsch war die Partei letztlich mit Blick auf Politikstil, Organisation und Presse noch etwas zu unprofessionell und jedenfalls verbesserungsfähig. Es gab sozusagen noch Luft nach oben. Wann Hirsch der SPD beitrat, ist nicht eindeutig zu klären. Es ist aber davon auszugehen, dass er bereits Mitte der neunziger Jahre zahlendes Mitglied der Partei war. Immerhin findet er im April 1897 als einer derjenigen im „Vorwärts" Erwähnung, die Jahresbeiträge an die Arbeiter-Bildungsschule der Partei zahlten.[46] Nach einem Bericht des Berliner Polizeipräsidenten scheint Hirsch damals bereits „als Mitarbeiter am ‚Vorwärts' beschäftigt" und für Landtagsangelegenheiten zuständig gewesen zu sein.[47] Da er als Redaktionsmitglied des „Vorwärts" nie Erwähnung fand, kann es sich dabei nur um eine gelegentliche freie Mitarbeit gehandelt haben.

2.2 Die Schrift „Verbrechen und Prostitution als soziale Krankheitserscheinungen" von 1897

Im Herbst 1897 erschien Hirschs 72 Seiten starke Schrift „Verbrechen und Prostitution als soziale Krankheitserscheinungen" im Verlag des „Vorwärts".[48] Beim Durchblättern der Broschüre drängt sich der Eindruck auf, als ob es sich hierbei um die ungeschrieben gebliebene Dissertation des jungen Paul Hirsch handeln würde. In der nach wissenschaftlichen Kriterien sorgfältig erarbeiteten Studie versuchte der 28-Jährige nicht nur die Beziehungen zwischen Verbrechen und Prostitution herauszuarbeiten, sondern auch Möglichkeiten ihrer Bekämpfung aufzuzeigen. Wärmstens empfahl der Verlag seinen Lesern die Schrift mit den Worten, dass sie „nicht nur eine volksthümliche Darstellung der bisher über die Ursachen von Verbrechen und Prostitution aufgestellten Theorien, sondern auch an reichem Tatsachenmaterial den Beweis" erbringen würde, „wie diese beiden Grundübel unserer Gesellschaftsordnung in den wirthschaftlichen Zuständen ihren Ursprung haben" würden.[49]

46 Vorwärts Nr. 82 v. 7. 4. 1897, S. 8: Briefkasten der Redaktion, listet unter den Jahresbeiträgen für die Arbeiter-Bildungsschule Paul Hirsch mit 5,– Mark auf.

47 Landesarchiv Berlin, A Pr. Br. Rep. 030, Polizeipräsidium Berlin, Nr. 10729, Bl. 1 v.

48 Bereits im März hatte er in einer Mitgliederversammlung des Verbands der Graveure und Ziseleure in Berlin zum Thema „Alkoholismus und Verbrechen" referiert. Vorwärts Nr. 67 v. 20. 3. 1897, S. 4: Die Berliner Filiale des Verbandes der Graveure und Ziseleure.

49 Vorwärts Nr. 220 v. 21. 9. 1897, S. 8: Anzeigenteil; auch Nr. 227 v. 29. 9. 1897, S. 7: Literarisches.

Ausgangspunkt der Untersuchung war die Zunahme des Verbrechens und der Prostitution, die allein in Berlin in den vergangenen 20 Jahren einen im Vergleich zur Bevölkerung fast doppelt so starken Anstieg erlebt habe. Dabei ging Hirsch der Frage nach den Ursachen der Entstehung dieser beiden Übel nach und diskutierte die in der Literatur zu findenden Forschungsansätze. Während die sog. kriminal-anthropologische Methode angeborene, abnorme Körperanlagen für dieses deviante Verhalten verantwortlich machte, hoben die Gegner dieses Ansatzes auf die Bedeutung und Wirkungsmächtigkeit der wirtschaftlichen Verhältnisse und des sozialen Milieus ab. Zwar glaubte auch Hirsch, dass sich zwischen beiden Ansichten eine Verständigung erzielen lasse[50], doch machte er keinen Hehl daraus, dass er der Meinung, nach der „die Verbrechen in den wirthschaftlichen Verhältnissen begründet" seien[51], zuneigen würde. Punkt für Punkt ging er dann auf die einzelnen, seiner Meinung nach im sozialen Milieu begründeten Ursachen der Prostitution ein. Hingewiesen wurde nicht nur auf die ökonomisch motivierten Ehehemmnisse, auf die häuslichen Verhältnisse, den Einfluss eines zerrütteten Familienlebens und mangelnder Schulbildung, sondern auch auf die aus der Wohnungsnot herrührenden Missstände. So gäbe es allein in Berlin rund 100 000 „Schlafstellengäste"[52], die eine Schlafstelle in einem Arbeiterhaushalt gemietet hätten und sich zumeist mit Kindern ein Bett teilen würden. Als weitere die Prostitution begünstigende Faktoren wurde neben der gewerblichen, zu gesundheitlichen und sittlichen Schäden führenden Nebenbeschäftigung von Schulkindern die Zunahme der industriellen Frauenarbeit ausgemacht, da nur für einen Teil des Jahres beschäftigte oder aus konjunkturellen Gründen entlassene Frauen rasch auf die schiefe Bahn gerieten. Schließlich gebe es auch eine Wechselwirkung zwischen der Zunahme der Prostitution und wirtschaftlichen Krisen, nicht zuletzt dem Anstieg der Lebensmittelpreise. Obschon es „eine, wenn auch kleine, Anzahl *wirklich geisteskranker Verbrecher*" gäbe[53], so versuchte Hirsch zu resümieren, „dürfte es [doch] klar sein, daß in erster Linie die wirthschaftlichen Verhältnisse für die Entstehung des Verbrecherthums und der Prostitution verantwortlich zu machen sind".[54]

50 Hirsch, Verbrechen und Prostitution, S. 8.

51 Ebd., S. 25.

52 Ebd., S. 41.

53 Ebd., S. 58 (alle Hervorhebungen in Zitaten dieses Buches finden sich auch im Original, während die allzu zahlreichen Hervorhebungen insbesondere in damaligen Zeitungen und Zeitschriften so nicht übernommen wurden).

54 Ebd., S. 57.

Es mag nicht überraschen, dass Hirsch als Anhänger der Sozialmilieutheorie die Bekämpfung der sozialen und wirtschaftlichen Ursachen der Prostitution und des Verbrechens in den Vordergrund rückte. Nicht „durch Polizeimaßregeln, nicht durch Strafgesetze oder durch Moralpredigten, sondern einzig und allein durch Beseitigung der Armuth werden Verbrechen und Prostitution wirksam bekämpft werden". Denn gegen „soziale Uebel bedarf es sozialer Heilmittel".[55] Um das Verbrechen zu beseitigen, müssten letztlich die gesellschaftlichen Zustände von Grund auf verändert werden. In einer Gesellschaft, in der alle gleich seien, würde es derartige Auswüchse nicht geben. Erst in einer sozialistischen Gesellschaftsordnung, in der die Menschen nicht mehr um ihre Existenz kämpfen müssten, würde es keine sozialen Ungerechtigkeiten und keine gesetzlichen Widersinnigkeiten geben, das Verbrechen würde verschwinden. Es ist insofern bezeichnend, dass Hirsch sich in seiner kleinen Studie nicht nur auf das Erfurter Programm von 1891 bezog[56], sondern auch August Bebel zu Wort kommen ließ und aus dessen 1879 erschienenem Bestseller „Die Frau und der Sozialismus" zitierte.[57] Auch auf Wilhelm Liebknecht und den Parteitheoretiker Karl Kautsky wurde ebenso rekurriert wie auf den promovierten Nationalökonomen und Sozialdemokraten Adolf Braun.[58] Durch diese sozialdemokratische Grundierung, Bezugnahmen und Rückbezüge unterschied sich die Schrift von herkömmlichen wissenschaftlichen Arbeiten und verriet den politischen Standort des Autors.

Andererseits atmete seine Schrift auch den Geist seiner Zeit und zeigte, wie sehr der Sozialdarwinismus in die Sozialdemokratie ausstrahlte und der „Kampf um's Dasein" in der Parteipublizistik seinen Niederschlag gefunden hatte.[59] Deshalb mag es nicht überraschen, dass Hirsch die Theorien und Theoreme der vom britischen Anthropologen Francis Galton mitentwickelten Erbgesundheitslehre und Eugenik aufgriff und die Sterilisation für die Behandlung von „entarteten Wesen" in der sozialistischen Zukunftsgesellschaft empfahl. Dadurch sollte verhindert werden, dass sich „die geborenen Verbrecher" fortpflanzten und die „Anlage zum Verbrechen" vererbt würde.[60] Man sollte sich bei diesen

55 Ebd., S. 66.

56 Ebd., S. 8.

57 Ebd., S. 21, ferner S. 32.

58 Ebd., S. 31 f. 39, 41 u. 63. Karl Kautsky, Der Einfluß der Volksvermehrung auf den Fortschritt der Gesellschaft, Wien 1880; ders., Die Sterblichkeit der Kostkinder, in: NZ 1 (1883), S. 191–196; Adolf Braun, Berliner Wohnungsverhältnisse, Berlin 1893.

59 Hirsch, Verbrechen und Prostitution, S. 26.

60 Ebd., S. 72.

heute befremdenden Ansichten, die in gewisser Spannung zu seiner ökonomisch begründeten Milieutheorie von sozialer Anomie stehen, nicht zu lange aufhalten. Sie entsprachen dem damals vorherrschenden naturwissenschaftlich beeinflussten Zeitgeist, der weit in die Gesellschaft hineinwirkte und dessen scheinbare Schlüssigkeit vielen einleuchtete. Wichtiger ist hier, dass sich Hirsch mit seiner kleinen Studie, die in vielem seine Dissertation zu ersetzen schien, einen Namen gemacht hatte und als Akademiker zu den namhaften Parteitheoretikern aufschloss. Mit seiner Broschüre hatte Hirsch ein Ausrufezeichen gesetzt. Man sollte noch von ihm hören.

Eine zweite, überarbeitete und vermehrte Auflage erschien im Jahr 1907.[61] Der inzwischen auf 184 Seiten angeschwollene Band war hinsichtlich des Aufbaus und der Anlage weitgehend unverändert geblieben. In der „Neuen Zeit" wurde das Buch bei allem Lob auch kritisch besprochen. Manche Widersprüche und Unkorrektheiten wurden ebenso wie die „gar zu große Zahl langer Zitate" moniert. Dennoch empfahl der Rezensent „das Buch einem jeden, der sich für die sozialen Ursachen des Verbrechens und der Prostitution interessiert, insbesondere unseren Parteigenossen aufs angelegentlichste". Das führte zu dem Fazit: „In keiner Arbeitervereinsbibliothek sollte es fehlen."[62]

Der Frage nach dem „geborenen" Verbrecher ging Hirsch 1897 auch in einer Buchbesprechung in der sozialdemokratischen Theoriezeitschrift „Die Neue Zeit" nach. Gegenstand war das 1894 erschienene Buch des deutschen Psychiaters Julius Ludwig August Koch, der sich kritisch mit den Thesen des italienischen Arztes und Begründers der kriminalanthropologisch ausgerichteten Schule der Kriminologie, Cesare Lombroso, dessen These vom geborenen Verbrecher und dessen Typisierung von Verbrechern anhand äußerer Körpermerkmale (der Phrenologie) auseinandersetzte. Zwar verwarf Koch nach einer Untersuchung mehrerer Schädel von Insassen einer Irrenanstalt die These von charakteristischen Merkmalen von Verbrecherschädeln, doch hielt auch er an der These vom geborenen Verbrecher fest, die er als kranke, d. h. geisteskranke oder psychopathisch minderwertige Wesen betrachtete und die er als mildere Form der Bestrafung in Schutz- und Besserungsanstalten untergebracht wissen wollte. Hirsch räumte zwar ein, dass sich diese Forderungen gegenwärtig noch nicht umsetzen ließen, gab jedoch der Hoffnung Ausdruck, dass die moderne

61 Vorwärts Nr. 169 v. 23. 7. 1907, S. 12: Anzeigenteil (Neu-Erscheinungen).

62 Dr. Siegfrieda, Rezension von Paul Hirsch, Verbrechen und Prostitution als soziale Krankheitserscheinungen. Berlin 1907, Buchhandlung Vorwärts. 184 Seiten. 2 Mark, in: NZ 26/1 (1908), S. 78 f., Zitate S. 79.

Strafrechtspflege in nicht allzu ferner Zeit diesen Forschungen Rechnung tragen werde.[63]

2.3 Das wachsende Interesse an der preußischen Landespolitik

In der Folgezeit trat Hirsch wiederholt mit Aufsätzen in der sozialistischen Presse hervor. So erschien in der von Clara Zetkin redigierten Zeitung der sozialdemokratischen Frauenbewegung „Die Gleichheit" im Mai 1898 ein Beitrag über „Das preußische Abgeordnetenhaus und die Frage des Frauenstudiums".[64] Wenn es auch konkret nur um die Nichtgenehmigung eines von den städtischen Behörden geplanten Mädchengymnasiums ging, so war mit dieser Angelegenheit doch auch die Frage des Frauenstudiums und letztlich die der Gleichberechtigung der Geschlechter berührt.[65]

Ende des 19. Jahrhunderts war die deutsche Gesellschaft eine Männergesellschaft, die Frauen mindere Rechte und Lebenschancen einräumte. Die Geschlechterdifferenzen fanden ihren Niederschlag in der rechtlichen und politischen Diskriminierung der Frauen, in unterschiedlichen Ausbildungswegen und Berufen und in festgeschriebenen Rollenbildern in Gesellschaft und Öffentlichkeit. Aber diese Politik der Rechtsversagungen erschien um die Jahrhundertwende einigermaßen unzeitgemäß und antiquiert. Dies betraf nicht zuletzt die Frage der Ausbildung der Mädchen und des Frauenstudiums.

Die Ausbildung der „höheren Töchter" erfolgte im 19. Jahrhundert in der Regel in privaten oder wie in katholischen Regionen in klösterlichen Einrichtungen. Nur langsam entstanden öffentliche kommunale Mädchenschulen, die noch 1900/01 nur ein Viertel aller Mädchen vorbehaltenen Bildungsinstitutionen ausmachten. Die Einsicht in die Notwendigkeit einer Reform der Ausbildung der Frauen wuchs in dem Maße, in dem Frauen im benachbarten Ausland, wie der deutschsprachigen Schweiz, studieren durften und Deutschland damit bildungspolitisch ins Hintertreffen zu geraten drohte. Darüber hinaus wurden auch weibliche Ärzte zur Bekämpfung geschlechtsspezifischer Krankheiten benötigt. 1893 wurde schließlich das erste Mädchengymnasium in Karlsruhe

63 Paul Hirsch, Die Frage nach dem geborenen Verbrecher, in: NZ 15/1 (1897), S. 182–185. Vgl. auch Julius Ludwig August Koch, Die Frage nach dem geborenen Verbrecher, Ravensburg 1894. Zur Zeitschrift „Die Neue Zeit" vgl. Leesch, „Vorwärts", S. 86–88.

64 Vorwärts Nr. 120 v. 25. 5. 1898, S. 9: Eingelaufene Druckschriften.

65 Ute Gerhard, Frauenbewegung und Feminismus. Eine Geschichte seit 1789, München 2009, bes. S. 49–81; Barbara Greven-Aschoff, Die bürgerliche Frauenbewegung in Deutschland 1894–1933, Göttingen 1981, S. 125–147.

gegründet, sieben Jahre später wurden Frauen in Baden auch zum Studium zugelassen. Preußen sollte 1903 mit der Gründung des Kölner Mädchengymnasiums, damals noch auf privater Basis, und der Zulassung von Frauen zum Universitätsstudium 1908 folgen.[66]

Bei der Besprechung der Verhandlungen im preußischen Landtag über die Nichtgenehmigung des geplanten Mädchengymnasiums in Breslau durch die preußische Regierung machte Hirsch eingangs auf den sozialen Aspekt aufmerksam, würden doch höhere Schulen in der Regel von Kindern mit bürgerlichem Hintergrund und selten von Kindern aus Arbeiterfamilien besucht. Arbeiterfrauen stünden dagegen selten im Fokus der Regierenden. Dennoch bot ihm die Debatte die Gelegenheit, einmal ganz grundsätzlich das Problem der rechtlichen Zurücksetzung von Frauen zu thematisieren. Auf den Verlauf der Debatte eingehend, konnte er seine Enttäuschung nicht verbergen. „Wir sind gewiß die letzten, die vom preußischen Abgeordnetenhause in seiner heutigen Zusammensetzung eine Debatte erwarten, die auch nur annähernd auf der Höhe der Zeit steht, aber das müssen wir doch offen zugeben: so seichte Argumente gegen die moderne Frauenbewegung, so abgedroschene Phrasen, wie sie vom Regierungstische und, mit wenigen Ausnahmen, von fast allen Mitgliedern des Hauses fielen, hätten wir selbst diesem Parlament nicht zugetraut." Der wahre Grund für die fortwährenden Rechtsversagungen gegenüber dem weiblichen Geschlecht sei die „Furcht vor der Konkurrenz". Deshalb sei in der Debatte auch wiederholt auf den „natürlichen Beruf der Frau als Gattin und Mutter" und die Unterschiede zwischen den Geschlechtern verwiesen worden. Mokant setzte sich Hirsch mit den Argumenten der Konservativen auseinander, die sich darüber echauffieren würden, dass mit der Gewährung eines Mädchengymnasiums ein Stein ins Rollen käme, der zur Öffnung des Universitätsstudiums und aller akademischen Berufe, letztlich auch zur Beseitigung aller rechtlichen und politischen Diskriminierungen führen müsse. Die Tatsache, dass sich in den vergangenen Jahren in Preußen 23 Frauen zum Abitur angemeldet und dieses auch bestanden hätten, sei „die beste Widerlegung der bekannten Phrase, daß die Frau zum Studium weniger befähigt sei als der Mann". So unsinnig wie die Verweigerung von höheren Bildungseinrichtungen für Mädchen sei die Nichtzulassung von Frauen zum Universitätsstudium und zu den Staatsprüfungen. Unter großem Kostenaufwand müssten Frauen zur Ablegung des Staatsexamens deshalb ins Ausland reisen. Die Verhandlungen im Abgeordnetenhaus hätten der bürgerlichen Frauenbewegung letztlich deutlich

66 Vgl. Nipperdey, Deutsche Geschichte 1866–1918, Bd. 1, S. 561–563. Zur Mädchenbildung vgl. auch Ute Frevert, Frauen-Geschichte. Zwischen bürgerlicher Verbesserung und neuer Weiblichkeit, Frankfurt a. M. 1986, S. 118–123.

vor Augen geführt, dass sie auf die Regierungen in Preußen und im Reich nicht rechnen könnten, sondern letztlich „auf die Unterstützung der Arbeiterklasse angewiesen" seien. Dabei könne der Kampf für Gleichberechtigung „nicht das Werk einiger Frauen" sein, „sondern das der Frauen in der Gesammtheit, die Schulter an Schulter mit den Männern zu kämpfen haben für die Befreiung des Proletariats, für die Gleichheit alles dessen, was Menschenantlitz trägt".[67]

Mit seinem Beitrag machte Paul Hirsch auf ein Thema aufmerksam, das bis weit ins liberale Bürgertum dringend reformbedürftig erschien.[68] Für ihn war die Frauenfrage eng mit der sozialen verknüpft und beschränkte sich nicht auf einige wenige Einzelfragen. Es handelte sich letztlich um ein allgemeines, umfassendes Problem, das auch die Beseitigung der politischen Diskriminierung und damit die Gewährung des Frauenwahlrechts umschloss. Dies wurde in einem weiteren Beitrag deutlich, der im folgenden Jahr in der Zeitschrift „Die Gleichheit" veröffentlicht wurde und sich mit der Debatte des preußischen Abgeordnetenhauses über die weiblichen Fabrikinspektoren beschäftigte. Anlass der Beratung bot ein während der zweiten Lesung des Handelsetats eingebrachter Antrag des linksliberalen Abgeordneten Max Hirsch, der die Regierung um Einstellung weiblicher Gewerbeaufsichtsbeamten in den Bezirken ersuchte, die einen hohen Anteil weiblicher Beschäftigter aufwiesen. Paul Hirsch machte in seinem Artikel darauf aufmerksam, dass Frauen nicht nur im Ausland wie beispielsweise in Frankreich, wo es seit 1892 Inspektorinnen gab, sondern auch in deutschen Einzelstaaten wie Bayern, Hessen und Sachsen-Weimar zur Gewerbeaufsicht herangezogen würden. Die Verhandlungen über den linksliberalen Antrag, so konstatierte Paul Hirsch missmutig, hätten eindringlich gezeigt, dass die große Mehrheit des Parlaments „von denselben rückständigen Ansichten beseelt" sei, „die das charakteristische Merkmal des Dreiklassenparlaments in allen die Arbeiterschaft berührenden Fragen" bilde. Es werde „noch manches Jahr ins Land ziehen", „ehe man sich in Preußen endlich dazu entschließen kann, ernstlich mit der Anstellung weiblicher Fabrikinspektorinnen vorzugehen, sei es auch nur als Hilfsbeamte und mit der in der Debatte geforderten Einschränkung".[69]

67 Paul Hirsch, Das preußische Abgeordnetenhaus und die Frage des Frauenstudiums, in: Die Gleichheit Nr. 11 v. 25. 5. 1898, S. 83–86. Zur Zeitschrift „Die Gleichheit" vgl. Leesch, „Vorwärts", S. 97–99.

68 Vgl. Stalmann, Falk, S. 39–41.

69 Paul Hirsch, Die Frage der weiblichen Fabrikinspektoren vor dem preußischen Landtag, in: Die Gleichheit Nr. 7 v. 29. 3. 1899, S. 51 f., Zitate S. 52. Vgl. auch die Rede von Hirsch am 8. 3. 1909, in der er die Forderung der Partei nach Zuziehung von Arbeitern und Frauen zur Gewerbeinspektion begründete; StBPAH, 48. Sitzung, Sp. 3631–3634. Ferner die Rede am 28. 2. 1911; StBPAH, 38. Sitzung, Sp. 2985–3003, hier Sp. 2988–2992.

Es ist anzunehmen, dass Hirsch als Schriftsteller in äußerst bescheidenen, ja prekären Verhältnissen lebte. Die Honorare für seine in der sozialdemokratischen Publizistik erschienenen Texte dürften zur Bestreitung des Lebensunterhalts gerade soeben ausgereicht haben, zumal er für seine Auftritte als Versammlungsredner nichts erhalten haben wird. Nichtsdestotrotz war er wiederholt Mittelpunkt sozialdemokratischer Veranstaltungen. So trat er nicht nur während des Reichstagswahlkampfs 1898 als Redner auf, sondern war auch zwischen den Wahlen auf SPD-Versammlungen anzutreffen.[70]

2.4 Ein kommunalpolitischer Fehlstart und weitere Publikationen

Hirschs Engagement machte sich allmählich politisch bezahlt. Nach seinen Auftritten vor den Wahlen zum Reichstag und zum preußischen Abgeordnetenhaus wurde er bei der durch das Ausscheiden des freisinnigen Stadtverordneten Hesse notwendig gewordenen Ersatzwahl im VI. Kommunalwahlbezirk für die Stadtverordnetenversammlung in Charlottenburg als Kandidat aufgestellt.[71] Im Gegensatz zu den preußischen Landtagswahlen hatte die SPD bereits auf ihrem Parteitag in Halle 1890 grünes Licht für die Beteiligung an den Gemeindewahlen gegeben, die ebenfalls nach einem ungleichen, plutokratischen Wahlrecht stattfanden.[72]

Die Aussichten für die am 21. November angesetzte Ersatzwahl schienen günstig zu sein, da, wie der „Vorwärts“ bemerkte, „seit dem vorigen Jahre ein erheblicher Zuzug der Arbeiter in diesem Bezirk zu verzeichnen“ sei.[73] Doch dieser Eindruck trog oder wurde im Effekt überschätzt. Denn bei der Wahl in der 3. Abteilung, an der von den 3994 eingeschriebenen Wählern lediglich 745 (18,6 %) teilnahmen, entfielen auf Paul Hirsch nur 206 Stimmen, während der Kandidat der Liberalen, der Kaufmann Otto Eismann, mit 539 Stimmen den Sieg und damit auch das Mandat davontrug.[74]

70 Vorwärts Nr. 136 v. 14. 6. 1898, S. 2: Von der Agitation; Nr. 138 v. 16. 6. 1898, S. 4: Die Berliner Arbeiterschaft, und S. 7: Charlottenburg; Nr. 145 v. 24. 6. 1898, S. 4: Einen letzten Appell an die Wähler; ferner Nr. 215 v. 14. 9. 1898, S. 6: Aus den Nachbarorten; Nr. 28 v. 3. 2. 1900, S. 7: Aus der Frauenbewegung. Verein für Frauen und Mädchen der Arbeiterklasse; Nr. 230 v. 1. 10. 1898, S. 7: Charlottenburg.

71 Vorwärts Nr. 268 v. 15. 11. 1898, S. 6: Charlottenburg; ferner Nr. 267 v. 13. 11. 1898, S. 6: Aus den Nachbarorten; zur Wählerversammlung vom 20. 11. 1898 der Hinweis in Nr. 271 v. 19. 11. 1898, S. 6: Aus den Nachbarorten.

72 Protokoll SPD-Parteitag 1890, S. 268–270.

73 Vorwärts Nr. 272 v. 20. 11. 1898, S. 13: Versammlungen.

74 Vorwärts Nr. 273 v. 22. 11. 1898, S. 6: Aus den Nachbarorten.

Vorerst blieb Hirsch nur die spitze Feder, um sich für die Positionen der SPD zu engagieren. So erschien im Januar 1899 die Broschüre „Der Kampf gegen die Arbeiter-Koalitionen. Material zur Zuchthaus-Vorlage", die in allen Zahlstellen der Partei von Mitgliedern des Wahlvereins für den 4. Berliner Reichstagswahlkreis unentgeltlich bezogen werden konnte.[75] Hintergrund der 30-seitigen Broschüre war eine Rede Kaiser Wilhelms II., der im September 1898 in Bad Oeynhausen einer Verschärfung der Strafen für Koalitionszwang, mit denen man den Handlungsspielraum der Gewerkschaften einengen wollte, das Wort geredet hatte. Mit der sog. Zuchthausvorlage, die 1899 dem Reichstag zugleitet, aber letztlich verworfen wurde, sollte der Koalitionszwang, d. h. der auf arbeitswillige Arbeiter von Streikenden ausgeübte Druck, einem Arbeitskampf oder einer Gewerkschaft beizutreten, schärfer bestraft werden.[76] Die „deutsche Arbeiterklasse", so befand Hirsch am Schluss seiner Arbeit, „wird sich ihre wenigen Rechte nicht noch mehr verkümmern, sie wird sich ein Natur- und Grundrecht nicht rauben lassen, und wenn man dennoch einen solchen Versuch unternimmt, wenn man wirklich vor diesem Attentat auf die Menschenrechte nicht zurückschreckt, dann wird die Arbeiterschaft, die dank der Blut- und Eisenpolitik des ‚genialsten Staatsmannes' im Kampfe erprobt ist, den neuen ihr aufgezwungenen Kampf aufnehmen und ihn siegreich zu Ende führen."[77]

Neben seiner schriftstellerischen Arbeit und seinen Reden in Partei- und Gewerkschaftsversammlungen[78] trat Hirsch seit dem zweiten Quartal 1899 auch als Lehrer der Arbeiter-Bildungs-Schule in der Berliner Annenstraße hervor. So war er im Lehrplan für das zweite Quartal, beginnend mit dem 17. April, montagabends für das Fach Nationalökonomie und hier für die Arbeiterschutzgesetzgebung und Arbeiterversicherung in den europäischen Ländern eingeplant.[79] Auch später sollte Hirsch zum Lehrpersonal der Schule gehören. So hob der Verbandsvorsitzende Eugen Ernst auf der Generalversammlung von Groß-Berlin hervor, dass an Hirschs Vorlesungen im ersten Halbjahr 1908 immerhin 260 Personen,

75 Vorwärts Nr. 23 v. 27. 1. 1899, S. 6: Lokales; ferner Nr. 24 v. 28. 1. 1899, S. 7: Versammlungen; Nr. 43 v. 19. 2. 1899, S. 9: Zum Zuchthausgesetze.

76 Vgl. Stalmann, Hohenlohe, S. 334–336; Hentschel, Geschichte der deutschen Sozialpolitik, S. 38 f.

77 Paul Hirsch, Der Kampf gegen die Arbeiter-Koalitionen. Material zur Zuchthaus-Vorlage. Hg. vom Sozialdemokratischen Wahlverein für Teltow-Beeskow-Storkow-Charlottenburg, Charlottenburg 1899, S. 30.

78 So trat Paul Hirsch am 1. Mai 1899 in der Gambrinus-Brauerei in Charlottenburg auf; vgl. Vorwärts Nr. 101a v. 2. 5. 1899, S. 2: Aus den Vororten.

79 Vorwärts Nr. 78 v. 2. 4. 1899, S. 10: Anzeigenteil, Nr. 84 v. 11. 4. 1899, S. 10: Anzeigenteil; Nr. 89 v. 16. 4. 1899, S. 5: Lokales.

an einem Nachkursus weitere 56 teilgenommen hätten, „um später die gewonnenen Kenntnisse in der Wahlagitation zu verwerten".[80] Der Besuch seines Unterrichts schien allerdings anfangs nicht sonderlich rege gewesen zu sein. So forderte der Parteivorstand im Mai 1899 die Arbeiter bei „der großen Wichtigkeit dieses Themas" dazu auf, sich „mehr als bisher an diesen Vorträgen" zu beteiligen. „Besonders den Gewerkschaftsmitgliedern sei geraten, diese Gelegenheit nicht unbenutzt vorübergehen zu lassen, um sich mit den Fragen der Arbeiterschutz-Gesetzgebung und Arbeiterversicherung eingehend bekannt zu machen."[81] Nach den im Dortmunder Stadtarchiv aufbewahrten Unterlagen war Hirsch neben seiner Tätigkeit an der Arbeiterbildungsschule darüber hinaus Dozent an der Sozialhygienischen Akademie in Charlottenburg und hielt Vorträge über Verfassungs- und Verwaltungsfragen sowie zur sozialhygienischen Gesetzgebung. Zeitlich lässt sich diese Vortragstätigkeit jedoch nicht eindeutig eingrenzen.[82]

Ende Mai 1899 erschien Hirschs Broschüre „Die Sozialdemokratie im Wahlkreise Teltow-Beeskow-Storkow-Charlottenburg", in der anhand der amtlichen Statistik der Reichstagswahlen von 1890, 1893 und 1898 die Entwicklung der Partei im Reichstagswahlkreis analysiert wurde. Neben den Wahlergebnissen und einer Darstellung der Berufsverhältnisse der Bevölkerung fanden auch die Agitationsbedingungen in einzelnen Bezirken besondere Erwähnung. „Eine solche Arbeit", so resümierte der „Vorwärts", „ebnet erst die Wege für eine planmäßige Kleinarbeit, auf die wir in Kreisen, die durch allgemeine Agitation genügend vorbereitet sind, den größeren Wert legen". Die Studie hielt das Blatt für derart vorbildhaft, dass es sie anderen Kreisen zur Nachahmung empfahl.[83] Neuauflagen der Schrift, die die Ergebnisse der folgenden Reichs- und Landtagswahlen berücksichtigten, erschienen 1904 und 1912.[84]

80 Vorwärts Nr. 198 v. 25. 8. 1908, S. 5: Die Generalversammlung von Groß-Berlin.

81 Vorwärts Nr. 108 v. 10. 5. 1899, S. 5: Lokales (Arbeiter-Bildungsschule).

82 Stadtarchiv Dortmund, Bestand 111/01, Lfd. Nr. 21/3, Bl. 157: Biographische Unterlagen zu Paul Hirsch, 7. 5. 1954.

83 Vorwärts Nr. 120 v. 26. 5. 1899, S. 3: Partei-Nachrichten. Die Socialdemokratie im Wahlkreise Teltow-Beeskow-Storkow-Charlottenburg.

84 Paul Hirsch, Die Socialdemokratie im Wahlkreise Teltow-Beeskow-Storkow-Charlottenburg – Die Reichstags- und Landtagswahlen von 1903, 2. Aufl. Charlottenburg 1904. Vgl. auch Vorwärts Nr. 106 v. 6. 5. 1904, S. 9: Partei-Nachrichten (Die Socialdemokratie im Wahlkreise Teltow-Beeskow-Storkow-Charlottenburg). Die Schrift wurde 1906 unter dem Titel „Unter dem elendsten aller Wahlsysteme" neu aufgelegt; vgl. Vorwärts Nr. 93 v. 22. 4. 1906, S. 6: Aus der Partei. Vgl. auch die Besprechung in der Nation v. 9. 6. 1906 und in der Kreuzzeitung v. 2. 5. 1906; Leo Baeck Institute, Paul Hirsch Collection (AR 3382), Box 1, Folder 1. – Paul Hirsch/Bruno Borchardt, Die Sozialdemokratie und die Wahlen

Auch wenn für den Reichstag im Gegensatz zu den Landtags- und Gemeindewahlen ein allgemeines, gleiches, geheimes und direktes Männerwahlrecht galt, stellte die Nichtanpassung der Wahlkreisgrenzen an die Bevölkerungsentwicklung ein großes Problem dar.[85] Als 1871 die Zahl der Reichstagswahlkreise auf 382 festgelegt wurde, zu denen zwei Jahre später noch 15 weitere für Elsass-Lothringen hinzutraten, umfassten die Wahlkreise jeweils rund 100 000 Einwohner bzw. 20 000 Wahlberechtigte. Die Bevölkerungsverschiebungen, die Folge der Binnenwanderung von Ost nach West, der Industrialisierung und Urbanisierung und der damit verbundenen Landflucht waren, fanden jedoch in der Folgezeit keine Berücksichtigung. So schwankte die Zahl der Wahlberechtigten in einzelnen Wahlkreisen teilweise erheblich. Bereits 1898 gab es zwei Wahlkreise, darunter der Wahlkreis Teltow, mit mehr als 120 000 Wahlberechtigten, während 20 weniger als 16 000 Wahlberechtigte aufwiesen. Die Ungleichverteilung wurde mit den Jahren stärker. Als 1912 die durchschnittliche Zahl der Wahlberechtigten pro Wahlkreis bei 36 379 lag, hatten 11 Wahlkreise mehr als 120 000 Wahlberechtigte, davon zwei mehr als 200 000, während in 14 Wahlkreisen weniger als 16 000 Wahlberechtigte lebten.[86] Die Extreme markierten 1912 die Wahlkreise Teltow bei Berlin mit 338 900 Wahlberechtigten und der Wahlkreis Schaumburg-Lippe mit lediglich 10 700 Wahlberechtigten. Mit anderen Worten: Das Gewicht einer Stimme eines Wählers aus Schaumburg-Lippe war um ein mehr als 30-faches höher als das eines Teltower Wählers.[87]

Auf diese Ungleichverteilung wies auch Hirsch in seiner Studie hin. Als Beispiel wählte er den Wahlkreis Deutsch-Krone, der lediglich 12 756 Wahlberechtigte (1898) aufweisen würde, sodass „jeder Wähler in Deutsch-Krone sogar einen 10-mal so großen Einfluß auf die Gesetzgebung“ ausüben könne als ein Teltower Wähler. Empört wies Hirsch zugleich darauf hin, dass die zum Wahlkreis Teltow zählende Stadt Charlottenburg bereits 37 000 Wahlberechtigte aufweise, aber nicht das Recht habe, einen eigenen Repräsentanten in den Reichstag zu entsenden.[88]

Nachdem der Wahlkreis Teltow-Beeskow-Storkow-Charlottenburg, der sowohl städtisch als auch ländlich strukturiert war und dessen Bevölkerung zu

zum deutschen Reichstage, Berlin 1912; ferner Vorwärts Nr. 19 v. 24. 1. 1912, S. 9: Aus der Partei. Vgl. auch die Rezension, in: NZ 30/1 (1912), S. 796 f.

85 Ritter/Niehuss, Wahlgeschichtliches Arbeitsbuch, S. 23–32.

86 Ebd., S. 98.

87 Ebd., S. 28.

88 Paul Hirsch, Die Sozialdemokratie im Wahlkreise Teltow-Beeskow-Storkow-Charlottenburg. Auf Grund der amtlichen Statistik der Reichstagswahlen von 1890, 93 und 98, Charlottenburg 1899, S. 3.

93 % (1895) protestantisch war, bei den Wahlen zum Norddeutschen Reichstag 1867 und zum Deutschen Reichstag 1871 einen konservativen Vertreter gewählt hatte, siegten in den beiden folgenden Wahlen ein Nationalliberaler und 1878 ein Freisinniger, ehe 1881 die Konservativen das Mandat wieder zurückerobern konnten. 1890 gelang es der SPD, in die Stichwahl zu kommen. Während sie damals noch dem konservativen Kandidaten unterlag, konnte sie in den beiden folgenden Wahlen 1893 und 1898 in der Stichwahl mit Fritz Zubeil reüssieren.[89] Anhand einer tabellarischen Übersicht wies Hirsch auf die Wahlerfolge der Sozialdemokraten hin, die ihre Stimmen von 1453 im Jahr 1874 bis 1898 auf 42 699 fast um das Dreißigfache erhöhen konnten. Von Interesse war auch die Zunahme der für den sozialdemokratischen Kandidaten abgegebenen Stimmen in der Stichwahl von 22 839 (1890) auf 51 967 (1898).[90] Die Zahlen dokumentierten letztlich die Bereitschaft eines Teils der linksliberalen Wähler, in der Stichwahl einem SPD-Kandidaten zum Sieg zu verhelfen.

Die im Text folgende tabellarische Übersicht über die Reichstagswahlergebnisse nach Wahlbezirken des Kreises illustrierte die Stärke der Partei in städtischen Bezirken wie Köpenick oder Adlershof, allerdings auch ihre Schwäche auf dem Land, wo sie teilweise sogar im einstelligen Prozentbereich verharrte.[91] Mit dieser an wissenschaftlichen Kriterien orientierten Dokumentation versuchte Hirsch die in ländlichen Bezirken offenkundigen Defizite aufzudecken und damit die Ausgangsbedingungen für die Wahlagitation der Partei zu verbessern. Damit dürfte er auch eigene Interessen verfolgt haben, denn es lag nicht außerhalb jeglicher Wahrscheinlichkeit, dass Hirsch nach seiner erfolglosen Kandidatur für die Charlottenburger Stadtverordnetenversammlung einmal für den preußischen Landtag oder den Reichstag kandidieren würde.

Nach seiner kleinen Broschüre „Der Kampf gegen die Arbeiter-Koalitionen“ und seiner Analyse der Entwicklung der SPD im Wahlkreis Teltow-Beeskow-Storkow-Charlottenburg folgte Ende Juli 1899 eine „Agitationsbroschüre“[92] mit dem Titel „Die Knebelung der Arbeiterklasse durch das Junkerparlament“, die sich der Sozial- und Arbeiterpolitik des preußischen Abgeordnetenhauses widmete und nach einer scharfen Kritik an der „Arbeiterfeindlichkeit der Junker und

89 Vgl. ebd., S. 3 f.

90 Ebd., S. 4.

91 Hirsch, Die Sozialdemokratie im Wahlkreise Teltow-Beeskow-Storkow-Charlottenburg. Vgl. hierzu auch die Rede Hirschs auf der Kreiskonferenz für Teltow-Beeskow-Charlottenburg vom 29. 10. 1899; Vorwärts Nr. 255 v. 31. 10. 1899, S. 4: Versammlungen. – Zur Entwicklung des Reichstagswahlkreises vgl. auch Landesarchiv Berlin, A Pr. Br. Rep. 030, Polizeipräsidium Berlin, Nr. 13213, 13217 und 13218.

92 Vorwärts Nr. 175 v. 29. 7. 1899, S. 7: Anzeigenteil.

Junkergenossen" einen weiten Bogen schlug von der Frage des Arbeiterschutzes und der Gewerbeinspektion bis hin zur Lage der Unterbeamten, der Eisenbahn- und Bergarbeiter.[93] Die „Aera der Sozialreform" sei im Grunde „nicht über die Kinderschuhe hinausgekommen, mit Zähnen und Nägeln wehrt sich das Grubenkapital gegen einen positiven, ausreichenden Bergarbeiterschutz, gegen die Bergaufsicht durch Arbeiterkontrolleure, und rücksichtslos wird von den fiskalischen und privaten Gruben jede Regung zur Organisation bekämpft und niedergeschlagen". Die Beschwerden und Forderungen der Arbeiter würden erst dann Gehör finden, wenn das preußische Parlament „nicht mehr ausschließlich ein Bourgeois-Parlament sein" würde.[94]

Mit seiner Broschüre über die sozialpolitischen Beschlüsse oder besser die Versäumnisse des preußischen Abgeordnetenhauses entsprach Hirsch dem Wunsch des Verlags nach einer stärkeren Nutzbarmachung der Verhandlungen des Landtags für die politische Agitation. Detailliert und kenntnisreich wies er die im Vergleich mit Großbritannien, Frankreich und Belgien offenkundigen Defizite Preußens in der Sozialpolitik und Arbeiterschutzgesetzgebung nach, die Folge der einseitigen sozialen Zusammensetzung des preußischen Parlaments zu sein schienen. Eine Änderung und damit eine Verbesserung der sozialen und wirtschaftlichen Lage der preußischen Arbeiterschaft konnte seiner Meinung nach letztlich nur nach einer Reform des ungleichen Dreiklassenwahlrechts eintreten.

Als der „Vorwärts" eine Übersicht der Neuerscheinungen jenes Jahres aufführte, fand sich die kleine Schrift von Paul Hirsch, die in 5000 Exemplaren Verbreitung fand, neben den Broschüren so namhafter Sozialdemokraten wie August Bebel („Volkswehr und stehendes Heer") oder auch Leo Arons und Max Schippel. Insgesamt war das Angebot, das die Buchhandlung Vorwärts ihren Lesern bot, beeindruckend und umfasste neben der „Parteilitteratur" eine illustrierte Romanbibliothek und Original-Kupferradierungen mit den Porträts von Marx und Engels – denen, so versprach die Buchhandlung, bald auch das von Lassalle folgen sollte. Ausdruck des geschäftlichen Erfolgs der Buchhandlung war die Tatsache, dass sie der Parteikasse auch im abgelaufenen Rechnungsjahr „zu Agitationszwecken" 25 000 M bereitstellen konnte.[95]

93 Paul Hirsch, Die Knebelung der Arbeiterklasse durch das preußische Junkerparlament, Berlin 1899.

94 Ebd., S. 48.

95 Vgl. den Geschäftsbericht Buchhandlung Vorwärts für das Rechnungsjahr 1898/99, in: Vorwärts Nr. 221 v. 21. 9. 1899, S. 11.

2.5 Hirschs Einsatz für eine Beteiligung der SPD an den preußischen Landtagswahlen

Es wäre folgerichtig gewesen, wenn Hirsch sein politisches Engagement baldmöglichst mit einem Mandat hätte krönen wollen. Während sich die Reichstagswahlkreise in den Händen der führenden Parteipolitiker befanden, hätte sich ein Mandat auf Landesebene angeboten. Doch eine Beteiligung an den Wahlen zum preußischen Abgeordnetenhaus unter dem Dreiklassenwahlrecht war in der SPD lange Zeit verpönt. Preußen nahm damals mit annähernd zwei Dritteln der Reichsbevölkerung und des Reichsgebiets eine hegemoniale Stellung im Deutschen Reich ein. Da der deutsche Kaiser zugleich preußischer König war und der preußische Ministerpräsident zumeist in Personalunion das Amt des Reichskanzlers bekleidete, war die Politik im Reich eng mit der des größten Einzelstaates verzahnt. Dies war insofern problematisch, als das preußische Abgeordnetenhaus aufgrund des ungleichen Wahlrechts als Hochburg der Konservativen figurierte und aufgrund der bestehenden Machtverhältnisse ein retardierendes und rückwärtsgewandtes Moment in der deutschen Politik darstellte.[96]

Das 1849 in Preußen eingeführte Dreiklassenwahlrecht war zwar ein allgemeines, aber doch ein öffentliches, indirektes und vor allem ungleiches Wahlrecht für Männer, die das 24. Lebensjahr vollendet hatten. Gemäß ihrer Steuerleistung wurden die Urwähler in drei Abteilungen eingeteilt, auch Klassen genannt, auf die jeweils ein Drittel des Gesamtsteuerbetrags entfiel. Der Modus der gemeindeweisen Abteilungsbildung, die seit 1893 nach Urwahlbezirken vorgenommen wurde, basierte auf der Vorstellung, dass die durch die Steuerzahlung erfolgenden Leistungen an den Staat mit entsprechenden Teilhaberechten an der Politik durch den Staat honoriert werden sollten. Dadurch wurde allerdings nur das bestehende soziale Herrschaftsgefüge reproduziert. Die Folge der Korrespondenz von Steuerleistung und Stimmengewicht war, dass die Stimme eines in der ersten Abteilung Wählenden in der Regel etwa das 16–26fache, die Stimme eines in der zweiten Abteilung Wählenden etwa das 5–8fache Gewicht der Stimme eines Wählers der dritten Abteilung hatte. Die Ungleichheit des Rekrutierungssystems, die durch die Öffentlichkeit mögliche politische und soziale Beeinflussung wie auch der mit der indirekten Wahl verbundene erhebliche Zeitverlust der Terminwahl führten zu einer extrem niedrigen Wahlbeteiligung bei den preußischen Landtagswahlen. 1893 betrug sie gerade einmal 18,4 %. Während in der ersten Klasse noch fast die Hälfte der Wahlberechtigten

96 Zur Stellung Preußens im Reich vgl. Spenkuch, Preußen, S. 214–235.

(48,1 %) an der Wahl teilnahm, lag die Partizipationsrate in der zweiten Klasse bei 32,1 % und in der dritten bei nur 15,2 %.[97] Das ungleiche Wahlsystem und die ungenügende Anpassung der Wahlkreisgrenzen an die durch Industrialisierung, Urbanisierung und Landflucht erfolgten Bevölkerungsumschichtungen führten zu einer vor allem seit 1898 offenkundigen Diskrepanz zwischen dem Stimmen- und dem Mandatsanteil der Parteien. Noch 1913 konnten die beiden konservativen Parteien mit lediglich 16,8 % der Stimmen 45,6 % der Mandate stellen, während die Sozialdemokratie mit 28,4 % der Stimmen nur 2,3 % der Mandate erhielt.[98]

Es gebe, so formulierte es Hirsch einmal, „keinen denkenden Menschen", „der nicht im Innersten seines Herzens von dem Widersinn und der Haltlosigkeit des Dreiklassenwahlsystems durchdrungen" sei.[99] Dieses Wahlrecht sei letztlich „das elendeste aller Wahlsysteme"[100], womit er auf eine Äußerung Bismarcks rekurrierte, der aus seiner Enttäuschung über den Ausgang der preußischen Abgeordnetenhauswahlen keinen Hehl gemacht hatte[101]. Wegen des ungleichen Dreiklassenwahlrechts lehnte die SPD vor 1898 eine Teilnahme an den preußischen Landtagswahlen ab. 1893 nahm die SPD auf ihrem Kölner Parteitag eine Resolution an, nach der jedem preußischen Parteigenossen zur Pflicht gemacht wurde, „sich jeder Betheiligung an den Landtagswahlen unter dem jetzt bestehenden Wahlsystem zu enthalten" und energisch für die Einführung des allgemeinen, gleichen, direkten Wahlrechts für die Landtage zu agitieren. Gleichzeitig wurden Kompromisse mit bürgerlichen Parteien, oder wie sich die Resolution ausdrückte, mit „feindlichen Parteien", verworfen, da sie „nothwendigerweise zur Demoralisation und zu Streit und Zwietracht" in der eigenen Partei führen würden.[102] Wahlabsprachen und Wahlabkommen mit bürgerlichen Parteien bezeichnete Wilhelm Liebknecht gar als einen Prinzipien opfernden „Verrath".[103] Da die SPD letztlich nur auf die Stimmen der dritten Wählerklasse fest rechnen konnte, wäre die SPD auf die Unterstützung

97 Ritter/Niehuss, Wahlgeschichtliches Arbeitsbuch, S. 134 u. 142, insges. S. 133–139. Vgl. auch Patemann, Der Kampf um die preußische Wahlreform, S. 9–17.

98 Ritter/Niehuss, Wahlgeschichtliches Arbeitsbuch, S. 134 u. 146 f.: Tabelle 5 u. 6; Kühne, Dreiklassenwahlrecht, S. 165–205.

99 Paul Hirsch, Zur „Reform" des Kommunalwahlrechts in Preußen, in: NZ 18/2 (1900), S. 140–150, Zitat S. 150.

100 Ders., Die preußischen Landtagswahlen und die Sozialdemokratie, in: SM 3 (1897), S. 317–326, hier S. 319.

101 Hirsch, Weg, S. 20.

102 Protokoll SPD-Parteitag 1893, S. 253, zur Annahme der Resolution S. 268.

103 Ebd., S. 266.

anderer Parteien, und das waren damals in erster Linie die Linksliberalen, angewiesen gewesen, um Abgeordnete durchzubringen. Aber angesichts der offenen Stimmabgabe erschien es mehr als fraglich, ob trotz vorheriger Wahlabsprachen freisinnige Wähler einem sozialdemokratischen Kandidaten ihre Stimme geben würden.[104]

Diese harte Position des Kölner Parteitags von 1893 blieb in der Partei nicht ohne Widerspruch. Nicht zuletzt Eduard Bernstein setzte sich für eine Modifikation dieses Beschlusses ein.[105] Doch auch die allgemeine politische Entwicklung in Preußen und die gegen die Arbeiterbewegung gerichteten Bestrebungen von Regierung und Parlament schienen eine stärkere Repräsentation der Arbeiterbewegung im Landtag erforderlich zu machen.[106] Ein Jahr vor den 1898 anstehenden Landtagswahlen meldete sich Paul Hirsch zu dieser Frage zu Wort.[107] In einem in den „Sozialistischen Monatsheften" erschienenen Aufsatz sprach er sich nachdrücklich dafür aus, die bisherige Position zu überdenken und sich an den Landtagswahlen zu beteiligen, auch wenn sich die Rahmenbedingungen kaum geändert hätten, ja allerorten reaktionäre Bestrebungen zu beobachten seien.[108] Hirsch hielt eine parlamentarische Vertretung der Arbeiterklasse im preußischen Parlament für dringend erwünscht. Eine „starke Arbeitervertretung" könnte „durch die Abwehr volksfeindlicher Bestrebungen, durch die Verhinderung der Gewährung von immer neuen Liebesgaben an die ‚Nothleidenden' [einflussreichen Privilegierten] auf Kosten des steuerzahlenden Volkes, vor Allem aber durch eine Kritik der jetzigen Zustände, ganz Bedeutendes erreichen. Säße auch nur ein einziger Sozialdemokrat im Abgeordnetenhause, so hätten" zahlreiche Debatten „nicht einen so oberflächlichen und zahmen Charakter annehmen können". Freilich musste Hirsch einräumen, dass die Partei nicht in der Lage sei, „auf eigene Faust auch nur einen einzigen Sozialdemokraten ins Parlament zu entsenden". Den von Bernstein und anderen reformistischen Sozialdemokraten unterbreiteten Vorschlag, Wahlabkommen mit bürgerlichen Parteien zur Durchsetzung eigener Kandidaten abzuschließen, lehnte er jedoch ab. „Eine

104 Vgl. Mann, Die SPD und die preußischen Landtagswahlen, S. 39.

105 Eduard Bernstein, Die preußischen Landtagswahlen und die Sozialdemokratie: ein Vorschlag zur Diskussion. in: NZ 11/2 (1893), S. 772–778. Vgl. auch Carsten, Bernstein, S. 53 f.

106 Vgl. Mann, Die SPD und die preußischen Landtagswahlen, S. 39.

107 Paul Hirsch, Die preußischen Landtagswahlen und die Sozialdemokratie, in: SM 3 (1897), S. 317–326.

108 Vgl. Ritter/Niehuss, Wahlgeschichtliches Arbeitsbuch, S. 132–139, bes. S. 135 (zu Preußen), S. 163–171, bes. S. 165 f. (zu Sachsen); zu Preußen: Kühne, Dreiklassenwahlrecht, S. 419–450; Patemann, Wahlreform, S. 15.

solche Politik würde die Massen irre machen und grosse Gefahren in sich bergen". Trotzdem hielt er eine Beteiligung an den Wahlen für sinnvoll, da dadurch jedem deutlich gemacht werden könne, dass das höchste Volksrecht einem Großteil der Bevölkerung vorenthalten würde. „Wird diese Rechtsungleichheit dem Volke vor Augen geführt, so steigt die Abneigung gegen das Dreiklassenwahlsystem, und anknüpfend an die hierdurch hervorgerufene Erbitterung wird unsere Agitation für die Abschaffung dieses Wahlmodus ganz andere Früchte tragen, als es heute der Fall ist."[109]

Eine im Vorfeld des Hamburger Parteitags 1897 durchgeführte und in den „Sozialistischen Monatsheften" publizierte Umfrage dokumentierte das in der Partei vorhandene weite Meinungsspektrum, das von einer klaren Ablehnung jeglicher Wahlbündnisse bis hin zur Unterstützung linksliberaler Kandidaten und zu Wahlabsprachen mit dem Ziel gegenseitiger Wahlunterstützung reichte.[110] Auf dem Parteitag Anfang Oktober wurde schließlich eine Resolution angenommen, nach der die Parteigenossen „nach Maßgabe der lokalen Verhältnisse" über eine Beteiligung an den preußischen Landtagswahlen entscheiden sollten. Die Aufhebung des vier Jahre zuvor gefassten Nichtbeteiligungsbeschlusses wurde allerdings durch die Bekräftigung des Verbots von Kompromissen und Bündnissen mit anderen Parteien relativiert.[111] Mit seinen Empfehlungen lag Hirsch letztlich auf Parteilinie. Dennoch war der Parteitagsbeschluss wenig praktikabel. Denn wenn die SPD mit Aussicht auf Erfolg an den Wahlen unter dem Dreiklassenwahlrecht teilnehmen wollte, war sie auf die Unterstützung bürgerlicher Wahlmänner angewiesen und musste zumindest mit Linksliberalen kooperieren.

Der in Hamburg gefasste Beschluss wurde 1898 vom Stuttgarter Parteitag bekräftigt.[112] Die Zeit, um sich auf den Wahlkampf angemessen vorbereiten zu können, war allerdings denkbar knapp. Denn einen guten Monat später, am 3. November, fanden bereits die Wahlen statt. Es mochte deshalb auch nicht überraschen, dass die SPD kein Mandat erringen konnte.[113] Die Beteiligung der Sozialdemokraten an den Dreiklassenwahlen hielt sich auch nach dem

109 Paul Hirsch, Die preußischen Landtagswahlen und die Sozialdemokratie, in: SM 3 (1897), S. 317–326. Vgl. auch Hirsch, Weg, S. 26.

110 Die Sozialdemokratie und die preußischen Landtagswahlen. Eine Umfrage, in: SM 1 (1897), S. 375–386 u. 457–464.

111 Protokoll SPD-Parteitag 1897, S. 217; die Resolution wurde mit 145 gegen 64 Stimmen angenommen.

112 Protokoll SPD-Parteitag 1898, S. 69 f. u. 162.

113 Zur Zusammensetzung des preußischen Abgeordnetenhauses vgl. Ritter/Niehuss, Wahlgeschichtliches Arbeitsbuch, S. 140.

Hamburger Parteitagsbeschluss in Grenzen. So kam die SPD auf lediglich 2,3 % der Stimmen. Selbst in der dritten Klasse erreichte sie nur 3,1 %, während die Ergebnisse in der ersten und zweiten Klasse mit 0,07 bzw. 0,3 % vollends randständig ausfielen.[114] Ihre Stimmenanteile waren immerhin in Brandenburg (4,4 %), Pommern (6,7 %), Sachsen (4,5 %), Schleswig-Holstein (7,6 %) und Hannover (6,7 %) überdurchschnittlich.[115]

In den „Sozialistischen Monatsheften" versuchte Paul Hirsch das Vorgehen der Sozialdemokraten bei den preußischen Landtagswahlen und damit auch den kurz zuvor gefassten Beschluss des Stuttgarter Parteitags zu verteidigen. In der kurzen Zeit vor den Wahlen habe der Parteitag weder die Genossen, die bereits in den Wahlkampf eingetreten seien, noch diejenigen, die eine Teilnahme grundsätzlich verwarfen, desavouieren können. „Auf die Dauer aber kann und darf die Partei sich nicht mit dem Stuttgarter Beschluss zufrieden geben." Denn zukünftig sei ein einheitliches Vorgehen in der Frage der Wahlbeteiligung dringend erforderlich, da ansonsten der politische Kampf der Partei „zur blossen Farce herabgewürdigt" würde. Da die Landtage der Einzelstaaten an Gewicht gewännen, müsste die Arbeiterschaft eben auch dort, „wo ihre vitalsten Interessen auf dem Spiele stehen", mitreden. Hatte sich Hirsch noch im Jahr zuvor gegen Wahlabkommen mit anderen Parteien ausgesprochen, so hielt er nun taktisch motivierte Kompromisse und Wahlabsprachen für „ungefährlich", wobei er auf Wilhelm Liebknecht verwies, der derartige Bündnisse in der praktischen Politik nun als unvermeidlich bezeichnet habe. Sollte die SPD bei den nächsten Wahlen geschlossen in den Wahlkampf eintreten und in allen Wahlkreisen Kandidaten aufstellen, werde sie sicherlich in mehreren Kreisen den Ausschlag geben. Wahlabsprachen könnten sich sowohl auf mehrere Einmannwahlkreise erstrecken, sie seien auch in Zwei- oder Dreimannwahlkreisen möglich, wo sich SPD und „bürgerliche Opposition" innerhalb des Kreises gegenseitig unterstützen könnten.[116] In der Folgezeit sollte er in den Versammlungen der Partei dieses taktische Vorgehen „unter dem elendsten aller Wahlsysteme" explizieren und verteidigen.[117]

114 Ebd., S. 146.

115 Ebd., S. 148.

116 Paul Hirsch, Die Lehren der preußischen Landtagswahlen, in: SM 4 (1898), S. 489–495, Zitate S. 489 u. 491–493.

117 So ein Vortragsthema von Hirsch. Vgl. Vorwärts Nr. 159 v. 11. 7. 1901, S. 5: Berliner Partei-Angelegenheiten (In Zehlendorf); ferner Nr. 163 v. 16. 7. 1901, S. 5: Berliner Partei-Angelegenheiten (Treptow-Baumschulenweg); Nr. 179 v. 3. 8. 1901, S. 7: Versammlungen (Der socialdemokratische Wahlverein von Zehlendorf); Nr. 185 v. 10. 8. 1901, S. 4: Versammlungen (Steglitz).

3. Hirschs Aufstieg zum Kommunalexperten der SPD – Stadtverordneter in Charlottenburg (1899–1914)

Die SPD wandte sich erst spät der Kommunalpolitik zu.[118] Dies lag an der weithin verbreiteten Überzeugung vom „unpolitischen" Charakter der Gemeindepolitik, aber auch an der traditionellen Staatsbezogenheit der Partei und ihrer Fixierung auf diese Organisationseinheit. Darüber hinaus wirkten die eingeschränkten politischen Partizipationsrechte und die enge Bindung der politischen Teilhaberechte an Steuerleistung und Vermögen mit der damit verbundenen Bevorzugung der Haus- und Grundbesitzer abschreckend. Auch die scheinbar begrenzten Gestaltungsmöglichkeiten der Gemeinden begünstigten eine Marginalisierung dieses Politikfeldes. Jede Mitwirkung an der Gemeindepolitik geriet deshalb rasch in den Verdacht, gegen sozialdemokratische Grundsätze und theoretische Prinzipien zu verstoßen. Das Interesse an Fragen der kommunalen Selbstverwaltung wuchs jedoch in dem Maße, in dem die Kommunen zusätzliche wirtschaftliche und soziale Aufgaben wahrnahmen. Es waren nicht zuletzt Vertreter des reformistischen Parteiflügels, die nicht nur die Kommunalpolitik als wichtiges Aktionsfeld begriffen, sondern auch mit der Fixierung programmatischer Aussagen begannen.[119] Zwar reklamierte die SPD in ihrem Erfurter Programm von 1891 die „Selbstbestimmung und Selbstverwaltung des Volkes in Reich, Staat, Provinz und Gemeinde", doch fehlte lange Zeit eine für die Arbeit in den Kommunen geltende Konzeption. Das Thema rief erst auf den Parteitagen von 1902 und 1904 größeres Interesse hervor. 1910 sollte es schließlich zur Verabschiedung eines Kommunalprogramms für Preußen kommen.

Ein großes Ärgernis stellte für die Sozialdemokratie das auf kommunaler Ebene geltende Dreiklassenwahlrecht dar. In der Kritik standen neben dem Kriterium der individuellen direkten Steuerleistung die offene Stimmabgabe, der Ausschluss von Empfängern von Armenhilfe, das Wahlrecht von Aktiengesellschaften im Geltungsbereich der westfälischen Städteordnung und das Hausbesitzerprivileg. Das dem Wahlrecht zugrundeliegende Grundprinzip war das

118 Einen instruktiven Artikel zu diesem Thema verfasste Hirsch 1924 für das Handwörterbuch der Kommunalwissenschaften; vgl. Hirsch, Sozialdemokratie.

119 Zur Haltung der SPD zur Kommunalpolitik vgl. Krapf, Bastionen, S. 13–22; Fülberth, Konzeption, S. 10–21; Rebentisch, Die deutsche Sozialdemokratie; ders., Programmatik; Saldern, Frühe sozialdemokratische Kommunalpolitik; dies., SPD und Kommunalpolitik; dies., Sozialdemokratische Kommunalpolitik; dies., Die Gemeinde in Theorie und Praxis. Allgemein auch Hoffmann, Aufgabe und Struktur der kommunalen Selbstverwaltung.

der selbständigen Existenz: Sozial Abhängigen wurde letztlich abgesprochen, über das Wohl der Gemeinde mitzubestimmen. Besonderen Anstoß erregte der Hausbesitzerparagraph, nach dem jede Abteilung der Stadtverordnetenversammlung mindestens zur Hälfte aus Hausbesitzern bestehen musste. So lag 1900 der Anteil der Hausbesitzer in den Stadtverordnetenversammlungen in Berlin bei 67 %, in Dortmund bei 83 % und in Köln sogar bei 95 %. Diese Bestimmung stieß nicht nur deshalb auf Kritik, weil sie die Wahl von Arbeitervertretern erschwerte, sondern weil der Dominanz des Haus- und Grundbesitzes in den Stadtparlamenten auch die Schuld an den als überhöht angesehenen Immobilienpreisen, den Spekulationsgeschäften und der weithin verbreiteten Wohnungsnot gegeben wurde. Nicht unproblematisch war im Übrigen auch die Drittelerneuerung der kommunalen Vertretungskörperschaften, die mit der alle zwei Jahre erfolgenden Neuwahl eines Drittels der Stadtverordneten einen Politikwechsel erschweren sollte.[120]

In einem Beitrag für die „Sozialistischen Monatshefte“ versuchte Hirsch 1901 die „Buntscheckigkeit“ der kommunalen Wahlsysteme in Preußen aufzuzeigen. Für den größten deutschen Einzelstaat vermochte er nicht weniger als 16 Gesetze und Verordnungen auszumachen, denen allein „der durch und durch plutokratische Charakter“ des Wahlrechts und „das Streben, durch die raffiniertesten Mittel die Rechte der Arbeiterclasse zu schmälern und die Herrschaft in den Communen einer Handvoll Besitzender auf Gnade und Ungnade zu überliefern“, gemeinsam sei. Zu den diskriminierenden Bestimmungen zählte er neben der Einteilung der Wahlberechtigten in drei Klassen gemäß ihrer Steuerleistung und dem Hausbesitzerprivileg auch die für die Ausübung des Wahlrechts erforderlichen Voraussetzungen. Dazu zählten die Veranlagung zur Staatseinkommensteuer oder Grund- und Gebäudesteuer, der Besitz eines Wohnhauses oder der Betrieb eines stehenden Gewerbes. So seien diejenigen, die mit ihrer Steuerzahlung in Rückstand geraten waren und als nicht selbständig galten, d. h. keinen eigenen Hausstand besaßen, nicht wahlberechtigt. Schlafgängern, also Personen, die für wenig Geld eine Schlafstelle in einem Bett für einige Stunden am Tag mieteten, würde nach einem Urteil des preußischen Oberverwaltungsgerichts von 1900 ebenfalls die Wahlberechtigung abgesprochen. Die Ausübung des kommunalen Wahlrechts ruhe auch bei jenen, die Armenunterstützung bezogen. In manchen Provinzen würde die erneute Gewährung des Wahlrechts gar von der Rückzahlung der Unterstützung abhängig gemacht. Auch die auf ein Jahr

120 Vgl. Reulecke, Geschichte der Urbanisierung, S. 131–135, die Zahlen S. 221. Zum Charlottenburger Kommunalwahlrecht und zum Hausbesitzerprivileg vgl. Schütte, Charlottenburg, S. 50 f.

normierte Aufenthaltsdauer wurde bemängelt, da sie vor allem mobile Arbeiterwähler benachteiligen würde. Am Schluss seines Beitrags erhob Hirsch energisch die Forderung nach Einführung des allgemeinen, gleichen Wahlrechts. „Erst die Beseitigung dieser ungerechten Wahlsysteme wird dem socialen Gedanken den Boden ebnen, auf dem er sich bethätigen kann.“[121] Die geradezu schikanösen Bestimmungen des Wahlrechts sollte Hirsch in der Folgezeit wiederholt in seinen Beiträgen und Reden thematisieren.[122]

Neben den plutokratischen Wahlsystemen stieß auch die Einschränkung der kommunalen Selbstverwaltung durch das staatliche Bestätigungsrecht von Magistratsmitgliedern auf Widerspruch. „Freies Wahlrecht und Selbstverwaltungsrecht“, so hieß es in einem Beitrag für die Zeitschrift „Kommunale Praxis“ im Jahr 1909, „sind die Voraussetzungen jedes Gemeinwesens, das wirklich Ersprießliches leisten soll.“ Erst mit ihrer Verwirklichung werde man Gemeinsinn erregen und erhalten sowie damit den Grundgedanken der Städteordnung des Freiherrn vom Stein verwirklichen können.[123]

Galt lange Zeit der Grundsatz, dass die Parteipolitik in den Kommunen außen vor bleiben sollte, so begannen die Parteien allmählich im späten 19. Jahrhundert und vollends nach der Jahrhundertwende die Gemeinden als Aktions- und Wirkungsräume zu entdecken. Ungeachtet der sie benachteiligenden Wahlrechtsbestimmungen gelang es auch der SPD, in eine wachsende Zahl von Gemeindeparlamenten einzuziehen, so 1869 in Fürth, 1878 in Mannheim und 1883 schließlich auch in Berlin. Aber der Widerstand unter den Sozialdemokraten gegen eine Beteiligung an den Kommunalwahlen war

121 Paul Hirsch, Das communale Wahlrecht in Preussen, in: SM 7 (1901), S. 963–973, Zitate S. 963 u. 973. Zu den preußischen Kommunalwahlsystemen und zur politischen Partizipation in den Kommunen vgl. Reulecke, Geschichte der Urbanisierung, S. 131–139.

122 Paul Hirsch, Das Hausbesitzerprivileg und das preußische Oberverwaltungsgericht, in: NZ 24/2 (1906), S. 661–668. Ferner ders., Die Aufnahme des Staatsfiskus und der Kommune in die Gemeindewählerlisten, in: KP 1912, Nr. 50, Sp. 1539–1542. Vgl. auch die Rede Hirschs am 27. 2. 1909, in: StBPAH, 41. Sitzung, Sp. 3027–3048, hier Sp. 3037. Zur Forderung nach der Nichtöffentlichkeit der Wahl vgl. die Rede vom 6. 6. 1910, in: StBPAH, 79. Sitzung, Sp. 6612–6615. Zur Situation nach 1913 vgl. auch Schulze, Braun, S. 162 f.

123 Paul Hirsch, Die Reformbedürftigkeit der preußischen Städteordnungen, in: KP 1909, Nr. 8, Sp. 228–231, Zitat S. 231. Vgl. dazu auch das Referat Hirschs auf dem preußischen Parteitag im November 1907; Vorwärts Nr. 276 v. 26. 11. 1907, S. 9–11: Parteitag der preußischen Sozialdemokratie. – Anlässlich der Beratung des Polizeikostengesetzentwurfs im preußischen Abgeordnetenhaus im Jahr 1908 hatte Hirsch die damit einhergehenden Einschränkungen des kommunalen Selbstverwaltungsrecht moniert. Vgl. Paul Hirsch, Der Entwurf eines Polizeikostengesetzes, in: KP 1908, Nr. 1, Sp. 3 f.

groß, da damit in gewisser Weise nicht nur eine Anerkennung der vom Klassengegner festgelegten diskriminierenden Spielregeln verbunden war, sondern von vielen auch bezweifelt wurde, dass eine erfolgreiche Mitarbeit im Rahmen der kommunalen Selbstverwaltung überhaupt möglich sei. Die Haltung der Partei änderte sich seit den neunziger Jahren im Zuge der Diskussion über Reformismus und Revisionismus, sodass bereits 1905 über 1000 sozialdemokratische Abgeordnete in den Stadt- und über 3500 in den Gemeindeparlamenten vertreten waren. Bis 1912 sollte die Zahl der in den Kommunen wirkenden Parlamentarier auf rund 12 000 steigen. Auch die theoretische und praktische Auseinandersetzung mit kommunalen Fragen nahm seit der Jahrhundertwende zu.[124] Neben Hugo Lindemann und Albert Südekum sollte Paul Hirsch bald zu den führenden Kommunalexperten der Partei avancieren.[125] Durch seine stetige Beschäftigung mit kommunalpolitischen Problemen und Fragen machte er sich rasch einen Namen und wurde zu einer kommunalpolitischen Autorität, mit der er sich nicht nur der sozialistischen Programmatik, sondern auch der kommunalen Selbstverwaltungstradition verpflichtet fühlte.[126] Seine Wahl in die Charlottenburger Stadtverordnetenversammlung im Jahr 1899 trug hierzu wesentlich bei. Aber wichtiger waren vielleicht noch seine regelmäßig erscheinenden Aufsätze und Schriften sowie das von ihm mitverfasste Kommunalprogramm der SPD für Preußen.

3.1 Die Entwicklung Charlottenburgs und die Wahl Hirschs in die dortige Stadtverordnetenversammlung

Nach seinem misslungenen ersten Anlauf unternahm Hirsch im Herbst 1899 einen erneuten Versuch, ein Mandat in der Charlottenburger Stadtverordnetenversammlung zu erlangen. Nachdem er Anfang Oktober als Kandidat aufgestellt worden war[127], wurde er am 7. November 1899 zusammen mit Baake bereits im ersten Wahlgang in der dritten Abteilung des dritten Charlottenburger Bezirks gewählt. Die SPD hatte zwei von 66 Mandaten erobert.[128] Stolz

124 Vgl. Reulecke, Geschichte der Urbanisierung, S. 135–139, hier S. 136 f.; vgl. auch Bey-Heard, Hauptstadt, S. 52–56.

125 Die „Rheinische Volksstimme" nannte Hirsch bereits 1913 den „sozialdemokratische[n] Lehrmeister auf dem Gebiete der Kommunalpolitik"; vgl. dort Nr. 273 vom 25. 11. 1913, S. 1: Aus der Praxis sozialdemokratischer Gemeindeverwaltung.

126 Vgl. Bey-Heard, Hauptstadt, S. 54.

127 Vorwärts Nr. 235 v. 7. 10. 1899, S. 8: Charlottenburg.

128 Zur Mandatszahl vgl. Vorwärts Nr. 239 v. 12. 9. 1901, S. 6: Versammlungen (Zu den Stadtverordneten-Wahlen in Charlottenburg).

sprach der „Vorwärts" von einem „glänzenden Erfolg".[129] Hirsch sollte der Stadtverordnetenversammlung Charlottenburgs bzw. Berlins bis 1920 angehören. Da Hirsch als Eigentümer des von Partei und Gewerkschaft 1902 errichteten „Volkshauses Charlottenburg" im Grundbuch eingetragen war[130] und im Kaiserreich die Hälfte der Kandidaten Hausbesitzer zu sein hatten, musste er bei den alle zwei Jahre stattfindenden Teilwahlen stets antreten.[131] Während seiner Tätigkeit als Stadtverordneter wurde Hirsch sowohl in ständige als auch in nichtständige Ausschüsse gewählt, was letztlich seine Bereitschaft zur konstruktiven Zusammenarbeit deutlich unterstreicht. So wurde er im Januar 1902 in den Wohnungs- und den Petitionsausschuss[132], im Februar in den Etatausschuss berufen[133]; weitere Ausschüsse folgten.[134]

Charlottenburg, das 1875 erst 25 000 Einwohner zählte, war 1877 aus dem Landkreis Teltow ausgegliedert und zu einem selbständigen Stadtbezirk erhoben worden. Seitdem erlebte die Stadt eine bespiellose Zuwanderung, die zum Anstieg der Bevölkerung auf 100 000 im Jahr 1893 und mehr als 300 000 im Jahr 1910 führte. Die Bevölkerungsexplosion nötigte zum Ausbau der Infrastruktur und trieb den Wohnungsbau voran. Während die Wasserversorgung durch das 1871/72 errichtete und 1903 in städtischen Besitz übergehende Wasserwerk sichergestellt wurde, wurden die Abwasserprobleme erst Ende der 1880er-Jahre

129 Vorwärts Nr. 262 v. 8. 11. 1899, S. 4: Resultat der Stadtverordnetenwahlen in Charlottenburg.

130 Vorwärts Nr. 284 v. 6. 12. 1906, S. 11: Vorort-Nachrichten. Charlottenburg.

131 Zur Wahl von 1905 vgl. Vorwärts Nr. 261 v. 7. 11. 1905, S. 4: Die Stadtverordneten-Wahlen in Charlottenburg. Zur Wahl 1907 vgl. Nr. 259 v. 5. 11. 1907, S. 11: Vorort-Nachrichten. Zur Stadtverordnetenwahl in Charlottenburg; Nr. 8 v. 10. 1. 1908, S. 14: Vorort-Nachrichten. In der Charlottenburger Stadtverordnetenversammlung. – Auf das Volkshaus wird später noch ausführlicher eingegangen.

132 Vorwärts Nr. 14 v. 17. 1. 1902, S. 11: Aus den Nachbarorten (In der Charlottenburger Stadtverordneten-Versammlung). – Später sollte er auch in weitere Ausschüsse berufen werden, wie jenem, dem im März 1902 die Vorlagen betr. Neuschaffung einer Stelle im Magistratskollegium für einen Kämmerer und betr. Bewilligung von Mitteln zur Einstellung eines Hilfsarbeiters für den Stadtschulrat überwiesen wurden. Vgl. Vorwärts Nr. 68 v. 21. 3. 1902, S. 10: Aus den Nachbarorten (Die Charlottenburger Stadtverordneten-Versammlung). – Zu seiner Wiederwahl in den Petitionsausschuss Anfang 1903 vgl. Vorwärts Nr. 7 v. 9. 1. 1903, S. 6: Aus den Nachbarorten (Die erste Sitzung der Charlottenburger Stadtverordneten-Versammlung).

133 Bereits 1902 wurde Hirsch in den Etatausschuss gewählt. Vorwärts Nr. 38 v. 14. 2. 1902, S. 10: Aus den Nachbarorten (Die Charlottenburger Stadtverordneten-Versammlung).

134 Vorwärts Nr. 4 v. 5. 1. 1905, S. 10: Aus den Nachbarorten. Charlottenburg (Die Charlottenburger Stadtverordneten-Versammlung).

durch die Anlage von Rieselfeldern auf dem Rittergut Carolinenhöhe bei Gatow einer Lösung zugeführt. 1900 trat ein eigenes Elektrizitätswerk hinzu. Zu den bedeutenden Unternehmen, die sich in der aufstrebenden Stadt niederließen, sind vor allem die Elektrofirma Siemens & Halske und die Chemiefabrik Schering zu zählen. Zur verkehrstechnischen Erschließung trug die 1882 eröffnete Stadtbahn bei, die vom Schlesischen Bahnhof zum Bahnhof Charlottenburg führte und einen wesentlichen Beitrag zur Verschmelzung von Charlottenburg mit Berlin leistete. Auch das Bildungswesen wurde mit dem Ausbau der Schulen und der Errichtung der Technischen Hochschule (1884) gefördert.

Seit den 1880er-Jahren erhielt zudem der Kurfürstendamm sein Gepräge als moderner Stadtboulevard, der mit der im neuromanischen Stil erbauten und 1895 eingeweihten Kaiser-Wilhelm-Gedächtniskirche einen wichtigen architektonischen Akzent erhielt. Zwischen 1899 und 1905 wurde auch das Charlottenburger Rathaus an der heutigen Otto-Suhr-Allee als repräsentativer Monumentalbau im Stil des Historismus errichtet. Der Bürgerstolz, der auch in dem imposanten Bau des 1895/96 von Bernhard Sehring erbauten „Theaters des Westens" zum Ausdruck kam, wurde vor allem von Oberbürgermeister Kurt Schustehrus (1856–1913) verkörpert. Bevor Schustehrus dreizehn Jahre lang von 1900 bis 1913 die Stadt vertrat, hatte er als Zweiter Bürgermeister der Stadt Thorn und Erster Bürgermeister von Nordhausen kommunalpolitische Erfahrungen sammeln können.[135] Er war bemüht, die sozialen Gegensätze der Stadt zwischen dem reichen Westend und dem Kielgan-Viertel einerseits und den Arbeitervierteln in Martinikenfelde, Kalowswerder und im Schlossviertel mit ihren fünfstöckigen Mietskasenernbauten andererseits zu mildern und die Einrichtungen der kommunalen Daseinsvorsorge auszubauen.

Hatte die Stadt bereits vor 1900 über eine Volksbibliothek und eine Volksbadeanstalt verfügt, so folgten nach der Jahrhundertwende ein Alten- und Pflegeheim, das städtische Krankenhaus Westend und 1908 schließlich ein sog. Ledigenheim, das Einzelzimmer kostengünstig an geringverdienende Schichten vermietete, um dem in der Arbeiterschaft weitverbreiteten „Schlafgängerunwesen" entgegenzuwirken. 1910 folgte ein Obdachlosenasyl. Dennoch blieben der Wohnungsmangel, die hohen Mieten und der gesundheitlichen und hygienischen Ansprüchen Hohn sprechende Mietskasernenbau ein beständiges Ärgernis. Dem Charlottenburger Magistrat unter Kurt Schustehrus waren die durch die Bevölkerungsexplosion verursachten Probleme auf dem Wohnungsmarkt durchaus bewusst. Doch wurden entsprechende Maßnahmen, wie die

135 Helge Dvorak, Biographisches Lexikon der Deutschen Burschenschaft. Bd. 1: Politiker, Teilband 5: R–S. Heidelberg 2002, S. 378 f.; Charlottenburg, Teil 1, S. 296–299.

Gründung einer Baugenossenschaft, von den Haus- und Grundbesitzern, den sog. „Hausagrariern", in der Stadtverordnetenversammlung in der Regel abgelehnt und damit dringend notwendige Reformen blockiert. Immerhin gelang es ein Wohnungsamt als Auskunfts- und Beratungsstelle für Mieter ins Leben zu rufen.[136]

3.2 Themenfelder der Charlottenburger Kommunalpolitik und das Verhältnis zu den übrigen Fraktionen und zum Magistrat

Seine handlungsleitende Maxime als Charlottenburger Stadtverordneter formulierte Hirsch während der Etatberatungen im Februar 1902, indem er hervorhob, dass zwar sparsam gewirtschaftet werden solle, aber „bei den Ausgaben für kommunal-socialpolitische Zwecke nicht nur keine Abstriche gemacht, sondern daß die hierfür ausgesetzten Summen noch erhöht werden müßten".[137] Der Ausbau des Systems sozialer Sicherung und die Verbesserung der Lebensverhältnisse des Proletariats standen für Hirsch mithin im Vordergrund. Besonders nahm er sich dabei der städtischen Arbeiter an, monierte die Arbeitsbedingungen und die Eingriffe in das Koalitionsrecht, während er gleichzeitig höhere Löhne, kürzere Arbeitszeiten, die Gewährung von Urlaubstagen, die Regelung der Akkordarbeit, die Einrichtung von Arbeiterausschüssen und die Schlichtung von Arbeitskonflikten forderte.[138]

Dass Hirsch ein Kenner der deutschen Sozialpolitik war, stellte er im April 1901 mit der Veröffentlichung der 62 Seiten starken Schrift über „Die sociale Gesetzgebung im 19. Jahrhundert" unter Beweis, die in der vom Verlag von Otto Görke seit Mai 1900 herausgegebenen Reihe „Sammlung gemeinverständlicher Abhandlungen über die wissenschaftlichen, technischen, politischen und socialen Fortschritte im 19. Jahrhundert" erschien. Mit seinem Bändchen versuchte Hirsch vor allem Arbeiter über die geschichtliche Entwicklung der sozialpolitischen Gesetzgebung zu informieren und sie mit den einschlägigen

136 Vgl. Elke Kimmel/Ronald Oesterreich, Charlottenburg im Wandel der Geschichte. Vom Dorf zum eleganten Westen, Berlin 2005, S. 61–72; Schütte, Charlottenburg, S. 40–75; ferner Erbe, Berlin im Kaiserreich, S. 704–710. Vgl. auch Charlottenburg, Teil 1.

137 Vorwärts Nr. 38 v. 14. 2. 1902, S. 10: Aus den Nachbarorten (Die Charlottenburger Stadtverordneten-Versammlung); ferner Nr. 37 v. 13. 2. 1903, S. 10: Aus den Nachbarorten (Die Charlottenburger Stadtverordneten-Versammlung).

138 Vorwärts Nr. 75 v. 29. 3. 1901, S. 10: Aus den Nachbarorten (In der Charlottenburger Stadtverordneten-Versammlung); ferner Nr. 29 v. 3. 2. 1905, S. 9: Sozialpolitik im Charlottenburger Stadtparlament; Nr. 256 v. 2. 11. 1906, S. 10: Vorort-Nachrichten. Charlottenburg.

Bestimmungen vertraut zu machen.[139] Lag der Fokus seiner Arbeit noch auf den sozialpolitischen Bestrebungen auf Reichs- und Länderebene, so bot ihm die Besprechung des Buches von Paul Mombert über „Die deutschen Stadtgemeinden und ihre Arbeiter" Gelegenheit, auf die städtische Arbeiterpolitik einzugehen und das Defizitäre der kommunalen Sozialpolitik hervorzuheben. Das von Mombert zusammengetragene Material, so Hirsch, illustriere die unzureichenden sozialpolitischen Maßnahmen der Gemeinden und damit auch „die sozialpolitische Rückständigkeit der herrschenden Klasse". So seien die in den städtischen Betrieben beschäftigten Arbeiter den Bestimmungen der Gewerbeordnung nicht unterworfen, Arbeiterausschüsse bislang nur in einigen wenigen Städten eingesetzt; auch biete die Lohnpolitik der Gemeinden Anlass zur Kritik, finde sich doch noch in vielen städtischen Betrieben Akkordlohn, während Wochen- und Monatslohn nur gelegentlich und Überstunden vielfach nicht gezahlt würden. Ferner lasse die Fürsorge für den arbeitsunfähigen Arbeiter und dessen Angehörige zu wünschen übrig. Insgesamt zeige Momberts Buch, dass die städtische Arbeiterpolitik noch sehr ausbaufähig sei. Aus dem vorliegenden Band könnten die sozialdemokratischen Gemeindevertreter „brauchbare Waffen schmieden für den Kampf gegen die sozialpolitische Rückständigkeit ihrer Gegner aus dem bürgerlichen Lager".[140]

Wenig hielt Hirsch vom sozialpolitischen Engagement von Unternehmern und bürgerlichen Sozialreformern. In einer in der „Neuen Zeit" erschienenen Rezension verschiedener Neuerscheinungen über Wohlfahrtseinrichtungen der Arbeitgeber fühlte er sich in seiner Meinung bestätigt, dass der Sinn der von Unternehmern gegründeten Wohlfahrtseinrichtungen in der Schaffung eines „gefügigen Stamm[s] von Arbeitern" liege, die aus Angst vor dem Verlust ihrer neu erworbenen Rechte sich nicht gegen ihren Arbeitgeber stellen und auch auf Lohnforderungen verzichten würden. Die Praxis lehre, dass diese Einrichtungen den Arbeitgebern lediglich als Mittel dienten, „ihre Arbeiter zu bevormunden und jede Regung der Menschenwürde in ihnen zu unterdrücken".[141] Ähnlich abfällig urteilte Hirsch in einem weiteren Beitrag über die verschiedenen Kongresse bürgerlicher Sozialreformer, wie der Gesellschaft für soziale Reform und der deutschen Bodenreformer, die der Tatsache Ausdruck verliehen, dass die

139 Paul Hirsch, Die sociale Gesetzgebung im 19. Jahrhundert, Berlin 1901, Zitat Vorwort. Ferner Vorwärts Nr. 84 v. 11. 4. 1901, S. 6: Schriften-Eingang. Ferner Unterhaltungsblatt des Vorwärts Nr. 88 v. 8. 5. 1900, S. 3: Litterarisches.

140 Paul Hirsch, Dr. Paul Mombert, Die deutschen Stadtgemeinden und ihre Arbeiter, Stuttgart 1902 [Rezension], in: NZ 20/2 (1902), S. 734–736, Zitate S. 735 f.

141 Ders., Wohlfahrtseinrichtungen, in: NZ 23/2 (1905), S. 858–862, Zitate S. 858 u. 861 f.

Arbeiter „von bürgerlicher Seite nichts zu erwarten haben und sie selbst Hand anlegen müssen, wenn es besser werden soll".[142]

Während seiner Zeit als Charlottenburger Stadtverordneter thematisierte Hirsch wiederholt wohnungspolitische Fragen.[143] Dem Vorwurf, dass die SPD diese Frage bisher vernachlässigt habe, trat er in einem im November 1900 erschienenen Beitrag entschieden entgegen und verwies auf verschiedene Kommunalwahlprogramme oder diesbezügliche Resolutionen, die die Berliner Sozialdemokratie in ihren Versammlungen beschlossen habe. Dennoch illustrierte das von Hirsch ausgebreitete Tableau der verschiedenen programmatischen Postulate die Notwendigkeit, gemeinsame Grundsätze für eine kommunale Wohnungspolitik zu formulieren. Im Vordergrund stand die Forderung nach einer selbständigen Wohnungsbaupolitik der Kommunen. Zu diesem Zweck sollten die Gestaltungs- und Einflussmöglichkeiten der Gemeinden durch die Erweiterung des lediglich in Ansätzen vorhandenen Enteignungsrechts ausgebaut werden. In seiner akribisch und mit statistischem Material unterfütterten Studie wies Hirsch nach, dass der kommunale Grundbesitz in der Regel nur einen geringen Anteil an der Gesamtfläche des Stadtbezirks ausmache und zudem im Reich bislang lediglich 15 Städte in eigener Regie Wohnungen bauen würden. Zu den Desiderata zählte Hirsch auch das Recht auf Erlass von Bauordnungen, die den Bau von Mietskasernen und die damit verbundene Bauspekulation unterbinden sollten. In steuerpolitischer Hinsicht trat er für eine nach dem gemeinen Wert und nicht nach dem Nutzungswert erhobene Grund- und Gebäudesteuer mit dem Ziel der schnelleren Veräußerung oder Bebauung von Grundstücken ein. Der vielfach erhobenen Forderung nach Unterstützung gemeinnütziger Baugenossenschaften durch Steuererleichterungen stimmte Hirsch zu. Auch die weiteren, in den sozialdemokratischen Kommunalprogrammen aufgeführten Forderungen, zu denen die Errichtung städtischer Wohnungsämter, die Einführung einer Wohnungsinspektion und die Untersuchung der Wohnungsverhältnisse zählten, fanden Hirschs Unterstützung. Nichtsdestotrotz hielt Hirsch eine endgültige Lösung der wohnungspolitischen Probleme erst in einer sozialistischen Gesellschaft für möglich, da in einem kapitalistischen Wirtschaftssystem jeder Lösungsversuch am Spekulations- und Gewinntrieb der Unternehmer scheitern würde.[144]

142 Ders., Sozialreformer-Kongresse, in: NZ 23/1 (1905), S. 170–179, Zitat S. 177.

143 Vorwärts Nr. 123 v. 30. 5. 1902, S. 5: Aus der Charlottenburger Stadtverordneten-Versammlung; Nr. 13 v. 16. 1. 1903, S. 9 f.: Aus den Nachbarorten; Nr. 49 v. 27. 2. 1903, S. 9 f.: Aus den Nachbarorten.

144 Paul Hirsch, Kommunale Wohnungspolitik, in: NZ 19/1 (1901), S. 165–173 u. S. 211–216. Zum Erscheinen des 6. Heftes vgl. Vorwärts Nr. 265 v. 13. 11. 1900, S. 6: Eingegangene Druckschriften.

In einer damals in der „Neuen Zeit“ erschienenen Rezension über eine Veröffentlichung des Vereins für Socialpolitik zu diesem Thema erinnerte er auch an die „Pflicht“ der „gesetzgebenden Faktoren im Reiche und in den Einzelstaaten“, die „Mißstände auf dem Gebiet des Wohnungswesens“ zu beseitigen, eine Pflicht, „die sie so lange zum Schaden der Gesundheit und zum Nutzen einiger weniger Spekulanten aufs Gröbste vernachlässigt haben“.[145] Aber nicht nur auf Reichs- und Landes-, sondern auch auf kommunaler Ebene war das Interesse in den parlamentarischen Körperschaften an der Behebung der Wohnungsnot gering. Selbst eine bescheidene Magistratsvorlage, nach der ein Terrain an der Sophie-Charlotten-Straße für den Bau von Wohnungen angekauft werden sollte, wurde von der Mehrheit der Stadtverordnetenversammlung 1901 dilatorisch behandelt.[146] Ungeachtet des offenkundigen Wohnungsmangels sollte im Kaiserreich der Wohnungsbau letztlich weitgehend privater Initiative überlassen bleiben. Ein Paradigmenwechsel erfolgte erst nach dem Ersten Weltkrieg.[147]

Eine wichtige Ergänzung der Wohnungspolitik stellte für Hirsch die Verkehrspolitik dar. Anlass zur Kritik boten die privaten Straßenbahngesellschaften, denen vorgeworfen wurde, Verkehrsverbesserungen aus Geschäftsinteresse zu blockieren. Die mit ihnen geschlossenen Verträge mit ihren dehnbaren Bestimmungen führten zudem nicht selten zu Rechtsstreitigkeiten. Da bei den Privatgesellschaften nicht die Verbesserung der Verkehrsverhältnisse, sondern die Erzielung eines möglichst hohen Gewinns im Mittelpunkt der Geschäftspolitik stand, erhob die SPD mit Hirsch an der Spitze die Forderung nach der Erschließung neuer Stadtteile durch den Bau neuer Linien durch die Kommunen.[148]

Die Steuerpolitik gewann nach der Jahrhundertwende an Bedeutung, da sich die Aufgaben und Leistungen der Kommunen infolge des zunehmenden

145 Paul Hirsch, Neue Untersuchungen über die Wohnungsfrage, in: NZ 20/1 (1902), S. 182–184, Zitat S. 184.

146 Vorwärts Nr. 208 v. 6. 9. 1901, S. 7: Aus den Nachbarorten (Die Charlottenburger Stadtverordneten-Versammlung). – Vgl. auch Nr. 285 v. 6. 12. 1901, S. 9: Das Charlottenburger Stadtparlament über Obdachlosigkeit und Arbeitslosigkeit; Nr. 223 v. 24. 9. 1909, S. 10: Vorort-Nachrichten. Charlottenburg; Nr. 80 v. 4. 4. 1901, S. 10: Versammlungen (Charlottenburg).

147 Vgl. dazu Führer, Mieter; Rudolf Baade, Kapital und Wohnungsbau in Berlin 1924 bis 1940. Die öffentliche Förderung in der Weimarer Republik und im NS-Staat, Berlin 2004.

148 Vorwärts Nr. 258 v. 3. 11. 1905, S. 13: Charlottenburg (Stadtverordneten-Versammlung); auch Nr. 243 v. 16. 10. 1908, S. 10 f.: Vorort-Nachrichten. Charlottenburg. Ferner Paul Hirsch, Die Elektrisierung der Berliner Stadt- und Ringbahn, in: KP 1913, Nr. 21, Sp. 641–644.

Verstädterungsprozesses ausweiteten und veränderten. Das wachsende Leistungsangebot der Kommunen führte zu einem deutlichen Anstieg der Ausgaben, die zwischen 1849 und 1913 um das Achtzehnfache (in Preisen von 1849) stiegen, während sich die Bevölkerung im gleichen Zeitraum lediglich verdoppelte. Die durch die wachsenden Aufgaben bedingte Expansion der Gemeindehaushalte machte eine Erhöhung der Einkünfte notwendig. Neben den Erträgen von kommunalen Betrieben und den Gebühren für amtliche Dienstleistungen flossen diese vor allem aus direkten und indirekten Steuern. Neben der Grund-, Gebäude- und Gewerbesteuer spielten Zuschläge zur Einkommensteuer eine zentrale Rolle, die im Steuerjahr 1913/14 in mehr als der Hälfte der preußischen Stadtkreise zwischen 100 und 200 %, in einem Drittel sogar über 200 % lagen. Aufgrund der starken Stellung der Hausbesitzer und Gewerbetreibenden in den plutokratisch zusammengesetzten kommunalen Körperschaften wurden Bezieher niedriger Einkommen stärker belastet als Besserverdienende. Die Finanznot der Gemeinden, die vor dem Weltkrieg auch im wachsenden Schuldendienst zum Ausdruck kam, die damit verbundene Suche nach neuen Einnahmequellen und einer gerechten Verteilung der Lasten stellten die kommunalpolitischen Akteure vor große Herausforderungen.[149]

Die Maximen der sozialdemokratischen Steuerpolitik ließen sich grob gesagt in den Forderungen nach Abschaffung der indirekten Steuern und der stärkeren Belastung der Besserverdienenden durch direkte Steuern zusammenfassen. Für diese Ziele stritt Hirsch nicht nur im Kommunalparlament, sondern auch in den publizistischen Organen seiner Partei. So verteidigte er in einem quellen- und materialgesättigten Beitrag für die „Neue Zeit" die im Programm fixierte Forderung nach Abschaffung aller indirekten Gemeindesteuern. Durch die Beschränkung auf direkte Steuern könnten die Gemeinden „ohne Belastung der Minderbemittelten" ihre Aufgaben wahrnehmen. Deshalb sei das Ziel „ein System rationeller direkter Steuern im Staate".[150] Um den Gemeinden neue Steuerquellen zu erschließen, plädierte Hirsch auch für die Beseitigung noch bestehender Steuerprivilegien, für die Einführung einer Kapitalbesteuerung durch die Gemeinden und die Erhebung von Zuschlägen zur Ergänzungssteuer.[151]

149 Vgl. Ullmann, Steuerstaat, S. 64–71, hier S. 64 u. 70.

150 Paul Hirsch, Gemeindesteuern, in: NZ 27/1 (1909), S. 574–581 u. 607–614, Zitate S. 614. Ferner ders., Ein Beitrag zur preußischen Steuerreform, in: KP 1911, Nr. 46, S. 1441–1444; ders., Gemeinde und Teuerung, in: KP 1912, Nr. 37/38, Sp. 1178–1180. Vgl. auch Vorwärts Nr. 57 v. 8. 3. 1911, S. 5: Wilhelm Düwell, Zur Steuerdebatte; ferner Nr. 58 v. 9. 3. 1911, S. 5: Eduard Bernstein, Der springende Punkt.

151 Zur Rede von Hirsch am 13. 12. 1912 vgl. StBPAH, 107. Sitzung, Sp. 9078–9084. Vgl. auch Paul Hirsch, Die Novelle zum preußischen Einkommensteuergesetz und die Gemeinden,

In der Bildungspolitik setzte sich Hirsch nicht nur für eine Zurückdrängung des kirchlichen Einflusses, sondern auch für eine soziale Umgestaltung des Schulwesens ein. Zu den bildungspolitischen Postulaten der SPD zählten seit dem Erfurter Programm von 1891 neben der Weltlichkeit der Schulen die Unentgeltlichkeit des Unterrichts, der Lernmittel und der Verpflegung.[152] Anträge, mit denen die sozialdemokratischen Stadtverordneten diesen Zielen näherkommen wollten, scheiterten allerdings regelmäßig.[153] Um die Kosten der Gewährung freier Lernmittel für alle Schüler an den Gemeindeschulen, die Hirsch auf 3,50 Mark pro Kopf im Jahr bezifferte, verringern zu können, brachte er die Herstellung der Lernmittel durch die Stadt in Vorschlag. Aber auch der Verweis auf die gerade einmal halb so hohen Kosten, die nach Annahme des Antrags die Gemeindeschüler im Vergleich zu den Schülern des Realgymnasiums verursachen würden, konnte die Mehrheit der Stadtverordneten nicht von der Notwendigkeit der Sicherstellung eines kostenlosen Unterrichts überzeugen.[154]

Die Reform des Kommunalwahlrechts gehörte zu den zentralen Postulaten der Partei. Ihre Anträge, mit denen sie, wie im Frühjahr 1904, die Ersetzung des Dreiklassenwahlrechts durch das allgemeine, gleiche Wahlrecht bei gleichzeitiger Aufhebung des Privilegs der Hausbesitzer verlangte[155], waren allesamt erfolglos; gleichwohl hatten sie symbolischen Charakter, da sie den Protest der Partei gegen die politische Diskriminierung der Arbeiterschaft zum Ausdruck brachten. Scharf ging Hirsch dabei jedes Mal mit den Liberalen ins Gericht, die aus Angst vor dem Eindringen der Sozialdemokraten in das Kommunalparlament sich einer Reform verweigerten: „die Herren wollen eben nicht den Ast absägen, auf dem sie sitzen".[156]

in: KP 1912, Nr. 40, Sp. 1228–1230; ders., Der Kampf gegen die Grundwertsteuer, I–II, in KP 1913, Nr. 49, Sp. 1537–1540; Nr. 50, Sp. 1572–1575.

152 Zu den bildungspolitischen Postulaten im Erfurter Programm der SPD von 1891 vgl. Dowe/Klotzbach, Programmatische Dokumente, S. 171–175, hier S. 174.

153 Vorwärts Nr. 74 v. 28. 3. 1902, S. 6: Aus den Nachbarorten (Die Charlottenburger Stadtverordneten-Versammlung). Vgl. auch die Beratung der Interpellation Hirsch zum Stand des Volksschulwesens im Dezember 1902; Vorwärts Nr. 290 v. 12. 12. 1902, S. 11: Aus den Nachbarorten (Die Charlottenburger Stadtverordneten-Versammlung).

154 Vorwärts Nr. 73 v. 27. 3. 1903, S. 6: Aus den Nachbarorten (Die Charlottenburger Stadtverordneten-Versammlung). Vgl. dazu auch die Sitzung der Stadtverordneten vom 28. 3. 1906; Nr. 75 v. 30. 3. 1906, S. 13: Vorort-Nachrichten (Charlottenburg).

155 Vorwärts Nr. 77 v. 31. 3. 1904, S. 10: Aus den Nachbarorten (Die Charlottenburger Stadtverordneten).

156 Zur Sitzung vom 20. 4. 1904 vgl. Vorwärts Nr. 94 v. 22. 4. 1904, S. 9: Die Reform des Gemeindewahlrechts und das Charlottenburger Stadtparlament. Zur Sitzung am

Die Einführung des Frauenwahlrechts war wie im Übrigen die Gleichberechtigung der Geschlechter ein dezidiertes Ziel der Sozialdemokraten. Frauen sollten an der Regelung der öffentlichen Angelegenheiten mitwirken und politische Mitspracherechte ausüben können. Als in der Stadtverordnetenversammlung 1907 ein Antrag beraten wurde, der die stärkere Heranziehung von Frauen zur städtischen Verwaltung auf den Gebieten der weiblichen Erziehung und der Wohnungsfürsorge forderte, erklärte Hirsch die Zustimmung seiner Parteifreunde, gab jedoch zu bedenken, dass die Rechte der Frauen gesetzlich weitgehend beschränkt seien. „Es genüge nicht, den Rat sachverständiger Frauen einzuholen, wie es jetzt in manchen Fällen geschehe, sondern den Frauen müsse die Möglichkeit gegeben werden, ihre Kräfte voll in den Dienst der Gesamtheit zu stellen." Man solle nicht auf halbem Wege stehen bleiben, sondern mit der Sozialdemokratie die volle Gleichberechtigung der Frauen einfordern.[157]

Im gleichen Sinne argumentierte Hirsch im preußischen Abgeordnetenhaus im März 1909, als eine Petition von Minna Schmidt-Bürkly eine Änderung der Städteordnung dahingehend wünschte, dass auch grundbesitzenden, steuerzahlenden Frauen das Kommunalwahlrecht zugesprochen werde. Wenn diese Forderung damals auch keine Berücksichtigung fand, bezeichnete sie Hirsch doch als einen wichtigen Schritt auf dem Weg zum allgemeinen, gleichen Frauenwahlrecht, unter der Voraussetzung, dass kein neues Privileg allein für grundbesitzende Frauen geschaffen werde.[158] Diese durchaus wohlwollende Einstellung traf bei prinzipienfesten Sozialdemokratinnen auf Unverständnis. Die Sozialarbeiterin und zeitweise Leiterin der weiblichen Abteilung des Zentralvereins für Arbeitsnachweis zu Berlin, Mathilde Wurm, die dem linken Flügel zugerechnet werden konnte, warf Hirsch einen Bruch mit den Grundsätzen und Überzeugungen der Partei vor, weil das von der Petentin vorgeschlagene Wahlrecht in erster Linie bürgerlichen, wohlhabenden Frauen zugutekommen würde. Das von Schmidt-Bürkly gestellte Postulat „schlüge dem Prinzip der Demokratie ins Antlitz und wäre stockreaktionär".[159] Doch diesen Einwand wollte Hirsch nicht gelten lassen und hielt seiner Kritikerin vor, seine

7. 9. 1904 vgl. Nr. 212 v. 9. 9. 1904, S. 7: Aus den Nachbarorten (Eine Wahlrechtsdebatte im Charlottenburger Stadtparlament); auch Nr. 236 v. 8. 10. 1908, S. 9: Charlottenburg (zur Sitzung vom 6. 10. 1908).

157 Vorwärts Nr. 256 v. 1. 11. 1907, S. 11: Charlottenburg.

158 Vorwärts Nr. 76 v. 31. 3. 1909, S. 19: Abgeordnetenhaus (Sitzung vom 30. 3. 1909).

159 Mathilde Wurm, Stimmrecht für wohlhabende Frauen, in: Die Gleichheit Nr. 15 v. 26. 4. 1909, S. 235.

Rede nicht richtig gelesen zu haben. So habe die Fraktion in keinerlei Weise ihre Haltung über einen möglichen späteren Gesetzentwurf präjudiziert, sondern durch Unterstützung des Antrags auf Überweisung der Petition an die Regierung als Material vielmehr versucht, die Frage des Frauenstimmrechts „in Fluß zu bringen".[160]

Als im Herbst 1912 im preußischen Abgeordnetenhaus mehrere Petitionen von Frauenvereinen zum kommunalen Wahlrecht verhandelt wurden, bot sich Hirsch eine weitere Gelegenheit, die Position seiner Partei zu explizieren. Angesichts der Tatsache, dass im Deutschen Reich über neun Millionen Frauen erwerbstätig seien und Frauen auf kommunalpolitischem Gebiet, in der Armen- und Waisenpflege, im Schulwesen, in der Sozialpolitik und im Gesundheitswesen, eine „segensreiche Tätigkeit" entfalteten, sei es nur recht und billig, sie zu vollberechtigten Mitgliedern der Gemeinde zu machen.[161] Doch dieser Forderung war kein Erfolg beschieden. In ihrer überwiegenden Mehrheit standen die Abgeordneten einer politischen Tätigkeit von Frauen ablehnend gegenüber, da sie, mit den Worten eines von Hirsch zitierten Mandatsträgers, „das Erhabene, was der Deutsche jetzt noch an der deutschen Frau hochschätze", verlieren würden.[162]

Neben den einzelnen politischen Themenfeldern rückte für den Charlottenburger Stadtverordneten auch die Entwicklung des Groß-Berliner Ballungsraums in den Fokus. Denn bereits vor der Gründung Groß-Berlins 1920 wuchs Berlin mit den angrenzenden Städten und Landgemeinden zu einer Metropolregion zusammen. Das Zusammengehörigkeitsgefühl zwischen Berlin und den angrenzenden Stadt- und Landgemeinden war ohnehin groß. In der SPD fand es seinen prägnanten Ausdruck nicht nur in der Bezeichnung der Charlottenburger

160 Paul Hirsch und Mathilde Wurm, Stimmrecht für „wohlhabende" Frauen, in: Die Gleichheit Nr. 17 v. 24. 5. 1909, S. 264–266; der Beitrag von Hirsch S. 264 f., der von Wurm S. 265 f.; Zitat S. 265. Vgl. auch die Rede von Hirsch anlässlich der Beratung des Gesetzentwurfs betr. Abänderung der Gemeindeordnung für die Rheinprovinz am 2. 5. 1911; StBPAH, 64. Sitzung, Sp. 5503–5510, hier Sp. 5508. Ferner P. H., Preußischer Landtag und Frauenwahlrecht, in: KP 1912, Nr. 21, Sp. 642–644.

161 Zur Rede von Hirsch am 22. 10. 1912 vgl. StBPAH, 83. Sitzung, Sp. 7042–7050, Zitate Sp. 7048. Die Rede auch abgedruckt in: Die Gleichheit Nr. 5 v. 27. 11. 1912, S. 72 f., und Nr. 7 v. 25. 12. 1912, S. 102 f.: Das Bürgerrecht der Frau in der Gemeinde. Rede des Abgeordneten Genossen Hirsch im preußischen Abgeordnetenhaus. Vgl. auch die Rede von Hirsch am 17. 6. 1911, StBPAH, 89. Sitzung, Sp. 7370–7375, hier Sp. 7373 f.

162 Hirsch am 22. Oktober 1912, in: StBPAH, 83. Sitzung, Sp. 7042–7050, Zitat Sp. 7047. Ferner Die Gleichheit Nr. 7 v. 25. 12. 1912, S. 102 f., hier S. 102: Das Bürgerrecht der Frau in der Gemeinde.

als Berliner Parteifunktionäre[163], sondern auch in der gegenseitigen Unterstützung der Parteigenossen bei Wahlkämpfen in und um Berlin[164]. Auch auf ihren Tagungen nahmen die Sozialdemokraten mit der Konferenz sozialdemokratischer Gemeindevertreter Groß-Berlins den anderthalb Jahrzehnte später stattfindenden Zusammenschluss bereits vorweg.[165]

Noch 1911 beklagte der Sozialdemokrat Hugo Heimann bitter die Zerrissenheit des Groß-Berliner Raums. Wirtschaftlich sei Groß-Berlin bereits eine Realität, aber politisch, postalisch, polizeilich und gerichtlich sei es in sich gespalten. Im Gegensatz zu anderen Großstädten habe es in Berlin lange Zeit keine Eingemeindungen mehr gegeben. Das Ergebnis sei ein „Bild wunderlicher Buntscheckigkeit", die sich in der unterschiedlichen Höhe der Einkommensteuer, in unterschiedlichen Erhebungsarten bei anderen Steuern, in der unrationellen Bewirtschaftung der Gas- und Wasserversorgung, bei Problemen mit der Aufstellung der Bebauungspläne und in dem in seiner Entwicklung gehemmten Verkehrswesen zeige.[166]

Einer Eingemeindung der Vororte nach Berlin stand die Landgemeindeordnung von 1891 entgegen, die zwar in den sieben östlichen Provinzen die Möglichkeit der Zusammenlegung von Landgemeinden bzw. Gutbezirken und Städten zur Wahrnehmung wichtiger kommunaler Aufgaben, nicht aber die von mehreren Städten vorsah. So konnten zwar die Landgemeinden Steglitz und Friedenau, nicht aber die Städte Schöneberg und Berlin einen Zweckverband bilden. Die Notwendigkeit der Bildung von leistungsfähigen Zweckverbänden, durch die die finanziell schwachen Vororte bei der Erfüllung ihrer

163 Vgl. Vorwärts Nr. 263 v. 9. 11. 1905, S. 9: Die Vertrauensämter der Berliner Sozialdemokratie, mit den Vertrauensleuten des Wahlkreises Teltow-Beeskow-Storkow-Charlottenburg.

164 So trat Hirsch am 12. 3. 1906 im Kommunalwahlkampf in der Landgemeinde Reinickendorf mit einem Vortrag über Gemeindepolitik auf; vgl. Vorwärts Nr. 61 v. 14. 3. 1906, S. 13: Vorort-Nachrichten. Zur Gemeindewahlbewegung; Nr. 65 v. 17. 3. 1901, S. 6: Berliner Partei-Angelegenheiten. Zur Feier des 18. März; Nr. 70 v. 23. 3. 1901, S. 4: Versammlungen (Köpenick). Zu weiteren Versammlungen mit Hirsch vgl. Nr. 187 v. 13. 8. 1901, S. 4: Versammlungen (In Tempelhof), mit dem Thema „Der geplante Raubzug auf die Taschen des arbeitenden Volkes" über den von der Reichsregierung vorgelegten Zolltarif. – Zu den 1. Mai-Veranstaltungen von Paul Hirsch am Vormittag und Abend vgl. Nr. 98 v. 27. 4. 1902, S. 11: Oeffentliche Mai-Versammlungen; Nr. 103 v. 3. 5. 1904, S. 6: Die Maifeier der Berliner Gewerkschaften (Verband der Hafenarbeiter).

165 Vorwärts Nr. 105 v. 8. 5. 1906, S. 9 f.: Konferenz sozialdemokratischer Gemeindevertreter Groß-Berlins.

166 Vorwärts Nr. 14 v. 17. 1. 1911, S. 9 f.: Groß-Berlins sozialdemokratische Gemeindevertreter über den Zwangs-Zweckverband, Zitat S. 9.

Aufgaben unterstützt werden sollten, gehörte zu den Postulaten der Sozialdemokratie. Deshalb stießen im Juni 1910 die Anträge von Zentrum und Freikonservativen, die die Regierung um Vorlage entsprechender Gesetzentwürfe ersuchten, bei der SPD trotz mancher Kritik auch auf Sympathie.[167] Während der von Zentrumsabgeordneten eingebrachte Antrag die Verbindung von nachbarlich gelegenen Stadtgemeinden ermöglichen sollte, zielte der freikonservative Zusatzantrag auf die Bildung eines Zweckverbandes Groß-Berlin mit dem Ziel einer einheitlichen Regelung des Verkehrs, der Bebauungspläne, der baupolizeilichen Vorschriften und der Erhaltung der Wälder. In einem Beitrag für die „Kommunale Praxis" stimmte Hirsch dem freikonservativen Antrag grundsätzlich zu, hielt jedoch den beschriebenen Aufgabenkreis für zu begrenzt. „Grundsätzlich", so Hirsch, „steht die Sozialdemokratie auf dem Standpunkt der Eingemeindung aller Vororte in Berlin, aber hierauf ist leider auf absehbare Zeit nicht zu rechnen, denn die Regierung, die sich früher so eifrig für die Eingemeindung ins Zeug legte, will heute aus politischen Gründen nichts mehr davon wissen".[168]

Die Vorlage entsprechender Gesetzentwürfe durch die Regierung führte schließlich 1911/12 zur Gründung des Zweckverbandes Groß-Berlin, der einen ersten Schritt auf dem Weg zu einer stärkeren Vereinheitlichung des Groß-Berliner Raums darstellte. Mit dem geplanten Verband sollte das Verkehrswesen neu geregelt, die Aufstellung von Bebauungsplänen und die Schaffung eines Wald- und Wiesengürtels erleichtert werden.[169] Nach Bekanntwerden der ersten Details der Regierungsvorlage hatte Hirsch die Kooperationsbereitschaft seiner Fraktion durchblicken lassen. Sollte ein Zusammenschluss sämtlicher Gemeinden Groß-Berlins nicht möglich sein, sei auch die SPD bereit, unter bestimmten Bedingungen einem Zweckverband zuzustimmen.[170] Bei der ersten Beratung des Gesetzentwurfs im preußischen Abgeordnetenhaus Anfang Februar 1911 beklagte er allerdings neben dem beschränkten Aufgabenkreis des Verbandes die Wahl der Mitglieder der Verbandsversammlung durch die aufgrund plutokratischer Wahlsysteme zusammengesetzten Gemeindevertretungen und die

167 Vgl. die Rede Hirschs am 13. 6. 1910, in: StBPAH, 85. Sitzung, Sp. 7109–7114.

168 Paul Hirsch, Kommunale Zweckverbände, in: KP 1910, Nr. 34, Sp. 1057–1060, Zitat Sp. 1058.

169 Vgl. Erbe, Berlin im Kaiserreich, S. 749–754.

170 Vorwärts Nr. 14 v. 17. 1. 1911, S. 9 f., hier S. 10: Groß-Berlins sozialdemokratische Gemeindevertreter über den Zwangs-Zweckverband; S. 10: Das Zweckverbandsgesetz für Groß-Berlin. Vgl. auch Paul Hirsch, Landespolitik und Gemeindepolitik, in: KP 1911, Nr. 32, Sp. 997–999.

Beeinträchtigung des Selbstverwaltungsrechts der Gemeinden, da das Bestätigungsrecht von Magistratsmitgliedern oder anderen Mitgliedern von Selbstverwaltungskörpern beibehalten werden sollte.[171] Auch nachdem die Vorlage in der Kommission gewisse Korrekturen erfahren hatte, vermochte sich Hirsch nicht mit der Vorlage anzufreunden. „Alles in allem glauben wir nicht, daß ein nach dem Gesetz in dieser Fassung gebildeter Zweckverband auch nur in bescheidenstem Maße die einem Zweckverband obliegenden Aufgaben zu erfüllen imstande ist. Es wird ein Verband werden, der lediglich den einen Zweck hat, dem Fiskus seine Wälder für teures Geld abzukaufen, der aber im übrigen die sonst doch notwendig werdenden Eingemeindungen und Zusammenschlüsse von Gemeinden aufhalten soll und wird."[172] Nur in einer „Eingemeindung großen Stils" erblickte Hirsch letztlich eine Lösung der Frage.[173]

171 Zur Rede Hirschs am 7. 2. 1911 vgl. StBPAH, 21. Sitzung, Sp. 1479–1484. Ferner die Rede am 8. 2. 1911, StBPAH, 22. Sitzung, Sp. 1574–1593. – In seiner Rede vom 19. 2. 1914 bezeichnete Hirsch die Bildung von Zweckverbänden als einen „unzulängliche[n] Notbehelf" und sprach sich erneut für Eingemeindungen aus. Vgl. StBPAH, 31. Sitzung, Sp. 2507. – In einem Beitrag für die „Kommunale Praxis" wies Hirsch auf die Notwendigkeit einer einheitlichen Regelung der Steuerfrage in Groß-Berlin hin, würden doch die Steuerzuschläge in Berlin und den umliegenden Kommunen zwischen 64 und 180 % schwanken. Eine derartige Aufgabe könne letztlich nur im Rahmen eines Zweckverbandes erfolgen. Dabei müssten sich die Sozialdemokraten vor allem für eine progressive Ausgestaltung der Zuschläge, eine Heraufsetzung des steuerfreien Existenzminimums und für eine „vernünftige Verwendung" der Mehreinnahmen, die zum großen Teil sozialen Zwecken dienen sollten, einsetzen; vgl. Paul Hirsch, Die andere Seite, in: KP 1911, Nr. 12, Sp. 357 f., Zitat Sp. 358.

172 Paul Hirsch, Das Zweckverbandsgesetz für Groß-Berlin in der Kommission des Abgeordnetenhauses, in: KP 1911, Nr. 19, Sp. 580–583, Zitat Sp. 583. Vgl. auch ders., Der Plan einer Arbeitslosenversicherung für Groß-Berlin, in: KP 1913, Nr. 42, Sp. 1313–1316.

173 Die Rede vom 25. 4. 1913, in: StBPAH, 175. Sitzung, Sp. 15119–15123, hier Sp. 15121. Vgl. auch Paul Hirsch, Eingemeindung oder Zweckverband?, in: KP 1911 , Nr. 35, Sp. 1089–1092. – Zur Frage der Eingemeindung von Treptow nach Berlin vgl. auch die Rede von Hirsch am 31. 1. 1913, in: StBPAH, 122. Sitzung, Sp. 10393–10415, hier Sp. 10400. – Seinem kommunalpolitischen Engagement und Interesse dürfte es immerhin entsprochen haben, dass die Stadtverordnetenversammlung Hirsch Mitte Mai 1910 zu dem am 6. und 7. Juni 1910 in Landsberg an der Warthe stattfindenden 33. Brandenburgischen Städtetag als einer von sechs Stadtverordneten entsandte; vgl. Vorwärts Nr. 110 v. 13. 5. 1910, S. 17: Vorort-Nachrichten. Charlottenburg. – Zum Städtetag von 1913 vgl. Paul Hirsch, Die achte Hauptversammlung des preußischen Städtetages in Breslau, in: KP 1913, Nr. 44, Sp. 1380–1383. – 1914 zählte Hirsch zu den Charlottenburger Delegierten auf dem Vierten deutschen Städtetag in Köln; vgl. Nr. 124 v. 8. 5. 1914, S. 10: Vorortnachrichten. Charlottenburg; Nr. 161 v. 16. 6. 1914, S. 9: Deutscher Städtetag.

Während der Debatten in der Stadtverordnetenversammlung kam es wiederholt zu heftigen Auseinandersetzungen zwischen Hirsch und den bürgerlichen Abgeordneten, insbesondere den Hausbesitzern. Dies zeigte sich auch im Februar 1902, als die Sozialdemokraten mit Unterstützung der freisinnigen Abgeordneten in einer Interpellation die steigende Arbeitslosigkeit zur Sprache brachten und den Magistrat zum Handeln aufforderten. Der Anfrage lag eine von den Gewerkschaften angestrengte statistische Erhebung zugrunde. Der bürgerlichen Mehrheit schien die Behandlung dieser Frage unangenehm zu sein, weshalb sie den Tagesordnungspunkt auch mit Nichtachtung strafte. So verließ der größte Teil der Stadtverordneten während der Rede von Hirsch, in der dieser dem Magistrat vorwarf, in dieser Frage „so gut wie gar nichts gethan" zu haben, den Sitzungssaal, sodass schließlich die Beschlussunfähigkeit festgestellt werden musste.[174]

Während Hirsch Konservativen und Hausbesitzern schroff ablehnend gegenüberstand[175], war das Verhältnis zu den Liberalen ambivalent. Einerseits fuhr er manche scharfe Attacke gegen die liberalen Abgeordneten, die, so im Oktober 1905, „in der heuchlerischen Maske freiheitlich gesinnter Menschen schöne Redensarten von sozialer und demokratischer Entwickelung im Munde führen und von liberalen Grundsätzen sprechen, welche sie in ihrem praktischen Wirken dauernd mit Füßen treten".[176] Andererseits zeigten sich immer wieder gemeinsame Schnittmengen zwischen Sozialdemokraten und Liberalen, die nicht nur SPD-Anträge unterstützten, sondern letztlich auch ihre Einbringung erst ermöglichten. So fand der sozialdemokratische Antrag, der unter anderem die Einführung von Arbeiterausschüssen, die Festsetzung eines täglichen Maximalarbeitstages und eines Minimallohns postulierte, die Zustimmung der Liberalen, die die dem Antrag zugrundeliegende Begründung billigten, dass die Gemeinde der Privatwirtschaft vorangehen sollte.[177]

174 Vorwärts Nr. 44 v. 21. 2. 1902, S. 9: Aus der Charlottenburger Stadtverordneten-Versammlung. – Zur Frage der Arbeitslosenfürsorge vgl. auch die Sitzung vom 23. 9. 1908, in: Nr. 225 v. 25. 9. 1908, S. 14: Vorort-Nachrichten. Charlottenburg.

175 Vorwärts Nr. 249 v. 24. 10. 1902, S. 10: Aus den Nachbarorten (Die Charlottenburger Stadtverordneten-Versammlung).

176 Vorwärts Nr. 239 v. 12. 10. 1905, S. 13: Vorort-Nachrichten (In der Versammlung des Wahlvereins); auch Nr. 255 v. 31. 10. 1905, S. 13: Partei-Angelegenheiten (Charlottenburg), Vorort-Nachrichten (Charlottenburg). – Scharfe Attacken auf die Liberalen fuhr Hirsch auch in der Sitzung des Stadtparlaments am 15. 11. 1905; vgl. Nr. 270 v. 17. 11. 1905, S. 11: Vorort-Nachrichten (In der Sitzung der Charlottenburger Stadtverordneten).

177 Der Antrag wurde auf Betreiben der Freien Vereinigung dem Magistrat zur Erwägung überwiesen. Vgl. Vorwärts Nr. 37 v. 13. 2. 1903, S. 10: Aus den Nachbarorten (Die Charlottenburger Stadtverordneten-Versammlung).

Das Verhältnis der SPD zum Magistrat wiederum war von ausgesprochener Distanz geprägt. Der Magistrat mit Oberbürgermeister Schustehrus an der Spitze, so lautete der von Hirsch und seinen sozialdemokratischen Parteifreunden wiederholt artikulierte Vorwurf, vertrete „einseitig den Standpunkt der Unternehmer".[178] Nicht selten unterzog Hirsch das Verhalten des Magistrats, wie anlässlich der Besprechung der sozialdemokratischen Interpellation über die Entlassung vorbestrafter Arbeiter im Januar 1904, „einer scharfen und abfälligen Kritik"[179], sodass sich Schustehrus den „provozierenden" Ton des sozialdemokratischen Stadtverordneten verbitten wollte.[180] Ungeachtet dieser Auseinandersetzungen war Oberbürgermeister Schustehrus durchaus bemüht, mögliche Konfliktfelder rasch auszuräumen und den Interessen der Arbeiterschaft teilweise Genüge zu tun. Die Partei sah sich letztlich einem Oberbürgermeister gegenüber, der den gängigen Klischees eines lediglich den Interessen des Bürger- und Unternehmertums verpflichteten Stadtvaters und Vertreters der Obrigkeit nicht entsprach, der vielmehr ein Interesse am Ausbau der kommunalen Daseinsvorsorge besaß und auch Rücksicht auf die Belange der unteren, einkommensschwachen Schichten zu nehmen versuchte.[181]

3.3 Das Kommunalprogramm der preußischen SPD

Ein Forum zum Austausch kommunalpolitischer Erfahrungen und zur Diskussion von politischen Problemen bot die Konferenz sozialdemokratischer Gemeindevertreter, die erstmals für die Provinz Brandenburg am 27. Dezember 1898 in Berlin zusammentrat. Ziel der Konferenz war die Verabschiedung eines Aktionsprogramms für die anstehenden Kommunalwahlen.[182] Die bislang bestehenden Kommunalwahlprogramme wie das Nürnberger von 1890 waren ihrem Charakter

178 Vorwärts Nr. 142 v. 21.6.1907, S. 10: Vorort-Nachrichten (Charlottenburg), zur Sitzung vom 19.7.1907; auch Nr. 74 v. 27.3.1908, S. 14: Charlottenburg, zur Sitzung vom 25.3.1908; Nr. 113 v. 17.5.1907, S. 14: Vorort-Nachrichten (Charlottenburg).

179 Zur Debatte vom 20.1.1904 vgl. Vorwärts Nr. 18 v. 22.1.1904, S. 10: Aus den Nachbarorten (In der Charlottenburger Stadtverordneten-Versammlung).

180 Vorwärts Nr. 149 v. 29.6.1905, S. 12: Vorort-Nachrichten. Charlottenburg (Die Charlottenburger Stadtverordneten-Versammlung); ferner Nr. 63 v. 16.3.1906, S. 13 f.: Charlottenburg. Charlottenburger Stadtverordnetenversammlung; Nr. 285 v. 7.12.1906, S. 14: Vorort-Nachrichten. Charlottenburger Stadtverordnetenversammlung.

181 Zur Debatte vom 20.1.1904 vgl. Vorwärts Nr. 18 v. 22.1.1904, S. 10: Aus den Nachbarorten (In der Charlottenburger Stadtverordneten-Versammlung).

182 Vorwärts Nr. 303 v. 28.12.1898, S. 5–7: Konferenz der sozialistischen Gemeindevertreter der Provinz Brandenburg.

nach in erster Linie Wahlaufrufe und damit nicht allgemeinverbindlich.[183] Ein für Preußen oder das Reich geltendes Kommunalprogramm, in dem die Forderungen und Vorstellungen der SPD festgehalten worden wären, fehlte mithin.

In einem Beitrag für die Wochenschrift „Die Neue Zeit“ beklagte Hirsch diesen Missstand. Auch wenn angesichts der unterschiedlichen lokalen Rahmenbedingungen die Schaffung eines einheitlichen Programms Schwierigkeiten bereiten dürfte, sollte die Partei sich doch auf prinzipielle Forderungen einigen können. Gerade in zentralen Fragen würden die verschiedenen Kommunalwahlprogramme der Partei erheblich voneinander abweichen. Dies betreffe beispielsweise die Wohnungspolitik, wo die Frage des Wohnungsbaus für städtische Arbeiter ebenso umstritten sei wie die der Förderung von Baugenossenschaften. Hirsch entwickelte deshalb eine Reihe von Programmpunkten, die er für unverzichtbar hielt. Dabei empfahl er eine von mehreren Programmen durchgeführte Zweiteilung zu übernehmen und zwischen den an den Staat und jenen an die Gemeinden zu richtenden Forderungen zu unterscheiden. An erster Stelle rangierte die an den Staat gerichtete Forderung nach Einführung des allgemeinen, gleichen, direkten und geheimen Wahlrechts für alle erwachsenen Gemeindemitglieder beiderlei Geschlechts, verbunden mit der Forderung nach Beseitigung des Privilegs der Hausbesitzer. Daneben wurde die Herstellung der uneingeschränkten Selbstverwaltung der Gemeinden und die Aufhebung des Bestätigungsrechts gegenüber den Kommunalbeamten als notwendig erachtet. Als steuerpolitisches Programm reklamierte Hirsch die Deckung der Gemeindeausgaben durch direkte Steuern bei gleichzeitigem Verzicht auf indirekte Steuern und die Heranziehung der Überschüsse der Gemeindebetriebe. Zu den bildungspolitischen Desiderata zählte er neben den bekannten Forderungen der Partei nach Weltlichkeit der Schulen, der Unentgeltlichkeit des Unterrichts, der Lehrmittel und der Verpflegung die Schaffung niedriger Klassenfrequenzen und die Anstellung von Schulärzten. Hinsichtlich der kommunalen Wohnungspolitik beschränkte er sich darauf, eine „rationelle Grund- und Bodenpolitik“ anzumahnen, durch die spekulative Preissteigerungen auf dem Immobilienmarkt verhindert werden sollten. Es folgten kurze Ausführungen zur öffentlichen Gesundheitspflege, zur Sozialpolitik und zur Vergabe von Gemeindearbeiten. Ob alle von ihm entwickelten Gesichtspunkte in einem zukünftigen sozialdemokratischen Kommunalwahlprogramm Berücksichtigung fänden, sei unerheblich, so Hirsch, entscheidend sei, dass Einigkeit über grundsätzliche Fragen herrsche; „da müssen die einzelnen Kommunalwahlprogramme bei allem Spielraum, der

183 Rebentisch, Die deutsche Sozialdemokratie und die kommunale Selbstverwaltung, S. 11 f.

zur Hervorhebung lokaler Fragen übrig bleibt, eine gewisse Uebereinstimmung aufweisen, die wir heute – nicht gerade zu unserem Vortheil – so oft vergebens suchen."[184]

Mit seinen „kritischen Bemerkungen" zur Kommunalwahlprogrammatik hatte Hirsch einen wunden Punkt der Partei ausgemacht. Kommunale Fragen hatten wegen des Dreiklassenwahlrechts und der damit verbundenen Beschneidung politischer Teilhaberechte der Arbeiterschaft bislang nicht im Fokus des parteipolitischen Interesses gestanden. Hirsch, der als Stadtverordneter einer Großstadt über genügend Sachverstand und Kompetenz verfügte, begann der Partei wichtige, bislang unberücksichtigt gebliebene Themenfelder zu erschließen.

Auch auf den SPD-Parteitagen wurde nach der Jahrhundertwende die Gemeindepolitik zum Gegenstand der Beratungen. Bereits auf dem Lübecker Parteitag von 1901 entspann sich nach einem Referat Albert Südekums über die Wohnungspolitik eine Diskussion über kommunale Fragen. Auf dem Münchner Parteitag des folgenden Jahres bildete die Gemeindepolitik schließlich mit einem Grundsatzreferat von Hugo Lindemann einen eigenständigen Tagesordnungspunkt. Die von diesem vorgelegte Resolution, die dem Vorstand zur Vorbereitung für den folgenden Parteitag überwiesen wurde, definierte nach grundsätzlichen Bemerkungen zur Gemeindeverfassung, die die Forderungen nach Einführung des allgemeinen, gleichen Wahlrechts und der Beschränkung des staatlichen Aufsichtsrechts umschloss, die verschiedenen Tätigkeitsfelder kommunaler Politik.[185] 1904 verabschiedete schließlich der Bremer Parteitag eine von Lindemann neu eingebrachte Resolution, in der die sozialdemokratischen Postulate zur Gemeindeverfassung, zum Gemeindesteuerwesen und zur kommunalen Arbeiterpolitik zusammengefasst wurden.[186] Es waren letztlich die sogenannten Revisionisten und Reformer in der Partei, die sich der Gemeindearbeit annahmen mit dem Ziel, sie als Hebel zur evolutionären Transformation der Gesellschaft in eine sozialistische zu nutzen. Angesichts der diesbezüglichen theoretischen Abstinenz der Linken und ihres weitgehenden Desinteresses an kommunalpolitischen Fragen stieß ihr Wirken in der Partei auch auf relativ wenig Widerstand.[187]

184 Paul Hirsch, Sozialdemokratische Kommunalwahlprogramme. Kritische Bemerkungen, in: NZ 20/1 (1902), S. 612–622, Zitate S. 619 u. 622.

185 Protokoll SPD-Parteitag 1902, S. 203–218, zur Debatte S. 218–223, zur Resolution S. 90–92.

186 Vgl. Protokoll SPD-Parteitag 1904, S. 118 f., die dazugehörigen Anträge 61 und 62, S. 120 f.; das Referat Lindemanns S. 290–296, die Debatte und Schlusswort S. 296–304.

187 Vgl. Saldern, SPD und Kommunalpolitik, bes. S. 198–204.

Zum Thema Kommunalpolitik meldete sich Paul Hirsch regelmäßig zu Wort. Ob es sich um Besprechungen von Schriften namhafter Kommunalpolitiker der Partei handelte oder um die Problematisierung und Diskussion kommunalpolitischer Fragen, an Hirsch kam man nicht vorbei. Mit seinem publizistischen Engagement rückte er bald an die Seite des ausgewiesenen Experten Hugo Lindemann, dessen zweibändiges Werk „Arbeiterpolitik und Wirtschaftspflege in der deutschen Städteverwaltung" Hirsch 1904 auch rezensierte. Der promovierte Philosoph Lindemann hatte sich als Schriftsteller auf kommunal- und sozialpolitische Themen spezialisiert und 1897 mit seinem Buch „Selbstverwaltung und Munizipalsozialismus in England" von sich reden gemacht. Während seines Londonaufenthalts in den 1890er-Jahren durch die Fabian Society beeinflusst, versuchte Lindemann den in der englischen Lokalverwaltung anzutreffenden Munizipalsozialismus, d. h. die Übernahme von Versorgungs- und Infrastrukturunternehmen wie Elektrizitäts-, Wasser-, Gaswerken sowie Müllabfuhr, Krankenhäusern und Straßenbahngesellschaften durch die öffentliche Hand, als einen praktikablen Weg zur Lösung kommunaler Probleme zu empfehlen.[188] Er setzte mithin „auf die systemverändernde Wirkung systemimmanenter Reformen"[189] und erblickte in der Kommunalisierung von monopolartigen Betrieben eine Möglichkeit zur Verwirklichung sozialistischer Grundsätze. Seit 1903 gehörte er für die SPD dem Reichstag an.[190] In seiner Besprechung des Lindemannschen Werks fand Hirsch lobende Worte. „Die Sozialdemokratie", so Hirsch, „kann stolz darauf sein, daß ein so streng wissenschaftliches Werk, das die Praxis mit den theoretischen Forderungen in Einklang bringt und als bahnbrechend für die Begründung des Gemeindesozialismus gelten kann, einen der Ihrigen zum Verfasser hat."[191]

188 Vgl. Wolfgang R. Krabbe, Munizipalsozialismus und Interventionsstaat. Die Ausbreitung der städtischen Leistungsverwaltung im Kaiserreich, in: GWU 30 (1979), S. 265–283.

189 Rebentisch, Die deutsche Sozialdemokratie und die kommunale Selbstverwaltung, S. 7.

190 Ansbert Baumann, Lindemann, Hugo, in: Maria Magdalena Rückert (Hg.), Württembergische Biographien unter Einbeziehung hohenzollerischer Persönlichkeiten. Band III. Im Auftrag der Kommission für geschichtliche Landeskunde in Baden-Württemberg, Stuttgart 2017, S. 126–128. Ferner Fülberth, Konzeption, S. 14–21; Rebentisch, Die deutsche Sozialdemokratie und die kommunale Selbstverwaltung.

191 Paul Hirsch, Rezension von Hugo Lindemann, Arbeiterpolitik und Wirtschaftspflege in der deutschen Städteverwaltung, in: NZ 22/2 (1904), S. 282–284, Zitat S. 284. – In den folgenden Jahren sollte Hirsch wiederholt sozialdemokratische Literatur zur Kommunalpolitik, wie das von Emil Nitzsche herausgegebene Handbuch „Gemeindepolitik und Sozialdemokratie. Ein Handbuch für Gemeindewähler und Gemeindevertreter mit

Die kommunalpolitische Publizistik gewann mit der Zeit an Intensität. So wurde Paul Hirsch 1905 mit der Leitung der vom Verlag der Buchhandlung Vorwärts herausgegebenen Reihe „Sozialdemokratische Gemeindepolitik“ betraut, die die in der Gemeindeverwaltung tätigen Sozialdemokraten mit Material versorgen und die breite Öffentlichkeit mit den kommunalpolitischen Positionen der SPD bekannt machen sollte. Ohne auf die Theorie verzichten zu wollen, so der „Vorwärts“, liege der Fokus der Reihe auf der Praxis und biete damit eine Ergänzung zum Sozialdemokratischen Reichstagshandbuch und zu den entsprechenden Landtagshandbüchern. Das kommunale Wahlrecht stand im Mittelpunkt des ersten Bandes dieser Reihe, für den Hirsch und Hugo Lindemann verantwortlich waren.[192] In der Einleitung zeichneten beide Autoren die Entwicklung der Bürger- zur Einwohnergemeinde nach und gingen ausführlich auf die verschiedenen Wahlsysteme ein. Besondere Beachtung fanden dabei die Verhältnisse in Preußen, wo mit Ausnahme der Provinzen Hannover und Schleswig-Holstein sowie der Stadt Frankfurt am Main das Dreiklassenwahlrecht und das Hausbesitzerprivileg herrschten. Behandelt wurden die Vorbedingungen zur Ausübung des Wahlrechts und die zahlreichen Einschränkungen, die von einer bestimmten Aufenthaltsdauer, dem Alter, der in der Regel einen eigenen Hausstand voraussetzenden Selbständigkeit bis hin zum Ausschluss des Wahlrechts bei Empfang einer Unterstützung aus öffentlichen Mitteln reichen konnten. Beeindruckend ist heute noch die ja letztlich für Hirsch kennzeichnende sachliche Auseinandersetzung mit dem Thema, das in all seinen Facetten vor den Lesern ausgebreitet wurde.

In der Sammlung kommunalpolitischer Abhandlungen, die bis 1916 auf insgesamt 18 Hefte blicken konnte[193], sollte auch noch ein Heft Hirschs zur kommunalen Wohnungspolitik erscheinen. Mit der kleinen Studie versuchte Hirsch nicht nur den Ursachen und Folgen der Wohnungsnot nachzugehen, sondern auch die von den Kommunen ergriffenen Maßnahmen darzulegen und die diesbezüglichen Forderungen der Partei zu explizieren.[194]

besonderer Berücksichtigung der sächsischen Verhältnisse“, rezensieren und einem interessierten Publikum vorstellen; vgl. NZ 25/2 (1907), S. 614 f.

192 Paul Hirsch/Hugo Lindemann, Das kommunale Wahlrecht, Berlin 1905, hier die zweite ergänzte Auflage, Berlin 1911 (51 S.). Ferner Vorwärts Nr. 238 v. 11. 10. 1905, S. 6: Aus der Partei (Sozialdemokratische Gemeindepolitik). Vgl. auch die Rezension, in: NZ 24/1 (1906), S. 340 f.; der Rezensent bemängelte das Fehlen eines Sachregisters.

193 Rebentisch, Die deutsche Sozialdemokratie und die kommunale Selbstverwaltung, S. 24.

194 Paul Hirsch, Kommunale Wohnungspolitik, Berlin 1906 (80 S.); Vorwärts Nr. 70 v. 24. 3. 1906, S. 10: Anzeigenteil (Wir empfehlen: „Sozialdemokratische Gemeindepolitik“). Vgl. dazu auch die Besprechung von Südekum in: Jahresbericht über Soziale Hygiene und

1906 wurde die von Albert Südekum seit 1901 herausgegebene Zeitschrift „Kommunale Praxis" von der Partei übernommen und als „Zentralorgan" der Partei „für Kommunalpolitik und Gemeindesozialismus" im Verlag „Buchhandlung Vorwärts Paul Singer GmbH" publiziert. Der Zuspruch, den dieses wöchentlich erscheinende Organ erfuhr, hielt sich bei 3530 Abonnenten (1913) jedoch in Grenzen.[195] In den folgenden Jahren sollte Hirsch zu einem regelmäßigen Beiträger der Zeitschrift werden und eingehend über die Kommissionsverhandlungen des Abgeordnetenhauses in ihren Auswirkungen auf die Kommunen berichten.

Im Oktober 1908 erschien Hirschs Buch „25 Jahre sozialdemokratischer Arbeit in der Gemeinde", das auf 552 Seiten eine akribisch aus den Quellen erarbeitete Darstellung der Tätigkeit der sozialdemokratischen Stadtverordnetenfraktion Berlins enthielt. Der Band entfaltete nach einer Einleitung, in der das allmähliche Eindringen der Sozialdemokraten in die Kommunalpolitik nachgezeichnet wurde, in 18 Abschnitten ein Potpourri der verschiedensten Themenfelder. Angefangen bei Ausführungen zum kommunalen Wahlrecht und zum Selbstverwaltungsrecht wurden die einzelnen Politikbereiche, wie die öffentliche Gesundheitspflege, die Wohnungspolitik, die kommunale Arbeiterpolitik und die Armenpflege, behandelt. Ausführlich ging Hirsch auch auf die Schulpolitik ein, zu der auch der Kampf der Partei gegen die gewerbliche Nebenbeschäftigung von Schulkindern und für die Anstellung von Schulärzten und für Schulspeisungen gehörte. Auch das Ringen um die obligatorische Fortbildungsschule, für die sich die Partei bereits 1891 eingesetzt hatte und die schließlich 1902 von der Mehrheit der Stadtverordnetenversammlung verabschiedet wurde, fand Erwähnung.[196]

Das Buch zeige, so der „Vorwärts", wie „unter dem Einfluß der Tätigkeit der Sozialdemokratie [...] sich eine völlige Wandlung der Anschauungen vollzogen" habe, „der Gedanke des Manchestertums hat die Waffen gestreckt vor dem sozialen Gedanken, die Idee des Sozialismus ist im Vormarsch begriffen". Das Parteiblatt lobte das Buch denn auch in den höchsten Tönen. Es „sollte in keiner Bibliothek, insbesondere in keiner Bibliothek einer gewerkschaftlichen oder

Demographie von 1906; ferner Steglitzer Zeitung v. 19. 6. 1906: Kommunale Wohnungspolitik. Eine Buchbesprechung; Leo Baeck Institute, Paul Hirsch Collection (AR 3382), Box 1, Folder 1.

195 Rebentisch, Die deutsche Sozialdemokratie und die kommunale Selbstverwaltung, S. 23 f.; Leesch, „Vorwärts", S. 100 f.

196 Paul Hirsch, 25 Jahre sozialdemokratischer Arbeit in der Gemeinde. Die Tätigkeit der Sozialdemokratie in der Berliner Stadtverordnetenversammlung. Auf Grund amtlicher Quellen geschildert, Berlin 1908.

politischen Organisation oder Redaktion fehlen".[197] Auch in der „Neuen Zeit" wurde es positiv besprochen. Die erschöpfende Behandlung aller Bereiche der kommunalen Sozialpolitik wurde ebenso wie die Übersichtlichkeit des Materials und die lebendige Schilderung gelobt. „Da es noch immer an einem kommunalen Handbuch für Preußen fehlt, bietet das Werk des Genossen Hirsch für alle an unseren Kämpfen in den Gemeinden Beteiligten wie überhaupt für jeden Kommunalpolitiker ein vortreffliches Nachschlagewerk".[198]

Nachdem bereits für zahlreiche Einzelstaaten des Reiches Kommunalprogramme vorlagen[199], wurde das Fehlen entsprechender Richtlinien in Preußen als besonders misslich empfunden. So gab es 1909 in Preußen in 898 Orten immerhin schon 2235, im Reich insgesamt sogar in 2497 Orten 7729 Stadt- und Gemeindevertreter.[200] Die Mitte Februar 1909 tagende Gemeindevertreterkonferenz für Groß-Berlin und die Provinz Brandenburg erteilte schließlich einer neunköpfigen Kommission unter Führung Paul Hirschs den Auftrag zur Ausarbeitung eines entsprechenden Programms. Grundlage ihrer Beratungen wurden die Resolutionsentwürfe, die Albert Südekum auf dem Leipziger Parteitag von 1901 und Hugo Lindemann drei Jahre später unterbreitet hatten.[201]

Nachdem der Kommissionsentwurf bereits im Dezember 1909 im „Vorwärts" vorgestellt worden war[202], gab der dritte Parteitag der preußischen SPD, der am 3. und 4. Januar 1910 in Berlin stattfand, Hirsch die Möglichkeit, es näher zu erläutern. In seinen Programmentwurf flossen letztlich all jene Forderungen ein, die er in seinen bisherigen Schriften bereits erörtert und aufgelistet hatte.[203] Dazu gehörte auch die von ihm empfohlene Zweiteilung des Programms in einen ersten, die grundsätzlichen Forderungen an die staatliche und

197 Vorwärts Nr. 254 v. 29. 10. 1908, S. 6: 25 Jahre sozialdemokratischer Arbeit in der Gemeinde.

198 Emanuel Wurm, Rezension von Paul Hirsch, Fünfundzwanzig Jahre sozialdemokratischer Arbeit in der Gemeinde, in: NZ 27/1 (1909), S. 683 f., Zitat S. 684.

199 Rebentisch, Die deutsche Sozialdemokratie und die kommunale Selbstverwaltung, S. 15.

200 Protokoll SPD-Parteitag 1910, S. 41 f.; Rebentisch, Die deutsche Sozialdemokratie und die kommunale Selbstverwaltung, S. 20.

201 Vorwärts Nr. 39 v. 16. 2. 1909, S. 10, insges. S. 9 f.; vgl. auch Fülberth, Konzeption, S. 14–21.

202 Vorwärts Nr. 291 v. 14. 12. 1909, S. 9 f.: Entwurf eines Kommunalprogramms für die Sozialdemokratie Preußens (Kommissions-Entwurf). – Zur Wertzuwachssteuer vgl. auch die Rezension von Hirsch des Bandes von Boldt, Die Wertzuwachssteuer. Ihre bisherige Gestaltung in der Praxis und ihre Bedeutung für die Steuerpolitik der Gemeinden, Dortmund 1907, in: NZ 26/1 (1908), S. 351 f.

203 Vgl. Paul Hirsch, Sozialdemokratische Kommunalwahlprogramme. Kritische Bemerkungen, in: NZ 20/1 (1902), S. 612–622.

Reichsgesetzgebung auflistenden Teil und einen zweiten, der jene Forderungen enthalten sollte, „die unsere Gemeindevertreter bereits innerhalb der heutigen Gesetze an die Gemeindevertretungen zu stellen berechtigt" seien. Diese Trennung sei aus praktischen Gründen erforderlich gewesen, da viele sozialdemokratischen Gemeindevertreter „die Gesetze nicht so gut kennen" würden, um beurteilen zu können, ob ein Antrag zu Gesetzesänderungen führen würde. In der Einleitung wurde erneut der Standpunkt bekräftigt, „daß nur durch die Aufhebung der Klassenherrschaft die demokratische Organisation der Gemeinde vollendet und die Bahn für eine Verwaltungstätigkeit frei gemacht werden kann, welche die Wohlfahrt aller gleichmäßig fördert". Unter den von der staatlichen und Reichsgesetzgebung zu fordernden Punkten wurden die Bildung der Gemeindevertretungen nach dem allgemeinen, gleichen Wahlrecht für alle Einwohner der Gemeinde über 20 Jahre beiderlei Geschlechts, die Beschränkung des staatlichen Aufsichtsrechts auf das Recht, gesetzwidrige Verwaltungsakte zu beanstanden, die Aufhebung des Bestätigungsrechts der Aufsichtsbehörden gegenüber den Wahlorganen der Gemeinde und die Übertragung der Ortspolizei auf die Gemeinden hervorgehoben. Die Ausgaben der Gemeinden sollten durch progressiv gestaltete Zuschläge zur Einkommensteuer bei gleichzeitigem Verbot indirekter Steuern gedeckt werden. In der Bildungspolitik wurden die Weltlichkeit der Schulen und konfessionslose Einheitsschulen reklamiert. Ferner sollten die Schullasten vom Staat übernommen und die Schulverwaltung auf die Gemeinde übertragen werden. Hinzu trat als neue Forderung die Einführung eines obligatorischen Fortbildungsschulunterrichts. Des weiteren wurden von der staatlichen Gesetzgebung die Regelung der öffentlichen Gesundheitspflege und die Unterstellung der bei der Gemeinde beschäftigten Arbeiter und Unterangestellten unter die Gewerbeordnung erwartet. Zu den in den Gemeindevertretungen durchzusetzenden Postulaten waren in steuerpolitischer Hinsicht die Erhebung von Zuschlägen zur staatlichen Einkommensteuer, die Einführung einer Wertzuwachssteuer auf Grund und Boden und dessen Besteuerung nach dem gemeinen Wert durch eine stärkere Belastung des baureifen, unbebauten Grundbesitzes aufgezählt. In der Bildungspolitik wurden die Einrichtung von Schulwärmestuben und Schulküchen, die Anstellung von Schulärzten und die Schaffung von Kindergärten und Volksbibliotheken postuliert. Zentraler Forderungspunkt in der Wohnungspolitik wiederum war die Erhaltung und Erweiterung des Gemeindebesitzes mit dem Ziel, spekulativen Preissteigerungen auf dem Immobilienmarkt entgegenzuwirken und aktiv den Wohnungsbau zu fördern. Neben der Aufstellung von volkshygienischen und sozialpolitischen Kriterien folgenden Bebauungsplänen stand die Errichtung von kommunalen Wohnungsämtern, die für die Wohnungsstatistik, die Wohnungsvermittlung und die Wohnungsinspektion zuständig sein sollten, auf dem Wunschzettel. Ferner wurden die Gesundheitspflege, die Wirtschafts- und die Sozialpolitik, aber auch die Schaffung von Zweckverbänden zur Durchführung gemeinnütziger Projekte thematisiert. „Worauf es ankommt", so schloss Hirsch seine erläuternden Bemerkungen zum Programmentwurf, „ist, daß unsere in den Gemeinden tätigen Genossen eine brauchbare Waffe erhalten, eine Waffe, mit der sie beitragen können zur Befreiung des Proletariats und zur Demokratisierung und Sozialisierung der Gesellschaft".

Der Programmentwurf stieß unter den Delegierten allerdings auf kein einhellig positives Echo. So wurde in der Wohnungspolitik die Fokussierung auf den Kleinwohnungsbau und die damit verbundene Vernachlässigung der Bedürfnisse der auf dem Land lebenden Bevölkerung ebenso wie das Fehlen eines Zwangsenteignungsrechts der Gemeinden bemängelt.[204] Nach einigen redaktionellen Änderungen konnte der Programmentwurf aber schließlich am zweiten Tag vom Parteitag angenommen werden.[205] Mit der Verabschiedung dieses Programms hatte Hirsch einen bedeutenden Erfolg erringen können. In Preußen war er nunmehr als Kommunalexperte neben Lindemann und Südekum eine anerkannte Größe, an der niemand mehr vorbeikam, der sich mit Fragen der Gemeindepolitik beschäftigte. Es mochte mithin nicht verwundern, dass Hirsch in der Republikzeit (1928) auch für die Verabschiedung des Kommunalprogramms für das Reich verantwortlich zeichnen sollte.

Im Oktober 1911 erschien in der Buchhandlung Vorwärts das von Paul Hirsch verfasste „Kommunal-Programm der Sozialdemokratie Preußens", ein für 3 Mark angebotenes Handbuch für sozialdemokratische Gemeindevertreter. „Das Buch", so lobte der „Vorwärts", „ist ein vorzügliches Hilfsmittel für unsere Stadtverordneten und Gemeindevertreter; wir können es ihnen und den Organisationen dringend zur Anschaffung empfehlen."[206] Neben der Kommunalpolitik beschäftigte sich Hirsch auch mit den rechtlichen Gegebenheiten auf dem Land. So veröffentlichte er im Februar 1905 den „Führer durch die Landgemeinde-Ordnung für

204 Vorwärts Nr. 2 v. 4. 1. 1910, S. 1 f., 5–12 u. 19 f.; zur Rede von Hirsch S. 11 f. u. 19, Zitat S. 19.

205 Vorwärts Nr. 3 v. 5. 1. 1910, S. 5–8, hier S. 5. Der General-Anzeiger für die Stadt Mannheim und Umgebung Nr. 9 vom 7. 1. 1910, S. 1, sprach von einer „sehr gelehrte[n] und fleißige[n] Arbeit".

206 Vorwärts Nr. 242 v. 15. 10. 1911, S. 6: Aus der Partei (Ein wertvolles Handbuch für sozialdemokratische Gemeindevertreter). Vgl. auch Volkswacht. Organ der Sozialdemokratie für das östliche Westfalen und die lippischen Fürstentümer Nr. 258 v. 3. 11. 1911, S. 10: Eingegangene Druckschriften. Ferner die Rezension, in: Die Gewerkschaft Nr. 51 von 1911; Leo Baeck Institute, Paul Hirsch Collection (AR 3382), Box 1, Folder 1.

die östlichen Provinzen Preußens", der die Leserschaft nicht nur mit den wichtigsten Bestimmungen dieses Gesetzeswerkes vertraut machen sollte, sondern diese auch mit Hilfe von Entscheidungen des Oberverwaltungsgerichts erläuterte. Die für 30 Pfennig zu erwerbende Schrift war Teil einer vom Verlag der Buchhandlung Vorwärts herausgegebenen Reihe, die Fragen behandelte, „mit denen sich die Arbeiter vertraut machen müssen, wenn sie im öffentlichen Leben ihre Interessen wahren oder sich selbst vor Nachteilen schützen wollen".[207] Auch weiterhin fühlte sich Paul Hirsch der Kommunalpolitik verpflichtet und nahm publizistisch, wie mit seinem 1907 in der „Kommunalen Praxis" erschienenen Beitrag „Staat und Gemeinde", oder in seinen Reden hierzu Stellung.[208]

4. Der politische Aufstieg oder der Weg in den Landtag

Ende 1901 wurde Hirsch zum ersten Vorsitzenden des Zentralwahlvereins für Teltow-Beeskow-Storkow-Charlottenburg gewählt.[209] Im Juni 1902 folgte seine Wahl zum Vertrauensmann des Wahlkreises Teltow-Beeskow, ohne dass klar wird, welche Funktionen und Aufgaben ihm durch dieses Amt zuwuchsen.[210]

207 Vorwärts Nr. 44 v. 22. 1. 1905, S. 7: Ein Führer durch die Landgemeinde-Ordnung.

208 Paul Hirsch, Staat und Gemeinde, in: KP 1907, Nr. 47, Sp. 1105–1108; Vorwärts Nr. 254 v. 30. 10. 1912, S. 4: Aus der Partei. Sozialdemokratische Gemeindevertreterkonferenz; auch Nr. 105 v. 8. 5. 1906, S. 9 f.: Konferenz sozialdemokratischer Gemeindevertreter Groß-Berlins; Nr. 284 v. 29. 10. 1913, S. 10: Eine Konferenz der Gemeindevertreter des Wahlkreises Potsdam-Spandau-Osthavelland.

209 Vorwärts Nr. 276 v. 26. 11. 1901, S. 9: Vertrauensämter der socialdemokratischen Partei im Kreise Teltow-Beeskow-Storkow-Charlottenburg; ferner Nr. 40 v. 17. 2. 1903, S. 5: Die Vertrauensämter der Berliner Socialdemokratie.

210 Vorwärts Nr. 134 v. 12. 6. 1902, S. 4: Eine öffentliche Parteiversammlung für den Wahlkreis Teltow-Beeskow-Storkow-Charlottenburg; Nr. 172 v. 26. 7. 1902, S. 5: Die Vertrauensämter der Berliner Socialdemokratie. – Zu Hirschs Wiederwahl am 30. 10. 1902 vgl. Vorwärts Nr. 256 v. 1. 11. 1902, S. 4: Versammlungen (Kreis Teltow-Beeskow); Nr. 40 v. 17. 2. 1903, S. 5: Die Vertrauensämter der Berliner Socialdemokratie; Nr. 259 v. 5. 11. 1903, S. 5: Die Vertrauensämter der Berliner Socialdemokratie; Nr. 269 v. 15. 11. 1904, S. 9 f.: Die Kreisversammlung für den Kreis Teltow-Beeskow-Storkow-Charlottenburg; Nr. 294 v. 15. 12. 1904, S. 9: Die Vertrauensämter der Berliner Sozialdemokratie; Nr. 263 v. 9. 11. 1905, S. 9: Die Vertrauensämter der Berliner Sozialdemokratie; Nr. 105 v. 7. 5. 1907, S. 13: Die Vertrauensämter der Berliner sozialdemokratischen Partei; Nr. 65 v. 17. 3. 1908, S. 13: Zentralvorstand des Verbandes der sozialdemokratischen Wahlvereine Berlins und Umgegend; ferner Nr. 199 v. 26. 8. 1910, S. 9: Verband sozialdemokratischer Wahlvereine (Adresse von Hirsch: Charlottenburg, Wallstr. 52); auch Nr. 193 v. 20. 8. 1912, S. 6:

Wenige Monate zuvor hatten Partei und Gewerkschaft in der Charlottenburger Rosinenstr. 3 (heute: Loschmidtstr.) ein geeignetes Versammlungslokal erhalten, für dessen Bau sich Hirsch und die beiden Stadtverordneten Baake und Görke eingesetzt hatten.[211] Im Auftrag von Partei und Gewerkschaft hatten sie im Juni 1901 mit dem Berliner Baumeister Kurt Berndt einen Mietvertrag für das zu erbauende Gebäude abgeschlossen. Die Garantie für die Zahlung der Miete von 33 000 Mark übernahm die Brauerei Patzenhofer, die die Restaurationsräume des Hauses mietete. Bald darauf erwarb Hirsch als Treuhänder der Gesellschaft Volkshaus das Gebäude für 600 000 Mark.[212] Als Eigentümer des „Volkshauses" war Hirsch auch im Grundbuch eingetragen[213], was ihn in die Lage versetzte, bei den Kommunalwahlen als Hausbesitzer kandidieren zu können.

4.1 Als Vorsitzender des Zentralwahlvereins für Teltow-Beeskow-Storkow-Charlottenburg

Als Vorsitzender des Wahlvereins verfügte Hirsch im „Volkshaus" auch über ein Büro, wo er Sprechstunden gab.[214] Zudem bot er im Auftrag des Wahlvereins Kurse über politische Fragen an. Im Januar 1903 informierte er beispielsweise über die Technik der preußischen Landtagswahlen.[215] Seine Wohnung lag damals nur rund 500 Meter entfernt in der Herderstraße 13.[216] Für die Charlotten-

Zentralwahlverein für Teltow-Beeskow (Wiederwahl zum 1. Vorsitzenden). Zum Vorstand des Charlottenburger Wahlvereins, dem im Oktober 1902 781 zahlende Mitglieder angehörten, Nr. 248 v. 23. 10. 1902, S. 4: Versammlungen (Charlottenburg).

211 Vorwärts Nr. 69 v. 22. 3. 1902, S. 10: Lokales. Das Charlottenburger Volkshaus. Ferner Hermann-Josef Fohsel, Das Volkshaus der Charlottenburger SPD in der Rosinenstraße 3 (heute Loschmidtstraße 6–8), Hg. Bezirksamt von Berlin-Charlottenburg. Abt. PV Kultur/Heimatmuseum Charlottenburg, Berlin 1995, bes. S. 9 u. 19–21.

212 Vorwärts Nr. 21 v. 26. 1. 1904, S. 11: Aus den Nachbarorten (Das Charlottenburger Volkshaus).

213 Vorwärts Nr. 284 v. 6. 12. 1906, S. 11: Vorort-Nachrichten. Charlottenburg.

214 Vorwärts Nr. 172 v. 26. 7. 1902, S. 5: Die Vertrauensämter der Berliner Socialdemokratie. – In seiner Funktion als Vorsitzender des Wahlvereins leitete Hirsch die Versammlungen des Central-Wahlvereins für Teltow-Beeskow-Storkow-Charlottenburg; Nr. 186 v. 12. 8. 1902, S. 4: Versammlungen (Der socialdemokratische Central-Wahlverein für Teltow-Beeskow-Storkow-Charlottenburg).

215 Vorwärts Nr. 20 v. 24. 1. 1903, S. 6: Berliner Partei-Angelegenheiten (Charlottenburg); Nr. 167 v. 21. 7. 1903, S. 4: Versammlungen (Der Charlottenburger socialdemokratische Wahlverein).

216 Vorwärts Nr. 276 v. 26. 11. 1901, S. 9: Vertrauensämter der socialdemokratischen Partei im Kreise Teltow-Beeskow-Storkow-Charlottenburg.

burger SPD spielte das „Volkshaus" als Versammlungsort eine nicht zu unterschätzende Rolle und war angesichts des Hausbesitzerprivilegs in Bezug auf das passive Wahlrecht von Relevanz.

Im November 1902 zählte der Zentralwahlverein 27 Vereine mit 5200 Mitgliedern.[217] Doch sollte er in den folgenden Jahren einen beachtlichen Aufschwung erfahren und 1912 bereits über 52 Ortsvereine mit 26 660 Mitgliedern verfügen.[218] Die Aktivitäten des Vereins umfassten Agitationstouren und die Verbreitung von Kalendern, Broschüren, Flugblättern, Handzetteln und Plakaten. Mit den Einnahmen von 23 000 Mark bei einem Mitgliedsbeitrag von 20 Pfg. konnten 1902 die Ausgaben von 15 000 M problemlos gedeckt und dadurch auch 900 M an den Parteivorstand abgeführt werden.[219] 1904 wurde zudem die Stelle eines Parteibeamten bewilligt, womit ein Parteisekretär gemeint war, der den Vorsitzenden angesichts der Zunahme des Geschäftsumfangs unterstützen sollte.[220] Publizistisch war die Partei in der Provinz mit der „Brandenburger Zeitung" und der „Märkischen Volksstimme" vertreten, die jeweils rund 11 000 Abonnenten aufwiesen. Zudem bestanden 1909 in 23 Orten Bildungsausschüsse, die die Bildungsziele der Partei förderten.[221]

Unzufriedenheit mit der Geschäftsführung des Vorstands und damit auch des Vorsitzenden des Zentralwahlvereins wurde auf der Generalversammlung am 24. Juni 1906 laut, als eine Resolution des Rixdorfer Wahlvereins verhandelt wurde, in der dem Vorstand zahlreiche Versäumnisse vorgeworfen wurden. Dazu zählten die späte Zustellung der neuen Mitgliedsbücher, die Verschiebung der Agitationstour und die nicht erfolgte Zusendung einer Broschüre. Als Vorsitzender bedauerte Hirsch „die Einbringung einer so scharf gehaltenen Resolution", räumte hinsichtlich der Mitgliedsbücher Fehler des Vorstands ein, wies auf die Überlastung der Druckerei, die das Material der Agitationstour nicht rechtzeitig habe fertigstellen können, und auf Versäumnisse der Rixdorfer Parteifreunde hin, die die am letzten Zahlabend verteilte Broschüre nicht zur rechten

217 Vorwärts Nr. 264 v. 11. 11. 1902, S. 4: Versammlungen. Der Central-Wahlverein für Teltow-Beeskow-Storkow-Charlottenburg.

218 Vorwärts Nr. 193 v. 20. 8. 1912, S. 6: Zentralwahlverein für Teltow-Beeskow.

219 Der Mitgliedsbeitrag wurde Ende 1902 auf 25 Pfg. erhöht; vgl. Vorwärts Nr. 264 v. 11. 11. 1902, S. 4: Versammlungen. Der Central-Wahlverein für Teltow-Beeskow-Storkow-Charlottenburg. Vgl. auch den Entwurf eines Organisationsstatuts der SPD, ca. 1909, in dem der monatliche Mindestbeitrag für männliche Mitglieder auf 30 Pf. festgesetzt wurde; Landesarchiv Berlin, A Pr. Br. Rep. 030, Nr. 15937, Bl. 14 f., hier Bl. 14.

220 Vorwärts Nr. 269 v. 15. 11. 1904, S. 9 f., hier S. 9: Die Generalversammlung des Zentral-Wahlvereins für den Kreis Teltow-Beeskow-Storkow-Charlottenburg.

221 Vorwärts Nr. 202 v. 31. 8. 1909, S. 5 f.: Die Parteikonferenz für die Provinz Brandenburg.

Zeit bestellt hätten. Die Delegierten folgten den Ausführungen des Vorsitzenden und lehnten die Resolution mit überwiegender Mehrheit ab. Hirsch erstattete zwar noch den Rechenschaftsbericht des Vorstands, aber nach einer ausführlichen Diskussion über Angelegenheiten des Metallarbeiterverbandes musste sein Vortrag über die preußischen Landtagswahlen wegen der vorgerückten Zeit abgesetzt werden. Hirsch hatte sich als Vorsitzender behaupten können.[222]

Bei der zwei Monate später anberaumten Zusammenkunft des Zentralwahlvereins in Speers Festsälen im Baumschulenweg kam es erneut zu kontroversen Debatten, als in Vorbereitung auf den Ende September stattfindenden Mannheimer Parteitag die Massenstreikdebatte auf der Tagesordnung stand. Bei der Diskussion über die Frage des Massenstreiks, mit dem politische Reformen, wie die Abschaffung des Dreiklassenwahlrechts in Preußen, aber auch die Abwehr von Wahlrechtsverschlechterungen erstritten werden sollten, wurde die in der Partei gegenüber diesem Thema verbreitete Zurückhaltung deutlich. Anknüpfend an die Russische Revolution von 1905 und an Entwicklungen in den deutschen Nachbarstaaten hatte die von der Parteilinken um Rosa Luxemburg forcierte Massenstreikdebatte bereits 1905 den SPD-Parteitag in Jena beschäftigt. Der damals zwischen den Flügeln angebahnte Kompromiss, nach dem der Massenstreik ein wirksames Kampfmittel zur Abwehr politischer Angriffe auf die Arbeiterklasse, nicht jedoch zur Eroberung politischer Macht sei, schien einen gangbaren Weg zu weisen. Entschieden hatten sich die Freien Gewerkschaften auf ihrem Kölner Kongress 1905 gegen den politischen Massenstreik gewandt, da sie nicht zu Unrecht staatliche Repressionsmaßnahmen und die erneute Unterdrückung ihrer in den vergangenen Jahren mühsam aufgebauten Organisation befürchteten. Einen Ausgleich zwischen den von der Partei und den Gewerkschaften vertretenen Positionen musste der anstehende Mannheimer Parteitag 1906 bringen.[223]

Auf der Generalversammlung des Zentralwahlvereins wandten sich nicht nur der Referent und Reichstagsabgeordnete Fritz Zubeil, sondern auch die meisten Diskutanten gegen den offensiven politischen Massenstreik. Gegen den von

222 Vorwärts Nr. 145 v. 26. 6. 1906, S. 5: Der Zentral-Wahlverein für Teltow-Beeskow-Storkow-Charlottenburg.

223 Antonia Grunenberg (Hg.), Die Massenstreikdebatte. Beiträge von Parvus, Rosa Luxemburg, Karl Kautsky und Anton Pannekoek, Frankfurt a. M. 1970; Klaus J. Becker/Jens Hildebrandt, 100 Jahre „Mannheimer Abkommen". Zur Geschichte von SPD und Gewerkschaften, Ludwigshafen 2006; Helge Döhring (Hg.), Abwehrstreik … Proteststreik … Massenstreik? Generalstreik! Streiktheorien und -diskussionen innerhalb der deutschen Sozialdemokratie vor 1914. Grundlagen zum Generalstreik mit Ausblick, Lich 2009.

den Groß-Lichterfelder Parteifreunden um Kurt Eisner, den späteren bayerischen Ministerpräsidenten, eingebrachten Antrag, nach dem der Massenstreik „zu geeigneter Zeit“ zur Durchsetzung des allgemeinen, gleichen Wahlrechts in den Ländern eingesetzt werden sollte, sprach sich auch Paul Hirsch aus. „Die Erfahrung habe bewiesen, daß es nicht möglich sei, wegen des Wahlunrechts die Massen schon jetzt für den Massenstreik zu begeistern.“ Auch sei die bislang verfolgte Wahlrechtskampftaktik verfehlt, zumal auch die Demonstrationen teilweise nur mäßigen Anklang fanden. „Jedoch mit einer Inszenierung des Massenstreiks würde die Wahlrechtsbewegung auf Jahre hinaus lahmgelegt werden.“ Während der Antrag Groß-Lichterfelde schließlich von der Versammlung verworfen wurde, wurde eine Resolution angenommen, in der allgemein der Massenstreik als wichtiges Kampfmittel im Klassenkampf bezeichnet, gleichzeitig jedoch die Notwendigkeit der Überwindung der Meinungsverschiedenheiten zwischen Partei und Gewerkschaften betont wurde.[224] Hirsch sollte sich am folgenden Tag von den im „Vorwärts“ wiedergegebenen Äußerungen distanzieren, doch mochte dies daran gelegen haben, dass seine Kritik an der Wahlkampftaktik in der Parteiführung auf Kritik gestoßen und ihm später unangenehm gewesen sein dürfte.[225]

4.2 Die Taktik bei den preußischen Landtagswahlen und die Wahlen von 1903

Die ungleichen Rekrutierungssysteme auf Länderebene führten dazu, dass die SPD nicht in allen Landtagen vertreten war. Entweder war sie wegen des Wahlrechts chancenlos, oder sie lehnte wie in Preußen die Wahlbeteiligung ab. So gehörte die SPD 1902 lediglich 13 der 24 deutschen Landtage an und war mit gerade einmal 79 Abgeordneten auf Landesebene noch ein eher randständiges Phänomen.[226] Da die Frage der Wahlbeteiligung auf dem im September 1900 stattfindenden Mainzer Parteitag Verhandlungsgegenstand sein sollte, meldete sich Hirsch im Juli in den „Sozialistischen Monatsheften“ erneut zu Wort. Ausgangspunkt seiner Überlegungen war der auf dem Stuttgarter Parteitag von 1898

224 Vorwärts Nr. 199 v. 28. 8. 1906, S. 5 f.: Der Zentralwahlverein für Teltow-Beeskow-Storkow-Charlottenburg, Zitate S. 5.

225 Vorwärts Nr. 200 v. 29. 8. 1906, S. 6: Versammlungen (Paul Hirsch, Erklärung). – Im folgenden Jahr stand die Frage des Militarismus und der internationalen Konflikte auf der Tagesordnung der Generalversammlung des Zentralwahlvereins; Nr. 157 v. 9. 7. 1907, S. 5: Der Zentralwahlverein von Teltow-Beeskow-Storkow-Charlottenburg.

226 Heimann, Der Preußische Landtag, S. 55.

gefasste Beschluss, die Entscheidung über die Beteiligung an den preußischen Landtagswahlen den einzelnen Kreisen zu überlassen. Diesen Beschluss hielt er für verfehlt, da die von der Parteiführung geäußerte Hoffnung, dass die praktischen Erfahrungen die Partei zu einem einheitlichen Vorgehen führen würden, sich nicht erfüllt habe. Deshalb sei es „dringend nötig", dass „den preussischen Genossen eine Richtschnur für ihr Verhalten bei den Landtagswahlen gegeben" werde. Denn es bestünde kein Zweifel daran, dass die SPD durch ihre Wahlbeteiligung „die Macht der Reaction in Preussen ganz erheblich zu schwächen" vermöge. In manchen Wahlkreisen könne sie den Ausschlag geben und die Wahl konservativer Kandidaten verhindern. „Geht es nicht ohne Compromiss, so darf man auch nicht vor einem Compromiss zurückschrecken." Hirsch empfahl deshalb, „auf dem nächsten Parteitag die allgemeine Beteiligung unserer Partei an den Landtagswahlen zu beschliessen und zwar nur durch Aufstellung eigener Wahlmänner". Zudem setzte er sich für die Bildung eines Zentralwahlkomitees für Preußen ein, das die Verbindung zwischen den einzelnen Kreisen aufrechterhalten sollte.[227] Mit dieser Position vermochte sich Hirsch auf der Parteikonferenz für den Wahlkreis Teltow-Beeskow-Storkow-Charlottenburg im August 1900 gegen den Reichstagsabgeordneten Zubeil auch durchzusetzen.[228]

Der Mainzer Parteitag gab schließlich im September 1900 grünes Licht für eine Beteiligung an Landtagswahlen. Mit der Annahme der von Bebel vorgelegten und nur leicht modifizierten Entschließung machte es der Parteitag den Mitgliedern zur Pflicht, sich in jenen Einzelstaaten, in denen das Dreiklassenwahlrecht bestehen würde, mit eigenen Wahlmännern an der Wahl zu beteiligen. Für Preußen kündigte der Parteivorstand die Bildung eines Zentralwahlkomitees an, ohne dessen Zustimmung die Partei in den einzelnen Kreisen keine Wahlbündnisse mit bürgerlichen Parteien schließen dürfe.[229] Hirsch war für den Parteitag nicht als Delegierter aufgestellt worden, doch dürfte ihn das Ergebnis zufrieden gestellt haben.[230]

Am 20. November 1903 standen die Wahlen zum preußischen Abgeordnetenhaus an. Vor den Wahlen erschien der im Auftrag des Parteivorstands erarbeitete und von Hirsch herausgegebene Band „Der preußische Landtag. Handbuch für socialdemokratische Landtagswähler", der der Aufklärung und Mobilisierung

227 Paul Hirsch, Zur Beteiligung an den preußischen Landtagswahlen. Ein Vorschlag für den Mainzer Parteitag, in: SM 6 (1900), S. 396–403, Zitate S. 397 u. 400 f.

228 Vorwärts Nr. 194 v. 21. 8. 1900, S. 5: Parteikonferenz für den Wahlkreis Teltow-Beeskow-Storkow-Charlottenburg.

229 Vgl. Protokoll SPD-Parteitag 1900, S. 212–242, hier S. 241. Zum Antrag des Wahlkreises Teltow-Beeskow-Storkow-Charlottenburg S. 83.

230 Ebd., S. 258–262 (Präsenzliste), hier S. 259.

des Elektorats dienen sollte. Das mit Hilfe weiterer Parteigenossen erarbeitete Buch gab nicht nur einen Rückblick auf die Landtagsverhandlungen der vergangenen Wahlperiode, sondern enthielt auch einen Beitrag zur Entstehung der preußischen Verfassung und eine Analyse des Niedergangs des Liberalismus. Die Leser wurden mit der Geschichte Preußens und der Stellung des preußischen Landtags als Hort der Reaktion vertraut gemacht. Das vor ihnen ausgebreitete Tableau umfasste Beiträge zum Arbeiterschutz, zur Mittelstandsförderung, zur Wohnungs- und Bildungspolitik, zu Polizei und Justiz und zur Landwirtschaftspolitik. Den Wählern und vor allem den sozialdemokratischen Rednern wurden somit nicht nur grundlegende Kenntnisse über preußische Geschichte und Politik vermittelt, sondern auch die passenden Stichwörter für die anstehende Wahlagitation gegeben.[231]

Mit diesem Band, der letztlich das von Max Schippel herausgegebene „Socialdemokratische Reichstags-Handbuch“ komplementierte, war Paul Hirsch nicht nur als Kenner der preußischen Politik, sondern auch als ein namhafter und letztlich unverzichtbarer Mitarbeiter der Partei in Preußen hervorgetreten. Im April 1908 erschien das Handbuch in zweiter, im März 1913 in dritter, ergänzter und nach alphabetischen Stichworten geordneter Auflage.[232] Der Band, der minutiös das Abstimmungsverhalten der bürgerlichen Parteien dokumentierte, fand auch beim politischen Gegner Beachtung, der über die akribische Auflistung der gerade in sozialpolitischer Hinsicht meist problematischen Abstimmungen nicht begeistert war.[233] Nach diesen Vorarbeiten sollte einer Kandidatur von Hirsch bei den anstehenden preußischen Landtagswahlen mithin nichts im Wege stehen.

Die Urwahlen zum preußischen Abgeordnetenhaus am 12. November brachten der SPD im Wahlkreis Teltow-Beeskow-Storkow-Charlottenburg schließlich auch einen Achtungserfolg. In dem Wahlkreis, der zwei Abgeordnete stellte, entfielen auf die sozialdemokratischen Kandidaten Hirsch und Zubeil 654 (26,0 %)

231 Paul Hirsch (Hg.), Der preußische Landtag. Handbuch für socialdemokratische Landtagswähler, Berlin 1903.

232 Vorwärts Nr. 94 v. 22. 4. 1908, S. 12: Anzeigenteil (Der preußische Landtag); Nr. 96 v. 24. 4. 1908, S. 4: Parteiliteratur; Nr. 56 v. 7. 3. 1913, S. 6: Aus der Partei (Der preußische Landtag, Handbuch für sozialdemokratische Landtagswähler); Nr. 62 v. 14. 3. 1913, S. 13: Parteiliteratur. Ferner Fränkische Tagespost Nr. 109 v. 11. 5. 1908, S. 2: Das Kursbuch für Ostelbien; Correspondenzblatt der Generalkommission der Gewerkschaften Deutschlands von 1908: Literarisches. Der preußische Landtag; Welt am Montag v. 27. 4. 1908: Rüstzeug für die Landtagswahlen; Leo Baeck Institute, Paul Hirsch Collection (AR 3382), Box 1, Folder 1.

233 Vorwärts Nr. 83 v. 9. 4. 1913, S. 1 f.: Fortschrittliche Kampfesweise.

bzw. 647 (25,8 %) Wahlmännerstimmen. Da die Konservativen mit gut 40 % und die Liberalen mit einem Drittel der Stimmen keine Mehrheit erlangt hatten, war die SPD als Zünglein an der Waage in eine ausschlaggebende Position gerückt. Von ihrer Haltung hing es ab, ob der Kreis zwei konservative oder liberale Abgeordneten stellen würde. Das Angebot der SPD für eine gegenseitige Unterstützung der jeweiligen Kandidaten wurde jedoch von den Liberalen verworfen. Da die sozialdemokratischen Wahlvereine daraufhin verpflichtet wurden, bei den Stichwahlen zwischen Konservativen und Liberalen sich der Stimme zu enthalten, obsiegten die beiden konservativen Kandidaten.[234]

Insgesamt vermochten die Sozialdemokraten bei den preußischen Landtagswahlen 18,79 % der Stimmen zu erringen, und zwar 23,87 % in der dritten, 4,23 % in der zweiten und 0,67 % in der ersten Abteilung. Ein Mandat blieb ihnen jedoch verwehrt.[235] Nichts konnte die Ungerechtigkeit des Dreiklassenwahlrechts deutlicher zum Ausdruck bringen als die Tatsache, dass eine Partei mit einem Stimmenanteil von knapp 19 % kein einziges Mandat erringen konnte.

Nach den Wahlen versuchte Hirsch in einem Beitrag für „Die Neue Zeit“ die Teilnahme der SPD an den preußischen Landtagswahlen zu rechtfertigen. Die Partei habe zwar kein Mandat erobern können, auch sei die Partei in weniger Kreisen als erhofft das Zünglein an der Waage geworden, doch habe man eine lebhafte Agitation für die Einführung des allgemeinen, gleichen, direkten und geheimen Wahlrechtes in den einzelstaatlichen Landtagen entfalten und damit die „Revolutionierung der Köpfe“ vorantreiben können. Durch die Beteiligung der Sozialdemokraten am preußischen Landtagswahlkampf sei jedem deutlich vor Augen geführt worden, dass die in der Verfassung verankerte Rechtsgleichheit für einen Großteil der Bevölkerung nur auf dem Papier stünde.[236] Hirsch blieb ein aufmerksamer Beobachter der preußischen Landespolitik.[237]

4.3 Die Wahlrechtsdemonstrationen

Da die SPD nicht im Landtag vertreten war, konnte sie in Preußen nur auf außerparlamentarischem Weg gegen das ungerechte Dreiklassenwahlrecht protestieren und für die Einführung des allgemeinen, gleichen Wahlrechts agitieren.

234 Vorwärts Nr. 269 v. 17. 11. 1903, S. 1: Landtagswahl („Liberale“ Preisfechter für die Reaktion); Kühne, Handbuch, S. 208.

235 Ritter/Niehuss, Wahlgeschichtliches Arbeitsbuch, S. 146.

236 Paul Hirsch, Die Erfolge der Landtagswahlbeteiligung in Preußen, in: NZ 22/1 (1904), S. 293–297, Zitat S. 294.

237 Ders., Der Block und die preußische Landespolitik, in: NZ 26/1 (1908), S. 219–224.

Bereits Anfang 1906 hatten in Berlin und Umgegend 95 Massenveranstaltungen für die Beseitigung des plutokratischen Rekrutierungssystems stattgefunden.[238] Auch die Reichstagsfraktion der SPD war initiativ geworden und hatte im Februar 1906 einen Antrag auf Einführung des Reichstagswahlrechts in allen Einzelstaaten eingebracht, der allerdings nur bei Freisinnigen und Polen Zustimmung fand.[239] Der Kampf gegen das Dreiklassenwahlrecht wurde durch die Wahlrechtsdemonstrationen der SPD in Berlin am 26. November 1907 neu befeuert. Zu den Versammlungsrednern zählte an jenem Tag auch Hirsch, der im überfüllten Bernhard-Rose-Theater in Gesundbrunnen die „Schmach des preußischen Dreiklassenwahlunrechtes" geißelte.[240] Im folgenden Jahr folgten weitere große Wahlrechtsdemonstrationen in Berlin, bei denen es auch zu heftigen Auseinandersetzungen mit der Polizei kam.[241]

Unterstützung fanden die Sozialdemokraten mit ihrem Anliegen bei den Linksliberalen. „Der Charlottenburger Paul Hirsch, ehedem Mediziner, dann Journalist", so befand Theodor Heuss als damaliges Mitglied der Freisinnigen Vereinigung rückblickend, „war damals nur eine Kommunalgröße, und 1908 hätte er mich für verrückt erklärt, würde ich sein späteres Ministeramt in Preußen prophezeit haben wie Hermann Müller, der damals noch gar kein Außengesicht besaß – mit jedem von den beiden bin ich im Sommer 1908 an der Spitze eines Zuges durch Berliner Sonntags-Straßen geschritten. Die Passanten waren über den Vorgang erstaunt, aber nicht beunruhigt – es kannte uns ja keiner und wußte darum nicht, ob wir gefährliche Burschen oder wichtigtuerische Träumer seien. Wir waren keines von beiden."[242]

Ein Resümee über die bisherige Taktik zog Hirsch in einem Beitrag über die Geschichte des preußischen Dreiklassenwahlrechts, der in der Zeitschrift „Die Neue Zeit" 1908 publiziert wurde. In dem Artikel, in dem die verschiedenen Wahlreförmchen der Jahre 1891, 1892/93 und 1906 und die wahlrechtspolitischen Positionen der einzelnen Parteien behandelt wurden, beurteilte er die

238 Annemarie Lange, Das Wilhelminische Berlin. Zwischen Jahrhundertwende und Novemberrevolution, Berlin (Ost) 1980, S. 400–404.

239 Vgl. Heimann, Der Preußische Landtag, S. 57.

240 Vorwärts Nr. 277 v. 27. 11. 1907, S. 4: Sechster Kreis.

241 Vgl. Thomas Lindenberger, Straßenpolitik. Zur Sozialgeschichte der öffentlichen Ordnung in Berlin 1900 bis 1914, Bonn 1995; zu Sachsen vgl. Simone Lässig, Wahlrechtskampf und Wahlreform in Sachsen (1895–1909), Weimar 1996.

242 Theodor Heuss, Erinnerungen 1905–1933, Tübingen 1963, S. 75. Mit Wahlrechtskundgebungen, an denen auch Hirsch teilnahm, versuchte die Partei auch in den folgenden Jahren Druck auf Öffentlichkeit und Regierung auszuüben; vgl. Vorwärts Nr. 158 v. 9. 7. 1911, S. 3: Imposante Wahlrechtskundgebungen.

Aussichten einer Wahlreform pessimistisch. Da im Landtag keine Mehrheit für die Einführung des Reichstagswahlrechts vorhanden sei, bliebe es die Pflicht der Partei, „außerhalb des Dreiklassenparlaments gegen das Dreiklassenwahlsystem Sturm zu laufen, die Massen von ihrer Rechtlosigkeit zu überzeugen und dafür zu sorgen, daß die Wahlrechtsbewegung immer höhere Wogen schlägt und sich nicht eher beruhigt, als bis das Ziel erreicht ist".[243]

5. Im Preußischen Abgeordnetenhaus (1908–1914)

5.1 Die Wahl in das preußische Abgeordnetenhaus

Bei den preußischen Landtagswahlen am 3. Juni 1908 gelang der SPD endlich der ersehnte Durchbruch.[244] „Die roten Siege geben dem Wahltag das Gepräge", so triumphierte der „Vorwärts", „die Tatsache, daß es dem klassenbewußten Proletariat Preußens gelungen ist, das gegen die Nichtbesitzenden geschmiedete Stachelgitter des elendesten aller Wahlsysteme zu durchbrechen, ist's, die bei Erörterungen des Wahlergebnisses im Vordergrund steht."[245] Dass es gerade jene Partei war, die bei den Reichstagswahlen des Vorjahres starke Mandatsverluste hatte hinnehmen müssen, musste den Regierenden, Konservativen, Liberalen und Zentrum besonders zu denken geben.

Bei den Abgeordnetenwahlen am 16. Juni erlangten sechs Sozialdemokraten das Mandat. Im VII. Berliner Landtagswahlkreis obsiegte Hirsch mit 356 Wahlmännerstimmen über den Freisinnigen Weigert mit 296 Stimmen.[246] Nach den Stichwahlen im XII. Berliner Landtagswahlkreis am 23. Juni sollte schließlich

243 Paul Hirsch, Zur Geschichte des preußischen Dreiklassenwahlsystems, in: NZ 26/1 (1908), S. 125–136, Zitat S. 135. Vgl. dazu auch die Rede Hirschs im preußischen Abgeordnetenhaus am 27. 2. 1909; StBPAH, 41. Sitzung, Sp. 3027–3048, in der er das Spitzelwesen der Polizei beklagte.

244 Auf der von der Generalversammlung gebilligten Kandidatenliste rangierte Hirsch auf dem vierten Listenplatz hinter Karl Liebknecht, Heinrich Ströbel und Hermann Borgmann, was seinen Rang im Wahlkreis deutlich machte; vgl. Vorwärts Nr. 116 v. 19. 5. 1908, S. 5: Außerordentliche Generalversammlung des Verbandes sozialdemokratischer Wahlvereine. Zum Wahlkampfengagement Hirschs vgl. Nr. 122 v. 26. 5. 1908, S. 8: Aufruf zu öffentlichen Wähler- und Volksversammlungen am 26. 5. 1908 mit verschiedenen Referenten, zu denen auch Hirsch zählte; Nr. 126 v. 31. 5. 1908, S. 21: Partei-Angelegenheiten (Steglitz). Ferner Nr. 130 v. 5. 6. 1908, S. 2: Die sozialdemokratische Landtagsfraktion.

245 Vorwärts Nr. 130 v. 5. 6. 1908, S. 1: Der 3. Juni.

246 Kühne, Handbuch, S. 177.

noch ein weiteres Mandat hinzukommen.[247] Auch wenn die SPD lediglich 7 von insgesamt 443 Mandaten gewann, was einem Anteil von nur 1,6 % entsprach, so stellte ihre Wahl doch angesichts des geltenden Dreiklassenwahlrechts einen Erfolg dar. „Die Wahl unserer" Abgeordneten „ist die Kriegserklärung der preußischen Arbeiter an den preußischen Landtag", verkündete der „Vorwärts" denn auch stolz.[248] Mit 23,9 % war die SPD stimmenstärkste Partei geworden. In der dritten Abteilung entfielen auf sie 27,9 %, in der zweiten 14,1 % und in der ersten 3,4 %. Die Teilnahme der sozialdemokratischen Arbeiter an der Landtagswahl schlug sich auch in einer gestiegenen Wahlbeteiligung nieder. Lag sie 1898 noch bei 18,4 %, war sie nach der Entscheidung der Partei, sich an den Wahlen unter dem Dreiklassenwahlrecht zu beteiligen, 1903 bereits auf 23,6 % gestiegen, um 1908 schließlich 32,8 % einzufahren.[249] Mit der Wahl der sieben sozialdemokratischen Abgeordneten, so befand der „Vorwärts" rückblickend, „war es aus mit der behaglichen Ruhe und dem Nickerchen des Herrn von Kröcher", des langjährigen Präsidenten des Preußischen Abgeordnetenhauses. „Jetzt kam ‚Leben in die Bude'."[250]

5.2 Als Außenseiter im preußischen Abgeordnetenhaus

Die sozialdemokratische preußische Landtagsfraktion konstituierte sich Ende Juni. Ihr gehörten neben Paul Hirsch Hermann Borgmann, Hugo Heimann, Adolph Hoffmann, Robert Leinert, Karl Liebknecht und Heinrich Ströbel an.[251] Es war eine illustre Runde, die sich im ehrwürdigen preußischen Abgeordnetenhaus eingefunden hatte. Nicht nur hinsichtlich ihrer sozialen Herkunft, sondern auch ihrer Bildung und ihres konfessionellen Hintergrunds wiesen die Sieben sehr unterschiedliche Lebenswege auf. So hatte der gebürtige Leipziger Karl Liebknecht, der Sohn des „großen" Wilhelm, sein Studium der Rechts- und Staatswissenschaften 1897 in Würzburg mit der Promotion abgeschlossen und sich 1899 als Rechtsanwalt niedergelassen. Als Stadtverordneter in Berlin (1902–1913) hatte er bereits parlamentarische Erfahrungen

247 Vorwärts Nr. 145 v. 24. 6. 1908, S. 1: Berlin XII erobert.

248 Vorwärts Nr. 139 v. 17. 6. 1908, S. 1: Der Sieg; ferner ebd.: Die Abgeordnetenwahlen.

249 Ritter/Niehuss, Wahlgeschichtliches Arbeitsbuch, S. 140–146.

250 Vorwärts Nr. 270 v. 11. 6. 1924, S. 5: Prinz-Albrecht-Str. 5. Aus der Geschichte des preußischen Landtages. – Vom Junkerparlament zur Volksvertretung.

251 Vorwärts Nr. 150 v. 30. 6. 1908, S. 2: Unsere preußische Landtagsfraktion; ferner Nr. 139 v. 17. 6. 1908, S. 1: Die Abgeordnetenwahlen; Nr. 145 v. 24. 6. 1908, S. 1 f.: Berlin XII erobert (zum Sieg Adolph Hoffmanns in der Stichwahl vom 23. 6. 1908 über einen freisinnigen Kandidaten).

sammeln können, ehe er sich in das preußische Abgeordnetenhaus und 1912 in den Reichstag wählen ließ. Nicht nur als Gründer der Sozialistischen Jugendinternationale, sondern auch durch seinen Kampf gegen den Militarismus war er einer breiten Öffentlichkeit bekannt.[252] Der Hesse Heinrich Ströbel wiederum hatte nach dem Besuch des Gymnasiums für mehrere Parteizeitungen als Redakteur gearbeitet, ehe er 1900 eine Anstellung beim „Vorwärts" fand. 1914 sollte er zum faktischen Chefredakteur aufsteigen, wurde jedoch wegen seiner kritischen Haltung zur Burgfriedenspolitik zwei Jahre später wieder entlassen.[253] Der aus Westpreußen stammende Hugo Heimann, Sohn eines jüdischen Kaufmanns, hatte ebenfalls eine höhere Schulbildung genossen, um bald darauf Inhaber einer Verlagsbuchhandlung zu werden, deren Verkauf ihm 1900 ein stattliches Vermögen einbrachte und ihm ein Leben als Rentier ermöglichte. Seit 1900 gehörte er der Berliner Stadtverordnetenversammlung an.[254] Der Besuch einer höheren Lehranstalt war dagegen dem gebürtigen Berliner Adolph Hoffmann nicht vergönnt gewesen. Nach dem Besuch der Volksschule übte er mehrere Berufe aus (Graveur, Vergolder, Textil- und Metallarbeiter), kam Anfang der 1890er-Jahre als Redakteur verschiedener Parteizeitungen unter, um sich schließlich als Verleger und Buchhändler in Berlin niederzulassen. Bekannt wurde er durch seine Schrift „Die zehn Gebote und die besitzende Klasse" von 1891, die ihm den Spitznamen „Zehn-Gebote-Hoffmann" einbrachte. Nach dem Ersten Weltkrieg sollte er zusammen mit Konrad Haenisch 1918/19 dem preußischen Kultusministerium vorstehen.[255] Auch dem aus Dresden stammenden Robert Leinert blieb als Sohn eines Ziegelmeisters der höhere Bildungsweg verschlossen. Nach der Volksschule hatte er eine Malerlehre gemacht, um bald darauf im Partei- und Gewerkschaftsapparat unterzukommen. 1898 Vorsitzender des Gewerkschaftskartells in Hannover, 1902 Arbeitersekretär, 1903 Redakteur des Hannoveraner „Volkswillens" und 1906 Landesparteisekretär für die Provinz Hannover und Geschäftsführer

252 Zu Liebknecht vgl. Trotnow, Karl Liebknecht, S. 17–112.

253 Wieland, Ströbel; Graf, Die Politik der reinen Vernunft.

254 Richard Sperl, Hugo Heimann (1859–1951), in: Bewahren Verbreiten Aufklären. Archivare, Bibliothekare und Sammler der Quellen der deutschsprachigen Arbeiterbewegung, Bonn-Bad Godesberg 2009, S. 108–116.

255 Groschopp, „Los von der Kirche!"; Hans-Wolf Ebert u. a. (Hg.), Vom Waisenkind zum Minister der Revolution 1918. Das Leben Adolph Hoffmanns, Autobiographische Notizen eines Sozialdemokraten des 19. Jahrhunderts, Berlin 2018; Gernot Bandur, Adolph Hoffmann Leben und Werk. Freireligiöser, sozialistischer Verleger und Politiker, Hg. Humanistische Akademie Berlin, Berlin 2008 (https://hpd.de/files/Gernot_Bandur_-_Adolph_Hoffmann.pdf).

des Gewerkschaftshauses in Hannover, diese beruflichen Stationen markierten einen Aufstieg, der nach dem Krieg in seiner Tätigkeit als Hannoveraner Oberbürgermeister und als Präsident der Preußischen Landtags kulminieren sollte.[256] Auch Hermann Borgmann, Sohn eines Tischlers, haftete der innerparteilich vertraute „Stallgeruch“ seiner Herkunft an. Der gelernte Hutmacher hatte früh den Weg in Partei und Gewerkschaft gefunden, war Leiter einer genossenschaftlichen „Deutschen Hutfabrik“ in Berlin und seit 1898 Inhaber eines Hüte- und Mützengroßhandels geworden.[257]

Unter den Mitgliedern der sozialdemokratischen Landtagsfraktion jener Wahlperiode fanden sich drei Abgeordnete jüdischer Konfession oder Herkunft. Neben Hirsch zählten dazu Hugo Heimann und Julian Borchardt, der im November 1911 für den verstorbenen Borgmann nachrückte.[258] Die Überrepräsentation dieser Mandatsträger ist bemerkenswert. Auch im Reichstag lag, wie eingangs schon erwähnt, der Anteil der Juden unter den Mitgliedern der sozialdemokratischen Fraktion mit etwa 10 % (1907: 4 von 43; 1912: 12 von 110) über dem Durchschnitt.[259]

Nach der Konstituierung der Fraktion wurde Borgmann zum Vorsitzenden, Hirsch zum Schatzmeister und Schriftführer gewählt.[260] Knapp drei Jahre lang sollte Borgmann der Fraktion vorstehen. Als er im Alter von 55 Jahren Ostern 1911 starb, sollte Hirsch seine Nachfolge antreten.[261] Für diesen Posten empfahl sich Hirsch nicht nur als namhafter Kommunalexperte und Publizist, sondern auch durch sein ausgleichendes, ruhiges Wesen.[262] Borgmanns Nachrücker Julian Borchardt, Sohn eines jüdischen Kaufmanns und Redakteur verschiedener sozialdemokratischer Zeitungen, gehörte dem Parlament nur zwei Jahre an. Im preußischen Abgeordnetenhaus sollte er im Mai 1912 für einen Eklat sorgen,

256 Berlit-Schwigon, Leinert.

257 Schröder, Sozialdemokratische Parlamentarier, S. 380.

258 Hamburger, Juden im öffentlichen Leben, S. 524–534; Hirsch, Weg, S. 29. Zur Beisetzung Borgmanns und dem Nachruf Hirschs vgl. General-Anzeiger für Bonn und Umgegend Nr. 7555 vom 24. 4. 1911, S. 7.

259 Hamburger, Juden im öffentlichen Leben, S. 406: Zu den 12 jüdischen Abgeordneten muss noch der Dissident Max Cohen-Reuss gezählt werden, der im Dezember 1912 in einer Nachwahl in den Reichstag gelangte.

260 Vorwärts Nr. 150 v. 30. 6. 1908, S. 2: Unsere preußische Landtagsfraktion.

261 Schröder, Sozialdemokratische Parlamentarier, S. 509. – Zur Rede Hirschs bei Borgmanns Beerdigung vgl. Vorwärts Nr. 96 v. 25. 4. 1911, S. 5: Hermann Borgmanns Begräbnis; ferner Nr. 91 v. 19. 4. 1911, S. 1: Hermann Borgmann.

262 Für das Leipziger Tageblatt und Handelszeitung Nr. 62 v. 4. 2. 1915, S. 2: Der preußische Landtag, war Hirsch ein „verständiger und ruhiger Mensch“.

als er nach wiederholten Zwischenrufen der Aufforderung, den Saal zu verlassen, nicht nachkam und von Polizeibeamten hinauskomplimentiert werden musste.[263] Nach seiner Mandatsniederlegung 1913 sollte ihm Paul Hoffmann folgen, ein gelernter Maurer, der nach einer Tätigkeit als Krankenkassenangestellter seit 1911 eine Gastwirtschaft betrieb. Nach der Spaltung 1917 schloss er sich der USPD an, um drei Jahre später zur KPD zu wechseln, für die er auch bis 1933 im Preußischen Landtag saß.[264]

Wie Hirsch sich die Arbeit im Landtag vorstellte, machte er Anfang Juli in einer Volksversammlung deutlich, in der er es als „eine der ersten Aufgaben unserer Fraktion im preußischen Abgeordnetenhause" bezeichnete, „Sturm zu laufen gegen die Gesetze, welche die demokratische Entwickelung in Stadt und Gemeinde hindern". Angesichts ihrer geringen Mandatsstärke müssten sich die sozialdemokratischen Abgeordneten „in der Hauptsache darauf beschränken", „Kritik zu üben". Sie wollten „versuchen, der Bezeichnung ‚Böse Sieben', die man ihnen beilegte, Ehre zu machen, indem sie den Vertretern der Reaktion jede Woche sieben böse Tage und womöglich auch sieben böse Nächte machen".[265] Die geringe Mandatsstärke der Sozialdemokraten zog der Mitarbeit der Sozialdemokraten in der Tat enge Grenzen. Da nach der Geschäftsordnung des Abgeordnetenhauses Anträge von mindestens 15 Mitgliedern unterzeichnet sein mussten, waren die Sozialdemokraten auf die Unterstützung anderer Fraktionen, der Linksliberalen zumal, angewiesen.[266]

Seine erste größere Rede hielt Hirsch am 27. Oktober, als der sozialdemokratische Antrag auf Haftentlassung des Landtagsabgeordneten Karl Liebknecht auf der Tagesordnung des Parlaments stand. Liebknecht, der wegen einer Broschüre über Militarismus zu anderthalb Jahren Festungshaft verurteilt worden war, hatte drei Tage zuvor seine Strafe angetreten, sodass er an der laufenden Landtagssession nicht mehr teilnehmen konnte.[267] Hirsch wies in seiner Rede auf § 84 der preußischen Verfassung von 1850 hin, nach der ein Strafverfahren gegen ein

263 Vgl. Borchardt, Julian, in: Lexikon deutsch-jüdischer Autoren, Bd. 3: Birk–Braun, München 1995, S. 328–332; Schröder, Sozialdemokratische Parlamentarier, S. 380; Mann, Biographisches Handbuch, S. 76.

264 Hirsch, Weg, S. 29; Schröder, Sozialdemokratische Parlamentarier, S. 513; Mann, Biographisches Handbuch, S. 187.

265 Vorwärts Nr. 153 v. 3. 7. 1908, S. 5 f., hier S. 6: Die sanitären Mißstände auf dem Viehhofe.

266 Plate, Die Geschäftsordnung des Preußischen Abgeordnetenhauses, S. 78–81 (§ 22). Vgl. auch Hirsch, Weg, S. 46, insgesamt S. 46 f.

267 Schriftlich versuchte er seinen Fraktionskollegen allerdings noch manchen guten Rat zu geben. Drei Briefe vom 14. 11. 1908, 21. 11. 1908 und 21. 1. 1909 sind überliefert, die sich an einen „Eischel" wenden. In ihnen sprach sich Karl Liebknecht für eine schlagkräftige

Mitglied der Kammer sowie eine Untersuchungs- und Zivilhaft auf Antrag des Landtags für die Dauer der Sitzungsperiode aufgehoben werden könne.[268] Doch erwartungsgemäß lehnte der Landtag die Aussetzung der gegen Liebknecht verhängten Festungshaft gegen die Stimmen der Sozialdemokraten, Freisinnigen und Polen ab.[269]

„Die Mehrheit des Hauses", so befand Hirsch rückblickend, „sah die sozialistischen Mitglieder nicht als erwünschten Zuwachs an. Im Gegenteil, man betrachtete sie als Eindringlinge, die die Ruhe dieses Parlaments stören könnten, suchte sie zu majorisieren, behandelte sie von vornherein als Abgeordnete minderen Rechts und boykottierte sie sogar gesellschaftlich." Der konservativ-liberale „Bülow-Block, der damals im Reiche herrschte, hatte auch auf das preußische Abgeordnetenhaus abgefärbt. Ungeachtet aller Gegensätze in grundsätzlichen Fragen, vor allem in der Frage des Wahlrechts, hielten Konservative und Fortschrittler wie Pech und Schwefel zusammen, wenn es den Kampf gegen die Sozialdemokratie galt."[270] Rasch versuchte man das ungeliebte sozialdemokratische Häuflein aus dem Parlament zu verdrängen. So wurde gegen die Berliner Mandate von Borgmann (5.), Heimann (6.), Adolph Hoffmann (12.) und Hirsch (7. Wahlkreis) Protest wegen fehlerhafter Listenaufstellung erhoben.[271] So sollen bei den Landtagswahlen in den erwähnten Berliner Wahlkreisen in den Urwählerlisten und bei der Bildung der Abteilungen innerhalb derselben Urwahlbezirke unterschiedliche Steuerjahre für dieselben Steuerarten zugrunde gelegt worden sein.[272] Am 19. Mai 1909 wurden die vier Mandate für ungültig erklärt.[273]

Bei den Ersatzwahlen am 30. November konnte Hirsch zusammen mit Borgmann und Heimann seinen Wahlkreis behaupten. Auf Hirsch waren

Landespolitik und eine Aktion in der Wahlrechtsfrage aus; vgl. IISH, Wilhelm Liebknecht Papers, Nr. 381.

268 Vorwärts Nr. 253 v. 28. 10. 1908, S. 5–7: Abgeordnetenhaus (3. Sitzung vom 27. 10. 1908). Vgl. auch die Rede Hirschs am 20. Oktober 1908, in: StBPAH, 1. Sitzung, Sp. 30.

269 Am 30. 1. 1909: StBPAH, 21. Sitzung, Sp. 1485; Vorwärts Nr. 26 v. 31. 1. 1909, S. 1 f.: Liebknechts Haftentlassung abgelehnt, ferner S. 6 f.: Abgeordnetenhaus.

270 Hirsch, Weg, S. 29. – Für die Mehrheit des Abgeordnetenhauses waren die sozialdemokratischen Abgeordneten „Störenfriede". So Hirsch am 2. 3. 1912; StBPAH, 28. Sitzung, Sp. 2098–2107, hier Sp. 2103.

271 Vorwärts Nr. 33 v. 9. 2. 1909, S. 3: Der Fischbeckbericht des Mandatraubblocks; Nr. 35 v. 11. 2. 1909, S. 2: Lehrerbesoldung und Wahlprüfungen, ebd., S. 9 f.: Abgeordnetenhaus.

272 Vgl. den Bericht der Wahlprüfungskommission vom 26. 1. 1909, in: GStA PK, I. HA, Rep. 77 Ministerium des Innern, Tit. 496a, Nr. 159, Bd. 2. Vgl. auch die 27. Sitzung am 10. 2. 1909, in: StBPAH, Sp. 1949 f.; Vorwärts Nr. 35 v. 11. 2. 1909, S. 9 f.: Abgeordnetenhaus.

273 Kühne, Handbuch, S. 176 f.

393 Wahlmännerstimmen (1908: 356), auf den freisinnigen Gegenkandidaten 253 (296) entfallen. Im 12. Bezirk musste sich Hoffmann allerdings dem freisinnigen Kandidaten geschlagen geben.[274] Auch wenn die SPD ein Mandat verlor, glaubte der „Vorwärts“ angesichts des allgemeinen Stimmenzuwachses dennoch von einem „Triumph der Sozialdemokratie“ sprechen zu können.[275]

Die Außenseiterrolle der SPD-Fraktion im Abgeordnetenhaus war offenkundig. Von geregelten Arbeitsmöglichkeiten der Sozialdemokraten konnte im Parlament keine Rede sein. So waren in der laufenden Legislaturperiode von den sieben Abgeordneten nie alle im Parlament vertreten. Liebknecht wurde bereits 1908 inhaftiert und konnte erst am Schluss der zweiten Session wieder sein Mandat wahrnehmen. Im Mai 1909 wurden dann die vier Berliner Mandate kassiert, sodass die sozialdemokratische Fraktion „auf zwei Mann zusammengeschmolzen“ war.[276] Diesem kleinen Häuflein standen 436 konservative, liberale und Zentrumsabgeordnete gegenüber.[277] Anknüpfungspunkte mochte es zwar in der Innenpolitik noch zu Linksliberalen, Teilen des Zentrums, Polen und Dänen geben, auch mochte die Fraktion in der Minderheitenfrage mit polnischen und dänischen Abgeordneten konform gehen. Doch ansonsten blieb die kleine sozialdemokratische Fraktion weitgehend isoliert, ein Fremdkörper inmitten einer weitgehend ablehnend bis feindlich gesinnten Umgebung. Diese Außenseiterstellung und die damit verbundenen Zurücksetzungen und Diskriminierungen erklären ein Stück weit die Radikalität, die die Sozialdemokraten im Abgeordnetenhaus auszeichnete.

Den ungeliebten parlamentarischen Novizen wurden früh durch das Parlamentspräsidium enge Grenzen gezogen. Während der Ordnungsruf noch ein relativ schwaches Mittel der Sitzungsleitung war, den Angriffen auf Politik und Verfassung zu begegnen[278], so bot die Annahme von Schlussanträgen ein probates Mittel, die Sozialdemokraten mundtot zu machen. Mit dem vorzeitigen Ende der Debatte konnte verhindert werden, dass ein sozialdemokratischer Redner das Wort ergreifen konnte, um die Positionen der Partei darzulegen und die

274 Vorwärts Nr. 251 v. 27. 10. 1909, S. 1: Abrechnung! Ferner BT Nr. 609 v. 1. 12. 1909, S. 2: Die Landtagsnachwahlen in Berlin. Vgl. auch Kühne, Handbuch, S. 176–178.

275 Vorwärts Nr. 280 v. 1. 12. 1909, S. 1: Das Endergebnis der Landtagswahlen.

276 Hirsch, Weg, S. 28.

277 Dazu zählten auch 14 polnische Abgeordnete und fünf Fraktionslose, einschließlich dänischer Abgeordneter; vgl. Ritter/Niehuss, Wahlgeschichtliches Arbeitsbuch, S. 140.

278 So am 27. 4. 1912, in: StBPAH, 58. Sitzung, Sp. 4749, zur Rede Hirschs Sp. 4748 f. – Bei der 1. Mai-Veranstaltung im Berliner Osten 1912 bezeichnete sich Hirsch denn auch stolz als „einer von den verhaßten Sechsen im Dreiklassenparlament“; Vorwärts Nr. 102 v. 3. 5. 1912, S. 6: Die Feier der Partei (Im Osten).

Angriffe ihrer politischen Gegner zurückzuweisen. Dieses Procedere griff wiederholt Platz.[279] Als im Februar 1911 die Parlamentsmehrheit bei der Beratung des Innenetats ähnlich verfuhr, geißelte Karl Liebknecht, der zur Geschäftsordnung das Wort ergriff, dieses Verfahren als „feig, ehrlos, unanständig", was wütenden Lärm auf der rechten Seite des Hauses zur Folge hatte.[280]

Auch Hirsch empfand dieses Vorgehen als „Komödie". „Ein Herr aus der konservativen Fraktion, Abgeordneter v. Arnim, sieht die Rednerliste nach, und sofern zu irgendeinem Paragraphen ein Sozialdemokrat gemeldet ist, springt er vor, nachdem vorher einer seiner Freunde vorgeschoben worden ist, der auf das Wort verzichtet, um Schluß zu beantragen. Ich stelle fest, daß man hier nicht nur das Volk vollkommen entrechtet, sondern auch die wenigen Vertreter des Volkes mundtot macht."[281] Meist traf es Paul Hirsch, der dann nur die Möglichkeit hatte, in einer Bemerkung zur Geschäftsordnung die von den politischen Gegnern aufgestellten Behauptungen zurückzuweisen oder richtigzustellen.[282] Diese Praxis führte mithin zu teilweise ausufernden Geschäftsordnungsdebatten und, wie der „Vorwärts" beklagte, einer „Flut von persönlichen Bemerkungen und Bemerkungen zur Geschäftsordnung seitens unserer Genossen Hoffmann, Leinert, Liebknecht und Hirsch, die zusammen mindestens die gleiche Zeit einnahmen, die eine Rede von uns gedauert hätte".[283]

Der schroffe Ton der Auseinandersetzung führte bald zu Anfeindungen, die ihren Ausdruck in anonymen Morddrohungen fanden. So erhielt Paul Hirsch nach den heftigen Debatten über den Etat des Innenministeriums und seinen Angriffen auf die preußische Polizei einen Drohbrief, den sein Fraktionskollege Adolph Hoffmann am 16. Februar 1911 im Abgeordnetenhaus publik machte. Da er bestrebt sei, wie Hoffmann unter großer Heiterkeit des Hauses süffisant bemerkte, „den Ton des Hauses zu heben", verzichtete er darauf, den Inhalt des Briefes wortwörtlich wiederzugeben. „In diesem Schreiben", so Hoffmann weiter, „wird dem

279 So am 9. 3. 1909. Vgl. StBPAH, 49. Sitzung, Sp. 3719. Auch die Sitzung am 25. 2. 1910, StBPAH, 28. Sitzung, Sp. 2241; die Rede von Hirsch zur Geschäftsordnung bei der Beratung des Etats der Verwaltung der direkten Steuern am 29. 2. 1912, StBPAH, 26. Sitzung, Sp. 1985. – Unter dem „Hohngelächter der Mehrheit", so der „Vorwärts", habe Hirsch sein Bedauern zum Ausdruck gebracht, dass er die Angaben des preußischen Finanzministers Lentze nicht mehr richtigstellen könne; vgl. auch Vorwärts Nr. 51 v. 1. 3. 1912, S. 9: Abgeordnetenhaus.

280 Vorwärts Nr. 39 v. 15. 2. 1911, S. 3: Abgeordnetenhaus. (Sitzung vom 14. 2. 1911).

281 Hirsch am 12. 4. 1910, in: StBPAH, 46. Sitzung, Sp. 3761.

282 Vgl. die Rede von Hirsch am 25. 2. 1911; StBPAH, 36. Sitzung, Sp. 2841. Ferner Vorwärts Nr. 49 v. 26. 2. 1911, S. 3: Dieselbe Nummer.

283 Vorwärts Nr. 42 v. 18. 2. 1911, S. 1: Geschäftsordnungsdebatten und kein Ende.

Abgeordneten Hirsch gedroht, daß ihm eine Kugel durch den Brägen [Schädel] geschossen werden soll, wenn er noch einmal wagt, etwas gegen die Berliner Polizei zu sagen". „Hört, hört!"-Rufe der sozialdemokratischen Abgeordneten waren zu hören. „Der Kasernenhofstiel [sic] und die Aufgabe des Briefes in der Nähe des Alexanderplatzes zeig[en] ja, daß die Hunde", gemeint sind Polizeihunde, „vielleicht gar keinen weiten Weg hätten, um den Schreiber zu ermitteln".[284]

Das Eindringen der Sozialdemokraten in das preußische Parlament und die ersten heftigen Auseinandersetzungen führten früh zu Geschäftsordnungsänderungen. So wurde 1910 § 64 verschärft und, wie Hirsch beklagte, zu einem veritablen „Hausknechtsparagraphen"[285] umfunktioniert, nach dem Abgeordnete, die vom Präsidenten von der Sitzung ausgeschlossen wurden, aber der Aufforderung nicht Folge leisteten, von einem Polizeileutnant aus dem Sitzungssaal entfernt werden konnten. Entsprechende Formulare befanden sich seitdem in der Mappe des Präsidenten.[286]

Einen vorläufigen Höhepunkt erfuhr die Auseinandersetzung im Parlament, als am 9. Mai 1912 der sozialdemokratische Abgeordnete Borchardt, der vor der Rednertribüne stehend durch Zwischenrufe von sich reden gemacht hatte, vom Parlamentspräsidenten Hermann Freiherr von Erffa-Wernburg, nach seiner Weigerung, sich wieder auf seinen Platz zu begeben, von der Sitzung ausgeschlossen und von Polizeibeamten aus dem Saal entfernt wurde. Borchardt wurde allerdings außerhalb des Saales wieder freigelassen und kehrte zur Verblüffung des Präsidenten und zur Verärgerung der konservativen Abgeordneten wieder in den Saal zurück, sodass er auf Veranlassung des Präsidenten erneut gewaltsam aus dem Plenum hinauskomplimentiert werden musste. Dabei wurde auch Robert Leinert durch einen Schutzmann von seinem Platz weggedrängt.[287] Es sei das erste Mal seit 1848 gewesen, so ließen die Führungsgremien der Partei, zu denen auch die Landtagsfraktion zählte, im Zentralorgan verlauten, dass „durch Anwendung gesetzeswidriger Gewalt die Immunität des Volksvertreters zertrümmert" worden sei.[288]

284 Die Rede Adolph Hoffmanns am 16. 2. 1911, in: StBPAH, 28. Sitzung, Sp. 2128–2133, Zitate Sp. 2129.

285 So Hirsch am 2. 3. 1912 hin; StBPAH, 28. Sitzung, Sp. 2098–2107, hier Sp. 2102.

286 Darauf wies Hirsch in seiner Rede am 2. 3. 1912 hin; ebd., hier Sp. 2102. Vgl. auch Hirsch, Weg, S. 30–33.

287 Vgl. die Sitzung vom 9. 5. 1912; StBPAH, 68. Sitzung, Sp. 5637–5718; Vorwärts Nr. 108 v. 10. 5. 1912, S. 1–4: Vergewaltigung der Volksvertreter. Ferner Hirsch, Weg, S. 37–43. – Vgl. allgemein dazu auch die demnächst erscheinende Studie von Tobias Kaiser, Parlamentarische Polizeigewalt im europäischen Kontext. Eine politische Kulturgeschichte.

288 Vorwärts Nr. 108 v. 10. 5. 1912, S. 1: Parteigenossen!

Unmittelbar nach der erneuten Abführung Borchardts richtete Hirsch scharfe Attacken gegen die Polizei und die bürgerlichen Abgeordneten, die dieses Vorgehen dulden und indirekt billigen würden. Habe schon die Polizei ein Verbrechen begangen, das „mit Zuchthaus nicht unter 5 Jahren bestraft" werde, so Hirsch bewusst zuspitzend, könnten sich die Mandatsträger „damit trösten, daß Sie, die Sie indirekt ihr Verhalten billigen, ein weit, weit schwereres Verbrechen begehen".[289] Kaum waren die Worte verklungen, entstand großer Lärm auf der rechten Seite des Hauses, gegen den der Beifall des unerschrockenen Häufleins der Sozialdemokraten nicht ankam.[290] Der „sozialdemokratische Skandal im Abgeordnetenhause", wie die stockkonservative „Neue Preußische Zeitung" titelte[291], sollte noch ein Nachspiel haben. So wurde vom Parlamentspräsidenten ein Strafantrag gegen den Abgeordneten Borchardt wegen Hausfriedensbruchs sowie gegen ihn und Robert Leinert wegen Widerstands gegen die Staatsgewalt gestellt. Gegen die Stimmen der SPD, der Volkspartei, der Polen und Dänen wurde der Antrag auf Genehmigung zur Erteilung eines Ermittlungsverfahrens gegen die betreffenden Abgeordneten angenommen.[292] Auf Wunsch der Landtagsfraktion bat Hirsch deshalb den Reichstagsabgeordneten und Rechtsanwalt Wolfgang Heine, zusammen mit den Genossen Haase und Heinemann die Vertretung der beiden zu übernehmen.[293]

Noch am Abend des 9. Mai mobilisierte die SPD ihre Anhänger und organisierte eine „Riesendemonstration gegen den Polizei-Parlamentarismus". In zahlreichen Versammlungen sprachen die sechs Landtagsabgeordneten über die „Vergewaltigung", die ihnen „durch eine skrupellose Mehrheit und einen von dieser gehaltenen, zwar unfähigen aber gewaltsamen Präsidenten zuteil geworden" sei. Im Stadttheater von Altmoabit rief Hirsch seine Zuhörer dazu auf, darauf hinzuwirken, „daß dieses System zusammenbreche". Dies „sei die

289 Hirsch am 9. 5. 1912; StBPAH, 68. Sitzung, Sp. 5713 f., hier Sp. 5714.

290 StBPAH, 68. Sitzung, Sp. 5714; Vorwärts Nr. 108 v. 10. 5. 1912, S. 1–4, hier S. 4: Vergewaltigung der Volksvertreter!

291 Neue Preußische Zeitung Nr. 219 v. 10. 5. 1912, S. 1: „Die höchst unerfreulichen Vorgänge im Abgeordnetenhause haben wenigstens das Gute, daß sie zeigen, wie das Haus und sein entschlossener Präsident nicht gewillt sind, vor dem Terrorismus einer kleinen Zahl von Umstürzlern zurückzuweichen."

292 Am 21. 5. 1912; StBPAH, 78. Sitzung, Sp. 6456–6470, zur Rede Hirschs Sp. 6457–6465; Vorwärts Nr. 117 v. 22. 5. 1912, S. 9 f.: Abgeordnetenhaus.

293 Brief Paul Hirschs an Wolfgang Heine, 18. 5. 1912, in: IISH, Wolfgang Heine Papers, Nr. 227. Ferner Heine an Paul Hirsch, 21. u. 27. 11. 1912, in: Ebd., Nr. 219. Ferner die Zeugenvorladung für Hirsch für den 23. 9. 1912, in: Ebd.

beste und wirksamste Antwort auf die maßlose Provokation der herrschenden Clique im preußischen Parlament", worauf minutenlanger Beifall ertönte.[294]

Die Meinung der Sozialdemokraten über das Dreiklassenparlament war angesichts dieser Erfahrungen nicht sonderlich hoch. Noch in seinen 1929 erschienenen Erinnerungen „Der Weg der Sozialdemokratie zur Macht in Preußen" bezeichnete Hirsch das preußische Parlament als „Zerrbild einer Vertretung des preußischen Volkes". Die „‚gebildete' und besitzende Klasse übte unter der Herrschaft des Dreiklassensystems eine unerträgliche Tyrannei gegen die Besitzlosen aus".[295] Kaum eine Versammlung verging, in der Hirsch nicht „das Verhalten der Mehrheit des Landtages" geißelte und „erbarmungslos [...] den patentierten Patrioten die Maske vom Gesicht" zu reißen versuchte, um zu zeigen, „wie ihre Vaterlandsliebe" mit ihren „Geldsacksinteressen" identisch sei.[296] Kaum eine Etatrede, in der Hirsch nicht die „Fälschung des Volkswillens"[297] durch das Dreiklassenwahlrecht beklagte und sein Ceterum censeo nach Einführung des allgemeinen, gleichen Wahlrechts anstimmte.[298]

Ebenso verhasst wie das Dreiklassenwahlrecht war das preußische Herrenhaus, das sich in der Frage der Wahlreform als Bollwerk des Konservatismus gerierte.[299] Schon 1849, so Hirsch, habe ein Dichter davon gesprochen, „der beste Einfall, den die erste Kammer haben könnte, wäre der der Decke", worauf sein Fraktionskollege Adolph Hoffmann rief: „Schade um die Decke!"[300] „Das Herrenhaus", so Hirsch weiter, „betrachtet es – vielleicht noch mehr als das Abgeordnetenhaus – als seine Aufgabe, nicht nur jedem Fortschritt in Preußen hindernd in den Weg zu treten, sondern auch darüber hinaus das Signal zur allgemeinen Reaktion in Deutschland zu geben".[301] In seinen Erinnerungen hatte Hirsch denn auch nur Spott für das Herrenhaus übrig, das er mokant als „Kammer von Geburts- und Königsgnade" und als „Hohnparlament" bezeichnete.[302]

294 Vorwärts Nr. 109 v. 11. 5. 1912, S. 4: Riesendemonstration gegen den Polizei-Parlamentarismus.

295 Hirsch, Weg, S. 21 u. 23.

296 So auf einer Versammlung in Charlottenburg im Mai 1912; Vorwärts Nr. 118 v. 23. 5. 1912, S. 4: Das Volk gegen die Wahlrechtsfeinde (Charlottenburg).

297 Vgl. die Rede Hirschs vom 14. 1. 1914 anlässlich der ersten Beratung des Staatshaushaltsetats für das Etatjahr 1914, in: StBPAH, 3. Sitzung, Sp. 204–234, hier Sp. 219.

298 Ebd., Sp. 222 f.

299 Ebd., Sp. 233 f.; vgl. auch Spenkuch, Das Preußische Herrenhaus, bes. S. 537–548.

300 Vgl. die Rede Hirschs vom 14. 1. 1914 anlässlich der ersten Beratung des Staatshaushaltsetats für das Etatjahr 1914, in: StBPAH, 3. Sitzung, Sp. 204–234, hier Sp. 233.

301 Ebd., Sp. 231.

302 Hirsch, Weg, S. 18. Vgl. auch Vorwärts Nr. 5 v. 7. 1. 1913, S. 6, insges. S. 5–8: Vierter Parteitag der Sozialdemokratie Preußens.

Hirsch und seine Parteifreunde blieben auf der Hut. Die Konservativen waren keineswegs bereit, ihre Machtpositionen zu räumen und ihre Privilegien, die ihnen das Dreiklassenwahlrecht sicherte, aufzugeben. Vielmehr waren sie entschlossen, den Kampf mit der Sozialdemokratie mit welchen Mitteln auch immer wieder aufzunehmen. Man lebe „in einer Zeit", so meinte Hirsch im Januar 1914, „wo man die Diktatur des Säbels proklamiert, (sehr wahr! bei den Sozialdemokraten) wo man die Parole ausgibt, daß Preußen kein Rechtsstaat, sondern ein Knechtsstaat sein soll".[303]

5.3 Die Wahlrechtsreformvorlage von 1910 und die Arbeit im Parlament

Das Verhältnis zur Regierung unter dem seit 1909 regierenden Theobald von Bethmann Hollweg oszillierte zwischen Distanz und Ablehnung. Dies zeigte sich, als die Regierung am 10. Februar 1910 dem Abgeordnetenhaus eine Wahlrechtsvorlage zuleitete, die für Sozialdemokraten eine große Enttäuschung, ja eine veritable Zumutung darstellte. Denn vorgesehen waren lediglich die Einführung der direkten Wahl, eine Neufestsetzung der Stimmbezirke, eine Begrenzung der anrechenbaren Steuern und der Aufstieg von sog. Kulturträgern in eine höhere Klasse. Zu „Kulturträgern" wurden nicht nur Inhaber von Reifezeugnissen höherer Schulen gezählt, sondern auch Offiziere und ehemalige aktive Unteroffiziere, die ein konservatives Gegengewicht zu liberalen Teilen der Akademiker bilden sollten. Die Dreiklassenwahl sollte ebenso wie die Öffentlichkeit beibehalten werden.[304]

Es mochte mithin nicht zu verwundern, dass die Enttäuschung, ja die Empörung über die Gesetzesvorlage groß war. Als Bethmann Hollweg am 10. Februar seine Wahlrechtsreform im Abgeordnetenhaus begründen wollte, kam es denn auch zum Eklat. Als er sich von seinem Platz erhob, um zum Rednerpult zu gehen, schallten ihm lebhafte „Pfui!"-Rufe von Seiten der Sozialdemokraten entgegen. Es entstand eine große Unruhe, Vizepräsident Porsch schwang seine Glocke, von der rechten Seite des Hauses ertönten „Raus! Raus!"-Rufe. Unbeirrt von diesen Störungen begann von Bethmann Hollweg seine Rede und verteidigte die Vorlage, wiederholt unterbrochen von „Sehr richtig!"-Rufen von rechts und ironischen Zurufen des unerschrockenen sozialdemokratischen Häufleins. Porsch sah sich mehrmals veranlasst, für Ordnung zu sorgen. Als nach dem Ministerpräsidenten der Konservative Freiherr von Richthofen das bestehende

303 Vgl. die Rede Hirschs vom 14. 1. 1914 anlässlich der ersten Beratung des Staatshaushaltsetats für das Etatsjahr 1914, in: StBPAH, 3. Sitzung, Sp. 204–234, hier Sp. 228.

304 Vgl. Kühne, Dreiklassenwahlrecht, S. 529–569; Born, Preußen im deutschen Kaiserreich, S. 133 f.; Groh, Negative Integration, S. 128–160; Patemann, Wahlreform, S. 16.

Dreiklassenwahlrecht verteidigte und die Frage in den Raum warf, ob das vermeintlich reaktionäre Preußen denn nicht die Vormacht Deutschlands geworden sei, rief Hirsch ihm ein „Leider!“ entgegen, was konservative Abgeordnete zu „Pfui!“- und „Raus!“-Rufen provozierte.[305] „Zum ersten Male“, so der „Vorwärts“, „seitdem wir in Preußen ein Parlament haben, hat ein Ministerpräsident in unzweideutiger Weise erfahren, wie das Volk über seine Politik denkt. Es war nur ein einziges Wort, das ihm entgegengerufen wurde, aber ein Wort, das mehr als die längste und schärfste Rede den Unwillen der entrechteten Massen ausdrückt: ein Pfui!“[306]

Im Ausschuss wurde die Vorlage durch Konservative und Zentrum nicht unwesentlich modifiziert. So wurde der maximal anzurechnende Steuerbetrag von 5000 auf 10 000 Mark erhöht und die direkte Wahl der Abgeordneten gestrichen, während die geheime Stimmabgabe bei der Wahl der Wahlmänner, nicht jedoch bei der der Abgeordneten eingeführt wurde. Zum Aufrücken in eine höhere, und zwar in die erste Klasse sollte nach den Kommissionsbeschlüssen zudem nur noch das Reifezeugnis berechtigen.[307]

In der zweiten Lesung bezeichnete Hirsch die Vorlage am 11. März als „eine Verhöhnung, ja geradezu eine Herausforderung des Volkes“. Auch nach den Kommissionsbeschlüssen würde man „in Preußen das elendeste aller Wahlsysteme“ behalten. Scharfe Worte fand Hirsch nicht nur für die Regierung, sondern auch für die die Vorlage unterstützenden Parteien, denen er das Recht absprach, sich als Volksvertreter bezeichnen zu dürfen. Namentlich mit dem Zentrum ging er hart ins Gericht und warf ihm „Volksentrechtung“, „Volksverdummung“ und „Volksausbeutung“ vor, was zu tumultuarischen Szenen führte.[308] Als der Antrag der SPD auf Einführung des allgemeinen, gleichen, geheimen und direkten Wahlrechts für alle über 20 Jahre alten Einwohner Preußens beiderlei Geschlechts gegen die fünf Stimmen der Sozialdemokraten abgelehnt wurde, erschallte brüllendes Gelächter auf der rechten Seite des Hauses und im Zentrum, das die Isolierung der Sozialdemokraten deutlich zum Ausdruck brachte.[309] War

305 Zu den Reden des Vizepräsidenten von Porsch und des preußischen Ministerpräsidenten von Bethmann Hollweg am 10. 2. 1910 vgl. StBPAH, 18. Sitzung, Sp. 1403–1421; zur Rede des Freiherrn von Richthofen, ebd., Sp. 1425–1446. Vgl. auch Vorwärts Nr. 35 v. 11. 2. 1910, S. 5–8: Abgeordnetenhaus.

306 Vorwärts Nr. 35 v. 11. 2. 1910, S. 1: Pfui!

307 Vgl. Kühne, Dreiklassenwahlrecht, S. 545–559.

308 Zur Rede Hirschs am 11. 3. 1910 vgl. StBPAH, 38. Sitzung, Sp. 3041–3060, Zitate Sp. 3042 u. 3050 f.

309 Vgl. Vorwärts Nr. 60 v. 12. 3. 1910, S. 4 u. 9–12, hier S. 9 f.: Abgeordnetenhaus (Abstimmung über SPD-Antrag).

Hirsch auch beim politischen Gegner zur Unperson avanciert[310], in der eigenen Partei erfreute er sich umso größerer Beliebtheit. So lobte der „Vorwärts" geradezu überschwänglich Hirschs „glückliche wie gründliche Abrechnung mit den Gegnern des gleichen Wahlrechts".[311] Nachdem die Vorlage durch das Herrenhaus weitere Änderungen erfahren hatte, verfiel sie am 27. Mai 1910 durch das Abgeordnetenhaus der Ablehnung, sodass Bethmann Hollweg sie schließlich wieder zurückzog.[312] „Verworfen und verscharrt!", titelte am folgenden Tag der „Vorwärts".[313] Die Wahlreform sollte erst wieder im Weltkrieg auf der Tagesordnung stehen.

Neben der Wahlrechtsreform rückten für Hirsch auch andere Fragen in den Vordergrund. Als Fraktionsvorsitzender hatte er letztlich die ganze Bandbreite politischer Themenfelder abzudecken. Sein parlamentarisches Wirken begleitete er dabei auch publizistisch durch Beiträge, die in den einschlägigen sozialdemokratischen Organen erschienen.[314]

Ungeachtet ihrer vehementen Kritik an den allgemeinen politischen Verhältnissen in Preußen verharrten die sozialdemokratischen Abgeordneten nicht in Fundamentalopposition. Zwar befand Hirsch in seinen Erinnerungen, dass

310 Im Gegensatz zum nationalliberalen Abgeordneten Wilhelm Hirsch, dem „Kapitalhirsch", wurde Paul Hirsch auch als „Brandhirsch" tituliert. Vgl. Niederrheinisches Tageblatt (Kempener Zeitung) Nr. 411 v. 10. 8. 1912, S. 2: Die Hirsche als Feinde des Großblocks.

311 Vorwärts Nr. 60 v. 12. 3. 1910, S. 1: Die Schnapsblock-Retirade.

312 Zur Abgeordnetenhaussitzung am 27. Mai 1910 vgl. Vorwärts Nr. 122 v. 28. 5. 1910, S. 5–8.

313 Vorwärts Nr. 122 v. 28. 5. 1910, S. 1.

314 Vgl. Paul Hirsch, Die Fürsorgeerziehung in Preußen, in: KP 1911, Nr. 4, Sp. 97–100; Nr. 5, Sp. 132–134; Nr. 7, Sp. 197 f.; ders., Aenderung des preußischen Fürsorgeerziehungsgesetzes, in: KP 1912, Nr. 47, Sp. 1444 f.; ders., Eine Statistik der Heilstättenbehandlung Lungenkranker, in: KP 1912, Nr. 1, Sp. 12–14; ders., Ein neues preußisches Polizeigesetz, I–III, in: KP 1912, Nr. 7, Sp. 193–196; Nr. 8, Sp. 233–236; Nr. 9, Sp. 257–260; ders., Anlegung von Sparkassenbeständen in Inhaberpapieren, in: KP 1912, Nr. 23, Sp. 701–704; ders. (P. H.), Rundschau. Aus dem preußischen Landtage, in: KP 1912, Nr. 35, Sp. 1106–1108; ders., Zur Frage der Reformbedürftigkeit des preußischen Kommunalabgabengesetzes, in: KP 1913, Nr. 5, Sp. 129–132; ders., Die Novelle zum preußischen Kommunalabgabengesetz. I–III, in: KP 1914, Nr. 10, Sp. 293–296; Nr. 11, Sp. 325–327; Nr. 12, Sp. 361–363; ders., Die Beschlüsse der Wohnungsgesetzkommission, in: KP 1914, Nr. 15, Sp. 449–452; ders., Das kommunale Bauverbot und der preußische Wohnungsgesetzentwurf, in: KP 1914, Nr. 20, Sp. 617–620; ders., Der preußische Wohnungsgesetzentwurf nach den Kommissionsbeschlüssen zweiter Lesung, in: KP 1914, Nr. 44, Sp. 1225–1229. Ferner ders., Ein neues Attentat auf die preußischen Arbeiter!, in: NZ 26/1 (1908), S. 521–526.

es nicht die Aufgabe einer Parlamentsfraktion sei, die durch ein ungerechtes Wahlsystem „zu hoffnungsloser Minderheit" verdammt sei, positiv an der Gesetzgebung mitzuarbeiten. Vielmehr müsse sie sich auf die „Abwehr reaktionärer Maßnahmen" und auf die „Kritik an den staatlichen und gesellschaftlichen Einrichtungen und den Maßnahmen der Verwaltung" beschränken. Dennoch, so Hirsch, habe es die SPD „an positiver Mitarbeit [...] nicht fehlen lassen, so eng die Grenzen hierfür auch schon deshalb gezogen waren, weil wir nicht über die zur Einreichung selbständiger Anträge erforderliche Zahl von Unterschriften verfügten".[315] Um die Lage der Arbeiterschaft zu verbessern und die Interessen ihrer Klientel wahrzunehmen, versuchten die Sozialdemokraten mithin konstruktiv an der Lösung der innen- und vor allem sozialpolitischen Probleme mitzuarbeiten.[316]

Als 1909 ein Lehrerbesoldungsgesetz im Abgeordnetenhaus auch die Zustimmung der sozialdemokratischen Mandatsträger fand, da mit diesem Gesetz die Volksschullehrer, so Hirsch, „materiell nicht unerheblich aufgebessert" würden[317], stieß dies in Teilen der Partei auf Kritik. So tadelte die in Cottbus erscheinende „Märkische Volksstimme" die preußische Landtagsfraktion wegen der Annahme des Gesetzes, das zwar materielle Verbesserungen, aber auch nach den Worten von Hirsch und Leinert Verschlechterungen auf dem Gebiet der gemeindlichen Selbstbestimmung bringen würde. Die Zustimmung zum Lehrerbesoldungsgesetz sei ein „prinzipielle[r] Fehler" gewesen und vergleichbar mit der Budgetbewilligung der süddeutschen Genossen. „Tritt man für die Autonomie der Gemeinden als Stadtverordneter ein, so kann man als Landtagsabgeordneter keinem Gesetz seine Zustimmung geben, das den Gemeinden auf dem Gebiete der Autonomie Schwierigkeiten bereitet. Principiis obsta!"[318] Das Bestreben der sozialdemokratischen Abgeordneten, praktische Arbeit zu leisten und materielle Verbesserungen für untere und mittlere Einkommensgruppen auch ungeachtet mancher den Gesetzesvorlagen inhärenten Nachteile zu erreichen, stieß beim teilweise noch in fundamentaler Opposition zum Obrigkeitsstaat stehenden Parteivolk auf Unverständnis und musste zu Irritationen führen.

315 Hirsch, Weg, S. 46.

316 Vgl. ebd., S. 46–50.

317 Paul Hirsch, Das preußische Lehrerbesoldungsgesetz nach den Beschlüssen des Abgeordnetenhauses, in: KP 1909, Nr. 10, Sp. 289–292, Zitat Sp. 289.

318 Vorwärts Nr. 42 v. 19. 2. 1909, S. 3 f.: Aus der Partei, Zitate S. 4.

5.4 Die Landtagswahlen 1913

Die preußischen Landtagswahlen 1913 warfen Mitte 1912 bereits ihre Schatten voraus. Erneut beschäftigte die Frage der Wahlbündnisse die Partei. So schlug der nunmehr in der bayerischen Parteipresse tätige Kurt Eisner vor, schon bei den Urwahlen die Liberalen zu unterstützen, um Verwirrung und Misstrauen unter den bürgerlichen Parteien zu stiften, eine klare Scheidung zwischen dem linken und rechten Lager herbeizuführen und damit günstige Voraussetzungen für eine grundlegende Wahlreform zu schaffen. Hirsch wies diesen Vorschlag umgehend zurück und verwies unter Anführung statistischen Materials darauf, dass eine Unterstützung der Liberalen durch die SPD nur einen begrenzten Einfluss auf das Wahlergebnis haben und eine Wahlhilfe für die doch als reaktionär verschrienen Nationalliberalen von den Anhängern nicht verstanden würde. Sie wäre letztlich für die Partei ein Bumerang, da die an Einfluss gewinnenden Nationalliberalen bestrebt sein würden, die für die SPD günstige Drittelung nach Urwahlbezirken zu beseitigen.[319] Da Eisner keineswegs klein beigeben wollte und weiterhin sein taktisches Vorgehen vertrat, griff Hirsch erneut zur Feder. Er bedauerte nicht nur die Formen, die die Auseinandersetzung mittlerweile angenommen hatte, sondern auch die Art der Vorgehensweise Eisners, der „sich selbst anpreist und alle die, die es wagen, anderer Meinung zu sein, als dumme Kerle und politische Kinder hinstellt". Aber eine bedingungslose Unterstützung der Liberalen, wie sie Eisner vertrete, diene letztlich nur dem politischen Gegner, für die die SPD „die Kastanien aus dem Feuer holen" würde, „um dann hinterher selbst kaltgestellt zu werden".[320]

Nachdem sich auch der Parteitheoretiker Eduard Bernstein in den „Sozialistischen Monatsheften" zu diesem Thema zu Wort gemeldet und sich für eine fallweise, von der Person des Kandidaten abhängig zu machende Unterstützung nationalliberaler Kandidaten und für in städtischen Wahlkreisen für möglich erachtete Wahlabsprachen mit den Liberalen, die Eisner als unnütz abgelehnt hatte, ausgesprochen hatte[321], sah sich Hirsch erneut gefordert: Wer die preußischen Nationalliberalen kenne, so Hirsch in einem im „Vorwärts" abgedruckten Beitrag „Zur Landtagswahl-Taktik", „wer ihr Verhalten im Landtage bei Beratung der Wahlrechtsvorlage im Jahre 1910 und auch sonst verfolgt hat, der wird sich kaum zu der Hoffnung aufschwingen können, daß sie sich durch

319 Vgl. auch Vorwärts Nr. 175 v. 30. 7. 1912, S. 2 f., hier S. 3: Die Taktik des preußischen Wahlrechtskampfes; ferner Nr. 178 v. 2. 8. 1912, S. 2: Polemische Gelüste.

320 Vorwärts Nr. 181 v. 6. 8. 1912, S. 2: Politische Phantasien.

321 Eduard Bernstein, Landtagswahlpolitik in Preußen, in: SM 18 (1912), S. 1026–1033.

unser Eintreten für sie zu einer wirklich liberalen Politik aufraffen werden".[322] Eine solche Taktik würde nur „Verwirrung in die Reihen der Wähler" tragen. Der „Einsatz in das Spiel" stünde letztlich „in gar keinem Verhältnis zu den Gewinnaussichten".[323] Auch wenn Bernstein im „Vorwärts" erneut für das von ihm vorgeschlagene Procedere eintrat, konnte dies an Hirschs ablehnender Haltung nichts ändern.[324] Die Frage der Wahlkampftaktik sollte auch auf dem vierten Parteitag der preußischen SPD Anfang Januar 1913 eine herausragende Rolle spielen, auf dem Hirsch seine Position verteidigte und erneut den Eisnerschen Vorschlag ablehnte. Auch wenn Hirschs Position auf Widerspruch stieß[325], folgten die Delegierten des Parteitags seiner Argumentation und nahmen am dritten Verhandlungstag am 8. Januar die Resolution der Landeskommission an.[326]

Man mag Hirschs Einwände aus heutiger Sicht teilweise übertrieben nennen. Dennoch waren sie ein unmittelbarer Reflex auf die in Preußen herrschenden politischen Verhältnisse und die deutlich konservativere Grundierung der Mitte-Rechts-Parteien. Als ein im Maschinenraum der preußischen Politik arbeitender Sozialdemokrat vermochte er letztlich die Situation besser einzuschätzen als sein zwar in Berlin geborener, aber doch seit 1907 in Nürnberg und dann München tätiger Parteifreund Kurt Eisner, der durch die bayerischen Verhältnisse und die Zusammenarbeit von SPD und Liberalen in München beeinflusst war.[327] Bei Bernstein mochte wiederum der Englandaufenthalt (1888–1901) eine andere Sicht auf den Liberalismus begünstigt haben.[328] Letztlich ist hier dem Berliner Polizeipräsidenten zuzustimmen, der in seinem Bericht zur Lage der Sozialdemokratie und des Anarchismus für das Jahr 1913 konstatierte, dass die preußische Landtagsfraktion aufgrund der verfassungsrechtlichen und

322 Vorwärts Nr. 207 v. 5. 9. 1912, S. 1: Paul Hirsch, Zur Landtagswahl-Taktik. I.

323 Vorwärts Nr. 208 v. 6. 9. 1912, S. 5 f.: Paul Hirsch, Zur Landtagswahl-Taktik. II., Zitate S. 5.

324 Vorwärts Nr. 211 v. 10. 9. 1912, S. 5 f.: Eduard Bernstein, Unsere Taktik bei der nächsten preußischen Landtagswahl; Nr. 215 v. 14. 9. 1912, S. 5 f.: Paul Hirsch, Nochmals unsere Taktik bei der Landtagswahl. – Vgl. auch das Referat von Hirsch auf dem rheinischen Parteitag der SPD in Bonn Mitte Oktober 1912 über „Die preußischen Landtagswahlen 1913", in dem er sich erneut dem Vorschlag Eisners auseinandersetzte; Nr. 242 v. 16. 10. 1912, S. 6: Aus der Partei. Ein rheinischer Parteitag.

325 Vorwärts Nr. 6 v. 8. 1. 1913, S. 5–8: Vierter Parteitag der Sozialdemokratie Preußens.

326 Vorwärts Nr. 7 v. 9. 1. 1913, S. 10, insges. S. 9 f.

327 Zu Eisner vgl. Grau, Eisner, bes. S. 220–295. Vgl. auch Karl Heinrich Pohl, Ein sozialliberales „Modell"? München vor dem Ersten Weltkrieg, in: Detlef Lehnert (Hg.), Kommunaler Liberalismus in Europa. Großstadtprofile um 1900, Köln 2014, S. 169–189.

328 Carsten, Bernstein, S. 47–80.

politischen Rahmenbedingungen „prinzipienfester“ als die übrigen Landtagsfraktionen sei.[329]

Vom Ausgang der preußischen Landtagswahlen versprach sich Hirsch, der als Kandidat für den siebten Landtagswahlkreis aufgestellt wurde[330], nicht viel. An der Zusammensetzung des Abgeordnetenhauses werde sich nicht viel ändern. „Wohl wird es der Sozialdemokratie voraussichtlich gelingen, aus eigener Kraft nicht nur ihren jetzigen Besitzstand zu behaupten, sondern noch das eine oder andere Mandat neu hinzuzuerobern, wohl werden kleine Verschiebungen im Besitzstand der bürgerlichen Parteien eintreten, aber im großen ganzen wird alles beim alten bleiben.“[331] Immerhin vermochten die Sozialdemokraten bei den Wahlen zum preußischen Abgeordnetenhaus zu ihren sieben Mandaten drei hinzuzugewinnen. Aber ihr Mandatsanteil stand unverändert in keinem Verhältnis zu ihrem Stimmenanteil. Während die SPD bei den Urwahlen insgesamt 28,4 % erhielt, stellte sie im Abgeordnetenhaus fortan lediglich 2,3 % der Sitze. Der eindringliche Appell der SPD, wählen zu gehen, hatte nur wenig gefruchtet. Die Wahlbeteiligung stagnierte bei gut 32 %.[332] Hirsch wurde im siebten Berliner Wahlkreis mit 507 Wahlmännerstimmen gegenüber dem Vertreter der Fortschrittlichen Volkspartei Tews mit 269 Stimmen gewählt.[333]

Gewählt wurden neben den bisherigen Abgeordneten – Hirsch, Adolph Hoffmann, Leinert, Liebknecht und Ströbel – Paul Hoffmann, Otto Hue, Otto Braun, Konrad Haenisch und Adolf Hofer. Die Neuen hatten vor ihrer Wahl in der Regel Karriere in der Partei- und Gewerkschaftsbürokratie gemacht. So war Hue Redakteur der „Deutschen Berg- und Hüttenarbeiter-Zeitung“ und nahm im freigewerkschaftlichen Bergarbeiter-Verband wichtige organisatorische Funktionen wahr. Während der in Hörde, heute Dortmund geborene Hue im Ruhrgebiet verwurzelt war, repräsentierte der gebürtige Königsberger Otto Braun den Osten Preußens, war 1898 zum Vorsitzenden der ostpreußischen SPD gewählt worden und hatte 1905 mit seiner Wahl zum Mitglied der Kontrollkommission und 1911 als Hauptkassierer der Partei auf Reichsebene in Berlin Fuß fassen können. Der gebürtige Greifswalder Konrad Haenisch wiederum, der sich wegen

329 Übersicht über die allgemeine Lage der sozialdemokratischen und anarchistischen Bewegung im Jahre 1913, in: Landesarchiv Schleswig, Abt. 301, Nr. 2252, S. 14, mit dem Begleitschreiben des Berliner Polizeipräsidenten vom 19. 5. 1914.

330 Vorwärts Nr. 55 v. 6. 3. 1913, S. 13: Eröffnung des Landtagswahlkampfes. Zur preußischen Landtagswahl 1913 vgl. auch Schulze, Braun, S. 158–161.

331 Paul Hirsch, Die preußischen Landtagswahlen, in: NZ 31/2 (1913), S. 190–197, Zitat S. 193.

332 Ritter/Niehuss, Wahlgeschichtliches Arbeitsbuch, S. 140, 142 u. 146, insges. S. 140–149.

333 Kühne, Handbuch, S. 177; Vorwärts Nr. 137 v. 4. 6. 1913, S. 1: Die einzelnen Resultate.

seiner sozialdemokratischen Sympathien seiner bürgerlichen Familie entfremdet hatte und vom Gymnasium verwiesen worden war, hatte sein Brot als Redakteur verschiedener Parteizeitungen verdient, bis er 1911 vom Parteivorstand zum Leiter der „Literarischen Zentralstelle für Flugblatt- und Agitationsbroschürenliteratur“ und zum Dozenten an die Arbeiterbildungsschule in Berlin berufen wurde. Zusammen mit Adolph Hoffmann sollte er im November 1918 das preußische Kultusministerium übernehmen und auch nach Hoffmanns Rücktritt bis 1921 leiten. Hinsichtlich seines sozialen Hintergrunds fiel Adolf Hofer als ostpreußischer Gutsbesitzer aus dem Rahmen, zudem hatte er das Gymnasium besucht und mit dem Abitur abgeschlossen. Mit seiner Wahl in das preußische Abgeordnetenhaus 1913 verkaufte er sein elterliches Gut, das er seit 1893 selbst bewirtschaftet hatte. Hofer, der 1917 zur USPD wechselte, sollte im November 1918 zusammen mit Otto Braun die Leitung des Landwirtschaftsministeriums im preußischen Rat der Volksbeauftragten übernehmen.[334]

Für den „Vorwärts“ stellte bereits das Ergebnis der Urwahlen am 16. Mai 1913 eine Enttäuschung dar.[335] „Das bisherige Ergebnis“, so fasste das Blatt nach den Abgeordnetenhauswahlen ernüchtert zusammen, „läßt sich also dahin ausdrücken, daß die Sozialdemokratie mit schätzungsweise einer Million Urwählerstimmen noch nicht den 40. Teil aller zu wählenden Abgeordneten durchgebracht hat“. Eine gewisse Ernüchterung machte sich vor allem beim Blick auf das Stimmverhalten des Fortschritts breit, der die bisherige Haltung der preußischen SPD zu bestätigen schien. Zwar sei es gelungen, durch eine Verständigung zwischen Fortschritt und Sozialdemokratie den rechten Parteien einige Mandate abzunehmen. Dennoch sei in vielen Wahlkreisen ein aktives Eintreten der liberalen Wahlmänner für einen Sozialdemokraten nicht zu erreichen gewesen.[336]

Durch den Wahlausgang musste sich Hirsch bestätigt fühlen. In einem Beitrag für die „Neue Zeit“ wies er darauf hin, dass der Wahlausgang die Richtigkeit der vom vergangenen preußischen Parteitag beschlossenen wahltaktischen Grundsätze beweise, die eine allgemeine Wahlbeteiligung, ein selbständiges Vorgehen bei den Urwahlen und eine Unterstützung der Linksliberalen nur gegen entsprechende Gegenleistung umfassten. Zwar dürfe man an der „Tatsache, daß zum erstenmal unter der offenen Stimmabgabe in Preußen Fortschrittler, wenn auch nur indirekt durch Passivität die Wahl von Sozialdemokraten herbeigeführt haben, nicht achtlos vorübergehen“. Doch habe die Weigerung der Fortschrittlichen Volkspartei in Breslau und in Pinneberg-Elmshorn, Sozialdemokraten zu

334 Schröder, Sozialdemokratische Parlamentarier, S. 386, 484 f., 511, 513 u. 521.

335 Vorwärts Nr. 120 v. 18. 5. 1913, S. 1: Rückblick und Ausblick.

336 Vorwärts Nr. 137 v. 4. 6. 1913, S. 1: Das Ergebnis der Abgeordnetenwahlen.

unterstützen, die Grenzen einer Zusammenarbeit beider Parteien offen aufgezeigt.[337]

Nach seiner Wiederwahl als preußischer Landtagsabgeordneter versuchte Hirsch sich auf das Wesentliche, und das hieß seine Tätigkeit im preußischen Abgeordnetenhaus, zu konzentrieren und unnötige Verpflichtungen und Ämter niederzulegen. Die Fokussierung auf seine preußischen Aufgabenfelder hatte bereits dazu geführt, dass er sich seltener in der Charlottenburger Stadtverordnetenversammlung zu Wort meldete. Am 8. Juni 1913 lehnte er schließlich eine Wiederwahl als Vorsitzender des Zentralwahlvereins für Teltow-Beeskow „wegen Ueberbürdung mit Arbeiten" ab. Das Amt habe er, wie der „Vorwärts" schrieb, zwölf Jahre lang „im Interesse der Partei und zur Zufriedenheit der Mitglieder verwaltet". Während Hirschs Amtszeit hatte der Zentralwahlverein einen beachtlichen Aufschwung erlebt. Hatte er 1902 noch etwas über 5000 Mitglieder gezählt, so konnte er neun Jahre später bereits auf über 33 000 blicken. Berücksichtigt man die Zahl der bei der letzten Reichstagswahl abgegebenen 159 000 sozialdemokratischen Stimmen, waren 20,9 % der Wähler organisiert, was allerdings im Geschäftsbericht des Zentralwahlvereins als „keineswegs zufriedenstellend" angesehen wurde, da man sich damals tendenziell am gewerkschaftlichen Organisationsgrad messen wollte. Auch der relativ geringe Mitgliederzuwachs im Vergleich zum Vorjahr entsprach nicht den Erwartungen der Parteiführung, lag jedoch im allgemeinen Trend, da sich auch im Reich das Wachstum der Partei deutlich verlangsamt hatte.[338]

Vor dem Ersten Weltkrieg war die SPD im Kaiserreich eine Macht eigener Prägung geworden. In einem Beitrag zur Geschichte der Sozialdemokratie für das 1912 vom konservativen Staatsrechtler Paul Laband herausgegebene „Handbuch der Politik" verwies Hirsch auf die Zahl von knapp einer Million organisierter Sozialdemokraten und auf die Fortschritte der Jugendbewegung, die

337 Paul Hirsch, Das Ergebnis der preußischen Landtagswahlen, in: NZ 31/2 (1913), S. 361–365, Zitat S. 364. Vgl. auch die Rede Hirschs vom 14. 1. 1914 anlässlich der ersten Beratung des Staatshaushaltsetats für das Etatsjahr 1914, in: StBPAH, 3. Sitzung, Sp. 204–234, hier Sp. 220: „die Tatsache, daß die Sozialdemokratie, trotzdem für sie mindestens eine Million Urwähler gestimmt haben, nur 7 Mandate aus eigener Kraft erobert hat, ist die schärfste Verurteilung des Dreiklassenwahlsystems".

338 Vgl. dazu den Bericht des Berliner Polizeipräsidenten an den preußischen Innenminister, Berlin, 24. 2. 1914, in: Landesarchiv Berlin, A Pr. Br. Rep. 030, Nr. 15937, Bl. 244–250, hier Bl. 250, in dem es hieß, „daß die Sozialdemokratie als politische Organisation sich seit Mitte 1912 in ihrem Aufsteigen erheblich verlangsamt hat und daß eine große Reihe ihrer Organisationen sich, was Mitglieder- und Abonnentenstand anbetrifft, in einer zweifellos rückläufigen Bewegung befindet."

auf fast 90 000 Abonnenten der „Arbeiterjugend" in mehr als 560 Orten blicken konnte. Während die Partei im Reichstag 110 Abgeordnete stellte, war sie in den Landtagen von 22 Bundesstaaten mit 231 Mandatsträgern vertreten. Zudem zählte sie trotz des plutokratischen Wahlrechts in den gut 3400 Städten und Landgemeinden über 11 600 Gemeindevertreter und 320 Magistratsmitglieder. Auch publizistisch war die Partei mit 90 Tageszeitungen, zu denen der „Vorwärts", die Frauenzeitschrift „Die Gleichheit", die wissenschaftliche Revue „Die Neue Zeit" oder auch das Witzblatt „Der wahre Jakob" gehörten, ein ernstzunehmender Einflussfaktor in der Meinungsbildung. „Als Vertreterin einer wirtschaftlich schlecht gestellten und politisch unterdrückten Klasse, für deren soziale Hebung und politische Gleichberechtigung sie kämpft", so Hirsch, „muss die Sozialdemokratie ihrem innersten Wesen nach demokratisch sein, und zwar radikal-demokratisch". Deshalb trete die Partei für „eine radikale Demokratie, also eine Demokratie ohne jede Beschönigung" ein. Wie die Verfassung eines derartigen Staatswesens ausschauen würde, konnte Hirsch jedoch nicht sagen, habe die Partei doch bislang noch keine Gelegenheit gehabt, ihre Haltung hierzu zu konkretisieren. Damit benannte er ein Problem, das 1918 eine zentrale Rolle spielen sollte, da die ungeklärte verfassungspolitische Haltung der SPD nach der Revolution dazu beigetragen haben mag, dass sie keinen ausschlaggebenden Einfluss auf die Verfassunggebung gewinnen konnte. Ein weiterer Passus ist von Interesse: Hirsch wollte hervorheben, dass die SPD die „Ueberwindung der Klassengegensätze durch Aufhebung der Klassen selbst" anstrebe und deshalb die „Errichtung einer neuen Klassenherrschaft, etwa die Herrschaft der Klasse der Industriearbeiter oder der Arbeiter schlechtweg" ablehne. Diese Bemerkungen mögen erklären, weshalb sich Hirsch 1918/19 den Forderungen einer linksradikalen Minderheit nach Errichtung einer diktatorischen Räteherrschaft entschieden entgegenstellen sollte.[339]

339 Paul Hirsch, Die Sozialdemokratie, in: Paul Laband u. a. (Hg.), Handbuch der Politik, Bd. 2: Die Aufgaben der Politik, Berlin 1912, S. 43–54, Zitate S. 53 f.; zur organisatorischen Stärke der SPD vor dem Ersten Weltkrieg vgl. auch die Übersicht über die allgemeine Lage der sozialdemokratischen und anarchistischen Bewegung im Jahre 1913, in: Landesarchiv Schleswig, Abt. 301, Nr. 2252, S. 5–30.

II. Paul Hirsch und der Erste Weltkrieg

Der Ausbruch des Ersten Weltkriegs stellte für Paul Hirsch und seine Partei eine einschneidende Zäsur dar. Der 45-Jährige wurde zwar nicht eingezogen und musste die Schrecken der Front nicht selbst miterleben, doch stellten die Rückwirkungen des Krieges auf die „Heimatfront" auch ihn vor elementare Herausforderungen. Als preußischer Landtagsabgeordneter und Charlottenburger Stadtverordneter bemühte er sich, die gravierenden Folgen für die Familien der Kriegsteilnehmer zu mildern und die mit dem Krieg verbundenen Probleme, nicht zuletzt die wachsende Arbeitslosigkeit und die durch die alliierte Blockade erschwerte Lebensmittelversorgung, zu bewältigen. Eine zusätzliche Belastung stellten für Hirsch die mit der Dauer des Krieges immer heftiger werdenden innerparteilichen Auseinandersetzungen dar, die 1917 zur Spaltung der SPD und zur Gründung der USPD führten.

Dass sich die SPD bei Ausbruch des Krieges in die propagierte nationale Einheitsfront einreihte, mochte viele überrascht haben, denen die Bekenntnisse der SPD zur internationalen Solidarität des Proletariats und die Friedensdemonstrationen der Partei noch in guter Erinnerung waren. Doch führte die russische Mobilmachung, auch dank der geschickten Regie von Reichskanzler v. Bethmann Hollweg, zu der Überzeugung, dass Deutschland einen ihm aufgezwungenen Verteidigungskrieg gegen das zaristische Russland führe und die Unabhängigkeit und die Freiheit der deutschen Nation behauptet werden müssten. Am 4. August stimmte die SPD-Fraktion im Reichstag geschlossen den Kriegskrediten zu. „Wir lassen in der Stunde der Gefahr das eigene Vaterland nicht im Stich", so ließ der Partei- und Fraktionsvorsitzende Hugo Haase die Abgeordneten wissen.[1] Am Tag zuvor hatte er sich noch zusammen mit dreizehn weiteren Abgeordneten in der Fraktionssitzung für Ablehnung ausgesprochen, sich jedoch der Fraktionsdisziplin gebeugt und schließlich bereit erklärt, die von der Fraktionsmehrheit verabschiedete Erklärung, in der auch scharfe Kritik an der bisherigen Regierungspolitik geübt und Eroberungsziele entschieden verurteilt wurden, im Reichstag zu verlesen.[2]

1 Verhandlungen des Reichstags, Bd. 306, 4. 8. 1914, S. 8 C–9 B, hier S. 9 A. – Hirsch datiert die Erklärung irrtümlich auf den 5. August 1914. Vgl. Hirsch Weg, S. 57.

2 Vgl. Miller, Burgfrieden, S. 55–68.

Die heute nur schwer nachvollziehbare nationale Begeisterung bei Kriegsausbruch[3] hatte auch Teile der Partei erfasst. Für die SPD bot die Kreditbewilligung letztlich die Möglichkeit, die Behauptung von den „vaterlandslosen Gesellen" demonstrativ zu widerlegen und einen Beweis von der nationalen Zuverlässigkeit der Arbeiterbewegung abzulegen. Für die Haltung der Sozialdemokratie war aber nicht nur der in der Partei tief verwurzelte Patriotismus, sondern auch die Sorge vor der Zerschlagung der Arbeiterorganisationen und die Hoffnung auf greifbare soziale und politische Zugeständnisse, nicht zuletzt auf verfassungs- und wahlrechtspolitische Reformen, als Lohn für ihre Kooperationsbereitschaft entscheidend. Die Führer von Partei und Gewerkschaften, so befand Hirsch im Rückblick, seien letztlich „dem Rufe nicht der schönen Augen des Reichskanzlers oder der Staatssekretäre wegen" gefolgt, sondern hätten „aus Liebe zu den Arbeitern, durchdrungen von der Erkenntnis, daß die Kosten einer deutschen Niederlage in erster Linie und mit aller Schärfe die deutsche Arbeiterklasse zu tragen haben würde", gehandelt.[4]

Der Kurswechsel der SPD hatte für das Verhältnis zwischen Staat und Partei, ja auch insgesamt für die Struktur der deutschen Innenpolitik weitreichende Konsequenzen. So führte die Burgfriedenspolitik offiziell zu einem Ende der Diskriminierung von SPD und Gewerkschaften und zur Anerkennung der bislang verfemten sozialistischen Arbeiterbewegung, die in der Zusammenarbeit zwischen den zivilen und militärischen Stellen des Kaiserreichs und den Organisationen der sozialistischen Arbeiterbewegung ihren prägnanten Ausdruck fand.[5] „Im Umgang und im persönlichen Verkehr mit uns", so befand Hirsch Jahre später, habe man sich „bessere Manieren" angewöhnt, „man betrachtete uns beinahe als hoffähig, aber nur die äußere Form war anders, in der Sache war auch von einem noch so geringen Entgegenkommen nichts zu spüren".[6]

Der mit Kriegsausbruch verhängte Belagerungszustand schränkte den Handlungs- und Bewegungsspielraum der politischen Arbeiterbewegung spürbar

3 Vgl. hierzu die Berichte des Berliner Polizeipräsidenten an den preußischen Innenminister; Landesarchiv Berlin, A Pr. Br. Rep. 030, Nr. 11360.

4 Hirsch, Weg, S. 57. Hirsch bezog sich hier allerdings nur auf die Haltung der Gewerkschaftsführer.

5 Vgl. Nipperdey, Deutsche Geschichte 1866–1918, Bd. 2, S. 778–787; Schorske, Spaltung, S. 359–402; Feldman, Armee, S. 38–46; Bieber, Gewerkschaften, Bd. 1. Vgl. auch das Schreiben des Oberpräsidenten der Provinz Brandenburg an den Berliner Polizeipräsidenten vom 31. 8. 1915, in dem zu einer „gewissen Vorsicht" im Umgang mit der Arbeiterbewegung gemahnt wurde; Landesarchiv Berlin, A Pr. Br. Rep. 030, Nr. 15803, Bl. 29 f., hier Bl. 29 r.

6 Hirsch, Weg, S. 57 f.

ein. So ging die vollziehende Gewalt an die Stellvertretenden Kommandierenden Generale der 24 Armeekorpsbezirke über, die als Militärbefehlshaber für die öffentliche Sicherheit und die Organisation der Kriegswirtschaft zuständig waren und über weitreichende Kompetenzen bis zur Einschränkung von Grundrechten geboten. In ihrem Militärbezirk bestimmten sie über das Versammlungs-, Vereins- und Presserecht und waren mithin auch für die Handhabung der Zensur verantwortlich. Die in der Verhängung des Belagerungszustands und der Übertragung der exekutiven Gewalt an die Militärbefehlshaber zum Ausdruck kommende Militarisierung des Kaiserreichs und die als willkürlich und unangemessen empfundenen Anordnungen stießen während des Krieges allerdings auf zunehmende Kritik.[7]

In seinen Erinnerungen kontrastierte Hirsch die innenpolitische Situation während des Ersten Weltkrieges mit der während des deutsch-französischen Krieges von 1870/71, als weder Vereine, Versammlungen oder Zeitungen verboten worden seien. Scharfe Kritik übte er dabei an den Maßnahmen der von ihm gegeißelten „Militärdiktatur", „deren Anordnungen", Presseverbote und Zensurmaßnahmen, „sich fast ausschließlich gegen die Arbeiter" gerichtet hätten und deren Versammlungsverbote nicht nur gegen die Gegner der Kreditbewilligung, sondern auch gegen Vertreter der Parteimehrheit wie Philipp Scheidemann verhängt worden seien.[8]

1. Die Kritik an der Burgfriedenspolitik und der Hintanstellung innenpolitischer Reformforderungen

Als die Sozialdemokraten am 4. August 1914 der Bewilligung der Kriegskredite und der Politik des „Burgfriedens" zustimmten und damit innenpolitische Streitfragen im Reich zurückstellten, ließ sich dieser Kurs nicht ohne Weiteres auch auf kommunaler oder Landesebene durchsetzen. Der Grund hierfür lag vor allem in den unterschiedlichen verfassungs- und wahlrechtlichen Rahmenbedingungen, die zu einer deutlich vom Reich divergierenden sozialen und politischen Verfasstheit der jeweiligen parlamentarischen Körperschaften führten. So unterschied sich die sozialdemokratische Fraktion des Reichstags von der preußischen Landtagsfraktion nicht nur durch ihre Größe, sondern auch durch das Stärkeverhältnis zwischen der den Kriegskrediten zustimmenden Mehrheit

7 Vgl. Nipperdey, Deutsche Geschichte 1866–1918, Bd. 2, S. 786 f.; Ullmann, Kaiserreich, S. 254 f.

8 Vgl. Hirsch, Weg, S. 58 f., Zitat S. 58. Vgl. dazu auch Koszyk, Kaiserreich, S. 40.

und den dezidierten Kriegsgegnern. Umfasste die Fraktion im Reichsparlament 110 Abgeordnete, unter denen die Kriegskreditgegner am 3. August 1914 zunächst eine kleine Minderheit von 14 Abgeordneten stellten, so verfügte die Partei im Abgeordnetenhaus lediglich über 10 Mandate, von denen die Anhänger von Haase bis Liebknecht die Hälfte der Sitze innehatten.

Auf diesen Umstand, der der Fraktionsführung eine stärkere Rücksichtnahme auf innerfraktionelle Abweichler und „linke" Befindlichkeiten abverlangte, wies auch Hirsch in seinen Erinnerungen hin. So hätten sich die Gegensätze in der Fraktion des preußischen Abgeordnetenhauses in der Frage der Kriegskredite „besonders kraß geltend" gemacht. Von Anfang an hätten in der Landtagsfraktion Karl Liebknecht, der sich allerdings von 1916 bis 1918 in Haft befand[9], Adolf Hofer, Adolph Hoffmann, Paul Hoffmann und Heinrich Ströbel zu den Kriegskreditverweigerern gezählt. Demgegenüber hätten Otto Braun, Konrad Haenisch, Otto Hue und Robert Leinert auf Seiten der Mehrheit der Reichstagsfraktion gestanden. „Ich selbst", so Hirsch rückblickend, „war für die Bewilligung der Kriegskredite, hielt aber die Begeisterung, zu der manche Parteifreunde sich hinreißen ließen, für verhängnisvoll. Hätte ich mich zu ihnen gesellt, so wäre die Fraktion von vornherein in zwei gleich starke Hälften zerfallen und dadurch zu völliger Untätigkeit verurteilt worden. Die nächste Folge wäre die Spaltung gewesen. Gerade sie zu verhindern, bemühte ich mich als Fraktionsvorsitzender von Anfang an mit allen meinen Kräften."[10] Noch am 10. Oktober 1914 vermerkte der Parteirechte Eduard David nach einem Gespräch mit Hirsch in seinem Tagebuch, dass dieser „die preußische Landtagsfraktion bearbeitet und hofft, Ströbel und Liebknecht zu isolieren".[11] War Hirsch bislang dem reformistisch-revisionistischen Flügel der Partei zuzuordnen, in deren Zeitschriften, wie den „Sozialistischen Monatsheften", er auch seine Artikel publizierte, so überraschte doch manche die scharfe Tonart, der er sich nun nach Kriegsausbruch befleißigte.[12]

Die Rücksichtnahme des Fraktionsvorsitzenden auf den „linken" Flügel der Fraktion kam bereits am 22. Oktober 1914 zum Tragen, als der preußische Landtag zu seiner ersten „Kriegstagung" zusammenkam. Um die Geschlossenheit und Einmütigkeit des preußischen Parlaments während des Krieges offen zu dokumentieren, hatte die liberal-konservative Parlamentsmehrheit ursprünglich geplant, den Gesetzentwurf über die Abänderung des Etatgesetzes, mit dem der

9 Trotnow, Liebknecht, S. 239–249.

10 Hirsch, Weg, S. 65.

11 Kriegstagebuch Eduard David, S. 50.

12 Vgl. Kölnische Zeitung Nr. 1059 v. 13. 11. 1918, S. 1: Die neuen Männer in Preußen.

Regierung die Ermächtigung zur Ausgabe von Schatzanweisungen in Höhe von 1,5 Milliarden Mark gegeben werden sollte, ohne Aussprache zu verabschieden.[13]

Da die Fraktionsrechten angesichts der Stärke des linken Flügels einen Eklat und eine Infragestellung der Burgfriedenspolitik vermeiden wollten, wurde drei Tage zuvor eine Sitzung der preußischen Landeskommission, des Führungsgremiums der preußischen Landesorganisation, anberaumt. „Wir haben sie zusammenberufen", so notierte Otto Braun in sein Tagebuch[14], „um der Vernunft in der Fraktion etwas Rückendeckung zu verschaffen gegen die Reklamepolitik der Desperadopolitiker vom Schlage Liebknechts". In der Sitzung habe sich dieser dann lang und breit darüber ausgelassen, was die sozialdemokratische Fraktion im Landtag alles tun müsse, „wenn wir noch Genossen heißen wollten". Die Abgabe einer Erklärung sei als nicht ausreichend bezeichnet worden, von der Einberufung einer Kommissionssitzung sei unter anderem die Rede gewesen. Nach heftigen Auseinandersetzungen zwischen Liebknecht und Braun, der den Linken vorgeworfen habe, lediglich einen „Indianertanz" im Landtag aufführen zu wollen, habe die Landeskommission gegen die Stimmen Liebknechts, Adolph Hoffmanns und Hofers der von Braun mitgetragenen Resolution stattgegeben und die Abgabe einer Erklärung beschlossen, in der nicht nur die Haltung der Partei erläutert, sondern auch die Zustimmung zum Grundgedanken der Vorlage zum Ausdruck gebracht werden sollte.

Nachdem die Fraktion den Redeentwurf gebilligt hatte, schickte sie Hirsch zur Zusammenkunft der beteiligten Staatsminister mit Vertretern aller Fraktionen, in der der Ablauf der Plenarsitzung durchgesprochen werden sollte. „Dort hat man ihm schlimm mitgespielt", so Braun. Wie Hirsch seinen Fraktionskollegen berichtete, habe einer nach dem andern der „Minister privatim auf ihn eingeredet, wir sollten doch von jeder Erklärung Abstand nehmen, da wir doch sowieso der Vorlage zustimmten; sonst müßten auch die anderen Parteien reden und die ganze Einmütigkeit gehe in die Brüche. Einzelne Parteiführer hätten gewütet, von Landesverrat u. dgl. m. geredet."[15] Aber Hirsch blieb standhaft.[16] Als die Vertreter der anderen Fraktionen gesehen hätten, so Braun, dass sie die Abgabe der Erklärung nicht verhindern konnten, hätten sie zumindest Abänderungswünsche geäußert, von denen einige „mehr formaler Natur" hätten Berücksichtigung finden können. Die Haupteinwände hätten sich vor allem

13 Vgl. Hirsch, Weg, S. 66. Zur Kriegsfinanzierung vgl. Ullmann, Steuerstaat, S. 88–96.

14 Otto Brauns Tagebuch 1914 (Eintrag vom 19. 10. 1914), in: GStA PK, VI. HA, NL Otto Braun, Nr. 91, und zum Folgenden.

15 Otto Brauns Tagebuch 1914 (zum 21. 10. 1914), in: Ebd.

16 Hirsch, Weg, S. 66.

auf den Friedenspassus bezogen. Vorgeschlagen worden sei, „nicht ein *baldiges* Ende des Krieges zu wünschen", sondern „am besten die Erklärung mehr mit der der Reichstagsfraktion in Einklang zu bringen". Am folgenden Tag wurde der Fraktionsvorstand zum Parlamentspräsidenten gerufen, wo er noch einmal seine Vorstellungen unterbreiten konnte. Die kurz darauf der Fraktion von Hoffmann verkündete neue Fassung enthielt schließlich den vom Vizepräsidenten, dem Nationalliberalen Paul von Krause, in die Diskussion gebrachten Passus „zu einem baldigen gesicherten Frieden" und trug damit den Einwänden der liberalkonservativen Mehrheit des Abgeordnetenhauses Rechnung.[17]

Zu Kontroversen in der Fraktion führte neben der Erklärung auch die Absicht des Präsidenten, nach der Annahme der Vorlage noch ein Schlusswort sprechen zu wollen, in dem er die Situation kurz würdigen, der Soldaten gedenken und ein Hoch auf das Volk in Waffen und den obersten Kriegsherrn aussprechen wollte. Hirsch habe „keine Veranlassung" gesehen, „dabei den Saal zu verlassen; wir könnten ebenso wie die Reichstagsfraktion drinbleiben". Hue, Leinert, Haenisch und Braun hätten sich ihm angeschlossen, während er bei den Fraktionslinken auf große Empörung gestoßen sei. Als Paul Hoffmann vorgeschlagen habe, es jedem zu überlassen, was er tun wolle, aber aus Solidaritätsgründen über diese fraktionsinternen Auseinandersetzungen nach draußen Stillschweigen zu bewahren, habe Ströbel laut geschrien: „Ich scheiße auf das Solidaritätsgefühl." Der Gewerkschafter Hue, für den Solidarität einen hohen Stellenwert besessen habe, sei aufgefahren „und Ströbel hätte wohl bald mit seinem Bergarbeiterfäustchen Bekanntschaft gemacht". Er sei, so vermerkte Braun in seinem Tagebuch, „kein Freund roher Gewalttaten, aber ich muß gestehen, diesem Menschen hätte ich für seine Frechheit eins auf die große Schnauze gegönnt. Das hätte auf ihn sicher eine sehr heilsame Wirkung ausgeübt."[18] Nach einem Telefonat mit Hue erfuhr auch der Parteirechte Eduard David, dass die „Kämpfe" in der preußischen Landtagsfraktion „sehr heftig" gewesen seien. „Haenisch hat sich sehr energisch auf den nationalen Boden gestellt. Hofer ist wieder total auf die andere Seite gefallen; er soll sogar die Abstimmung am 4. August jetzt für einen Fehler halten."[19]

In der lediglich zwei Stunden dauernden Sitzung des Abgeordnetenhauses[20] trat Hirsch schließlich als einziger Redner vor die Abgeordneten, um den

17 Otto Brauns Tagebuch 1914 (zum 22. 10. 1914), in: GStA PK, VI. HA, NL Otto Braun, Nr. 91.

18 Ebd.

19 Kriegstagebuch Eduard David, S. 53.

20 Vgl. Paul Hirsch, Die Kriegstagung des preußischen Landtags, in: KP 1914, Nr. 45, Sp. 1241–1244, hier Sp. 1241.

Standpunkt der SPD zu erläutern. Er erklärte zwar die Zustimmung seiner Fraktion zum Gesetzentwurf über die Abänderung des Etatgesetzes, doch nahm er an der Tatsache Anstoß, dass über die Verwendung der Mittel keine Aussage getroffen worden sei und die Begründung der Vorlage die nötige Klarheit habe vermissen lassen. Deshalb brachte er nicht nur den Wunsch nach einer Kommissionsberatung, sondern auch nach Festlegung von Richtlinien über die Verwendung der Mittel zum Ausdruck. Zur Bekämpfung der Arbeitslosigkeit schlug er unter anderem die Gründung einer Arbeitslosenversicherung in Anlehnung an das Genter System vor, mit dem all jene, die durch den Krieg erwerbslos geworden seien, unterstützt werden sollten. Hirsch ging jedoch weiter und übte grundsätzliche Kritik an der Haltung der Regierung. Offen verlieh er seinem Bedauern Ausdruck, dass die Regierung diese Sitzung vorübergehen lassen wolle, ohne dem Abgeordnetenhaus einen Gesetzentwurf vorzulegen, durch den die noch bestehenden Ausnahmegesetze aufgehoben würden. „Scharfen Widerspruch" erhob Hirsch vor allem gegen das Fortbestehen des Dreiklassenwahlrechts. In „diesen Tagen, wo das ganze deutsche Volk ohne Unterschied des Geschlechts und der Klasse die schwersten Opfer an Gut und Blut bringt und wo die heute politisch entrechteten ärmeren Schichten, wo insbesondere die Arbeiterklasse einen so ungeheuren Anteil an diesen Opfern trägt", sei dieser Zustand inakzeptabel. Das Protokoll verzeichnete lebhafte Bravo-Rufe auf Seiten der Sozialdemokraten.[21] Die am Vortag von Vizekanzler Clemens v. Delbrück den Fraktionsvorsitzenden des preußischen Abgeordnetenhauses in Aussicht gestellte „Neuorientierung" der preußisch-deutschen Innenpolitik für die Zeit nach dem Krieg konnte Sozialdemokraten nicht zufriedenstellen.[22] Denn die Rhetorik von der politischen Neuorientierung bei gleichzeitigem Aufschub aller wichtigen Reformen musste desillusionierend wirken und die Anhänger des sog. Burgfriedens in der Partei von der Regierung entfremden.

Vor dem Hoch auf die deutschen Truppen und den obersten Kriegsherren verließen die fünf „Unentwegten", wie sich Braun mokant ausdrückte, den Saal. Doch nahm die Presse wegen der Zensur davon keine Notiz.[23] Keinen Eingang in das Protokoll fand im Übrigen auch die Reaktion einiger rechter „Heißsporne" des Abgeordnetenhauses, die, wie der „Vorwärts" festhielt, „ihrem Unwillen" über die Erklärung „durch Zischen Luft" gemacht hätten. „Es scheint

21 Zur Rede Hirschs am 22. 10. 1914 vgl. StBPAH, 96. Sitzung, Sp. 8327–8330, Zitate Sp. 8329. Vgl. auch Hirsch, Weg, S. 66 f.

22 Vgl. Huber, Verfassungsgeschichte, Bd. 5, S. 127–129.

23 Otto Brauns Tagebuch 1914/15 (zum 23. 10. 1914), in: GStA PK, VI. HA, NL Otto Braun, Nr. 91.

fast so, als ob die Wahlreform im Landtage auch nicht einmal erwähnt werden darf."[24] Während der Sitzung sei Braun „so recht zum Bewußtsein" gekommen, „welch' einen kläglichen und für unsere Partei schädlichen Eindruck es gemacht hätte, wenn Liebknecht und Ströbel, wie sie es wünschten, mit einer Geschäftsordnungsdebatte ihren Indianertanz hätten ausführen können".[25] Die fraktionsinternen Debatten vor der Kriegstagung des preußischen Abgeordnetenhauses illustrierten, dass die politischen Gegensätze inzwischen durch persönliche Animositäten überlagert wurden und es dadurch immer schwieriger wurde, einen Grundkonsens in zentralen politischen Fragen herzustellen.

Die „Sonderkundgebung"[26] der Sozialdemokraten fand in linksliberalen Blättern durchaus Verständnis. Die SPD, so urteilte die „Vossische Zeitung", werde sicherlich bald selbst zu der Überzeugung gelangen, dass ihre Erklärung, in der letztlich nichts Neues gestanden habe, „nicht den beabsichtigten Eindruck hervorgerufen" habe. „Aber schließlich, man konnte es tragen. Das Bild der Entschlossenheit und Eintracht wurde kaum getrübt".[27] Der von Hirsch erhobenen Forderung nach Beseitigung des Dreiklassenwahlrechts konnte auch das „Berliner Tageblatt" beipflichten, das es Hirsch auch „nicht verdenken" wollte, dass er bei dieser Gelegenheit die Reformwünsche seiner Partei zum Ausdruck gebracht habe, zumal er schließlich „sich der großen Notwendigkeit der Stunde beugte und die Zustimmung seiner Fraktion zu der Regierungsforderung erklärte".[28] Anders urteilten freilich konservative Gazetten, die wie der „Reichsbote" das sozialdemokratische Ansinnen mit der Bemerkung, dass für „parteipolitische Sonderwünsche dieser Art" in jener Zeit kein Raum sei, entschieden zurückwiesen und ihr Bedauern zum Ausdruck brachten, dass der Ton, den Hirsch angeschlagen habe, den „Empfindungen der Stunde" nicht entsprochen habe.[29]

Die Kriegstagung des Abgeordnetenhauses sollte in der preußischen SPD noch ein Nachspiel haben. So konnte Liebknecht nicht umhin, unter Berufung auf den Berichtigungsparagraphen in einer Zuschrift an das „Berliner Tageblatt" mitzuteilen, dass seine Fraktion bei der Übermittlung der Grüße des Kaisers durch den Parlamentspräsidenten sitzengeblieben sei und die Hälfte der Fraktion bei der Schlussrede des Präsidenten und dem Hoch auf den obersten Kriegsherrn

24 Vorwärts Nr. 290 v. 23. 10. 1914, S. 1: Die Kriegstagung des preußischen Landtags.

25 Otto Brauns Tagebuch 1914 (zum 22. 10. 1914), in: GStA PK, VI. HA, NL Otto Braun, Nr. 91.

26 VZ Nr. 538 v. 22. 10. 1914 A, S. 1 f.: Otto Wiemer, Kriegstagung des Landtags, Zitat S. 2.

27 VZ Nr. 539 v. 23. 10. 1914 M, S. 1 f.: Dr. Pachnicke, Nach der Kriegssitzung, Zitat S. 2.

28 BT Nr. 539 v. 23. 10. 1914 M, S. 3: Die preußische Kriegstagung.

29 Zitate nach Vorwärts Nr. 291 v. 24. 10. 1914, S. 9: Das Echo der Kriegstagung.

den Saal verlassen habe.[30] Als am folgenden Tag auch der „Vorwärts" die Zuschrift Liebknechts brachte[31], wandte sich Hirsch an seinen Fraktionskollegen Braun mit der Frage, ob man sich dies „ruhig gefallen lassen" könne. Doch Braun riet von einer irgendwie gearteten Aktion ab, da sie nur Liebknechts „Reklamebedürfnis befriedigen" würde.[32]

In der „Kommunalen Praxis", in der Hirsch noch einmal eingehend auf die Regierungsvorlage einging, versuchte er sein Vorgehen zu rechtfertigen. „Man wird nicht behaupten können, daß die Sozialdemokratie etwas Unerfüllbares verlangt hat, und bürgerliche Blätter weisen ja auch nicht mit Unrecht darauf hin, daß das samt und sonders Forderungen sind, die auch von bürgerlicher Seite erhoben werden. Um so mehr dürfen wir erwarten, daß die Regierung ihnen Gehör schenkt und dadurch den Beweis erbringt, daß sie entschlossen ist, mit den rückschrittlichen Anschauungen auf sozialem Gebiet aufzuräumen. Es bliebe auch so noch genug des Antisozialen übrig."[33]

Die Zustimmung zu den Kriegskrediten bedeutete für Hirsch keineswegs eine Unterstützung der Burgfriedenspolitik der Regierung. Einen Verzicht auf die Formulierung grundsätzlicher Forderungen ließ sich angesichts der Mehrheitsverhältnisse in der Fraktion und in dem im Vergleich zum Reichstag konservativer ausgerichteten Abgeordnetenhaus, aber auch der anders gelagerten verfassungs- und wahlrechtlichen Rahmenbedingungen nur schwer durchsetzen. Ohne konkrete Zusagen, die nicht nur ein Ende der bisherigen Diskriminierungspraxis der Arbeiterbewegung, sondern auch die Ersetzung des Dreiklassenwahlrechts durch das allgemeine, gleiche Wahlrecht umfasst hätten, drohte die Partei in Preußen auch ein Großteil ihrer Anhänger zu verlieren und an den Auseinandersetzungen zwischen linkem und rechtem Flügel zu zerbrechen.

Nicht nur die „Kriegstagung" des preußischen Abgeordnetenhauses, sondern auch die Verhandlungen der Charlottenburger Stadtverordnetenversammlung offenbarten deutlich die Brüchigkeit des auf Reichsebene deklarierten Burgfriedens. Die auf Landesebene manifesten Gegensätze reproduzierten

30 BT Nr. 543 v. 25. 10. 1914, S. 2: Die sozialdemokratische Preußenfraktion in der Kriegssitzung des Landtages.

31 Vorwärts Nr. 293 v. 26. 10. 1914, S. 3: Genosse Dr. Karl Liebknecht.

32 Otto Brauns Tagebuch 1914/15 (Eintrag zum 26. 10. 1914), in: GStA PK, VI. HA, NL Otto Braun, Nr. 91. Vgl. auch den Brief Brauns an Haenisch vom 28. 10. 1914, in dem er erwähnt, dass Hirsch die Frage gestellt habe, „ob wir uns das [das Auftreten Liebknechts] gefallen lassen sollten". Vgl. BArch Berlin, NL Konrad Haenisch, N 2104, Nr. 43, Bl. 5.

33 Paul Hirsch, Die Kriegstagung des preußischen Landtags, in: KP 1914, Nr. 45, Sp. 1241–1244, hier Sp. 1244. Vgl. auch ders., Die Kriegstagung des preußischen Landtags, in: SM 20 (1914), S. 1157–1164.

sich letztlich auch auf kommunaler Ebene. So wandte sich Hirsch während der Sitzung des Charlottenburger Stadtparlaments im November 1914 scharf gegen einen Antrag der Hausbesitzer, in dem der Magistrat ersucht wurde, sich an die Regierung mit der Bitte um Gewährung einer Staatsbeihilfe für die Stadtgemeinde wegen der durch den Kriegszustand entstandenen Lasten zu wenden, mit der nicht zuletzt die Hausbesitzer für entstandene Mietausfälle entschädigt werden sollten. Da sich nicht nur die Liberalen, sondern auch Bürgermeister Maier gegen den Antrag aussprachen, wurde dieser schließlich gegen die Stimmen der Petenten abgelehnt.[34] Ob sich der Burgfrieden, d. h. letztlich eine Zusammenarbeit von den Konservativen bis zu den Sozialdemokraten auf kommunaler Ebene umsetzen ließ, musste die Zukunft zeigen.

2. Hirschs Einsatz für den Ausbau der kommunalen Kriegsfürsorge

Da seine politischen Verpflichtungen kriegsbedingt weniger Zeit in Anspruch nahmen – nur vereinzelt trat Hirsch noch in Versammlungen auf[35] –, widmete er sich der politischen Schriftstellerei. Dabei nahm er sich vor allem der Frage der kommunalen Kriegsfürsorge an, was nicht überraschen mochte, da Fragen der Gemeindepolitik auch weiterhin für ihn Priorität besaßen. So behandelte er im November 1914 in einem Beitrag in der „Kommunalen Praxis" eingehend diese Problematik und betonte die Notwendigkeit des Staates zur Unterstützung der finanziell überforderten Gemeinden. Die Unterstützung der Familien der Kriegsteilnehmer, aber auch die Bekämpfung der steigenden Arbeitslosigkeit und die Sicherstellung der Lebensmittelversorgung brächten die Gemeinden an die Grenzen ihrer Leistungsfähigkeit. „Es geht nicht an, daß die Regierungen der Einzelstaaten alle Lasten des Krieges auf die Gemeinden abwälzen, sie haben die heilige Pflicht, leistungsunfähigen Gemeinden die Lösung ihrer Aufgabe zu ermöglichen und so das Wort von der sozialen Kriegsfürsorge in die Tat umzusetzen."[36]

34 Vorwärts Nr. 324 v. 27. 11. 1914, S. 6: Eine starke Zumutung. Vgl. auch allgemein Bey-Heard, Hauptstadt, S. 56–61.

35 Zwei Monate nach Kriegsausbruch fand am 6. Oktober eine Mitgliederversammlung des Wahlvereins statt, auf der Hirsch über das Thema „Krieg und Sozialpolitik" sprach; Vorwärts Nr. 271 v. 4. 10. 1914, S. 9: Parteiveranstaltungen (Charlottenburg). Am 12. November folgte eine Mitgliederversammlung des Wahlvereins in Nowawes, in der Hirsch ebenfalls eine Rede über die Sozialpolitik während des Krieges hielt; Nr. 306 v. 8. 11. 1914, S. 6: Parteiveranstaltungen (Nowawes).

36 Paul Hirsch, Kriegsfürsorge der Gemeinden. Staat und Gemeinde in Kriegszeiten, in: KP 1914, Nr. 46, Sp. 1249–1252, Zitat Sp. 1252.

Im Auftrag des Verbandes sozialdemokratischer Wahlvereine Berlins und Umgegend veröffentlichte Hirsch im Januar 1915 eine 78 Seiten starke Broschüre mit dem Titel „Kriegsfürsorge in Berlin und Vororten“[37], die einen Überblick über die verschiedenen Tätigkeitsfelder auf dem Gebiet der kommunalen Kriegsfürsorge bot. Behandelt wurden Familien- und Mietunterstützungen, Kreditfürsorge, Mieteinigungsämter, Unterstützung arbeitsloser Nichtkriegsteilnehmer und deren Familien, Nahrungsmittelversorgung, Schulspeisungen und Krankenfürsorge. In einem Anhang wurden zudem weitere Fragen, wie das Problem der Räumungsklagen gegen Familien von Kriegsteilnehmern und die Erhebung von Steuern bei Kriegsteilnehmern, thematisiert.[38] „Die Broschüre“, so warb der „Vorwärts“, „wird jedem, der sich für die Sozialpolitik interessiert, vor allem jedem Kommunalpolitiker, wertvolle Dienste leisten“.[39]

Im Februar folgte in der Reihe „Sozialdemokratische Gemeindepolitik“ der 72 Seiten umfassende Band „Kommunale Kriegsfürsorge“, der die Maßnahmen der Gemeinden auf dem Gebiet der Kriegsfürsorge noch einmal systematisch behandelte und kritisch beleuchtete.[40] Thematisiert wurden die Unterstützung der Familien der Kriegsteilnehmer, der kommunalen Angestellten und Arbeiter sowie die Fürsorge für Erwerbslose, die von der Vermittlung und Bereitstellung von Arbeit bis zur Unterstützung der Arbeitslosen reichte. In den Fokus rückte Hirsch auch die Maßnahmen zur Deckung des Kreditbedürfnisses, zur Verbesserung der gesundheitlichen Verhältnisse der Bevölkerung oder zur Sicherstellung der Lebensmittelversorgung. Das seit Kriegsausbruch verstärkte sozial- und wirtschaftspolitische Engagement der Gemeinden, so Hirsch, bereite Sozialdemokraten große Genugtuung. Denn die verschiedenen neuen Aufgaben würden nun als „eine ganz selbstverständliche Pflicht der kommunalen Körperschaften“ angesehen. Diese Vorgehensweise werde letztlich auch Auswirkungen auf die Zeit nach dem Krieg haben. Durch Hirschs Ausführungen sollten „die sozialdemokratischen Gemeindevertreter neu gestärkt in der Ueberzeugung von der Richtigkeit des sozialistischen Ideals und mit frischem Mute beseelt in der hoffentlich nahen Zeit des Friedens ihre Tätigkeit entfalten können, dem Volke zum Heile, den Gemeinden zum Segen“.[41] Die durch den Krieg verstärkten staatlichen Interventionen in Gesellschaft und Wirtschaft schienen den sozialdemokratischen

37 Paul Hirsch, Kriegsfürsorge in Berlin und Vororten, Berlin 1915.

38 Vorwärts Nr. 14 v. 14. 1. 1914, S. 6: Kriegsfürsorge in Berlin und Vororten.

39 Vorwärts Nr. 28 v. 28. 1. 1914, S. 5: Aus der Partei. Kommunale Kriegsfürsorge.

40 Paul Hirsch, Kommunale Kriegsfürsorge, Berlin 1915; Vorwärts Nr. 49 v. 18. 2. 1915, S. 10: Eingegangene Druckschriften.

41 Hirsch, Kommunale Kriegsfürsorge, S. 3 f.

Vorstellungen von der Rolle des Staates entgegenzukommen. Mit Hirsch dürften sich viele Sozialdemokraten in ihren Anschauungen bestärkt gefühlt und damit auch große Hoffnungen auf die Zeit nach dem Krieg gehegt haben.

Im März folgte unter dem Titel „Die Versorgung der Kriegsteilnehmer, ihrer Familie und ihrer Hinterbliebenen“ eine von Hirsch bearbeitete, 61-seitige Studie, die den Leser durch das Gesetz über die Unterstützung von Familien in den Dienst eingetretener Mannschaften führen sollte.[42] In der „Kommunalen Praxis“ stellte Hirsch auch einzelne Maßnahmen der kommunalen Kriegsfürsorge vor, denen in seinen Augen Vorbildcharakter zukam. So ging er im Mai 1915 in lobenden Worten auf die Errichtung einer städtischen Beratungsstelle für Fragen der Fürsorge für Kriegsbeschädigte in Charlottenburg ein. Durch diese Einrichtung, deren Angelegenheiten von einer besonderen Deputation aus Magistratsmitgliedern, Stadtverordneten und Bürgerdeputierten bearbeitet würden, sollte gewährleistet werden, dass der Kriegsbeschädigte nach seiner Behandlung rasch wieder „ein nützliches Glied der Gesellschaft“ werde. Hirsch gab der Erwartung Ausdruck, dass dem Charlottenburger Vorbild bald andere Gemeinden folgen mögen.[43] Für beispielgebend hielt er im Übrigen auch die Maßnahmen der Charlottenburger Verwaltung bei der Zweiteilung des Hausmülls und der Verwertung der städtischen Speisereste als Futtermittel, empfahl jedoch, die Abfuhr und Verwertung des Mülls in kommunale Regie zu übernehmen.[44]

Die dem Föderalismus geschuldete Vielfalt der Vorgehensweisen und Lösungswege wurde in einem weiteren Beitrag über die Förderung der kommunalen Kriegsfürsorge in den einzelnen Bundesstaaten deutlich. Während Preußen bereits 110 Millionen Mark auf dem Gebiet der Kriegswohlfahrtspflege bewilligt habe, sodass die Kommunen zwei Drittel ihrer Ausgaben auf dem Gebiet der Wohlfahrtspflege erstattet bekämen, und mehrere Staaten dem preußischen Beispiel gefolgt seien, habe bisher Bayern als einziger Bundesstaat hiervon Abstand genommen. Ungeachtet dieser föderalen Diskrepanzen war das in den meisten Bundestaaten sichtbare Bemühen um einen Ausbau der Wohlfahrtspflege offenkundig. „Auch auf dem Gebiete der Bekämpfung der Arbeitslosigkeit“, so Hirsch weiter, „ist manche bemerkenswerte Erscheinung zu

42 Die Versorgung der Kriegsteilnehmer, ihrer Familien und ihrer Hinterbliebenen, Berlin 1915. – Vorwärts Nr. 74 v. 15. 3. 1915, S. 4: Parteiliteratur. Die Versorgung der Kriegsteilnehmer, ihrer Familien und ihrer Hinterbliebenen.

43 Paul Hirsch, Städtische Fürsorge für Kriegsbeschädigte, in: KP 1915, Nr. 19, Sp. 303–306, Zitat Sp. 306.

44 Ders., Hausmüll als Futtermittel, in: KP 1914, Nr. 52, Sp. 1363 f.

verzeichnen."[45] Das Gleiche gelte überdies auch bei der Förderung des Kreditwesens.[46]

3. Erste Risse in der nationalen Einheitsfront: die zweite Kriegstagung des preußischen Abgeordnetenhauses im Februar 1915

Nachdem sich die Hoffnungen auf einen raschen Sieg der deutschen Truppen zerschlagen hatten und der deutsche Vormarsch einem zermürbenden Stellungskrieg gewichen war, zeigten sich erste Brüche in der deutschen Einheitsfront. Hatte die sozialdemokratische Fraktion im Reichstag noch am 4. August geschlossen den Kriegskrediten zugestimmt, so wurden bald erste Stimmen laut, die der Beteuerung der deutschen Regierung, einen Verteidigungskrieg zu führen, keinen Glauben mehr schenken wollten. Auch die politischen Kontroversen und Widersprüche in der Innenpolitik wurden allmählich wieder greifbarer. Dies zeigte sich bei der zweiten Bewilligung der Kriegskredite am 2. Dezember 1914, als Karl Liebknecht als erster Sozialdemokrat gegen die Kriegskredite stimmte. Wenige Tage zuvor hatten in der Fraktionssitzung außer Liebknecht noch 16 weitere Abgeordnete gegen die Bewilligung votiert, aber sich schließlich der Fraktionsdisziplin gebeugt.[47]

Ende Januar 1915 nahm Paul Hirsch die wachsenden innenpolitischen Spannungen zum Anlass, um sich in einem Artikel im „Vorwärts" kritisch mit dem im August des Vorjahres proklamierten Burgfrieden auseinanderzusetzen. Habe man anfangs unter dem Begriff des Burgfriedens „das Unterlassen von gegenseitigen Angriffen der Parteien in Presse und Versammlungen" verstanden, so werde nun auch in zunehmendem Maße die Zurückstellung grundsätzlicher Auseinandersetzungen in den Parlamenten gefordert. „Die Debatten sollen äußerlich ein Bild völliger Geschlossenheit des gesamten Volkes ohne Unterschied der Parteirichtung geben." Streitfragen sollten deshalb nicht mehr im Plenum, sondern in den Kommissionen, nicht zuletzt in der Budgetkommission, die durch die Gewährung eines Sitzes an die SPD verstärkt wurde, debattiert werden. Dieses Vorgehen bedeute aber letztlich nichts anderes „als die völlige Mundtotmachung der Opposition", „während die Rechte und ihr Anhang ihre Wünsche

45 Ders., Staatliche Förderung der kommunalen Kriegsfürsorge in Deutschland. I., in: KP 1915, Nr. 26, Sp. 415–418, Zitat Sp. 417.

46 Ders., Staatliche Förderung der kommunalen Kriegsfürsorge in Deutschland. II., in: KP 1915, Nr. 27, Sp. 431–433.

47 Miller, Burgfrieden, S. 92–100.

und Forderungen ungestört in breitester Oeffentlichkeit vertreten" könnten. Die Aussicht auf politische Fortschritte nach dem Krieg dürfe für die Sozialdemokratie nicht entscheidend sein. „Wer könnte, wenn später die Verheißungen sich nicht erfüllen, die Verantwortung für eine solche Taktik übernehmen?"[48] In diesem Artikel artikulierte sich der wachsende Unmut über die wieder aufbrechenden politischen Gegensätze und die der SPD auferlegten Grenzen, die unter dem Deckmantel des Burgfriedens als zunehmend einseitig und deshalb als ungerecht empfunden wurden.[49]

Das Ausscheren Karl Liebknechts im Dezember war ein erstes Alarmzeichen, das auch Hirsch zu denken geben musste. Denn die Fortdauer der Kriegshandlungen und das Wiederaufleben der innenpolitischen Friktionen machten es gerade linken Sozialdemokraten schwer, den mit dem Krieg verbundenen Opfern und Entsagungen ohne Aussicht auf konkrete Zugeständnisse und unter Zurückstellung grundsätzlicher Forderungen weiter zuzustimmen. Der Integrationskraft des Fraktionsvorsitzenden wurde dadurch einiges abverlangt.[50] Anderthalb Wochen vor der auf Anfang Februar 1915 angesetzten zweiten „Kriegstagung" kam die preußische Landtagsfraktion erneut zusammen, um über die Frage zu beraten, ob die Partei auf die Abgabe einer Erklärung verzichten und sich fortan darauf beschränken solle, ihre Beschwerden in der Budgetkommission vorzutragen. Ströbel und Liebknecht wandten sich energisch gegen dieses Ansinnen. Ströbel, so vermerkte Braun in seinem Tagebuch, „versucht uns einen seiner widerwärtigen phrasenhaften Zahlabendsreden zu halten, was ich mir verbitte, was schon den ersten Krach gibt. Liebknecht versucht uns mit advokatorischem Geschick klar zu machen, daß im Dreiklassenhause unsere Hauptaufgabe im Skandalmachen bestehe", was die Vertreter des rechten Flügels nicht unwidersprochen hinnehmen wollten. Am Ende dieser „unfruchtbaren Auseinandersetzung" beschloss die Fraktion, in der ersten Lesung eine Erklärung abzugeben und es sich vorzubehalten, in der zweiten Lesung auf einzelne Fragen einzugehen.[51] Der vom Fraktionsvorsitzenden schließlich präsentierte Redeentwurf stellte einen Kompromiss zwischen den auseinanderstrebenden Flügeln der Fraktion dar, der – wie Hirsch rückblickend befand – allerdings erst „nach langwierigen Beratungen in der Fraktion zustande gekommen" sei.[52]

48 Paul Hirsch, Die Landtagstagung, in: Vorwärts Nr. 30 v. 30. 1. 1915, S. 1 f.

49 Vorwärts Nr. 32 v. 1. 2. 1915, S. 3: Politische Uebersicht. Zur bevorstehenden Landtagstagung; ferner Nr. 58 v. 27. 2. 1915, S. 5: Paul Hirsch, Die Handhabung der Zensur.

50 Vorwärts Nr. 41 v. 10. 2. 1915, S. 1 f.: Die Aufgabe des Landtages.

51 Otto Brauns Tagebuch 1914/15 (Eintrag zum 30. 1. 1915), in: GStA PK, VI. HA, NL Otto Braun, Nr. 91.

52 Hirsch, Weg, S. 67 f., Zitat S. 67; vgl. auch Miller, Burgfrieden, S. 101 f.

In seiner Rede am 9. Februar ließ Hirsch keinen Zweifel daran, dass die SPD „ihren grundsätzlich ablehnenden Standpunkt gegenüber der bisherigen Regierungspolitik" aufrechterhalten würde. Zwar verzichtete er auf die Formulierung von Einzelwünschen, doch erneuerte er die grundsätzlichen Forderungen seiner Partei und reklamierte eine „Umkehr der Regierung in ihrer Politik gegenüber der Arbeiterklasse" und damit ein Ende des „Polizeikampfe[s] gegen die Arbeiterbewegung" und der „Unterdrückung nationaler Minderheiten". Vor allem sprach er der Regierung seinen Tadel wegen ihres mangelnden Entgegenkommens in der Frage der Wahlreform aus. Nachdem die Regierung es nicht für nötig gehalten habe, in der letzten Sitzung des Parlaments „auch nur ein Wort des Entgegenkommens zu sprechen", müsse die SPD nun „fordern, daß die Regierung wenigstens in der gegenwärtigen Tagung diese wichtigste aller innerpolitischen Aufgaben erfüllt". Am Schluss seiner Rede gab Hirsch der Hoffnung Ausdruck, dass „der entsetzliche Krieg", der „in keinem der beteiligten Länder vom Volke gewollt" sei, „ein baldiges Ende finden" und „unter dem Einfluß des Friedenswillens, insbesondere der Arbeiterklassen aller Länder, ein baldiger gesicherter Frieden zum Heile des deutschen Volkes und der gesamten Menschheit zustande kommen möge".[53]

Hirschs Auftreten provozierte eine Gegenerklärung, die der Konservative v. Heydebrand im Namen der übrigen bürgerlichen Fraktionen abgab, in der das Vorgehen der Sozialdemokraten missbilligt und das Parlament zu Geschlossenheit und Einigkeit aufgerufen wurde. Die Bemerkung Heydebrands, dass das preußische Volk bereit sei, jedes Opfer zu erbringen, provozierte einen Zwischenruf Liebknechts, der dem konservativen Redner bestritt, im Namen des Volkes sprechen zu können, worauf wiederum auf der rechten Seite und bei den Nationalliberalen „Ruhe! Ruhe!"-Rufe ertönten. Mit der Überweisung des Haushalts an die Budgetkommission endete schließlich die erste Lesung.[54]

Der sozialdemokratischen Haltung überdrüssig wurde allmählich die den Linksliberalen nahestehende „Vossische Zeitung", die Hirschs Beharren auf einer eigenen Erklärung mittlerweile mit einer gewissen Verständnislosigkeit quittierte und vor dieser Negativfolie die „mit großem Nachdruck und mit schwungvoller Wärme" vorgetragene Rede Heydebrands lobend erwähnte.[55] Das regierungskritischere „Berliner Tageblatt" wusste immerhin anzuerkennen,

53 Vgl. StBPAH, 98. Sitzung, Sp. 8358 f.

54 Zur Rede v. Heydebrands und der Lasa am 9. 2. 1915 vgl. ebd., Sp. 8359–8361. Zu den Zwischenrufen vgl. Vorwärts Nr. 41 v. 10. 2. 1915, S. 5: Die 2. Kriegstagung des preußischen Abgeordnetenhauses.

55 VZ Nr. 74 v. 10. 2. 1915, S. 1 f.: Etatsberatung im Kriege, Zitat S. 1.

dass Hirsch seine Erklärung „ohne Pathos und ohne Schärfe des Tones" und damit ohne Parteipolemik verlesen habe.[56]

Vor der zweiten Beratung des Etats am 22. Februar 1915 kam es in der Fraktion abermals zu einem heftigen Disput. Anlass war die Absicht Hirschs, in seiner Rede davon zu sprechen, „daß wir alle einen glücklichen Ausgang des Krieges wünschten". Liebknecht, Ströbel, Paul Hoffmann und Hofer tobten, ein glücklicher Ausgang bedeute doch nichts anderes als ein siegreicher Ausgang, und den wolle man nicht. „Tatsache ist", so Braun, „daß diese Leute eine Niederlage Deutschlands wünschten – Ströbel hat das ja zu Beginn des Krieges zu Kollegen aus dem P[artei]V[orstand] ausgesprochen – aber zu feige sind, das jetzt offen auszusprechen". Ihm seien, so Braun weiter, dadurch „die Fraktionssitzungen längst zum Ekel" geworden. Die Forderung Liebknechts wurde in der Fraktion schließlich mit 4 gegen 4 Stimmen abgelehnt, sodass Hirsch seinen ursprünglichen Text mit dem beanstandeten Passus hätte vortragen können.[57] Doch er verzichtete schließlich darauf, um den auseinanderstrebenden Kräften entgegenwirken zu können und die Spaltung in der Fraktion nicht weiter zu vertiefen.[58]

Hirsch blieb seiner Linie treu und versuchte nach Möglichkeit jede Gelegenheit zu nutzen, um die grundsätzlichen Positionen der Partei herauszustreichen. Dies wurde zwei Wochen später deutlich, als er die fortgesetzte Ausnahmebehandlung der nationalen Minderheiten offen beklagte und sein Bedauern darüber aussprach, dass die Regierung es nicht für nötig befunden habe, dem Landtag einen Gesetzentwurf über die Aufhebung sämtlicher Ausnahmegesetze vorzulegen. Deshalb könnten die Sozialdemokraten auch diesmal dem preußischen Etat ihre Zustimmung nicht geben.[59] Die Arbeiter würden „keinen Dank" erwarten, so Hirsch in der „Neuen Zeit", „sie fordern das Wahlrecht nicht als Belohnung für die Dienste, die sie dem Vaterlande geleistet haben, sondern als ein Recht, das ihnen gewaltsam vorenthalten ist!"[60] Hirsch dachte nicht daran, sich schweigend in die nationale Einheitsfront einzureihen.

Die Haushaltsberatungen hatten in eindringlicher Deutlichkeit gezeigt, dass die gesellschaftlichen Konfliktlinien mit Ausbruch des Krieges nur vorüber-

56 BT Nr. 74 v. 10. 2. 1915, S. 1 f.: Die zweite Kriegstagung des Preußenparlaments, Zitat S. 1.

57 Vgl. Otto Brauns Tagebuch 1914/15 (Eintrag zum 22. 2. 1915), in: GStA PK, VI. HA, NL Otto Braun, Nr. 91.

58 Zur Rede Hirschs am 22. 2. 1915 vgl. StBPAH, 99. Sitzung, Sp. 8397–8406.

59 Vorwärts Nr. 69 v. 10. 3. 1915, S. 5 f., hier S. 5: Abgeordnetenhaus (Rede Hirschs am 9. 3. 1915).

60 Paul Hirsch, Der gegenwärtige Stand der preußischen Wahlrechtsfrage, in: NZ 33/2 (1915), S. 289–296, Zitat S. 293.

gehend camoufliert worden waren und mit zunehmender Dauer des Krieges langsam wieder aufbrachen. Die unklare Haltung der Regierung hinsichtlich der angekündigten „Neuorientierung" der preußischen Politik war daran nicht unschuldig. Als der preußische Innenminister am 27. Februar in der Budgetkommission deutlich machte, dass es mit der Erklärung von der Neuorientierung sein Bewenden haben müsse und er nicht bereit sei, auf einzelne, innenpolitisch umstrittene Materien wie die Wahlrechtsfrage näher einzugehen, musste Hirsch dies als „schwere Enttäuschung" empfinden.[61]

Aber war die sozialdemokratische Forderung nach Vorlage einer Wahlrechtsreform während des Krieges überhaupt realistisch? Hätte eine Reformvorlage der Regierung denn im Abgeordnetenhaus eine Mehrheit gefunden? Wohl kaum, denn die Zahl der Reformbefürworter war bereits vor 1914 in dem konservativ verfassten Landesparlament ausgesprochen gering. Während Deutsch- und Freikonservative der Einführung des gleichen Wahlrechts grundsätzlich ablehnend gegenüberstanden, wollten Zentrum und Nationalliberale eine diesbezügliche Debatte auf die Zeit nach dem Krieg verschieben und waren zudem auch nur zu kleineren Modifikationen bereit. Selbst die Haltung der Fortschrittlichen Volkspartei war keineswegs einheitlich. Die Sozialdemokraten, die gerade einmal 10 von 443 Abgeordneten stellten, standen mithin ziemlich alleine dar. Die überwiegende Mehrheit der Abgeordneten lehnte letztlich eine Debatte über eine so weitreichende und umfassende Reform während des Krieges ab. Anfang 1915 rechneten allerdings ohnehin noch die meisten politisch Verantwortlichen mit einem kurzen Waffengang.[62]

4. Die Auseinandersetzungen mit der Parteirechten

Das Auftreten der preußischen Landtagsfraktion traf in Teilen der Partei auf ein wachsendes Unbehagen. Wenige Tage nach der zweiten Kriegstagung des preußischen Abgeordnetenhauses ließ der rechte Flügelmann Eduard David am 13. Februar 1915 seiner Empörung freien Lauf, als er in seinem Tagebuch notierte, dass Hirsch „in seiner feigen Rechnungsträgerei die Liebknecht-Gruppe" stütze. Hofer sei „ganz auf Liebknechts Seite". Dagegen wolle Haenisch „öffentlich gegen L. vorgehen, sobald er Skandal macht". Und der habe „vorgeschlagen, schon in der Eröffnungssitzung zu obstruieren, und eine ganz unglaubliche

61 Vorwärts Nr. 59 v. 28.2.1915, S. 1 f.: Paul Hirsch, Keine Zugeständnisse in der Wahlrechtsfrage, Zitat S. 1.

62 Vgl. Huber, Verfassungsgeschichte, Bd. 5, S. 153.

Erklärung vorgeschlagen".[63] Am 1. März sollte David, der auf eine Trennung von den Oppositionellen drängte, noch härter urteilen: „Hirsch versaut die ganze Situation im Abgeordnetenhaus als vermittelnder, direktionsloser Fraktionsvorsitzender."[64]

Offene Kritik übte im März 1915 Hugo Heinemann in den zum rechten Parteiflügel tendierenden „Sozialistischen Monatsheften".[65] Heinemann, Rechtsanwalt und Dozent an der Reichsparteischule der SPD in Berlin[66], nahm nicht nur an der für unnötig empfundenen Abgabe einer Erklärung, sondern auch an deren Inhalt Anstoß. So könne von einer Fortdauer des Polizeikampfs gegen die Gewerkschaften während des Krieges keine Rede sein, auch sei der Friedenspassus in der Erklärung fatal, da dieses „Friedensangebot" der preußischen Landtagsfraktion zusammen mit dem eingangs erwähnten Satz von der grundsätzlich ablehnenden Haltung gegenüber der Regierungspolitik zu Fehlschlüssen über die Stellung der deutschen Arbeiterschaft führen könne. „In dieser kritischen Stunde, in der die staatliche Existenz Deutschlands, seine nationale Selbstbehauptung gegen jede Bedrohung von außen auf dem Spiel steht, die Einheit stören und nachher über die Zurücksetzung der Sozialdemokratie jammern heißt Krokodilstränen weinen und Demagogie treiben. Wer nach dem Krieg Rechte vom Staat heischt, hat während des Krieges die Pflichten gegen ihn zu erfüllen."[67]

Gegen die Auslassungen Heinemanns versuchte Hirsch in einem Artikel in der „Fränkischen Tagespost", der auch im „Vorwärts" abgedruckt wurde, seine Rede während der ersten Lesung des Etats zu verteidigen. „So sehr ich auch persönlich geneigt bin, den Burgfrieden zu wahren, mit dem Augenblick, wo der Burgfriede dazu dienen soll, die Arbeitervertreter mundtot zu machen, [...] mit dem Augenblick, kann ich mich nicht mehr dazu bekennen". Dagegen räumte er ein, dass es „taktisch klüger gewesen wäre", den sogenannten Friedenspassus aus der Erklärung herauszulassen. Auch gab er mit einem „Ausdruck des Bedauerns" zu, dass mit den Reden Liebknechts und Haenischs während der Haushaltsberatungen Anfang März[68] „gewisse Gegensätze zwischen

63 Kriegstagebuch Eduard David, S. 104.

64 Ebd., S. 108.

65 Hugo Heinemann, Zur Erklärung der sozialdemokratischen Fraktion im preußischen Landtag, in: SM 21 (1915), S. 167–174.

66 Vgl. Schröder, Sozialdemokratische Parlamentarier, S. 496.

67 Wie Fn. 65, Zitate S. 173 f.

68 Liebknecht schloss seine Rede am 2. März 1915 mit dem Ausruf: „Fort mit der Heuchelei des Burgfriedens! Auf zum Klassenkampf!" – Demgegenüber brachte Haenisch anderntags zum Ausdruck, „daß, solange Hannibal vor den Toren steht, solange das Vaterland

Fraktionsgenossen von der Tribüne des Landtages herab ausgetragen wurden, zur Freude unserer Gegner und zum Schaden der Partei". Den an die Adresse der Fraktionsführung gerichteten Vorwurf, Liebknecht überhaupt eine Rede anvertraut zu haben, wies Hirsch zurück. Auch wenn er die Haltung Liebknechts missbillige, habe die Fraktion nicht das Recht, „sich zum Richter über ihn aufzuspielen" und „ihm den Mund zu verbieten". Hirsch verwies zu seiner Rechtfertigung auch auf das in der Fraktion herrschende Stärkeverhältnis zwischen den beiden Richtungen. „Angenommen eine Zufallsmehrheit würde beschließen, daß Liebknecht nicht reden darf, könnte man es dann den anderen, wenn sie zufällig einmal die Mehrheit haben – und dieser Fall ist wiederholt dagewesen – verdenken, wenn sie dann Gleiches mit Gleichem vergelten?" Es sei, so mag man diese Sätze interpretieren, angesichts der herrschenden Kräfteverhältnisse für die Fraktion unumgänglich gewesen, beide Seiten zu Wort kommen zu lassen. Die Hoffnung, die Reihen der Fraktion bald wieder schließen zu können, mochte Hirsch nicht aufgeben, resultierten „die Gegensätze ja nicht aus einer Verschiedenheit der Anschauungen über die Fragen der innerpreußischen Politik [...], sondern aus der gegensätzlichen Stellung zur Bewilligung der Kriegskredite, also aus einer Angelegenheit, die mit der in Preußen einzuschlagenden Politik nicht das mindeste zu tun hat".

Für die Redaktion des „Vorwärts" machte Chefredakteur und Fraktionskollege Heinrich Ströbel, der als Vertreter des linken Parteiflügels der Burgfriedenspolitik mit großer Zurückhaltung begegnete, in einem Anhang zum Artikel deutlich, dass derartige Meinungsverschiedenheiten innerhalb der preußischen Landtagsfraktion nicht zu verhindern gewesen seien. Die preußische Landtagsfraktion habe, wollte sie keine „Vogelstraußpolitik" treiben, zu den Kriegsfragen „vom sozialistischen Standpunkt" aus Stellung beziehen müssen. Das Hervortreten dieser Differenzen im Parlament sei letztlich auch insofern nützlich, als „der Oeffentlichkeit und namentlich der Parteiöffentlichkeit gegenüber offen das" ausgesprochen werden könne, „*was ist*".[69]

von äußeren Feinden bedroht ist, keine Möglichkeit vorliegt, innerpolitische Kämpfe mit Aussicht auf Erfolg durchzufechten". Und: „Meine Herren, man hat uns Sozialdemokraten vaterlandslos genannt. Kein schlimmerer Vorwurf als der! Wir wollen immerdar und wollen allewege gute Deutsche sein, und in der opferfreudigen Liebe für unser Vaterland wollen wir uns von keiner Partei und keinem einzelnen Menschen übertreffen lassen." Zu den Reden vgl. StBPAH, 103. und 104. Sitzung vom 2. und 3. März 1915, Sp. 8575–8581, Zitat Sp. 8581; Sp. 8627–8641, Zitate Sp. 8627 u. 8641.

69 Fränkische Tagespost Nr. 57 v. 9. 3. 1915, S. 1 f.; Vorwärts Nr. 75 v. 16. 3. 1915, S. 5: Paul Hirsch, Zu den Unstimmigkeiten in der preußischen Landtagsfraktion.

Die entgegengesetzte Position vertrat Heinemann in einem neuerlich in den „Sozialistischen Monatsheften" publizierten Aufsatz, in dem er die Ausführungen Hirschs als „eine Phrase" abwertete, die lediglich agitatorischen Zwecken dienen würde. „Wer die Notwendigkeit der Vertagung der inneren Reformen und der damit verbundenen Kämpfe bis nach Beendigung des Krieges dazu benutzt, um den Arbeitern etwas von enttäuschten Hoffnungen vorzureden, der treibt Demagogie, setzt die Einmütigkeit des Volkes leichtfertig aufs Spiel und gefährdet den Erfolg des Krieges."[70] Auch der dem rechten Parteiflügel angehörende Max Schippel mokierte sich über die Naivität des preußischen Fraktionsvorsitzenden, die dieser während der Februarberatung des Abgeordnetenhauses an den Tag gelegt habe. Es sei dringend erforderlich, dass ein Mann, der sich an die Äußerung eines Ministers von der innenpolitischen „Neuorientierung" geklammert und an diese all seine Hoffnungen geknüpft habe, „wieder zu einem halbwegs brauchbaren Augenmaß für die reale Lage der Dinge zurückgeführt" werde.[71] Angesichts dieser Kritik blieb Hirsch nur die Hoffnung auszusprechen, dass „bald die Zeit" kommen möge, „wo wir alle weniger nervös sind. Dann können wir uns wieder sprechen, und dann wird manch einer unter Berufung auf seine Nervosität die, die er jetzt so schwer und so ungerecht beschuldigt hat, um Verzeihung bitten".[72]

Die heftigen Auseinandersetzungen auf Reichsebene über die Fragen der Kriegskreditbewilligung und des Burgfriedens wirkten letztlich auf Preußen zurück. Als die Reichstagsfraktion in ihrer Sitzung am 18. März 1915 über das Reichsbudget debattierte, in dem die Kriegskredite eingearbeitet waren, votierten 30 gegen und 69 für eine Bewilligung.[73] Bei der zwei Tage später stattfindenden Abstimmung im Reichstag stimmten allerdings nur Karl Liebknecht und Otto Rühle gegen das Budget, während dreißig weitere Abgeordnete, unter ihnen auch Hugo Haase, den Plenarsaal verließen und damit der Abstimmung fernblieben.[74] Da die Fraktion am 18. März eine geschlossene Abstimmung beschlossen hatte, verurteilte sie den Disziplinbruch Liebknechts und Rühles „aufs entschiedenste".[75] Einen demonstrativen Charakter erhielt das Verhalten der

70 Hugo Heinemann, Phrasen, in: SM 21 (1915), S. 325–330.

71 Max Schippel, Enttäuschungen?, in: SM 21 (1915), S. 224–228, Zitat S. 225.

72 Paul Hirsch, Zur Abwehr, in: Die Glocke, Heft 14 (15. März 1916), S. 806–808, Zitat S. 808.

73 Reichstagsfraktion der deutschen Sozialdemokratie 1898–1918, Bd. 2, S. 46.

74 Zur Abstimmung vgl. Verhandlungen des Reichstags, Bd. 306, 20. 3. 1915, S. 134 B; Vorwärts Nr. 80 v. 21. 3. 1915, S. 1 f., hier S. 2: Ein stürmischer Schluß, ferner S. 9–12: Reichstag.

75 Vorwärts Nr. 81 v. 22. 3. 1915, S. 3: Eine Erklärung der sozialdemokratischen Reichstagsfraktion.

Dissidenten indes durch den von Ströbel redigierten „Vorwärts", der anderntags die Namen dieser Abgeordneten veröffentlichte und damit die sich anbahnende Spaltung der Fraktion publik machte.[76]

Es war mehr als fraglich, ob es der Führung der Reichstagsfraktion und der Partei gelingen würde, die innerparteiliche Opposition zu beschwichtigen. Denn die Reden und Verlautbarungen der alten Eliten und der nationalistischen Rechten stellten im Frühjahr 1915 ganz offen die Grundlage der Politik des 4. August in Frage. Einen zweifelhaften Höhepunkt erreichte die annexionistische Agitation im Mai mit der Petition der sechs großen Wirtschaftsverbände an den Reichskanzler. Der zögerlichen Haltung des Parteivorstandes war es schließlich geschuldet, dass die Parteiopposition mit einem „Unterschriftenflugblatt" am 9. Juni 1915, das offiziell als Eingabe an die Vorstände der Partei und der Reichstagsfraktion lief, offen gegen die Burgfriedenspolitik und die Passivität und Zurückhaltung der Partei protestierte. Der „Eingabe" folgte am 19. Juni der von Bernstein, Haase und Kautsky unterzeichnete Aufruf „Das Gebot der Stunde", der die Vorwürfe gegen die Parteiführung in modifizierter Form zu Papier brachte. Die innerparteiliche Auseinandersetzung wurde nunmehr in aller Öffentlichkeit ausgetragen.[77]

5. Im Charlottenburger Stadtparlament: Die Weiterentwicklung des Zweckverbandes Groß-Berlin

Neben seinen Verpflichtungen als Landtagsabgeordneter nahm Hirsch auch weiterhin sein Mandat im Charlottenburger Kommunalparlament wahr. Wiederholt meldete er sich zu Wort, setzte sich für Einkommensverbesserungen der städtischen Arbeiter ein, mahnte weitere Maßnahmen zur Bekämpfung der Erwerbslosigkeit an und nahm sich der Unterstützung der Kriegerfamilien an.[78]

76 Vorwärts Nr. 80 v. 21. 3. 1915, S. 12: Nachtrag zum Bericht über die Freitagssitzung. Vgl. auch Miller, Burgfrieden, S. 102–104.

77 Vgl. Miller, Burgfrieden, S. 104–113.

78 Vorwärts Nr. 78 v. 19. 3. 1915, S. 10: Aus den Gemeinden. Etatsberatung und Kriegsfürsorge in Charlottenburg; Nr. 275 v. 6. 10. 1916, S. 6: Aus der Charlottenburger Stadtverordnetenversammlung. Zu den Verhandlungen des Zweckverbandes Groß-Berlin über den Erwerb der Groß-Berliner Straßenbahn, den Hirsch zum damaligen Zeitpunkt ablehnte, und die Frage einer Tariferhöhung vgl. Nr. 327 v. 28. 11. 1916, S. 6: Der Straßenbahnstreit im Zweckverband. Vgl. auch die Sitzung des 1912 gegründeten Zweckverbandes Groß-Berlin am 12. 3. 1917, auf der Hirsch zum Thema Wohnungsnot sprach; Nr. 71 v. 13. 3. 1917, S. 8: Die Wohnungsfrage vor dem Zweckverband. Vgl. auch die Sitzung vom

Die herausragende Stellung, die Hirsch damals in der Stadtverordnetenversammlung einnahm, reflektiert die Tatsache, dass er im Mai 1917 zum Stellvertreter des Stadtverordnetenvorstehers gewählt wurde.[79]

Eine der zentralen Fragen, denen sich Hirsch auch während des Krieges widmete, war die Zukunft des Groß-Berliner-Raums. So beklagte er sich im Februar 1915 in einem Beitrag für die „Kommunale Praxis" bitter über die dortigen Verhältnisse, die ein „Bild jener kommunalen Zerrissenheit" biete, „die auf der einen Seite eine unheilvolle Wirkung ausübt auf diejenigen, auf die sich die Kriegsfürsorge erstreckt, auf der anderen Seite aber auch die Entschließungen der verschiedenen Körperschaften ungünstig beeinflussen muß". So differiere die Höhe des Zuschlags, den die Gemeinden zu den Reichsmindestsätzen der Fürsorge für die Familien der Kriegsteilnehmer gewährten, von Ort zu Ort. Abweichende Vorschriften und Bestimmungen gäbe es auch bei der Gewährung von Mietbeihilfen, bei der Lohnfortzahlung für städtische Arbeiter, der Erwerbslosenfürsorge, der Kreditfürsorge, beim Kreis der zu Unterstützenden oder der Zuständigkeit der Mieteinigungsämter. „Wieviel Arbeit und Mühe könnte den Gemeindebehörden erspart bleiben, wieviel könnten sie für die Erledigung anderer wichtiger Aufgaben erübrigen, wenn sie sich zu einheitlichen Grundsätzen und zu einer einheitlichen Praxis entschließen würden!" Hirsch gab der Hoffnung Ausdruck, dass die Groß-Berliner Gemeinden nach dem Krieg die Lehren aus jener Zeit beherzigen und eine einheitliche Verwaltungsorganisation für Groß-Berlin schaffen mögen.[80]

Die Weiterentwicklung des Zweckverbandes Groß-Berlin stellte eine allseits empfundene Notwendigkeit dar. Gegründet 1912 auf der Grundlage des im Vorjahr verabschiedeten preußischen Zweckverbandsgesetzes für Groß-Berlin, schloss der Zweckverband die kreisfreien Städte Berlin, Charlottenburg, Deutsch-Wilmersdorf, Lichtenberg, Neukölln, Schöneberg und Spandau und die

13. 6. 1917 zur Frage der Kriegsfürsorge; Nr. 161 v. 15. 6. 1917, S. 5: Charlottenburg. Stadtverordnetenversammlung.

79 Vorwärts Nr. 121 v. 4. 5. 1917, S. 7: Charlottenburg. Stadtverordnetenversammlung; ferner Nr. 112 v. 25. 4. 1917, S. 7: Charlottenburg. Sozialdemokratische Kandidatur für den stellv. Stadtverordnetenvorsteher. Im Januar 1918 wurde Hirsch wiedergewählt; Nr. 11 v. 11. 1. 1918, S. 3: Charlottenburg.

80 Paul Hirsch, Kriegsfürsorge der Gemeinden, in: KP 1915, Nr. 7, Sp. 113–116, Zitate Sp. 113 u. 116. Mit Blick auf die Wohnungspolitik hielt er die „Zusammenfassung zu einem größeren Gebilde" für dringend erwünscht; Vorwärts Nr. 248 v. 9. 9. 1918, S. 1 f.: Paul Hirsch, Wohnungsnot und Einheit Groß-Berlin, Zitat S. 2; auch Nr. 250 v. 11. 9. 1918, S. 1 f.: Ein Sieg der Hausbesitzer in Berlin I.; Nr. 251 v. 12. 9. 1918, S. 7: Geheimrat Kempner und der „Vorwärts".

Landkreise Niederbarnim und Teltow mit zusammen 4,2 Millionen Einwohnern enger zusammen. Zu seinen Aufgaben zählten die engere Kooperation der Straßenbahnbetriebe, die gemeinsame Feststellung der Fluchtlinien und Bebauungspläne sowie die Erhaltung größerer, unbebauter Freiflächen wie Wälder, Parks, Seen oder Spielplätze. Ein erstes Ergebnis konnte mit dem Dauerwaldvertrag von 1915 erreicht werden, durch den der Zweckverband vom preußischen Staat 100 km^2 Waldfläche erwarb. Die im Zweckverband existierenden 18 Straßenbahnbetriebe wurden im Mai 1918 durch einen einheitlichen Tarifvertrag enger verknüpft.[81]

Im September 1917 kam es auf Einladung des Schöneberger Oberbürgermeisters Alexander Dominicus zu einer Versammlung des Zweckverbandes, an der auch Hirsch für Charlottenburg teilnahm. Um den Zweckverband weiter ausbauen zu können, wurde auf Vorschlag von Dominicus die Gründung eines Bürger- und eines Arbeitsausschusses vorgenommen. In der Diskussion betonte Hirsch, der in den Arbeitsausschuss gewählt wurde, dass es geboten sei, „die Verwaltungen der Groß-Berliner Gemeinden, in denen sich teilweise auch eine gewisse Eigenbrötelei zeige, an die Notwendigkeit gemeinsamer Wahrung ihrer Interessen zu erinnern".[82] In einem Beitrag für die „Kommunale Praxis" fand Hirsch lobende Worte für die Initiative. Dennoch mahnte er auch weiterhin eine Gemeinschaftsverfassung für Groß-Berlin mit einer aus direkten Wahlen hervorgehenden Bürgerschaft an, die die Grundlage einer zukünftigen Gesamtgemeindeverwaltung bilden müsse.[83] Auch wenn der Zweckverband ein Fortschritt bei der Bewältigung der kommunalpolitischen Aufgaben darstellte, so konnte der lose Zusammenschluss Berlins mit seinen Nachbarorten und Landgemeinden doch nur eine Zwischenlösung sein. Das Ungenügende des Zweckverbandes war Hirsch wohl bewusst. Die Lösung der anstehenden Probleme konnte deshalb nur im Rahmen einer stärker vereinheitlichten „Gemeinschaftsorganisation von Groß-Berlin" erfolgen, die letztlich nur durch die Eingemeindung der Berliner Nachbarorte und Landkreise zu erreichen war.[84]

81 Erbe, Berlin, S. 749–754; Elek Takáts, Der Verband Groß-Berlin vom 19. Juli 1911 bis 1. Okt. 1920, seine wirtschaftlichen Aufgaben und Leistungen insbesondere im Verkehrs- und Siedlungswesen, Diss. Köln 1933.

82 Vorwärts Nr. 252 v. 14. 9. 1917, S. 5: Für Groß-Berlin.

83 Paul Hirsch, Groß-Berlin, in: KP 1917, Nr. 43, Sp. 673–676.

84 So in der Charlottenburger Stadtverordnetenversammlung am 27. 2. 1918; Vorwärts Nr. 60 v. 1. 3. 1918, S. 5: Die Charlottenburger gegen ihren Oberbürgermeister. Vgl. auch die Wahl Hirsch als Ersatzmann zum Zweckverband am 21. 3. 1918; Nr. 82 v. 23. 3. 1918, S. 5: Lichtenberg. Wahlen zum Zweckverband. Ferner Paul Hirsch, Interkommunaler Lastenausgleich oder Eingemeindung?, in: KP 1917, Nr. 17, Sp. 257–260.

Im September 1917 erschien im Berliner Verlag für Sozialwissenschaft Hirschs gut 100 Seiten umfassendes Buch „Aufgaben der deutschen Gemeindepolitik nach dem Kriege".[85] In fünf Kapiteln widmete sich der Autor zentralen Feldern der Gemeindepolitik und spannte einen weiten Bogen von der Verfassungs- und Verwaltungspolitik über das Finanzwesen, die Armen- und Waisenpflege und die Arbeitslosenfürsorge bis hin zur Schul- und Bildungspolitik. Seine durch ihre Sachlichkeit und Detailgenauigkeit überzeugenden Ausführungen eröffnen der Leserschaft noch heute instruktive Einblicke in die Vielfalt der kommunalen Verhältnisse im Reich. In farbigen Strichen skizzierte Hirsch die Entwicklung der Gemeindeverfassung, ging auf die Beschränkung der politischen Mitsprache der „Minderbemittelten" durch das Dreiklassenwahlrecht und das Hausbesitzerprivileg ein, beklagte die Verschärfung der Staatsaufsicht über die Kommunen, um schließlich eine „wirklich freie Selbstverwaltung in Verbindung mit einem freien Gemeindewahlrecht" einzufordern. Ausführlich thematisierte er die durch den Krieg und die gestiegene Aufgabenlast verschärfte Finanzlage der Gemeinden und entfaltete den bereits im Kommunalprogramm der preußischen SPD fixierten finanzpolitischen Forderungskatalog. Bitter monierte er das Fehlen einer Reichsarbeitslosenversicherung und behandelte die verschiedenen kommunalen Formen der Unterstützung von Arbeitslosen, die die Zahlung von Zuschüssen an gewerkschaftliche Arbeitslosenversicherungen oder bei Abhebung von Sparguthaben im Falle der Arbeitslosigkeit umfassten. In seinem letzten Kapitel versuchte er die Notwendigkeit der Trennung von Staat und Kirche sowie der Beseitigung des konfessionellen Charakters der Schulen zu begründen und gleichzeitig das Ziel einer nationalen Einheitsschule aufzuzeigen, die das gesamte Unterrichtswesen vom Kindergarten bis zur Hochschule umfassen sollte, in dem jedes Kind unabhängig von seiner sozialen Herkunft entsprechend seinen Fähigkeiten gefördert werden konnte. „Gewaltig sind die Anforderungen, die nach dem Kriege an die deutschen Gemeindeverwaltungen herantreten werden", so Hirsch. „Auf den verschiedensten Gebieten sind ihnen neue Aufgaben erwachsen, Aufgaben, die die meisten von ihnen früher weit von sich zu weisen pflegten, die aber fortab einen wesentlichen Bestandteil einer jeden von sozialem Gebiet getragenen Gemeindepolitik bilden müssen."[86] Eine überarbeitete Fassung seines Bandes, in dem die verfassungs-, finanz- und

85 Paul Hirsch, Aufgaben der deutschen Gemeindepolitik nach dem Kriege. Verfassungs- und Verwaltungsfragen, Finanzwesen, Armen- und Waisenpflege, Arbeitslosenfürsorge, Schul- und Bildungswesen, Berlin 1917; ferner Vorwärts Nr. 292 v. 24. 10. 1917, S. 3: Eingegangene Druckschriften.

86 Hirsch, Aufgaben der deutschen Gemeindepolitik, Zitate S. 3, 8.

sozialpolitischen Reformen der Revolutionszeit Eingang fanden, erschien 1919, eine dritte Auflage 1921.[87]

6. Die Reise nach Ostpreußen 1915

Nach dem Schluss der Session des preußischen Abgeordnetenhauses ruhten Hirschs parlamentarische Verpflichtungen keineswegs. Vielmehr nahm er im August 1915 mit den Mitgliedern der Budgetkommission des preußischen Abgeordnetenhauses an einer parlamentarischen Besichtigungsreise nach Ostpreußen teil.[88] Die Reise sollte den Abgeordneten nicht nur ein Bild der durch den Einfall der russischen Truppen verursachten Schäden und Verwüstungen vermitteln, sondern auch den sozialdemokratischen Vertretern die Bedeutung der deutschen Landesverteidigung und die Leistungen des deutschen Militärs und der Soldaten im Besonderen vor Augen führen. Über seine Eindrücke und Erlebnisse berichtete Hirsch in mehreren sozialdemokratischen Presseorganen.[89] Im „Vorwärts" wurde der Artikel allerdings stark gekürzt wiedergegeben. So wurde nicht nur der erste Teil über die durch die Russen verursachten Verwüstungen und Gräueltaten von der Redaktion herausgestrichen, sondern auch ein abendliches Treffen der Abgeordneten mit General von Hindenburg verschwiegen.[90]

87 Paul Hirsch, Aufgaben der deutschen Gemeindepolitik nach dem Kriege, 2. neubearb. Auflage, Berlin 1919; ders., 3. erw. Aufl. Berlin 1921. Vgl. auch die Besprechung von Hirschs Broschüre, in: KP 1917, Nr. 45, Sp. 705–708, hier Sp. 705 f.: Ueberschüsse aus Gemeindebetrieben; ferner die Rezension, in: NZ 36/2 (1918), S. 285 f. – In einer Besprechung des Buches „Gut und Blut fürs Vaterland" von Professor Jastrow, der sich zur Deckung der Kriegsschulden für eine einmalige Vermögensabgabe von 25 % für Bürger, Vereine, Aktiengesellschaften und öffentliche Körperschaften aussprach, lehnte Hirsch eine weitere Belastung der Gemeinden ab, da diese zur „Vernachlässigung wichtiger Kulturaufgaben führen" würde; vgl. KP 1918, Nr. 7, Sp. 104 f.: Eine einmalige Vermögensabgabe von den Gemeinden? Vgl. auch Paul Hirsch, Gemeindefinanzen und Gemeindebesteuerung, in: KP 1918, Nr. 27, Sp. 417–420 (Teil I); Nr. 28, Sp. 433–436 (Teil II).

88 Vorwärts Nr. 226 v. 17. 8. 1915, S. 3: Parlamentarische Besichtigungsreise nach Ostpreußen.

89 Vorwärts Nr. 244 v. 4. 9. 1915, S. 5: Paul Hirsch, Ostpreußen. Ferner ders., Ostpreußische Eindrücke, in: Die Glocke, Heft 4 (15. Oktober 1915), S. 194–203. Vgl. auch Hirschs Artikelfolge „Ostpreußen", in: Arbeiter-Zeitung (Dortmund), Nr. 203, 207 u. 209 v. 31. 8., 4. 9. u. 7. 9. 1915, jeweils S. 1; Der Volksfreund. Tageszeitung für das werktätige Volk Mittelbadens Nr. 203 vom 1. 9. 1915, S. 1: Ostpreußen.

90 Vgl. Ohligser Anzeiger Nr. 214 vom 13. 9. 1915, S. 5: Der „Vorwärts" als Zensor. Der Artikel gab einen Bericht des Sozialdemokraten Hugo Poetzsch im „Hamburger Echo" wieder.

In seinem Artikel hatte sich Hirsch durchaus bemüht, eine differenzierte Sicht des Erlebten wiederzugeben und zu „unterscheiden zwischen absichtlichen Brandstiftungen und zwischen solchen Beschießungen von Häusern, die aus militärischen Gründen durch unsere eigenen Truppen erfolgt" seien. Gleichwohl hätten sich während der zweiten Besetzung Ostpreußens vom November 1914 bis Februar 1915 Gräueltaten abgespielt. Zivilisten seien füsiliert oder verschleppt und Frauen vergewaltigt worden. Deshalb forderte Hirsch, Kinder von geschändeten Frauen auf Staatskosten erziehen und von Pflegern betreuen zu lassen, um sie vor Misshandlungen zu schützen und davor zu bewahren.[91] Das Beispiel Ostpreußen demonstriere, so betonte Hirsch in einem in der von den Parteirechten 1915 gegründeten Zeitschrift „Die Glocke" erschienenen Beitrag, „welche schweren Schäden der gesamten Bevölkerung, auch der Arbeiterklasse, durch eine feindliche Invasion erwachsen". Um die in Ostpreußen entstandenen Schäden beheben zu können, hielt Hirsch die vom preußischen Landtag bewilligten 400 Millionen Mark denn auch nicht für ausreichend und plädierte für eine deutliche Aufstockung des Betrags.[92]

Vom russischen Einmarsch in Ostpreußen war im Übrigen auch Hirschs Fraktionskollege Adolf Hofer betroffen, dessen Gut in Pleinlauken zeitweise von russischen Truppen besetzt worden war. Zwar sei Hofer, so Braun, im September 1914 sehr erfreut darüber gewesen, als er sein Gut nach dem Abzug der Invasoren „noch ganz und heil vorgefunden" habe. Sein Auto und fünf Pferde seien allerdings mitgenommen worden. Erwähnenswert fand Braun auch, dass eine deutsche Patrouille Hofers „Weinkeller besucht" haben soll. „Hoffentlich lobt nun Hofer nicht die humane Kriegsführung der Russen und entrüstet sich über die Greueltaten der Deutschen in seinem Weinkeller."[93]

Mit seinen Reiseberichten gab Hirsch seinen Parteifreunden nicht nur ein eindringliches und erschütterndes Bild der materiellen und seelischen Schäden, die Ostpreußen in den letzten Wochen und Monaten heimgesucht hatten, er versuchte zugleich auch einen nüchternen Blick auf das Kriegsgeschehen zu wahren und die damals kolportierten Feindbilder nicht unreflektiert zu übernehmen. Auf die Kritik, die der unter Leitung Ströbels stehende „Vorwärts" an seinem im Parteiorgan publizierten Reisebericht übte – der Bericht, so hieß es, habe „recht

91 Vorwärts Nr. 244 v. 4.9.1915, S. 5: Paul Hirsch, Ostpreußen; auch Nr. 267 v. 27.9.1915, S. 1 f.: Zur wirtschaftlichen Mobilmachung der ostpreußischen Landwirtschaft.

92 Paul Hirsch, Ostpreußische Eindrücke, in: Die Glocke, Heft 4 (15. Oktober 1915), S. 194–203, Zitat S. 194. Zur „Glocke" vgl. Koszyk, Kaiserreich, S. 76.

93 Otto Brauns Tagebuch 1914 (Eintrag zum 5.10.1914), in: GStA PK, VI. HA, NL Otto Braun, Nr. 91.

seltsam" berührt[94] –, ging Hirsch nicht direkt ein, beklagte aber den „kurzen, seines Sinnes völlig entkleideten Auszug" seines Artikels. „Sollte sich die Kritik des ‚Vorwärts' dagegen richten, daß ich auch dem Gegner Gerechtigkeit habe widerfahren lassen, so muß ich von vornherein betonen, daß ich diesen Grundsatz von jeher befolgt habe und auch in Zukunft befolgen werde."[95] Die Auseinandersetzungen mit Ströbel dürften nicht dazu beigetragen haben, die Zusammenarbeit in der Fraktion zu erleichtern.

7. Die sich anbahnende Spaltung der Partei und die Auseinandersetzungen im preußischen Abgeordnetenhaus 1916

Die Fortdauer des Krieges stellte die Sozialdemokratie auf eine schwere Probe, da sich die Stimmen derjenigen mehrten, die sich für eine rasche Beendigung des Krieges und gegen die weitere Bewilligung der Kriegskredite aussprachen. Nachdem im März 1915 mit Karl Liebknecht und Otto Rühle bereits zwei SPD-Abgeordnete im Reichstag den Kriegskrediten ihre Zustimmung versagt und damit den Burgfrieden aufgekündigt hatten, folgten ihnen im Dezember 1915 achtzehn weitere Abgeordnete.[96] In der vorausgegangenen Fraktionssitzung hatten bereits 44 Mandatsträger, d. h. zwei Fünftel, gegen die Kreditbewilligung votiert. Lediglich ein Abgeordneter schloss sich im Plenum der Mehrheit an, der Rest votierte gegen das Gesetz oder verließ vor der Abstimmung den Saal.[97] Die Bedeutung der Fraktionsminderheit erwuchs aus der Tatsache, dass ihr der Partei- und Fraktionsvorsitzende Hugo Haase angehörte, der bereits vor der Abstimmung die Konsequenzen zog und aus dem Fraktionsvorstand ausschied.[98]

Angesichts dieser Entwicklung auf Reichsebene sah sich Hirsch gezwungen, dem linken Flügel weiter entgegenzukommen und gegenüber der Regierung entschiedener aufzutreten. Ob sich dadurch allerdings die Spaltung der Fraktion verhindern lassen konnte, war zweifelhaft. Denn durch seinen Kurs sah sich Hirsch wiederholt Angriffen der Parteirechten ausgesetzt, die ihm vorwarfen, die Politik

94 Vorwärts Nr. 267 v. 27. 9. 1915, S. 1 f., hier S. 1: Zur wirtschaftlichen Mobilmachung der ostpreußischen Landwirtschaft.

95 Paul Hirsch, Ostpreußische Eindrücke, in: Die Glocke, Heft 4 (15. Oktober 1915), S. 194–203, Zitat S. 195.

96 Vgl. Verhandlungen des Reichstags, Bd. 306, 21. 12. 1915, S. 508 B; Vorwärts Nr. 352 v. 22. 12. 1915, S. 1: Die neuen Kriegskredite und der Reichstag.

97 Vorwärts Nr. 352 v. 22. 12. 1915, S. 1: Zur Abstimmung über die Kriegskredite.

98 Reichstagsfraktion der deutschen Sozialdemokratie 1898–1918, Bd. 2, S. 104. Vgl. allgemein auch Miller, Burgfrieden, S. 117–125.

des 4. August durch sein Auftreten zu unterminieren. Die Fraktion, so versuchte sich Hirsch in einem in der „Neuen Zeit" im Januar 1916 erschienenen Beitrag zu rechtfertigen, habe bislang auf ihrer Wahlrechtsforderung beharren müssen, „um so mehr, als gegnerische Blätter trotz des Burgfriedens ganz offen das Dreiklassenwahlsystem verherrlichen dürfen und als Anhänger der wahlrechtsfeindlichen Parteien ganz unverhüllt ihrer Meinung dahin Ausdruck verleihen, daß es mit der Reform nicht eilt, sondern daß nach dem Kriege zunächst weit wichtigere Aufgaben ihrer Lösung durch den Landtag harren". Deshalb werde die Fraktion auch in der anstehenden Session ihr Recht einfordern und neben dem gleichen Wahlrecht auch das volle Koalitionsrecht und die Beseitigung aller Ausnahmegesetze fordern.[99]

Das vage Entgegenkommen des Königs, der in seiner Thronrede Mitte Januar 1916 von dem auch im Frieden fortwirkenden „Geist gegenwärtigen Verstehens und Vertrauens" sprach und die „Grundlagen für die Vertretung des Volkes in den gesetzgebenden Körperschaften" neu zu gestalten versprach, konnte die enttäuschten Sozialdemokraten kaum befriedigen.[100] Anlässlich der ersten Lesung des Etats im preußischen Abgeordnetenhaus am 17. Januar 1916 wandte sich Hirsch deshalb noch einmal entschieden gegen jegliche Annexionsbestrebungen und verlas eine längere Erklärung, in der er v. Bethmann Hollweg dazu aufrief, die Eroberungspläne der wirtschaftlichen Verbände und anderer gesellschaftlicher Kreise in unzweideutiger Form zurückzuweisen. Die SPD würde niemals die Hand zur Unterjochung anderer Völker reichen. Ausdrücklich wurden auch die Wiederherstellung der vollen Unabhängigkeit und Selbständigkeit Belgiens und die Wiedergutmachung des dem Land zugefügten Unrechts gefordert. Anschließend ging Hirsch ausführlich auf die die Arbeiterschaft bewegenden Probleme ein, beklagte sich über die Lebensmittelteuerung, über die scharfe Handhabung der Zensur und erachtete die Maßnahmen, die im Rahmen der Kriegsfürsorge ergriffen wurden, in vielem als nicht ausreichend. Entscheidend sei, dass die Regierung „endlich die Grundlage ihrer Reform, nicht nur des Wahlrechts, sondern auch die Grundlagen der Neuorientierung ihrer Politik andeutet und es nicht bei allgemeinen Redewendungen läßt".[101]

99 Paul Hirsch, Zum Zusammentritt des preußischen Landtags, in: NZ 34/1 (1916), S. 449–453, Zitat S. 451. Vgl. auch ders., Zum Zusammentritt des preußischen Landtages, in: Arbeiter-Zeitung (Dortmund), Nr. 10 v. 13. 1. 1916, S. 1.

100 Zur Thronrede am 13. 1. 1916 vgl. StBPAH, Sp. 4, insgesamt Sp. 1–4; Huber, Verfassungsgeschichte, Bd. 5, S. 153 f.

101 Zur Rede Hirschs am 17. 1. 1916, in: StBPAH, 2. Sitzung, Sp. 60–77, Zitat Sp. 76.

Hirsch provozierte die kaum ein konkretes Entgegenkommen zeigenden Regierungsvertreter erneut. Der preußische Innenminister v. Loebell, der unmittelbar nach Hirsch das Wort ergriff, bedauerte denn auch die Erklärung seines Vorredners, für dessen „Geist und Sinn" das deutsche Volk „kein Verständnis" habe. Sie stehe auch nicht im Einklang mit dem „deutsche[n] Geiste dieser deutschen Heldenzeit". Dennoch stellte v. Loebell eine Änderung des Wahlrechts für die Zeit nach dem Krieg in Aussicht.[102] Die Debatten im Landtag offenbarten nicht nur das geringe Interesse der Regierung an einer Einbringung der Reformvorlage während des Krieges, sondern auch den anhaltenden Widerstand der Landtagsmehrheit, insbesondere der Konservativen, gegen eine Neuorientierung der Innenpolitik.[103]

In der sozialdemokratischen Fraktion hatte es zuvor abermals heftige Debatten über den Text der Erklärung gegeben. Da der vom Fraktionsvorstand unter Hirsch den Mitgliedern zugeleitete Redeentwurf bei der rechten Fraktionsminderheit auf scharfe Ablehnung gestoßen war, hatte diese eine weniger scharfe Gegenerklärung vorgelegt, in der die Reichsregierung nicht nur zur Bekundung ihrer Friedensbereitschaft, sondern auch zur raschen Aufnahme von Friedensverhandlungen aufgerufen werden sollte. Eine Verständigung zwischen den beiden Flügeln misslang. Mit fünf gegen vier Stimmen bei einer Enthaltung (Liebknecht) wurde die von Hirsch modifizierte Erklärung der Parteilinken angenommen. Da die Gegenerklärung bald den Weg in die Presse fand, wurde der fraktionsinterne Streit schließlich publik.[104]

Rückblickend räumte Hirsch ein, dass die Erklärung „in weiten Kreisen der Partei einen förmlichen Sturm der Entrüstung" hervorgerufen habe. Den Vorwurf, die Politik der Reichstagsfraktion durchkreuzt zu haben, wies er allerdings entschieden zurück und führte die zum Teil scharfe Reaktion auf die „durch den Krieg erzeugte übernervöse Stimmung" zurück.[105] Die sich an die Rede vom 17. Januar anschließende „ungewöhnlich heftige Polemik" habe allerdings wesentlich dazu beigetragen, die innerparteilichen Gegensätze zu verschärfen. „Konrad Haenisch", so Hirsch, „rückte in der Oeffentlichkeit ‚so weit wie nur möglich' von ihr ab und bezeichnete das Vorgehen der Fraktionsmehrheit als einen ‚schweren Bruch der heute mehr als je gebotenen Einheitlichkeit unserer politischen Aktion'. Otto Braun warf ihr vor, daß sie den ‚klar zutage liegenden

102 Zur Rede des preußischen Innenministers v. Loebell am 17. 1. 1916, in: StBPAH, 2. Sitzung, Sp. 77–85, Zitate Sp. 79.

103 Paul Hirsch, Die Tagung des Preußischen Landtags, in: NZ 34/2 (1916), S. 8–16, hier S. 14.

104 Vgl. Hirsch, Weg, S. 72 f.

105 Ebd., S. 70.

Tatsachen Gewalt antue, wenn sie in ihrer Erklärung hinsichtlich der Friedensbereitschaft die deutsche Regierung mit den feindlichen Regierungen auf eine Stufe stellt'." Die schärfste Kritik habe Wolfgang Heine geübt, „der nicht nur den Friedenspassus, sondern auch den über die Wahlrechtsreform" entschieden verurteilt habe. Aber nicht nur die Parteirechten, sondern auch Linke wie Liebknecht, der sich darüber beklagt habe, dass die Erklärung „ein schaumiges Zeug" sei und „der prinzipiellen sozialdemokratischen Klarheit" entbehren würde, waren mit ihrem Fraktionsvorsitzenden unzufrieden. „Einige Parteiblätter, wie die Essener und die Duisburger Arbeiterzeitung", so Hirsch, „rühmten dagegen gerade ihren sozialdemokratischen Charakter". Letztlich habe der Unterschied zwischen beiden in der Fraktion diskutierten Erklärungen nur darin bestanden, dass die Minderheit der Linie der Mehrheit der Reichstagsfraktion folgte und im Gegensatz zur Mehrheit der Landtagsfraktion die mangelnde Friedensbereitschaft bei den alliierten Regierungen und nicht bei der eigenen gesehen habe.[106] Dass Hirsch sich anscheinend nun dem linken Flügel angeschlossen hatte, entsprach weniger seinen eigenen Vorstellungen und Prioritätensetzungen als der Sorge um den Erhalt der Partei. Nach wie vor wollte er die Hoffnung, „daß die Zeit nach dem Kriege eine einige und geschlossene Partei vorfinden möge", nicht aufgeben.[107]

Eine Folge der sozialdemokratischen Erklärung vom Januar 1916 war der im folgenden Monat gefasste Beschluss der Mehrheit des Abgeordnetenhauses, eine Erörterung auswärtiger Angelegenheiten, insbesondere der Kriegsziele, der Kriegsführung und der Beziehungen zu den kriegführenden und neutralen Ländern von den Beratungen des Parlaments auszuschließen.[108] Dass es zur Erörterung auswärtiger Angelegenheiten berechtigt sei, hatte das Parlament ausdrücklich am 23. März 1914 festgestellt.[109] Gegen den Ausschluss militärischer Fragen protestierte Hirsch nachdrücklich. Da es keine Presse- und Versammlungsfreiheit gebe, sei „die Tribüne des Parlaments die einzige Möglichkeit, unserer entgegengesetzten Anschauung Ausdruck zu verleihen".[110] Mit

106 Ebd., S. 75 f.; vgl. auch Kriegstagebuch Eduard David, S. 153. Bereits im Juni 1915 hatte sich Braun heftig über seinen Fraktionsvorsitzenden geärgert, der durch seinen „üblichen Umfall […] in seiner Rechnungsträgerei ganz unzuverlässig" sei; Eintrag zum 4. 7. 1915, in: Otto Brauns Tagebuch 1914, in: GStA PK, VI. HA, NL Otto Braun, Nr. 91.

107 So auf einer Mitgliederversammlung im März 1916; Vorwärts Nr. 81 v. 22. 3. 1916, S. 3: Die Berliner Genossen und die Steuerfragen.

108 Vgl. die Sitzung vom 16. 2. 1916, in: StBPAH, 8. Sitzung, Sp. 366 f.

109 Vgl. die Rede des Parlamentspräsidenten Graf v. Schwerin-Löwitz am 16. 2. 1916, in: StBPAH, 8. Sitzung, Sp. 365 f., hier Sp. 366.

110 StBPAH, 8. Sitzung, Sp. 366 f., Zitat Sp. 367.

diesem Beschluss wolle die Mehrheit des Abgeordnetenhauses letztlich nur die Gegner des uneingeschränkten U-Boot-Krieges „mundtot“ machen.[111] Aber Hirschs Einwendungen verhallten ungehört. Gegen den Vorschlag des Parlamentspräsidenten votierten außer den Sozialdemokraten lediglich die dänischen Abgeordneten.[112]

Der Graben, der sich durch die SPD zog, wurde immer breiter. Hatte die Reichstagsfraktion den innerparteilichen Konflikt bei Kriegsausbruch mit Hilfe der Fraktionsdisziplin kaschieren können, so nahm die Zahl der Kreditverweigerer mit der Fortdauer des Krieges weiter zu. Am 24. März 1916 kam es im Reichsparlament zum Eklat. Nachdem der Fraktionsvorsitzende Philipp Scheidemann die Zustimmung seiner Fraktion zum Notetat erklärt hatte, trat der Mitvorsitzende der SPD Hugo Haase ans Rednerpult, um die ablehnende Haltung der Minderheit zu begründen. Noch am selben Tag wurde die Minderheit von der „rechten“ Mehrheit der Fraktion ausgeschlossen, worauf sich 18 Abgeordnete unter Führung von Haase und Ledebour als Fraktion der Sozialdemokratischen Arbeitsgemeinschaft (SAG) konstituierten. Zur Sezession gehörten nicht nur Vertreter des dezidiert linken Flügels, sondern auch der Revisionist Eduard Bernstein oder gemäßigt linke „Zentristen“ wie der Berliner Arthur Stadthagen[113], somit Abgeordnete, die letztlich nur die Ablehnung des Krieges und des „Burgfriedens“ einte. Auch der Vertreter des Reichstagswahlkreises Teltow-Beeskow, Fritz Zubeil, zählte zu den Abtrünnigen.[114]

Die Sorge um den Erhalt der Parteieinheit war allenthalben groß. Im Juni 1916 erschien auf Bitten Adolf Brauns ein Aufruf im „Vorwärts“, der die Partei zu einheitlichem und geschlossenem Handeln mahnte. Zu den zahlreichen Sozialdemokraten, die den Aufruf unterzeichnet hatten, zählte auch Paul Hirsch. „Niemals war es wichtiger“, so hieß es, „die Arbeiterorganisationen, zu deren Aufbau ein halbes Jahrhundert nötig war, fortzusetzen und die zusammengefaßte Macht von mehr als 4 Millionen Wählern vor einem Auseinanderfließen zu bewahren, Stärke und Ansehen der Partei zu erhalten und der Sektiererei in unseren Reihen keinen Raum zu gewähren.“ Die Partei dürfe ihre Kraft nicht in

111 Paul Hirsch, Die Tagung des Preußischen Landtags, in: NZ 34/2 (1916), S. 8–16, Zitat S. 10.

112 StBPAH, 8. Sitzung, Sp. 367; Vorwärts Nr. 47 v. 17. 2. 1916, S. 5 f., hier S. 5: Die Ernährungsfrage im Landtage.

113 Vgl. Holger Czitrich-Stahl, Arthur Stadthagen – Anwalt der Armen und Rechtslehrer der Arbeiterbewegung. Politische Biographie eines beinahe vergessenen sozialdemokratischen Juristen und Reichstagsabgeordneten, phil. Diss. Hagen 2014 (online abrufbar unter: https://ub-deposit.fernuni-hagen.de/receive/mir_mods_00000194).

114 VZ Nr. 156 v. 25. 3. 1916, S. 1: Sozialdemokratische Sezession.

internen Auseinandersetzungen vergeuden. „Es wird möglich werden, sich über Richtlinien zu verständigen, die alle billigen können, Richtlinien für eine künftige, geschlossene, erfolgreiche Aktion der Partei im wahren Interesse des arbeitenden Volkes."[115]

Von den parteiinternen Auseinandersetzungen war auch der Wahlverein Teltow-Beeskow betroffen. Kreisfunktionäre, die sich zur SAG und damit zur Fraktionsspaltung bekannten, wurden seit dem 8. Juni nicht mehr zu den Sitzungen des engeren Vorstands geladen. In zahlreichen Ortsvereinen machten sich Spaltungstendenzen geltend. Im August 1916 meldete sich deshalb auch Hirsch zu Wort, der zu den Gründern des Zentralwahlvereins gehörte und ihn über ein Jahrzehnt lang als Vorsitzender geleitet hatte, somit „aus eigener Kenntnis" wusste, „welch' ungeheuren Maßes von Arbeit und welch' gewaltiger Opfer eines jeden einzelnen Genossen es bedurft hat, den Wahlkreis allen gegnerischen Anstrengungen zum Trotz zum festen Besitztum der Sozialdemokratie auszugestalten", und es deshalb nicht mit ansehen könne, „wie das in jahrelanger Arbeit zusammengefügte Gebäude mit einem Schlage wieder zertrümmert wird". Angesichts der Spaltungstendenzen schlug Hirsch vor, die Angelegenheit von einem Schiedsgericht, das zu gleichen Teilen aus Mitgliedern beider Organisationen bestehen und einem nicht aus den Reihen der Groß-Berliner Organisation entstammenden Unparteiischen unterstehen sollte, untersuchen und klären zu lassen.[116]

Zwar wird man fragen müssen, ob Hirsch nicht selbst bewusst war, wie realitätsfern dieser Vorschlag war, da er zu hoffen glaubte, die grundsätzliche Auseinandersetzung zwischen den Gegnern und Anhängern der Kriegskreditbewilligung und damit die Frage über die weitere Unterstützung der Kriegspolitik durch ein Schiedsgericht einer Lösung zuführen zu können. Dennoch wollte er keine Gelegenheit ungenutzt vorübergehen lassen, um die Einheit der Parteiorganisation, die er im Wahlkreis Teltow-Beeskow selbst mit aufgebaut hatte, zu wahren. Ob die Spaltung der Partei, die sich letztlich in allen örtlichen Wahlvereinen Groß-Berlins anbahnte[117], noch zu verhindern war, erscheint allerdings mehr als fraglich.

115 Vorwärts Nr. 171 v. 24. 6. 1916, S. 6 f.: Ein Aufruf, Zitate S. 7. – Zu den Auseinandersetzungen im Verband der Sozialdemokratischen Wahlvereine Berlins und Umgegend vgl. Vorwärts Nr. 92 v. 2. 4. 1916, S. 1: Stellungnahme zur Fraktionsspaltung. Ferner MB Nr. 1 v. 12. 4. 1916, S. 5–8.

116 Vorwärts Nr. 228 v. 20. 8. 1916, S. 6 f.: Zu den Parteidifferenzen in Teltow-Beeskow, Zitate S. 6.

117 Ebd.

8. Fragen der Landes- und Kommunalpolitik im Krieg

Auch wenn Hirsch keinen Zweifel daran ließ, dass die Reform des preußischen Landtagswahlrechts eine „unerläßliche Vorbedingung einer jeden Neuorientierung in Staat und Reich“ für ihn und seine Partei darstellte[118], versuchte er die Aufmerksamkeit von den innerparteilichen Differenzen auf die konkreten Aufgaben der preußischen Landespolitik zu lenken, und damit der von der Sezession bedrohten Fraktion noch einmal ein gemeinsames, alle Konflikte überwölbendes Ziel zu setzen. Wenn auch Hirschs Bereitschaft zur konstruktiven Zusammenarbeit deutlich wurde[119], so haftete diesen Bemühungen doch letztlich auch etwas Kompensatorisches an und glich einer Flucht vor der parteiinternen Misere.

Obwohl die preußische Regierung unter Ministerpräsident Bethmann Hollweg deutlich gemacht hatte, dass sie angesichts der in der Bevölkerung herrschenden Erregung Presseartikel oder Versammlungen über die Teuerung nicht dulden könne[120], konnte dies Hirsch nicht davon abhalten, die auf dem Lebensmittelmarkt herrschenden Probleme wiederholt zu thematisieren. So widmete er sich in einem Beitrag für den „Vorwärts“ der den Gemeinden durch die Kriegsgesetzgebung übertragenen Nahrungsmittelfürsorge, die durch Wucher, Schwarzhandel und Hinterziehung von Lebensmitteln vor großen Problemen stand. Kritik erfuhr die zurückhaltende Politik der Gemeinden im Bereich der Lebensmittelversorgung, der Fleisch- und Milchversorgung zumal, die nur in Ansätzen eine Organisierung erfahren habe. Angemahnt wurde nicht nur eine stärkere Rationierung der Lebensmittel, sondern auch die Errichtung städtischer Verkaufsstellen zur Sicherung der Kontrolle.[121] Auch ein stärkeres Eingreifen der Gemeinden bei der Erfassung der Nahrungsmittelvorräte auf dem Land wurde gefordert.[122] In einem im Februar 1917 in der „Kommunalen Praxis“ erschienenen Artikel über „Lieferungsverträge und Gemeinden“ wies Hirsch dabei auch

118 Vorwärts Nr. 316 v. 16. 11. 1916, S. 5: Paul Hirsch, Zum Zusammentritt des preußischen Abgeordnetenhauses; auch Nr. 317 v. 17. 11. 1916, S. 6: Politische Uebersicht.

119 Dem Haushalt verweigerten die Sozialdemokraten weiterhin ihre Zustimmung; vgl. Vorwärts Nr. 80 v. 21. 3. 1916, S. 5: Abgeordnetenhaus (Sitzung vom 20. 3. 1916).

120 Über die vertrauliche Besprechung der preußischen Regierung mit Vertretern der Landtagsfraktionen zu diesem Thema referierte Hirsch auf der Sitzung des Parteiausschusses am 28. Oktober 1915; vgl. Protokolle SPD-Parteiausschuss 1912–1921, Bd. 1, S. 213.

121 Paul Hirsch, Gemeinden und Nahrungsmittelfürsorge, in: Vorwärts Nr. 128 v. 10. 5. 1916, S. 1. Vgl. auch ders., Oertliche Preisprüfungsstellen, in: KP 1915, Nr. 47, Sp. 751–754; ferner Vorwärts Nr. 38 v. 8. 2. 1916, S. 1: Paul Hirsch, Erzeuger und Verbraucher.

122 Vorwärts Nr. 5 v. 6. 1. 1917, S. 5: Paul Hirsch, Lebensmittelversorgung durch die Gemeinden.

auf die enorme Problemlast vor Ort hin: „Wer selbst in städtischen Lebensmitteldeputationen mit tätig ist, der weiß, welche ungeheuren Schwierigkeiten sich täglich von neuem auftürmen, und wie es bisweilen trotz der größten Kraftanstrengungen nicht möglich ist, auch nur die allernotwendigsten Nahrungsmittel selbst zu hohen Preisen der Bevölkerung zugänglich zu machen."[123]

Im November 1916 kam Hirsch auf die Kriegsfürsorge als eines seiner bevorzugten Themen zurück und verwies auf einen vom Reichstag gefassten Beschluss über die Unterstützung von Familien in den Dienst eingetretener Mannschaften, wonach u. a. die Familienunterstützungen für Kriegsteilnehmer und die Mindestsätze für Ehefrauen und andere unterstützungsberechtigte Personen erhöht werden sollten. Er gab der Hoffnung Ausdruck, dass die Regierung nicht nur den Reichstagsbeschlüssen Folge leiste, sondern dass sie auch so ausgestaltet würden, „daß es wirklich den berechtigten Ansprüchen der Kriegsteilnehmer entspricht, damit das Wort des preußischen Ministers des Innern zur Wahrheit werde, daß von den Angehörigen der vor dem Feinde stehenden Familienväter alles ferngehalten werden muß, was niederdrückende Empfindungen in ihnen auszulösen geeignet ist".[124]

Während des Krieges verschärften sich auch die Probleme auf dem Wohnungsmarkt. Da nach Kriegsausbruch zahlreiche Familien, deren „Ernährer" eingezogen oder erwerbslos geworden war, ihren Mietzinsverpflichtungen nicht mehr nachkommen konnten, forderte Hirsch früh die Gewährung von Mietzuschüssen und damit verbunden eine bessere finanzielle Ausstattung der Gemeinden sowie die Errichtung von Mieteinigungsämtern. „Vorbedingung für die Bewilligung eines Mietszuschusses müßte allerdings ein rechtsverbindlicher Mietsnachlaß seitens des Hausbesitzers und eine bindende Verpflichtung sein, keinerlei Schritte gegen die Mieter zu unternehmen."[125] Als die preußische Regierung einen Wohnungsgesetzentwurf einbrachte, begrüßte Hirsch zwar, dass in der Begründung der Vorlage ausdrücklich das Bestehen einer Wohnungsnot anerkannt wurde, hielt jedoch weder die neuen Bestimmungen über

123 Paul Hirsch, Lieferungsverträge und Gemeinden, in: KP 1917, Nr. 7, Sp. 97–102, Zitat Sp. 102. Vgl. auch die Rede Hirschs zum Etat des preußischen Innenministeriums (Medizinalwesen) am 25. 2. 1916 vgl. StBPAH, 16. Sitzung, Sp. 1048–1056; sowie die Rede am 1. 3. 1918, in: StBPAH, 119. Sitzung, Sp. 7954–7964.

124 Vorwärts Nr. 311 v. 11. 11. 1916, S. 5: Paul Hirsch, Fürsorge für Kriegerfamilien. Vgl. auch Vorwärts Nr. 301 v. 1. 11. 1916, S. 1 f.: Paul Hirsch, Die Aufgaben des preußischen Landtags. Ferner Paul Hirsch, Die Tagung des Preußischen Landtages, in: NZ 34/2 (1916), S. 8–16.

125 Vgl. Paul Hirsch, Das Mietsverhältnis während des Krieges, in: SM 20 (1914), S. 1253–1259, Zitat S. 1259.

Wohnungsordnungen und Wohnungsaufsicht noch die vorgesehenen Mittel für ausreichend.[126] Die auf dem Wohnungsmarkt herrschenden Probleme ließen Hirsch wiederholt zur Feder greifen, wobei seine Aufmerksamkeit nicht zuletzt dem durch Mietsteigerungen notwendig gewordenen Mieterschutz galt. In den im Juli 1917 vom Staat ins Leben gerufenen Einigungsämtern zur Schlichtung von Streitigkeiten zwischen Mietern und Vermietern wollte er allerdings „nur einen Notbehelf" sehen. Ein wirklicher Schutz gegen weitere Mietsteigerungen konnte seiner Meinung nach nur durch die „Bereitstellung einer genügenden Anzahl preiswerter Wohnungen" erfolgen, was letztlich nur durch die „Ueberführung des Grund und Bodens in den Besitz der Allgemeinheit" und durch den „Wohnungsbau durch die Gemeinden" möglich sei.[127]

Auch bildungs-, verkehrs- und finanzpolitische Fragen fanden Berücksichtigung.[128] Sein besonderes Interesse galt dabei den Gemeindefinanzen, die nicht zuletzt durch die Aufwendungen für die Kriegsfürsorge erheblichen Belastungen ausgesetzt waren. Während Hirsch eine Erhöhung der Steuerzuschläge, die besonders die Arbeiterschaft treffen würde, ablehnte, sprach er sich entschieden für die Errichtung neuer und den Ausbau bestehender kommunaler Betriebe aus, mit deren Überschüssen die Gemeindeaufgaben finanziert werden könnten. „Werden die Gemeinden noch mehr als bisher den Regiegedanken in die Praxis übertragen und werden ihnen von Staats wegen die erforderlichen Zuschüsse vor allem für ihre Armen-, Schul- und Wegebaulasten gegeben, dann dürften sie

126 Vorwärts Nr. 338 v. 9. 12. 1916, S. 7: Paul Hirsch, Die Wohnungsnot und ihre Abhilfe; ferner Nr. 334 v. 5. 12. 1916, S. 5: Paul Hirsch, Der preußische Wohnungsgesetzentwurf. Vgl. auch die Rede am 9. 12. 1916, in: StBPAH, 45. Sitzung, Sp. 2736–2742. Ferner Paul Hirsch, Städtetag und Wohnungsgesetz, in: KP 1917 Nr. 47, Sp. 737–740; ders., Führer durch das preußische Wohnungsgesetz und das Bürgerschaftssicherungsgesetz vom 1. April 1918, Berlin 1918.

127 Vorwärts Nr. 143 v. 27. 5. 1918, S. 1 f.: Paul Hirsch, Mietssteigerungen und Mieterschutz, Zitate S. 2. Vgl. auch Pfälzische Post Nr. 186 v. 3. 3. 1917: Paul Hirsch, Die Verordnung zum Schutze der Mieter. Vgl. auch Vorwärts Nr. 248 v. 9. 9. 1918, S. 1 f.: Paul Hirsch, Wohnungsnot und Einheit Groß-Berlin; ders., Städtische Wohnungs- und Bodenfragen im Kriege, in: Archiv für Sozialwissenschaft und Sozialpolitik 43 (1916/17), S. 808–840. Die Wohnungsnot stand auch auf der Tagesordnung der Konferenz sozialdemokratischer Gemeindevertreter aus Groß-Berlin, die am 7. Oktober 1918 die Wohnungsfrage mit besonderer Berücksichtigung des preußischen Wohnungsgesetzes diskutierte; vgl. Vorwärts Nr. 278 v. 9. 10. 1918, S. 3: Die Wohnungsnot.

128 Sonntag, Beilage des „Vorwärts", Nr. 319 v. 19. 11. 1916, S. 2: Paul Hirsch, Zur Frage der deutschen Einheitsschule; Vorwärts Nr. 41 v. 11. 2. 1917, S. 5: Paul Hirsch, Vereinheitlichung und Vereinfachung des Eisenbahnwesens; Nr. 16 v. 17. 1. 1917, S. 1 f.: Paul Hirsch, Der preußische Staatshaushaltsetat.

in nicht allzu ferner Zeit die finanziellen Schwierigkeiten, unter denen sie heute leiden, überwunden haben."[129]

Dass die Gemeindeverfassung zu den nach dem Krieg dringend zu reformierenden Politikfeldern gehörte, machte Hirsch in einem Beitrag für eine von Friedrich Thimme und Carl Legien herausgegebene Aufsatzsammlung sozialdemokratischer und bürgerlicher Publizisten deutlich, die unter dem Titel „Die Arbeiterschaft im neuen Deutschland" 1915 veröffentlicht wurde. Gleich zu Beginn seines Aufsatzes über die „Gemeindeverfassung" formulierte er die Erwartungshaltung seiner Partei, die in den Worten ihren prägnanten Ausdruck fand, dass die „Neuorientierung der inneren Politik, die dem deutschen Volke nach dem Kriege in Aussicht gestellt ist", letztlich „an einer grundlegenden Änderung der Verfassung und Verwaltung der Gemeinden nicht vorübergehen" können werde. Seine Forderung nach einer „wirklich freie[n] Selbstverwaltung in Verbindung mit einem freien Gemeindewahlrecht" versuchte er mit den während des Krieges gemachten Erfahrungen zu begründen, die gezeigt hätten, dass die Gemeinden „das ihnen entgegengebrachte Mißtrauen in keiner Weise verdienen, daß sie reif sind - selbstverständlich unter Beobachtung der staatlichen Gesetze - ihre Angelegenheiten selbst zu verwalten".[130]

Die Kommunalpolitik blieb mithin sein Steckenpferd. Dies zeigte sich erneut, als im April 1917 seine Rezension des Buches Hugo Lindemanns „Die deutsche Stadtgemeinde im Kriege" im „Vorwärts" erschien. Die Darstellung Lindemanns mache deutlich, so Hirsch, wie sehr der Krieg zu einer Vermehrung und Vertiefung der Aufgaben und Tätigkeitsfelder der Gemeinden beigetragen habe, zu denen zum einen diejenigen gehörten, die mit der Kriegsführung zusammenhingen, und zum andern jene, die mit dem Begriff der Kriegsfürsorge umrissen werden können. Mit dem Autor kam Hirsch „zu dem Schluß, daß die neue Stellung, die sich die Gemeinde im Leben des Volkes errungen hat, mit dem Kriege nicht aufhören kann, sondern daß sie nur ein Ausgangspunkt sein wird für die weitere Entwicklung unserer städtischen Selbstverwaltung, mit der die Geschicke unseres Volkes unlösbar verbunden sind".[131]

129 Vorwärts Nr. 50 v. 20. 2. 1917, S. 7: Paul Hirsch, Gemeindefinanzen. Vgl. auch die Rede Hirschs am 22. 2. 1917, in: StBPAH, 64. Sitzung, Sp. 4025–4029; ferner die Rede von Hirsch am 21. 3. 1916, in: StBPAH, 31. Sitzung, Sp. 2081–2088.

130 Paul Hirsch, Gemeindeverfassung, in: Die Arbeiterschaft im neuen Deutschland, Hg. Friedrich Thimme/Carl Legien, Leipzig 1915, S. 68–80, Zitate S. 68 u. 75. Vgl. auch Paul Hirsch, Einschränkung der Staatsaufsicht in Preußen, in: KP 1917, Nr. 22, Sp. 337–340. Ferner ders., Neuordnung in Preußen, in: KP 1917, Nr. 34, Sp. 529–532.

131 Sonntag, Beilage zum „Vorwärts", Nr. 14 v. 8. 4. 1917, S. 1 f.: Paul Hirsch, Die deutsche Stadtgemeinde im Kriege. Ferner ders., Die deutsche Stadtgemeinde im Kriege, in: Die

9. Die Wahlrechtsfrage und die Spaltung der Partei 1917

Die Machtverhältnisse in der Partei zwischen den Befürwortern und den Gegnern der Kriegskreditbewilligung hatten sich inzwischen geändert. Da auf die Unterstützung des „Vorwärts" nicht mehr zu rechnen war, hatte im November 1916 eine Neubesetzung des Chefredakteurspostens stattgefunden. Ströbel wurde durch den stärker im Vorstandssinne um Ausgleich bemühten Friedrich Stampfer ersetzt und das zentrale Parteiorgan wieder auf Linie gebracht, sodass es wieder als Sprachrohr der in der SPD vertretenen Mehrheit fungieren konnte.[132] Dies schwächte die Parteilinken nachhaltig, da sie ein wichtiges Instrument der Einflussnahme auf die Meinungs- und Willensbildung in der Partei verloren.

Wenn Paul Hirsch geglaubt hatte, die Spaltung der preußischen Landtagsfraktion durch Rücksichtnahme auf die Forderungen und Anliegen der Parteilinken vermeiden zu können, sollte er bald eines Besseren belehrt werden. Die Risse in der Partei wurden immer größer. Am 19. Januar 1917 kam es schließlich zum Eklat, als das Abgeordnetenhaus den Staatshaushalt in erster Lesung beriet und sich eine Debatte über die Kriegspolitik ergab. Zuvor hatte sich Hirsch in der Fraktion bei der Bestimmung des Redners noch knapp mit 5 gegen 4 Stimmen – Liebknecht befand sich in Haft – gegen Heinrich Ströbel durchsetzen können. Doch im Plenum wurde die Sezession in der Fraktion offenkundig. Nach der Rede Hirschs, der die Forderung der Partei nach innenpolitischen Reformen behandelt, sich jedoch jeglicher Kritik am uneingeschränkten U-Boot-Krieg enthalten und auch deutlich gemacht hatte, dass seine Partei einen Frieden um jeden Preis ablehne[133], meldete sich Adolph Hoffmann zur Geschäftsordnung zu Wort. Im Namen seiner Parteifreunde Adolf Hofer, Paul Hoffmann und Heinrich Ströbel gab er eine Erklärung ab, in der er sein Bedauern zum Ausdruck brachte, ihre Ansicht über die Kriegspolitik, das deutsche Friedensangebot vom Dezember 1916 und den U-Boot-Krieg nicht darlegen und damit nicht ausführen zu können, wie diese Dinge in „sozialdemokratischem Sinne" zu behandeln seien. Seine Fraktionskollegen

Glocke, 5. Heft (5. 5. 1917), S. 192–195. Als Rezensent trat Hirsch auch im Krieg wiederholt hervor; vgl. Paul Hirsch, Des deutschen Volkes Wille zum Leben, in: Die Glocke, 16. Heft (21. 7. 1917), S. 631–636. Hirsch dürfte auch der folgende Beitrag zugeschrieben werden: P. H., Lala, Die Glocke, 3. Heft (15. 4. 1916), S. 114–116.

132 Vgl. Lehnert, Stampfer, bes. S. 118–133; Oschilewski, Zeitungen in Berlin, S. 131–133; Koszyk, Kaiserreich, S. 44–58 u. 84 f.

133 StBPAH, 52. Sitzung, Sp. 3115–3129.

und er würden die Ausführungen aller Redner, mithin auch die von Hirsch, zu dieser Frage ablehnen.[134] Als Hoffmann das Friedensangebot als „unzulänglich und in der Form unglücklich" bezeichnete, entstand eine große Unruhe, laute Zwischenrufe waren zu hören. Als er seinen nächsten Satz anstimmte: „daß wir ganz entschieden gegen den schrankenlosen U-Bootkrieg sind", konnte er sich nicht mehr Gehör verschaffen. Immerhin vermochte er noch gegen die Ausführungen Hirschs, dass das „Zivildienstpflichtgesetz", gemeint ist das Hilfsdienstgesetz, „wert sei, mit goldenen Lettern …", zu protestieren, ehe bei anhaltender großer Unruhe und Schlussrufen der Parlamentspräsident v. Schwerin-Löwitz ihm das Wort entzog.[135]

Nach diesem Eklat sah sich Hirsch zu einer Klarstellung genötigt. Mit Nachdruck wies er darauf hin, dass er im Namen der sozialdemokratischen Fraktion gesprochen und Hoffmann „kein Recht zu seinen Ausführungen" gehabt habe, da die Fraktion es „ausdrücklich abgelehnt" habe, Ströbel, in dessen Namen Hoffmann gesprochen habe, die Etatrede zu übertragen. Außerdem scheine Hoffmann seine Auslassungen zum Hilfsdienstgesetz nicht verstanden zu haben, habe er doch betont, dass „das, was die Gewerkschaften auf den verschiedenen Gebieten der Kriegsfürsorge, auf dem Gebiete der Kriegsbeschädigtenfürsorge und nicht zuletzt bei der Durchführung des Hilfsdienstgesetzes geleistet" hätten, „mit goldenen Lettern in das Buch der Geschichte eingetragen" sei.[136]

Daraufhin entspann sich ein kurzes Wortgefecht zwischen Hirsch, Ströbel und Hoffmann.[137] Als Hoffmann, Bezug nehmend auf die Ausführungen Hirschs, die Durchführung des Hilfsdienstgesetzes durch die Gewerkschaften eine „Schande" nannte, brach ein Sturm los, Pfuirufe und der Zwischenruf: „Sie sind eine Schande!" waren zu hören. An eine Fortsetzung der Rede war nicht mehr zu denken. Die Überweisung des Etats an den verstärkten Haushaltsausschuss beendete diesen Tagesordnungspunkt.[138] Die Spaltung der preußischen Landtagsfraktion war nun für alle offenkundig, der parteiinterne Dissens war zur Freude und Genugtuung der konservativen Mehrheit des Hauses auf offener Bühne ausgetragen worden. Ein Zurück gab es seitdem nicht mehr.

134 Vgl. Vorwärts Nr. 19 v. 20. 1. 1917, S. 9 f.: Abgeordnetenhaus; StBPAH, 52. Sitzung, Sp. 3130. Zum deutschen Friedensangebot vom 12. Dezember 1916 vgl. Huber, Verfassungsgeschichte, Bd. 5, S. 244–258.

135 StBPAH, 52. Sitzung, Sp. 3130.

136 Ebd., Sp. 3131 f.

137 Ebd., Sp. 3132 f.

138 Ebd., Sp. 3133 f.; zu dem im Stenographischen Bericht nicht vermerkten Zwischenruf vgl. Vorwärts Nr. 19 v. 20. 1. 1917, S. 9 f., hier S. 10: Abgeordnetenhaus.

Vorausgegangen war dem Sturm im Abgeordnetenhaus eine Reichskonferenz der oppositionellen Gruppen am 7. Januar 1917, die die Orts- und Kreisorganisationen dazu aufrief, enger zusammenzuarbeiten und in der Partei für ihre Anschauungen zu werben und zu agitieren. Der Parteivorstand und der Parteiausschuss der SPD erklärten daraufhin Mitte Januar die Zugehörigkeit zu einer Sonderorganisation als inkompatibel mit der Mitgliedschaft in der SPD. Der Parteivorstand machte dabei deutlich, dass in der Partei zwar die „uneingeschränkte Meinungsfreiheit" bestünde, andererseits aber auch die „Pflicht der Unterordnung unter Mehrheitsbeschlüsse" und damit die „Pflicht der Disziplin" herrschen müsse. Deshalb könnten Genossen und Organisationen, die sich mit den oppositionellen Gruppen solidarisierten, nicht länger der Partei angehören.[139]

Man mag an dieser Stelle fragen, weshalb Hirsch an jenem 19. Januar die auf Erhaltung der Fraktionseinheit zielenden Bemühungen aufgab und nun die offene Konfrontation suchte. Mehrere Gründe dürften hier eine Rolle gespielt haben. Erstens erschwerten die kompromisslose Unbedingtheit der Linken, ihre ins Persönliche streifenden Attacken und die beständigen Versuche, die Landtagsfraktion gegen die Reichstagsfraktion in Position zu bringen[140], die Suche nach tragfähigen Kompromissen. Zweitens hatte der linke Flügel durch die Absetzung Ströbels als Chefredakteur des „Vorwärts" eine signifikante Schwächung erfahren, sodass eine Rücksichtnahme nicht mehr in dem Maße wie bisher geboten zu sein schien. Drittens verlor der linke Flügel durch die Verhaftung Liebknechts nach der 1. Mai-Demonstration 1916, seiner Verurteilung wegen versuchten Landesverrats im November und dem damit verbundenen Verlust seiner Mandate im Reichstag und preußischen Abgeordnetenhaus einen seiner Wortführer.[141] Dass die Dissidenten bei der Ersatzwahl im März 1917 diesen Sitz verteidigen und mit Franz Mehring (wie Liebknecht der radikalen Spartakusgruppe zugehörig) einen prominenten Linken in den Landtag entsenden konnten, war um die Jahreswende 1916/17 noch nicht eindeutig abzusehen.[142] Neben der Schwächung des linken Parteiflügels dürften viertens auch die Angriffe der Parteirechten auf Hirsch ihre Wirkung nicht verfehlt haben, sodass Hirsch schließlich bereit war, sich der politischen Linie der Parteiführung anzupassen.

Am 19. Januar beschloss die Mehrheit der preußischen Landtagsfraktion, sich von den vier Abgeordneten zu trennen. Die dem linken Parteiflügel angehörenden

139 Vorwärts Nr. 21 v. 22. 1. 1917, S. 1: An die Partei!

140 Vgl. beispielsweise den Eintrag vom 15. 6. 1915, in: Otto Brauns Tagebuch 1915/16; GStA PK, VI. HA, NL Otto Braun, Nr. 91.

141 Vgl. Trotnow, Liebknecht, S. 239–248.

142 Zu Mehring vgl. Schröder, Sozialdemokratische Parlamentarier, S. 609.

Abgeordneten konstituierten sich daraufhin als „Sozialdemokratische Fraktion alter Richtung". Zu ihnen gehörten Adolph Hoffmann, Paul Hoffmann, Hofer und Ströbel.[143] Nach der stürmischen Abgeordnetenhaussitzung, die die Spaltung der preußischen Landtagsfraktion vor aller Öffentlichkeit dokumentiert hatte, geriet Hirsch ins Visier der Opposition. Hatte Hirsch während des Krieges zwischen den beiden Flügeln in der Partei zu vermitteln versucht und oftmals der Haltung des linken Flügels Geltung verschafft, wurden nach der Reichskonferenz und der Landtagssitzung „die echtradikalen Jauchekübel über ihn entleert". So unterstellte die „Leipziger Volkszeitung" Hirsch, sich aus materiellen Gründen der Parteimehrheit angeschlossen zu haben. „Ueber diese schmutzige Kampfesmethode ist kein Wort zu verlieren", befand der „Vorwärts" verächtlich. „Leute, die mit solchen Verdächtigungen operieren, schließen wohl aus ihrem eigenen Charakter fälschlich auf den anderen."[144]

Scharf ging auch das von den Parteilinken herausgegebene Berliner „Mitteilungs-Blatt des Verbandes der sozialdemokratischen Wahlvereine Berlins und Umgegend" mit dem preußischen Fraktionsvorsitzenden und den Parteirechten ins Gericht, das hinter der Rede Hirschs ein „planmäßiges, raffiniert ausgeklügeltes Verfahren" witterte, mit dem die Parteiführung die Minderheit aus der Partei drängen wolle.[145] „Nach der Entfernung Liebknechts aus dem Abgeordnetenhause" im Jahr 1916, so das Blatt, „lag ein Mehrheitsbeschluß zumeist in der Hand des Vorsitzenden Hirsch; je nachdem auf welche Seite der Vorsitzende sich gerade schlug. Er laxierte so lange es ging. Nach dem Vorwärts-Konflikt", d. h. der Ablösung Ströbels durch Stampfer, „schwenkte Hirsch sichtlich nach der rechten Seite hinüber. In der Sitzung vom 19. Januar war Hirsch von der Mehrheit als Redner zum Etat bestimmt. Und wie redete Hirsch. Von sozialistischer Betrachtung war in seiner Rede keine Spur zu finden, so recht burgfriedlich war sie gehalten." Mit Hirschs Rede sei „das Maß voll" gewesen.[146]

143 Vgl. Vorwärts Nr. 19 v. 20. 1. 1917, S. 4: Spaltung der sozialdemokratischen Landtagsfraktion; Huber, Verfassungsgeschichte, Bd. 5, S. 186. Vgl. auch Kriegstagebuch Eduard David, S. 219. Zur Spaltung des Zentralwahlvereins Teltow-Beeskow vgl. Vorwärts Nr. 22 v. 23. 1. 1917, S. 5: Kreis-Generalversammlung von Teltow-Beeskow-Storkow-Charlottenburg.

144 Vorwärts Nr. 26 v. 27. 1. 1917, S. 4: Aus der Partei. Jauchekübel. Die „Leipziger Volkszeitung" hatte eine Zuschrift zu den Auseinandersetzungen in der preußischen Landtagsfraktion wiedergegeben, in der in Bezug auf Hirsch von „Interessen-Politik" gesprochen wurde; vgl. Leipziger Volkszeitung Nr. 19 v. 24. 1. 1917, S. 3: Was kommt danach?; auch Nr. 16 v. 20. 1. 1917, S. 1 f.: Der Bruch in der preußischen Landtagsfraktion.

145 MB Nr. 20 v. 28. 1. 1917, S. 8–10, hier S. 10: Es ist vollbracht.

146 MB Nr. 20 v. 28. 1. 1917, S. 11 f.: Der Bruch der preußischen Landtagsfraktion.

Das Berliner „Mitteilungs-Blatt", das zum Sprachrohr der Fraktionsminderheit wurde, gilt gemeinhin als Vorläufer des seit November 1918 erscheinenden Zentralorgans der USPD, der „Freiheit". In der zwischen 1916 und 1918 erschienenen Wochenschrift lassen sich die zur Parteispaltung führenden Differenzen innerhalb der Landtagsfraktion und die daran anschließenden Auseinandersetzungen zwischen der Berliner SPD und USPD konturenreich nachzeichnen, da nicht weniger als neun der zehn Landtagsabgeordneten aus Groß-Berlin kamen.[147] In einer der Rechtfertigung dienenden Erklärung machten die Abtrünnigen deutlich, dass sie nach der Rede Hirschs „diesem Standpunkt der Umlernerei gegenüber die alten Anschauungen der Partei" zum Ausdruck bringen mussten. Sie konstituierten sich schließlich als eigene Fraktion. Vorsitzender wurde Adolph Hoffmann, Schriftführer Adolf Hofer.[148]

Rückendeckung erhielten die Vier vom Zentralvorstand der SPD Groß-Berlin, der das Vorgehen der „Zufallsmehrheit" der Landtagsfraktion „auf das Entschiedenste" verurteilte und sich von der Rede Hirschs distanzierte. Hirsch und seine Gesinnungsgenossen hätten „kein Recht mehr, im Namen der Organisationen zu reden, von denen sie ihr Mandat erhalten haben".[149] Versammlungen in mehreren Berliner Reichstagswahlkreisen forderten die Parteitagsmitglieder auf, „die imperialistische Fraktion Hirsch, Braun, Haenisch und Genossen" fortan „nicht mehr anzuerkennen und sie rücksichtslos zu bekämpfen".[150] Unterstützung erhielt die Minorität auch durch die von Clara Zetkin redigierte sozialdemokratische Frauenzeitschrift „Die Gleichheit". Der Vorgang, der zur Konstituierung der innerparteilichen Opposition als eigene Fraktion geführt habe, so die „Gleichheit", „beleuchtet scharf sowohl die unüberbrückbaren grundsätzlichen Gegensätze in der Partei wie auch die robuste Art, mit der die Vertreter der Politik des 4. August ihren Standpunkt zum Ausdruck bringen, unangekränkelt von jedem Bedenken vor der sonst angerufenen ‚Einheitlichkeit' und ‚Einheit' der Partei". Zwar wurde auf offene Kritik an dem Fraktionsvorsitzenden verzichtet, doch monierte das Blatt indirekt in tendenziöser Vereinfachung der Argumentationsführung den nationalistischen Unterton der Rede Hirschs, der auf jegliche

147 Vgl. https://de.wikipedia.org/wiki/Freiheit_(USPD); zur „Freiheit" vgl. auch Oschilewski, Zeitungen in Berlin, S. 138 f. – Zur Stellung der Groß-Berliner Abgeordneten in der preußischen Landtagsfraktion vgl. auch MB Nr. 20 v. 28. 1. 1917, S. 11 f.: Der Bruch der preußischen Landtagsfraktion.

148 Ebd., S. 12.

149 Ebd.

150 So im 4. Berliner Reichstagswahlkreis. Vgl. MB Nr. 22 v. 11. 2. 1917, S. 3, Zitat S. 3: Aus den Wahlkreisen. – Zum Bezirk Niederschönhausen vgl. MB Nr. 25 v. 4. 3. 1917, S. 5–7, hier S. 6: Aus unserer Bewegung.

Kritik an der deutschen Kriegsführung verzichtet und die Schuld an der Fortdauer der Kriegshandlungen allein den Ententemächten angelastet, die Frage des uneingeschränkten U-Bootkrieges zudem allein den Sachverständigen habe überlassen wollen.[151] Im Mai 1917 wurde die Zeitschrift auf Parteilinie gebracht und die Redaktionsleitung Marie Juchacz und Heinrich Schulz übertragen.[152]

Die Hoffnung der Abtrünnigen, weiterhin in den Kommissionen vertreten zu sein, erfüllte sich nicht. So wandte sich Adolph Hoffmann, nachdem ihm die alte Fraktion seinen Sitz in der Unterrichtskommission aberkannt hatte, an den Landtagspräsidenten mit der Bitte, eine neue Anteilsberechtigung aufzustellen oder einen Wechsel in der Besetzung der Kommissionssitze eintreten zu lassen. Die sozialdemokratische Fraktion beharrte jedoch auf ihrem Recht, die ihr zustehenden Sitze in den Kommissionen mit ihren Mitgliedern zu besetzen.[153] Hoffmann und seine Gesinnungsgenossen erkannten zu spät, dass sie sich durch ihren Austritt aus der Fraktion wichtiger Einflusskanäle beraubt hatten. Auch der unter der Leitung Stampfers stehende „Vorwärts" stand der Opposition nicht mehr zur Verfügung, sodass sich das „Mitteilungs-Blatt" im Juni 1918 bitter über die „skandalöse Berichterstattung"[154] beklagte, bei der die Reden der unabhängigen Abgeordneten im Zentralorgan der Partei „gänzlich tot" geschwiegen würden.[155]

Die Thronrede Wilhelms II. vom 7. April 1917, die sog. Osterbotschaft, die einer politischen Neuorientierung nach dem Krieg das Wort redete, hatte so gut wie keinen Einfluss auf die Auseinandersetzungen in der Partei. Die Ankündigungen, die sich auf die Beseitigung des Klassenwahlrechts und die Einführung der direkten und geheimen Wahl bezogen, entsprachen letztlich nicht annähernd den von Sozialdemokraten gehegten Erwartungen, zumal die Einführung des Reichstagswahlrechts in Preußen nach dem Wortlaut der Kaiserrede keineswegs zwingend war und weiterhin ein Pluralwahlrecht möglich erschien.[156] Erst Monate später sollte der Kaiser dem Drängen seines Kanzlers nachgeben und in der Proklamation vom 11. Juli das gleiche Wahlrecht für Preußen ankündigen.[157]

151 Die Gleichheit Nr. 10 v. 16. 2. 1917, S. 69 f.: Die Spaltung der sozialdemokratischen Fraktion des Preußischen Abgeordnetenhauses, Zitat S. 70.

152 Vgl. Miller, Burgfrieden, S. 175.

153 Vorwärts Nr. 38 v. 8. 2. 1917, S. 5: Adolf Hoffmanns ergebene Bitte.

154 MB Nr. 13 v. 30. 6. 1918, S. 7: Aus der Bewegung. Zur Totschweigetaktik des Vorwärts.

155 MB Nr. 12 v. 23. 6. 1918, S. 3: Aus der Bewegung.

156 Erlass Kaiser Wilhelms II. an den Reichskanzler v. Bethmann Hollweg vom 7. April 1917, in: Huber, Deutsche Verfassungsdokumente 1900–1918, Nr. 331, S. 467 f.; Huber, Verfassungsgeschichte, Bd. 5, S. 154–157.

157 Vgl. Spenkuch, Preußen, S. 225 f.; Huber, Verfassungsgeschichte, Bd. 5, S. 300–303.

Die Protest- und Antikriegsstimmung hatte durch die revolutionären Ereignisse in Russland seit Februar 1917 an Durchschlagskraft gewonnen und der Opposition innerhalb der SPD Auftrieb verliehen.[158] Ostern 1917 wurde schließlich die Unabhängige Sozialdemokratische Partei Deutschlands (USPD) in Gotha gegründet. Die neue Partei, zu der sich im Reichstag zwanzig Abgeordnete rechneten, umschloss Angehörige der unterschiedlichsten Parteirichtungen, wie den Revisionisten Eduard Bernstein, den führenden Parteitheoretiker und Vertreter des „marxistischen Zentrums" Karl Kautsky, oder Vertreter des linken Parteiflügels wie Georg Ledebour, also Politiker, die letztlich nur in der Ablehnung der Kriegspolitik konform gingen. Auch der Kreis um Karl Liebknecht, Rosa Luxemburg, Franz Mehring und Clara Zetkin, der 1915 als Gruppe Internationale firmiert und sich 1916 zur Spartakus-Gruppe, benannt nach den von ihnen herausgegebenen Spartakus-Briefen, fester zusammengeschlossen hatte, suchte Verbindungen zur neuen Partei, ohne jedoch seine politische Bewegungsfreiheit und Unabhängigkeit aufgeben zu wollen. Als „Unabhängige" traten nunmehr auch die vier „Abtrünningen" im preußischen Abgeordnetenhaus auf.[159]

Es mochte eine Reaktion auf die neue Parteigründung gewesen sein, dass Hirsch auf der Sitzung des Parteiausschusses am 18. und 19. April erneut die Dringlichkeit innenpolitischer Reformen in Preußen betonte. „Wir müssen die Forderung, daß die Wahlrechtsvorlage noch während des Krieges eingebracht wird, doppelt unterstreichen." Da die Aussichten für die Einführung des gleichen Wahlrechts in Preußen angesichts des Widerstands der konservativ-klerikalen Mehrheit des Abgeordnetenhauses und des Herrenhauses gering erschienen, setzte Hirsch seine Hoffnungen in den Verfassungsausschuss des Reichstags, um „in Preußen zu besseren Zuständen zu kommen". Angesichts der wiederholt aufgetretenen Unstimmigkeiten mahnte er zugleich eine bessere Zusammenarbeit zwischen der Reichstagsfraktion und

158 Vgl. Miller, Burgfrieden, S. 125–133; Huber, Verfassungsgeschichte, Bd. 5, S. 179 f. – Im September 1917 empörte sich der preußische Finanzminister darüber, dass sogar Darlehnskassenscheine „mit aufreizenden Aufschriften wie z. B.: ‚Kein Frieden ohne Revolution', ‚Macht es wie in Rußland, dann haben wir Frieden', ‚Hoch die Revolution, nieder mit dem Krieg' usw. versehen" worden seien, und forderte, diese unverzüglich aus dem Verkehr zu ziehen; vgl. Landesarchiv Berlin, A Pr. Br. Rep. 030, Nr. 15803, Bl. 70 (Schreiben vom 6. 9. 1917).

159 Zur Entstehung der USPD vgl. Krause, USPD 1917–1931, S. 13–85; ders., USPD, S. 42–96. Ferner Braune u. a., USPD; Nipperdey, Deutsche Geschichte 1866–1918, Bd. 2, S. 783–786; Huber, Deutsche Verfassungsgeschichte, Bd. 5, S. 161–191, bes. S. 190 f.; zur kommunalen Ebene vgl. Bey-Heard, Hauptstadt, S. 61–63.

den Fraktionen der Einzellandtage und damit verbunden eine Klärung der Zuständigkeiten an.[160]

Hirsch stieß mit seinem Wunsch auf einhellige Zustimmung. Es bestand letztlich die allgemeine Überzeugung, dass angesichts der militärischen und innenpolitischen Lage die angemahnten Forderungen bereits während des Krieges umgesetzt werden mussten, nicht nur um die Arbeiterschaft weiter für eine Fortsetzung des Krieges und eine Unterstützung des Burgfriedens zu gewinnen, sondern auch um zu zeigen, dass Deutschland sich aus eigener Kraft reformieren und demokratisieren könne. Die von Hirsch beantragte Einsetzung einer aus Vertretern der Reichstagsfraktion und der Landtagsfraktionen der größten Einzelstaaten bestehenden Kommission, die die Materien, die der Reichs- bzw. der Landesgesetzgebung vorbehalten bleiben sollten, abgrenzen und Richtlinien für die von den Landtagen bei der Neuordnung zu verfolgende Politik aufstellen sollte, wurde einstimmig angenommen.[161]

Die Sezession führte keineswegs dazu, dass die SPD zurückhaltender aufgetreten wäre. Vielmehr zwangen die revolutionären Ereignisse in Russland und die dadurch genährten Hoffnungen auf ein baldiges Ende des Krieges, das Bestreben, gegenüber dem Ausland die Reformfähigkeit des Reiches zu demonstrieren, sowie die Konkurrenz der USPD und die Sorge um die eigene Glaubwürdigkeit die Sozialdemokraten dazu, den Druck auf die Regierungen im Reich und in Preußen zu erhöhen.

Eine Reaktion auf die innerparteilichen und außenpolitischen Entwicklungen stellte die Friedensresolution dar, die der Parteiausschuss und der Parteivorstand zusammen mit den Vorständen der Fraktionen des Reichstags und des preußischen Abgeordnetenhauses sowie der Landeskommission für Preußen am 19. April beschlossen. In dieser Entschließung bekannten sich die Spitzengremien der Partei erneut zu einem Frieden „ohne Annexionen und Kriegsentschädigungen auf der Grundlage einer freien nationalen Entwicklung aller Völker“. Zugleich wiesen sie die Behauptung der Alliierten, dass die Fortführung des Krieges notwendig sei, um das Verfassungssystem in Deutschland zu demokratisieren, entschieden zurück. „Es ist Aufgabe des deutschen Volkes allein, seine inneren Einrichtungen nach seinen Ueberzeugungen zu entwickeln.“[162] Dieser Erklärung sollte am 19. Juli die von Sozialdemokraten, Linksliberalen und Zentrum verabschiedete Friedensresolution des Reichstags folgen, die sich für einen

160 Vgl. Protokolle SPD-Parteiausschuss 1912–1921, Bd. 1, S. 480 f.

161 Vgl. ebd., S. 500. Ferner Vorwärts Nr. 108 v. 21. 4. 1917, S. 9–12: Der Parteiausschuß.

162 Vorwärts Nr. 108 v. 21. 4. 1917, S. 1: Friedensresolution der deutschen Sozialdemokratie. Ein Beschluss des Parteiausschusses.

„Frieden der Verständigung und der dauernden Versöhnung der Völker" einsetzte.[163]

10. Die preußischen Wahlreformvorlagen des Kabinetts Hertling

Das beständige Drängen der preußischen SPD unter Hirsch zeitigte bald Wirkung.[164] So kam es am 7. August zu einer Unterredung zwischen dem preußischen Ministerpräsidenten und dem Führer der preußischen Landtagsfraktion der SPD, in der v. Bethmann Hollweg die baldige Einbringung der Wahlrechtsvorlage ankündigte und über deren Inhalt informierte.[165] Das Treffen zwischen dem Vertreter der königlich-preußischen Regierung und dem preußischen Führer der lange Zeit diskriminierten Sozialdemokratie brachte zum Ausdruck, wie sehr sich inzwischen die Verhältnisse gewandelt hatten. Die militärische Entwicklung nötigte die Regierung letztlich zu verstärkten Bemühungen um einen engen Schulterschluss mit der Arbeiterschaft, der es erforderlich machte, die angekündigte innenpolitische Neuorientierung auch in Angriff zu nehmen.

Seine Enttäuschung über den ihm vom preußischen Ministerpräsidenten und Reichskanzler unterbreiteten Fahrplan für die Wahlreform konnte Hirsch allerdings nicht verbergen. In einem Artikel im „Vorwärts" mit dem Titel „Was nun?" klagte er im November 1917 darüber, dass der Plan der Regierung, die Vorlage erst zwei Monate nach Zusammentritt des Landtags einbringen zu wollen, die Wahlreform unnötig verzögern würde. Da zwischen Neujahr und Ostern die Etatberatungen im Mittelpunkt stünden, könne sich das Abgeordnetenhaus erst wieder nach Ostern mit der Wahlrechtsvorlage widmen, sodass der Entwurf frühestens Ende April dem Herrenhaus zugeleitet werden könne. Es sei deshalb wenig wahrscheinlich, dass der Gesetzentwurf bis zum Ablauf der Wahlperiode im Juni 1918 verabschiedet werden könne. Kritik erfuhr auch die Tatsache, dass die Regierung den Gegnern einer Wahlreform mit der Einbringung zweier weiterer Gesetzentwürfe, die die Zusammensetzung des Herrenhauses und dessen Befugnisse betrafen, entgegenkommen wollte. Um der Gefahr einer Verkopplung

163 Verhandlungen des Reichstags, Bd. 310, 116. Sitzung, S. 3597; Bd. 321, Anlagen, Nr. 933, S. 1747 (Zitat).

164 Paul Hirsch, Der Wille zur Tat, in: Die Glocke, 6. Heft (12. 5. 1917), S. 207–214; ders., Die Wahlrechtsgegner an der Arbeit, in: Die Glocke, 21. Heft (25. 8. 1917), S. 831–835; ders., Der Kampf um das preußische Wahlrecht, in: Vorwärts Nr. 208 v. 1. 8. 1917, S. 1 f.

165 Vorwärts Nr. 216 v. 9. 8. 1917, S. 3: Konferenzen beim Reichskanzler. Vgl. auch MB Nr. 21 v. 19. 8. 1917, S. 3: Innere Politik.

der Vorlagen zu begegnen und „um wenigstens die Reform des Wahlrechts zum Hause der Abgeordneten noch in der laufenden Gesetzgebungsperiode zu erledigen", schlug Hirsch vor, die Gesetzentwürfe an drei verschiedene Kommissionen zu überweisen. Die weiteren Reformvorhaben sollten dann einem nach dem allgemeinen, gleichen Wahlrecht gewählten Parlament vorbehalten sein.[166]

Am 25. November 1917 brachte das Staatsministerium jene drei Vorlagen im Abgeordnetenhaus ein, die ein gleiches Wahlrecht zum Abgeordnetenhaus, eine Reform des Herrenhauses und eine Änderung des Staatshaushaltsrechts vorsahen. Während die Wahlrechtsvorlage die allgemeine, gleiche, direkte und geheime Wahl allen männlichen Preußen zugestand, die das 25. Lebensjahr vollendet hatten, seit mindestens drei Jahren die preußische Staatsangehörigkeit besaßen und mindestens ein Jahr am Wahlort wohnten, zielte die zweite Vorlage auf eine im Ansatz berufsständische Umgestaltung der Ersten Kammer. Anstoß musste aber auch der dritte Gesetzentwurf erregen, der das Budgetrecht des Abgeordnetenhauses zugunsten der Ersten Kammer und der Staatsregierung beschneiden wollte.[167]

Während der ersten Lesung Anfang Dezember machte Hirsch deutlich, dass er die Erfolgsaussichten dieser Reform angesichts der im Landtag obwaltenden Widerstände für sehr gering erachtete. Konservative, Zentrum und ein Großteil der Nationalliberalen hätten ihre ablehnende Haltung gegen die Einführung des gleichen Wahlrechts nicht geändert. Auch blieben die Regierungsvorlagen noch in mancherlei Hinsicht hinter den Wünschen seiner Partei zurück. So könne er die Beschränkungen der Allgemeinheit des Wahlrechts, die in der Erhöhung des Wahlalters, der dreijährigen Staatsangehörigkeit und der Verlängerung der Aufenthaltsdauer von sechs Monaten auf ein Jahr ihren Niederschlag fänden, nicht akzeptieren. Auch fehle die Gewährung des Frauenwahlrechts und eine neue, der Bevölkerungsentwicklung entsprechende Wahlkreiseinteilung. Kritisch bis ablehnend stand Hirsch auch den beiden anderen Vorlagen gegenüber. Da die SPD das Herrenhaus grundsätzlich ablehnen würde, konnte er der geplanten Neubesetzung der Körperschaft, die zudem die Agrarier begünstigen würde, ebenso wenig wie deren Aufwertung und der damit verbundenen

166 Vorwärts Nr. 321 v. 23. 11. 1917, S. 1 f.: Paul Hirsch, Was nun? Ein Vorschlag zur Erledigung der Wahlreform. Vgl. auch Volkswacht (östliches Westfalen und lippische Fürstentümer) Nr. 263 v. 8. 11. 1917, S. 5: Paul Hirsch, Die Wahlrechtsreform in Preußen. Das „Mitteilungs-Blatt" meldete Zweifel an, ob Hirschs Vorschlag, die drei Gesetzentwürfe an drei verschiedene Kommissionen zu überweisen, etwas an der Verschleppungstaktik der Regierung ändern könne; vgl. MB Nr. 36 v. 2. 12. 1917, S. 1 f., hier S. 2: Was bringen die Wahlreformvorlagen?

167 Vgl. Huber, Verfassungsgeschichte, Bd. 5, S. 479–481; Patemann, Kampf, S. 127–129.

Einschränkung des parlamentarischen Budgetrechts etwas abgewinnen.[168] In der 28-köpfigen Wahlrechtskommission sollte Hirsch, der sich per Losverfahren gegen den USPD-Kandidaten durchsetzen konnte, seine Partei vertreten.[169]

In den folgenden Wochen publizierte er zahlreiche Aufsätze, in denen er seinem Pessimismus über die Aussichten der Wahlreform beredt Ausdruck verlieh.[170] Auch eine Reform des Gemeindewahlrechts, die der preußische Innenminister angekündigt hatte, hielt er unter den gegebenen Umständen für wenig realistisch.[171] Hirschs Befürchtung, dass sich der Widerstand der konservativen Mehrheit in der Kommission nicht brechen lassen würde, war durchaus berechtigt. Denn die erste Beratung hatte deutlich die geringe Bereitschaft zu einer Änderung des bestehenden Rekrutierungssystems zum Ausdruck gebracht. Auch die Zusammensetzung der Wahlrechtskommission gab zu denken: Höchstens zehn der 28 Mitglieder konnten als Anhänger der Reform bezeichnet werden.[172]

Wie gering die Bereitschaft der konservativ-klerikal-rechtsnationalliberalen Landtagsmehrheit war, zeigten die Kommissionsbeschlüsse, die das gleiche Wahlrecht durch ein plutokratisches Mehrstimmenwahlrecht ersetzt hatten. Der Zentrumsabgeordnete Graf Spee schien am 30. April vielen Konservativen aus der Seele zu sprechen, als er zu Beginn der zweiten Lesung 1918 den Antrag einbrachte, die Frage bis nach Friedensschluss zu vertagen.[173] Im Plenum spielten sich daraufhin erregte Szenen ab. Während auf der rechten Seite stürmischer Beifall zu hören war, ertönten links Gelächter und Widerspruch. Der nicht im Namen der Fraktion eingebrachte Antrag traf zwar bei konservativen Hardlinern auf Beifall, doch wurde er schließlich mit großer Mehrheit (333 gegen 60 bei einer

168 Vorwärts Nr. 336 v. 8. 12. 1917, S. 3: Abgeordnetenhaus. Vgl. auch Volkswacht (östliches Westfalen und lippische Fürstentümer) Nr. 275 v. 23. 11. 1917, S. 5: Paul Hirsch, Zur Reform des preußischen Herrenhauses. Ein geschichtlicher Rückblick.

169 Vorwärts Nr. 338 v. 10. 12. 1917, S. 3: Ein Block der Wahlrechtsfeinde.

170 Paul Hirsch, Die Reform des preußischen Wahlrechts, in: NZ 36/1 (1917), S. 217–223 u. S. 247–251 (Schluß); ders., Um das gleiche Wahlrecht, in: NZ 36/2 (1918), S. 25–29. Vgl. auch Volksfreund (Mittelbaden) Nr. 293 vom 14. 12. 1917, S. 1: Paul Hirsch, Die Aussichten der preußischen Wahlreform. Vgl. auch ders., Die Vertretung der Selbstverwaltung im preußischen Herrenhaus, in: KP 1917, Nr. 51, Sp. 801–804.

171 Paul Hirsch, Die Reform des preußischen Wahlrechts, in: KP 1918, Nr. 12, Sp. 177–180; Münchener Post Nr. 27 v. 1. 2. 1918, S. 2: Paul Hirsch, Ein gewagtes Spiel; Volkswacht (östliches Westfalen und lippische Fürstentümer) Nr. 42 v. 19. 2. 1918, S. 5: Paul Hirsch, Um das gleiche Wahlrecht, auch in Norddeutsches Volksblatt Nr. 43 v. 20. 2. 1918, S. 5.

172 Vorwärts Nr. 342 v. 14. 12. 1917, S. 7: Die Wahlrechtskommission des preußischen Abgeordnetenhauses.

173 Vgl. StBPAH, 138. Sitzung, Sp. 9263–9267.

Enthaltung) abgelehnt. Hirsch hatte zuvor deutlich gemacht, dass die Annahme des Antrags „den Siegeswillen an der Front lähmen“ würde. Seine Erwartung, dass im Falle der Annahme die Staatsregierung unverzüglich das Abgeordnetenhaus auflösen und das preußische Volk dann darauf „die richtige Antwort erteilen“ würde, stieß auf der rechten Seite allerdings auf schallendes Gelächter.[174] War eine Parlamentsauflösung während des Krieges schon sehr unwahrscheinlich, hätten Neuwahlen nach dem Krieg immer noch unter den Bedingungen des Dreiklassenwahlrechts stattgefunden und damit an der Zusammensetzung des Parlaments wenig geändert. Eine Option wäre allenfalls eine Parlamentsauflösung bei gleichzeitigem Oktroi eines entsprechenden Wahlgesetzes gewesen. Obschon der Vertagungsantrag mit großer Mehrheit abgelehnt worden war, hatten sich die Aussichten für die Wahlreform mithin keineswegs gebessert.

Am 1. Mai lehnte Hirsch die Ausschussvorlage, die das gleiche Wahlrecht durch ein plutokratisches Mehrstimmenwahlrecht ersetzte, entschieden ab. Erneut forderte er die Regierung auf, im Falle der Ablehnung der Regierungsvorlage in der zweiten Lesung das Abgeordnetenhaus aufzulösen und Neuwahlen noch während des Krieges anzusetzen.[175] Am folgenden Tag wurde das gleiche Wahlrecht mit 235 gegen 183 Stimmen bei vier Enthaltungen verworfen. Für das gleiche Wahlrecht votiert hatten die große Mehrheit des Zentrums, die Hälfte der Nationalliberalen, sowie geschlossen die Fortschrittliche Volkspartei, SPD, USPD und Polen. Dagegen wurde das vom Ausschuss empfohlene Pluralwahlrecht angenommen.[176] Ein „schwarzer Tag in der Geschichte Preußens und Deutschlands“, klagte der „Vorwärts“ anderntags. Zwar wollte die SPD die Verhandlungen bis zur dritten Lesung abwarten, doch war ihr Vertrauen in eine erfolgreiche Umsetzung der Wahlreform nunmehr geschwunden und äußerst gering.[177]

Auf scharfe Kritik stießen die vom Zentrum in der Kommission eingebrachten und von der Mehrheit der Kommission beschlossenen sog. Sicherungsanträge, mit denen den mit der Einführung des gleichen Wahlrechts befürchteten radikalen Folgen vorgebeugt werden sollte. Nach diesen Anträgen sollte das Herrenhaus ein Vetorecht gegen Beschlüsse des Abgeordnetenhauses bekommen, die verfassungsmäßigen Garantien für Kirche und Schule wiederhergestellt und eine Zweidrittelmehrheit für Verfassungsänderungen, die bisher durch einfaches

174 Vgl. ebd., Sp. 9272 f., Zitate Sp. 9273. Zum Lachen auf der rechten Seite des Hauses vgl. Vorwärts Nr. 119 v. 1. 5. 1918, S. 1 f., hier S. 2: Sturmszenen im Abgeordnetenhause.

175 StBPAH, 139. Sitzung, Sp. 9358–9373.

176 StBPAH, 140. Sitzung, Sp. 9457–9468.

177 Vorwärts Nr. 121 v. 3. 5. 1918, S. 1: Das gleiche Wahlrecht abgelehnt!

Gesetz möglich waren, in beiden Häusern des Landtags erforderlich werden. Während die Sicherungsanträge für Kirche und Schule sowohl in der zweiten als auch in der dritten Lesung verworfen wurden, fand der Zentrumsantrag auf Einführung einer Zweidrittelmehrheit in beiden Häusern für Verfassungsänderungen in dritter Lesung eine Mehrheit.[178] Mit Blick auf die Sicherungsanträge hielt es Hirsch am 7. Mai für „eine Art Überhebung, wenn das Dreiklassenparlament sich noch im letzten Augenblick anschickt, der zukünftigen Entwicklung der preußischen Politik die Richtung vorzuschreiben" – die unaufhaltsam sei, möge das gleiche Wahlrecht auch dieses Mal scheitern.[179] Das Volk müsse deshalb „in den weiteren Stadien des Wahlrechtskampfes auf der Hut sein und den Winkelzügen der angeblichen Freunde eines gleichen Wahlrechts seine Aufmerksamkeit widmen".[180]

Nachdem das Abgeordnetenhaus die Wiederherstellung der Beschlussvorlage zum gleichen Wahlrecht in dritter Lesung mit 236 gegen 185 Stimmen abgelehnt hatte, erklärte der Vizepräsident des preußischen Staatsministeriums Robert Friedberg, dass die Regierung weiterhin am gleichen Wahlrecht festhalten werde und die Auflösung des Abgeordnetenhauses zu dem Zeitpunkt, zu dem es nach dem Ermessen des Staatsministeriums mit der Kriegslage vereinbar sei, beschließen werde.[181] Da dies nichts anderes hieß, als dass die Wahlreform vorerst ad acta gelegt und erst nach dem Friedensschluss wieder auf die Tagesordnung gesetzt würde, war die Verbitterung unter Sozialdemokraten groß. „Mit dem Besen müßte man diese Gesellschaft nach Hause jagen!", wetterte der „Vorwärts".[182] Indigniert blickte Hirsch auf die konservative Mehrheit des Abgeordnetenhauses. „Nicht einen Hauch des Geistes einer neuen Zeit haben die Junker gespürt, starr halten sie daran fest, daß das Volk auch heute noch nicht reif sei für das gleiche Wahlrecht. Mit einem Mute, der an Verzweiflung grenzt, wahren sie unter dem Vorwand, Thron und Altar zu schützen, die Privilegien ihrer eigenen Klasse und beschwören einen Konflikt herauf, der von unübersehbarer Tragweite für unsere innere und äußere Politik ist."[183]

178 Vgl. Huber, Verfassungsgeschichte, Bd. 5, S. 486–489; Patemann, Kampf, S. 179–189.

179 Die Rede von Hirsch am 7. 5. 1918, in: StBPAH, 144. Sitzung, Sp. 9761–9767, Zitat Sp. 9764.

180 Vorwärts Nr. 138 v. 22. 5. 1918, S. 1 f.: Paul Hirsch, Was „gesichert" werden soll!, Zitat S. 2.

181 Zur Abstimmung am 14. 5. 1918 vgl. StBPAH, 149. Sitzung, Sp. 10093–10098; zur Rede Friedbergs vgl. ebd., Sp. 10071. Ferner Vorwärts Nr. 132 v. 15. 5. 1918, S. 7: Die dritte Lesung der Wahlrechtsvorlage geschlossen; und S. 1: Alle Wahlrechtsanträge abgelehnt!

182 Vorwärts Nr. 132 v. 15. 5. 1918, S. 1: Alle Wahlrechtsanträge abgelehnt!

183 Paul Hirsch, Nach der dritten Lesung, in: NZ 36/2 (1918), S. 169–174, Zitat S. 171. Vgl. auch die Sitzung des SPD-Parteiausschusses am 31. 5. 1918; Vorwärts Nr. 148 v. 1. 6. 1918, S. 3: Parteinachrichten. Tagung des Parteiausschusses.

Da das Abgeordnetenhaus in der dritten Lesung nicht nur das gleiche Wahlrecht, sondern auch das bislang angenommene Pluralwahlrecht abgelehnt hatte, musste am 11./12. Juni eine vierte Beratung angesetzt werden. Bezeichnenderweise wurde die Ausschussvorlage noch durch einen konservativ-klerikalen Kompromissantrag, der ein modifiziertes Mehrstimmenwahlrecht mit einer Grundstimme und zwei Zusatzstimmen für Alter und Selbständigkeit, eine mindestens zweijährige Ortsansässigkeit und eine Dreiviertel- statt einer Zweidrittelmehrheit für Verfassungsänderungen forderte, weiter verschlechtert.[184] Scharf wies Hirsch diese Zumutungen zurück. Das „Gefühl der Gleichberechtigung", so Hirsch, habe das Volk nicht unter dem Dreiklassenwahlrecht, „wird es auch nicht haben, wenn Sie irgendein Pluralwahlrecht schaffen".[185]

Dennoch wurde der Kompromissantrag mit den beantragten Zusatzstimmen mit 255 gegen 154 Stimmen angenommen. Der Antrag auf Wiederherstellung der Regierungsvorlage und damit auch auf Einführung des gleichen Wahlrechts wurde mit 245 gegen 164 Stimmen abgelehnt. Dass im Vergleich zum Mai, als noch 185 Abgeordneten für das gleiche Wahlrecht votiert hatten, die Anhänger einer Reform an Zahl eingebüßt hatten, lag am Schwenk eines Teils der Zentrumsabgeordneten, die für die Zusage der Annahme ihrer konfessionellen Sicherungsanträge die Fronten gewechselt hatten.[186] Nach einer fünften Lesung am 4. Juli 1918, die aufgrund der in der vierten Lesung vorgenommenen Änderungen notwendig geworden war, wanderten die Vorlagen ins Herrenhaus, wo sie bis zum September liegen blieben.[187] Dem Versuch, das gleiche Wahlrecht in Preußen einzuführen und damit die Arbeiterschaft weiter bei der Stange zu halten, war somit kein Erfolg beschieden. Dies lag teilweise wohl auch daran, dass die Arbeiterschaft mit ihrer Spaltung für viele an Macht verloren hatte und deshalb ein Entgegenkommen von ihren politischen Gegnern nicht mehr unbedingt als erforderlich erachtet wurde. Und dennoch: „Kommen wird und kommen muß das gleiche Wahlrecht", so Hirsch. „Auf die Dauer

184 Huber, Verfassungsgeschichte, Bd. 5, S. 488–491; Patemann, Kampf, S. 189–192.

185 Die Rede Hirsch am 14. 5. 1918, in: StBPAH, 149. Sitzung, Sp. 10056–10061, Zitat Sp. 10057. Ferner die Rede von Hirsch am 11. 6. 1918, in: Ebd., 156. Sitzung, Sp. 10567 f.; vgl. auch die Reden am 12. 6. 1918, in: Ebd., 157. Sitzung, Sp. 10607 f. u. 10619 f.

186 Zu den Abstimmungen am 12. 6. 1918 vgl. StBPAH, 157. Sitzung, Sp. 10635–10644. Ferner Vorwärts Nr. 159 v. 12. 6. 1918, S. 3: Das Kompromiß der Wahlrechtsfeinde angenommen, ferner S. 1 f.: Eine deutsche Niederlage; auch Nr. 160 v. 13. 8. 1918, S. 5: Das Wahlrechtskompromiß angenommen. Vgl. auch Huber, Verfassungsgeschichte, Bd. 5, S. 489–491.

187 Vgl. Huber, Verfassungsgeschichte, Bd. 5, S. 491–496.

kann keine Macht der Welt, auch nicht das preußische Herrenhaus, den Gang der Entwicklung aufhalten."[188]

Die Differenzen zwischen den beiden sozialdemokratischen Parteien wurden weiterhin auf offener Bühne ausgetragen. Ein solches Schauspiel war am 18. Juni zu „bewundern", als der Unabhängige Adolph Hoffmann anlässlich der Beratung des Etats des Innenministeriums der SPD „Arbeiterverrat" vorwarf. Obschon Hirsch es ablehnte, Differenzen mit den Unabhängigen in aller Öffentlichkeit auszutragen, machte er am folgenden Tag eine Ausnahme von dieser Regel, nannte Hoffmanns Vorwürfe ein den Parlamentariern aufgetischtes „Leipziger Allerlei". Es gebe „nichts Törichteres, nichts Verbrecherisches", „als in der heutigen Zeit, wo es gilt, eine gemeinsame Front gegen die Reaktion zu bilden, fortgesetzt gegen links zu kämpfen". Mit ihren ständigen Angriffen gegen die Sozialdemokratie würden die Unabhängigen nur „die Geschäfte der Reaktion" besorgen.[189]

Die Auseinandersetzungen verlagerten sich rasch auf die außerparlamentarische Ebene. So kam es im August zur wiederholten Sprengung von SPD-Versammlungen durch Unabhängige. Hiervon betroffen war auch Hirsch, der in Elbing vor gut 1500 Personen über „Friede, Freiheit und Brot" sprechen wollte. Unmittelbar nach Eröffnung der Versammlung forderte ein Unabhängiger erfolglos die Wahl des Versammlungsvorstands, worauf Adolph Hoffmann verlangte, dass nicht nur ein Unabhängiger zum zweiten Versammlungsleiter bestellt werde, sondern er selbst nach Hirsch als zweiter Referent das Wort erhalte. Die Forderung der Unabhängigen wurde allerdings abgelehnt. Als Hirsch das Wort erteilt wurde, „setzte sofort ein wildes Toben und Pfeifen ein". Da ein ordnungsgemäßer Verlauf der Veranstaltung nicht mehr gewährleistet war, musste „angesichts des wüsten Treibens der unabhängigen Kämpfer" die Versammlung nach einer Dreiviertelstunde geschlossen werden. Gleiches

188 Vorwärts Nr. 241 v. 2. 9. 1918, S. 1 f.: Paul Hirsch, Vor den Wahlrechtsverhandlungen im Herrenhause, Zitat S. 2; auch Pfälzische Post Nr. 199, 26. 8. 1918, S. 1: Paul Hirsch, Hilfstruppen der Reaktion; auch in: Internationale Korrespondenz der Arbeiterbewegung Nr. 88 v. 23. 8. 1918, S. 1 f.; ferner Paul Hirsch, Vom Obrigkeitsstaat zum Volksstaat, in: Die Glocke, 20. Heft (17. 8. 1918), S. 624–629, hier S. 629: „Der Obrigkeitsstaat muß dem Volksstaat weichen. Nur so wird Preußen seine führende Stellung in Deutschland behaupten können".

189 Die Rede von Hirsch am 19. 6. 1918, in: StBPAH, 163. Sitzung, Sp. 11183–11195, Zitate Sp. 11193–11195, zum Vorwurf des „Arbeiterverrats" Sp. 11192. Vgl. auch Hirschs Rede vom 21. 6. 1918, in: Ebd., 165. Sitzung, Sp. 11363–11368, bes. Sp. 11363–11366. Vgl. auch das Schreiben Hirschs an Haenisch vom 13. 3. 1918, in dem er sich abfällig über Paul Hoffmann äußerte. Vgl. BArch Berlin, NL Konrad Haenisch, N 2104, Nr. 450, Bl. 139.

geschah wenig später auf einer Versammlung in Danzig, wo Hirsch erneut von unabhängigen Gruppen unter Führung Adolph Hoffmanns am Reden gehindert wurde.[190] In einem Artikel in der „Internationalen Korrespondenz" verurteilte Hirsch die Störungen der unabhängigen „Krawallmacher". Obwohl die Arbeiterparteien nicht geschlossen für das gleiche Wahlrecht und gegen die Wahlrechtsgegner eintraten, habe es leider den Anschein, als ob die Unabhängigen „ihre bisherige Taktik beibehalten und gewollt oder ungewollt der Reaktion Helfersdienste leisten" würden.[191]

Die Verabschiedung einer missgestalteten Wahlrechtsvorlage durch das Abgeordnetenhaus und ihre Überweisung an das Herrenhaus nahm der Parteivorstand der SPD zum Anlass, „auf das schärfste gegen die Fortsetzung der Wahlrechtskomödie im Herrenhause" zu protestieren und „die sofortige Auflösung des Abgeordnetenhauses" zu postulieren.[192] Diese Forderungen sollten im Zuge der drohenden Kriegsniederlage bald ihre Umsetzung finden. Auch der hektische Versuch der Regierung im Oktober, sich durch eine Verfassungsreform dieser Entwicklung entgegenzustemmen, konnte daran nichts mehr ändern.

Man mag an dieser Stelle innehalten und die Kriegsjahre noch einmal Revue passieren lassen. Nichts hat Hirsch damals so viel Kritik eingebracht wie seine Rücksichtnahme auf die Parteilinke. Aber war es nicht Aufgabe eines Fraktionsvorsitzenden, die unterschiedlichen, durchaus divergierenden Interessen einzubinden und zu ihrem Recht kommen zu lassen? Hätte nicht eine größere Nachgiebigkeit gegenüber den Kriegskreditverweigerern im Reich die Einheit der Partei und letztlich auch ihre Stärke bewahren können? Ein Blick nach Österreich mag sich hier aufdrängen. Denn die im Richtungsspektrum benachbarte Sozialdemokratische Arbeiterpartei Österreichs (SDAP) blieb während des Ersten Weltkriegs von einer Spaltung verschont. Allerdings unterschieden sich die politischen Rahmenbedingungen in Österreich signifikant von jenen im Reich. Denn wegen der Ausschaltung des Parlaments kam es in der k. u. k.-Monarchie zu keiner Abstimmung über Kriegskredite. Auch die Rolle Friedrich Adlers, des Sohnes des Parteivorsitzenden Victor Adler, der 1916 aus Protest gegen die Politik der k. u. k.-Monarchie im Ersten Weltkrieg den österreichischen Ministerpräsidenten Graf Stürgkh erschoss, darf nicht ausgeblendet werden, weil dieser sozusagen österreichische Liebknecht nach seiner Begnadigung die radikalen Strömungen in die Partei einzubinden vermochte. Insofern lagen im Reich

190 Vorwärts Nr. 228 v. 20. 8. 1918, S. 8: Parteinachrichten. Vgl. auch MB Nr. 23 v. 8. 9. 1918, S. 7: „Unabhängige Revolutionsmethoden".

191 Zit. nach Vorwärts Nr. 231 v. 23. 8. 1918, S. 7: Gesprengte Wahlversammlungen.

192 Vorwärts Nr. 250 v. 11. 9. 1918, S. 1: An die Partei!

andere Ausgangsbedingungen vor. Den Bemühungen um Wahrung der Partei- und Fraktionseinheit waren in Deutschland mithin engere Grenzen gesetzt.

Eine wichtige Rolle spielten auch die unterschiedlichen Vorstellungen vom Wunsch nach Geschlossenheit, die Folge der langjährigen Verfolgung und Diskriminierung der SPD und der Stellung einer lange Zeit isolierten Minderheit in Deutschland waren. Nur als geschlossen handelnde Einheit konnte sich die Partei in den Parlamenten, in denen sie aufgrund der ungleichen Rekrutierungssysteme auf Länderebene im Vergleich zu ihrer Stimmenzahl unterrepräsentiert war, Gehör verschaffen. Der Wunsch nach einem geschlossenen Auftreten stärkte in der deutschen Sozialdemokratie, der anders als in Österreich mit Victor Adler eine noch lebende Legende wie zuvor Bebel schon zu Kriegsbeginn fehlte, nicht nur die Stellung der Parteiführung, sondern förderte auch die Neigung zur autoritär-administrativen Lösung innerparteilicher Konflikte. Dadurch wurde ein offener Diskurs in der Partei wesentlich erschwert und letztlich auch die Kraft zur Integration und Einbindung unterschiedlichster Parteiströmungen geschwächt.[193] Dem versuchte Hirsch in den ersten Kriegsjahren entgegenzuwirken. Dabei spielte auch das Stärkeverhältnis zwischen Kriegskreditbefürwortern und -gegnern in der preußischen Landtagsfraktion eine entscheidende Rolle. Doch die Kompromissfindung wurde mit den Jahren schwieriger. Als sich der Konflikt im Reich zuspitzte und der linke Flügel durch die Entmachtung Ströbels als „Vorwärts"-Chefredakteur und die Verhaftung Liebknechts massiv geschwächt wurde, schwenkte auch Hirsch auf den Kurs der Parteiführung ein und ließ es zum Bruch kommen.

193 Schöler, Wie funktioniert; Winkler, Weg in die Katastrophe, S. 324–337.

III. Preußischer Ministerpräsident (1918–1920)

1. Der Beginn und Verlauf der Novemberrevolution 1918

Am 3. Oktober 1918 wurde das deutsche Waffenstillstandsgesuch an die Alliierten abgeschickt.[1] Das Eingeständnis der militärischen Niederlage traf die Bevölkerung vollkommen unvorbereitet, da in den Zeitungen bis zuletzt nur militärische Erfolgsmeldungen des deutschen Heeres verkündet wurden und die Zensur einen unverfälschten Blick auf die militärische Entwicklung nicht zuließ. Dem militärischen Offenbarungseid ging am selben Tag die Bildung einer neuen Regierung unter Reichskanzler Prinz Max von Baden, dem badischen Thronfolger, voraus, der für einen Verständigungsfrieden und gemäßigte liberale Reformen stand. Max von Baden führte eine Regierung an, an der sich neben elf Beamten und Vertretern von Zentrum und Fortschrittspartei auch die SPD beteiligte. So wurde Gustav Bauer, zweiter Vorsitzender der Generalkommission der Freien Gewerkschaften, Staatssekretär des Reichsarbeitsamts und Philipp Scheidemann, Ko-Vorsitzender der SPD und Fraktionsvorsitzender im Reichstag, Staatssekretär ohne Portefeuille (im Kaiserreich trugen Ressortleiter den Titel Staatssekretär, nicht Minister). Neben der Einleitung von Waffenstillstandsverhandlungen sah die Regierung ihre Aufgabe in der Durchführung der von den Mehrheitssozialdemokraten wiederholt eingeforderten Verfassungsreform.[2]

Während im Reich einige Zugeständnisse an die Reichstagsmehrheit aus Zentrum, Fortschrittlicher Volkspartei und SPD gemacht wurden, wartete man darauf im größten deutschen Einzelstaat lange vergebens. „Nichts dergleichen geschah in Preußen“, so Hirsch.[3] Immerhin war der Fraktionsvorsitzende der Nationalliberalen Partei im preußischen Abgeordnetenhaus, Robert Friedberg, bereits 1917 zum Vizepräsidenten des Staatsministeriums und damit zum

1 Das deutsche Friedens- und Waffenstillstandsgesuch vom 3. Oktober 1918, in: Ritter/Miller, Die deutsche Revolution, S. 28.

2 Vgl. Matthias/Morsey, Die Regierung des Prinzen Max von Baden; Machtan, Prinz Max von Baden; Krimm, Der Wunschlose.

3 Hirsch, Weg, S. 110.

stellvertretenden Ministerpräsidenten ernannt worden. War er anfangs noch entschiedener Anhänger der konstitutionellen Monarchie, so sollte er sich unter dem Eindruck der Kriegsniederlage im folgenden Jahr für eine Demokratisierung und Parlamentarisierung Preußens stark machen. „War er doch in den ersten Novembertagen des Jahres 1918 einer der wenigen preußischen Minister, der den Zusammenbruch kommen sah!“[4] Doch die Parlamentarisierung in Preußen kam im Gegensatz zum Reich nicht recht voran, was daran lag, dass die Parteien der Friedensresolution von 1917 im Preußischen Abgeordnetenhaus in der Minderheit waren.

Erst kurz vor Kriegsende, am 11. Oktober 1918, stimmte der Wahlrechtsausschuss des Herrenhauses auf Druck der Obersten Heeresleitung dem gleichen Wahlrecht für das preußische Abgeordnetenhaus zu und verzichtete auf die Berücksichtigung von Zusatzstimmen. Darauf beschlossen die Fraktionen der Nationalliberalen und des Zentrums im Abgeordnetenhaus, sich dieser Entscheidung anzuschließen, wobei das Zentrum die verfassungsrechtliche Verankerung der Sicherungsartikel für Kirche und Schule durchzusetzen vermochte. Auch wenn eine erneute Beratung im Abgeordnetenhaus erst nach der zweiten Lesung im Herrenhaus und damit vermutlich erst Mitte Dezember hätte stattfinden können, zeugte die Zustimmung der bislang in dieser Frage zerstrittenen Fraktionen von Nationalliberalen und Zentrum von der späten Einsicht in die Notwendigkeit der nicht mehr aufzuhaltenden innenpolitischen Reform.[5] In einem am 16. Oktober im „Vorwärts“ erschienenen Artikel begrüßte Hirsch dieses „Wahlrechtsabkommen“. Wenn dem Zentrum auch Zugeständnisse gemacht worden seien, so bedeute dieses Übereinkommen doch „den Sieg des uneingeschränkten Wahlrechts ohne jede Zusatzstimme. Was man noch vor wenigen Wochen für unmöglich gehalten hätte, ist nicht zuletzt unter dem außenpolitischen Druck in greifbare Nähe gerückt: eine demokratische Verfassungsreform in Preußen, die gegen die Stimmen der Rechten geschaffen wird.“[6]

Vor dem Hintergrund der sich abzeichnenden Niederlage befand sich alles im Fluss. Auch die Monarchie stand zur Disposition. Denn der amerikanische

4 Ebd., S. 110 f.; zu Friedberg vgl. Stalmann, Linksliberalismus, Bd. 1, S. XXXVI f.

5 Vgl. Huber, Verfassungsgeschichte, Bd. 5, S. 593–596; Patemann, Kampf, S. 220–228.

6 Vorwärts Nr. 285 v. 16. 10. 1918, S. 3: Paul Hirsch, Das Wahlrechtsabkommen. Vgl. auch ders., Verfassungs- und Verwaltungsreformen in Preußen, in: NZ 37/1 (1918), S. 101–106. Dazu MB Nr. 30 v. 27. 10. 1918, S. 3: Energieloser als Liberale: „Herr Hirsch will sich also mit dem Ergebnis abfinden. Wie bescheiden sie doch geworden sind: die Regierungssozialisten.“

Präsident hatte am 23. Oktober unmissverständlich deutlich gemacht, dass Deutschland nur einen Diktatfrieden erwarten dürfe, wenn die Alliierten weiterhin mit den „militärischen Beherrschern und monarchistischen Autokraten" des Reichs verhandeln müssten.[7] Diese Forderung nach einem konstitutionellen Systemwechsel führte wenige Tage später zu den vom Reichstag verabschiedeten Verfassungsreformen, die die Regierung an das Vertrauen des Reichstags banden, die Inkompatibilität von Reichstagsmandat und Bundesratszugehörigkeit aufhoben und die kaiserliche Kommandogewalt der verantwortlichen Regierung unterordneten. Mit diesen Oktoberreformen wurde Deutschland zur parlamentarischen Monarchie.[8]

Ein erschreckendes Ausmaß an Realitätsverlust offenbarte in jenen Tagen Kaiser Wilhelm II., der den freikonservativen Landtagsabgeordneten Johann Viktor Bredt am 26. Oktober in der Wilhelmstraße vor dem Reichskanzlerpalais traf und diesen mit dem Marschallstab anstoßend dazu ermahnte, hinsichtlich der Wahlreform keine königlichen Rechte preiszugeben. Als Bredt kurz darauf Hirsch traf, der den Vorgang mitbekommen hatte, ließ er diesen dagegen wahrheitswidrig wissen, dass der Kaiser erklärt habe, dass er „bestimmt" darauf zählen würde, „daß wir im Abgeordnetenhaus eine Lösung fänden, die das Volk zufrieden stelle; dafür mache er mich verantwortlich; letzteres sei der Stoß mit dem Marschallstabe gewesen. Hirsch meinte: ‚Für so vernünftig hätte ich den Kaiser gar nicht gehalten.' Diese Erzählung", so Bredt, „sei der letzte Dienst, den ich dem Kaiser während seiner Regierungszeit leistete".[9] Selbst für Konservative war das weltfremde Gebaren des Monarchen mittlerweile nur mehr schwer erträglich.

Wenn die Oktoberreformen auch die Institution der Monarchie unangetastet ließen und die Zensur eine öffentliche Debatte über diese Frage zu unterbinden wusste, so war doch mehr als zweifelhaft, ob sich der Kaiser noch lange würde halten können. Als Hirschs Sozialdemokraten in der Charlottenburger Stadtverordnetenversammlung am 30. Oktober den Antrag einbrachten, eine gemischte Deputation aus Mitgliedern des Magistrats und der Stadtverordnetenversammlung zur Beratung der zu ergreifenden sozial- und wirtschaftspolitischen

7 Die amerikanische Note vom 23. Oktober 1918 [Auszug], in: Ritter/Miller, Die deutsche Revolution, S. 28–30, Zitat S. 30.

8 Zur Regierung des Prinzen Max von Baden und der Verfassungsreform vgl. Huber, Verfassungsgeschichte, Bd. 5, S. 535–551 u. 584–600; Nipperdey, Deutsche Geschichte 1866–1918, Bd. 2, S. 862–871; Matthias/Morsey, Die Regierung des Prinzen Max von Baden; ferner auch Prinz Max von Baden, Erinnerungen.

9 Erinnerungen und Dokumente Joh. Victor Bredt, S. 140.

Maßnahmen in der Übergangszeit zu berufen[10], war die Hoffnung, einen friedlichen Machtwechsel erreichen zu können, noch groß.

Doch diese Erwartung trog, denn weder der Kaiser noch die militärische Führung waren bereit, auf die alliierten Forderungen nach bedingungsloser Kapitulation und radikalem Systemwechsel einzugehen. Mit seiner Reise ins Große Hauptquartier im belgischen Spa entzog sich Wilhelm II. am 29. Oktober auch dem Zugriff der zivilen Reichsleitung.[11] Am selben Tag erging der ohne Wissen des Kaisers und des Kanzlers erfolgte Befehl der Seekriegsleitung zu einem Flottenvorstoß in die Nordsee. In einer letzten großen Schlacht gegen die Royal Navy sollte die militärische Ehre und der angeschlagene Ruf der deutschen Marine wiederhergestellt werden. In der Nacht vom 29. zum 30. Oktober kam es daraufhin zu ersten Befehlsverweigerungen, die durch die Verhaftung der Rädelsführer und durch die Verlegung des vor Wilhelmshaven liegenden, aufrührerischen Geschwaders nach Kiel rasch niedergeschlagen werden konnte. Doch am 3. November kam es in Kiel zu Demonstrationen von Soldaten und Matrosen, die die Freilassung ihrer inhaftierten Kameraden forderten. Noch am selben Tag wurde ein Soldatenrat gebildet. Der Versuch der Regierung, den Aufstand durch Entsendung des linksliberalen Staatssekretärs Conrad Haußmann und des sozialdemokratischen Reichstagsabgeordneten Gustav Noske unter Kontrolle zu bringen, scheiterte.[12] Die Ausbreitung der Revolution ließ sich nicht mehr aufhalten. Seit dem 5. November rollte die Aufstandsbewegung in Windeseile über ganz Deutschland hinweg, erreichte am 6. November Hamburg, Bremen und Lübeck, am 7. München, am 8. Köln, Leipzig und Frankfurt und schließlich am 9. Berlin. Begünstigt wurde der revolutionäre Funkenflug durch die Willenslähmung und Ohnmacht der Herrschenden, die sich durch das Eingeständnis der militärischen Niederlage in einer Schockstarre befanden.[13]

Auch Zentrum und Nationalliberale begannen unter dem Eindruck der revolutionären Welle einzulenken. In einer Besprechung von Vertretern der Mehrheitsparteien (Zentrum, National- und Linksliberale und SPD) des Reichstages und des preußischen Landtages, an der Hirsch, Braun und Südekum für die SPD teilnahmen, wurde die Parlamentarisierung Preußens und die Einführung des Verhältniswahlrechts in allen Bundesstaaten für Männer und Frauen

10 Vorwärts Nr. 302 v. 2. 11. 1918, S. 4: Charlottenburg. Maßnahmen für die Uebergangswirtschaft.

11 Vgl. Huber, Deutsche Verfassungsgeschichte, Bd. 5, S. 656–659.

12 Vgl. Wette, Noske und die Revolution in Kiel.

13 Vgl. Lehnert, Revolution 1918/19 in Preußen; ders., Revolution 1918/19 in Norddeutschland.

beschlossen.[14] Am folgenden Tag wurde in einer erneuten interfraktionellen Sitzung die Frage erörtert, in welcher Form die Einführung des gleichen Wahlrechts und der Parlamentarisierung in Preußen erfolgen solle. Hirsch sprach sich gegen eine bloße Erklärung der Regierung aus und lehnte auch eine Oktroyierung des neuen Wahlrechts ab, „weil wir nicht später das Wahlrecht durch den Vorwurf der Ungesetzlichkeit entkräften lassen wollen".[15] Das gleiche galt für die Einbringung eines Kompromissantrags im preußischen Abgeordnetenhaus, da die Massen „zum preußischen Landtag kein Vertrauen mehr haben". Deshalb gab er den „dringenden Rat", „den Weg über [den] Reichstag einzuschlagen".[16]

In der Nacht vom 7. auf den 8. November trafen sich die Führer der im Preußischen Abgeordnetenhaus vertretenen Parteien, unter ihnen auch Hirsch, in der Reichskanzlei, um unter dem Vorsitz des Vizepräsidenten des Staatsministeriums Friedberg die Frage der Bildung einer neuen Regierung auf parlamentarischer Grundlage in Preußen zu beraten. Am 8. und 9. November reichten die konservativen Staatsminister ihre Entlassungsgesuche ein. Die spätere Behauptung des konservativen Finanzministers Hergt, er sei nur zurückgetreten, „weil er die ‚Schweinewirtschaft' Ebert-Scheidemann nicht mitmachen wollte", wies Hirsch in seinen Erinnerungen als den Tatsachen widersprechend zurück. Im Amt blieben damals Friedberg, der Zentrumspolitiker und Justizminister Peter Spahn, der linksliberale Handelsminister Fischbeck, der parteilose Kultusminister Friedrich Schmidt und der ebenfalls parteiungebundene Kriegsminister Heinrich Schëuch.[17]

Da der Kaiser nicht erreichbar war, konnten die Abschiedsgesuche nicht genehmigt werden. Die Regierungsbildung zog sich in die Länge. Deshalb war Innenminister Drews noch am 9. November im Amt und konnte zusammen mit dem bereits zum Reichskanzler avancierten Ebert Hirsch damit beauftragen, sich „mit sämtlichen Polizei- und Kommunalbehörden Groß-Berlins zum Zwecke der Aufrechterhaltung der öffentlichen Ruhe und Ordnung in Verbindung zu setzen, die erforderlichen Maßnahmen zu vereinbaren und nötigenfalls selbst

14 Vgl. die Aufzeichnung Südekums vom 7.11.1919, in: BArch Koblenz, NL Südekum, N 1190, Nr. 117, Bl. 269.

15 Aufzeichnung über die Interfraktionelle Sitzung vom 8.11.1918, abends, ebd., Bl. 273–277, hier Bl. 274.

16 Ebd., Bl. 278–290, hier Bl. 282.

17 Vgl. Hirsch, Weg, S. 111. Vgl. dazu auch die Sitzung des preußischen Staatsministeriums vom 8.11.1918, in: Protokolle des preußischen Staatsministeriums, Bd. 10, Nr. 268, S. 245 f.

zu treffen“. Vergleichbare Vollmachten erhielten damals auch noch andere Parteifreunde Hirschs.[18]

Die revolutionäre Welle hatte inzwischen Berlin erreicht. Noch am selben Tag erließ Hirsch in seiner Eigenschaft als Bevollmächtigter des Reichskanzlers und des Ministers des Innern zusammen mit dem Volksausschuss, dem Soldatenrat und der Generalkommission für Berlin und Umgebung einen anderntags im „Vorwärts“ veröffentlichten „Aufruf des Arbeiter- und Soldatenrats“ für Groß-Berlin. Eindringlich wurde die Bevölkerung Groß-Berlins zu „Ordnung und Ruhe“ aufgerufen und angehalten, „Straßenaufläufe zu unterlassen und nach Eintritt der Dunkelheit die Straße zu meiden“. Der Bevölkerung wurde versichert, dass die neuen revolutionären Machthaber „in Uebereinstimmung“ mit den Groß-Berliner Magistraten arbeiten würden und sich ihnen bereits auch die Schutzmannschaft unterstellt habe. Um die Lebensmittelversorgung zu sichern, wurde untersagt, Lebensmittelautos und städtische Autos anzuhalten. „Sämtliche gemeinnützige Einrichtungen“, zu denen die Gas-, Wasser- und Elektrizitätswerke sowie Sparkassen und Verkehrsmittel gerechnet wurden, wurden dem Schutz des Volkausschusses unterstellt, deren Beauftragte durch rote Armbinden kenntlich gemacht werden sollten. Unterstützung sollten sie durch Vertreter des Arbeiter- und Soldatenrats erhalten. Die Bürgerschaft wurde am Schluss dazu aufgefordert, die Beauftragten des Volksausschusses bei ihrer Arbeit zu unterstützen.[19]

An jenem „rote[n] Sonnabend“[20] des 9. November überschlugen sich die Ereignisse. Mittags hatte Prinz Max von Baden die Abdankung des Kaisers bekannt gegeben und kurz darauf dem SPD-Vorsitzenden Ebert das Amt des Reichskanzlers angetragen. Da die SPD einen „Bruderkampf“[21] verhindern wollte, war sie bereit, die Unabhängigen an der politischen Führung zu beteiligen. Am folgenden Tag wurde deshalb ein Rat der Volksbeauftragten als provisorische Revolutionsregierung gebildet, der sich paritätisch aus jeweils drei Mitgliedern der beiden Arbeiterparteien zusammensetzte. Während die SPD durch Ebert, Scheidemann und den – dem rechten Parteiflügel zuzurechnenden – Reichstagsabgeordneten und Juristen Otto Landsberg vertreten wurde, entsandte die USPD ihren Parteivorsitzenden Hugo Haase, den Reichstagsabgeordneten und Führer des Berliner Munitionsarbeiterstreiks, Wilhelm Dittmann, sowie den Vertrauensmann der Revolutionären Obleute, Emil Barth. Die Benennung des

18 Hirsch, Weg, S. 111.

19 Vorwärts Nr. 310 v. 10. 11. 1918, S. 2: Aufruf des Arbeiter- und Soldatenrats.

20 Vorwärts Nr. 310 v. 10. 11. 1918, S. 2: Der rote Sonnabend in Berlin.

21 Vorwärts Nr. 310 v. 10. 11. 1918, S. 1: Kein Bruderkampf!

Gremiums ging auf den Wunsch der USPD zurück und illustrierte, wie weit die russische Revolution auf dem linken Flügel Vorbildcharakter besaß. Andererseits wurde auch die Bereitschaft der SPD, ihrer Schwesterpartei entgegenzukommen, deutlich. Die bisherigen Staatssekretäre blieben im Amt und wurden durch den Linksliberalen Hugo Preuß sowie den Unabhängigen Emanuel Wurm ergänzt, die an die Spitze des Reichsamts des Innern bzw. des Reichsernährungsamts berufen wurden. Da sich die Staatssekretäre seit Anfang Oktober weitgehend aus den Reihen der Reichstagsfraktionen rekrutierten, wurden somit auch die bürgerlichen Parteien an der Führung im Reich beteiligt.[22]

Wie in allen anderen Teilen des Reiches bildeten sich auch in Berlin Arbeiter- und Soldatenräte, die mehrheitlich der SPD nahestanden und Regierung und Verwaltung bei der Aufrechterhaltung von Sicherheit und Ordnung sowie in der Durchführung von Neuordnungsmaßnahmen unterstützen wollten. Auf Veranlassung der „Revolutionären Obleute" wurden am 10. November in den Betrieben und Kasernen Delegierte gewählt, die sich nachmittags im Zirkus Busch einfanden, um den Rat der Volksbeauftragten zu bestätigen und ihm die nötigen revolutionären Weihen zu erteilen. Zugleich wurde ein Vollzugsrat gewählt, der gegen den Widerstand der Obleute paritätisch mit je sieben Vertretern der SPD und der USPD sowie 14 in der Regel parteilosen Soldaten besetzt wurde. Der Vollzugsrat beanspruchte zwar für sich die eigentliche politische Gewalt. Aber infolge des Besetzungsmodus gelang es den Obleuten nicht, die Kontrolle über den Rat der Volksbeauftragten zu erlangen und damit dessen Politik zu konterkarieren.

Auch in Preußen wurde die politische Führung ausgewechselt. So „ernannte" der Groß-Berliner Vollzugsrat am 11. November, den Vorschlägen der beiden sozialdemokratischen Parteien folgend, die drei Mehrheitssozialdemokraten Hirsch, Otto Braun und Eugen Ernst sowie die beiden Unabhängigen Heinrich Ströbel und Adolph Hoffmann zu „Mitgliedern des politischen Kabinetts für Preußen". Am folgenden Tag trat mit dem Rechtsanwalt Kurt Rosenfeld ein weiterer Unabhängiger hinzu, sodass eine paritätische Besetzung des Führungsgremiums gewährleistet war. „Die preussische Volksregierung gebildet", so titelte anderntags der „Vorwärts".[23] Die Machtübernahme erfolgte am 12. November vormittags gegen 11 Uhr, als Hirsch, Ströbel, Ernst, Hoffmann und Braun feierlich

22 Vgl. dazu Elben, Das Problem der Kontinuität.

23 Vorwärts Nr. 312 v. 12. 11. 1918, S. 1, und ebd., Sechsgliedriges politisches Kabinett; auch Nr. 315 v. 15. 11. 1918, S. 1: Die Besetzung der Reichsämter; ferner MB Nr. 33 v. 17. 11. 1918, S. 2: Sechsgliedriges politisches Kabinett in Preußen. Zur Ernennung Hirschs zum Minister und Mitglied der preußischen Regierung vom 14. 11. 1918 vgl. BArch Berlin, R 1501/207362, n. f.

beim Vizepräsidenten des Staatsministeriums Friedberg erschienen und ihm „im Auftrage des Vollzugsrats des Arbeiter- und Soldatenrats" eröffneten, „daß wir bevollmächtigt seien, die Staatsleitung in Preußen zu übernehmen". Sie „begegneten nicht dem leisesten Widerstande. Herr Dr. Friedberg erkannte an, daß die faktische Gewalt sich in den Händen des Vollzugsrats befinde und er sich demgemäß fügen müsse. Er halte seine Amtstätigkeit damit für beendet und ziehe sich aus dem Staatsdienste zurück."[24] Nicht ohne Pathos kommentierte Hirsch den Akt der Machtübergabe in seinen Erinnerungen: „Die alten Machthaber waren ausgeschaltet, die bislang Rechtlosen hatten die Herrschaft angetreten. Die Rechte der Krone waren auf die Regierung übergegangen".[25]

Zu gleichberechtigten Vorsitzenden wurden Hirsch und Ströbel bestimmt. Auch die Ministerien wurden paritätisch entweder mit zwei Ministern der beiden Arbeiterparteien oder mit einem Minister und einem Beigeordneten besetzt. So erhielten Hirsch und Rudolf Breitscheid (USPD) die Leitung des Innenministeriums. Ursprünglich war der Unabhängige Emil Eichhorn für den Posten vorgesehen. Doch übernahm er auf Betreiben des Vollzugsrates den Posten des Berliner Polizeipräsidenten, für den anfangs der Sozialdemokrat Eugen Ernst designiert war, während dieser als Beigeordneter ins Innenministerium entsandt wurde, um den von der Leitung des Kabinetts vollkommen absorbierten Hirsch zu entlasten. Ins Finanzministerium wurden Albert Südekum (SPD) und Hugo Simon (USPD), ins Kultusministerium Konrad Haenisch (SPD) und Adolph Hoffmann (USPD), ins Landwirtschaftsministerium Otto Braun (SPD) und Adolf Hofer (USPD) berufen. Nach dem Rücktritt des Zentrumspolitikers Spahn kam es Ende November auch im Justizministerium mit Wolfgang Heine (SPD) und Kurt Rosenfeld (USPD) zu einer Neubesetzung.[26] Das Jahresgehalt

24 Hirsch, Weg, S. 112.

25 Ebd.; vgl. auch Braun, Von Weimar, S. 38; ferner Vorwärts Nr. 531 v. 12. 11. 1931, S. 1 f.: Preußen weiter voran!

26 Vorwärts Nr. 312 v. 12. 11. 1918, S. 1: Sechsgliedriges politisches Kabinett; Huber, Verfassungsgeschichte, Bd. 5, S. 1005 f. – Breitscheid war anfangs für den Posten des Unterstaatssekretärs im preußischen Innenministerium bestimmt; vgl. Vorwärts Nr. 315 v. 15. 11. 1918, S. 1: Die Besetzung der Reichsämter. – Emil Eichhorn trat am 12. November erstmals als Volksbeauftragter für die öffentliche Sicherheit öffentlich in Erscheinung; vgl. Nr. 312 v. 12. 11. 1918, S. 3: Neuorganisation des Landespolizeibezirks Berlin. Zu Eichhorn vgl. Hirsch, Weg, S. 131; Eichhorn, Januar-Ereignisse, S. 6–11. Ferner Schulze, Braun, S. 227 u. 862; Die Regierung der Volksbeauftragten 1918/19. Bd. 1, Dok. Nr. 10, S. 38–40, bes. S. 40, Anm. 12. – Zu Spahn vgl. Helmut Neubach, Peter Spahn (1846–1925), in: Rudolf Morsey, Zeitgeschichte in Lebensbildern. Aus dem deutschen Katholizismus des 19. und 20. Jahrhunderts, Mainz 1973, S. 65–80.

der preußischen Minister wurde Ende November 1918 auf jeweils 24 000 Mark festgesetzt und sollte in vierteljährigen Beträgen im Voraus gezahlt werden.[27] Nach dem Austritt der unabhängigen Minister erhielten die in ihren Ämtern verbliebenen SPD-Minister neben ihrer Dienstvergütung auch eine Aufwandsentschädigung von 12 000 Mark.[28] Der Ministerpräsident wurde nach den Wahlen und der Bildung der neuen Regierung deutlich bessergestellt. So bezog Hirsch seit März 1919 ein Gehalt von 36 000 Mark und eine Aufwandsentschädigung von 18 000 Mark, die ebenfalls nicht monatlich, sondern in vierteljährigen Teilbeträgen gezahlt wurden.[29]

Im Grunde handelte es sich bei dem Revolutionskabinett um den Kern der alten sozialdemokratischen Fraktion des Abgeordnetenhauses, die ergänzt wurde durch die Reichstagsabgeordneten Südekum und Heine sowie durch drei „Seiteneinsteiger", den Publizisten Breitscheid, den Bankier Simon und den Rechtsanwalt Rosenfeld. Die Ressortzuteilung entsprach weitgehend der Aufgabenverteilung und den politischen Zuständigkeiten innerhalb der Fraktion. Wie im Reich wurde in Preußen eine Zweiteilung vorgenommen zwischen einem paritätisch mit Mitgliedern von SPD und USPD besetzten „politischen Kabinett", dem die politische Richtlinienkompetenz zukam, und einer den Staatssekretären der Reichsregierung vergleichbaren weiteren Riege an Ministern, denen lediglich die fachliche Aufsicht innerhalb ihres Ressorts oblag. Zum Minister der öffentlichen Arbeiten avancierte am 14. November der parteilose Wilhelm Hoff als Nachfolger für den bereits demissionierten, konservativen Paul von Breitenbach. Dagegen blieben der parteilose Kriegsminister Heinrich Scheüch und der liberale Handelsminister Otto Fischbeck im Amt. Die neue Regierung, die auch als Gesamtregierung[30] tituliert wurde, bestand mithin aus dem Politischen Kabinett, bestehend aus den preußischen Volksbeauftragten[31], und den Fachministern.

Ob die Doppelbesetzung der Ministerposten angesichts der politischen Differenzen und Gegensätze der beiden Arbeiterparteien praktikabel war, war allerdings mehr als fraglich, und auch mit einigen bisherigen Amtsinhabern konnten

27 Schreiben vom 28. 11. 1918, in: BArch Berlin, R 1501/207362. Noch am 22. 11. 1918 war als Jahresgehalt lediglich ein Betrag von 20 000 Mark angesetzt worden, ebd.

28 Schreiben vom 9. 2. 1919, in: Ebd.

29 Schreiben vom 29. 3. 1919, in: Ebd.

30 Vgl. Protokolle des Preußischen Staatsministeriums, Bd. 11/I, S. 37.

31 Hirsch bezeichnete am 14. November 1918 gegenüber dem designierten Eisenbahnminister Wilhelm Hoff die Mitglieder des Politischen Kabinetts als „Volksbeauftragte". Vgl. Hoff, Erinnerungen, S. 190.

so Probleme kaum ausbleiben. Da man sich der Loyalität der bürgerlichen Minister, zu denen Scheüch, Hoff und Fischbeck zählten, nicht sicher sein konnte, wurden ihnen Beigeordnete an die Seite gestellt, die die Geschäftsführung der Ressortschefs überwachen und den Kontakt zur politischen Führung halten sollten.[32] Als „Beiräte“[33] fanden zum Teil jene Landtagsabgeordnete Berücksichtigung, die bei der Vergabe der Ministerposten leer ausgegangen waren. So wurde Otto Hue in das Handelsministerium und Paul Hoffmann (USPD), zusammen mit dem Sozialdemokraten Louis Brunner, in das Ministerium für öffentliche Arbeiten entsandt. Als Aufpasser im Kriegsministerium fungierte der Sozialdemokrat Paul Göhre.[34]

Als Hirsch am 14. November Hoff das Ministerium für öffentliche Arbeiten anbot, betonte er, dass durch die Beigeordneten dessen „amtliche Stellung nicht berührt“ würde. Es werde darauf „vertraut“, so erinnerte sich Hoff, „daß ich die Aufgaben der Volksregierung fördere. Mit den Beigeordneten werde ich alle wichtigen Fragen, namentlich die politischen, besprechen müssen, wie dies auch andere Fachminister zugesagt hätten.“ Seine „politische[n] Bedenken“ stellte Hoff bei der Annahme seines neuen Wirkungskreises zurück, da „noch andere Männer bürgerlicher Gesinnung im Amte“ verblieben waren. Er übernahm neben dem preußischen Ministerium auch das Reichsamt für die Verwaltung der Reichseisenbahnen.[35] Die in der Regierung verbliebenen oder neu berufenen bürgerlichen Minister sahen es als ihre „vaterländische Pflicht“ an, „die Bürde“ ihres Amtes in jener schwierigen Zeit zu tragen. Zudem war ihnen auch bewusst, dass sie den Einfluss der bürgerlichen Parteien in der Regierung erhalten konnten.[36]

Die neue Regierung präsentierte ihr Programm in einer am 14. November in der Presse veröffentlichten Kundgebung an das preußische Volk. Nachdem Preußen „durch den Volkswillen zum freien Staat geworden“ sei, werde es „Aufgabe der neuen preußischen Landesregierung“ sein, „das alte, von Grund

32 Vgl. Schulze, Braun, S. 227 u. 862.

33 Hirsch, Weg, S. 112.

34 Vgl. Schulze, Braun, S. 862. Ferner Vorwärts Nr. 327 v. 28. 11. 1918, S. 1: Die Aemterverteilung im preußischen Ministerium.

35 Hoff, Erinnerungen, S. 190–194, Zitate S. 190 u. 193. In der am selben Tag stattfindenden Sitzung des Politischen Kabinetts und des Rats der Volksbeauftragten stellte Hirsch Hoff mit den Worten vor, er sei „vom kleinen Beamten emporgestiegen, sehr beliebt, verzichtet auf sein Repräsentationsgeld unter den heutigen Verhältnissen“; vgl. Die Regierung der Volksbeauftragten 1918/19, Bd. 1, Nr. 10, S. 38–40; Protokolle des Preußischen Staatsministeriums, Bd. 11/I, S. 37. Zur Berufung Hoffs vgl. Hoff, Erinnerungen, S. 189–194.

36 Hoff, Erinnerungen, S. 191 f., Zitat S. 192.

auf reaktionäre Preußen so rasch wie möglich in einen völlig demokratischen Bestandteil der einheitlichen Volksrepublik zu verwandeln". Während die Entscheidung über die „zukünftigen Staatseinrichtungen Preußens" und die Beziehungen zum Reich, den anderen Einzelstaaten und zum Ausland einer nach dem gleichen Wahlrecht für Männer und Frauen zu wählenden verfassunggebenden Landesversammlung vorbehalten sein werde, sei es Aufgabe der vom Vertrauen der Arbeiter- und Soldatenräte getragenen provisorischen Regierung, „im engen Zusammenhang mit der neuen Reichsleitung für die Ordnung und Sicherheit im Lande und für die Volksernährung zu sorgen". Sie rechne mit der Mitarbeit aller Beamten, die unabhängig von ihrer politischen Gesinnung bereit seien, mit der neuen Regierung zusammenzuarbeiten. In ihrem Aufruf wurden zahlreiche Einzelaufgaben benannt, die „das neue, freie Preußen" angehen werde. Dazu zählte die Durchsetzung der uneingeschränkten Koalitionsfreiheit für alle Staatsarbeiter und Beamten, eine Reform der Besoldungs- und Lohnverhältnisse der Arbeiter und Beamten und die Bewilligung angemessener Teuerungszulagen. Einen zentralen Punkt im Forderungskatalog stellten die bildungs- und kulturpolitischen Monita dar. Hierzu gehörten vor allem die Schaffung der Einheitsschule, die „Befreiung der Schule von aller kirchlichen Bevormundung" sowie die „Trennung von Staat und Kirche". Es folgte die Forderung nach Demokratisierung der Verwaltung, die durch die Einführung des gleichen Wahlrechts für beide Geschlechter für alle Gemeindevertretungen und durch die Beseitigung der Gutsbezirke erreicht werden sollte, sowie nach „Umgestaltung der Rechtspflege und des Strafvollzugs im Geiste der Demokratie und des Sozialismus". Zu den Postulaten der neuen Regierung zählten darüber hinaus die „Vergesellschaftung der dazu geeigneten industriellen und landwirtschaftlichen Großbetriebe" sowie eine soziale Ausgestaltung des Steuersystems. „Es ist eine ernste und schwere Zeit, in der die neue Regierung an ihre Arbeit gehen muß." Den „Untergang" könne man nur „durch einmütiges Zusammenstehen des gesamten Volkes" abwenden. „Nur so können wir das Gespenst des Hungers bannen, das vornehmlich unsere Frauen, Kinder und Kranken schon jetzt auf das schwerste bedroht. Was wir alle haben wollen: Freiheit, Frieden und Brot, kann nur gesichert werden, wenn das wirtschaftliche Leben in Stadt und Land aufrechterhalten bleibt. Darum steht zusammen, helft mit zum Wohl des Ganzen!" Unterzeichnet war der Aufruf von den Mitgliedern des „politischen Kabinetts", die Namen der bürgerlichen Minister fehlten.[37]

37 BT Nr. 583 v. 14. 11. 1918, S. 1: Eine Kundgebung an das preußische Volk; vgl. auch Vorwärts Nr. 314 v. 14. 11. 1918, S. 1.

Paul Hirsch während einer Kundgebung auf dem Tempelhofer Feld, Berlin, 20. 11. 1918
Bundesarchiv, Bild 183-18594-0016

Es handelte sich letztlich um das Programm der alten Sozialdemokratie, die die Bevölkerung oder doch zumindest deren reformbereite Teile zur Mitarbeit aufrief. Ob die provisorische Regierung in der Übergangszeit vor der Wahl der Konstituante neben der Aufrechterhaltung von Sicherheit und Ordnung und der Sicherstellung der Lebensmittelversorgung bereits mit der Grundlegung des demokratischen Fundaments des preußischen Staates beginnen würde, war zwar noch unklar, aber angesichts des Tatendrangs und des Reformeifers der neuen Regierenden nicht unwahrscheinlich. Bei der Begräbnisfeier der Novembertoten auf dem Tempelhofer Feld am 20. November gelobte Hirsch denn auch emphatisch: „Wozu Ihr Toten den Grund gelegt habt, das werden wir weiter ausbauen. Die Ideale, für die Ihr in den Tod gegangen seid, werden wir verwirklichen. Die neue Freiheit werden wir so fest verankern, daß keine Macht imstande ist, sie uns zu rauben."[38]

38 Vorwärts Nr. 320a v. 21. 11. 1918, S. 1: Das Begräbnis der Novembertoten.

2. Die Revolutionsregierung Hirsch

2.1 Erste Maßnahmen

Noch am 14. November kam das Politische Kabinett Preußens mit dem Rat der Volksbeauftragten zu einer Sitzung zusammen. Der erste Tagungsordnungspunkt stellte die „Order der Preußischen Regierung" zur Auflösung des Abgeordnetenhauses und zur Beseitigung des Herrenhauses dar.[39] Neben dem Bruch mit der alten Ordnung stand der Wunsch nach einem Mindestmaß an Kontinuität und das Interesse an der Aufrechterhaltung einer funktionierenden Verwaltung. So wurden die Preußischen Bevollmächtigten und die stellvertretenden Bevollmächtigten zum Bundesrat ersucht, ihre Amtsgeschäfte weiter zu versehen. Gegenstand der Beratung der beiden Spitzengremien war schließlich auch die Umbildung des preußischen Staatsministeriums und die Neubesetzung des Ministeriums für öffentliche Arbeiten und des Justizministeriums. Wie vertraut und eng verbunden der Kreis war, der sich an jenem Tag traf, illustriert die Tatsache, dass mit Curt Baake, der inzwischen zum Chef der Reichskanzlei aufgestiegen war, ein alter Bekannter Hirschs als Protokollführer fungierte.[40]

Kurzer Prozess wurde mit den Hohenzollern gemacht: Bereits am 14. November erschien eine Bekanntmachung der preußischen Regierung über die Beschlagnahme des preußischen Kronfideikommißvermögens, dessen einstweilige Verwaltung dem Finanzministerium übertragen wurde. Das dazu nicht gehörige und im Sondereigentum des Königs und seiner Familie stehende Vermögen war hiervon allerdings nicht betroffen.[41] Mit den Sonderrechten der Mitglieder des früheren Königshauses wurde bald darauf gründlich aufgeräumt. Sie verloren ihre persönlichen Gerichtsstände und ihre Abgabenbefreiung. Zugleich wurden sämtliche Orden und Titel abgeschafft.[42] In seinen Erinnerungen wies Hirsch die spätere Behauptung des damaligen preußischen

39 Vgl. dazu auch Hirsch, Weg, S. 142: „Ueber den seitens des Vizepräsidenten Dr. Porsch gegen die Auflösung des Abgeordnetenhauses eingelegten Protest gingen wir zur Tagesordnung über." Vgl. auch Hömig, Das preußische Zentrum, S. 25 f.

40 Die Regierung der Volksbeauftragten 1918/19, Bd. 1, Nr. 10, S. 38–40; Protokolle des Preußischen Staatsministeriums, Bd. 11/I, S. 37.

41 Vorwärts Nr. 314 v. 14. 11. 1918, S. 1: Das preußische Kronfideikommißvermögen beschlagnahmt. Vgl. dazu auch die Sitzung des preußischen Staatsministeriums vom 30. 11. 1918, in: GStA PK, I. HA, Rep. 90 A, Nr. 899.

42 Vgl. Huber, Verfassungsgeschichte, Bd. 5, S. 1007 f.; vgl. auch Vorwärts Nr. 334 v. 5. 12. 1918, S. 5: Der Geheime Justizrat des Kammergerichts (zur Aufhebung des privilegierten Gerichtsstands für die Mitglieder des ehemaligen Königshauses).

Justizministers Rosenfeld (USPD), dieser habe im Kabinett die Enteignung der Hohenzollern gefordert, als den Tatsachen widersprechend entschieden zurück. Ein derartiger Antrag sei von Rosenfeld erst nach Ausscheiden aus dem Amt in der preußischen Landesversammlung eingebracht worden.[43] Die Behauptung Rosenfelds findet auch in den Protokollen des preußischen Staatsministeriums keinen Niederschlag.[44]

Neben der Liquidierung der Überreste des alten Regimes stand die Aufrechterhaltung eines funktionsfähigen Verwaltungsapparats im Vordergrund. Die drängenden tagespolitischen Aufgaben, zu denen die Versorgung der Bevölkerung mit Lebensmitteln, die Inganghaltung und Umstellung der Wirtschaft sowie die Demobilmachung eines Millionenheeres zählten, machten eine Zusammenarbeit mit der alten Beamtenschaft notwendig. So hatte die neue preußische Regierung in einem am gleichen Tag publizierten Aufruf alle preußischen Behörden und Beamten dazu aufgefordert, „ihre amtliche Tätigkeit fortzusetzen" und im Interesse des Vaterlandes zur Aufrechterhaltung von Ruhe und Ordnung zu sorgen, während sie ihnen im Gegenzug die Wahrung ihrer gesetzlichen Ansprüche zusicherte.[45] In ihrem Programm machte sie deutlich, dass sie auf die „gewissenhafte Mitarbeit" der Beamten angewiesen sei. Diejenigen, die sich in den Dienst der Regierung stellten, seien „ausdrücklich in ihren Rechten bestätigt und auf ihre Pflichten hingewiesen worden".[46] Am folgenden Tag erließ die Regierung eine Bekanntmachung, in der hervorgehoben wurde, dass alle nicht ausdrücklich aufgehobenen Gesetze und Verordnungen in Kraft blieben und damit auch die Pflicht zur Entrichtung von Steuern und Abgaben weiterhin fortbestehen würde.[47]

Diese Anordnungen seien „unbedingt notwendig" gewesen, so Hirsch, „die eine, weil zahlreiche Beamte – und gerade die, die ihr Amt ernst nahmen – Gewißheit darüber verlangten, wem sie von nun an zu gehorchen hatten, die andere, weil weite Kreise des Glaubens waren, mit dem Zusammenbruch des Staates seien sie aller Pflichten ledig. Die neue Regierung durfte aber von Anfang an keinen Zweifel darüber aufkommen lassen, daß der in der Gründung

43 Vgl. Hirsch, Weg, S. 145 f.; vgl. auch Vorwärts Nr. 564 v. 16. 11. 1920, S. 7: Dr. Rosenfelds Uebereilungen. Vgl. dazu auch Freiheit Nr. 483 v. 15. 11. 1920, S. 2: Otto Braun und die Hohenzollern; Nr. 502 v. 27. 11. 1920, S. 1: Wilhelm von Abfundien.

44 Vgl. Protokolle des Preußischen Staatsministeriums, Bd. 11/I.

45 BT Nr. 583 v. 14. 11. 1918, S. 2: Die neue preußische Regierung an die Beamten; Hirsch, Weg, S. 114.

46 Vorwärts Nr. 314 v. 14. 11. 1918, S. 1: Das Programm der preußischen Landesregierung.

47 Vorwärts Nr. 318a v. 18. 11. 1918, S. 3: Steuern sind weiter zu entrichten; Hirsch, Weg, S. 114 f.

begriffene Volksstaat sich nur auf dem Boden des Rechts, nicht aber auf dem der Gewalt gedeihlich entwickeln könne und daß die Beachtung der Gesetze nach wie vor Pflicht eines jeden Staatsbürgers sei."[48] „Im großen und ganzen aber", so befand Hirsch in seinen Erinnerungen, „können wir mit Stolz und Dank auf die Männer, insbesondere auf die aus der Arbeiterklasse hervorgegangenen, blicken, die in schwerster Zeit auf verantwortungsvolle Stellen berufen wurden und es verstanden haben, alle Schwierigkeiten zu überwinden, allen persönlichen Anforderungen Trotz zu bieten, gewissenhaft ihres Amtes zu walten und sich so auch im Laufe der Zeit die Anerkennung derer zu gewinnen, die zunächst nur Spott und Hohn für sie übrig hatten."[49]

Von der abgeklärten Gelassenheit und geradezu stoischen Ruhe, mit der der neue Regierungschef sein Amt versah, war der neue Eisenbahnminister überrascht. „Einigermaßen mildernd" habe angesichts der Hektik jener Tage „die ruhige Art" gewirkt, so Hoff, „wie der Erste Volksbeauftragte Hirsch die sich einander überstürzenden Geschäfte im Regierungskabinett leitete. Er verlor dabei nicht einmal seinen ruhig-trockenen Humor. Ich fragte ihn, als er mich zur Ernennung beglückwünschte und mir dabei das mir vom Könige von Preußen verliehene Prädikat als Exzellenz nicht versagte, welcher Amtstitel ihm zukomme. Wir alten Staatsbeamten seien gewöhnt, die höchsten Staatsbeamten mit einem dem Amte entsprechenden Titel anzureden. Da schmunzelte Hirsch und meinte nach einer Minute Überlegung, schelmisch lächelnd: ‚Wenn es denn sein muß, dann vielleicht: Durchlaucht.' Das schien mir nach der Staatsumformung nicht mehr recht angängig. Und so blieb es bis zum Inkrafttreten der vorläufigen Verfassung bei dem ‚Herrn Hirsch'."[50]

Besprechungen und Sitzungen, so Hoff, habe es damals viele gegeben. „Wie anders war in jenen Tagen alles im Staatsministerium geworden! An die Stelle vornehmster Ruhe war ein Hasten ohnegleichen getreten. Es ging wie in einem Taubenschlag, hinein und hinaus. Aber die Leitung lag bei Hirsch in guten Händen. Er verstand es, auszugleichen, oder auch, wenn er damit weiterkam, – nicht zu hören."[51] Ein auf Ausgleich und Verständigung ausgerichtetes Verhalten schien angesichts der damaligen aufgewühlten Zeitverhältnisse die angemessene Vorgehensweise gewesen zu sein. Denn Herausforderungen gab es damals zuhauf, ob es sich um die Aufrechterhaltung von Sicherheit und Ordnung, die Lebensmittelversorgung oder das damals um sich greifende

48 Hirsch, Weg, S. 115.
49 Ebd., S. 116.
50 Hoff, Erinnerungen, S. 194.
51 Ebd., S. 195.

„Streikfieber“[52] handelte. So musste sich die Gesamtregierung bereits in ihrer ersten Sitzung am 15. November mit den Lohn- und Arbeitszeitforderungen der Eisenbahnarbeiter auseinandersetzen, die im Falle der Nichtberücksichtigung ihrer Wünsche mit der Lahmlegung des Eisenbahnverkehrs drohten. Die von der Regierung beschlossene Entsendung von Abgeordneten „zum Zwecke gütlicher Einwirkung“ entsprach dem damals von den Sozialdemokraten verfolgten, auf Beruhigung und Konflikteindämmung ausgerichteten Kurs.[53]

2.2 Die Arbeiter- und Soldatenräte und die Demokratisierung der Verwaltung

Angesichts der tagesaktuellen Problemlast schien die Funktionsfähigkeit des Verwaltungssystems und damit auch der – wenn auch vorübergehende – Fortbestand des Beamtenkörpers für Hirsch Priorität vor anderen politisch motivierten Forderungen zu genießen. Störungen des Verwaltungsablaufs durch etwaiges übergriffiges Auftreten mancher Arbeiter- und Soldatenräte sollten deshalb nach Möglichkeit vermieden werden. Als die neue preußische Gesamtregierung am 15. November zu ihrer ersten Sitzung zusammenkam, lag ihr Fokus deshalb auf der Einbindung und Kontrolle der Arbeiter-, Soldaten- und Bauernräte. So sollten zwar die Kosten der Räte von staatlichen oder kommunalen Fonds übernommen, aber gleichzeitig auch die Zahl der Mitglieder beschränkt, ihre Legitimation überprüft und die Befugnisse der Räte festgeschrieben werden, um Kompetenzüberschreitungen in Zukunft vermeiden zu können.[54]

In seinen Erinnerungen fand Hirsch insgesamt anerkennende Worte für die in der Revolution entstandenen Arbeiter- und Soldatenräte, die „gemeinschaftlich mit dem Vollzugsrat und der Regierung einsichtsvoll an dem Wiederaufbau des Vaterlandes gearbeitet“ hätten. Nicht zuletzt dort, wo die Arbeiterräte sich aus erfahrenen Sozialdemokraten und Gewerkschaftlern rekrutiert hätten, habe „alles vortrefflich“ funktioniert. Übergriffe seien jedoch besonders dort vorgekommen, wo die Räte nicht durch die Schule der politischen und

52 National-Zeitung Nr. 143 v. 1. 7. 1919: Paul Hirsch, Streikfieber; BArch Berlin, R 8034/III 200.

53 Zur Sitzung des preußischen Staatsministeriums vom 15. 11. 1918, TOP 2, vgl. GStA PK, VI. HA, NL Otto Braun, Nr. 28; Schulze, Braun, S. 232. Vgl. auch Hirsch, Weg, S. 129–131.

54 Vgl. Protokolle des Preußischen Staatsministeriums, Bd. 11/I, S. 37 f.; vgl. dazu auch Vorwärts Nr. 318 v. 18. 11. 1918, S. 2: Vergütungen für Arbeiter-, Soldaten- und Bauernräte. Ferner Kolb, Arbeiterräte, S. 262–281.

gewerkschaftlichen Arbeiterbewegung gegangen seien.[55] So musste anknüpfend an die Verfügung vom 14. November über die Zuständigkeit der Behörden in einer zwei Tage später erlassenen Verordnung die Unabhängigkeit der Gerichte noch einmal bekräftigt werden, nachdem sich ein Arbeiter- und Soldatenrat ein Gerichtsurteil zur Genehmigung hatte vorlegen lassen.[56] Auch Eingriffe in die Tätigkeit der Forstbetriebe und in die Jagdausübung von Forstbeamten kamen vor. So wurden vereinzelt Treibjagden durch nicht zur Jagd berechtigte Personen durchgeführt, sodass sich die beiden Landwirtschaftsminister Braun und Hofer Ende November gezwungen sahen, in einem Erlass dieses eigenmächtige Treiben örtlicher Arbeiter- und Soldatenräte zu unterbinden.[57]

Besonders krasse Zustände traf Hirsch auf einer Ende Dezember 1918 unternommenen Reise in Ostpreußen an, wo in einer kleinen Kreisstadt ein Soldatenrat ein besonders selbstherrliches Gebaren an den Tag gelegt habe. „Keine Spur von Demokratie, vielmehr Orgien des Absolutismus in der abstoßendsten Form.“ Ohne Rücksicht auf wirtschaftliche Notwendigkeiten und die Versorgung der Bevölkerung mit Lebensmitteln zu nehmen, seien Autos zu privaten Zwecken requiriert und Lokomotiven von Eisenbahnzügen abgehängt worden. Am Totensonntag habe der Soldatenrat Gläubige während eines Gottesdienstes aus der Kirche geholt und zu einer vom Soldatenrat veranstalteten Versammlung geführt. Zudem seien auf jedem Gutshof Soldaten zur Kontrolle einquartiert worden, für die ein fester Betrag an die Kasse des Soldatenrates habe abgeführt werden müssen. „Kurz und gut“, der Soldatenrat „arbeitete völlig nach russisch-bolschewistischem Muster.“ Nach schwierigen Verhandlungen habe man jedoch wieder eine Rückkehr zu geordneten Verhältnissen erreichen können.[58]

Konterkarierend wirkte in dieser Hinsicht das Auftreten des Groß-Berliner Vollzugsrates, der am 16. November darauf hinwies, dass alle Regierungspräsidenten und Landräte „unter schärfster Kontrolle“ der lokalen Arbeiter- und Soldatenräte stünden und all jene Landräte, die sich weiterhin dem wilhelminischen System verpflichtet fühlten, „unverzüglich“ abgesetzt würden. Den Landratsämtern sollten zudem Beauftragte der jeweiligen Arbeiter- und Soldatenräte zur

55 Hirsch, Weg, S. 125. Zum Verhältnis der Regierung zu den Räteorganisationen vgl. BArch Berlin, NL Wolfgang Heine, N 2111, Nr. 485, S. 405–411.

56 Vorwärts Nr. 317 v. 17. 11. 1918, S. 7: Unabhängigkeit der Gerichte.

57 Hirsch, Weg, S. 127 f.

58 Ebd., S. 126 f., Zitate S. 126. – Zur Reise Hirschs Mitte Dezember vgl. auch Vorwärts Nr. 343a v. 14. 12. 1918, S. 7: Ministerreise nach Posen; Nr. 347 v. 18. 12. 1918, S. 7: Demonstration gegen die polnischen Bestrebungen in Danzig; Nr. 349 v. 20. 12. 1918, S. 2: Besprechung der deutschen Ostfragen.

Überwachung und Kontrolle beigeordnet werden.[59] Doch das preußische Innenministerium sprach sich entschieden gegen jede Behinderung der Verwaltungstätigkeit aus, lehnte das den Beigeordneten zugesprochene Absetzungsrecht ab und versuchte ihre Funktion auf eine formale Kontrolltätigkeit zu beschränken.[60] Am 22. November kam es schließlich zu einer Kompetenzabgrenzung zwischen dem Rat der Volksbeauftragten und dem Groß-Berliner Vollzugsrat, wonach der Vollzugsrat zwar über das Kontroll-, das Berufungs- und Abberufungsrecht der Mitglieder der neuen Reichsregierung verfügen, die vollziehende Gewalt jedoch beim Rat der Volksbeauftragten liegen sollte. Faktisch hatte der Vollzugsrat einen deutlichen Positionsverlust hinzunehmen, da er auf lediglich formale Kontrollrechte beschränkt wurde und auf exekutive Funktionen verzichten musste.[61] Erstes Ergebnis dieser Machtverschiebung war eine am folgenden Tag erlassene Anordnung, die den Gestaltungsspielraum der preußischen Arbeiter- und Soldatenräte deutlich einschränkte. Nachdrücklich wurde betont, dass den Behörden, die sich der neuen Regierung zur Verfügung gestellt hätten, „die Führung der Geschäfte im engeren Sinne“ obliegen würde. Verhaftungen und Beschlagnahmungen sollten nur in Absprache mit den hierfür maßgeblichen Stellen durchgeführt werden, eine Beschlagnahme öffentlicher Kassen habe grundsätzlich zu unterbleiben, ebenso Eingriffe in den Schifffahrts-, Eisenbahn- und Postverkehr.[62]

Die Übergriffe der Arbeiter- und Soldatenräte kulminierten am 8. Dezember in der unter dem Vorwurf des Landesverrats erfolgten Verhaftung von neun führenden Ruhrindustriellen, unter ihnen August und Fritz Thyssen sowie Edmund Stinnes (Sohn von Hugo Stinnes), die aufgrund von tatsachenwidrigen Behauptungen eines Denunzianten erfolgt war. Auf Anordnung der preußischen Regierung konnten die Industriellen wenige Tage später wieder freigelassen werden.[63] Noch im Januar 1919 musste gegen Eingriffe örtlicher Arbeiter- und Soldatenräte in die Pressefreiheit, in das Wirtschaftsleben oder auch in Fragen der Fürsorgeerziehung vorgegangen werden.[64]

Mochte Hirsch auch von der Notwendigkeit einer Demokratisierung des konservativen wilhelminischen Beamtenkörpers überzeugt sein, so besaß die Aufrechterhaltung eines Mindestmaßes an administrativer Kontinuität angesichts

59 Text, in: Müller, Novemberrevolution, S. 133.

60 Vgl. ebd., S. 133 f.

61 VZ Nr. 600 v. 23. 11. 1918, S. 1: Das Staatsrecht der Uebergangszeit.

62 Text, in: Müller, Novemberrevolution, S. 135.

63 Vgl. Huber, Verfassungsgeschichte, Bd. 5, S. 1011 f.

64 Hirsch, Weg, S. 128–131.

der damaligen Probleme doch für ihn eindeutig Priorität. Für ein umfassendes Revirement schienen der SPD auch genügend qualifizierte Kräfte zu fehlen. Auf Arbeiterfunktionäre, so gab Hirsch rückblickend zu bedenken, habe man nicht ständig rekurrieren können, „wollte man nicht die Partei- und Gewerkschaftsbewegung gefährden". Die Regierung habe sich aber des Rechts zur Ersetzung besonders kompromittierter und reaktionärer Beamten mit Hilfe des Vollzugsrates bedient, wenngleich sie auch nicht allen personellen Forderungen örtlicher Arbeiter- und Soldatenräte habe Rechnung tragen können. Hirsch räumte ein, dass der Regierung bei Neubesetzungen, bei denen sie es „an gewissenhaftester Prüfung" nicht habe fehlen lassen, durchaus „einige Mißgriffe unterlaufen" seien.[65] Aus der Perspektive des Jahres 1920 wird man hinzufügen müssen, dass es weniger die Neubesetzungen als die weiterhin im Amt befindlichen konservativen politischen Beamten und der nur schwach ausgeprägte Veränderungswille waren, die sich in der Folgezeit nachteilig auswirken sollten.

2.3 Der Rat der Volksbeauftragten, der Vollzugsrat und die USPD

Der Eindruck der politischen Macht- und Kraftlosigkeit, den Hirsch und das von ihm zusammen mit Ströbel geführte Kabinett gelegentlich hervorrief, hing damit zusammen, dass die preußische Revolutionsregierung eingekeilt war zwischen dem im Reich regierenden Rat der Volksbeauftragten und dem Vollzugsrat, der für sich die politische Macht und damit auch Kontrollrechte in Anspruch nahm. So war der Rat der Volksbeauftragten für die militärische und wirtschaftliche Demobilmachung zuständig, während den Einzelstaaten lediglich die verwaltungsrechtliche Ausführung oblag. Hinzu kam die Übernahme des preußischen Kriegsministers in die Reichsregierung, die den Gestaltungsspielraum der preußischen Exekutive schmälern musste, da dieser aus praktischen Gründen nun vor allem dem Rat der Volksbeauftragten verantwortlich war, gleichzeitig jedoch weiterhin Sitz und Stimme im preußischen Staatsministerium besaß.[66] Der sich hier andeutende und dem damaligen Problemdruck geschuldete Trend zur Verreichlichung und die damit verbundene Stärkung der Rechte des Reichs

65 Ebd., S. 115 f., Zitate S. 116. So wurde auf dem Reichskongress der Arbeiter- und Soldatenräte Mitte Dezember darüber Klage geführt, dass die preußische Regierung „den reaktionären Landrat" des Kreises Hanau, „den Urheber des Blutbades vom 7. November, dem Kreise mit Gewalt wieder aufoktroyieren wolle"; vgl. Vorwärts Nr. 350 v. 21. 12. 1918, S. 3: Die Schlußsitzung des Kongresses.

66 Vgl. Eimers, Verhältnis von Preußen und Reich, S. 73–77. Vgl. dazu auch die Sitzung des preußischen Staatsministeriums vom 5. 8. 1919, TOP 5, in: GStA PK, I. HA, Rep. 90, Annex S Nr. 1; ferner Der Zentralrat, Nr. 25, S. 171–185.

gingen ohne Frage zu Lasten der Länder, die auf lieb gewonnene Vorrechte und nicht mehr zeitgemäße Einrichtungen verzichten mussten. Neben dem Rat der Volksbeauftragten musste die preußische Regierung aber auch auf den Vollzugsrat Rücksicht nehmen, der in den ersten Revolutionsmonaten ein konterkarierendes Moment in der deutschen und preußischen Politik bildete, da er in seiner Mehrheit die Politik der Unabhängigen unterstützte und im Konfliktfall, wie bei der bereits erwähnten Frage der Kontrolle der Beamten, die Macht der Arbeiterräte gegen die Regierung stärken wollte.[67]

Neben dem im Vergleich zur Zeit vor 1918 eingeschränkten Spielraum der preußischen Regierung erschwerten die ständigen Kontroversen zwischen Mehrheitssozialdemokraten und Unabhängigen eine kontinuierliche und zielgerichtete Regierungsarbeit. Denn das paritätisch aus beiden Arbeiterparteien bestehende Politische Kabinett bildete letztlich die Differenzen und Auseinandersetzungen der alten sozialdemokratischen Landtagsfraktion ab. Konsens bestand lediglich in der Beseitigung der alten wilhelminischen Ordnung und der Überreste des Ancien Régime. Aber über das weitere Vorgehen und das anzustrebende politische Ziel gab es höchst unterschiedliche Ansichten und Meinungen. Während die Sozialdemokraten eine Beruhigung der inneren Lage erstrebten und eine parlamentarische Demokratie errichten wollten, damit möglichst rasch Wahlen zu einer verfassunggebenden Nationalversammlung anstrebten, war das Meinungsbild bei den Unabhängigen noch weitgehend diffus. Während die einen den Wahltermin zur Konstituante möglichst spät ansetzen wollten, um in der Zwischenzeit sozialistische Forderungen wie die Sozialisierung der hierfür reifen Industrien umzusetzen, zielten andere auf eine mit Hilfe der Arbeiter- und Soldatenräte durchzusetzende Diktatur des Proletariats, d. h. die Herrschaft einer Klasse, und damit letztlich auf eine Umkehrung der Verhältnisse vor 1918. Die Haltung zur politischen Macht und zur Frage einer Beteiligung an einer wie auch immer gearteten Regierung war in der USPD schwankend. Nicht wenige plädierten für ein Forttreiben der Revolution und wollten den politischen Kampf außerhalb des Parlaments führen.[68]

Angesichts dieser divergierenden Vorstellungen und Ziele war die Suche nach einer tragfähigen Grundlage für ein gemeinsames, konsensuales Handeln ein schwieriges Unterfangen. Die Gemeinsamkeiten schienen mit der Abschaffung der alten wilhelminischen Zöpfe rasch erschöpft, und das Strittige trat bald wieder in den Vordergrund. Dabei erwies sich die Besetzung der preußischen Ministerien mit zwei Ministern der beiden Arbeiterparteien als eine

67 Vgl. Gerhard Engel, Groß-Berliner Arbeiter- und Soldatenräte, 3 Bde.
68 Krause, USPD, S. 113–123.

unglückliche Lösung, die nicht selten zu Reibereien und zur gegenseitigen Blockade führen konnte. Die Doppelbesetzung der Ministerien, so resümierte Otto Braun in seinen Erinnerungen, sei eine „Anomalie“ gewesen. „Denn die Beamten machten sich bald eingedenk des Bibelwortes: ‚Niemand kann zwei Herren dienen‘ die Direktionslosigkeit, die diesem ministeriellen Zweigespann entsprang, zunutze.“[69]

Im Justizministerium prallten mit dem rechten Sozialdemokraten Heine und dem linken Unabhängigen Rosenfeld zwei Welten aufeinander. „Man muss in der Politik manches Unangenehme mit in den Kauf nehmen“, befand Heine rückblickend. „Dazu gehörte für mich, dass ich einen Kollegen bekam, den ich seit zehn Jahren als einen Feigling und Lügner kannte. In den wenigen Wochen bis Ende Dezember 1918 ging es ohne Zusammenstoss ab, zumal ich jede Berührung mit dem unerfreulichen Amtsbruder möglichst vermied. Heinemann“, der Staatssekretär, „der ihn von derselben Seite kannte wie ich, unterstützte mich dabei“.[70] Auch Hirsch beklagte rückblickend, dass „schon vom ersten Tage an die inneren Gegensätze das politische Bündnis der beiden sozialistischen Richtungen gelockert“ habe. „Die Gegensätze waren nur äußerlich überbrückt. Die inneren Meinungsverschiedenheiten aber, die tieferen Ursachen entsprungen waren, blieben bestehen. Sie äußerten sich bei den verschiedensten Gelegenheiten, und leider nur allzu häufig regierte man nicht nebeneinander, sondern gegeneinander.“[71]

2.4 Die Schul- und Kirchenpolitik

Oftmals konnte man sich nur auf den kleinsten gemeinsamen Nenner einigen. Während die Zusammenarbeit zwischen den beiden Vorsitzenden noch einigermaßen reibungslos funktionierte, was auch daran gelegen haben mochte, dass Ströbel ungeachtet seiner radikalen Rhetorik doch im Grunde ein „sanfter Intellektueller“[72] war, und auch die Unabhängigen Kurt Rosenfeld und Adolf Hofer der Bewältigung der tagespolitischen Problemlast Priorität beimaßen, suchte Adolph Hoffmann die revolutionäre Übergangszeit zur Durchsetzung

69 Braun, Von Weimar, S. 42. Vgl. dazu auch GAD Nr. 210 v. 9. 8. 1919, S. 1: Hellmut von Gerlachs Erlebnisse als Unterstaatssekretär. „Es wurde viel durcheinander gearbeitet, aber wenig Praktisches erzielt. Breitscheid war durch sein Nebenamt als Journalist sehr in Anspruch genommen und der Ministerpräsident Paul Hirsch konnte sich vor all den Deputationen, die ihn sprechen wollten, gar nicht retten.“

70 Heines Erinnerungen, in: BArch Berlin, NL Wolfgang Heine, N 2111, Nr. 484, S. 226.

71 Hirsch, Weg, S. 117.

72 Schulze, Braun, S. 234.

alter sozialdemokratischer Forderungen zu nutzen. Die Trennung von Staat und Kirche und die damit verbundene Zurückdrängung des kirchlichen Einflusses im Schulwesen waren Postulate, die auch im deutschen Liberalismus anschlussfähig waren. Dennoch war mehr als fraglich, ob die kompromisslose Durchsetzung dieser Forderungen in dieser krisenhaften Umbruchszeit sinnvoll war oder ob sie nicht Geister rief, die man mit der Revolution gebannt zu haben glaubte.

Gegen Hoffmanns Selbstbewusstsein und Machtwillen kam der eher blasse, konziliantere Konrad Haenisch im Kultusministerium kaum an. Der „Zehn-Gebote-Hoffmann", wie der Unabhängige wegen seiner 1891 veröffentlichten Schrift „Die zehn Gebote und die besitzende Klasse" auch genannt wurde, ähnelte in manchem einem ideologischen Fanatiker, der sich auch durch sein aggressives, bisweilen polterndes Auftreten im Parlament ausgezeichnet hatte.[73] „Daß ein Konrad Haenisch gemeinsam mit einem Adolf Hoffmann das Bildungswesen leiten könnte", so Hirsch, „erwies sich schon in den ersten Tagen als Utopie. In den anderen Ministerien traten die Differenzen nicht so offen zutage, sie waren aber nichtsdestoweniger latent vorhanden, und das Gewitter konnte sich jeden Augenblick entladen. Das mußte naturgemäß die Stoßkraft der Regierung schwächen."[74] Gegenüber dem gemäßigten und durchsetzungsschwachen Haenisch, so meinte Braun im Rückblick, habe der „robuste Adolf Hoffmann" gleichsam „wie ein bekanntes Tier im Porzellanladen" gewütet. „Hänisch mußte daher oft die Intervention des Staatsministeriums gegen seinen rabiaten Kollegen in Anspruch nehmen, was häufig zu an sich urkomischen, im Hinblick auf die Situation im Lande aber tieftraurigen Auseinandersetzungen in den Kabinettsitzungen führte."[75]

Entschlossen ging Hoffmann voran. Bereits am 15. November wurden Kinder kirchlich nicht gebundener Eltern vom Religionsunterricht befreit.[76] Dies war ein Herzensanliegen Hoffmanns, der 1899 selbst zu einer Geldstrafe verurteilt worden war, weil er als Dissident seinen Sohn nicht den Religionsunterricht und die Reformationsfeiern hatte besuchen lassen.[77] Mit dieser Maßnahme beseitigte er letztlich einen Missstand, der für zahlreiche konfessionsungebundene Arbeiterfamilien eine Belastung darstellte. Am 27. November folgten eine Verfügung über die Aufhebung der geistlichen Ortsschulaufsicht,

73 Vgl. Fischart, Die politischen Köpfe Deutschlands, S. 142–153.

74 Hirsch, Weg, S. 117.

75 Braun, Von Weimar, S. 42.

76 Text, in: Ritter/Miller, Die deutsche Revolution, S. 278 f.; vgl. auch Giesecke, Schulpolitik, hier S. 163–166.

77 Groschopp, Adolph Hoffmann aus heutiger Sicht, hier S. 19.

zwei Tage später ein Erlass an die Provinzialschulkollegien und Regierungen, der den Religionsunterricht an den Schulen als obligatorisches Unterrichtsfach beseitigte und am 13. Dezember 1918 das Gesetz über die Erleichterung des Austritts aus der Kirche und den jüdischen Synagogengemeinden.[78] Während sich der Erlass vom 27. November noch knapp und nüchtern auf wenige Zeilen beschränkte, war dem Erlass über den Religionsunterricht eine relativ lange Begründung vorgeschaltet, die durch ihren Grundton provozierend wirken konnte. So hieß es, dass die „Stellung der Religion in der Schule" zu zahlreichen Missständen geführt habe, „deren Beseitigung längst fällig und eine Ehrenpflicht eines freien und sozialistischen Staatswesens" sei. Der Erlass entspreche „der einfachen Pflicht zu Redlichkeit und Sauberkeit und des selbstverständlichen Rechts jedes Menschen auf die Freiheit seiner Ueberzeugung und seines religiösen Bekenntnisses". Neben dem Religionsunterricht wurden auch das Schulgebet vor und nach dem Unterricht und die von Seiten der Schule erfolgende Verpflichtung der Schüler zum Besuch von Gottesdiensten oder anderen religiösen Veranstaltungen aufgehoben.[79]

Da Hoffmann krank war, trug der Erlass vom 29. November nur die Unterschrift Konrad Haenischs.[80] In einem Brief an Hirsch vom selben Tag hatte Haenisch noch um eine Beratung des Gesamtministeriums gebeten und auf die „eminent *politische* Bedeutung" des Erlasses gerade mit Blick auf die „Losreißungsbestrebungen von Preußen" in katholischen Regionen verwiesen.[81] Aber Haenisch schien nicht mehr Herr der Lage zu sein. Die Wirkung des Erlasses, der dem Kabinett nicht vorgelegt worden war[82], war verheerend. Denn der antiklerikale Kurs Hoffmanns und seine zugespitzten Forderungen nach strikter Trennung von Staat und Kirche boten nicht nur dem Zentrum eine willkommene Gelegenheit, sich gegenüber der sozialistisch regierten Reichshauptstadt zu profilieren, sondern verstärkten auch den von der katholischen Partei geförderten Separatismus im Rheinland. Die Parole „Los von Berlin" gewann dadurch im Rheinland an Resonanz und Durchschlagskraft. Am Rhein wurden in Versammlungen Entschließungen angenommen, die sich wie in Köln „auf das schärfste" gegen die Beseitigung des obligatorischen Religionsunterrichts wandten.[83] Bitter klagte

78 Text, in: Ritter/Miller, Die deutsche Revolution, S. 279 f.; ferner Deutscher Reichsanzeiger und Preußischer Staatsanzeiger Nr. 302 v. 23. 12. 1918, S. 2.

79 Zitate Ritter/Miller, Die deutsche Revolution, S. 279.

80 Vgl. auch Schulze, Braun, S. 235.

81 Haenisch an Hirsch, 29. 11. 1918, in: BArch Berlin, NL Haenisch, N 2104, Nr. 145, Bl. 23.

82 Vgl. Hirsch, Weg, S. 146; Schulze, Braun, S. 235.

83 Vgl. die Entschließung einer Kölner Versammlung gegen die Aufhebung des Religionsunterrichts am 3. 12. 1918, in: Ritter/Miller, Die deutsche Revolution, S. 283.

der Provinzial-Arbeiter- und Soldatenrat für den Oberrhein über das Vorgehen des preußischen Kultusministeriums, das der Stimmung für eine Loslösung der Rheinlande vom Reich zuarbeiten würde. „Wir beklagen es aufs tiefste, daß maßgebende Regierungsstellen so wenig praktischen Sinn bewiesen und den Gegnern der Revolution Waffen zur Bekämpfung der Reichseinheit in die Hände gedrückt haben."[84]

Die katholische Kirche machte mobil. In ihrem Hirtenschreiben vom 20. Dezember legten die preußischen Bischöfe „schärfste Verwahrung" gegen die von der neuen Regierung proklamierte Trennung von Staat und Kirche ein und riefen die Gläubigen dazu auf, sich gegen die „Feinde der Religion" zur Wehr zu setzen.[85] Am selben Tag setzte Konrad Haenisch die umstrittene Verordnung vom 29. November außer Kraft mit der Bemerkung, diese Frage der zu wählenden preußischen Nationalversammlung vorlegen zu wollen.[86] Möglich machte dies eine Erkrankung Hoffmanns, die dazu führte, dass die Leitung des Ministeriums Haenisch seit dem 10. Dezember allein oblag.[87]

2.5 Die Loslösungsbestrebungen

Der rheinische Separatismus, der durch diese kirchenpolitischen Maßnahmen neuen Auftrieb erhielt, stellte in der Umbruchszeit nach dem Krieg ein ernstes Problem dar. Er ist vor dem Hintergrund der damaligen Diskussion über eine Neugestaltung des Reiches, die auch die Frage der Aufteilung Preußens auf die Tagesordnung rückte, zu sehen. Für die Erhaltung der staatlichen Integrität Preußens hatte sich die preußische Regierung im Grunde genommen bereits in ihrem am 14. November 1918 veröffentlichten Programm ausgesprochen, in dem sie ankündigte, dass Preußen „in einen völlig demokratischen Bestandteil der einheitlichen Volksrepublik" verwandelt werden sollte. Mit der Ankündigung, die Entscheidung über die zukünftigen Staatseinrichtungen, seine Beziehungen zum Reich, zu den anderen deutschen Staaten und zum Ausland der verfassunggebenden Versammlung vorzubehalten, wurde der Status quo letztlich festgeschrieben.[88]

84 Zum Schreiben von Vertretern des Provinzial-Arbeiter- und Soldatenrats für den Oberrhein an die Reichsregierung vom 7. 12. 1918 (Auszug) vgl. ebd., S. 283 f., Zitat S. 284.

85 Zum Hirtenschreiben vom 20. 12. 1918 vgl. ebd., S. 284–286, Zitat S. 284 f.

86 Deutscher Reichsanzeiger und Preußischer Staatsanzeiger Nr. 306 v. 30. 12. 1918, S. 2.

87 Vgl. Schmidt, Adolph Hoffmann und die Trennung von Schule und Kirche, hier S. 116–118.

88 Vorwärts Nr. 314 v. 14. 11. 1918, S. 1: Das Programm der preußischen Landesregierung.

Auf der Reichskonferenz am 25. November, auf der Vertreter des Reichs und der Länderregierungen, unter ihnen auch der preußische Ministerpräsident Ströbel, über die Frage der Reichseinheit und der separatistischen Bewegungen diskutierten, legte Hirsch „namens der provisorischen Regierung Preußens Protest ein gegen die Bestrebungen der Regierungen mancher freien Staaten, Teile Preußens von Preußen loszulösen und anderen Staaten einzuverleiben. Solche Bestrebungen hätten bereits greifbare Formen angenommen, und die provisorische Regierung Preußens müsse dagegen mit aller Macht opponieren." Hirsch konnte es als Erfolg verbuchen, dass sich die Revolutionsregierungen der Länder zusammen mit dem Rat der Volksbeauftragten schließlich zur „Aufrechterhaltung der Einheit Deutschlands" bekannten und sich entschieden gegen „separatistische Bestrebungen" wandten. Auch einigte sich die Konferenz auf eine baldige Einberufung der deutschen Nationalversammlung. Diese Konferenz bedeutete für die SPD nicht nur eine Anerkennung der politischen Realitäten, sondern letztlich auch einen Verzicht auf die Forderung nach unitarischer Ausgestaltung des Reiches.[89] In einem Zeitungsbeitrag wandte sich Hirsch nicht nur gegen die Sezessionsbestrebungen in den Grenzgebieten mit ihrem Ruf „Los von Preußen", sondern sprach sich auch für eine Stärkung der Reichsautorität aus. „Preußen ist und bleibt, wie jeder andere Teil Deutschlands, auf ein starkes, mit sicherer Hand geleitetes Reich angewiesen und diese Leitung kann nur aus einträchtigem Willen, aus dem Zusammenfassen aller Kräfte erwachsen."[90]

Zu den Staaten, die gerne ein großes Stück aus dem preußischen Kuchen schneiden wollten, gehörte Hamburg, das zwischen den preußischen Städten Altona, Wandsbek und Harburg eingekeilt war. Um seinen Aufgaben als Welthafen und Industriezentrum gerecht werden zu können, erschien eine Erweiterung des Staats- und Hafengebiets geradezu unerlässlich. Doch mit seinen Vorstellungen kam der Hamburger Sozialdemokrat Berthold Grosse bei seinem Berliner Parteifreund Hirsch schlecht an. „Unsere in Berlin allerdings privat geäußerten Annexionsabsichten", so Grosse später im Hamburger Arbeiter- und Soldatenrat, „haben einen ganzen Hühnerhof aufgescheucht, und besonders Hirsch

89 Zur Reichskonferenz vom 25. 11. 1918 vgl. Die Regierung der Volksbeauftragten 1918/19. Bd. 1, Dok. Nr. 30, S. 149–215, Zitat S. 200. Vgl. die gemeinsame Erklärung des Rats der Volksbeauftragten und der Vertreter der deutschen Länder vom 25. November 1918, in: Huber, Dokumente 1918–1933, S. 29; zur Reichskonferenz vgl. auch Huber, Verfassungsgeschichte, Bd. 5, S. 784–791. Vgl. auch Vorwärts Nr. 325 v. 26. 11. 1918, S. 7: Die Reichskonferenz der Bundesstaaten.

90 Stuttgarter Neues Tagblatt Nr. 609 v. 30. 11. 1918, S. 1: Das neue Preußen und die Einheit des Reiches.

hat es sich nicht verkneifen können, gegen die Losreißung preußischer Gebiete Einspruch zu erheben".[91]

Dennoch erhielt die Parole „Los von Berlin" durch die Erlasse des preußischen Kultusministeriums neue Stoßkraft nicht zuletzt deshalb, weil sie von Teilen der in den katholischen Regionen tonangebenden Zentrumspartei mitgetragen wurde. So wurde am 4. Dezember auf zwei Kölner Versammlungen nach Reden der Reichstagsabgeordneten der Zentrumspartei Karl Trimborn und Wilhelm Marx die Gründung „einer dem Deutschen Reich angehörigen, selbständigen Rheinisch-Westfälischen Republik" gefordert.[92] Die Gründe für den rheinischen Separatismus waren vielfältig. Seit der Annexion von 1815 spielte im Rheinland ein sich gegen das preußische Kernland und speziell gegen Berlin richtendes regionales Sonderbewusstsein eine große Rolle. Die Überheblichkeit mancher an den Rhein versetzten Beamten, der im Kulturkampf der 1870er-Jahre kulminierende Gegensatz zwischen Katholiken und Protestanten sowie manche, als nachteilig empfundenen wirtschaftlichen Interventionen oder administrativen Maßnahmen steigerten die Abneigung gegen die Hauptstadt und bereiteten letztlich den Boden für jene Bewegung, die nach 1918 ihr Heil in der Loslösung des Rheinlands von Preußen sah. Die traditionellen antiberliner und antipreußischen Ressentiments der Rheinländer wurden letztlich durch die Revolution zusätzlich potenziert. Zudem war nach dem Krieg und dem Sturz der Monarchien die Ungewissheit über die zukünftige Gestaltung des Reichs groß. Zahlreiche Neuordnungsvorstellungen kursierten, von denen nicht wenige mit dem hegemonialen Föderalismus eines durch ein übermächtiges Preußen dominierten Kaiserreichs aufzuräumen und Preußen in mehrere Gliedstaaten aufzuteilen trachteten.

Auch waren die Ziele und Friedensbedingungen der Alliierten noch weithin unbekannt und das Schicksal des Rheinlands, nach dem Frankreich so oft in der Geschichte die Hand ausgestreckt hatte, höchst ungewiss. Wie lange die im Zuge des Waffenstillstandsabkommens vom 11. November 1918 erfolgte alliierte Besetzung der linksrheinischen Gebiete und der Brückenköpfe Mainz, Koblenz und Köln dauern würde, war überdies unklar.[93] Zwar gaben sich die Deutschen der Hoffnung hin, dass das Selbstbestimmungsrecht der Völker, dass der

91 Stalmann/Stehling, Hamburger Arbeiter- und Soldatenrat 1918/19, S. 291 (Sitzung des Hamburger Arbeiter- und Soldatenrats vom 28. 11. 1918).

92 Vgl. VZ Nr. 622 v. 5. 12. 1918, S. 3: Zentrumsrepublik Rheinland-Westfalen; zur Entschließung vgl. Ritter/Miller, Die deutsche Revolution, S. 422.

93 Zum Waffenstillstandsabkommen vom 11. November 1918, in: Huber, Deutsche Verfassungsgeschichte, Bd. 5, S. 760–764, hier S. 762.

amerikanische Präsident Woodrow Wilson in seinen Vierzehn Punkten vom 8. Januar 1918[94] als Grundprinzip eines zukünftigen Friedensvertrages vorgesehen hatte, auch für Deutschland gelten würde. Doch war fraglich, ob sich der amerikanische Präsident, der mit einer starken isolationistischen Grundstimmung in den USA zu kämpfen hatte, gegen den französischen Präsidenten Clemenceau, dessen Politik auf eine nachhaltige Schwächung des östlichen Nachbarn zielte, durchsetzen würde. Insofern stellte die Forderung nach Abtrennung des Rheinlands von Preußen auch den Versuch dar, durch ein Eingehen auf die sicherheitspolitischen Interessen Frankreichs Zugeständnisse bei den Friedensverhandlungen zu erlangen. Neben der vom Zentrum mitgetragenen Rheinlandbewegung agierte allerdings noch eine kleine Gruppe um den früheren Staatsanwalt Hans Adam Dorten, die auf die Gründung eines eigenständigen, eng mit Frankreich verbundenen rheinischen Staates außerhalb des Reichsverbandes reflektierte und der Bewegung letztlich ein irrlichternes Gepräge gab.[95]

In einer Erklärung sprach sich die preußische Regierung am 10. Dezember entschieden gegen die separatistischen Bestrebungen aus und glaubte mit der Entsendung Rudolf Breitscheids, der zusammen mit Hirsch an der Spitze des Innenministeriums stand, die Bewegung durch Berücksichtigung der als berechtigt anerkannten Forderungen eindämmen und kanalisieren zu können. Zu dieser Hoffnung schien die Besprechung, die der gebürtige Kölner Breitscheid mit rheinischen und westfälischen Vertretern am 13. Dezember in Elberfeld führte und auf der allgemein die Forderung nach einer baldigen Einberufung einer Nationalversammlung, der diese Fragen vorbehalten sein sollten, erhoben wurde, auch Anlass zu geben. Für Hirsch und seine Ministerkollegen schien diese Angelegenheit damit vorerst erledigt zu sein.[96]

Die Aufmerksamkeit des preußischen Regierungschefs galt in jenen schwierigen Wochen nicht nur dem Rheinland, sondern auch jenen östlichen und nördlichen Grenzregionen, die starke ethnische Minderheiten aufwiesen. Dazu gehörten die katholisch geprägten Provinzen Posen und Schlesien, namentlich Oberschlesien, mit hohem polnischen Bevölkerungsanteil, die Provinz Ostpreußen sowie die dänisch geprägten Teile Nordschleswigs. In all jenen

94 Wilsons Kongreßbotschaft „Die Vierzehn Punkte“ vom 8. Januar 1918, in: Huber, Dokumente 1900–1918, Nr. 160, S. 222 f.

95 Vgl. Bischof, Rheinischer Separatismus.

96 Zum Protokoll der Elberfelder Versammlung vom 13. 12. 1918 vgl. Ritter/Miller, Die deutsche Revolution, S. 425–430. Vgl. auch Morsey, Zentrumspartei, S. 125–128; Reimer, Rheinlandfrage, S. 85–88. Zur Sitzung des Politischen Kabinetts am 14. 12. 1918 vgl. Protokolle des Preußischen Staatsministeriums, Bd. 11/I, S. 40 f., hier S. 40.

Provinzen gab es starke separatistische Bewegungen, die von Frankreich, Polen und Dänemark nach Kräften unterstützt wurden. Angesichts dieser Gefahren, so Hirsch rückblickend, sei es Aufgabe der preußischen Regierung gewesen, diesem Treiben „entgegenzuarbeiten und Preußen vor dem Auseinanderfallen zu bewahren".[97] Am 10. Dezember warnte die preußische Regierung deshalb in aller Entschiedenheit vor Bestrebungen, die „das Gemeinwohl gefährden und deshalb mit allen zu Gebote stehenden Mitteln bekämpft werden" müssten. Die Entscheidung über die zukünftige staatsrechtliche Gestaltung Deutschlands müsse der noch zu wählenden verfassunggebenden Nationalversammlung vorbehalten werden.[98]

Um seinen Worten Nachdruck zu verleihen und sich vor Ort über die Lage zu informieren, reiste Hirsch Mitte Dezember zusammen mit Unterstaatssekretär Gerlach und dem Beigeordneten Ernst in die bedrohten Landesteile. Da es die preußische Regierung unter ihrer Würde sah, bei den Okkupationsmächten im Rheinland um eine Einreiseerlaubnis nachzusuchen und die Lage in der sog. Nordmark offenbar als nicht besonders gefährdet angesehen wurde, beschränkte sich die Reise der Regierungsmitglieder auf den Osten. Sie führte Hirsch nach Posen, Thorn, Allenstein und Danzig. Die „Ministerreise" diente aber auch dazu, eine Reihe von Klagen über Übergriffe von Arbeiter- und Soldatenräten deutscher bzw. polnischer Nationalität zu untersuchen.[99] In Danzig, wo am 17. Dezember eine große Demonstration der deutschen Bevölkerung gegen die polnischen Machtambitionen stattfand, gab Hirsch die Zusage, „daß die jetzige Regierung, die ja allerdings auch nur eine vorübergehende sei, alles aufbieten werde, daß Westpreußen deutsch bleibe". Er werde sich dafür einsetzen, dass das in den 14-Punkten des amerikanischen Präsidenten Wilson fixierte Selbstbestimmungsrecht der Völker auch für Westpreußen gelten werde.[100] Eine frohe Botschaft, die Zeugnis davon ablegte, wie sehr man sich damals in Deutschland noch im „Traumland der Waffenstillstandsperiode" befand.[101]

97 Hirsch, Weg, S. 138.

98 Vorwärts Nr. 340 v. 11. 12. 1918, S. 1: Gegen die Zerteilung Preußens; Hirsch, Weg, S. 138.

99 Vorwärts Nr. 343a v. 14. 12. 1918, S. 7: Ministerreise nach Posen.

100 Vorwärts Nr. 347 v. 18. 12. 1918, S. 7: Demonstration gegen die polnischen Bestrebungen in Danzig; Die Freiheit Nr. 62 v. 18. 12. 1918, S. 3: Kundgebung gegen polnische Machtansprüche. Auf seiner Reise sprach sich Hirsch auch für die Bildung eines besonderen Grenzschutzes aus, mit dem die Ausfuhr von Lebensmittel verhindert werden sollte; Vorwärts Nr. 349 v. 20. 12. 1918, S. 2: Besprechung der deutschen Ostfragen. Vgl. auch Hirsch, Weg, 140 f.

101 Ernst Troeltsch (Spectator), Nach der Entscheidung, 26. 6. 1919, in: Ders., Die Fehlgeburt einer Republik, S. 56–62, hier S. 61 f.

2.6 Der Bruch mit der USPD und der Januaraufstand 1919

Zu einem veritablen Zankapfel zwischen Sozialdemokraten und Unabhängigen wurde die Frage nach dem Termin für die Wahl zur preußischen Konstituante. Wie im Reich versuchte die USPD den Wahltermin möglichst hinauszuschieben, um in der Zwischenzeit die eigene Parteiorganisation zu stärken und im sozialistischen Sinne vollendete Tatsachen zu schaffen. Auch war das Verhältnis eines Teils der Unabhängigen zur parlamentarischen Demokratie alles andere als klar, erschien manchen doch das Rätesystem als probates Mittel zur Durchsetzung der als Diktatur des Proletariats titulierten Herrschaft der Arbeiterklasse. Demgegenüber stand die die Mehrheitssozialdemokratie bzw. die Mehrheitssozialisten, wie die SPD zwischen 1917 und 1922 in Abgrenzung von der USPD informell auch genannt wurde, auf dem Boden der parlamentarischen Demokratie und wünschte „die baldige Herbeiführung verfassungsmäßiger Zustände" durch rasche Neuwahlen im Reich und in den Ländern. Den von Heinrich Ströbel erhobenen Vorwurf, die Sozialdemokraten hätten sich in einer rein sozialistischen Regierung nicht wohlgefühlt und lieber mit den Bürgerlichen koalieren wollen, wies Hirsch in seinen Erinnerungen als „leere Behauptung" entschieden zurück. „Genau wie die Unabhängigen strebten auch die Mehrheitssozialisten nach einer rein sozialistischen Regierung. Aber über den Weg zur Erreichung dieses Zieles gingen die Ansichten auseinander. Die Geschichte hat den Mehrheitssozialisten darin recht gegeben, daß, je länger der Wahltermin hinausgeschoben wurde, desto mehr sich die Aussichten auf eine sozialdemokratische Parlamentsmehrheit verringerten. Von der Aufrichtung einer Diktatur des Proletariats aber konnte, abgesehen von grundsätzlichen Bedenken der Mehrheitssozialisten, schon deshalb nicht die Rede sein, weil das Proletariat in sich zerfallen war und weil die Kämpfe innerhalb der sozialistischen Parteien immer schärfere und abstoßendere Formen angenommen hatten."[102]

Die Erkrankung des unabhängigen Kultusministers bot schließlich den Sozialdemokraten die Möglichkeit, die Frage des Wahltermins in ihrem Sinne zu entscheiden. Da die Stimmen im Politischen Kabinett nicht delegiert werden konnten, befanden sich nunmehr die beiden unabhängigen Kabinettsmitglieder gegenüber ihren drei sozialdemokratischen Kollegen in der Minderheit. Diesen Umstand machten sich Hirsch und seine beiden Kabinettskollegen der SPD am 12. Dezember zunutze, als sie in der Sitzung des Politischen Kabinetts die Anträge der USPD, diese Frage bis zur Genesung Hoffmanns zu vertagen, ablehnten und den Beschluss fassten, die Wahlen zur preußischen Konstituante

102 Hirsch, Weg, S. 118.

eine Woche nach den Wahlen zur Nationalversammlung stattfinden zu lassen. Verworfen wurde der Zusatz: „vorbehaltlich der Zustimmung des Zentralrats der A.u.S. Räte" gegen die Stimmen der Unabhängigen Rosenfeld und Ströbel.[103] Hirsch und die Mehrheitssozialdemokraten hatten mit dieser Entscheidung für klare Verhältnisse gesorgt.[104]

Die Geringschätzung, die manche Unabhängigen dem parlamentarischen System entgegenbrachten, illustrierte damals eine Adolph Hoffmann zugeschriebene Äußerung, nach der die Nationalversammlung „gesprengt" und „die Diktatur des Proletariats aufgerichtet werden" müsste, falls die Wahlen keine sozialistische Mehrheit ergeben würden. Nach einem Bericht des „Berliner Tageblatts" soll diese Bemerkung am 8. Dezember in einer Versammlung in Berlin-Friedrichshain gefallen sein. „Jeder Parteianhänger", so der Kultusminister nach der Zeitungsmeldung, „muß dann bereit sein, auf die Barrikaden zu steigen und mit seinem Körper für die sozialistische Sache einzustehen".[105] Der Bericht schlug hohe Wellen, verstärkte er doch die Zweifel an der politischen Zuverlässigkeit der Unabhängigen. Das Gespenst des Bolschewismus erschien wieder an der Wand. Bereits wenige Tage zuvor, am 6. Dezember, war es in Berlin zu einem blutigen Zusammenstoß zwischen Demonstranten und Truppenteilen gekommen.[106] Die Hoffmann zugeschriebene Äußerung wurde am 9. Dezember Gegenstand der Sitzung des Rates der Volksbeauftragten, der vor einer öffentlichen Stellungnahme zuerst Hoffmanns Standpunkt und die Meinung der preußischen Regierung abwarten wollte.[107] In Preußen wiederum stellte Hirsch in der Sitzung des Politischen Kabinetts am 14. Dezember, auf einen Antrag Brauns zurückgreifend, eine Erklärung zur Diskussion, die „die Nationalversammlung als den Ausdruck des Volkswillens unter allen Umständen zu respektieren verspricht". Ströbel erklärte sich grundsätzlich mit der vorgeschlagenen Fassung einverstanden, bat jedoch die Worte „unter allen Umständen" zu streichen. Der so modifizierte Antrag wurde schließlich mit allen Stimmen außer der Rosenfelds angenommen.[108] Hirsch, der um eine Klarstellung bemüht war, nahm auch in diesem

103 GStA PK, I. HA, Rep. 90 A, Nr. 3624, Bl. 426 f., hier Bl. 427. Zur Sitzung des Politischen Kabinetts am 12. 12. 1918 vgl. Die Protokolle des Preußischen Staatsministeriums, Bd. 11/I, S. 39 f., hier S. 40.

104 Zur Rolle Brauns vgl. Schulze, Braun, S. 236 f.; Eimers, Verhältnis, S. 50 f.

105 BT Nr. 629 v. 9. 12. 1918, S. 1: Adolf Hoffmann über die Nationalversammlung.

106 Vgl. Jones, Am Anfang, S. 95–105.

107 Zur Sitzung des Rates der Volksbeauftragten am 9. 12. 1918 vgl. Der Regierung der Volksbeauftragten, Bd. 1, Nr. 47, S. 305–310, hier S. 309.

108 Protokoll der Sitzung des preußischen Kabinetts vom 14. 12. 1918, in: GStA PK, I. HA, Rep. 90 A, Nr. 3624, Bl. 428 f., hier Bl. 429. Ferner Die Protokolle des Preußischen

Fall auf die unabhängigen Kabinettskollegen Rücksicht und verzichtete auf die Durchsetzung einer noch schärferen Erklärung. Ungeachtet der wachsenden Irritationen genoss der Erhalt der Koalition von SPD und USPD für ihn noch Priorität.

Es kann davon ausgegangen werden, dass die zumindest unbedachte, wenn nicht entlarvende Äußerung Hoffmanns in dieser Form gefallen ist. Denn hätte sie der Wahrheit nicht entsprochen, hätte Hoffmann die Meldung ungeachtet seiner Krankheit später richtigstellen lassen. Andere USPD-Vertreter waren inzwischen mit ähnlichen Auslassungen hervorgetreten. So hatte der Berliner Richard Müller, Anhänger des Rätesystems, Mitte November auf einer Versammlung deutlich gemacht, dass der Weg zur Nationalversammlung nur über seine Leiche führe, was ihm auch den Beinamen „Leichenmüller" einbrachte.[109]

Für ständigen Ärger sorgten auch die Verhältnisse in dem von Haenisch und Hoffmann geleiteten Kultusministerium. Dies lag nicht nur am USPD-Minister, sondern auch an dessen „Pressechef" Harndt, der Bekanntmachungen ohne Wissen Haenischs durch das Telegraphenbüro W.T.B. verbreiten und sie als amtliche Mitteilungen kennzeichnen ließ. Dies schien bereits beim Erlass über den Religionsunterricht vom 29. November 1918 der Fall gewesen zu sein. Diese Bekanntmachungen, so beklagte sich Haenisch gegenüber Hirsch, „blamieren nicht nur das Kultusministerium, sondern die ganze Regierung". Harndts Ernennung habe er nur zugestimmt, „da Hoffmann großes Gewicht darauf legte, einen persönlichen Vertrauensmann und Ratgeber an seiner Seite zu haben, und mir als solchen Herrn Harndt aufs dringendste empfohlen. Inzwischen aber hat sich herausgestellt, dass Herr Harndt zur Wahrnehmung der Geschäfte, mit denen ihn Hoffmann beauftragt hat, völlig ungeeignet ist". Haenisch lehnte „für weitere Taktlosigkeiten des Herrn Harndt" denn auch „ausdrücklich jede Verantwortung" ab.[110]

Staatsministeriums, Bd. 11/I, S. 40 f., hier S. 41. In der zwei Tage später veröffentlichten amtlichen Mitteilung erklärte die preußische Regierung, dass „sie auf dem Boden der Demokratie steht und den durch das Ergebnis der Wahlen zur Nationalversammlung zum Ausdruck gebrachten Willen des Volkes respektieren wird". Vgl. BT Nr. 641 v. 16. 12. 1918, S. 2: Herr Adolph Hoffmann krank; VZ Nr. 641 v. 16. 12. 1918, S. 2: Die Regierung gegen Adolf Hoffmann.

109 Richard Müller auf einer Versammlung der Arbeiterräte Groß-Berlins am 19. November 1918 vgl. Vorwärts Nr. 320 v. 20. 11. 1918, S. 5: Bericht des Vollzugsrates im Zirkus Busch.

110 Haenisch an Hirsch, 20. 12. 1918, in: BArch Berlin, NL Haenisch N 2104, Nr. 145, Bl. 26. Eine Abschrift des Schreibens ging an Landwirtschaftsminister Otto Braun, da Haenisch die Angelegenheit auch „offiziell im Kabinett zur Sprache" bringen wollte; IISH, Otto Braun Papers, Nr. 50.

Für die unhaltbaren Zustände im Kultusministerium machte Hirsch aber auch seinen Parteifreund Haenisch verantwortlich. So wandte sich der Kultusminister, „menschlich gekränkt", am Weihnachtstag an den Ministerpräsidenten, um sich gegen die als unberechtigt empfundene Kritik zur Wehr zu setzen. „Es ist Dir im Grunde doch genau so gut bekannt wie mir, daß mit einem Mann seiner Art", mit Hoffmann, „eine regelrechte Erledigung laufender Geschäfte einfach unmöglich ist, mit einem Mann, der die Abteilungen des Hauses so gut wie ganz von der Mitarbeit ausschließt, der ein in *dieser* Art wirklich nicht gerechtfertigtes Mißtrauen gegen alle alten Beamten hat, und der Alles nur mit seinen persönlichen Vertrauensleuten erledigen will. Daß da irgend welche vernünftige Geschäftsführung einfach unmöglich ist, liegt doch klar auf der Hand." Zu den persönlichen seien sachliche Differenzen getreten. „Ich zweifle nicht daran, daß Du sachlich durchaus meiner Meinung bist, daß die Entfesselung eines Kulturkampfes in diesem Augenblick der denkbar größte politische Fehler ist, der nur gemacht werden kann." Haenisch räumte ein, dass er gegenüber Hoffmann zu nachgiebig gewesen sei. „Aber *gerade Du* solltest doch einiges Verständnis haben. Wenn ich mich nicht gleich in den ersten Wochen mit allerlei Beschwerden an das Kabinett gewandt habe und in vielen Dingen Hoffmann nachgab, so geschah das, um, soweit es irgend in den Grenzen der Möglichkeit lag, Konflikte zu vermeiden und der Gesamtregierung keine Schwierigkeiten zu machen. Ich habe damit nur dieselbe Politik verfolgt, die gerade Du während der ersten Kriegsjahre – mutatis mutandis – durchgeführt hast, allerdings gebe ich zu, daß diese Politik jetzt bei mir ebenso Schiffbruch gelitten hat, wie damals bei Dir. Aber wie gesagt: gerade Du solltest mir deswegen wirklich keine allzuschweren Vorwürfe machen." Die Arbeit im Kultusministerium bereite ihm „wahrhaftig keine Freude" mehr und er sei gerne bereit zurückzutreten. „Solange ich aber an dieser Stelle stehe, hätte ich den dringenden Wunsch, daß Du in künftigen Kabinetts-Sitzungen meine Stellung nicht überflüßig erschwerst."[111]

Haenisch konnte letztlich aufatmen. Denn die Unabhängigen wurden allmählich von der politischen Entwicklung an den Rand gedrängt. Eine Niederlage musste die Partei bereits auf dem Mitte Dezember stattfindenden Reichskongress der Arbeiter- und Soldatenräte in Berlin hinnehmen, als die überwiegend sozialdemokratisch organisierten und gesinnten Räte sich gegen das Rätesystem und mit übergroßer Mehrheit (von etwa 400 zu 50 Stimmen) für das parlamentarische System entschieden, indem sie mit dem 19. Januar einen möglichst frühen Wahltermin für die Nationalversammlung beschlossen. Als politische Sottise erwies sich zudem die Entscheidung der Unabhängigen, sich an dem auf

111 Haenisch an Hirsch, 24. 12. 1918, in: BArch Berlin, NL Haenisch, N 2104, Nr. 145, Bl. 29 f.

dem Kongress ins Leben gerufenen Zentralrat, der in der Übergangszeit das Parlament ersetzen und die Regierung kontrollieren sollte, nicht zu beteiligen aus Protest gegen dessen als zu gering erachtete Kompetenzen. Mit dem Zentralrat, der die Nachfolge des Berliner Vollzugsrates antrat, erwuchs den Unabhängigen letztlich ein zusätzlicher sozialdemokratisch dominierter Kontrahent.[112]

Zu einem neuerlichen Kräftemessen zwischen den Sozialdemokraten und den Unabhängigen kam es wenig später in der Auseinandersetzung um die im Berliner Schloss einquartierte Volksmarinedivision. Ursprünglich zum Schutz der Regierung aufgestellt, erwies sie sich in zunehmendem Maße als unzuverlässig. Den eigentlichen Anlass für den sich bald zuspitzenden Konflikt boten Klagen über das Verschwinden von Kunstgegenständen aus dem Schloss, deren Verwaltung dem preußischen Finanzministerium oblag. Am 12. Dezember wies der preußische Finanzminister und Unabhängige Hugo Simon im Politischen Kabinett auf diesen Missstand hin.[113] Nachdem die an die Matrosen gerichtete Aufforderung zur Räumung des Schlosses nichts fruchtete und die Auseinandersetzung durch Lohnforderungen der Matrosen zusätzlich angeheizt wurde, kam es am 24. Dezember zum Einsatz von Regierungstruppen. Der Sturm auf das Schloss scheiterte jedoch, da die Volksmarinedivision Unterstützung durch den Berliner Polizeipräsidenten Emil Eichhorn (USPD) und die ihm unterstellte Sicherheitswehr erhielt. Der Konflikt endete mit einer politischen Niederlage der mehrheitssozialdemokratischen Volksbeauftragten, die nunmehr gezwungen waren, als Preis für die Räumung den Matrosen weit entgegenzukommen. Nach dieser blutigen Auseinandersetzung an Weihnachten, bei der 68 Menschen ums Leben kamen, war das Tischtuch zwischen Sozialdemokraten und Unabhängigen zerschnitten. Da sich auch der Zentralrat auf die Seite der Sozialdemokraten stellte und den Einsatz des Militärs billigte, zogen die Unabhängigen die Konsequenzen und traten am 29. Dezember aus dem Rat der Volksbeauftragten aus. Eine gemeinsame Regierung schien angesichts der zurückliegenden Ereignisse mit der SPD nicht mehr möglich.[114]

Ströbel, Hoffmann und Rosenfeld erklärten sich umgehend mit den zurückgetretenen Volksbeauftragten solidarisch und schieden am 3. Januar aus der preußischen Regierung aus. Ein weiteres Verbleiben in der preußischen Regierung, so argumentierten die unabhängigen Regierungsmitglieder am folgenden Tag, sei ihnen unmöglich geworden, nachdem der Zentralrat aufgrund seiner

112 Der Zentralrat.

113 GStA PK, I. HA, Rep. 90 A, Nr. 3624, Bl. 426 f., hier Bl. 426 (allgemein über die während der Revolutionstage entstandenen Schäden); ferner Schulze, Braun, S. 237.

114 Vgl. Winkler, Revolution, S. 109–113.

mehrheitssozialdemokratischen Zusammensetzung „einen revolutionsfeindlichen Standpunkt" vertreten und „die Entscheidung über die wichtigsten Fragen der Revolution" verzögern würde, den unabhängigen Kabinettsmitgliedern nach dem Rücktritt Haases, Dittmanns und Barths auch „der notwendige Rückhalt bei der Regierung der deutschen Republik geraubt worden" sei.[115] Interessant ist, dass der Rücktritt nicht mit Differenzen innerhalb der preußischen Regierung bzw. dem Politischen Kabinett begründet wurde und die Arbeitsgrundlage zwischen unabhängigen und sozialdemokratischen Kabinettsmitgliedern in Teilen noch gegeben zu sein schien. Zugleich illustriert das an den Zentralrat gerichtete Rücktrittsschreiben die Abhängigkeit der preußischen Entwicklung von den Vorgängen im Reich. Diese Dependenzen zwischen Preußen und dem Reich dokumentieren im Übrigen auch die verschiedenen gemeinsamen Sitzungen des Rates der Volksbeauftragten und der preußischen Minister im Winter 1918/19.[116]

Insgesamt gesehen schien das Verhältnis zwischen den beiden Vorsitzenden des Politischen Kabinetts, zwischen Hirsch und Ströbel, nicht übermäßig gelitten zu haben. So findet sich im Nachgang in Ströbels 1920 erschienener Publikation über die deutsche Revolution kein abfälliges Wort über Hirsch, der allerdings auch nicht namentlich erwähnt, sondern regelrecht totgeschwiegen wurde.[117] Während dem „Vorwärts" die Erleichterung über die nach dem Austritt erfolgte Klärung der innenpolitischen Lage anzumerken war[118], fand Hirsch in seinen Erinnerungen auch Worte des Bedauerns. Zwar sei der Austritt der unabhängigen Kabinettsmitglieder „der inneren Geschlossenheit der Regierung förderlich gewesen", doch habe er „auf der anderen Seite ihr Arbeiten wesentlich erschwert, da ihre bisherigen Mitglieder nun in offene Kampfstellung zu ihr" getreten seien. Hatten die Unabhängigen Ströbel, Adolph Hoffmann und Rosenfeld noch am 2. Dezember eine Verordnung gegen übertriebene Lohnforderungen unterstützt, so machten sie sich nach ihrem Regierungsaustritt zum Wortführer der Lohnbewegung und wandten sich entschieden gegen die von ihnen bislang mitgetragenen Maßnahmen.[119]

115 Schreiben der USP-Mitglieder der preußischen Regierung an den Zentralrat (Rücktrittserklärung) vom 3. 1. 1919, in: Der Zentralrat, Nr. 26, S. 185 f.

116 Vgl. Die Protokolle des Preußischen Staatsministeriums, Bd. 11/I, S. 37 f. u. 41 f.

117 Heinrich Ströbel, Die deutsche Revolution. Ihr Unglück und ihre Rettung, Berlin 1920.

118 Vorwärts Nr. 6 v. 4. 1. 1919, S. 1: Austritt der Unabhängigen aus der preußischen Regierung.

119 Hirsch, Weg, S. 121 f., Zitate S. 121; Vorwärts Nr. 6 v. 4. 1. 1919, S. 2: Die preußische Regierung warnt vor übertriebenen Lohnforderungen.

Der einzige Unabhängige, der dem Beispiel der drei Minister nicht gefolgt war, war der Berliner Polizeipräsident Emil Eichhorn, der in den Revolutionstagen in sein Amt gekommen war. Der damals 55-jährige gelernte Mechaniker hatte sich als Parteifunktionär und Redakteur in der Partei hochgearbeitet und vor dem Krieg dem Reichstag angehört. Von 1908 bis 1916 hatte er zudem das sozialdemokratische Pressebüro in Berlin geleitet, wo er mit Hirsch zusammengearbeitet zu haben schien. 1917 war er aus Protest gegen die Burgfriedenspolitik zur USPD gewechselt, übernahm im August 1918 die Leitung der deutschen Abteilung der russischen Nachrichtenagentur ROSTA und stellte sich in den Dienst der Bolschewiki, die ihn auch später, als er bereits Polizeipräsident war, finanziell unterstützten.[120] War von einem solchen Mann Loyalität zur Regierung zu erwarten?

Anfangs schien sich das Verhältnis des neuen Polizeipräsidenten zum Chef der provisorischen preußischen Regierung gut auszunehmen. „Unser Verkehr", so Eichhorn in seiner Verteidigungsschrift von 1919, „war durchaus kollegial und Herr Hirsch versicherte mir gleich in den ersten Tagen von sich aus, daß der preußische Rat der Volksbeauftragten auf seine Anregung beschlossen habe, mir die etatsmäßigen Bezüge des bisherigen Polizeipräsidenten zuzubilligen".[121] Zwischen dem Polizeipräsidium und dem Innenministerium sollte es in der Folgezeit jedoch wiederholt zu Auseinandersetzungen kommen, die sich an der Frage der Sicherheitswehr entzündeten und am 20. Dezember an der Weigerung der Ministerialbeamten, den Lohn ohne Vorlage eines Etatvoranschlags zu zahlen, zu eskalieren drohten. Die Unterstützung, die die Sicherheitswehr der aufständischen Volksmarinedivision leistete, unterstrich ihre politische Unzuverlässigkeit.[122] Für Sozialdemokraten war Eichhorn spätestens seit dem 24. Dezember zu einem „Schrittmacher des extremen, auf eine gewaltsame Proklamierung der revolutionären Diktatur des Proletariats hinarbeitenden Flügels der Berliner Opposition" avanciert.[123]

Nach der Weihnachtskrise, die in aller Deutlichkeit die mangelnde Loyalität Eichhorns und der ihm unterstellten Sicherheitspolizei demonstriert hatte, lud Hirsch in seiner Funktion als preußischer Innenminister den noch amtierenden Polizeipräsidenten für den 3. Januar zu einer Besprechung in sein Ministerium,

120 Eichhorn, Emil, in: Hermann Weber/Andreas Herbst (Hg.), Deutsche Kommunisten. Biographisches Handbuch 1918 bis 1945. 2. erw. Aufl. Berlin 2008, S. 214 f.; Eichhorn, Januar-Ereignisse, S. 60 f.

121 Eichhorn, Januar-Ereignisse, S. 62.

122 Ebd., S. 62 f., zur Weihnachtskrise S. 46–55.

123 Hirsch, Weg, S. 131; Hirsch zitiert hier Bernstein, Die deutsche Revolution, S. 185.

an der auch zwei Vertreter des Zentralrats teilnahmen. Es soll dabei „sehr heftig“[124] zugegangen sein. Eichhorn lehnte es nicht nur ab, das Innenministerium als übergeordnete Behörde anzuerkennen, sondern weigerte sich auch, seine Stellung zur Frage der Nationalversammlung zu erläutern. In diesem Zusammenhang wurden ihm auch seine Äußerungen auf einer Wahlversammlung der USPD am 28. Dezember vorgehalten, wo er die „Annäherung nach links“ reklamiert und es zugleich als fraglich bezeichnet habe, ob die Nationalversammlung überhaupt zusammentreten werde. Sein Bekenntnis zum „revolutionären Sozialismus“ hatte er mit seiner Weigerung verbunden, weiter mit den Mehrheitssozialdemokraten zusammenarbeiten zu können.[125] Hirsch, so schrieb Eichhorn 1919, habe auf der Sitzung überdies sein Unverständnis darüber zum Ausdruck gebracht, dass es Eichhorn bislang versäumt habe, den Gesandten der Bolschewiki Karl Radek, der durch seine provozierende Rede auf dem Gründungsparteitag der KPD zum Jahreswechsel hervorgetreten war, zu inhaftieren. Hirsch habe schließlich die Sitzung abgebrochen, worauf ihm sein Gegenüber versprach, bis zum Mittag des folgenden Tages auf die Vorwürfe schriftlich zu antworten, was wiederum Hirsch „mit der Bemerkung hinnahm, daß, wenn meine Antwort bis zum 4. Januar, mittags, eingegangen sei, sie noch berücksichtigt würde“.[126] Auch wenn man unterstellt, dass diese von Eichhorn wiedergegebene Äußerung Hirschs der Wahrheit entsprach, ist kaum anzunehmen, dass Hirsch diesen bei rechtzeitiger Einreichung der Verteidigungsschrift im Amt behalten hätte. Dazu waren die Differenzen und Gegensätze zwischen beiden zu groß und zu tiefgreifend. Das „Amt des Polizeipräsidenten der Hauptstadt“, so bemerkte Hirsch später zu Recht, sei „ein viel zu wichtiger Posten“, „als daß eine Regierung ihn in so revolutionärer Zeit in die Hände des Anhängers einer Partei legen konnte, die auf den gewaltsamen Umsturz dieser Regierung hinarbeitete“.[127] Am folgenden Tag erhielt Eichhorn das von Hirsch unterzeichnete Entlassungsschreiben. Als Nachfolger war der Vorsitzende der sozialdemokratischen Landeskommission für Preußen Eugen Ernst vorgesehen.[128]

124 Bernstein, Die deutsche Revolution, S. 187, insges. S. 186–188.

125 Die Freiheit Nr. 79 v. 29. 12. 1918, S. 3: Generalversammlung der Groß-Berliner Wahlvereine (U.S.P.D.).

126 Eichhorn, Januar-Ereignisse, S. 66.

127 Hirsch, Weg, S. 133, insgesamt zur Sitzung vom 3. 1. 1919 S. 133 f.

128 Das Entlassungsschreiben vom 4. 1. 1919 lautete: „Wir entlassen Sie hierdurch mit dem heutigen Tage bei Aushändigung dieses Erlasses aus der kommissarischen Verwaltung des Polizeipräsidiums Berlin. Herr Minister Ernst hat sich bereit erklärt, bis auf weiteres neben seinen bisherigen Funktionen die Leitung des hiesigen Polizeipräsidiums zu übernehmen und wird den Dienst noch heute antreten.“ Hirsch, Weg, S. 134; Eichhorn,

Da Eichhorn und seine Partei diesen letzten Machtposten nicht kampflos preisgeben wollten, riefen sie anderntags ihre Anhänger zu „wuchtigen Massendemonstrationen" auf. „Nieder mit der Gewaltherrschaft der Ebert-Scheidemann-Hirsch und Ernst", so lautete ihre Parole.[129] Die Regierungen Ebert und Hirsch sollten gestürzt und der „parlamentarische Kretinismus"[130] endlich beseitigt werden. Aus den Aufzügen und Demonstrationen entwickelte sich rasch ein blutiger Kampf, der von Teilen der USPD und den revolutionären Obleuten getragen eine ganze Woche währte und über 150 Menschen das Leben kostete, unter ihnen auch Rosa Luxemburg und Karl Liebknecht, die am 15. Januar ermordet wurden.[131]

„Zeitweise schien es", so erinnerte sich Hirsch an jene Tage, „als ob der Sieg sich auf die Seite der Gegner der Regierung neigen würde. Weder die Volksbeauftragten im Reich, noch die Mitglieder der preußischen Regierung waren ihres Lebens sicher. Viele von uns mußten Nacht für Nacht einen neuen Zufluchtsort aufsuchen. Eugen Ernst und ich weilten die ganze Zeit über im Staatsministerium, von wo aus wir, soweit das überhaupt möglich war, die laufenden Geschäfte führten und wo wir auch die Nächte zubrachten. Nachrichten von draußen erhielten wir durch treue Freunde, die es verstanden, sich durch den Kugelregen den Weg zu uns zu bahnen."[132] Zeitweise musste in jenen Tagen auch Hirschs Wohnung in der Wilmersdorfer Straße in Charlottenburg von Regierungstruppen besetzt werden, damit ein nahegelegenes Munitionsdepot der Aufständischen beobachtet werden konnte.[133] Im Grunde sei die Luft nicht nur in den ersten Monaten, sondern das ganze Jahr hindurch „gewitterschwül" gewesen. „Und in einer solchen Zeit, wo alles darüber und darunter ging, wo wir des Abends nicht wußten, ob wir den nächsten Tag noch erleben würden, da hieß es nicht nur: Kopf oben, Ruhe bewahren, Ordnung aufrechterhalten, sondern auch die laufenden Regierungsgeschäfte erledigen und wichtige Gesetze

Januar-Ereignisse, S. 66 f.; auch Die Freiheit Nr. 9 v. 6. 1. 1919, S. 2: Dr. Broh, Das Recht zur Absetzung Eichhorns.

129 Die Freiheit Nr. 8 v. 5. 1. 1919, S. 1: Achtung! Arbeiter! Parteigenossen!

130 Rosa Luxemburg, Die Nationalversammlung, in: Dies., Gesammelte Werke, Bd. 4, Berlin 1987, S. 407–410, hier S. 410: „Der parlamentarische Kretinismus war gestern eine Schwäche, ist heute eine Zweideutigkeit, wird morgen ein Verrat am Sozialismus sein." Der Artikel erschien in Die Rote Fahne (Berlin) Nr. 5 vom 20. 11. 1918.

131 Winkler, Revolution, S. 114–133. Ferner Hirsch, Weg, S. 135–138; Eichhorn, Januar-Ereignisse, S. 67–84.

132 Hirsch, Weg, S. 137. Vgl. auch Hoff, Erinnerungen, S. 201 f.

133 Leipziger Tageblatt und Handelszeitung Nr. 19 v. 12. 1. 1919, S. 2: Die Spartakiden üben „Standrecht".

zu verabschieden."[134] Was die einen als beklagenswerte Führungsschwäche und unverständliche Tatenlosigkeit ansahen und monierten, schien sich doch als eine den Aufgeregtheiten jener Zeit durchaus angemessene Regierungsweise auszunehmen, die durch vorsichtiges Abwarten den radikalen Hitzköpfen Luft aus den Segeln zu nehmen und innenpolitisch beruhigend zu wirken versuchte.

Das Wüten der Freikorps vertiefte die Spaltung der Arbeiterbewegung. Doch die Schuld an der Eskalation lag aus der Sicht von Hirsch bei der radikalen Linken: „Man ist heute nur allzusehr geneigt, über den reaktionären Geist in der Reichswehr zu schreien und Noske dafür verantwortlich zu machen. Aber wer die Dinge, die sich damals abgespielt haben, ohne Voreingenommenheit an seinen Augen vorüberziehen läßt, der muß zu der Erkenntnis kommen, daß die Schuld hieran letzten Endes die Putschisten von Januar 1919 tragen." Noske sei beim Aufbau einer loyalen Regierungstruppe auf die Offiziere des wilhelminischen Heeres angewiesen gewesen. „Man jubelte ihm zu, man pries ihn als Retter Berlins; ein Jahr später schickte man ihn als Sündenbock in die Wüste, seine Verdienste waren vergessen"[135], womit Hirsch wohl auch sein eigenes politisches Schicksal nach den Kapp-Putsch reflektierte und so über Noske milder urteilte als andere zuvor nicht ähnlich konfrontationsorientierte Mehrheitssozialdemokraten. Doch habe, so Hirsch weiter, „ein Stück Tragik darin" gelegen, „daß die Sozialdemokratie sich gegen die eigenen Klassengenossen auf Kreise stützen mußte, von denen sie wußte, daß sie sich zu gegebener Zeit gegen sie wenden würden". Diese Befürchtung habe sich zum Leidwesen der Republik leider „nur allzubald bewahrheitet".[136]

Die mit der Niederwerfung des Januaraufstands verbundene kurzzeitige Beruhigung der innenpolitischen Lage ermöglichte schließlich eine weithin ordnungsgemäße Durchführung der Wahlen zur Nationalversammlung und zur preußischen Landesversammlung. Für die preußische Landesversammlung wurde Hirsch am 29. Dezember von einer Generalversammlung des Sozialdemokratischen Vereins für Berlin als Kandidat aufgestellt. Die 21-köpfige Kandidatenliste für Groß-Berlin, die zuvor auf einer Vorständekonferenz zusammengestellt worden war, führte der Regierungschef wie selbstverständlich an.[137] Auch wenn die deutsche Revolution ein Feld der Kontroversen bleiben wird, da letztlich hypothetisch argumentiert werden muss und mögliche Alternativkonzeptionen

134 Hirsch, Weg, S. 138.

135 Ebd., S. 136 f.

136 Ebd., S. 123.

137 Vorwärts Nr. 358 v. 30. 12. 1918, S. 3: Sozialdemokratische Kandidatenaufstellung für Berlin; Nr. 352 v. 23. 12. 1918, S. 1: Vorbereitung zur Nationalversammlung; ferner Nr. 43 v. 24. 1. 1919, S. 4: Die sozialdemokratischen Kandidatenlisten für Groß-Berlin.

zwangsläufig der historischen Verifikation entbehren, drängt sich doch die Frage auf, wie die Politik der von Hirsch geführten Revolutionsregierung in Preußen bewertet werden muss. Hätte Hirsch die damalige Umbruchszeit für die Durchsetzung einer genuin sozialdemokratischen Reformpolitik in der Innen-, Bildungs- und Kulturpolitik und für eine Demokratisierung der Verwaltung nutzen müssen?

Lange Zeit wurde den in der Revolution an die Macht gelangten Sozialdemokraten der Vorwurf gemacht, sie hätten die Chance verpasst, der neuen Republik ein stabiles demokratisches Fundament zu geben. Mit Hilfe der Arbeiter- und Soldatenräte, die in ihrer überwiegenden Mehrheit von Anhängern und Repräsentanten der SPD und des gemäßigten Flügels der USPD dominiert wurden, hätten sie eine Reformpolitik initiieren, die Demokratisierung und Republikanisierung von Verwaltung und Militär in die Wege leiten und erste Schritte auf dem Weg zur Sozialisierung der hierfür reifen Industrien, des Bergbaus zumal, unternehmen können. Die Entscheidungsspielräume der sozialdemokratischen Akteure seien mithin wesentlich größer gewesen, als lange Zeit angenommen.[138] Aber das Narrativ von der verpassten Chance einer nachhaltigen demokratischen Fundierung der Republik traf auch auf Widerspruch. In zunehmendem Maße wurden die Grenzen, die durchgreifenden politischen, wirtschaftlichen und gesellschaftlichen Reformen in jenem Winter gesetzt waren, und damit der relativ geringe Handlungsspielraum der damals verantwortlich Handelnden herausgearbeitet. So wurde auch auf die Ereignisse in Russland und die damit verbundene Furcht vor einer bolschewistischen Machtergreifung verwiesen, die selbst ohne hinreichenden Realitätsgehalt als Handlungsmotiv im zeitgenössischen Bewusstsein präsent gewesen sei. Überdies wurden die Erfolge der sozialdemokratischen Revolutionsregierungen, die letztlich zur Gründung der ersten Demokratie auf deutschem Boden geführt hätten, schärfer konturiert.[139]

Die Gestaltungsspielräume zumal der preußischen Sozialdemokraten mit Hirsch an der Spitze wird man in der Tat sehr zurückhaltend beurteilen müssen. Denn angesichts eines zurückflutenden Millionenheeres und einer prekären

138 Vgl. Lehnert, Revolution 1918/19 in Preußen; ders., Revolution 1918/19 in Norddeutschland; Niess, Die Revolution von 1918/19 in der deutschen Geschichtsschreibung; Stalmann, Wiederentdeckung der Revolution. Ferner Kolb, Revolutionsbilder; Rürup, Revolution von 1918/19; Ullrich, Zwischen Zusammenbruch, S. 125–142; Schönhoven, Revolution von 1918/19; Winkler, Revolution, bes. S. 68–96.

139 Vgl. Mühlhausen, Ebert, S. 150, insgesamt S. 150–164. Vgl. auch die Biographien über Scheidemann, die allerdings hinsichtlich der revolutionären Umbruchsphase wenig ergiebig sind: Gellinek, Scheidemann, hier S. 48–63; Schmersal, Scheidemann, hier S. 158–186. Ferner Führer, Legien.

Versorgungslage aufgrund der anhaltenden alliierten Seeblockade erschienen vielen Sozialdemokraten die Wiederherstellung von Sicherheit und Ordnung und die Aufrechterhaltung eines Mindestmaßes an Kontinuität in der Verwaltung prioritär. Eine hochentwickelte, komplexe Industriegesellschaft war letztlich auf staatliche Dienstleistungen angewiesen und konnte Beeinträchtigungen und Störungen welcher Art auch immer nicht akzeptieren. Hier kam auch bei Sozialdemokraten eine Art „Anti-Chaos-Reflex“[140] zum Tragen, der durch eine stark organisationsgebundene und disziplinorientierte Vorkriegspraxis ihrer Partei und der sie tragenden Gewerkschaften verstärkt wurde. Die bisherigen Revolutionen, auch die russische von 1917, hatten letztlich noch in einer überwiegend agrarisch geprägten Gesellschaft stattgefunden.

Welch enge Grenzen der Revolutionsregierung Hirsch/Ströbel gesetzt waren, zeigte im Übrigen die Auseinandersetzung um den Erlass über die Aufhebung des Religionsunterrichts, der nicht nur zu einem Aufleben eines neuen Kulturkampfs zwischen Staat und Kirche, sondern auch zur Verstärkung der separatistischen Bestrebungen in den katholisch geprägten Grenzregionen führte. Deshalb scheint es angebrachter, nicht nur die Defizite und Versäumnisse, die es ohne Frage bei der Demokratisierung und Republikanisierung der Verwaltung gab, sondern auch die Leistungen und Erfolge der Regierung Hirsch bei der Sicherung der staatlichen Einheit, der Versorgung mit Lebensmitteln und Energie oder der Aufrechterhaltung der öffentlichen Ordnung im Winter 1918/19 hervorzuheben. Bei der Kritik an der Führungsschwäche des Ministerpräsidenten darf überdies nicht vergessen werden, dass dessen Zurückhaltung in der politischen Diskussion auch dem Bemühen um Wahrung der Koalition mit der USPD und damit auch der Funktionsfähigkeit der Regierung geschuldet war.

3. Die Preußische Regierung Hirsch 1919/20

3.1 Die Wahlen zur Preußischen Landesversammlung und die Bildung der Koalitionsregierung

Der Wahl zur preußischen Landesversammlung am 26. Januar 1919 ging am 19. Januar diejenige zur Nationalversammlung voraus. Gewählt wurde nach dem allgemeinen, gleichen, freien und geheimen Stimmrecht. Erstmals durften auch Frauen ihre Stimme abgeben. Zudem wurde das Wahlalter gesenkt, sodass alle,

140 Vgl. Richard Löwenthal, Vom Ausbleiben der Revolution in den Industriegesellschaften, in: Historische Zeitschrift 232 (1981), S. 1–24.

die das 20. Lebensjahr vollendet hatten, wahlberechtigt waren. Neu war auch die Einführung der Verhältniswahl, von der man eine bessere Berücksichtigung des Wählerwillens und eine gerechtere Stimmen- und Mandatsverteilung erhoffte, hatte doch das absolute Mehrheitswahlrecht zu einer hohen Zahl nicht verwerteter Reststimmen geführt. Gewählt wurden zudem nicht mehr Kandidaten, sondern Listen, die die Parteien aufstellten. Nicht mehr die Persönlichkeit der Kandidaten, sondern die Partei und die politische Richtung waren nunmehr maßgebend.[141]

Der Wahlausgang stellte für die Sozialdemokratie eine Enttäuschung dar. Denn die Partei verfehlte mit 37,9 % der Stimmen deutlich die absolute Mehrheit, auch zusammen mit der USPD (7,6 %) reichte es nicht. Zwar konnte sich die SPD als mit Abstand stärkste Partei im Reich behaupten, war jedoch, wollte sie regieren, auf einen oder mehrere Koalitionspartner angewiesen. Immerhin konnte sie die USPD deutlich deklassieren.[142] Angesichts des im Vergleich mit den eigenen Zielen einigermaßen ernüchternden Wahlergebnisses der SPD waren die Erwartungen an die eine Woche später folgende Preußenwahl nicht übermäßig hoch. So errang die Partei 36,4 % der Stimmen, während die USPD auf 7,4 % kam. Als stärkste Kraft des bürgerlichen Lagers etablierte sich die Zentrumspartei mit 22,3 %, gefolgt von der DDP mit 16,2 %. Das gute Ergebnis des Zentrums dürfte dem anhaltend hohen Mobilisierungsgrad des katholischen Elektorats infolge der Hoffmannschen Erlasse und der in den katholischen Gebieten herrschenden Kulturkampfstimmung geschuldet gewesen sein. Rechtsliberale und Konservative waren gegenüber der Vorwoche zwar insgesamt etwas stärker vertreten, blieben aber weithin randständig.[143]

Der Bruch mit der Vorkriegszeit war in Preußen besonders groß. Die mit der Wahlverordnung vom 21. Dezember 1918[144] erfolgte Beseitigung des Dreiklassenwahlrechts und seine Ersetzung durch das allgemeine, unmittelbare und gleiche Wahlrecht nach den Grundsätzen der Verhältniswahl hatte anders als im Reich vollkommen veränderte Rahmenbedingungen geschaffen. Dies schlug sich im Anstieg der Wahlbeteiligung nieder, die sich im Kaiserreich zwischen 18 und 33 % bewegt hatte und nun auf 74,8 % hochschnellte. Wie im Reich machte sich auch in Preußen die Ausweitung des Kreises der Wahlberechtigten an der Bevölkerung von rund 21 % vor dem Krieg auf ca.

141 Zum Wahlrecht der Weimarer Republik vgl. Nohlen, Wahlrecht, S. 363–367; Falter, Wahlen, S. 23–28.

142 Falter, Wahlen, S. 44.

143 Ebd., S. 101.

144 Preußische Gesetzsammlung 1918, Nr. 43, S. 201–204.

60 % bemerkbar.[145] Wenn die SPD auch im Vergleich zu der Nationalversammlungswahl leichte Einbußen zu verzeichnen hatte, so war der Unterschied zur Vorkriegszeit, als die Partei unter dem Dreiklassenwahlrecht mit 28,4 % der Stimmen lediglich 10 oder 2,3 % Mandate (1913) hatte erringen können, doch offenkundig.[146] Die Mehrheitsverhältnisse hatten sich grundlegend verändert. Die Dominanz der Konservativen, die vor dem Krieg infolge des Wahlrechts und der damit verbundenen Bevorzugung der ländlichen Gebiete über 40 % der Mandate hatten stellen können, gehörte der Vergangenheit an.[147]

Aber auch jenseits der fraktionellen Veränderungen war der Wandel hinsichtlich der sozialen Zusammensetzung des Parlaments sichtbar. Erstmals gehörten Frauen zu den Mitgliedern des Parlaments, wenngleich der Frauenanteil von 5,2 % bei 26 von insgesamt 401 Abgeordneten noch unter dem im Reich (8,5 %) lag. Darüber hinaus war das Parlament im Durchschnitt fünf Jahre „jünger" als das wilhelminische Abgeordnetenhaus von 1913. Durch die deutlichen Zugewinne der sozialdemokratischen Parteien hatte zudem der Anteil der aus der Arbeiterschaft stammenden und über einfache Bildungsabschlüsse verfügenden Abgeordneten sowie der Partei- und Verbandsfunktionäre deutlich zugenommen. Entscheidend war, dass nur wenige Mitglieder des Abgeordnetenhauses den Übergang zur Republik politisch überlebt hatten. So lag der Anteil der Altparlamentarier der Landesversammlung mit 14,3 % deutlich unter dem der Nationalversammlung (36 %). Dass unter den 145 sozialdemokratischen Abgeordneten mit Hirsch, Braun, Haenisch und Leinert lediglich vier (2,8 %) dem Abgeordnetenhaus von 1913 angehört hatten, mochte nicht überraschen, da der Übergang zum gleichen Wahlrecht besonders deutliche Auswirkungen auf die SPD hatte. Dagegen waren die personellen Kontinuitäten in der Fraktion der Nationalversammlung mit 38,2 % oder 63 von 165 Mandatsträgern signifikant höher. Insgesamt war das Ausmaß der Diskontinuität in Preußen letztlich wesentlich größer als im Reich. Die preußischen Abgeordneten waren jünger, politisch unerfahrener und damit nicht durch die innenpolitischen Auseinandersetzungen des Kaiserreiches vorbelastet. Dies mag die größere Kompromissfähigkeit der preußischen Parlamentarier und damit die Stabilität und Funktionsfähigkeit des preußischen Parlamentarismus der zwanziger Jahre mit erklären. Andere Faktoren, zu denen das Fehlen der großen Streitfragen in der Außen-, Wirtschafts- und Finanzpolitik und die verfassungsrechtlich starke Stellung des Parlaments, dem das Recht zur Bestellung und Entlassung der

145 Biefang, Parlamentarische Eliten in Preußen, S. 211–228, hier S. 216 f.

146 Ritter/Niehuss, Wahlgeschichtliches Arbeitsbuch, S. 148.

147 Ebd., S. 140.

Regierung zugesprochen wurde, zählten, spielten in diesem Kontext ebenfalls eine wichtige Rolle.[148]

Es lag nahe, die Regierungsbildung in Preußen in Analogie zu der im Reich zu gestalten und damit die Verhältnisse im Reich zu festigen. Aber während im Reich die drei Parteien, die im Juli 1917 die Friedensresolution im Reichstag verabschiedet und danach im Interfraktionellen Ausschuss eng zusammengearbeitet hatten, schnell zu einer tragfähigen Regierungsgrundlage gelangen konnten, lagen die Dinge in Preußen etwas anders. Es war im größten deutschen Einzelstaat vor der Revolution zu keiner Parlamentarisierung gekommen, sodass bislang lediglich SPD und Linksliberale miteinander kooperiert hatten. Eine Zusammenarbeit mit dem Zentrum wurde dadurch erschwert, dass die in die Kompetenz der Länder fallenden kulturpolitischen Fragen eine wichtige Rolle spielten. Die SPD, die mit 145 von insgesamt 401 Mandaten auch in Preußen von einer absoluten Mehrheit weit entfernt war, hätte zwar zusammen mit der DDP und ihren 65 Abgeordneten eine Mehrheit im Parlament bilden können. Aber angesichts der in den katholischen Regionen virulenten Loslösungsbestrebungen schien eine Kooperation mit der im Rheinland und in Oberschlesien tonangebenden katholischen Partei geboten. Die Zentrumspartei wiederum war ungeachtet der obwaltenden politischen Gegensätze ebenfalls an einer Verständigung mit der SPD interessiert, da ihre kirchen-, kultur- und personalpolitischen Forderungen nur umgesetzt werden konnten, wenn sie auch in der Regierung vertreten war. Einer Kooperation mit der katholischen Partei konnten auch die Demokraten etwas abgewinnen, mussten sie doch befürchten, in einer Koalition mit der SPD an die Wand gedrängt und innerparteilichen Zerreißproben ausgesetzt zu sein. Vor diesem Hintergrund bestand eine Kompromissbereitschaft, die sich auch auf sensible Themen erstreckte. Mit den 94 Mandaten des Zentrums konnte die „Weimarer" Koalition in der Landesversammlung zudem über eine Dreiviertelmehrheit der Mandate verfügen. Es schien deshalb ratsam, die damals geradezu erdrückend erscheinende Problemlast auf die Schultern mehrerer Parteien zu verteilen.[149]

Da anhand der Wahlergebnisse „klar" erscheinen musste, „daß eine rein sozialdemokratische Regierung ein Ding der Unmöglichkeit war"[150], lud Hirsch am 13. Februar 1919, eine Woche nach Bildung der sog. Weimarer Koalition aus

148 Biefang, Parlamentarische Eliten in Preußen, bes. S. 220–222. Zur sozialen Zusammensetzung des Parlaments vgl. auch Möller, Parlamentarismus, S. 249–323. Vgl. auch VZ Nr. 134 v. 14. 3. 1919, S. 1 f.: Preußische Landesversammlung.

149 Zur Mandatsverteilung vgl. Falter, Wahlen, S. 101.

150 Hirsch, Weg, S. 151.

SPD, DDP und Zentrum im Reich, Vertreter von DDP und Zentrum ohne Wissen der Landtagsfraktion und des Zentralrats in Weimar zu Koalitionsverhandlungen ein. Im Mittelpunkt dieser ersten informellen Runde standen vor allem kultur- und schulpolitische Fragen, die der Formulierung einer gemeinsamen programmatischen Grundlage im Wege standen.[151] Auch wenn man zu keinem greifbaren Ergebnis gekommen war, wurden die Gespräche fünf Tage später fortgesetzt. SPD und DDP hatten sich zuvor darauf verständigt, die Forderung nach Trennung von Staat und Kirche vorläufig zurückzustellen. Der noch amtierende Kultusminister Haenisch machte bereits im Vorfeld der Verhandlungen deutlich, dass die Bildung einer Koalitionsregierung nicht an seiner Person scheitern werde und er bereit sei zurücktreten, sofern dies DDP und Zentrum verlangen würden. Dies mochte sicherlich auch an seinem schlechten Verhältnis zu Hirsch gelegen haben.[152] Haenisch bot darüber hinaus eine Aufteilung seines Ministeriums in jeweils ein Ministerium für Unterricht, für geistliche Angelegenheiten und für Kunst und Hochbau an, sodass jede Koalitionspartei einen gewissen Einfluss auf diesem Feld hätte erlangen können.[153] Gegen diese Zugeständnisse hoffte die SPD ihre personalpolitische Forderung nach fünf Ministerien durchsetzen zu können. Der Vorschlag einer Aufgliederung des Kultusministeriums stieß allerdings weder beim Zentrum noch bei den Demokraten auf große Sympathien, hätten sie doch das wichtige Unterrichtsministerium mit den dazugehörigen Schul- und Hochschulfragen der SPD überlassen müssen. Den Sondierungsgesprächen folgten am 8. März formelle Verhandlungen einer von den Parteien bestellten Kommission, die sich um eine Annäherung der konträren Standpunkte bemühte.[154]

Nach dem Zusammentritt der Landesversammlung, der wegen der unsicheren Verkehrsverhältnisse und der gefährdeten Sicherheitslage in Berlin erst

151 Zur Sitzung des Zentralrats mit dem preußischen Kabinett am 13. 2. 1919, in: Der Zentralrat, Nr. 86, S. 625–642.

152 So leitete Haenisch sein Schreiben an Hirsch am 19. 2. 1919 mit den Worten ein: „Hier einen Auszug aus meiner Rede in der Handelshochschule, der Dich vielleicht interessiert. Um gewissen niederträchtigen Bemerkungen von Deiner Seite von vornherein die Spitze abzubrechen, die ergebene Mitteilung, daß die Drucklegung *ganz und gar nicht* auf meine Initiative zurückzuführen ist." Vgl. BArch Berlin, NL Haenisch, N 2104, Nr. 145, Bl. 34. Vgl. auch das Schreiben Haenischs an Hirsch, 7. 3. 1919, in: Ebd., Bl. 39.

153 Vgl. dazu auch den Brief Haenischs an Braun vom 18. 2. 1919: „Das heutige Arbeitsgebiet des Ministeriums ist in der Tat so groß, daß *ein* Mensch es jetzt beim besten Willen nicht mehr übersehen kann und es wäre sehr zweckmäßig, jetzt die Gelegenheit zu der sachlich längst gebotenen Teilung zu ergreifen." BArch Berlin, NL Konrad Haenisch, N 2104, Nr. 43, Bl. 14.

154 Vgl. dazu auch die gemeinsame Sitzung des preußischen Kabinetts mit dem Zentralrat vom 8. 3. 1919, in: Der Zentralrat, Nr. 99, S. 775–784, bes. S. 783.

am 13. März erfolgen konnte[155], wuchs der Druck auf die Verhandlungsführer. „Mühsame und eindringliche Verhandlungen", so schrieb der im Januar in die Landesversammlung gewählte DDP-Abgeordnete und evangelische Theologe Ernst Troeltsch am 20. März unter dem Pseudonym „Spectator" in der Zeitschrift „Kunstwart", „sind im Gange, bei denen alle Beteiligten den besten Willen zeigen und von Kirchen- oder Katholikenfeindschaft nicht entfernt die Rede ist, aber dafür die Prinzipienfragen um so größere Schwierigkeiten machen".[156] Die Verhandlungen endeten am 25. März mit einem Kompromiss, der zwar keine der drei Parteien wirklich befriedigen konnte, aber doch eine tragbare Grundlage für eine engere Kooperation schuf. Während SPD und DDP ein kirchliches Aufsichtsrecht über den Religionsunterricht zugestanden, erklärte sich das Zentrum mit einer kommunalen Regelung der Schulfrage und damit der Zulassung überkonfessioneller Schulen auf Beschluss der Gemeinden bis zum Erlass eines neuen Schulgesetzes einverstanden. Weitere Entscheidungen in kulturpolitischen Fragen wurden vorerst zurückgestellt. In personalpolitischer Hinsicht konnte die SPD ihre Forderungen durchsetzen. Sie erhielt den Posten des Ministerpräsidenten sowie die Ressorts Inneres, Finanzen, Kultus und Landwirtschaft. Die Demokraten besetzten neben dem Handelsministerium das Ministerium für öffentliche Arbeiten, während sich das Zentrum ungeachtet seiner Stellung als zweitstärkste Fraktion aus Rücksicht auf den demokratischen Koalitionspartner und auf sachpolitische Zugeständnisse auf zwei Ressorts, Justiz und Volkswohlfahrt, beschränkte. Da das Kultusministerium den Sozialdemokraten zufiel, sollten Demokraten und Zentrum hier mit jeweils einem Unterstaatssekretär vertreten sein.[157] Diese sog. Weimarer Koalition, mit Vorlauf in den Parteien der Friedensresolution von 1917, sollte in Preußen mit Ausnahme der von Zentrum und DDP getragenen Minderheitskabinette der Jahre 1921 und 1925 letztlich bis 1932 Bestand haben. Zwischen 1921 und 1924 sollte sie sogar um die DVP zur Großen Koalition erweitert werden können.[158]

155 Vgl. die Sitzung der preußischen Regierung vom 6. 3. 1919, in: GStA PK, I. HA, Rep. 90 A, Nr. 3625, Bl. 28–30, hier Bl. 28. – Hirsch gelang es, den Zentralrat von der Notwendigkeit der Einberufung der Landesversammlung zu überzeugen. Dieser wollte damit ursprünglich bis zur Verabschiedung der Reichsverfassung warten; vgl. die gemeinsame Sitzung des preußischen Kabinetts mit dem Zentralrat vom 13. 2. 1919, in: Der Zentralrat, Nr. 86, S. 625–642, hier S. 633. Vgl. auch die Sitzung vom 23. 1. 1919, in: Ebd., Nr. 60, S. 451–463.

156 Troeltsch, Die Fehlgeburt einer Republik, S. 32.

157 Vgl. Hömig, Das preußische Zentrum, S. 39–45; Stang, Die Deutsche Demokratische Partei, S. 206–220; Möller, Parlamentarismus, S. 324–328; Schulze, Braun, S. 240 f.

158 Vgl. Möller, Parlamentarismus, S. 324–393; Stang, Die Deutsche Demokratische Partei, S. 206–327.

Nicht zuletzt mit Rücksicht auf den linken Parteiflügel hatte die SPD „gleich zu Beginn der Verhandlungen“[159], wie Hirsch in seinen Erinnerungen schrieb, auch bei der USPD angefragt, ob sie sich an einer Regierung beteiligen wolle. Da SPD und USPD zusammen über keine Mehrheit im Parlament verfügten, wäre dieses Angebot auf eine Minderheitsregierung oder auf eine Erweiterung der Weimarer Koalition durch die USPD hinausgelaufen. Beide Varianten waren nach den zurückliegenden Ereignissen, der Weihnachtskrise und dem Januaraufstand, wenig realistisch, da weder das Zentrum noch die DDP bereit gewesen wären, mit der USPD zu kooperieren oder eine Arbeiterregierung zu tolerieren. Zudem hatte sich die USPD inzwischen zu weit nach links bewegt und war nicht mehr bereit, die Grundregeln des parlamentarischen Systems zu akzeptieren. Dies zeigten die von Adolph Hoffmann und Kurt Rosenfeld für eine Regierungsbeteiligung formulierten Bedingungen, die die Partei der SPD zukommen ließ und wohlgemerkt erst am 25. März in der „Freiheit“ und im „Vorwärts“ veröffentlicht wurden. Die reklamierte Auflösung und Ersetzung des alten Heeres durch eine „aus den Reihen der klassenbewußten Arbeiterschaft“ errichtete Volkswehr, deren Führer durch die Mannschaften gewählt werden sollten, entsprachen zwar den auf dem Reichsrätekongress im Dezember beschlossenen sog. Hamburger Punkten. Doch konnten die Sozialdemokraten nach den blutigen Ereignissen der vergangenen Wochen diesen Forderungen wenig abgewinnen, da eine derartige Volkswehr in ihren Augen kein zuverlässiges Instrument in den Händen der Regierung gewesen wäre. Die Sozialisierungsforderung wiederum war zwar nicht neu, doch beschränkte sich die USPD nicht mehr auf die hierfür reifen Industriezweige, sondern sprach nunmehr von der „Ueberführung der gesamten kapitalistischen Wirtschaft in die sozialistische“. Schließlich widersprachen die – über eine bald realisierte Einfügung der Betriebsräte in die Verfassung hinausreichenden – Forderungen nach maßgeblicher Mitwirkung der Räte an Gesetzgebung und Verwaltung dem parlamentarischen Grundverständnis der SPD.[160] „Diese Forderungen“, so Hirsch, „waren zum Teil deshalb, weil sie mit dem Wesen der Demokratie unvereinbar waren, für die Sozialdemokratie nicht diskutabel, zum anderen Teil konnten sie angesichts der Mehrheitsverhältnisse überhaupt nicht durchgeführt werden“.[161] Das Angebot war ohnehin kaum ernst gemeint und in erster Linie als Konzession an den linken Flügel innerhalb der Partei gedacht, der in politischer, aber auch persönlicher Hinsicht

159 Hirsch, Weg, S. 151.

160 Vgl. Vorwärts Nr. 154 v. 25. 3. 1919, S. 1: Eine Koalitionsregierung; Freiheit Nr. 142 v. 25. 3. 1919, S. 2: Programm der preußischen Fraktion der U.S.P.D.

161 Hirsch, Weg, S. 151 f.

den Draht zur USPD nicht abbrechen lassen wollte. Bei diesen Koalitionsangeboten im Reich und in Preußen ging es letztlich darum, wie sich Ebert gegenüber dem linksliberalen Abgeordneten Conrad Haußmann ausdrückte, die äußerste Linke „ins Unrecht" zu setzen.[162]

Die Resonanz auf die Bildung einer aus SPD, DDP und Zentrum bestehenden Regierung in Preußen war weitgehend positiv. Es mochte nicht überraschen, dass die Unabhängigen den Sozialdemokraten „Verrat an den wichtigsten Aufgaben, die der Sozialismus zu erfüllen hat", und den sozialdemokratischen Führern mit Hirsch an der Spitze „feigste politische Rechnungsträgerei" vorwarfen.[163] Aber die polemischen Auslassungen links von der SPD fanden kaum Beachtung. Ungeachtet der durchaus schmerzlichen Kompromisse schien man mit dem Ergebnis nicht nur beim Zentrum[164], sondern auch bei den Demokraten zufrieden zu sein, wenn man sich auch noch einiger Zurückhaltung befleißigte.[165] Auch die sozialdemokratische Presse fand lobende Worte für die Regierungsbildung, obschon eine Koalition mit dem Zentrum auf Landesebene für manchen gewöhnungsbedürftig erschien. „‚Paarung eines Kaninchens mit einem Karpfen'", habe früher ein Fortschrittler „den liberal-konservativen Bülowblock genannt. Eine Verbindung des Zentrums mit der Sozialdemokratie auf dem Gebiete der Kulturpolitik scheint aber ein noch viel größeres naturwissenschaftliches Wunder", urteilte der „Vorwärts", der mit Blick auf die kulturpolitischen Kompromisse auch von einem „guten Anfang" sprach.[166]

In der neuen Regierung fanden sich alte Bekannte wieder. Auf ihren Posten blieben Hirsch als Ministerpräsident, Südekum als Finanz-, Braun als Landwirtschafts- und Haenisch als Kultusminister, während Heine vom Justiz- ins Innenministerium wechselte.[167] Das Justizressort übernahm der Zentrumspolitiker am

162 So Haußmann in einem Schreiben an seine Tochter am 4. 2. 1919, in: Haußmann, Schlaglichter, S. 275 f., hier S. 276.

163 Freiheit Nr. 143 v. 25. 3. 1919, S. 1: Verrat!

164 Vgl. Hömig, Das preußische Zentrum, S. 43 f.

165 VZ Nr. 156 v. 26. 3. 1919, S. 1 f.: Die erste parlamentarische Regierung in Preußen.

166 Vorwärts Nr. 156 v. 26. 3. 1919, S. 1: Das Programm der preussischen Regierung.

167 Rückblickend befand Heine, dass er dem Ruf nur sehr ungern gefolgt sei. „Ich hatte nicht die geringste Lust dazu [zur Übernahme des Innenministeriums], denn ich wollte wieder als Rechtsanwalt arbeiten. Ich fühlte die Konflikte, in die ich unbedingt mit der Fraktion geraten *müsste*, da ich mich nun einmal zuerst meiner *Ueberzeugung* von den Notwendigkeiten einer übernommenen Aufgabe verantwortlich fühle, und nicht imstande bin, mich agitatorischen Phrasen und oft sehr egoistischen Wünschen anzupassen. Hatte ich doch in zwanzigjähriger Reichstagsarbeit hinreichende Erfahrungen gemacht. Hirsch und Südekum baten mich dringend, das Zustandekommen der Regierung nicht durch eine Ablehnung zu gefährden." BArch Berlin, NL Wolfgang Heine, N 2111, Nr. 485, S. 313.

Zehnhoff, dessen Parteifreund Adam Stegerwald an die Spitze des neugegründeten Wohlfahrtsministeriums[168] trat. Die DDP vertraten im Kabinett Fischbeck (Handel) und Rudolf Oeser (Öffentliche Arbeiten). Wer waren diese Neuen? Der damals 60-jährige Oeser, der nunmehr dem Eisenbahnministerium vorstand, hatte als Journalist bis 1917 für die „Frankfurter Zeitung" und zuletzt für die Stettiner „Ostsee-Zeitung" gearbeitet, verfügte jedoch als langjähriger linksliberaler Abgeordneter im Reichstag und im preußischen Abgeordnetenhaus über parlamentarische Erfahrung.[169] Wie Oeser konnte auch der Zentrumspolitiker Hugo am Zehnhoff auf eine langjährige Mitgliedschaft im preußischen und im Reichsparlament zurückblicken. Als promovierter Jurist, als Rechtsanwalt und Vorsitzender der Düsseldorfer Anwaltskammer schien der 64-Jährige für seinen neuen Posten prädestiniert.[170] Den Arbeiterflügel und letztlich auch das soziale Gewissen seiner Partei vertrat der zehn Jahre jüngere Adam Stegerwald, der sich als gelernter Schreiner vom Vorsitzenden des Zentralverbandes christlicher Holzarbeiter und zum Generalsekretär des Gesamtverbandes der Christlichen Gewerkschaften hochgearbeitet hatte.[171] Der neuen Regierung gehörte auch der seit dem 3. Januar als preußischer Kriegsminister amtierende Oberst Reinhardt an, der seit Mitte Februar auch Mitglied des Reichskabinetts war. Sein Amt sollte er bis zur Auflösung dieses Amtes im September versehen.[172]

Als Kompensation für ihre relativ schwache Vertretung im Staatsministerium erhielten Zentrum und Demokraten mehrere parlamentarische Unterstaatssekretäre. Diese später wieder abgeschaffte Institution sollte eine enge Verbindung zwischen der Regierung und den sie tragenden Parlamentsfraktionen gewährleisten und den Einfluss der Regierungsparteien in einem Ministerium, dem sie nicht vorstanden, garantieren. So wurde Oscar Meyer (DDP) im Innenministerium, Carl Heinrich Becker (parteilos, DDP-nah), Ernst Troeltsch (DDP) und Rudolf Wildermann (Zentrum) im Kultusministerium, Wilhelm Busch (Zentrum) im Landwirtschaftsministerium und Eduard Gräf (SPD) im Wohlfahrtsministerium installiert. Bei der Besetzung der sechs Unterstaatssekretäre erhielten die Demokraten ein leichtes Übergewicht gegenüber dem Zentrum, da

168 Das preußische Wohlfahrtsministerium sollte aus drei Abteilungen bestehen und für Wohnungswesen, Volksgesundheit und soziale Fürsorge zuständig sein. Vgl. die Sitzung des preußischen Staatsministeriums vom 10. 4. 1919, TOP 1, in: GStA PK, I. HA, Rep. 90, Annex S Nr. 1.

169 Martin Vogt, Oeser, Rudolf, in: NDB, Bd. 19, Berlin 1999, S. 458–460.

170 Mann, Biographisches Handbuch, S. 429 f.

171 Forster, Stegerwald.

172 Bruno Thoß, Reinhardt, Walther Gustav, in: NDB, Bd. 21, Berlin 2003, S. 363.

ihnen neben Meyer und Troeltsch auch Becker zugeordnet werden konnte.[173] Die Unterstaatssekretäre sorgten im Übrigen für eine enge Verbindung zwischen der preußischen und der Reichsregierung. So nahm der Unterstaatssekretär des Staatsministeriums an den Sitzungen des Reichskabinetts und umgekehrt der Unterstaatssekretär der Reichskanzlei an denen des preußischen Staatsministeriums teil. Darüber hinaus sollten auch gemeinsame Sitzungen beider Gremien für einen politischen Gleichklang zwischen der Politik im Reich und in Preußen sorgen.[174]

Das Amt des parlamentarischen Unterstaatssekretärs sollte sich nicht bewähren. Das lag in erster Linie daran, wie Otto Braun in seinen Erinnerungen betonte, dass diese zumeist als „Aufpasser" ihrer Fraktionen im Ministerium aufgetreten seien und damit als „retardierendes und konterkarierendes Element" fungiert hätten. Dies sei im Landwirtschaftsministerium deutlich zutage getreten, wo Braun ein Postbediensteter aus einer rheinischen Kleinstadt vorgesetzt worden sei, „der außer dem Kalender des rheinischen Bauernvereins wohl nie ein agrarwissenschaftliches Buch in der Hand gehabt hatte". Er habe sich nicht nur darauf konzentriert, den Einfluss seiner Partei bei Stellenbesetzungen geltend zu machen, sondern auch Braun und seine Politik in der Zentrumsfraktion und in der Presse „in der gehässigsten Weise" angegriffen.[175] Es überrascht deshalb nicht, dass diese Einrichtung bald wieder beseitigt wurde.

„Mehr noch als in der Reichsregierung", so urteilte das „Berliner Tageblatt" am 26. März, „geben in der preußischen Regierung die Sozialdemokraten den Ausschlag, denn sie haben hier, mehr noch als dort, die eigentlichen politischen Ministerien in die Hand. Die Schaffung der Unterstaatssekretariate mildert für die laufende Arbeit ein wenig diese Vorherrschaft."[176] Auf einen Unterschied zwischen der preußischen und der Reichsregierung machte der linksliberale Publizist Erich Dombrowski aufmerksam, der darauf hinwies, dass im Reichskabinett gelernte Handwerker und Gewerkschafter, eben „Männer der Handarbeit" vertreten seien, während in Preußen mit Hirsch, Heine, Haenisch und Südekum

173 Zum Problem der parlamentarischen Staatssekretäre in Preußen 1919–1921 vgl. Schneider, Die Parlamentarischen Staatssekretäre, S. 563–574; Möller, Parlamentarismus, S. 327; Meyer, Von Bismarck, S. 99–110. Vgl. auch dazu die Sitzung des preußischen Staatsministeriums vom 27. 3. 1919, in: GStA PK, I. HA, Rep. 90 A, Nr. 3625, Bl. 50 f., mit der Anlage „Grundsätze für die Einrichtung der parlamentarischen Unterstaatssekretäre", Bl. 52.

174 Vgl. Hirsch am 16. 12. 1919, in: StBPLV 1919/21, 100. Sitzung, Sp. 8186–8202, hier Sp. 8199.

175 Braun, Von Weimar, S. 59, insges. S. 59 f.

176 BT Nr. 131 v. 26. 3. 1919, S. 1 f., hier S. 2: Die neue preußische Regierung.

die Intellektuellen und Akademiker auf den Ministersesseln Platz genommen hätten. „Das Reich wurde proletarisch, Preußen akademisch. Ja, Preußen ist selbst als sozialistisch-demokratischer Staat feudal geblieben."[177] Erwähnenswert ist zudem, dass Vertreter des rechten Parteiflügels im preußischen Kabinett dominierten. Gegenüber Heine, Haenisch und Südekum stand ein nunmehr trotz seiner Haltung im Ersten Weltkrieg in der SPD als eher „links" geltender Otto Braun zunächst auf relativ verlorenem Posten. Auch Hirsch war durch die Auseinandersetzungen mit den ehemaligen Parteigenossen und nunmehrigen Unabhängigen nun mehr nach rechts gerückt, wenn er sich auch bemühte, als Regierungschef jenseits der Koalitionszwänge zwischen den innerparteilichen Strömungen zu vermitteln und integrierend zu wirken.

3.2 Die Arbeit der Regierung Hirsch

Als die Landesversammlung am 13. März vom designierten Ministerpräsidenten Hirsch eröffnet wurde, hatte Berlin kritische Tage hinter sich. Am 3. März war ein Generalstreik ausgerufen worden, in dessen Verlauf Anhänger der radikalen Linken in eine bewaffnete Auseinandersetzung mit der Regierung gerieten. Diese Märzkämpfe, in deren Verlauf über 1200 Menschen starben, endeten erst am Tag der Parlamentseröffnung mit der Einnahme Lichtenbergs durch Regierungstruppen.[178] Die Vorsichtsmaßregeln vor dem Preußischen Abgeordnetenhaus in Berlin waren an jenem Tag deshalb ausgesprochen streng. Beide Enden der Prinz-August-Straße, an der das Abgeordnetenhaus lag, waren durch Militär abgesperrt. Besucher, die der Parlamentssitzung beiwohnen wollten, wurden streng kontrolliert und nach Waffen abgesucht. Angesichts dieser Sicherheitsvorkehrungen waren die Besucher- und Journalistentribünen auch relativ schwach besetzt.[179]

Durch ihre Zusammensetzung, so betonte Hirsch in seiner Rede am 13. März, sei die aufgrund des allgemeinen, gleichen Wahlrechts gewählte Landesversammlung „ein Sinnbild der ungeheuren politischen Umwälzung, die sich seit der letzten Tagung eines Preußenparlaments wie im Reich so auch in Preußen vollzogen" habe. „Die politische Gleichheit, die eine verblendete und die Zeichen der Zeit nicht erkennende Schicht noch vor wenigen Monaten dem Volke vorenthalten zu können wähnte, ist zur Tatsache geworden, und keine Macht der Welt wird je imstande sein, die großen demokratischen Errungenschaften der

177 Fischart, Die Männer der Übergangszeit, S. 165.

178 Weipert, Zweite Revolution, S. 41–159; Jones, Am Anfang, S. 237–275.

179 VZ Nr. 134 v. 14. 3. 1919, S. 1 f.: Preußische Landesversammlung.

Revolution zu nichte zu machen.“ Die Verurteilung des alten Preußen, „des alten Junkerpreußen“, aus dessen Trümmern „das neue Volkspreußen“ erbaut werde, stieß im Parlament auf der rechten Seite allerdings auf scharfen Widerspruch. Immer wieder entstand Unruhe. Aber auch Unabhängige machten ihrem Unmut durch laute Zurufe Luft. Denn Hirsch hatte sich nicht nur gegen „reaktionäre Gelüste“, sondern auch gegen den „verbrecherischen Terror“ der radikalen Linken gewandt und vor der Errichtung einer neuen Klassenherrschaft gewarnt. Seine leicht pathetisch angehauchte Bemerkung, dass die Sozialdemokraten das „Staatsschiff“ durch „die Klippen und Brandungen des sturmgepeitschten Revolutionsmeeres [...] in das sichere Fahrwasser demokratischer Gesetzlichkeit zurückzusteuern versucht“ hätten, rief auf der äußersten Linken lautes Lachen und Zurufe hervor. Auch sein Verweis auf die außenpolitischen Gefahren durch polnische und tschechische Ambitionen sowie durch „russische Bolschewistenhorden“ erntete Gelächter und „Hu, hu“-Rufe der Unabhängigen.

In seiner Rede schlug Hirsch einen weiten Bogen vom Kaiserreich bis in die Gegenwart, behandelte die zurückliegenden Ereignisse sowie die innen- und außenpolitischen Gefahren und Schwierigkeiten, mit denen die neue Regierung zu kämpfen hatte. Nicht nur die harten Waffenstillstandsbedingungen, die Fortdauer der alliierten Blockade und die damit verbundenen eklatanten Versorgungsprobleme, sondern auch die Herausforderung durch Aufstände und Putschversuche der radikalen Linken fanden Berücksichtigung. Mit seinem Ausspruch, dass eine „gewalttätige, eine verbrecherische Minderheit“ die „Sicherheit des Staates“ bedrohe, fand er lebhafte Zustimmung bei der überwiegenden Mehrheit des Hauses. Worte der Anerkennung und des Lobes widmete er auch für die „wertvolle Hilfe“ der Arbeiter- und Soldatenräte in jener schwierigen Umbruchszeit, wenngleich er auch die zahlreichen Reibungen, die zwischen ihnen und den staatlichen Organen entstanden seien, nicht zu erwähnen vergaß. Seinem Appell, sich auf die „Pflicht zur Arbeit“ zu besinnen, schloss sich eine Auflistung der zahlreichen Aufgaben an, die Regierung und Parlament zu meistern hatten. An erster Stelle stand die Schaffung einer neuen Verfassung, um Preußen zum „freiheitlichsten und fortgeschrittensten Staat der Welt“ zu machen und damit die Antipathien gegen Preußen zu überwinden. Große Bedeutung maß er dabei der Demokratisierung der inneren Verwaltung und der Reform des Bildungswesens bei. Aber auch die Neuordnung des Verkehrs- und Steuerwesens, die Wohnungsfürsorge und die Gesundheitspflege fanden seine Aufmerksamkeit.

Bemerkenswert waren Hirschs Ausführungen zur Frage der weiteren Zukunft Preußens. Obschon die bisherigen Feststellungen der Regierung zu diesem Thema darauf schließen ließen, dass die territoriale Integrität des Staates auch für Sozialdemokraten Priorität genoss, und sich Hirsch in seiner Rede noch einmal entschieden gegen die virulenten „Losreißungs- und Absonderungsgelüste" aussprach, ließ seine Äußerung aufhorchen, dass Preußen bereit sei, „aufzugehen im Reich", genauer „im deutschen Einheitsstaat". So hielt Hirsch die Auflösung der einzelnen Gliedstaaten und die Einteilung des Reiches in neue Verwaltungsbezirke für vorstellbar. Deutlich wurde gleichwohl, dass eine Reichsreform sich nicht allein auf den größten Staat erstrecken dürfe, sondern auch die süddeutschen Staaten und Österreich, von dessen Eintritt in den Reichsverband man ausging, erfassen müsse. „Ein freies Preußen ist nicht mehr das Schreckgespenst aus vergangenen Tagen, dem man mit dem alten Schlagwort von dem gefährlichen Übergewicht Preußens über Deutschland zu Leibe ging". Gefährlich sei nur das alte, vom Junkertum und der Reaktion beherrschte Preußen gewesen. „Das alte Preußen ist tot, es lebe das neue Preußen!"[180]

Der Beifall, der nach seiner Rede erscholl, mochte Mut machen. Doch hatten bereits die Unmutsbekundungen während seiner Ausführungen über das reaktionäre Preußen vor 1918 und seine Verurteilung des Terrors der radikalen Linken deutlich gemacht, dass sich Hirsch noch starker Gegner zu erwehren hatte. Die stürmischen Reaktionen bildeten letztlich auch die heftigen Spannungen und Konflikte ab, die die deutsche Gesellschaft durchzogen, und dokumentierten auf ihre Weise, dass die folgenden Monate kein leichtes „Durchregieren" erlauben würden.

Die verfassungsrechtliche Grundlage für die Regierungsbildung wurde am 20. März mit der Verabschiedung des Gesetzes zur vorläufigen Ordnung der Staatsgewalt in Preußen gelegt, nachdem ein solches auf Reichsebene bereits seit dem Vormonat bestand. Das Gesetz schuf ein parlamentarisches Regierungssystem, das ungeachtet der späteren detaillierteren Ausgestaltung und der Übernahme reichsrechtlicher Vorschriften in seinen Grundprinzipien auch für die spätere preußische Verfassung vom 30. November 1920 maßgebend sein sollte. Während der Verfassungsberatungen stand vor allem die Frage nach Einsetzung eines preußischen Staatspräsidenten im Vordergrund. Hatte sich die provisorische Regierung unter Hirsch am 21. Februar für eine Aufnahme dieser Institution in den Verfassungsentwurf ausgesprochen[181], so musste sie aufgrund des entschiedenen, vermutlich auf Druck der SPD-Führung im Reich erfolgten Widerstandes der sozialdemokratischen Landtagsfraktion gut drei Wochen

180 StBPLV 1919/21, 1. Sitzung, Sp. 1–8. Vgl. auch den Artikel in DAZ Nr. 121 v. 11. 3. 1919: Paul Hirsch, Aufgaben der preußischen Landesversammlung.

181 Vgl. die Sitzung des preußischen Staatsministeriums vom 21. 2. 1919, TOP 1, in: GStA PK, VI. HA, NL Otto Braun, Nr. 28.

später einen Rückzieher machen.[182] Damit war diese Frage allerdings noch nicht vom Tisch, da DVP und DNVP während der am 15. März einsetzenden Verhandlungen in der Landesversammlung diese Forderung erneut in die Diskussion einbrachten und dabei auch bei den anderen nicht-sozialistischen Parteien auf Sympathien stießen. In seiner Rede begründete Hirsch den Verzicht auf einen preußischen Staatspräsidenten mit der damit verbundenen Schwächung der Reichsgewalt und der Stärkung partikularistischer Tendenzen, die die SPD angesichts der von ihr vertretenen unitarischen Zielsetzung verhindern wolle. Würde doch eine solche Institution in anderen Gliedstaaten zur Nachahmung anregen. Zudem sollte der Eindruck vermieden werden, als ob der Staatspräsident „als eine Art Ersatz für die bisherige Monarchie" fungiere.[183]

Wenn die Rechtsparteien mit ihrem Petitum auch nicht durchdrangen, so entsprach es doch nicht den Realitäten, wenn Hirsch in seinen Erinnerungen bemerkte, dass die Landesversammlung über diese Forderung einfach zur Tagesordnung übergegangen sei.[184] Er verschwieg damit nicht nur die in seiner eigenen Partei virulenten Ansichten und Vorstellungen, sondern auch das Verständnis, das diese Institution bei den sozialdemokratischen Koalitionspartnern Zentrum und DDP fand. Aber das Nebeneinander zweier Präsidenten in Berlin hätte Spannungen und Rivalitäten begünstigt und die ohnehin schon bestehenden Gegensätze und Antagonismen zwischen Reich und Preußen weiter verschärft. Mit dem Verzicht auf eine preußische Staatsspitze wurde letztlich die verfassungsrechtliche Stellung des Reichspräsidenten gestärkt. Das ursprünglich dem Staatspräsidenten zugedachte Recht zur Ernennung der Regierung wurde schließlich dem Präsidenten der Landesversammlung zugesprochen. Hirsch begründete dies damit, dass der Präsident über den Parteien zu stehen hatte und es „ganz ausgeschlossen" sei, dass dieser in das Parteigetriebe hineingezogen werde. Die „höchste Macht" solle letztlich „in den Händen des Parlaments, in den Händen der Volksvertretung" ruhen. „Das ist ein demokratischer Grundsatz, der in der heutigen Zeit eigentlich ganz selbstverständlich sein sollte."[185]

Neben der Staatsspitze spielte während der Verfassungsberatungen auch die Frage einer zweiten Kammer als weiteres Gegengewicht gegen die weithin

182 Vgl. die Sitzungen der preußischen Regierung vom 21. 2. 1919, TOP 1, und vom 12. 3. 1919, TOP 2, in: GStA PK, VI. HA, NL Otto Braun, Nr. 28; Die Protokolle des Preußischen Staatsministeriums, Bd. 11/I, S. 53 f., hier S. 53 u. 58. Vgl. auch Möller, Parlamentarismus, S. 81.

183 Rede Hirschs am 15. 3. 1919, in: StBPLV 1919/21, 3. Sitzung, Sp. 132–140, hier Sp. 136.

184 Hirsch, Weg, S. 211.

185 Rede Hirschs am 15. 3. 1919, in: StBPLV 1919/21, 3. Sitzung, Sp. 132–140, hier Sp. 138.

perhorreszierte Allmacht des Parlaments eine zentrale Rolle. Aber der Intention der USPD, das Rätesystem in Form einer Arbeiter- oder Rätekammer zu installieren[186], war kein Erfolg beschieden. Mit der Notverfassung vom 20. März 1919 wurde schließlich ein parlamentarisches Regelwerk geschaffen, in dem das Parlament „Inhaberin der gesetzgeberischen und vollziehenden Staatsgewalt" (§ 1) war und der Staatsregierung die „Ausübung der vollziehenden Gewalt" (§ 7) oblag. Aufnahme fand nicht nur die Ministerverantwortlichkeit, sondern auch das parlamentarische Untersuchungsrecht. Während die früheren Befugnisse des Königs auf das Staatsministerium übergingen, wurde das landesherrliche Kirchenregiment einem Gremium aus drei von der Regierung zu bestimmenden Staatsministern evangelischen Glaubens übertragen. „Die vorläufige Verfassung Preußens", so urteilte der Historiker Horst Möller, „bildete so ein Scharnier, das verfassungsrechtliche Tradition, Revolution und Evolution miteinander verklammerte".[187]

Am 25. März berief der zum Präsidenten der Landesversammlung gewählte Robert Leinert Hirsch zum Präsidenten des preußischen Staatsministeriums und damit zum preußischen Ministerpräsidenten.[188] In seiner Regierungserklärung bezeichnete Hirsch es als wichtigste Aufgabe der Regierung, „das Land auf dem Boden der Demokratie neuen, gesicherten Verhältnissen entgegenzuführen". Das neue Preußen solle auf den Pfeilern von Freiheit und Ordnung gegründet und frei von staatlicher Bevormundung, engem Kastendenken und blinder Autoritätshörigkeit sein. „Aus dem alten Preußen, das für alle Zeiten dahin ist, wollen wir in die Zukunft das hinübernehmen, was gut an ihm war: den schlichten Geist ernster Pflichterfüllung und den Geist nüchterner Sachlichkeit." Anstelle eines ausführlichen Reformprogramms beschränkte sich Hirsch in seiner Rede darauf, die großen politischen Linien aufzuzeigen und die dringendsten Forderungen der Zeit anzureißen. Vorrang besaßen für ihn die Sicherung der deutschen Grenzen nach außen und die Wiederherstellung von Frieden und Ordnung im Innern, somit Postulate, die gleichsam die Voraussetzungen für eine geregelte Regierungsarbeit darstellten. Als erstes Reformvorhaben wurde die Demokratisierung der Verwaltung und der Ausbau der Selbstverwaltung genannt. „Das Ziel ist die Ablösung des Polizeistaates durch den freien Volksstaat", wobei er mit dem Bekenntnis zum „bewährte[n] Berufsbeamtentum" auch die Grenzen einer derartigen Reform markierte. Neben der Sicherung der überkommenen Rechte

186 Zur Forderung der USPD vgl. die Rede Rosenfelds am 15. 3. 1919, in: StBPLV 1919/21, 3. Sitzung, Sp. 155–170.

187 Möller, Parlamentarismus, S. 91 f., insges. S. 80–93.

188 StBPLV 1919/21, 10. Sitzung, S. 626 f.

von Beamten und Lehrern versprach er auch eine Neuordnung der Bezüge und bis zu deren Regelung eine Weiterzahlung der Teuerungszulagen.

Der Handlungsspielraum des preußischen Staates wurde allerdings nicht nur durch tradierte Rechtsansprüche, sondern auch durch die desolate finanzielle Lage des Staates limitiert; sie war durch eine außerordentliche Steigerung der Verwaltungsausgaben bei gleichzeitigem Rückgang der Steuereinnahmen und der Einnahmen aus Staatsbetrieben gekennzeichnet. Zur Deckung dieser Mehrausgaben kündigte der preußische Ministerpräsident bereits eine deutliche Erhöhung der staatlichen Zuschläge zur Einkommen- und Vermögensteuer an. Relativ ausführlich ging er auf die kulturpolitischen Fragen ein, die nach dem Regierungseintritt des Zentrums vor allem im Fokus standen. Als Grundlage des Bildungswesens bezeichnete Hirsch die für alle gemeinsame Grundschule, auf der alle weiterführenden Schulen aufbauen sollten, als Fernziel die Schaffung einer Einheitsschule. Die Vorschule, die Kindern wohlhabenderen Bevölkerungsschichten vorbehalten war, sollte dagegen abgeschafft werden. Bis zur Verabschiedung eines endgültigen Schulgesetzes durch das Reich sollte den Gemeinden das Recht gegeben werden, Simultanschulen mit wahlfreiem Religionsunterricht einzurichten. Zu den Grundprinzipien des Schulwesens zählte er die Unentgeltlichkeit des Unterrichts und der Lernmittel, die er rasch umzusetzen versprach. Hatte er bereits mit der Wahlfreiheit des Religionsunterrichts für Lehrer und Schüler das Verhältnis von Schule und Kirche berührt, so bekräftigte er auch noch einmal das Recht des Staates zur Ausübung der Schulaufsicht. Darüber hinaus wurde auch eine „Reform der Lehrerbildung mit dem Ziel der Hochschulbildung“ angekündigt.

Außerdem wurde eine Neuregelung des Verhältnisses zwischen Staat und Kirche „auf dem Wege der Vereinbarung und unter Vermeidung öffentlicher und persönlicher Schädigungen mit dem Endziel beiderseitiger Selbständigkeit“ in Aussicht gestellt. Hirschs Ausführungen zur Sozialpolitik fielen dagegen einigermaßen knapp aus. Aufhorchen ließ seine Zusicherung, an der Durchführung des Sozialisierungsgesetzes sorgfältig mitwirken und auch die Kommunalisierung der hierfür reifen Betriebe der Gas-, Wasser- und Elektrizitätswerke sowie der Verkehrsunternehmen fördern zu wollen. In seiner Rede streifte er noch kurz die schwierige Lage der Landwirtschaft, kündigte eine Fortsetzung der Siedlungspolitik an und versprach, den Wiederaufbau der Industrie und die Wiederaufrichtung des Handwerks tatkräftig mitgestalten zu wollen. Da „Arbeit, Ordnung, Achtung vor den vom Volke selbst gegebenen Gesetzen der demokratischen Republik“ die Vorbedingung für die Umsetzung dieses Reformprogramms seien, warnte Hirsch am Schluss seiner Rede erneut vor jeder Störung der öffentlichen Ordnung auch von außen her. „Möge bald der heißersehnte Friede das Ende dieser Leiden bringen, möge dieser Friede in Wahrheit ein Friede der Gerechtigkeit werden, ein dauernder Friede und nicht ein Waffenstillstand, der den Keim zu neuem Völkermord in sich trägt!“[189]

Wohlwollend kommentierte die liberale Presse die Rede des Ministerpräsidenten, aus der, wie das „Berliner Tageblatt“ hervorhob, „vor allem das absolute Bekenntnis zur Demokratie hervorleuchtet“. Angesichts des Beharrungsvermögens der alten Eliten werde man freilich nicht erwarten können, dass sich die Reformen in Kürze werden umsetzen lassen. „Aber endlich wird ja auch einmal in Preußen der neue Geist einziehen, wenn man fest bleibt und nie das Ziel aus dem Auge verliert, und wenn man es versteht, auch die Hemmungen zu beheben, die sich innerhalb der Regierung selber herausstellen werden.“[190] Die Unterstützung der Liberalen war Hirsch mithin gewiss. Einer gewissen Zurückhaltung befleißigte sich der „Vorwärts“, der sich darüber beklagte, dass die Volksherrschaft nicht in einer „auf Kompromißkrücken“ hinschleichenden Koalitionsregierung ihre Vollendung finden könne. „Immerhin, nicht als Vollendung, aber als Anfang einer neuen Zeit wird man das Programm der preußischen Regierung begrüßen dürfen.“[191] Die in diesem Artikel zum Ausdruck kommende Stimmung reflektiert letztlich die in der Sozialdemokratie weit verbreitete Enttäuschung über das Wahlergebnis und die notwendig gewordene Kooperation mit bürgerlichen Parteien, die die Umsetzung eigener Positionen erheblich erschwerte.

Die Regierung Hirsch konnte sich im Parlament auf eine breite Mehrheit von 303 der insgesamt 401 Mandate stützen. Die Opposition aus USPD, DVP, DNVP und einigen kleineren Parteien stand demgegenüber auf verlorenem Posten. Umso schriller klangen die Reden mancher ihrer Abgeordneten. Dabei habe sich der politische Gegner, so betonte Hirsch rückblickend, von links „in weit schärferer Form als von rechts“ geäußert.[192] Dies lag letztlich daran, dass die innerparteilichen Auseinandersetzungen und die blutigen Kämpfe vom Januar und März 1919 ihre Spuren hinterlassen und bei Unabhängigen ein großes Maß an Verbitterung und Groll, ja auch Hass geschaffen hatten. Diese Frustrationen fanden auch in der Landesversammlung ihr Echo. So bezeichnete der Unabhängige Kurt Rosenfeld, der wenige Wochen zuvor noch als preußischer Justizminister Mitglied der von Hirsch geführten Revolutionsregierung gewesen war, die Koalition der SPD mit den bürgerlichen Parteien als „ein Verbrechen

189 StBPLV, 10. Sitzung, Sp. 628–633.

190 BT Nr. 131 v. 26. 3. 1919, S. 3: Die Programmreden.

191 Vorwärts Nr. 156 v. 26. 3. 1919, S. 1: Das Programm der preussischen Regierung.

192 Hirsch, Weg, S. 155.

an der Arbeiterschaft, ein Verrat der heiligsten Güter der Arbeiterschaft". Die Regierung Hirsch stelle „das größte Hindernis für den Aufstieg der Arbeiterklasse" dar, „und darum kann es für uns nur eins heißen: nieder mit dieser Regierung!"[193] Zwei Tage später traf Hirsch erneut der Bannstrahl des Unabhängigen, dessen Rede in dem Vorwurf gipfelte, dass das Preußen unter Hirsch „nach wie vor ein Klassenstaat" sei, der auf einer „Klassenherrschaft" beruhe, in dem die überkommene Eigentumsordnung und die Ausbeutung der Arbeiterschaft aufrechterhalten würden.[194] Durch die zurückliegenden Ereignisse und die verfassungspolitisch unvereinbaren Positionen beider sozialdemokratischen Parteien war die Kluft, die sie voneinander trennte, inzwischen nahezu unüberwindbar. Während Hirsch eine parlamentarische Demokratie errichten wollte, strebten seine früheren Weggefährten unter dem Deckmantel der Beanspruchung von im weiteren Sinne proletarischen Mehrheitsinteressen nach einer Diktatur einer Minderheit.

So schrill und laut sich auch die Reden der Unabhängigen ausnahmen, so leise und zurückhaltend gerierten sich die Konservativen, die nach dem revolutionären Sturm nur langsam aus ihren „Löchern gekrochen" kamen. Noch scheuten Antisemiten und Deutschvölkische das Licht der Öffentlichkeit. Zudem hatten sie durchaus ein Interesse an einer handlungsfähigen Regierung, die die Aufstände und Putschversuche der radikalen Linken bekämpfen und niederschlagen konnte. „Die Deutschnationalen waren daher ungewöhnlich kleinlaut", erinnerte sich Hirsch.[195] So mögen die Beteuerungen des deutschnationalen Parteivorsitzenden Oskar Hergt, „keine Gegenrevolution" anzustreben, nicht überraschen. Seine Partei habe sich „vollkommen auf den Boden des parlamentarischen Systems gestellt" und sei bereit, „positive Arbeit" zusammen mit der Regierung zu leisten.[196] Auch von Kardorff gelobte in jenen Märztagen „keine verantwortungslose Opposition" betreiben zu wollen. Die deutschnationale Kritik bezog sich damals, im kaiserzeitlichen Sinne quasi systemkonform, vor allem auf die fehlende verfassungsrechtliche Grundlage der Revolutionsregierung und ihre Verordnungspraxis sowie die relativ späte Einberufung der Landesversammlung.[197] „Um die Taktik der Deutschnationalen vom Jahre 1919 richtig würdigen zu können", so Hirsch in seinen Erinnerungen, „muß man sich aber auch ins

193 Rosenfeld am 26. 3. 1919, in: StBPLV 1919/21, 11. Sitzung, Sp. 763–789, Zitate Sp. 788 f.
194 Rosenfeld am 28. 3. 1919, in: StBPLV 1919/21, 13. Sitzung, Sp. 930.
195 Hirsch, Weg, S. 156.
196 Hergt am 27. 3. 1919, in: StBPLV 1919/21, 12. Sitzung, Sp. 873–894, Zitate Sp. 874 f.
197 v. Kardorff am 26. 3. 1919, in: StBPLV 1919/21, 11. Sitzung, Sp. 719–737, Zitat Sp. 723; ferner Hergt am 15. 3. 1919, in: Ebd., 3. Sitzung, Sp. 121–131.

Gedächtnis zurückrufen, daß sie ihr Sehnen schon damals auf Anteilnahme an der preußischen Regierung gerichtet hatten. Um an die ‚Futterkrippe' heranzukommen, waren sie bereit, ihre Grundsätze über Bord zu werfen, genau so, wie sie es später im Reiche getan haben."[198]

Während Hirsch die Auseinandersetzung mit den Konservativen suchte[199], um letztlich auch das Profil seiner Partei gegen rechts zu schärfen, überließ er den Disput mit den Unabhängigen anfangs seinen Parteifreunden[200]. Mochten auch persönliche Rücksichtnahmen eine Rolle gespielt haben, so war er doch letztlich bemüht, den Streit zwischen beiden Parteien nicht weiter zu munitionieren und den Konflikt zu entschärfen. Vielleicht traute er auch der Zurückhaltung, der sich die Konservativen befleißigten, nicht recht. Denn die konservativen Eliten hatten sich nur zurückgezogen, ihre alten Positionen in Militär und Verwaltung hatten sie noch nicht geräumt.[201]

3.3 Im Schatten von Versailles

Wie sehr die deutsche und preußische Innenpolitik im Schatten der Friedensverhandlungen stand, zeigte sich wenige Wochen nach der Konstituierung der preußischen Staatsregierung. Lange Zeit hatte sich Hirsch wie viele seiner Parteifreunde der Illusion eines gerechten Friedens hingegeben, dessen Grundlage das 14-Punkte-Programm des amerikanischen Präsidenten Wilson vom Januar 1918 darstellen sollte. Noch am 11. April 1919 hatte die Preußische Landesversammlung die Reichsregierung dazu aufgerufen, dahin zu wirken, dass das Deutsche Reich nur einem Frieden der Verständigung ohne Gebietsabtretungen bei gleichzeitiger Beendigung der alliierten Blockade, rascher Rückführung der deutschen Gefangenen und sofortiger Räumung der besetzten Gebiete zustimmen werde.[202] Doch aus diesen Träumen wurde Hirsch brüsk herausge-

198 Hirsch, Weg, S. 159.

199 Vgl. hierzu auch die Rede Hirschs am 15. 3. 1919, in: StBPLV 1919/21, 3. Sitzung, Sp. 132–140; und am 26. 3. 1919, in: Ebd., 11. Sitzung, Sp. 738–742.

200 Vgl. die Rede Südekums am 28. 3. 1919, in: StBPLV 1919/21, 13. Sitzung, Sp. 931 f.; ferner die Rede Heines am 26. 3. 1919, in: Ebd., 11. Sitzung, Sp. 789–800. Im Oktober 1919 sollte Hirsch jedoch wieder die Klinge mit den Unabhängigen kreuzen. Vgl. die Reden am 2. und 15. 10. 1919, in: Ebd., 58. Sitzung, Sp. 4612–4618; 65. Sitzung, Sp. 5207–5211. Ferner auch die Rede vom 15. 11. 1919, die auch als Broschüre gedruckt wurde; vgl. ebd., 82. Sitzung, Sp. 6500–6514; Paul Hirsch, Für Republik und Demokratie! Gegen Reaktion und Terror!, Berlin 1919.

201 Zur Haltung der Opposition vgl. insges. Hirsch, Weg, S. 155–161.

202 StBPLV 1919/21, 16. Sitzung, Sp. 1185–1191.

rissen, als am 7. Mai 1919 der deutschen Delegation in Versailles die alliierten Friedensbedingungen überreicht wurden. Den Kriegsverlierern wurde einiges zugemutet: Territoriale Verluste, die etwa 10 % des Reichsgebiets umfassten, die Besetzung der linksrheinischen Gebiete und ein Anschlussverbot für Österreich. Hinzu kamen Reparationsforderungen in noch unbestimmter Höhe, zu deren juristischen Legitimation in Artikel 231 die alleinige Kriegsschuld Deutschlands fixiert wurde, Entwaffnungsbestimmungen und die Forderung nach Auslieferung deutscher „Kriegsverbrecher", zu denen neben dem Kaiser auch führende Staatsmänner und Militärs gezählt wurden.[203]

Die Empörung über dieses Friedensdiktat war in Deutschland allenthalben groß. „Frieden der Vernichtung", titelte am 8. Mai der „Vorwärts".[204] Am selben Tag protestierte Hirsch in der Preußischen Landesversammlung entschieden gegen diesen „Machtfrieden", der für Deutschland „eine kaum verhüllte Sklaverei, für ganz Europa keine Ruhe" bringen würde, „sondern nur eine neue Flut von Blut und Tränen entstehen" ließe. Angesichts der aufgeputschten Stimmung im Land warnte er allerdings eindringlich vor unbesonnenen Handlungen und rief die Bevölkerung zur Beendigung des innenpolitischen Streits sowie zur Unterstützung der Reichs- und Staatsregierung auf. „Dieser trübste Tag der deutschen Geschichte muß ein starkes Geschlecht finden."[205] Auf der Sitzung des Reichskabinetts am 8. Mai, an der auch Hirsch und der preußische Innenminister Heine für die preußische Regierung teilgenommen hatten, wurde der Ansicht Ausdruck verliehen, „daß die Bedingungen die schlimmsten Erwartungen weit übertroffen" hätten und sie für Deutschland in jeglicher Hinsicht „unerträglich" und letztlich auch „unerfüllbar" seien. Dennoch bestand Einigkeit darüber, dass die Verhandlungen mit den Alliierten nicht abgebrochen, sondern in einer Note ebenso wie in einer Proklamation an das deutsche Volk die Unerträglichkeit und Unerfüllbarkeit der dem Reich auferlegten Bedingungen betont werden sollten. Zugleich wurde der Beschluss gefasst, die Vertreter der preußischen Regierung zu den Sitzungen des Reichskabinetts, die sich mit den Friedensverhandlungen beschäftigen sollten, mit hinzuzuziehen.[206]

Vier Tage später, am 12. Mai, nahmen die Regierungen des Reiches und Preußens, vertreten durch Scheidemann und Hirsch, in der Neuen Aula der

203 Conze, Die große Illusion, S. 276–382; Kolb, Frieden von Versailles, S. 41–69; Haupts, Deutsche Friedenspolitik, S. 357–372; Huber, Verfassungsgeschichte, Bd. 5, S. 1152–1178.

204 Vorwärts Nr. 233 v. 8. 5. 1919, S. 1: Frieden der Vernichtung.

205 StBPLV 1919/21, 20. Sitzung vom 8. 5. 1919, Sp. 1492 f.

206 Akten der Reichskanzlei. Das Kabinett Scheidemann, Nr. 66, S. 303–306, Zitat S. 303.

Berliner Universität zu den alliierten Friedensbedingungen Stellung. Nachdem Scheidemann unter stürmischen Bravo-Rufen des Hauses den Vertrag als „unannehmbar" bezeichnet hatte, trat Hirsch ans Rednerpult und protestierte im Namen aller deutschen Freistaaten mit dem Ausruf: „Lieber tot, als Sklav!", worauf lebhafter Beifall erscholl. „Die Bedingungen, die dieser Frieden uns auferlegen will, sind selbst von dem entsagungsbereitesten Volke nicht zu ertragen. Ihre Ausführung ist eine Unmöglichkeit. Darum ist dieser Friedensvertrag unannehmbar." Die preußische Regierung stehe „einig und geschlossen" hinter der Reichsregierung und bestärke sie in ihrem Entschluss, „diesem Friedensentwurf der Gewalt einen solchen des Rechts, der Wiedergutmachung und der Völkerversöhnung entgegenzustellen".[207] Das Pathos, das die Redner an jenem Tag bemühten, mochte zwar der im Lande herrschenden Stimmung gerecht werden. Fraglich war jedoch, ob die Regierung bei ihren früheren Kriegsgegnern Verständnis für ihre Positionen finden würde und ihre Forderungen zur Geltung bringen konnte.

Da Preußen von den Auswirkungen des künftigen Friedensvertrages besonders betroffen war, hatte Hirsch im April bei der Reichsregierung die Zustimmung zur Hinzuziehung eines preußischen Vertreters an der nach Frankreich zu entsendenden Reichsdelegation erreicht.[208] Auf diesen Posten wurde kurz darauf Robert Leinert als Präsident der Preußischen Landesversammlung berufen.[209] Da die Alliierten Verhandlungen mit dem Kriegsverlierer ablehnten, beschränkte sich die Aufgabe der deutschen Delegation auf die Entgegennahme der Friedensbedingungen am 7. Mai 1919.[210] Nichtsdestotrotz wurde die preußische Regierung in der Folgezeit in die Beratungen des Reichskabinetts über die Friedensverhandlungen eingebunden und nahm in der Zeit vom 8. Mai bis zum 10. Juni auch an insgesamt 18 Sitzungen teil.[211]

207 Zur Rede Scheidemanns vgl. Verhandlungen Nationalversammlung, Bd. 327, 12. 5. 1919, S. 1082 B–1084 D, Zitat S. 1084 A; zur Rede Hirschs vgl. ebd., S. 1084 D– 1085 A; ferner Die Gleichheit Nr. 18 v. 6. 6. 1919, S. 144: Elisabeth Röhl, Tagebuchblätter aus Berlin; Scheidemann, Memoiren, Bd. 2, S. 366–374.

208 Vgl. die Sitzung des Reichskabinetts vom 17. 4. 1919, in: Akten der Reichskanzlei. Das Kabinett Scheidemann, Nr. 44, S. 179–184, hier S. 182. Ferner die Sitzung der preußischen Staatsregierung am 1. 4. 1919, TOP 4, in: GStA PK, VI. HA, NL Otto Braun, Nr. 28.

209 Vgl. die Sitzung des preußischen Staatsministeriums vom 10. 4. 1919, TOP 8, in: GStA PK, I. HA, Rep. 90, Annex S Nr. 1.

210 Vgl. Berlit-Schwigon, Leinert, S. 197–205.

211 Vgl. Die Protokolle des Preußischen Staatsministeriums, Bd. 11/I, S. 6.

3.4 Der Kampf gegen den Separatismus

Eine große Belastung für die Regierung stellten die regionalen Selbständigkeitsbestrebungen dar, die Preußen allenthalben in den Grenzbezirken im Westen und Osten erwuchsen und in der preußischen Rheinprovinz in der „Los-von Berlin-Bewegung" ihren prägnanten Ausdruck fanden. Vor dem Hintergrund historisch gewachsener Affekte gegen Preußen und einer durch den Krieg verstärkten Unzufriedenheit mit der Reichspolitik entwickelte sich eine Diskussion über eine Neugliederung des Reiches, die sich in den besetzten Gebieten auch mit der Hoffnung verband, durch die Gründung einer selbständigen Provinz eine Annexion durch den früheren Kriegsgegner verhindern und ein gewisses Entgegenkommen in wirtschaftlichen Fragen erreichen zu können. Begünstigt wurden die Debatten über eine Neugestaltung des „deutschen Hauses" durch die unsichere außen- und innenpolitische Situation des Reiches, die zahlreiche Optionen im Spannungsfeld zwischen Unitarismus und Föderalismus zu eröffnen schien.

Einen ersten Vorschlag für eine Reorganisation des Reiches unterbreitete der Staatssekretär des Reichsamts des Innern, Hugo Preuß, der Anfang Januar 1919 mit seinem ersten Verfassungsentwurf einen dezentralisierten Einheitsstaat unter Aufgliederung Preußens vorsah.[212] Wenn Hirsch und die SPD eine unitarische Ausrichtung des Reiches auch durchaus befürworteten und eine Aufteilung des hegemonialen Gliedstaates keineswegs grundsätzlich verwarfen, so lehnten sie es doch ab, allein Preußen auf dem Altar einer künftigen Reichsreform zu opfern, während die süddeutschen Staaten von jeglichen territorialen Änderungen unbehelligt bleiben sollten (beispielsweise gehörte die weit entfernte Pfalz damals zu Bayern). In einer gemeinsamen Sitzung des preußischen Kabinetts mit dem Zentralrat am 23. Januar 1919 lehnte Hirsch deshalb die Pläne des damaligen Staatssekretärs entschieden ab und verwies darauf, dass man damit „der Entente einen großen Dienst erweisen" würde.[213] Die akute Bedrohung des Reichsgebietes durch die auf die Loslösung weiter Gebietsteile reflektierenden Alliierten sprach für Hirsch und die preußische Regierung gegen territoriale Experimente. Eine Aufteilung Preußens war seitdem im Grunde vom Tisch.

Am 1. Februar erteilte eine Zusammenkunft der zur Nationalversammlung und zur Preußischen Landesversammlung gewählten rheinischen Abgeordneten in Köln den rheinischen Autonomiebestrebungen einen weiteren Dämpfer,

212 Lehnert, Preuß; Dreyer, Preuß, S. 329–403, bes. S. 371–377.

213 Vgl. Der Zentralrat, Nr. 60, S. 451–463, hier S. 462.

indem sie die Entscheidung über die Frage der Weststaatsgründung der Nationalversammlung übertrug und einen Ausschuss mit der Bearbeitung entsprechender Pläne beauftragte.[214] Die auf eine Neugliederung im besetzten Rheinland, d. h. in der preußischen Rheinprovinz, drängende Bewegung war damit zu einem vorläufigen Abschluss gelangt.

Vor dem Hintergrund dieser Absonderungsbestrebungen sah sich Hirsch wiederholt gezwungen, dezidiert Stellung zu beziehen. In seiner Rede am 21. März erklärte sich Hirsch zwar zur „Ausgestaltung der Reichseinheit unter der selbstverständlichen Voraussetzung einer Ausgestaltung der Selbstverwaltung“ bereit und illustrierte damit eine beachtliche Offenheit gegenüber einer verfassungsrechtlichen Neugliederung. Doch machte er gleichzeitig deutlich, dass Preußen „Eingriffe in seinen Bestand von außen oder von innen nicht dulden“ könne; „es kann sie nicht dulden aus dem wohlverstandenen Interesse seiner Glieder selbst heraus. Preußen kann die Eingriffe in seinen Bestand aber auch nicht dulden aus dem Interesse des Reiches heraus, als dessen geschichtlichen Kern es sich fühlt, unter dem es seine Aufgaben zu erfüllen für seine Pflicht hält.“[215] Tags zuvor hatte der Verfassungsausschuss der Nationalversammlung über die Frage der Aufteilung Preußens beraten und den von der SPD eingebrachten Antrag angenommen, der die Neubildung von Ländern oder eine Änderung ihres Gebiets durch einfaches Reichsgesetz ermöglichen wollte, sofern dies von der Mehrheit der Bevölkerung gefordert werde oder ein überwiegendes Allgemeininteresse daran bestünde.[216] Dieser Beschluss eröffnete einen verfassungsrechtlichen Weg zur Befriedigung der Neubildungsbestrebungen und zur Lösung des Verhältnisses von Reich und Preußen.

214 Versammlung der linksrheinischen Abgeordneten zur Nationalversammlung und zur preußischen Landesversammlung sowie der Oberbürgermeister der besetzten rheinischen Städte in Köln am 1. Februar 1919. Niederschrift o. D., in: Erdmann, Adenauer, Dok. Nr. 1, S. 212–234. Zur Versammlung vom 1. Februar 1919 vgl. auch Erdmann, Adenauer, S. 41–48; Schwarz, Adenauer, Bd. 1, S. 219–221; Köhler, Adenauer, S. 54–61. Ferner Stalmann, Falk, S. 272 f.

215 StBPLV 1919/21, 7. Sitzung, Sp. 465–473, Zitate Sp. 471–473. Zum Aufruf des Rats der Volksbeauftragten zur Abwehr separatistischer Bestrebungen vom 11. 12. 1918, in: Ritter/Miller, Die deutsche Revolution, S. 424 f.; zu den Aufrufen des preußischen Staatsministeriums vom 10. 12. 1918 und 30. 1. 1919 vgl. Deutscher Reichsanzeiger und Preußischer Staatsanzeiger Nr. 292 v. 11. 12. 1918, S. 2: Bekanntmachung; ebd., Nr. 26 v. 31. 1. 1919, S. 2: Bekanntmachung.

216 Vorwärts Nr. 146 v. 20. 3. 1919, S. 3: Die Neubildung von Bundesstaaten; ferner Nr. 147 v. 21. 3. 1919, S. 1: Die Aufteilung Preußens.

Aber die separatistische Gefahr war damit noch lange nicht gebannt. Denn die am 17. Mai stattgefundenen Gespräche rheinischer Aktivisten des Zentrums um den Redakteur Josef Froberger sowie der Separatisten Dorten und Dahlen mit dem Befehlshaber der französischen Truppen im Rheinland, General Mangin, über die Gründung einer Westdeutschen Republik im Verband des Deutschen Reiches boten erneut Anlass zur Sorge. Wenn die Verhandlungen, die am 24. Mai publik wurden, auch erfolglos verliefen, da Frankreich kein Interesse an einem neuen deutschen Bundesstaat hatte, sondern die Abtrennung besetzten Gebiets von Deutschland erstrebte, führten sie doch zu einer nachhaltigen Diskreditierung der Zentrumspolitiker.[217] In der Landesversammlung sah sich Hirsch am 28. Mai genötigt, gegen die Ablösungsbestrebungen am Rhein Stellung zu beziehen und den „Mangel an Solidaritätsgefühl" zu geißeln, der auf die ehemaligen, weiterhin auf deutsches Gebiet reflektierenden Kriegsgegner „auf das allerungünstigte wirken" müsste. Da die Alliierten jeden Riss im Reichsgefüge nach Kräften vergrößern und derartige Bestrebungen in ihrem Sinne instrumentalisieren würden, könne eine Sonderstaatsbildung im Westen des Reiches nicht geduldet werden. Das Vorgehen der deutschen Politiker bezeichnete er als Hoch- und Landesverrat.[218] Neben der preußischen Staatsregierung verurteilte auch die Reichsregierung die Vorgänge vom 17. Mai auf das Entschiedenste.[219]

Am 28. Juni wurde der Friedensvertrag in Versailles unterzeichnet. Nach der Überreichung der Friedensbedingungen waren die Alliierten nur zu kleineren Zugeständnisse bereit. Da das Kabinett unter Reichsministerpräsident Scheidemann sich zu keiner einheitlichen Haltung durchringen konnte, trat es in der Nacht vom 19. zum 20. Juni zurück.[220] Unter dem Druck des drohenden Einmarsches der Alliierten ermächtigte die Nationalversammlung mit den Stimmen der USPD, deutlich mehrheitlich der SPD und des Zentrums und einer Minderheit

217 Vgl. Stalmann, Falk, S. 57–74, hier S. 68; Schwarz, Adenauer, Bd. 1, S. 221–223; Erdmann, Adenauer, S. 54–56.

218 Hirsch am 28. 5. 1919, in: StBPLV 1919/21, 25. Sitzung, Sp. 1902–1907, Zitate Sp. 1902. Vgl. auch die Rede Hirschs am 21. 3. 1919, in: Ebd., 7. Sitzung, Sp. 465–473. Vgl. dazu auch die Sitzung des preußischen Staatsministeriums am 27. 5. 1919, in: Die Protokolle des Preußischen Staatsministeriums, Bd. 11/I, Nr. 39, S. 83 f.

219 Vgl. die Warnung der Reichsregierung Scheidemann vor separatistischen Bestrebungen im Rheinland vom 28. Mai 1919, in: Huber, Dokumente 1918–1933, Nr. 142, S. 120. Vgl. auch den Artikel in DAZ Nr. 274 v. 6. 6. 1919: Paul Hirsch, Preußen und die Rheinlande, S. 1, der auszugsweise in der Mettmanner Zeitung v. 10. 6. 1919, S. 2: Der Kampf um die Rheinlande, zu finden ist.

220 Vgl. Akten der Reichskanzlei. Das Kabinett Scheidemann, S. LVII–LXII.

der DDP die neugebildete Regierung unter Gustav Bauer am 23. Juni zur bedingungslosen Unterzeichnung des Vertrags.[221]

Wenige Tage vor der Unterzeichnung des Vertrags im Versailler Spiegelsaal war die Haltung zum Friedensvertrag auch Gegenstand der Beratung der Preußischen Landesversammlung. In seiner Rede räumte Hirsch ein, dass sich die preußische Regierung im Reichskabinett gegen die Unterzeichnung des Vertrags erklärt habe. Den Vorwurf des Unabhängigen Adolph Hoffmann, sich über den Willen des Parlaments hinweggesetzt zu haben, ließ er nicht gelten und verwies auf den Beschluss der Landesversammlung vom 11. April, in der ein Verständigungsfrieden ohne Annexionen auf der Grundlage der 14-Punkte des amerikanischen Präsidenten gefordert worden war. Da die Entente in keinem einzigen der von der Landesversammlung aufgestellten Forderungspunkte Entgegenkommen gezeigt habe, habe es die Regierung nicht für erforderlich gehalten, noch einmal an die Landesversammlung heranzutreten. Gleichzeitig gab er den Unabhängigen eine Mitschuld an der unnachgiebigen Haltung der Alliierten, da diese in alle Welt hinausposaunt hätten, dass die Regierung ja doch unterschreiben würde. Die Regierung könne „also mit gutem Gewissen sagen: wir sind dem Ersuchen nachgekommen, das die Landesversammlung an uns gerichtet" habe. Nicht die Regierung habe ihre Meinung geändert, sondern all jene, „die erst das Unannehmbar aussprachen und sich später, obwohl die Änderungen, die Konzessionen, die uns die Entente machte, nur ganz geringfügiger Natur sind, für die Unterzeichnung erklärten". Er würdigte die Motive derjenigen, die für eine Unterzeichnung plädieren würden, bat aber auch um Verständnis für all jene, die, wie die Regierung, sich dagegen ausgesprochen hatten. Als Vertreter Preußens könne die Regierung ihre Zustimmung nicht dafür geben, dass „kerndeutsches Land fremden Nationen ausgeliefert" werde, und würde sich auch in Widerspruch zu all ihren bisherigen öffentlichen Kundgebungen setzen.[222]

Auch nach der Unterzeichnung des Versailler Vertrags blieb das Rheinland im Fokus der Regierenden in Berlin.[223] In einer Besprechung im Sitzungssaal

221 Verhandlungen Nationalversammlung, Bd. 327, 23. 6. 1919, S. 1141 B. Vgl. auch den Artikel im Solinger Tageblatt Nr. 126 v. 6. 6. 1919, S. 1: Paul Hirsch, Selbstverstümmelung oder vereinte Arbeit. „Hüten wir uns in dieser allgemeinen Psychose davor, mit dem nationalen Selbstmord auch noch wirtschaftlichen Selbstmord zu begehen! Wahren wir unser Deutschtum und schließen wir uns in der Stunde des größten nationalen Unglücks nur umso fester zusammen! Zeigen wir der Welt, daß Deutschland zwar besiegt, daß aber das Deutschtum nicht ausgerottet werden kann."

222 StBPLV 1919/21, 34. Sitzung, Sp. 2517–2523, Zitate Sp. 2519 f.

223 Vgl. dazu die Sitzung des preußischen Staatsministeriums vom 26. 8. 1919, TOP 5, in: GStA PK, I. HA, Rep. 90, Annex S Nr. 1 und in Nr. 2. Um die Streikwelle im Ruhrgebiet

des Düsseldorfer Ständehauses am 24. Juli 1919, an der neben Mitgliedern der Regierung, mehrere Abgeordnete, zahlreiche Oberbürgermeister, Landräte und Wirtschaftsvertreter teilnahmen, ließ Hirsch erneut keinen Zweifel daran, dass die Staatsregierung die Gründung einer rheinischen oder rheinisch-westfälischen Republik „nicht nur im preußischen, sondern auch im deutschen Interesse" ablehnen würde. Die Rückzugsgefechte, die der Kölner Oberbürgermeister Adenauer als namhafter Befürworter eines derartigen Projekts führte, zeigten, dass diese Frage mit der Unterzeichnung des Friedensvertrags an Bedeutung verloren hatte.[224]

Die Möglichkeiten der preußischen Regierung, Einfluss auf die Entwicklung im besetzten Gebiet zu nehmen, waren gleichwohl limitiert. Um den Übergriffen der französischen Besatzungsmacht entgegenzuwirken, konnte sie außer den bisherigen politischen Maßnahmen letztlich nur auf die Einsicht und das Verständnis der Besatzer sowie die nationale Treue und Loyalität der Rheinländer hoffen. Ein direkter Kontakt zur rheinischen Bevölkerung war der Regierung zudem dadurch erschwert, dass sie bei der französischen Besatzungsbehörde um Erlaubnis zur Einreise in preußisches Gebiet bitten musste, was sie jedoch für unter ihrer Würde hielt.[225] Ihr blieb letztlich nur die Möglichkeit, auftretende Notlagen zu mildern und durch Gewährung von Beihilfen, wie im Januar 1920 für die durch das Hochwasser Geschädigten, helfend einzugreifen.[226]

Alle Bestrebungen, die auf Kosten Preußens eine Neugestaltung der deutschen Länder mit fremder Unterstützung vornehmen wollten, wurden auch weiterhin bekämpft. Scharf wurde deshalb das Treffen des sozialdemokratischen Ministerpräsidenten des Volksstaates Hessen, des früheren Großherzogtums

unter Kontrolle zu bringen, war Carl Severing im April 1919 zum Reichs- und Staatskommissar für das rheinisch-westfälische Industriegebiet ernannt worden; vgl. Winkler, Revolution, S. 173 f. Zur Ausweitung seiner Befugnisse vgl. die von Hirsch am 17. Juli 1919 ausgestellte Vollmacht; AdsD, NL Carl Severing, Mappe 70. Ferner das Dankschreiben Hirschs vom 6. 5. 1919, in: Ebd., Mappe 69.

224 Vorwärts Nr. 373 v. 24. 7. 1919, S. 3: Die rheinisch-westfälische Republik; VZ Nr. 371 v. 24. 7. 1919, S. 1: Die Frage der rheinisch-westfälischen Republik; Nr. 372 v. 24. 7. 1919, S. 2: Die Düsseldorfer Verhandlungen; Erdmann, Adenauer, S. 66–68. Vgl. auch die Rede Hirschs am 18. 11. 1919 anlässlich der Beratung einer Anfrage der SPD zur geistigen Durchdringung der besetzten westlichen Gebiete im französischen Sinne; StBPLV 1919/21, 84. Sitzung, Sp. 6688–6691 u. 6696 f.

225 Hirsch am 16. 12. 1919, in: StBPLV 1919/21, 100. Sitzung, Sp. 8186–8202, hier Sp. 8193 f.

226 Hirsch am 21. 1. 1920, in: StBPLV 1919/21, 102. Sitzung, Sp. 8419 f.; vgl. auch die Sitzung des preußischen Staatsministeriums vom 10. 3. 1920, TOP 2, in: GStA PK, I. HA, Rep. 90 A, Nr. 3626, Bl. 49–52.

Hessen-Darmstadt, Carl Ulrich, mit dem französischen Oberkommandierenden General Mangin Ende Juni 1919 verurteilt.[227] Gegenstand der Unterhaltung war die geplante Gründung eines Groß-Hessen, dem neben dem Großherzogtum Hessen, der Rheinpfalz und dem Herzogtum Birkenfeld auch Teile der preußischen Rheinprovinz und Hessen-Nassau angehören sollten.[228] In einem Schreiben an die Reichsregierung beschwerte sich Hirsch im Namen der preußischen Regierung darüber, dass das Reichsinnenministerium zwar Kenntnis von dem Schritt Ulrichs erhalten habe, dies der Preußischen Regierung jedoch nicht mitgeteilt habe. „Der derzeitige Zustand des Gegeneinanderwirkens der Reichsregierung und der Staatsregierung in einer solchen Lebensfrage des Reiches und Preußens ist nach Ansicht des Staatsministeriums unerträglich."[229] In der Landesversammlung nahm Hirsch unmissverständlich Stellung und bezeichnete die Verhandlungen Ulrichs mit General Mangin vom 28. Juni als „einen schweren Mißgriff". Mit diesen Bestrebungen würde man letztlich den Franzosen zuarbeiten, denen an einer Schwächung Preußens durch Abtrennung von Gebietsteilen und der Bildung von Randstaaten gelegen sei. Die „Ablösung von Preußen" sei letztlich „nur der erste Schritt zu einer Ablösung vom Reiche".[230]

Um den allenthalben auftretenden Selbständigkeitsbestrebungen in den preußischen Provinzen entgegenwirken zu können, brachte das Staatsministerium im Juli 1919 einen Gesetzentwurf über die Erweiterung der Selbständigkeitsrechte der Provinzialverbände ein, um, wie es Hirsch in einem Zeitungsbeitrag im September formulierte, durch „Einräumung eines größeren Maßes von Verständnis für die berechtigten Sonderheiten der einzelnen Provinzen und in der Gewährung weitergehender Bewegungsfreiheit der auf ihre Landsmannschaft stolzen Bevölkerung" eine „bessere Grundlage für den Zusammenhalt des Ganzen" zu schaffen.[231] Eine Stärkung der Selbstverwaltungsrechte der einzelnen Provinzen schien auch einen Weg zu weisen, um dem Ziel des

227 Zum Treffen Ulrichs mit Mangin vgl. den Bericht der Preußischen Gesandtschaft in Darmstadt, Rieth, an das Preußische Ministerium der Auswärtigen Angelegenheiten, 2. 7. 1919, in: BArch Berlin, R 43-I/2271, Bl. 27–36. Ferner der Bericht Ulrichs an den Reichspräsidenten vom 30. 6. 1919 vgl. Kahlenberg, Großhessenpläne und Separatismus, S. 369, insges. S. 368–374.

228 Vorwärts Nr. 345 v. 9. 7. 1919, S. 1: Neue Loslösungsbestrebungen im Westen?

229 Schreiben des Präsidenten des Preußischen Staatsministeriums Hirsch an die Reichsregierung, 9. 7. 1919, in: BArch Berlin, R 43-I/2271, Bl. 37. Vgl. dazu auch die Erinnerungen Wolfgang Heines, in: Ebd., NL Wolfgang Heine, N 2111, Nr. 485, S. 369.

230 Hirsch am 16. 7. 1919, in: StBPLV 1919/21, 46. Sitzung, Sp. 3591–3593, Zitate Sp. 3592 f.

231 DAZ Nr. 452 v. 17. 9. 1919, S. 1 f.: Paul Hirsch, Zerstückelung oder Autonomie? Das neue Autonomiegesetz.

Einheitsstaates und der Neugliederung des Reiches und seiner Einzelstaaten näherzukommen.

Während dem Versuch, aus dem Großherzogtum Hessen und den Gebietsteilen der angrenzenden Staaten ein Groß-Hessen zu schmieden, kein Erfolg beschieden war, konnte aus den verschiedenen thüringischen Kleinstaaten im Mai 1920 das Land Thüringen gegründet werden. Auch in diesem Fall stellte sich die Frage nach der Einbeziehung preußischer Landesteile. Dabei ging es nicht nur um die Einverleibung der drei preußischen Enklaven, der Kreise Ziegenrück, Schleusingen und Schmalkalden, sondern auch um eine Landbrücke zwischen den Schwarzburgischen Gebieten und den übrigen thüringischen Landesteilen sowie um das Gebiet von Erfurt, das als Landeshauptstadt ausersehen war.[232] Bereits im April 1919 kam es deshalb zu Verhandlungen der thüringischen Kleinstaaten mit der preußischen Regierung, die die Einigung der thüringischen Staaten mit Sympathie verfolgte und auch ihre Bereitschaft zur Überlassung preußischer Gebietsteile gegen entsprechende Garantien für eine wirtschaftliche und verwaltungstechnische Kooperation durchblicken ließ.[233] In einer Konferenz mit Vertretern der betroffenen Territorien und Angehörigen aller politischen Parteien wurden die Vorschläge der thüringischen Staaten allerdings „einmütig" verworfen. „Die Konferenz", so erklärte Hirsch am 2. Oktober 1919 in der Landesversammlung, „hat sich auf den Standpunkt gestellt, daß das, was von Thüringen geboten wird, nicht ausreicht, um das Opfer des Verlustes der preußischen Staatszugehörigkeit erträglich zu machen". Die preußische Regierung habe daraufhin Mitte August das thüringische Angebot abschlägig beschieden.[234] Wenige Monate später wurde das Land Thüringen als Zusammenschluss der Kleinstaaten Sachsen-Weimar-Eisenach, Sachsen-Meiningen, Sachsen-Altenburg, Sachsen-Gotha, Schwarzburg-Rudolstadt, Schwarzburg-Sondershausen und der beiden 1919 zum Volksstaat Reuß

232 Vgl. dazu auch die Erinnerungen Wolfgang Heines, in: BArch Berlin, NL Wolfgang Heine, N 2111, Nr. 485, S. 349–351, bes. S. 349.

233 Zu den Verhandlungen mit den Thüringischen Staaten vgl. die Sitzung des preußischen Staatsministeriums vom 7. 5., TOP 6, und 5. 8. 1919, TOP III, in: GStA PK, I. HA, Rep. 90, Annex S Nr. 1; ferner die Sitzung des preußischen Staatsministeriums vom 16. 7. 1919, in: GStA PK, VI. HA, NL Otto Braun, Nr. 28.

234 Hirsch am 2. 10. 1919, in: StBPLV 1919/21, 58. Sitzung, Sp. 4612–4618, Zitate Sp. 4615. Vgl. auch Hirsch am 16. 12. 1919, in: Ebd., 100. Sitzung, Sp. 8186–8202, hier Sp. 8189 f.; vgl. auch Hirschs Rede am 17. 12. 1919, in: Ebd., 101. Sitzung, Sp. 8287–8289, hier Sp. 8288. Ferner die Sitzung des preußischen Staatsministeriums vom 26. 11. 1919, TOP 2, in: GStA PK, I. HA, Rep. 90, Annex S Nr. 3. Zur Datierung vgl. Die Protokolle des Preußischen Staatsministeriums, Bd. 11/I, S. 131, Anm. 1.

vereinigten Fürstentümer Reuß älterer und Reuß jüngerer Linie ins Leben gerufen. Der Freistaat Coburg, der vor 1918 Teil des Herzogtums Sachsen-Coburg und Gotha war, schloss sich 1920 dem Freistaat Bayern an. Auch wenn die Eingliederung preußischer Teile misslang, konnte mit der Gründung des Landes Thüringen der territorialen Zersplitterung in der Mitte Deutschlands ein Stück weit entgegengearbeitet werden.[235]

Eine besondere Sorge der Reichs- und preußischen Regierung galt nach der Unterzeichnung des Friedensvertrags den Abstimmungsgebieten, d. h. jenen Gebieten, wo die Bevölkerung mit Hilfe einer Abstimmung darüber entscheiden sollte, ob sie weiter dem Deutschen Reich oder einem fremden Staat angehören wollte. Dazu zählten Oberschlesien, Teile Ost- und Westpreußens, Nordschleswig und Eupen-Malmedy.[236] Große Sorge bereiteten Hirsch die Verhältnisse in den ostpreußischen Abstimmungsgebieten, wo durch das ungeschickte Verhalten der Militärs ein Ausfall zugunsten Deutschlands gefährdet würde. So beklagte sich Hirsch darüber, dass militärische Stellen den Belagerungszustand auch gegen die Regierungsparteien anwenden würden, die dadurch in ihrer Bewegungsfreiheit mit Blick auf das Referendum am 11. Juli 1920 eingeengt würden. Vom 8. bis 13. Dezember unternahmen Hirsch und Innenminister Heine eine Reise in die ost- und westpreußischen Abstimmungsgebiete, um sich einen Überblick über die Lage vor Ort zu verschaffen und in Versammlungen für einen Verbleib im Reichsverband zu werben. Die Stimmung in der deutschsprachigen Bevölkerung bezeichnete er als gut, zugleich fand er in seinem Ende Dezember vorgelegten Reisebericht lobende Worte für die Arbeit der politischen Parteien, die von der äußersten Rechten bis zur äußersten Linken an der „Erhaltung des Deutschtums“ mitwirken würden.[237]

235 Vgl. Faludi/Bartuschka, „Engere Heimat“, bes. der Beitrag von Steffen Raßloff, Preußen und Thüringen. Der Regierungsbezirk Erfurt in der Landesbildungsphase 1918/20, S. 157–172.

236 Vgl. dazu auch Vorwärts Nr. 527 v. 15. 10. 1919, S. 1: Aufruf „Deutsche Brüder und Schwestern aus den bedrohten Grenzmarken!“ Zur Situation in Nordschleswig vgl. auch das Schreiben Hirschs an Kultusminister Haenisch vom 30. 4. 1919, in: AdsD, NL Adolph Köster, Allgemeine Korrespondenz, A–D, Nr. 28. Zur Ernennung Adolph Kösters zum Preußischen Staatskommissar in der Provinz Schleswig-Holstein vgl. das Schreiben Hirsch vom 27. 4. 1919, in: Ebd., Allgemeine Korrespondenz, E–H, Nr. 29.

237 Vgl. den Bericht Hirschs vom 23. 12. 1919 über die Reise in die ost- und westpreußischen Abstimmungsgebiete vom 8. bis 13. 12. 1919, in: BArch Berlin, R 43-I/378, Bl. 255–260; vgl. auch Vorwärts Nr. 634 v. 12. 12. 1919, S. 2: Der Ministerpräsident in Ostpreußen. Ferner DAZ Nr. 551 v. 9. 11. 1919: Ostpreußen und das Reich. Ministerpräsident Hirsch über den deutschen Osten.

Das Problem des verfassungsrechtlichen Aufbaus des „deutschen Hauses“ rückte während der preußischen Verfassungsberatungen erneut auf die Tagesordnung.[238] So brachten die Koalitionsfraktionen SPD, DDP und Zentrum Mitte Dezember einen Antrag ein, der die Staatsregierung ersuchte, noch vor der Einbringung des Verfassungsentwurfs Verhandlungen mit den Länderregierungen über die Gründung eines Einheitsstaates aufzunehmen.[239] Da die Preußische Verfassung noch nicht verabschiedet war, lief der Antrag auf ein Aufgehen Preußens im Reich hinaus. Doch es war mehr als fraglich, ob sich die süddeutschen Staaten diesem Schritt angeschlossen hätten. Darauf wies auch Hirsch hin, der die Befürchtung hegte, „daß der Widerstand der anderen Länder doch schließlich so groß sein wird, daß daran die Idee des Einheitsstaates, zur Zeit wenigstens, scheitert“. Eine Verschiebung der Verfassungsberatungen „können wir nicht billigen; in erster Linie ist diese Körperschaft zusammengetreten, um diese Verfassung zu verabschieden“.[240] Nachdem die Einwände des Ministerpräsidenten ausgeräumt werden konnten, fand die Resolution auf baldige Verwirklichung des deutschen Einheitsstaates am folgenden Tag eine große Mehrheit im Parlament.[241] Alles spreche letztlich für den Einheitsstaat, schrieb Hirsch wenige Tage später im „Vorwärts“. „Aber gerade in dieser Frage spielt neben der Vernunft das Gefühl eine große Rolle. Weite Kreise vermögen sich nur schwer an den Gedanken zu gewöhnen, daß sie, auch ohne ihre Stammesart aufzugeben, Deutsche und nichts als Deutsche sein können. Dazu kommt die immer noch nicht überwundene Abneigung gegen Preußen, man fürchtet, in einem Einheitsstaat von Preußen verschlungen zu werden, obwohl kein vernünftiger Mensch in Preußen daran denkt, man macht keinen Unterschied zwischen dem alten und dem neuen Preußen, man übersieht, daß die Reichsverfassung die preußische Vorherrschaft in Deutschland endgültig beseitigt hat und daß Preußen heute keinerlei Sonderrechte mehr besitzt.“[242]

238 Vgl. dazu auch Leipziger Tageblatt und Handelszeitung Nr. 368 v. 5. 8. 1919, S. 3: Der Weg zur Reichseinheit.

239 Zum Antrag der Abg. Dr. Friedberg, Gräf (Frankfurt), Dr. Dr. Porsch und Genossen (DDP, SPD, Z) zur dritten Beratung der Haushaltspläne für 1919 (Grundlagen für den deutschen Einheitsstaat) vgl. StBPLV 1919/21, Anlagen, Bd. 5, Nr. 1467, S. 2147.

240 Hirsch am 16. 12. 1919, in: StBPLV 1919/21, 100. Sitzung, Sp. 8186–8202, Zitate Sp. 8187.

241 Vgl. den Antrag der Abg. Dr. Friedberg, Gräf (Frankfurt), Dr. Dr. Porsch und Genossen (DDP, SPD, Z) zur dritten Beratung der Haushaltspläne für 1919 (Grundlagen für den deutschen Einheitsstaat), in: StBPLV 1919/21, Anlagen, Bd. 5, Nr. 1467, S. 2147; StBPLV 1919/21, 101. Sitzung, Sp. 8327 f.

242 Vorwärts Nr. 653 v. 22. 12. 1919, S. 1: Paul Hirsch, Um den Einheitsstaat.

Auch wenn Hirsch weiterhin eine unitarische Ausgestaltung des Reiches zwar nicht als prioritär erachtete, so doch immerhin erwog, hatte die Verabschiedung einer Konstitution für ihn eindeutig Vorrang. Die im August 1919 verkündete Reichsverfassung hatte den Neugliederungsplänen auch vorerst den Boden entzogen.[243] So ermöglichte zwar der Artikel 18 eine Neubildung der Länder durch verfassungsänderndes Reichsgesetz oder im Falle der Zustimmung der betroffenen Länder oder der Bevölkerung durch einfaches Gesetz.[244] Doch sah Artikel 167 mit Blick auf die damaligen separatistischen Umtriebe eine zweijährige Sperrfrist vor, die eine emotionslosere, weniger situationsgebundene Betrachtung erlaubte.[245] Die Zukunft musste zeigen, ob der Artikel 18 der Reichsverfassung angesichts der relativ hohen Hürden neue Wege ermöglichen konnte. Das preußische Staatsministerium unter Hirsch hatte noch im Juni eine Neubildung der Länder möglichst erschweren und an ein verfassungsänderndes Gesetz binden wollen. Auch gegen eine Schwächung der preußischen Regierung setzte er sich vehement zur Wehr und lehnte die vorgesehene Vertretung Preußens im Reichsrat, insbesondere die Teilung der preußischen Stimmen, vehement, wenn auch erfolglos ab.[246] Die Forderung nach einem Einheitsstaat blieb Hirsch weiterhin verpflichtet. Noch 1928 war er der Überzeugung, „daß die Errichtung der einheitlichen deutschen Republik eine der wichtigsten Aufgaben ist, und daß nichts versäumt werden darf, was uns diesem Ziele näher führt".[247]

3.5 Die Verfassungspolitik

Aufgabe der im Januar 1919 gewählten Landesversammlung war die Beratung und Verabschiedung einer neuen Verfassung. In wichtigen Fragen hatte die Notverfassung vom 20. März 1919 bereits Vorentscheidungen getroffen. Es mochte denn auch nicht verwundern, dass sich der am 25. Februar 1920 der Landesversammlung zugeleitete Verfassungsentwurf in seinen Grundzügen an diesem provisorischen Organisationsstatut orientierte. So fand die in den Koalitionsfraktionen durchaus noch virulente Forderung nach einem Staatspräsidenten im

243 National-Zeitung Nr. 179 v. 5. 8. 1919, S. 1 f.: Paul Hirsch, Auf dem Wege zur Reichseinheit.

244 Vgl. Huber, Verfassungsgeschichte, Bd. 5, S. 1196 f.; Boldt, Verfassungsgeschichte, Bd. 2, S. 231.

245 Vgl. Huber, Verfassungsgeschichte, Bd. 5, S. 1196 f.; Erdmann, Adenauer, S. 67. Zur Neugliederungsproblematik vgl. auch Ehni, Bollwerk Preußen?, S. 95–99.

246 Zur Sitzung vom 4. 6. 1919 vgl. GStA PK, I. HA, Rep. 90 A, Nr. 3625, Bl. 103 f., hier Bl. 103.

247 Vorwärts Nr. 20 v. 12. 1. 1928, S. 2: Einheitsstaat und Luthers Bund.

Entwurf keine Berücksichtigung.[248] In der Sitzung vom 3. November 1919 hielt das Staatsministerium gleichwohl eine dritte Instanz neben der Landesversammlung und der Regierung, die für die Berufung der Minister und die Auflösung des Parlaments zuständig sein sollte, für notwendig. Auch mit Blick auf die „Gesunderhaltung der Finanzen des Staates" wurde „ein hemmendes Moment in der Gesetzgebung" für erforderlich erachtet.[249] Wenngleich die Beschlussprotokolle des Staatsministeriums nur begrenzt aussagekräftig sind, so schienen doch auch Sozialdemokraten von der „Schaffung eines retardierenden Moments gegenüber dem Landtage" überzeugt zu sein.[250]

Im Regierungsentwurf wurde schließlich die ursprünglich dem Staatspräsidenten vorbehaltene Aufgabe der Berufung des Ministerpräsidenten dem Landtagspräsidenten und die der Landtagsauflösung dem Staatsministerium übertragen. Da sich das Zentrum mit seiner Forderung nach einer Zweiten Kammer als Ergänzung des Landtags nicht durchsetzen konnte und sich mit dem von der SPD favorisierten Einkammermodell anzufreunden wusste, wurde neben dem Parlament ein Finanzrat geschaffen, der aus den preußischen Reichsratsmitgliedern, Finanzbeamten und einer Anzahl vom Landtag zu wählenden Mitgliedern bestehen sollte. Er sollte über das Recht zur Beanstandung von Gesetzen und Beschlüssen finanzieller Natur verfügen. Ein Vertretungsorgan der Provinzen fehlte dagegen im Entwurf, wie überhaupt die den Selbstverwaltungskörperschaften zugewiesenen Aufgaben relativ limitiert waren.[251] „Über das Schicksal der Verfassungsvorlage in der Landesversammlung", so befand Hirsch im Februar 1920, „läßt sich natürlich jetzt noch nichts voraussagen. Es ist aber zu hoffen, daß die Mehrheit des Hauses in den Ausschußberatungen erkennen wird, daß hier eine gründliche und verständnisvolle Arbeit geleistet worden ist, und daß sie die Vorlage ohne wesentliche und tief einschneidende Veränderungen annehmen wird."[252]

Da Hirsch bereits wenige Wochen nach der Einbringung des Verfassungsentwurfs zurücktrat, hatte er keinen entscheidenden Einfluss mehr auf die Beratungen. Insgesamt spielten die Sozialdemokraten bei der Verfassunggebung im Reich und in Preußen auch eine relativ untergeordnete Rolle, was am Fehlen

248 Der Text in: StBPLV 1919/21, Anlagen, Bd. 6, Nr. 2000, S. 3005–3009. Ferner Stalmann, Linksliberalismus, Bd. 1, Dok. Nr. 91.

249 Zur Sitzung vom 3. 11. 1919, TOP 7 vgl. GStA PK, I. HA, Rep. 90, Annex S Nr. 3.

250 Vgl. die Sitzung des preußischen Staatsministeriums vom 3. 12. 1919, TOP 2, in: Ebd.

251 Vgl. den Entwurf einer Verfassung für Preußen, StBPLV 1919/21, Anlagen, Bd. 6, Nr. 2000, S. 3005–3009.

252 DAZ Nr. 105 v. 26. 2. 1920: Paul Hirsch, Die preußische Verfassung.

verfassungsrechtlicher Expertise gelegen haben mochte. Zwar konnten die Fraktionen im Reich und in den Ländern in ihren Reihen auf zahlreiche Rechtsanwälte verweisen. Da den Sozialdemokraten im Kaiserreich die Venia Legendi an den Universitäten versagt geblieben war, ermangelte es der Partei jedoch an professoralem Sachverstand. Dies erklärt den starken Einfluss der DDP bei der Verfassungsgebung, die mit Hugo Preuß einen der führenden Verfassungsrechtler in ihren Reihen wusste und mit Conrad Berndt auch einen der Berichterstatter des vom Juni bis Oktober 1920 tagenden Verfassungsausschusses stellte.[253] Nach seinem Rücktritt als Ministerpräsident sollte Hirsch als Abgeordneter noch engagiert die Verfassungsberatungen in der Landesversammlung mit begleiten.[254]

3.6 Die Bildungs- und Kirchenpolitik

Hatte die Schul- und Kirchenpolitik der Revolutionsregierung durch die Erlasse Adolph Hoffmanns für großen Ärger gesorgt, so verlor dieses Themenfeld unter der neu gewählten Koalitionsregierung an Brisanz, wenngleich es auch weiterhin für Spannungen zwischen SPD und DDP einerseits und dem Zentrum andererseits sorgte. Gleichwohl überließ Hirsch als Ministerpräsident die Federführung seinem Kultusminister Haenisch und verzichtete darauf, im Plenum dazu Stellung zu nehmen. Ein erster Reformschritt stellte das Gesetz über die Aufhebung der Lokalschulinspektion dar. Diese Frage hatte die teilweise erheblich divergierenden Zielsetzungen und die damit verbundenen Konfliktlinien innerhalb der Koalition offenbart. So hatte das Zentrum – wenn auch vergebens – Restbestände des geistlichen Aufsichtsrechts zu wahren versucht und die Einrichtung von Schulbeiräten, denen neben Vertretern der Eltern, Lehrer und der Gemeindebehörden auch jene der Religionsgesellschaften angehören sollten, in Vorschlag gebracht.[255]

Die Differenzen innerhalb der Koalition wurden auch bei der Beratung des Gesetzentwurfs über die Abänderung der Zusammensetzung der Schuldeputationen, Schulvorstände und Schulkommissionen offenkundig, mit dem das letzte

253 Berndt war als Berichterstatter für die Abschnitte I–VI, VIII und IX zuständig, während der Zentrumsabgeordnete Beyer (Oberschlesien) für den Abschnitt VII (Finanzwesen) die Vertretung vor dem Plenum übernahm. Vgl. Stalmann, Linksliberalismus, Bd. 1, Dok. Nr. 159 und 164. – Zu Preuß vgl. Lehnert, Preuß; ders., Das pluralistische Staatsdenken; ders./Müller, Preuß. Gesammelte Schriften. Ferner Dreyer, Preuß.

254 Vgl. das folgende Kapitel.

255 Zur Aufhebung der Ortsschulaufsicht vgl. Hömig, Das preußische Zentrum, S. 49–53; Grünthal, Reichsschulgesetz, S. 55 f.; vgl. auch Stalmann, Linksliberalismus, Bd. 1, Nr. 31.

institutionelle Reservat der Kirche im staatlichen Bildungswesen beseitigt werden sollte.[256] Da SPD und DDP auf den Wegfall der obligatorischen Mitgliedschaft der Geistlichen in den örtlichen Schulaufsichtsgremien bestanden, weigerte sich das Zentrum, an der Beratung der Vorlage weiter mitzuwirken. Kultusminister Haenisch musste die Vorlage letztlich überarbeiten, sodass sie in modifizierter Form im Oktober 1920 die Zustimmung der Landesversammlung erhielt.[257] Grundlage der Schulpolitik wurde ein dilatorischer Formelkompromiss, auf den sich die Weimarer Koalitionsparteien in der im August 1919 verkündeten Reichsverfassung hatten einigen können. So wurde zwar die für alle Bekenntnisse gemeinsame Simultanschule zur Regelschule erhoben, doch bestand die Möglichkeit, dass auf Antrag der Erziehungsberechtigten konfessionelle oder bekenntnisfreie Schulen eingerichtet werden konnten. Da die weitere Regelung einem Reichsschulgesetz vorbehalten war, dieses jedoch wegen der divergierenden Interessen der beteiligten Parteien während der Weimarer Republik nicht mehr zustande kam, blieb der für die Bekenntnisschulen günstige schulpolitische Status quo erhalten.[258] Andere Fragen der Bildungs- und Kultuspolitik, wie die Neuregelung der Lehrerausbildung oder die Neugestaltung des Verhältnisses zwischen dem preußischen Staat und der katholischen Kirche in Form eines Konkordats, konnten während Hirschs Amtszeit nicht mehr auf dem Weg der Gesetzgebung gebracht werden, sondern sollten erst Jahre später einer Lösung zugeführt werden.[259]

Hirschs Verhältnis zu seinem Kultusminister war von Anfang an nicht unproblematisch gewesen. Bereits vor den Wahlen zur Landesversammlung hatten die Zustände im Ministerium wiederholt Anlass zur Sorge gegeben. Denn

256 Vgl. Hömig, Das preußische Zentrum, S. 54–63.

257 StBPLV 1919/21, 164. Sitzung, Sp. 12850–12871 (7. 10. 1920). Vgl. auch Hömig, Das preußische Zentrum, S. 54–63; ferner Stalmann, Linksliberalismus, Bd. 1, Nr. 52, 93, 109, 179 u. 182.

258 Vgl. die Artikel 146 und 174 der Weimarer Reichsverfassung; Albertin, Liberalismus und Demokratie, S. 287–293; Grünthal, Reichsschulgesetz, S. 36–67; Apelt, Geschichte der Weimarer Verfassung, S. 329–337. Vgl. dazu auch das undatierte Schreiben Haenischs an Hirsch, in: BArch Berlin, NL Haenisch, N 2104, Nr. 145, Bl. 68.

259 Zur Lehrerbildung vgl. Müller, Weltpolitische Bildung, S. 266–277; Huber, Verfassungsgeschichte, Bd. 6, S. 966–973. Zum preußischen Konkordat vgl. Golombek, Vorgeschichte; Hömig, Das preußische Zentrum, S. 184–204; vgl. auch Ludwig Volk, Das Reichskonkordat vom 20. Juli 1933. Von den Ansätzen in der Weimarer Republik bis zur Ratifizierung am 10. September 1933, Mainz 1972, S. 1–58. – Hirsch sah es auch als seine Aufgabe an, die Gemeinde durch den Ausbau der Bibliotheken, Theater und Volkshochschulen zu „Pflanzstätten der Kultur" zu machen; GAD Nr. 281 v. 18. 10. 1919, S. 1: Paul Hirsch, Kulturpolitik der Gemeinde.

Haenisch schien auch nach dem Rücktritt Hoffmanns seinen „Laden" nicht im Griff zu haben. Seinen Ärger machte Hirsch im Januar 1919 Luft, als er Haenischs „Beseitigung durch Spartakus lebhaft herbeizuwünschen" schien, worüber sich dieser wiederum Mitte Januar bitter beklagte. „Ich benutze die Gelegenheit, um ein für alle mal den schon mehrfach ausgesprochenen Irrtum zu zerstreuen, dass ich à la Hoffmann auch meinerseits wahllos alle möglichen Leute ins Ministerium berufen hätte." Er habe lediglich Blankenburg ernannt, der für ihn als persönlicher Adjutant tätig sei. Wyneken sei dagegen bereits in der ersten Dezemberhälfte auf seinen, Haenischs Wunsch wieder ausgeschieden, „nachdem sich herausgestellt hatte, dass er bei aller seiner genialen Veranlagung, vielleicht auch eben wegen dieser Veranlagung, im Beamtenorganismus einfach nicht zu brauchen war". Gegenteilige Behauptungen von Hoffmann entsprächen letztlich nicht der Wirklichkeit.[260]

An dem schwierigen Verhältnis zwischen Minister und Ministerpräsident änderte sich in der Folgezeit wenig. Im Januar 1920 schrieb sich Hirsch den ganzen Frust von der Seele, als er sich eingehend mit dem Führungs- und Arbeitsstil seines Ministers befasste. „Von irgend einer persönlichen Animosität gegen Dich ist bei mir nicht die Rede und nie die Rede gewesen, es sind sachliche Gegensätze, vor allem Gegensätze, die in den Auffassungen über Amtspflichten begründet sind. Mit dem, was ich Dir oft gesagt habe, was Du aber stets scherzhaft" aufgefasst hättest, „ist es mir bitter ernst. Ich habe seit unserem Zusammenarbeiten im Parlament den Eindruck, daß Du Deine Person so in den Vordergrund rückst, daß die Sache darunter leidet. Und dieser Eindruck hat sich mir von Tag zu Tag verstärkt. Vielleicht weißt Du es selbst nicht, aber Thatsache ist – ich spreche das als Freund ganz offen aus – daß Deine Eitelkeit Dir einen bösen Streich spielt." Dabei ging Hirsch auf einen Artikel seines Parteifreundes ein, „der an Geschwätzigkeit alles bisher dagewesene" übertroffen habe. „Die Schmeichler, mit denen Du Dich umgiebst, sind die gefährlichsten Menschen. Ich schreibe Dir das, obwohl ich weiß, daß meine Worte ohne Wirkung bleiben. Was die gegensätzliche Auffassung über Amtspflichten betrifft, so sage ich Dir auch da nichts neues, wenn ich Dir rate, gewisse Sachen selbst zu bearbeiten. Fortgesetzt redest Du von der Arbeitslast." In Wirklichkeit habe Haenisch nicht mehr zu tun als alle anderen Minister – „ausgenommen Heine, der überlastet ist. Keiner von uns hat sich im Sommer längeren Urlaub gegönnt, nur Du. Kaum sind die Parlamentsferien da, so gehst Du wieder auf Urlaub. Mir hat der Arzt schon vor Jahren dringend eine längere Erholung angeordnet, ich folge dem Rat nicht, obwohl ich total abgearbeitet bin, weil ich mir sage,

260 Haenisch an Hirsch, 18. 1. 1919, in: BArch Berlin, NL Haenisch, N 2104, Bl. 33.

jetzt ist dazu nicht die Zeit. Aber auch darüber werden wir uns natürlich niemals einigen."[261]

Hirsch mochte Haenisch als Belastung und Fehlbesetzung empfinden, doch konnte er sich nicht dazu durchringen, ihn zu entlassen. Dies mag man auf die Verbundenheit zurückführen, die er gegenüber einem Parteifreund empfand, mit dem er jahrelang zusammengearbeitet hatte. Auch schienen die Versäumnisse und Fehler des Kultusministers in seinen Augen nicht derart schwerwiegend, dass sie einen Rücktritt erforderlich gemacht hätten. Denn die Baustellen und politischen Minenfelder lagen anderswo. Die Republikanisierung der Verwaltung, die Vermögensauseinandersetzung mit den Hohenzollern und die Landwirtschaftspolitik waren Themen, die nach den Wahlen in stärkerem Maße als die schul- oder kulturpolitischen Fragen polarisierten und mobilisierend wirkten.

3.7 Die Verwaltungsreform und das Groß-Berlin-Gesetz von 1920

Eine „demokratische Verwaltungsreform", die auf eine Vereinheitlichung und Modernisierung der Verwaltungsstrukturen abzielte, hatte Hirsch in seiner Regierungserklärung am 25. März auf seine Reformagenda gesetzt.[262] Wenn auch eine umfassende Neuordnung während seiner Amtszeit, letztlich auch während der Weimarer Republik nicht mehr zustande kam, so gelang Hirsch doch mit der Demokratisierung verschiedener Verwaltungsbereiche die Umsetzung erster wichtiger Reformen. So konnte im Juli 1919 das Gesetz zur vorläufigen Regelung verschiedener Punkte des Gemeindeverfassungsrechts verabschiedet werden, das unter anderem das Gemeindewahlrecht und die Zusammensetzung der Magistrate reformierte und Bestimmungen über die Neuwahl der Amtsvorsteher sowie der Deputationen und Kommissionen in den Kreisen und Gemeinden erließ.[263] Um eine Verwaltungsreform vorzuarbeiten, ernannte Hirsch im Mai 1919 den früheren königlich-preußischen Innenminister William Drews zum preußischen Staatskommissar. Die von Drews vorgelegten Entwürfe, die eine Ausweitung der Selbstverwaltungsrechte und die Abschaffung der behördlichen

261 Hirsch an Haenisch, 20. 1. 1920, in: Ebd., Bl. 56. – In seinen persönlichen, für die Familie bestimmten Erinnerungen befand Heine: „Ich habe in meinem Leben immer ziemlich reichlich gearbeitet, aber so wie in der Zeit meiner Tätigkeit als Minister des Innern doch niemals. Als ich einige Monate das Ministerium führte, sagte mir der Bürodirektor, seit der Revolution hätte sich die Tätigkeit des Ministeriums im ganzen etwa verzehnfacht, die des Ministers aber verzwanzigfacht." BArch Berlin, NL Wolfgang Heine, N 2111, Nr. 485, S. 380.

262 StBPLV 1919/21, 10. Sitzung, Sp. 629, die Rede insgesamt Sp. 628–633.

263 Vgl. auch Möller, Parlamentarismus, S. 475 f.

Mittelinstanzen, der Regierungspräsidien, vorsahen, stießen im Staatsministerium allerdings auf entschiedenen Widerspruch und blieben deshalb unberücksichtigt.[264] Auch wenn die Verfassung vom November 1920 in ihren Artikeln 70 bis 75 eine Regelung der kommunalen und provinzialen Selbstverwaltung verhieß[265] und der Reformbedarf angesichts der unterschiedlichen Städte- und Landgemeindeordnungen offenkundig war, blieb diese Frage vor 1933 trotz verschiedener Anläufe letztlich unerledigt.[266]

Ein Teilbereich der Verwaltungsreform konnte indes mit der Groß-Berlin-Frage nach dem Krieg einer Lösung zugeführt werden. Ein erfreuliches Zeichen hatte bereits die Konferenz im Innenministerium am 28. November 1918 gesetzt, an der neben Hirsch und weiteren Vertretern des Innenministeriums die Oberbürgermeister der verschiedenen Groß-Berliner Kommunen teilgenommen hatten. In seiner Eröffnungsrede betonte Hirsch, dass sich während des Krieges „die Reform der Groß-Berliner Kommunalverhältnisse als dringend erforderlich" erwiesen habe. Deshalb habe er den Staatssekretär im preußischen Innenministerium Oscar Meyer mit den Vorarbeiten zur Durchführung der Reform beauftragt. Er ließ keinen Zweifel daran, dass die Regierung gegen den Ausbau des Zweckverbandes und für eine Eingemeindung sei und fand hierbei auch die Zustimmung der Mehrheit der Teilnehmer.[267] Hatte die preußische Regierung Ende Oktober 1919 noch beschlossen, den Gesetzentwurf zusammen mit der neuen Städteordnung der Landesversammlung vorzulegen[268], so gab sie am 12. November 1919 der schnellen Einbringung der Vorlage den Vorzug.[269] Streitfragen bildeten neben dem räumlichen Umfang

264 Zu Drews vgl. Eimers, Verhältnis, S. 119–121; Schulz, Zwischen Demokratie, Bd. 1, S. 257–262; Heinz Roland Fraenkel, Der gegenwärtige Stand der preußischen Verwaltungsreform, jur. Diss. Breslau 1930, S. 21 f.

265 Abschnitt VIII der preußischen Verfassung von 1920 über die Selbstverwaltung, vgl. Vogels, Verfassung, S. 174–182.

266 Zum Problem der Verwaltungsreform vgl. Möller, Die Verwaltung in den Ländern. Preußen, bes. S. 555–557.

267 Zum Protokoll der Sitzung vom 28. 11. 1918 vgl. GStA PK, I. HA, Rep. 77 Tit. 227 A Nr. 90 Bd. 2 a, Bl. 65–74, hier Bl. 66 r, 72 u. 74. Vgl. auch BT Nr. 658 v. 25. 12. 1918, S. 5: Alexander Dominicus, Das Problem der Organisation.

268 Vgl. dazu auch die Sitzung des preußischen Staatsministeriums vom 22. 10. 1919, TOP 2, in: GStA PK, I. HA, Rep. 90, Annex S Nr. 1; ferner Die Protokolle des Preußischen Staatsministeriums, Bd. 11/I, S. 122 f., hier S. 123, Anm. 4.

269 Vgl. die Sitzungen des Staatsministeriums vom 22. Oktober und 12. November 1919, in: Die Protokolle des Preußischen Staatsministeriums, Bd. 11/I, Nr. 74 (TOP 2) und Nr. 79 (TOP 5). Zur Haltung des Schöneberger Oberbürgermeisters Alexander Dominicus vgl. Müller, Dominicus, S. 13 u. 76–82.

der Stadt Berlin die Stellung der lokalen Verwaltungsorgane, der Bezirksämter und Bezirksversammlungen, und damit die Frage Einheits- oder Gesamtgemeinde. „Gewiß", so schrieb Hirsch in einem Beitrag für die „Vossische Zeitung" im Januar 1920, „können die Anhänger des Gedankens Groß-Berlin über Einzelheiten geteilter Meinung sein. Darüber, wie weit der Kreis gezogen oder welche Verfassung dem neuen Gemeinwesen gegeben werden soll, mögen die Ansichten auseinandergehen, aber daß es höchste Zeit ist, der kommunalen Zersplitterung Groß-Berlins ein Ende zu machen und daß das Problem nur durch Schaffung einer Einheitsgemeinde gelöst werden kann, darüber herrscht völlige Uebereinstimmung."[270]

Die Verabschiedung des Gesetzes Ende April 1920 sollte allerdings erst nach Hirschs Rücktritt erfolgen.[271] Das am 1. Oktober 1920 in Kraft tretende „Gesetz über die Bildung einer neuen Stadtgemeinde Berlin" vereinigte acht Städte, Berlin, Charlottenburg, Köpenick, Lichtenberg, Neukölln, Schöneberg, Spandau und Wilmersdorf, mit 59 Landgemeinden und 27 Gutsbezirken. Mit einem Umfang von 877,6 qkm entstand die flächenmäßig größte Stadt der Welt, gegenüber der New York mit 840 qkm nur den zweiten Platz belegte.[272] An der Spitze der in zwanzig Verwaltungsbezirke eingeteilten Stadt stand ein Magistrat als kollegiales Beratungs- und Beschlussgremium, in dem der Oberbürgermeister die Stellung eines *primus inter pares* innehatte. Die Selbstverwaltung wurde durch die Schaffung von Bezirksämtern, Bezirksversammlungen und Bezirksdeputationen auf eine rechtliche Grundlage gestellt.[273]

3.8 Die Beamtenpolitik und die Republikanisierung der Verwaltung

Während der Revolution besaß die Sicherstellung der staatlichen Dienstleistungen und die Aufrechterhaltung der Verwaltung für Hirsch eindeutig Vorrang vor dem Wunsch nach rascher Demokratisierung der Verwaltungsstrukturen. Bereits am 12. November 1918 forderte die preußische Regierung die ihr unterstehenden Behörden und Beamten zur Fortsetzung ihrer amtlichen Tätigkeit auf.[274] Die

270 VZ Nr. 19 v. 11. 1. 1920, S. 5 f., hier S. 5: Paul Hirsch, Groß-Berlin. Vgl. auch National-Zeitung Nr. 91 v. 28. 4. 1920, S. 1 f.: Paul Hirsch, Noch einmal: Groß-Berlin.

271 Vgl. StBPLV 1919/21, 139. Sitzung, Sp. 11044 f. u. 11101–11106 (27. April 1920).

272 Vgl. Nowack, Werden, S. 270.

273 Vgl. Gesetz über die Bildung einer neuen Stadtgemeinde Berlin. Vom 27. April 1920. Mit Einleitung und Erläuterungen versehen von Paul Hirsch, Berlin 1920. Ferner Köhler, Berlin, S. 820 f.

274 Zur Bekanntmachung der preußischen Regierung an Behörden und Beamte vom 12. 11. 1918, in: Ritter/Miller, Die deutsche Revolution, S. 101.

Wahrung von Sicherheit und Ordnung, die Sicherstellung der Lebensmittelversorgung sowie die mit der Rückführung des deutschen Heeres verbundenen Aufgaben setzten eine funktionsfähige Verwaltung voraus. Dies mag die zurückhaltende Vorgehensweise der preußischen Regierung bei der Neubesetzung der führenden Verwaltungspositionen erklären.

Dennoch war die Republikanisierung des Beamtenapparats für die junge Republik unverzichtbar, wollte sie über ein zuverlässiges Machtinstrument verfügen. Bereits der Erlass der preußischen Regierung vom 26. Februar 1919, der den monarchisch gesinnten Beamten mit mehr als zehnjähriger Dienstzeit die Möglichkeit einräumte, wegen der „Umgestaltung des Staatswesens" in den Ruhestand zu treten, war dieser Zielsetzung verpflichtet. Doch die Hoffnung, die dezidierten Gegner der Republik zum Ausscheiden bewegen zu können, erfüllte sich nicht. Nur wenige Beamte machten von dieser Option Gebrauch.[275] Nach der Verkündung der Reichsverfassung im August 1919 waren einer umfassenden Reorganisation der Verwaltung durch die Artikel 129 und 130 auch enge Grenzen gezogen. So garantierte Artikel 129 den Beamten ihre „wohlerworbenen Rechte", d. h. neben Gehalt und Pension die Anstellung auf Lebenszeit und damit den Schutz vor willkürlicher Entlassung, während Artikel 130 den Beamten die Meinungs- und Vereinigungsfreiheit zusicherte. Allerdings konnten die unmittelbaren, der Regierung direkt unterstehenden politischen Beamten, zu denen die Ober-, Regierungs- und Polizeipräsidenten, die Polizeidirektoren, die Landräte und die Vizepräsidenten bei Ober- und Regierungspräsidien zählten, jederzeit in den einstweiligen Ruhestand versetzt werden.[276]

Im Parlament kam Hirsch auf das Problem der Demokratisierung der Verwaltung nicht oft zu sprechen. Vielmehr überließ er diese Angelegenheit weitgehend seinem Innenminister Heine. Ob der Sohn eines Gymnasialdirektors, studierter Jurist und Rechtsanwalt allerdings der Richtige auf diesem Posten war, konnte durchaus bezweifelt werden. Als Verteidiger prominenter Angeklagter wie Ignaz Auer oder des preußischen Landtagsabgeordneten Julian Borchardt, der 1912 nach dem Skandal im Abgeordnetenhaus wegen Hausfriedensbruchs angeklagt worden war, hatte sich Heine einen Namen gemacht und war im Reichstag, dem er seit 1898 angehörte, zum führenden Rechtsexperten der Partei avanciert. Als Regierungschef des früheren Herzogtums Anhalt (November 1918 bis Juli 1919) und Mitglied des Politischen Kabinetts in Preußen verfügte er zudem durchaus über Regierungserfahrung. Doch empfanden ihn viele bald als Fehlbesetzung.

275 Vgl. Runge, Politik und Beamtentum, S. 57 f.; Protokolle des preußischen Staatsministeriums, Bd. 11/I, S. 9 f.

276 Vgl. Runge, Politik und Beamtentum, S. 21 f.

Mehr noch als Hirsch räumte er der Aufrechterhaltung einer funktionsfähigen Verwaltung Vorrang vor deren Republikanisierung ein. Für Sozialdemokraten, die aus einfachen Verhältnissen kamen und sich in der Partei hochgearbeitet hatten, war er ohnehin als Intellektueller und „Stehkragenproletarier“ verpönt, der ungeachtet seines politischen Engagements durch seine Herkunft und Einstellung der Arbeiterbewegung fremd blieb. Er habe, bemerkte der liberale Publizist Ernst Dombrowski, „kein Verhältnis zu den Arbeitern“ gefunden. „Seine gepflegte Kleidung, sein vornehmer Spitzbart, sein Kneifer, seine etwas vorgebeugte, steife Haltung, seine halb zusammengekniffenen, beim Sprechen eindringlich forschenden Augen“ hoben ihn von den meisten Sozialdemokraten ab. Von seinem Äußeren würde er eher an einen „Jenaer Oberlandesgerichtsrat“ denn an einen sozialdemokratischen Parteifunktionär erinnern. Er sei „immer bürgerlicher“ geworden, „vertrat, worüber wir alle den Kopf schüttelten, den Sohn des Prinzen Friedrich Leopold in dem vom Kaiser gegen ihn angestrengten Entmündigungsverfahren und wurde als erster Sozialdemokrat in den Vorstand der Berliner Anwaltskammer gewählt. Heut ist er Exzellenz; wenigstens läßt er sich nicht ungern so anreden.“ Zum Innenminister avanciert, sei er „von revolutionärem Denken so weit entfernt wie ein ehemaliger Königlich Preußischer Assessor“.[277]

Durch seine Politik und seine konkreten Maßnahmen entfremdete sich Heine letztlich seiner Partei. Den mit der Entwicklung unzufriedenen Sozialdemokraten bot die Personalpolitik Heines fortwährend Angriffsflächen. Das galt nicht zuletzt für die Tatsache, dass er konservative Beamte auf führende Positionen berief, von denen nicht wenige offen gegen das neue System Stellung bezogen. Beispielhaft mag hierfür die Personalie von Magnus Freiherr von Braun gelten, der im Mai und Juni 1919 den Posten des Personalreferenten im preußischen Innenministerium bekleidete.[278] Einer alteingesessenen pommerschen Gutsbesitzerfamilie entstammend, sollte er 13 Jahre später, im Juni 1932, als Deutschnationaler zum Reichslandwirtschaftsminister im „Kabinett der Barone“ unter Reichskanzler Franz von Papen ernannt werden und für die Absetzung der letzten frei gewählten, sozialdemokratisch geführten preußischen Landesregierung, für den sog. Preußenschlag, verantwortlich zeichnen.[279] Es mag nicht überraschen, dass von Braun im Rückblick ein schmeichelhaftes Bild von seinen beiden Vorgesetzten, Heine und seinem Staatssekretär Oscar Meyer,

277 Fischart, Die Männer der Übergangszeit, S. 164–170, hier S. 167–170.

278 Protokolle des Preußischen Staatsministeriums, B. 11/II, S. 543 f.; zur Ernennung des Freiherrn von Braun vgl. die Sitzung des Staatsministeriums vom 14. 4. 1919, in: GStA PK, VI. HA, NL Otto Braun, Nr. 28.

279 Zu von Braun vgl. Braun, Von Ostpreußen.

zeichnete, die er als „ruhige, vernünftige und kluge Menschen" schilderte, die wahrlich „keine geborenen Revolutionäre" gewesen seien.[280] In seinen Erinnerungen brüstete sich der Deutschnationale auch damit, sich einer bürokratischer „List" bedient zu haben, um die Landratsämter mit konservativen Kandidaten besetzen zu können. Da zwar für eine kommissarische Besetzung des Landratsamts die Zustimmung des Ministers erforderlich war, über eine vertretungsweise Besetzung jedoch der Personalienrat allein entscheiden konnte, seien während seiner Zeit vor allem Vertreter, die aus den Kreisen der Regierungsassessoren genommen worden seien, in die Landkreise geschickt worden. Die Kreistage, die meist über eine konservative Mehrheit verfügten, hätten diese nach wenigen Monaten dann als Landräte vorgeschlagen. Damit habe er „eine Reihe von Bremsen einbauen" und, so muss man hinzufügen, die auf eine Demokratisierung und Republikanisierung abzielenden Bestrebungen unterlaufen können.[281]

Bei seinem Vorgesetzten Heine schien er da auch offene Türen einzurennen. Auch für Heine hatte die Aufrechterhaltung einer funktionsfähigen, nach den herkömmlichen Kriterien zusammengesetzten Bürokratie Vorrang vor einer Republikanisierung der Verwaltung. Bei beiden dürfte hier eine unterschwellige Hochachtung vor dem Fachwissen und der Erfahrung der hohen Beamten eine Rolle gespielt haben. Er habe, so ließ Heine Mitte Juli 1919 die Abgeordneten wissen, nicht die Absicht, „Tüchtigkeit des Könnens ersetzen zu lassen durch Tüchtigkeit der Gesinnung".[282] Von Braun fiel denn auch unter Heine die Karriereleiter hinauf und wurde im September 1919 zum Regierungspräsidenten von Gumbinnen berufen. Dass dies eine eklatante Fehlentscheidung war, zeigte dessen Verhalten während des Kapp-Lüttwitz-Putsches, das kurz darauf zu seiner Amtssuspendierung führte.[283] „Gesinnung und selbst politische Erfahrung", so versuchte Heine seine personalpolitischen Entscheidungen zu verteidigen, würden „Fachkenntnisse und Uebung nicht entbehrlich machen" können. „Ihr Mangel bei den neuen politischen Beamten musste den alten Routiniers, den Regierungsräten und Kreissekretären ein Uebergewicht geben, das erst recht die Befestigung der neuen Staatsform gefährdete. Deshalb war der Ersatz der alten durch republikanische Beamte nicht in dem Tempo möglich, wie die zum Teil äusserst naiven Parteipolitiker und Zeitungsschreiber es sich dachten. Deswegen wurde ich auf das heftigste angegriffen und habe, da ich an meiner Ueberzeugung

280 Ebd., S. 173.

281 Ebd., S. 175.

282 Heine am 18. 7. 1919, in: StBPLV 1919/21, 48. Sitzung, Sp. 3859–3873, Zitat Sp. 3859.

283 Vgl. die Sitzung des preußischen Staatsministeriums vom 22. 3. 1920, TOP 2, in: GStA PK, I. HA, Rep. 90 A, Nr. 3626, Bl. 53 f., hier Bl. 53.

festhielt, schliesslich eine Feindschaft gegen mich grossgezogen, die meine Stellung unmöglich machte."[284]

Bei der Schaffung eines loyalen Beamtenapparats glaubte sich Heine auf eine Reform der Referendarausbildung beschränken zu können und schien auch bei Hirsch auf keinerlei Widerspruch zu stoßen. Lediglich der damalige „Linksaußen" im Kabinett, Otto Braun, machte seinem Unmut über die an formalen Einstellungskriterien orientierte Personalpolitik Heines offen Luft. Wenn am Juristenmonopol bei der Besetzung höherer Beamtenstellen festgehalten werde, dann werde es mit der „Erneuerung sehr schwer".[285] So kam es nach der Revolution zwar an der Spitze der preußischen Ministerien zu einem Wechsel, „aber die Pyramiden darunter waren die alten geblieben", befand der linksliberale Unterstaatssekretär im Innenministerium Hellmut von Gerlach nüchtern. „Bei uns im Innenministerium dirigierte der Hakatist[286] von Kries das Polendezernat, der konservative Fanatiker Kutscher die Personalangelegenheiten. Als Verwaltungsbeamte ausgebildete Republikaner standen uns nur ganz vereinzelt zur Verfügung. Bewarb sich einer von ihnen um einen Landratsposten, so erwiderte die Geheimratsbürokratie: Nach der Anciennität sind erst andere Anwärter dran. Kam ein Mann wie der überaus fähige Freiherr von Reibnitz, wegen ungenügender Hohenzollernfrommheit gemaßregelter Landrat, für den Oberpräsidentenposten in Frage, so warf Unterstaatssekretär Dr. Freund ein: ‚Im Fall seiner Ernennung drohen die schlesischen Landräte mit Streik.'"[287]

An der SPD-Basis war der Unwille über die schleppend voranschreitende Demokratisierung der Verwaltung groß. Der Unmut über die Politik Heines

284 Vgl. die persönlichen Erinnerungen Heines, in: BArch Berlin, NL Wolfgang Heine, N 2111, Nr. 485, S. 430 f.; ferner S. 468 f.: „Der ganze Gedankengang der Genossen ist prinzipienwidrig. Ich soll in völlig konservative und Zentrumskreise sozialdemokratische Landräte setzen, die dort unter der Bevölkerung sozialdemokratische Gesinnung verbreiten. Das ist eine verfehlte Spekulation. […] Die ganze Verwaltungsarbeit käme aber in Verwirrung, und die Staatsorganisation würde zerschlagen, wenn ich die Regierungspräsidien mit Parteileuten ohne juristische Erfahrung besetze."

285 Vgl. das Wortprotokoll der Sitzung des Preußischen Staatsministeriums am 19. 4. 1919 von Südekum, in: BArch Koblenz, N 1190, Albert Südekum, Nr. 105, S. 25–33, hier S. 33; zur Sitzung des Preußischen Staatsministeriums am 19. 4. 1919, in: GStA PK, I. HA, Rep. 90, Annex S Nr. 1.

286 Mitglied des Deutschen Ostmarkenvereins, der 1894 von Ferdinand von Hansemann, Hermann Kennemann und Heinrich von Tiedemann gegründet wurde und sich für eine Germanisierung der Provinzen Posen und Westpreußen, die einen hohen polnischen Bevölkerungsanteil aufwiesen, einsetzte. Aus den Anfangsbuchstaben der Gründer entstand das Wort „Hakatist".

287 Gerlach, Von Rechts, S. 228 f.

und der Regierung Hirsch artikulierte sich auf dem Weimarer Parteitag der SPD im Juni 1919, als auf zahlreiche Beschwerden gegen Amts- und Gemeindevorsteher und Landräte rekurriert und der Wunsch nach einer stärkeren Heranziehung von Parteigenossen bei der Prüfung der Einzelfälle zum Ausdruck gebracht wurde. Der Breslauer Delegierte Scholich verwies darauf, dass es in Preußen bislang lediglich einen sozialdemokratischen Landrat, einen sozialdemokratischen Regierungspräsidenten und zwei sozialdemokratische Oberpräsidenten gäbe. „Auf diesem Gebiete verlangen wir bald bedeutend mehr", sonst stünde man „vor einem Schiffbruch der ganzen Partei".[288] Der Neuköllner Max Groger, bis 1916 Sekretär des Wahlvereins Teltow-Beeskow-Storkow-Charlottenburg, forderte sogar den Rücktritt des Innenministers.[289] Der Parteitag nahm schließlich einen Antrag an, in dem mit Nachdruck die Beseitigung all jener politischen Beamten, die noch auf dem Boden der Monarchie stünden und die neu gewählte Regierung nicht nach Kräften unterstützten, postuliert wurde.[290]

Es wäre ohne Frage Aufgabe des neuen Innenministers gewesen, die politischen Beamtenpositionen mit loyalen Anhängern neu zu besetzen. Doch bis zum Kapp-Lüttwitz-Putsch im März 1920 hielt sich das Personalrevirement in der preußischen Verwaltung in engen Grenzen. Zwar waren auf neun der zehn Oberpräsidien Anhänger der Weimarer Koalitionsparteien berufen worden, aber lediglich vier Sozialdemokraten hatten Berücksichtigung finden können: Otto Hörsing in der Provinz Sachsen, Heinrich Kürbis in Schleswig-Holstein, Felix Philipp in Schlesien und der bald nach rechts abdriftende, gar den Kapp-Putsch unterstützende August Winnig in Ostpreußen. Auf den untergeordneten Verwaltungsebenen sah es noch düsterer aus. Wenn auch 11 der 33 Regierungspräsidien neue Verwaltungschefs hatten, so war dies nur bei rund 30 von 480 Landratsämtern der Fall.[291]

Wäre es nicht Aufgabe des Ministerpräsidenten gewesen, die Wünsche des Parteivolks aufzugreifen und seinen Innenminister zu einer Kurskorrektur in der Demokratisierungsfrage zu veranlassen? Hätte er nicht verstärkt Neubesetzungen bei den politischen Beamten anmahnen müssen? Zumindest die SPD-Fraktion, die im Oktober 1919 und erneut im Januar 1920 bei den SPD-Ministern um Auskunft über die Besetzung der Führungspositionen in den Ministerien mit

288 Protokoll SPD-Parteitag 1919, S. 268–270, Zitate S. 270.

289 Ebd., S. 183–185, hier S. 184. Vgl. auch Heines persönliche Erinnerungen, in: BArch Berlin, NL Wolfgang Heine, N 2111, Nr. 485, S. 465.

290 Ebd., S. 509.

291 Vgl. Runge, Politik und Beamtentum, S. 120; Schulze, Braun, S. 245.

Parteigenossen bat, wurde ungeduldig.[292] Aber Hirsch ging mit Heine in dieser Frage weitgehend konform. Neben dem begrenzten Personalreservoir der Partei war für ihn auch die Überzeugung von der Bedeutung der juristischen Qualifikation bei der Besetzung der höheren Verwaltungspositionen entscheidend. So räumte er in seiner Rede Mitte Dezember 1919 ein, dass es bekannt sei, „daß eine große Zahl von Beamten konservativ" sei. „Wir nehmen es auch keinem Beamten übel, wenn er weiter außerdienstlich für seine Überzeugung eintritt". Die Regierung verlange jedoch, dass „ein Beamter, so lange er im Amt ist, nicht gegen die Regierung, sondern Schulter an Schulter mit der Regierung" arbeiten werde.[293] Diese Erwartung sollte sich bald als eigentümlich naiv und realitätsfremd erweisen.

Insgesamt hatten Sozialdemokraten vor dem Kapp-Lüttwitz-Putsch vom März 1920 nur wenige Führungsetagen in der preußischen Verwaltung erklommen. Dass es ein Fehler war, die Demokratisierung und Republikanisierung der Verwaltung nicht entschlossener und beherzter angepackt zu haben, zeigte der Kapp-Lüttwitz-Putsch im März 1920 in erschreckender Deutlichkeit. Immerhin wurden in der Folgezeit zahlreiche Ober-, Regierungs- und Polizeipräsidien und ein Großteil der Landratsämter mit Vertretern der Weimarer Koalitionsparteien neu besetzt. Der von den preußischen Oppositionsparteien wiederholt vorgebrachte Vorwurf der „Parteibuchbeamten" und der „Futterkrippenwirtschaft" fand in der Realität ohnehin keine Bestätigung, da 1929 nur gut die Hälfte der politischen Beamten den Weimarer Koalitionsparteien, SPD, Zentrum und DDP, zuzuordnen waren.[294]

3.9 Vermögensauseinandersetzungen mit den Hohenzollern

Neben dem Innenminister war auch Finanzminister Südekum durch seine personellen Maßnahmen und seine Haltung in der Frage der Abfindung der Hohenzollern ins Schussfeld der Kritik geraten. Als promovierter Akademiker galt er wie Heine als „Salonsozialist". Zwar hatte er eine typische sozialdemokratische

292 Vgl. das Schreiben der SPD-Landtagsfraktion an Hirsch vom 22. 1. 1920, in: BArch Berlin, NL Haenisch, N 2104, Nr. 145, Bl. 58.

293 Hirsch am 16. 12. 1919, in: StBPLV 1919/21, 100. Sitzung, Sp. 8186–8202, Zitate Sp. 8196. In seinem Rücktrittsgesuch machte Hirsch seinen Standpunkt in der Personalpolitik deutlich: „Das massenhafte Hervortreten von Wünschen der Parteien in Personenfragen sei unerträglich, eine solche Abhängigkeit von den Parteien mache eine gesunde Verwaltung auf die Dauer unmöglich." Vgl. die Sitzung des preußischen Staatsministeriums vom 22. 3. 1920, TOP 6, in: GStA PK, VI. HA, NL Otto Braun, Nr. 28.

294 Vgl. Schulze, Braun, S. 567, insges. S. 564–572; Runge, Politik und Beamtentum, S. 100–156.

Karriere als Journalist und Redakteur absolviert und sich als kommunalpolitischer Fachmann mit der Herausgabe der Zeitschrift „Kommunale Praxis“ und als Mitherausgeber des „Kommunalen Jahrbuchs“ einen Namen gemacht, zudem von 1900 bis 1918 dem Reichstag angehört, doch fehlte ihm nach dem Krieg eine Machtbasis in der Partei. Er war weder Mitglied der Nationalversammlung noch der Preußischen Landesversammlung – ein Intellektueller, der in der Partei über keine Bataillone verfügte.[295] Der fehlende Stallgeruch wurde ihm wiederholt zum Vorwurf gemacht. Südekum beklagte sich einmal selbst darüber, dass „die alten Klischees“ gegen ihn ständig bedient würden, „die imaginären Millionen, über die ich verfügen soll, die Krawatten, die Lackstiefel“, Klischees, mit denen sein Ansehen in der Partei und in der Öffentlichkeit beschädigt werden sollte.[296] Der Finanzminister bot sich für derartige Angriffe aber auch an, da er mit Anneliese Zuelzer die Tochter eines Tuchfabrikanten und das Mündel des Montanunternehmers Friedländer-Fuld geheiratet hatte und dank ihrer Mitgift von 70 000 Mark zunächst ein unbeschwertes Leben führen konnte.[297] „Der sehr bewußte, schier elegant-gepflegte Mann“, so urteilte Theodor Heuss in seinen Erinnerungen, „paßte nicht recht in die Umgebung, die nach Bebels Modell mehr auf das Bürgerlich-Solide abgestellt war“.[298]

Missmut rief Südekum aber vor allem durch seine Politik hervor. Dies galt wie bei Heine für die Personalpolitik. Seine Hochschätzung der preußischen Ministerialbürokratie musste auf sozialdemokratische Mitglieder irritierend wirken.[299] Mochte sie auch dem Respekt vor fachlicher Qualifikation entsprungen sein und dem Amtsverständnis Südekums entsprechen, so machte sie ihn in der Partei nicht beliebter. Sein Bestreben, bei der Reichsfinanzreform Sicherungen für die Selbständigkeit des preußischen Staates durchzusetzen, sorgte wiederum bei Parteigenossen, die mit den Verreichlichungsplänen von

295 Zu Südekum vgl. Bloch, Südekum.

296 Südekum am 30. 9. 1919, in: StBPLV 1919/21, 56. Sitzung, Sp. 4465, die Rede insgesamt Sp. 4461–4474. So schrieb der konservative Journalist Adolf Stein, Rumpelstilzchen, S. 182 über Südekum: „Schon vor dem großen Kladderadatsch mochten ihn“, den preußischen Finanzminister, „die waschecht roten Genossen nicht allzusehr, denn es hieß, er habe 12 Paar Lackstiefel im Schrank, und nach dem großen Kladderadatsch ritt er auf Pferden aus dem Königlichen Marstall im Tiergarten spazieren. Er kann sich dank seiner reichen Frau, einer geborenen Friedländer, auch sonst alle kapitalistischen Allüren leisten.“

297 Vgl. Bloch, Südekum, S. 77 f.

298 Heuss, Erinnerungen, S. 84.

299 Vgl. StBPLV 1919/21, 56. Sitzung, 30. 9. 1919, Sp. 4461–4474, hier Sp. 4473 f.

Reichsfinanzminister Erzberger konform gingen, für Unwillen.[300] Neben der Personal- und Steuerpolitik war es aber vor allem die Frage der Hohenzollern-Abfindung, die Zündstoff barg. Das ehemals königlich-preußische Kronfideikommissvermögen war zwar am 14. November 1918 beschlagnahmt worden[301], aber die Eigentumsgarantie, die der Rat der Volksbeauftragten ausgesprochen hatte und die die im August 1919 in Kraft tretende Reichsverfassung in ihrem Artikel 153 bekräftigte, setzte dem Handeln der preußischen Regierung enge Grenzen. Nach der Reichsverfassung war eine Enteignung nur zum Wohl der Allgemeinheit und gegen Entschädigung erlaubt, sofern ein Reichsgesetz nicht etwas anderes bestimmte. Zur Verabschiedung eines Reichsgesetzes sollte es nicht mehr kommen. Hirsch und sein Finanzminister agierten in dieser Frage einigermaßen unglücklich. So setzten sie im Januar 1919 zur Vorbereitung der vermögensrechtlichen Auseinandersetzung eine Kommission ein, deren Vorsitz sie dem früheren Leiter des kaiserlichen Heroldsamts von Kübler übertrugen. Dieser war zwar dem Finanzminister verantwortlich, doch wurde ihm das Recht zugesprochen, Rechtsstreitigkeiten über das beschlagnahmte Vermögen zu führen. Bereits das im Mai 1919 vorgelegte Gutachten der Kommission über die Frage der Einteilung der Vermögensmasse fiel im Sinne der Hohenzollern aus.[302]

Doch dieser Kurs fand im Staatsministerium keineswegs ungeteilte Zustimmung. So stieß Südekum, als er am 7. Mai 1919 den Entwurf einer Verordnung vorstellte, der die Beschlagnahme der Kronfideikommiss-Güter aufheben wollte, bei seinem Kabinettskollegen Otto Braun auf entschiedenen Widerstand, sodass von der Freigabe beschlagnahmter Königsgüter schließlich abgesehen und diese Frage bis zur Herbeiführung der Vermögensauseinandersetzung zurückgestellt werden musste. Hirsch hatte sich, folgt man dem Protokoll, in dieser Frage bedeckt gehalten.[303] Als Südekum zusammen mit dem Justizminister am 13. Mai einen ersten Vergleichsentwurf einbrachte, stellte sich Braun erneut quer. Denn der Entwurf sah neben der Überlassung umfangreichen Grund- und Gebäudebesitzes auch die Zahlung einer jährlichen Rente von 3 Mio. Mark vor. Die Runde beschloss, die zuständige Kommission mit der Erarbeitung eines Gesetzentwurfs

300 Vgl. die Sitzung des Parteiausschusses am 28. und 29. August 1919, in: Protokolle SPD-Parteiausschuss, hier Bd. 2, S. 659–697, bes. S. 669–674; ferner die Sitzung der SPD-Fraktion der Nationalversammlung am 18. 8. 1919, in: Potthoff/Weber, Die SPD-Fraktion in der Nationalversammlung, Dok. Nr. 84, S. 160–162, hier S. 162.

301 Vorwärts Nr. 314 v. 14. 11. 1918, S. 1: Das preußische Kronfideikommißvermögen beschlagnahmt.

302 Vgl. Schüren, Volksentscheid, S. 26–32.

303 Zur Sitzung des preußischen Staatsministeriums am 7. 5. 1919, TOP 2, in: GStA PK, I. HA, Rep. 90, Annex S Nr. 1.

zu beauftragen, der nach Friedensschluss dem Staatsministerium vorgelegt werden sollte.[304] Gerüchte über eine vom Finanzministerium vorgesehene Abfindung in Höhe von 170 Mio. Mark schossen bald ins Kraut und nötigten die Parteiführung im Reich, der preußischen Regierung ins Gewissen zu reden und, wie Hermann Müller auf dem Weimarer Parteitag im Juni 1919, sie davor zu warnen, „sich durch Geheimräte auf diesen Leim locken zu lassen; das Volk würde das nicht verstehen".[305] Im September bezeichnete es Scheidemann in einer Rede in Kassel als „unerhört", „wenn eine Regierung sich bereitfände, dem Manne eine solche Riesensumme auszuzahlen, in dem Millionen und aber Millionen einen der Hauptschuldigen an dem Kriege und dem daraus hervorgegangenen Elend sehen!"[306]

Der von Südekum dem Staatsministerium zugeleitete Vergleichsentwurf sah zwar keine Abfindungssumme in Höhe von 170, aber immer noch von 100 Mio. Mark vor. Im Gegenzug sollte der Staat die königlichen Liegenschaften übernehmen und die Kronfideikommißrente von zuletzt jährlich 17,7 Mio. Mark in Wegfall kommen.[307] Nach Bekanntwerden dieses Vergleichsentwurfs und der in Aussicht genommenen Abfindung setzte in der Partei ein Sturm ein, der verheerende Wirkungen zu entfalten drohte. Der Breslauer Abgeordnete und Vizepräsident des Reichstags Paul Löbe bezeichnete im Parteiausschuss das Vorgehen Südekums als „unerhört", während der Hamburger Parteivorsitzende Leuteritz es für notwendig hielt, den Finanzminister „abzuschütteln".[308] Auch der Parteivorsitzende Wels wandte sich gegen die preußische Regierung. Sollten die in den Zeitungen zu findenden Meldungen über die zu zahlende Abfindung der Wahrheit entsprechen, könne dies zu einer „Katastrophe für die sozialdemokratische Partei" werden. Die „Politik Südekums und Heines" könnte „eine Art fraktioneller Ueberwachung durchaus vertragen".[309]

304 Vgl. auch das Sitzungsprotokoll vom 13. 5. 1919, TOP 4, in: GStA PK, I. HA, Rep. 90, Annex S Nr. 1.

305 Rede Müllers am 14. 6. 1919, in: Protokoll SPD-Parteitag 1919, S. 396–398, hier S. 398.

306 Vorwärts Nr. 466 v. 12. 9. 1919, S. 1 f., Zitat S. 1: Scheidemann spricht in Kassel. Vgl. auch Schmersal, Scheidemann, S. 204–206. Ferner Mühlhausen, Ebert, S. 307 f.; Miller, Bürde der Macht, S. 364.

307 Vgl. Schüren, Volksentscheid, S. 32–37.

308 Zur Rede Löbes auf der Sitzung des Parteiausschusses am 28. 8. 1919, in: Protokolle SPD-Parteiausschuss, Bd. 2, S. 675 f., Zitat S. 675; zur Rede von Leuteritz auf der Sitzung des Parteiausschusses am 13. 12. 1919, in: Ebd., S. 723. Zu Löbe vgl. auch BArch Berlin, NL Löbe, N 2178, Nr. 39.

309 Wels auf der Sitzung des Parteiausschusses am 13. Dezember 1919, in: Protokolle SPD-Parteiausschuss, Bd. 2, S. 705, die Rede insges. S. 699–707. Zur USPD-Perspektive vgl. Freiheit Nr. 28 v. 12. 2. 1920, S. 1 f.: Der Abfindungsskandal.

Ungeachtet der scharfen innerparteilichen Kritik nahm am 16. Januar 1920 die von Hirsch geführte Regierung – mit Ausnahme Brauns – den nur unwesentlich überarbeiteten Entwurf an.[310] Aber die Fraktion versagte ihrem Finanzminister und damit letztlich auch ihrem Ministerpräsidenten die Gefolgschaft. In einer gemeinsamen Sitzung der Fraktionen der preußischen Landesversammlung und des Reichstags wurde am 1. März der Vergleichsentwurf rundweg abgelehnt. Die überwiegende Mehrheit der Abgeordneten vertrat die Meinung, dass das Hohenzollernvermögen „als Eigentum der Allgemeinheit zu betrachten sei, die der Familie überhaupt keine Entschädigung schulde". Vielmehr einigten sich die Fraktionen darauf, die Reichsregierung zur Vorlage eines Reichsgesetzes aufzufordern, das gemäß Art. 153 der Reichsverfassung die Regelung der Auseinandersetzung zwischen Staat und Krone im Wege der Enteignung ermöglichen sollte.[311] Dass letztlich auch eine radikalere Lösung möglich war, zeigte das Beispiel Österreichs, wo die Nationalversammlung bereits am 3. April 1919 ein „Habsburgergesetz" verabschiedete, das eine weitestgehende Vermögenseinziehung zugunsten der Republik (§ 5) beinhaltete mit Ausnahme dessen, was „nachweisbar freies persönliches Privatvermögen ist" (§ 6).[312] Nachdem eine derartige Lösung in den Revolutionsmonaten bis ins Frühjahr 1919 nicht zustande kam, war sie in Deutschland nicht mehr erreichbar.

Am 2. März 1920 wurde der Dissens zwischen Regierung und Fraktion offenkundig, als sich der Vorsitzende der SPD-Landtagsfraktion Gräf in der ersten Lesung über den Vertrag dezidiert gegen den Entwurf aussprach und eine Änderung der Reichsgesetzgebung forderte. Seine Rede, die mit dem Ausruf: „Die Hohenzollern sind erledigt, es lebe die Republik!" schloss und lebhafte Zustimmung unter den SPD-Abgeordneten fand, kaschierte nur mühsam die tiefgreifenden Differenzen zwischen der Fraktion und der von Hirsch geführten Regierung.[313] Die Vorlage wurde zwar dem Rechtsausschuss überwiesen, doch war ihr

310 Sitzung des Staatsministeriums am 16. 1. 1920, TOP 2, in: GStA PK, I. HA, Rep. 90, Annex S Nr. 4; der Gesetzentwurf, in: StBPLV 1919/21, Anlagen, Bd. 5, Nr. 1722 vom 22. 1. 1920, S. 2388–2407. Zur Rede Südekums am 2. 3. 1920 vgl. StBPLV 1919/21, 128. Sitzung, Sp. 10285 f., 10361–10367. Vgl. dazu auch GStA PK, I. HA, Rep. 90, Nr. 235, n. f.: Ausarbeitung von Ministerpräsident Hirsch: Die derzeitigen Verpflichtungen des Preußischen Staates gegenüber der Krone, die Zusammensetzung der Bedarfsnachweisung, Notwendigkeit und Möglichkeit ihrer Umgestaltung (28 S.)

311 Vorwärts Nr. 113 v. 2. 3. 1920, S. 1: Partei und Hohenzollernabfindung. Ferner Schüren, Volksentscheid, S. 35 f.

312 Staatsgesetzblatt für den Staat Deutschösterreich 1919, S. 513 f.

313 Vgl. die Rede des Vorsitzenden der SPD-Landtagsfraktion Gräf (Frankfurt) am 2. 3. 1920, in: StBPLV 1919/21, 128. Sitzung, Sp. 10286–10305, Zitat Sp. 10305; der Wortlaut des SPD-Antrags Sp. 10285.

Schicksal letztlich besiegelt.[314] Bei der Entscheidung der Fraktion spielten nicht nur lang gehegte antifeudale Reflexe, sondern auch der Blick auf die linke Konkurrenz und die kommenden Wahlen eine Rolle. Nach dieser Abstimmung war Südekum als Finanzminister nicht mehr tragbar, sein Rücktritt letztlich nurmehr eine Frage der Zeit.[315]

3.10 Die Landwirtschaftspolitik

Im Gegensatz zu seinen Kabinettskollegen Heine und Südekum bewegte sich der preußische Landwirtschaftsminister Braun, der sich nach Kräften bemühte, Tarifverträge auf dem Land durchzusetzen und dadurch die Lage der Landarbeiter zu verbessern, auf Parteilinie. Bereits am 12. November 1918 hatte der Rat der Volksbeauftragten die Gesindeordnung und die Ausnahmegesetze gegen die Landarbeiter für beseitigt erklärt. Seit 1854 war dem Gesinde und den Landarbeitern untersagt, sich für ihre Interessen zusammenzuschließen und zu streiken, ein derart definierter Vertragsbruch war unter Strafe gestellt. Dies änderte sich nach der Revolution. Die Vorläufige Landarbeitsordnung, die im Januar 1919 in den Rang eines Reichsgesetzes erhoben wurde, regelte nun Arbeitszeit und Löhne und unterwarf die Arbeitsverträge den Bestimmungen des Bürgerlichen Gesetzbuches.[316] Zugleich machte eine Verordnung über Tarifverträge eine tarifvertragliche Regelung der Arbeitsverhältnisse auf dem Land zur Norm und unterwarf sie der Aufsicht staatlicher Schlichtungsausschüsse.[317]

Doch die Gutsbesitzer stemmten sich nach Kräften gegen die Aufnahme von Tarifverhandlungen. Im März 1919 wurde der Pommersche Landbund gegründet, dessen Ziel nach den Worten seines Vorsitzenden Graf von Bonin-Gülzow war, dass die Landwirtschaft, und das hieß natürlich der Großgrundbesitz, „Herr im eigenen Hause bleiben" sollte.[318] Innerhalb kurzer Zeit konnte der Landbund

314 StBPLV 1919/21, 128. Sitzung, 2. 3. 1920, Sp. 10373.

315 Vgl. Bloch, Südekum, S. 251–255.

316 Zur Vorläufigen Landarbeitsordnung vgl. Reichsgesetzblatt 1919, Nr. 21, S. 111–114. Ferner Martin Schumacher, Land und Politik. Eine Untersuchung über politische Parteien und agrarische Interessen 1914–1923, Düsseldorf 1978, S. 105–116.

317 Zur Verordnung des Rats der Volksbeauftragten über Tarifverträge vom 23. 12. 1918 [Auszug], in: Ritter/Miller, Die deutsche Revolution, S. 249 f.; zur Landwirtschaftspolitik Brauns vgl. Braun, Weimar, S. 43–68; Schulze, Braun, S. 265–289.

318 Der Vorwärts Nr. 359 v. 16. 7. 1919, S. 1 f., hier S. 1: Eine Kraftprobe des pommerschen Landbundes, gab ein Zitat des Grimmer Kreisblatts vom 20. 3. 1919 wieder. Zum Pommerschen Landbund vgl. auch Schulze, Braun, S. 279–282. Vgl. dazu auch die Sitzung

alle ländlichen Arbeitgeber und zahlreiche Landarbeiter Pommerns organisieren und damit zu einem zentralen Machtfaktor avancieren. Dass der Landbund nicht bereit war, kollektive Arbeitsverträge abzuschließen, zeigte sich, als er am 9. Juli Gespräche mit dem Deutschen Landarbeiter-Verband platzen ließ. Auf Betreiben des Landbundes verhängte das II. Armeekommando in Stettin den Belagerungszustand über Pommern, worauf die Gewerkschaft der Landarbeiter am 17. Juli einen Generalstreik proklamierte, der jedoch bald wieder abgebrochen wurde. Die Verhältnisse auf dem Land blieben prekär. Massenweise wurden nach dem Generalstreik organisierte Landarbeiter entlassen und durch ehemalige Freikorpssoldaten ersetzt, während gleichzeitig auf den Gütern mit Unterstützung der pommerschen Militärs Waffendepots angelegt wurden.[319]

Da sich die Gutsbesitzer fortan weigerten, Tarifverträge abzuschließen oder einzuhalten, sah sich Braun am 2. September 1919 genötigt, eine Verordnung zur Sicherstellung der landwirtschaftlichen Arbeiten zu erlassen, mit der die Demobilmachungskommissare eine tarifliche Regelung der Arbeitsverhältnisse erzwingen konnten und auch das Recht erhielten, gegen renitente Arbeitgeber vorzugehen. Früh war der preußische Landwirtschaftsminister durch seine Unterstützung der Landarbeiter und seine Bemühungen um Durchsetzung der Tarifverträge für den Pommerschen Landbund und das Militär zum roten Tuch avanciert.[320] Deshalb mochte es nicht überraschen, dass die deutschnationalen Agrarier verstärkt seit dem Sommer eine wahre Hetzkampagne gegen ihn entfalteten und ihn als „Minister gegen Landwirtschaft"[321] zu

des preußischen Staatsministeriums vom 18. 8. 1919, TOP 7, in: GStA PK, I. HA, Rep. 90, Annex S Nr. 1.

319 Zur Situation in Pommern schrieb der Reichsabwicklungskommissar und Sozialdemokrat Albert Grzesinski am 24. März 1920, d. h. nach dem Putsch, an Hirsch, dass „seitens militärischer Stellen in Pommern in ganz unverantwortlicher Weise mit der Arbeiterbevölkerung umgesprungen worden ist, und daß leitenden Militär-Personen das Verständnis und das notwendige Geschick fehlt, in ernsten Zeiten mit der Arbeiterschaft entstandene Differenzen auf dem Verhandlungswege aus der Welt zu schaffen. Die pommerschen Militärs sind mit verhältnismäßig wenigen Ausnahmen reaktionär bis auf die Knochen." ISSH, Albert Grzesinski Papers, Nr. 550.

320 Vgl. das Schreiben des preußischen Kriegsministers Reinhardt an den preußischen Ministerpräsidenten Hirsch, Berlin, 22. 9. 1919, in: IISH, Otto Braun Papers, Nr. 58: Nur „dem energischen und umsichtigen Eingreifen des Generalkommandos" sei es zu verdanken, so Reinhardt, „wenn wir in Stettin und in der Provinz Pommern nicht schon eine Räterepublik haben".

321 So der deutschnationale Abgeordnete v. d. Osten am 17. 7. 1919 in der preußischen Landesversammlung; StBPLV 1919/21, 47. Sitzung, Sp. 3681–3689, hier Sp. 3688: Braun sei „kein Minister für Landwirtschaft, sondern gegen Landwirtschaft".

diffamieren versuchten.[322] Die Landwirtschaftspolitik der Regierung bildete aus Sicht der Deutschnationalen eine der zahlreichen Unmutsursachen, die den Wunsch nach einer radikalen Änderung der politischen Verhältnisse verstärkte.

3.11 Die innenpolitische Radikalisierung

Die radikale Rechte avancierte zum gefährlichsten Gegner der Republik. Sie konnte nicht nur auf die Unterstützung der traditionellen Elite, der Militärs zumal, rechnen. Vielmehr kam ihr auch die aufgeputschte Stimmung nach der Unterzeichnung des Versailler Vertrags entgegen. So wurde am 14. November eine Versammlung der Deutschen Liga für Völkerbund, an der neben dem Völkerrechtler und Pazifisten Walther Schücking auch der Zentrumspolitiker Matthias Erzberger teilnahm, von einer Horde Deutschnationaler unter Schmährufen gegen Erzberger und Juden gesprengt. Zur gleichen Zeit wurden dem früheren Generalfeldmarschall Hindenburg, der im Untersuchungsausschuss des Reichstages aussagen sollte, in Berlin Ovationen von Schülern, Studenten und Deutschnationalen dargebracht, sodass die SPD sich gezwungen sah, zu einer Kundgebung gegen die nationalistischen und reaktionären Umtriebe aufzurufen.[323]

Scharf ging Hirsch im Landtag mit diesen antirepublikanischen Demonstrationen ins Gericht, verurteilte die gewaltsamen Versammlungssprengungen und widmete sich dann eingehend der DNVP, in der die kooperationswilligen Kräfte an den Rand gedrängt würden. „Eine Partei, die grundsätzlich einer Regierung, die die Mehrheit des Volkes hinter sich hat, und die daher allein imstande ist, das Volk wieder aufwärtsweisenden Straßen zu führen, jede Mitarbeit verweigert, besitzt eben in unserer Zeit keine Daseinsberechtigung." Auch ging er auf die verunglimpfenden Schmähartikel der rechtsstehenden Presse ein und geißelte den polemischen, herabsetzenden Ton als „der deutschen Presse unwürdig". Es mag nicht überraschen, dass der einem jüdischen Elternhaus entstammende Ministerpräsident sich in diesem Zusammenhang

322 Vgl. Schulze, Braun, S. 278–289; Braun, Von Weimar, S. 51–58. Zum Landarbeiterstreik vgl. auch die Sitzung des preußischen Staatsministeriums vom 16. 7. 1919, TOP 1, in: GStA PK, VI. HA, NL Otto Braun, Nr. 28. Vgl. auch die Rede von Braun in der Nationalversammlung, in: Verhandlungen Nationalversammlung, Bd. 328, 28. 7. 1919, S. 2031 B–2033 A, hier S. 2032 f.

323 Vgl. Vorwärts Nr. 585 v. 15. 11. 1919, S. 1: Nieder mit der Reaktion!, u. Deutschnationale Versammlungssprenger, ferner S. 2: Hindenburg belagert, und Hindenburg-Propaganda in den Schulen.

ausführlich mit der wachsenden antisemitischen Stimmung in Deutschland auseinandersetzte, die inzwischen ein Ausmaß erreicht habe, „daß keine Regierung, stehe sie innerlich zur Judenfrage, wie sie wolle, ihr gegenüber sich untätig verhalten" könne. An „vielen Orten" in Deutschland beginne man sich „Zuständen zu nähern", „die der jüdischen Bevölkerung begründeten Anlaß zu lebhafter Beunruhigung geben". So bemühten antisemitische Wochenschriften den „furor teutonicus" und wiesen darauf hin, „daß man im Mittelalter als altes, aber bewährtes Rezept die Juden einfach totgeschlagen habe", in Flugblättern würde wieder die Legende vom Ritualmord an christlichen Kindern aufgetischt und unter dem Vorwand der sexuellen Minderwertigkeit in geradezu pathologischer Weise gegen die Juden gehetzt. Von der rechtsstehenden Presse würde systematisch „durch unablässige und überaus gehässige Polemik gegen die Juden mit absoluter Sicherheit eine Atmosphäre erzeugt", „die so gewitterschwül ist, daß es auch ohne äußeren Anlaß einmal von selbst zu einer Explosion, zu einer Entladung des emsig zusammengetragenen Zündstoffes kommen muß".[324]

Hirsch, der in den Biographischen Handbüchern der Preußischen Landesversammlung und des Landtags als Dissident geführt wurde[325], musste sich durch den wachsenden Antisemitismus besonders herausgefordert gefühlt haben. Denn nur selten wurde zwischen Dissidenten und Juden unterschieden, sodass er ungeachtet seiner eigenen Distanzierung rasch zur Zielscheibe antisemitischer Häme und Hetze werden musste. Selbst ein aufgeschlossener, toleranter Zeitgenosse wie der Publizist Ernst Troeltsch (DDP) thematisierte in einem Artikel die durch die Revolution gewachsene Bedeutung der Juden in Politik und Gesellschaft. Er wies dabei auf die tragende Rolle jüdischer Politiker in der Revolution und in den Linksparteien, in USPD und KPD, sowie auf den gestiegenen jüdischen Anteil in den neugewählten Parlamenten hin, um schließlich auch auf den preußischen Ministerpräsidenten zu rekurrieren, „der heute in dem Palast des Staatsministeriums haust" und „ein kleiner jüdischer Journalist" sei. Diese Bemerkungen wurden nicht nur den über die Tagespolitik weit hinausgreifenden Publikationen des derart Herabgewürdigten sachlich nicht gerecht, sondern ignorierten mit der Etikettierung als „jüdisch" auch die Konfessionslosigkeit. Auch wenn sich der protestantische

324 Hirsch am 15. 11. 1919, in: StBPLV 1919/21, 82. Sitzung, Sp. 6500–6514, Zitate Sp. 6504 f. u. 6507 f. Vgl. auch Vorwärts Nr. 586 v. 15. 11. 1919, S. 2: Hirsch gegen die deutschnationalen Provokateure; Nr. 587 v. 16. 11. 1919, S. 5: Ministerpräsident Hirsch gegen rechts und links.

325 Vgl. Hindenburg, Biographisches Handbuch, Bd. 2, S. 958–960, hier S. 958.

Theologe Troeltsch keiner rassistischer Theoreme und Begriffe bediente und sich nicht in jene geistigen Niederungen begab, die Völkische ihr Zuhause nannten, so sprach aus seinem Artikel doch ein religiös motivierter antijüdischer Affekt eines Mannes, der mit einem gewissen Bedauern den seiner Meinung nach vermutlich bleibenden Einfluss der Juden im Staat zur Kenntnis nehmen musste.[326]

Während der Revolution von 1918/19 übten Juden in der Tat einen bemerkenswerten Einfluss aus. Im Kaiserreich noch als Bürger zweiter Klasse behandelt, gelangten sie nun in führende politische Stellungen. Über Nacht eröffnete sich ihnen die Aussicht auf Gleichberechtigung. So waren in der im November 1918 eingesetzten Revolutionsregierung des „Rates der Volksbeauftragten" im Reich zwei der sechs Mitglieder jüdischer Herkunft: Otto Landsberg (SPD) und Hugo Haase (USPD). Im preußischen Revolutionskabinett fanden sich mit Hirsch und Justizminister Kurt Rosenfeld (USPD) ebenfalls zwei Politiker mit jüdischem Hintergrund. Auffallend viele jüdische Politiker waren damals vor allem am linken Rand anzutreffen. So gehörten Rosa Luxemburg und Paul Levi zum Führungspersonal des Spartakusbundes und der Kommunisten. Auch an der revolutionären Entwicklung Bayerns waren zahlreiche Juden, unter ihnen Ministerpräsident Kurt Eisner (USPD), beteiligt. Bereits die starke Beteiligung jüdischer Bolschewisten an der russischen Oktoberrevolution von 1917 oder des jüdischen Kommunisten Béla Kun an der ungarischen Revolution hatte den Eindruck verstärkte, dass Juden Triebkräfte der Revolution seien. Aber ungeachtet dieser jüdischen Aktivisten, die in jener Umbruchszeit Schlüsselpositionen in der Politik zu besetzen vermochten, darf die Tatsache nicht übersehen werden, dass es sich hier um einen relativ kleinen Kreis handelte, demgegenüber sich die überwiegende Mehrheit der jüdischen Bevölkerung gegenüber der Revolution wenn nicht ablehnend, so doch weitgehend abwartend verhielt. Es ergibt sich mithin ein recht uneinheitliches Bild, sodass die durch die revolutionären Ereignisse verstärkte assoziative Verknüpfung von Juden und extremer Linken als irreführend bezeichnet werden muss.[327]

Die Angriffe der Antisemiten und der Deutschnationalen sollten in der Folgezeit noch zunehmen. Ein beliebter Vorwurf, der Hirsch und der SPD entgegengeschleudert wurde, war der Missbrauch ihrer Amtsstellung zu parteipolitischen

326 Ernst Troeltsch, Vorherrschaft des Judentums?, 20. 10. 1919, in: Ders., Die Fehlgeburt einer Republik, S. 91–99, Zitate S. 93.

327 Vgl. Hecht, Deutsche Juden, S. 76–97; Angress, Juden im politischen Leben der Revolutionszeit, zu Hirsch S. 193–203; Knütter, Die Juden und die deutsche Linke; ders., Die Linksparteien.

Zwecken. So musste sich Hirsch Anfang März 1920 gegen die Behauptung zur Wehr setzen, für die Herstellung und Verbreitung von Flugblättern, Schriften und anderer Propagandamedien Mittel des preußischen Staates verwendet zu haben. Im Fokus der Opposition stand dabei unter anderem die Zentrale für Heimatdienst, die im März 1918 für Zwecke der propagandistischen Kriegsführung ins Leben gerufen worden war, nach dem Krieg der Informations- und Bildungsarbeit diente und der Reichsregierung unterstand. Das preußische Staatsministerium, so hob Hirsch hervor, sei jeder Kritik zugänglich, die vom Gedanken der konstruktiven Zusammenarbeit geleitet sei. „Für eine Kritik allerdings, die sich darin erschöpft, über politisch anders Denkende, gleichviel, ob es sich um Mitglieder dieses Hauses oder der Regierung handelt, zu schimpfen und ihnen ohne den Schatten eines Beweises so schwere Vorwürfe zu machen, wie sie hier erhoben werden, habe ich kein Verständnis."[328]

Die enorme Last der damaligen Probleme und die beständigen Anfeindungen schienen Hirsch zu zermürben. Sorgten schon die polemischen Attacken der radikalen Linken und Rechten gegen die von ihm geführte Regierung für eine unangenehme, dissonante Begleitmusik, so stellten die innerparteilichen Auseinandersetzungen über die Politik Heines und Südekums, die Fragen der Demokratisierung der Verwaltung und die Hohenzollern-Abfindung eine zusätzliche Belastung dar. Zeitgenossen erlebten in jenen Wochen einen Ministerpräsidenten, der die Lust an seinem Amt verloren zu haben schien. „Da sitzt er nun und präsidiert", so versuchte der linksliberale Publizist Erich Dombrowksi seine Eindrücke zu Papier zu bringen. „Eine hagere, lang aufgeschossene Gestalt. Nachlässig in Haltung und Kleidung. Er gibt nichts auf das Äußere und läßt sich, gemächlich beim Sitzen die Beine weitausstreckend, gehen. Die Hände verkriechen sich in die Hosentaschen, und der Oberkörper versinkt nachlässig in die Lehne des Sessels. Seine Augen scheinen beinahe gleichgültig-blasiert, völlig uninteressiert zu sein. Er gähnt und läßt die Sitzungen, in denen so viel gesprochen wird, über sich ergehen." Doch der Aufstieg vom ursprünglichen Parlamentsstenographen zum „Kapitän des ‚modernen ungeheuren Panzerschiffes'" Preußen schien ihn zu überfordern. „Hirsch stöhnte. So arg, so bös hatte ers sich nicht vorgestellt. Sorge über Sorge. Arbeit

328 Hirsch am 1. 3. 1920, in: StBPLV 1919/21, 127. Sitzung, Sp. 10237–10240, Zitat Sp. 10240. Vgl. auch Freiheit Nr. 64 v. 2. 3. 1920, S. 2: Regierungsgelder für die S.P.D.; ferner Hirsch am 16. 12. 1919, in: StBPLV 1919/21, 100. Sitzung, Sp. 8186–8202, hier Sp. 8194–8196. Zur Reichszentrale für Heimatdienst vgl. Klaus W. Wippermann, Politische Propaganda und staatsbürgerliche Bildung. Die Reichszentrale für Heimatdienst in der Weimarer Republik, Bonn 1976.

über Arbeit und kein Horizont! Er fing an zu verzagen. Resignation schlich sich in sein Herz. Der große, weithin leuchtende Führer war er nicht, konnte er, seiner ganzen Willens- und Intelligenzstruktur nach, nicht sein. Aus Granit war er nicht geschaffen. Die große Linie fehlte ihm. Ideen, wenn sie kamen, wurden von dem Durcheinander der ersten Zeit erstickt. Der preußische Karren schien festgefahren zu sein. Der (mehrheitssozialistische) Zentralrat der Arbeiter- und Soldaten-Räte fing an zu mahnen und zu pochen. Hirsch konnte sich, zögernd, nicht entschließen: er sah nur einen gewaltigen Trümmerhaufen vor sich, den man erst beseitigen mußte, ehe man zu neuaufbauenden Reformen schreiten könnte.“ Immer wenn Dombrowksi den preußischen Ministerpräsidenten gesprochen habe, „hatte ich den Eindruck, daß hier das Schicksal einen Menschen mit Gewalt geistig und seelisch ganz neu eingekleidet hatte. Und er stöhnte und seufzte unter diesem eng anliegenden neuen Gewande. Er haßte es, weil es gar so drückte und klemmte, aber er liebte es zugleich, und nun möchte er es doch nicht mehr ausziehen.“[329]

Wenn Dombrowski, der seine Feder in den Dienst des „Berliner Tageblatts“ und daneben auch der „Weltbühne“ stellte[330], auch ein wenig überzeichnet haben mag, so schien dieses Charakterbild durchaus die Eindrücke zu bestätigen, die auch andere Weggefährten von ihm wiedergaben[331]: ein Kutscher, der die Zügel des Regierungswagens des Öfteren schleifen ließ. So beklagte sich beispielsweise auch der preußische Innenminister Heine in seinen Erinnerungen über die „Entschlussunfähigkeit“ seines Ministerpräsidenten.[332] Ähnlich urteilte der linksliberale Unterstaatssekretär im Innenministerium, von Gerlach, der zwar einräumte, dass Hirsch „ein ausgezeichneter Kommunalsachverständiger“ gewesen sei. „Aber ihm mangelte ganz das, was die Franzosen ‚la poigne‘ nennen, die rücksichtslose Entschlußfähigkeit. Die Geheimräte tanzten ihm auf der Nase herum. Er ließ es sogar ungesühnt, daß ein Rundschreiben wegen Aufhebung der Gutsbezirke drei Wochen im Ministerium unerledigt liegen blieb. ‚Bedauerliches Versehen der Registratur‘, entschuldigten sich die Geheimräte. Sie sabotierten die Republik, und die Republik ließ sich sabotieren!“[333]

329 Fischart, Die Männer der Übergangszeit, S. 158–163, Zitate S. 158 f. u. 162 f.

330 Vgl. Dombrowski, Erich Franz, in: Hessische Biografie; https://www.lagis-hessen.de/pnd/116175753.

331 Vgl. Braun, Von Weimar, S. 97; Feder, Heute sprach ich mit …, S. 127 (hier Frau Oeser wiedergebend).

332 Vgl. BArch Berlin, NL Wolfgang Heine, N 2111, Nr. 485, S. 311.

333 Gerlach, Von Rechts, S. 229.

Es überrascht, dass Hirsch in jenen aufgewühlten Monaten Zeit fand, nicht nur im Sommer drei Gastvorträge, sondern auch im Zwischensemester 1919, das von September bis Dezember jenes Jahres lief, Vorlesungen über Fragen der Kommunalpolitik an der Berliner Universität zu halten und eine Einführung in dieses umfangreiche Themenfeld zu vermitteln. Diese Gastvorlesungen fanden nach Pfingsten zwischen 19 und 20 Uhr und seit dem 14. Oktober am Dienstagabend um 18 Uhr statt.[334] Mit kleineren Ergänzungen erschienen diese Vorträge im folgenden Jahr im Leipziger Verlag Quelle & Meyer.[335] „Der Ministerpräsident im Hörsaal", so titelte die „Vossische Zeitung" in jenen Tagen. Einen der größten Hörsäle habe man Hirsch eingeräumt, und die rund 300 Plätze seien bereits vor Beginn der Vorlesungen allesamt besetzt gewesen. „Studentisches Getrampel begrüßt den ungewohnten Dozenten. Dann beginnt Hirsch, stehend, ab und zu in einem Manuskript blätternd, einen Erlaß, eine Verordnung im Wortlaut ablesend; gelegentlich, wenn der Mehrheitssozialist von ‚überwundener Reaktion', von den ‚Fehlern des alten Regimes' spricht, unterbricht ihn Scharren; aber Beifallsgetrampel schafft schnell wieder Ruhe. Einmal nur ‚demonstriert' einer; läuft mit polternden Schritten aus dem Saal, unwilliges Schurren aufmerksamer Hörer vermag sein Poltern nicht zu stören. Der Redner hält einen Augenblick inne, spricht ohne Erregung weiter, wie ein alter Katheder-Gewohnter."[336]

Bei seinen Vorlesungen konnte Hirsch auf seine zahlreichen Vorarbeiten und Publikationen der vergangenen Jahre zurückgreifen, die er letztlich nur überarbeiten und aktualisieren musste. Dennoch mag sich der Verdacht aufdrängen, dass der so von seinen akademischen (und eben häufig nicht nur „journalistischen") Aufgaben Absorbierte sein Amt als preußischer Ministerpräsident vernachlässigt und sich nicht mehr in dem erforderlichen Maße seinen eigentlichen politischen Verpflichtungen gewidmet haben könnte. Fakt ist aber, dass Hirsch in jenen Monaten in der Preußischen Landesversammlung weiterhin präsent war und die Regierung nicht zuletzt bei den Haushaltsberatungen

334 BT Nr. 210 v. 10. 5. 1919, S. 3: Gästevorlesungen an der Universität Berlin; Vorwärts Nr. 526 v. 14. 10. 1919, S. 2: Die Vorlesungen des Ministerpräsidenten Hirsch.

335 Paul Hirsch, Kommunalpolitische Probleme. Vorträge an der Universität Berlin, Leipzig 1920. Vgl. dazu auch das Schreiben Haenischs an Hirsch vom 24. 1. 1920, der den Empfang des Bandes bestätigt. Vgl. BArch Berlin, NL Haenisch, N 2104, Nr. 145, Bl. 59. Vgl. auch die Besprechung von Karl Wermuth, in: Vorwärts Nr. 124 v. 8. 3. 1920, S. 2: Kommunalpolitische Probleme; ferner die Rezension von Franz Laufkötter, in: NZ 38/2 (1920), S. 239 f.

336 VZ Nr. 525 v. 15. 10. 1919, S. 4: Der Ministerpräsident im Hörsaal.

vertrat. In jenen vier Monaten brachte er es auf sieben Reden.[337] Sein Charlottenburger Stadtverordnetenmandat legte er indes wegen Arbeitsüberlastung im August 1919 nieder. Sein Amt als Ministerpräsident, so Hirsch, gestatte ihm nicht, „seine Pflichten als Stadtverordneter auch nur in beschränktem Umfang weiter zu erfüllen".[338]

Aber die Kritik an der Regierung nahm weiter zu, und mag meinen: nicht zu Unrecht. Denn eine Stellungnahme des Ministerpräsidenten zu manchen Tagesfragen wäre durchaus angebracht gewesen. Zu viel schien er seinen Kabinettskollegen zu überlassen und zu wenig zur Chefsache zu erklären. Auch schien die von Hirsch geführte Regierung ihre politischen Beschlüsse und Maßnahmen gegenüber der Bevölkerung und nicht zuletzt dem Parteivolk nur ungenügend zu kommunizieren. So wies Haenisch in einem Schreiben an Hirsch auf die zahlreichen Bitten von Parteigenossen hin, die die Minister ersuchten, die politische Situation und die Stellung der SPD in der Koalition in Vorträgen zu erläutern. „Allein in den letzten Tagen bekam ich solche Aufforderungen aus Ostpreußen, Pommern, der Provinz Sachsen, aus Westfalen und vom Niederrhein. In allen Briefen wurde betont, wie dringend wünschenswert es sei, wenn gerade die sozialdemokratischen *Minister* von Zeit zu Zeit zu den Genossen sprächen und welche günstige Wirkung das für den Wahlkampf haben würde. Man weist darauf hin, dass Koch, Erzberger und andere bürgerliche Minister wiederholt in den Volksversammlungen aufgetreten seien." Haenisch lehnte es für seine Person allerdings ab, Referate im Lande zu halten, da es ihm unmöglich sei, mehrere Tage lang außerhalb Berlins zu sein. Doch bat er Hirsch, zusammen mit den anderen SPD-Ministern eine Aussprache über diese Frage herbeizuführen.[339] Der Kapp-Lüttwitz-Putsch wenige Tage später bereitete diesen Überlegungen ein unerwartetes Ende. Die mangelnde Vermittlung und Kommunikation der eigenen Politik nicht zuletzt gegenüber den eigenen Parteigenossen trug neben den bereits erwähnten strittigen Fragen nicht unwesentlich zur sinkenden Akzeptanz der preußischen Regierung unter ihrem Ministerpräsidenten Hirsch bei, die schließlich durch den Putsch zum Rücktritt gezwungen werden sollte.

337 StBPLV 1919/21, 58. Sitzung, Sp. 4612–4618 (2. 10. 1919); 65. Sitzung, Sp. 5207–5211 (15. 10. 1919); 82. Sitzung, Sp. 6500–6514 (15. 11. 1919); 84. Sitzung, Sp. 6688–6691 u. 6696 f. (18. 11. 1919); 86. Sitzung, Sp. 6843 f. (28. 11. 1919); 100. Sitzung, Sp. 8186–8202 (16. 12. 1919); 101. Sitzung, Sp. 8287–8289 (17. 12. 1919).

338 Vorwärts Nr. 423 v. 20. 8. 1919, S. 6: Charlottenburg.

339 Haenisch an Hirsch, 9. 3. 1920, in: BArch Berlin, NL Haenisch, N 2104, Nr. 145, Bl. 63.

3.12 Der Kapp-Lüttwitz-Putsch und Hirschs Rücktritt

Die Hetze gegen die sozialdemokratisch geführte Regierung im Reich und in Preußen erreichte Anfang 1920 einen neuen „Höhe"- bzw. Tiefpunkt.[340] „Wer nicht blind und taub war, sah" den Putsch „kommen", resümierte Jakob Altmaier rückblickend im „Vorwärts". „Schon seit Wochen war das provozierende und übermütige Benehmen der Offiziere und deutschnationalen Studenten unerträglich geworden. Nicht mehr zu überbieten waren die alldeutschen Zeitungen. Was sich diese Presse an Verleumdungen und Niederträchtigkeiten gegen das Ausland, gegen die Regierungsparteien, gegen die Minister und deren Familienangehörigen geleistet hat, wird allezeit eines der schwärzesten Blätter in der Geschichte der deutschen Journalistik bleiben." Täglich seien Lügen der niederträchtigsten Art verbreitet worden. Dass „Hirsch und Noske jeden Abend in Damenkneipen besoffen unter den Tisch sanken", sei dabei noch eines der „harmlosesten monarchistischen Märchen" gewesen.[341] Ein von Erzberger angestrengter Beleidigungsprozess, in dem das Gericht am 12. März 1920 in seiner Urteilsverkündung im Kern den deutschnationalen Beschuldigungen Recht gab und dem Zentrumspolitiker eine unlautere Vermengung politischer und geschäftlicher Interessen nachzuweisen glaubte, potenzierte die bereits stark ausgeprägten Ressentiments gegen die Regierung.[342]

Das auslösende Moment für den Kapp-Lüttwitz-Putsch, der am 13. März 1920 erstmals die Weimarer Republik von rechts gewaltsam in Frage stellen sollte, bildeten die Vorschriften des am 10. Januar 1920 in Kraft getretenen Versailler Vertrags über die Entwaffnung des deutschen Heeres, das damals noch eine Stärke von 250 000 Mann besaß und bis zum 10. Juli 1920 auf 100 000 Mann reduziert werden musste. Betroffen waren vor allem die zahlreichen Freikorpsverbände, zu denen auch die ehemaligen Baltikumkämpfer zählten, unter ihnen

340 Bereits am 19. Mai 1919 schrieb die deutschnationale „Ostpreußische Zeitung" anlässlich des Besuchs des preußischen Ministerpräsidenten und der Minister Heine und Braun in Ostpreußen: „Sehr geehrte Herren! Sie wollen mit der Bevölkerung Fühlung nehmen. Es muß ein tröstlicher Gedanke für Sie sein, daß der gutmütige Ostpreuße politische Morde oder irgendeinen Gewaltakt verabscheut. Sonst würde er Sie und, um das halbe Dutzend voll zu machen, Ihre Genossen Ebert und Scheidemann und Ihren Kollegen Erzberger an den festesten Hanfstricken, die wir trotz aller Rohstoffnot in Ostpreußen noch haben, an den Kandelabern vor der Börse aufknüpfen. Das ist die Stimmung der ostpreußischen Bevölkerung!"; zit. nach Vorwärts Nr. 429 v. 11. 9. 1921, S. 17: Entrüstete Gewaltmenschen.

341 Vorwärts Nr. 155 v. 24. 3. 1920, S. 2: Jakob Altmaier, Der Umsturz in Berlin.

342 Vgl. Epstein, Erzberger, S. 392–440.

die Marinebrigade Ehrhardt, die in den Grenzkämpfen und im Bürgerkrieg eingesetzt worden waren.[343] Für viele Militärs war die drohende Auflösung, die für sie Entlassung, Arbeitslosigkeit und Verlust des sozialen Status bedeutete, nicht hinnehmbar. Die konterrevolutionären Putschvorbereitungen wurden nicht nur von Teilen der Reichswehr unter dem Kommandierenden General des Berliner Reichswehr-Gruppenkommandos Nr. 1, Walther Freiherr von Lüttwitz, sondern auch von rechtsextremen Kreisen betrieben. Während sich das Offizierskorps gegen die vorgesehene Heeresreduzierung stemmte, versuchte die nationalistische Rechte neben der Ablösung der SPD-geführten Reichsregierung die Koordinaten der Republik weiter nach rechts zu verschieben. Zur Schaltzentrale der Putschisten entwickelte sich die im Oktober 1919 gegründete Nationale Vereinigung unter dem ostpreußischen Generallandschaftsdirektor Wolfgang Kapp, der 1917 zu den Begründern der Deutschen Vaterlandspartei gehört hatte. Zu den Mitinitiatoren zählten auch der frühere Erste Generalquartiermeister General Erich Ludendorff, sein politischer Berater Oberst Max Bauer und Hauptmann Waldemar Pabst, der für die Ermordung Rosa Luxemburgs und Karl Liebknechts am 15. Januar 1919 verantwortlich zeichnete.[344]

Von der im Militär herrschenden Unruhe und Unzufriedenheit bekamen Reichspräsident Ebert und Reichswehrminister Noske spätestens am 10. März Kenntnis, als der Oberbefehlshaber des Reichswehr-Gruppenkommandos, Freiherr von Lüttwitz, ultimativ seine Forderungen unterbreitete. Dazu gehörte nicht nur die Rücknahme der Auflösungsorder, sondern auch die Auflösung der Nationalversammlung und baldige Neuwahlen, die Einsetzung von „Fachministern" sowie seine, Lüttwitz' Ernennung zum Oberbefehlshaber der gesamten Reichswehr. Ebert und Noske wiesen diese anmaßenden Forderungen sofort zurück und legten ihm den Abschied nahe. Aber anstatt den General umgehend zu entlassen oder zu verhaften, hielten sie es für ausreichend, ihn lediglich zu beurlauben. So war Lüttwitz in der Lage, sich mit Korvettenkapitän Ehrhardt und den anderen Mitverschwörern zu besprechen und den Vormarsch auf Berlin vorzubereiten.[345]

343 Ernst Troeltsch, Der Putsch der Prätorianer und Junker, 23. 3. 1920, in: Ders., Die Fehlgeburt einer Republik, S. 125–132, hier S. 127: „Vollzogen wurde" der Putsch „mit Hilfe der sogenannten Baltikum-Truppen, den wildesten und gefährlichsten Teilen der Armee, denen eine Solderhöhung um 7 M. für den Tag versprochen wurde und denen gesagt wurde, es gehe gegen die Juden und Spartakisten; sie trugen das antisemitische Hakenkreuz auf ihren Helmen."

344 Vgl. Gietinger, Kapp-Putsch, S. 76–87.

345 Vgl. ebd., S. 95 f.; Erger, Kapp-Lüttwitz-Putsch, S. 116–126.

Der preußische Ministerpräsident Hirsch wurde von den damaligen Vorgängen vollständig überrascht. In seinen Erinnerungen ging Hirsch deshalb mit Ebert und Noske scharf ins Gericht und warf ihnen vor, es unterlassen zu haben, die preußische Regierung von diesen bedrohlichen Vorgängen unterrichtet zu haben. Sie hätten „sofort die Minister der beiden Kabinette versammeln und mit ihnen gemeinsam eine Einwirkung auf die Reichswehr und die Sicherheitspolizei versuchen müssen". Ob man damit Erfolg gehabt hätte, habe man damals nicht sagen können, „aber der Versuch hätte jedenfalls unternommen werden müssen".[346] Es ist ohne Frage Hirsch zuzustimmen, dass die Reichsregierung nicht mit einer derart sträflichen Nachlässigkeit auf die Forderungen des Reichswehrgruppenkommandeurs hätte reagieren dürfen und die preußische Regierung ins Vertrauen ziehen müssen. Immerhin gebot der preußische Innenminister über den Polizeiapparat und damit über die Sicherheitskräfte, die im Putschfall von ausschlaggebender Bedeutung sein mussten. Zu einer Besprechung zwischen Reichswehrminister Noske und dem preußischen Innenminister kam es auf Drängen Heines erst am Abend des 12. März, nachdem ihm der preußische Staatskommissar für die öffentliche Ordnung, Herbert von Berger, um 7 Uhr telefonisch mitgeteilt hatte, „daß in Döberitz bedenkliche Dinge vor sich gingen". Es wäre die Pflicht der Reichsregierung und nicht zuletzt des Reichswehrministers gewesen, so Heine, den Polizeipräsidenten und den Innenminister zu den Beratungen über die Sicherung Berlins hinzuzuziehen.[347]

Eine sehr bedenkliche Rolle spielte damals von Berger. Noch in seinem Bericht vom 8. März hatte er zwar von einer starken Gärung im Militär und in rechtsgerichteten Kreisen gesprochen, aber die ihm bekannte Absicht von General von Lüttwitz nach einem Staatsstreich unerwähnt gelassen. Erst in einem nach dem Putsch Mitte April verfassten Tätigkeitsbericht ging von Berger auf die ausführliche Unterredung mit General von Lüttwitz vom 6. März ein, mit dem er dahingehend verblieben sei, dass er dem Reichspräsidenten und nur ihm über die in militärischen Kreisen herrschende Stimmung und die dort erhobenen Forderungen Mitteilung machen solle. „Alsbald nach der Unterredung mit dem General von Lüttwitz", so fuhr von Berger in seinem Bericht fort, „ging der Staatskommissar zum Preussischen Ministerpräsidenten und teilte ihm mit, dass er Unterlagen dafür habe, dass von militärischer Seite Gefahren drohten, dass er aber leider nur in der Lage sei, die Einzelheiten dem Reichspräsidenten mitzuteilen,

346 Hirsch, Weg, S. 217. Hirsch folgte hier wortwörtlich dem Schreiben von Innenminister Heine, das dieser ihm am 26. März 1920 zusammen mit dem Bericht über die Stellung der Sicherheitspolizei zum Putsch zugesandt hatte. Vgl. IISH, Otto Braun Papers, Nr. 118.

347 Schreiben Heines an Hirsch, Berlin, 26. 3. 1920, in: Ebd., auch in ebd., Nr. 345.

und er bat den Herrn Ministerpräsidenten, den Empfang bei dem Herrn Reichspräsidenten zu vermitteln und selber an diesem Empfange teilzunehmen. Da die Unterredung im Landtag während der Verhandlung stattfand, war der Herr Ministerpräsident stark in Anspruch genommen und die Unterredung musste abgebrochen werden." Von Berger wurde schließlich am 8. März von Ebert empfangen, zwei Tage später kam es dann zur bekannten Unterredung zwischen von Lüttwitz, Ebert und Noske.[348]

Da das im August 1919 gegründete Staatskommissariat für die Überwachung der öffentlichen Ordnung eine preußische Behörde war[349], war der Ministerpräsident für von Berger der richtige Ansprechpartner, der ihm den Kontakt zur Reichsspitze hätte weitervermitteln können. Seinen recht allgemein gehaltenen Bericht vom 8. März, in dem die allgemeine Unruhe im Militär und in rechtsgerichteten Kreisen hervorgehoben wurde, schickte von Berger in Abschrift dem Reichskanzler, dem Reichswehrminister, dem preußischen Ministerpräsidenten, dem preußischen Innenminister und vier weiteren Ministern zu.[350] Der von von Berger nach dem Putsch am 18. März erhobene Vorwurf, dass den Warnungen seiner Behörde „keine Beachtung geschenkt" worden sei[351], ist insofern irreführend, als die Ausführungen des Staatskommissars zu allgemein gehalten gewesen und nicht weiter spezifiziert worden waren. Will man den nach dem Putsch zu Papier gebrachten und vornehmlich der eigenen Rechtfertigung dienenden Ausführungen von Bergers überhaupt Glauben schenken, so schien Hirsch in groben Zügen über die im Militär herrschende Unruhe unterrichtet worden zu sein. Angesichts der damals durchgeführten Entlassungen im Heer war der Neuigkeitswert dieser allgemein gehaltenen Meldung allerdings denkbar gering. Hirsch schien angesichts der Landtagsverhandlungen Berger vermutlich kaum zur Kenntnis genommen und auf die angemessenen Reaktionen Eberts vertraut zu haben. Richtig ist es sicherlich, von einem Totalversagen des Staatskommissars zu sprechen, für den ein Ehrenwort, das einem zum Putsch bereiten Militär

348 Von Berger, Die Tätigkeit des Staatskommissars für die öffentliche Ordnung anlässlich des Staatsstreichs am 13. 3. 1920, in: IISH, Wolfgang Heine Papers, Nr. 335, hier S. 12 f. – Der dem preußischen Innenminister unterstellten Sicherheitspolizei war die Staatsstreichabsicht des Generals bereits seit dem 2. März 1920 bekannt; vgl. den Bericht über die Stellung der Sicherheitspolizei zu dem Putsch der Kapp und Genossen am 13. 3. 1920, in: IISH, Wolfgang Heine Papers, Nr. 338.

349 Dirk Emunds, Vom Republikschutz zum Verfassungsschutz? Der Reichskommissar für Überwachung der öffentlichen Ordnung in der Weimarer Republik, Hamburg 2017, S. 19 f.; Orlow, Weimar Prussia, S. 146.

350 Bericht von Bergers vom 8. 3. 1920 (5 Seiten), in: IISH, Wolfgang Heine Papers, Nr. 335.

351 Schreiben von Bergers vom 18. 3. 1920, in: Ebd.

gegeben wurde, wichtiger zu sein schien als die dem Schutz der Verfassung dienenden Aufgaben seiner Behörde und die damit verbundene Unterrichtung seines direkten Vorgesetzten.

Der Bericht von Bergers vom 8. März war im Übrigen auch Landwirtschaftsminister Braun zugeleitet worden. Aber auch diesem dürfte er zu unpräzise ausgefallen sein. Von der bevorstehenden Insurrektion der Prätorianergarden schien Braun erst über einen Vertrauensmann informiert worden zu sein, sodass er, folgt man seinen Erinnerungen, am Freitag, den 12. März Noske und Heine von den Umtrieben in Kenntnis gesetzt habe. Diese hätten zwar zugegeben, „daß die Lage gespannt" sei, jedoch zugesichert, dass sie „die Dinge fest in der Hand" hätten. Auch abends beteuerte Reichskanzler Bauer Braun gegenüber, dass „nichts zu befürchten" sei.[352] Von der Lageänderung schienen die preußischen Minister am Abend des 12. März ihren Regierungschef nicht in Kenntnis gesetzt zu haben. Die von Braun kolportierte Sorglosigkeit der politisch Verantwortlichen am Vorabend des Putsches schien, selbst wenn man das Bedürfnis Brauns, sich rückblickend als vorausschauenden Mahner und Warner in Szene zu setzen, unterstellen kann, die damals herrschende Einstellung und Mentalität richtig wiederzugeben. Die Überzeugung, doch alles im Griff zu haben, war weit verbreitet. Der Bericht des Staatskommissars schien den politisch Verantwortlichen hierzu auch recht zu geben. Der Vorwurf Hirschs über das „fehlende Hand in Hand arbeiten der beiden Regierungen", das rückblickend als „verhängnisvoll" bezeichnet wurde[353], scheint gleichwohl nicht ins Leere zu gehen und ein Problem der damaligen Zeit zu bezeichnen, das offensichtlich auch mit regelmäßigen gemeinsamen Sitzungen beider Kabinette nicht behoben werden konnte.

Als in der Nacht zum 13. März die Marinebrigade Ehrhardt auf Berlin marschierte, berief Noske die führenden Militärs zu sich. Diese hielten jedoch einen Kampf gegen die meuternden Truppen für aussichtslos. Lediglich General Reinhardt schlug sich auf die Seite der Regierung und war zu militärischem Widerstand bereit. Gegen 4 Uhr kam das Reichskabinett zu einer Sitzung zusammen, an der neben Hirsch auch die preußischen Minister Heine, Haenisch und Braun teilnahmen. Angesichts der Weigerung der in Berlin stehenden Truppen, gegen die Putschisten vorzugehen, stellte sich die Frage, ob die Reichsregierung in Berlin bleiben sollte. Während sich Noske und die demokratischen Minister Koch und Schiffer dafür aussprachen, Berlin zu verlassen, um den Widerstand im übrigen Reichsgebiet zu organisieren, lehnten Ebert, Bauer und David eine Flucht als Eingeständnis der Schwäche ab. Man einigte sich schließlich auf einen

352 Braun, Von Weimar, S. 87.

353 Hirsch, Weg, S. 217.

Kompromiss, nach dem ein Teil der Reichsminister mit Reichskanzler Bauer und Reichspräsident Ebert nach Dresden ausweichen sollte, während die übrigen Kabinettsmitglieder unter Vizekanzler Schiffer in Berlin die Stellung halten sollten. Gegen die Abreise des Reichspräsidenten hatten sich auch Hirsch und Heine ausgesprochen, die darauf hinwiesen, dass eine Flucht zu einem Autoritätsverlust des Staatsoberhaupts führen würde, der in Berlin nicht gefährdet sei. Doch drangen sie nicht durch. Auf Drängen Hirschs verließ auch Braun, der wegen seiner Landwirtschaftspolitik bei Konservativen verhasst war, die Reichshauptstadt.[354]

Hirsch glaubte, durch ein Verbleiben in Berlin die Stellung der preußischen Regierung wahren und in Verhandlungen Einfluss auf die Putschisten nehmen zu können. Die in Berlin verbliebenen Minister rief Hirsch gegen halb sechs Uhr morgens zu einer Sitzung im Staatsministerium zusammen. Doch wurden sie kurz darauf von den einrückenden Truppen, die das Gebäude besetzten, für verhaftet erklärt. Dabei gelang es Finanzminister Südekum, sich dem Zugriff der Putschisten zu entziehen und zusammen mit dem Unterstaatssekretär im Innenministerium, Oscar Meyer, den Widerstand zu organisieren.[355] Nachdem die Putschisten am Samstagmorgen, den 13. März das Berliner Regierungsviertel besetzt hatten, erklärte sich Kapp zum Reichskanzler und preußischen Ministerpräsidenten und berief v. Lüttwitz zum Reichswehrminister und Oberbefehlshaber. Zudem wurden die Posten des Reichsfinanz- und Reichswirtschaftsministers sowie des preußischen Innen-, Landwirtschafts- und Kultusministers mit Vertrauten besetzt. Die Nationalversammlung und die Preußische Landesversammlung wurden für aufgelöst erklärt. Die selbsternannte „neue Regierung der Ordnung, der Freiheit und der Tat“[356] konnte sich vor allem auf die Reichswehrverbände Ost- und Norddeutschlands stützen. In politischer Hinsicht reduzierte sich die Unterstützung auf das konservative Milieu Ostdeutschlands. Während die Reichsleitung der DNVP dem Unternehmen etwas zurückhaltend gegenüberstand, waren die nordöstlichen Landesverbände der Partei tief in den Putsch verstrickt. Die DVP verhielt sich wiederum lange schwankend. Demgegenüber zeigten die anderen größeren Parteien klare Kante. Von Anfang an sagten USPD, SPD, DDP und Zentrum den Putschisten den Kampf an.[357]

354 Zur Sitzung vom 13. März 1920 vgl. Hirsch, Weg, S. 218; Braun, Von Weimar, S. 87–89.

355 Hirsch, Weg, S. 218; Bloch, Südekum, S. 258.

356 Hamburger Echo, Nr. 124 v. 13. 3. 1920, S. 1: Die Auflösung der Nationalversammlung und die Proklamation der Putschisten.

357 Zu Kapp-Putsch vgl. Erger, Kapp-Lüttwitz-Putsch. Vgl. auch Robert Jansen, Der Berliner Militärputsch und seine politischen Folgen, Berlin 1920. Jansen war Hauptgeschäftsführer der DDP; ferner Winkler, Weimar, S. 109–142, hier S. 124 f.; Büttner, Weimar, S. 137–146, hier S. 140.

Während ihrer militärischen Bewachung im Staatsministerium beschlossen Hirsch und seine Ministerkollegen eine Erklärung, in der sie auf ihre demokratische Legitimation und ihre Wahl durch die preußische Volksvertretung verwiesen. „Nur durch Beschluß der Landesversammlung können" die Mitglieder der preußischen Regierung „von ihren Pflichten entbunden werden. Solange ein solcher Beschluß nicht vorliegt, sind sie die gesetzliche Regierung Preußens, auch wenn sie durch militärische Gewaltakte an der Ausübung des Amtes verhindert werden".[358] Diese Erklärung sei, so Hirsch, nicht nur dem Chef der Reichskanzlei übermittelt, sondern auch durch den Pressedienst der Staatsregierung durch Aushang in Berlin und telegraphisch außerhalb der Hauptstadt verbreitet worden. Unterstützung erhielten die Festgesetzten durch die preußischen Unterstaatssekretäre, die sich weigerten, mit den neuen Machthabern zu kooperieren.[359] Die über Hirsch und seine Ministerkollegen verhängte Haft wurde erst am Nachmittag des folgenden Tages aufgehoben. „Besonders streng war sie nicht", so Hirsch. „Vorübergehend schien man im Kapp'schen Lager unsere Existenz überhaupt vergessen zu haben. Man kümmerte sich so wenig um uns und ging so sorglos vor, daß man zwar die Telefonapparate im Staatsministerium militärisch besetzte, um uns von dem Verkehr mit der Außenwelt abzuschließen, aber einen Apparat übersah, so daß es mir möglich war, von dort aus die Verbindung mit dem Reichspräsidenten aufrechtzuerhalten und ihn von den Vorgängen in Berlin dauernd in Kenntnis zu setzen. Auch der Präsident der Landesversammlung, Robert Leinert, der sich in Hannover aufhielt, rief mich eines Tages an. Er war freudig überrascht, als er meine Stimme am Apparat vernahm, da er mich bereits tot geglaubt hatte. So unsinnige Gerüchte waren in der Provinz verbreitet."[360]

Aber so gemütlich schien es in der Haft denn doch nicht gewesen zu sein. So berichtete Jahre später die Ehefrau des preußischen Ministers für öffentliche Arbeiten und Linksliberalen Rudolf Oeser, dass sie am 13. März für wenige Minuten ihren Mann im Staatsministerium besuchen konnte. „Das Zimmer war verdunkelt, ihr Mann war der einzige, der lebhaft sich bewegend und sprechend auf und ab ging, ähnlich noch Herr von Berger, die übrigen, besonders Ministerpräsident Hirsch und Stegerwald, gebrochen in den Sesseln liegend, Hirsch jammernd, Heine beteuernd, ihm könne nichts geschehen, er sei schon vorher um seine Entlassung eingekommen." Mit den Worten „Pfui Teufel, Sie wollen Männer sein!" sei sie an den Ministern vorbei zu ihrem Mann gegangen, um

358 Hirsch, Weg, S. 219, insgesamt S. 218 f.

359 Ebd., S. 219.

360 Ebd. Vgl. dazu auch Heines Erinnerungen, in: BArch Berlin, NL Wolfgang Heine, N 2111, Nr. 485, S. 522.

sich kurz mit ihm auszutauschen.[361] Die Episode dürfte im Rückblick die damalige Situation überzeichnet darstellen und das Bedürfnis von Frau Oeser, ihren Mann vor der Negativfolie eines schwächlichen, jammernden Ministerpräsidenten besonders vorteilhaft erscheinen zu lassen, allzu deutlich wiedergeben. Dennoch scheint dieser Erzählung doch auch ein wahrer Kern innezuwohnen. Denn einen Tag in der Geiselhaft von Putschisten verbringen zu müssen, musste angesichts der eigenen Macht- und Einflusslosigkeit demoralisierend wirken. Hirsch schien seinen Beschluss, in Berlin zu bleiben, erstmals bereut zu haben. Hirschs Parteifreund Südekum wies Monate später in einem Interview auf „die ungeheuerliche körperliche und geistige Anspannung der beteiligten Männer" hin; „in der Kapp-Woche habe es für Minister Schiffer, für Oeser, Südekum, Eugen Ernst u. Hirsch kaum wenige Stunden ungestörter Ruhe gegeben".[362] Am späten Nachmittag hob Kapp schließlich die Haft auf und ließ die Minister zu sich in die Reichskanzlei kommen. Wenn er gehofft hatte, Unterstützung zu finden, sah er sich rasch eines Besseren belehrt. „Hirsch erklärte ihm im Namen der preussischen Minister, dass wir uns als die einzig rechtmässige Regierung betrachteten und nicht beabsichtigten, mit ihm weitere Verhandlungen zu pflegen."[363]

Die nach Dresden und bald darauf nach Stuttgart geflohenen Mitglieder der Reichsregierung unter Reichskanzler Bauer und Reichspräsident Ebert riefen noch am 13. März zum reichsweiten Generalstreik auf und forderten die Bevölkerung zur Verteidigung der verfassungsmäßigen Ordnung auf. Der Generalstreik, der von den Dachorganisationen der freien Arbeiter- und Angestelltengewerkschaften, des ADGB und des AfA, getragen wurde und bald darauf auch Unterstützung durch den Deutschen Beamten-Bund erhielt, wurde am Montag, den 15. März weitgehend befolgt. Auch die liberalen Gewerkvereine reihten sich in die gemeinsame Abwehrfront ein.[364] „Zahlreiche Großbetriebe liegen völlig still. Der Verkehr ruht völlig; auch die Untergrundbahn, die gestern wieder zeitweise wieder in Gang gesetzt worden war, steht wieder still." Die wilden Fuhrwerke, die man bei früheren Verkehrsstreiks sofort in den Straßen habe sehen können, würden fast völlig fehlen. „Auch der Droschkenverkehr und der Autodroschkenverkehr ist fast restlos eingestellt".[365] Angesichts dieser wenig

361 Feder, Heute sprach ich mit …, S. 127 (zum 20. 6. 1927).

362 Interview Südekums mit Berlla von der Zeitschrift „Morgen" „Zur Geschichte der Kapp-Tage" (Dezember 1921), in: BArch Koblenz, N 1190, Albert Südekum, Nr. 99, Bl. 111–137, hier Bl. 130.

363 Heines Erinnerungen, in: BArch Berlin, NL Wolfgang Heine, N 2111, Nr. 485, S. 525.

364 Büttner, Weimar, S. 140 f.; Winkler, Weimar, S. 122–124.

365 Frankfurter Zeitung Nr. 201 v. 15. 3. 1920, S. 1: Die Lähmung Berlins.

vorteilhaften Lage zeigte sich Kapp früh zu Verhandlungen mit der Exil-Regierung Bauer bereit. Während die in Stuttgart Ausharrenden Verhandlungen mit den Putschisten ablehnten und den sofortigen Rücktritt der Kapp-Regierung reklamierten, waren die in Berlin Verbliebenen zu einem Entgegenkommen bereit, insbesondere Heine sprach sich für einen Vergleich aus, um einen raschen Abzug der Putschisten zu erreichen. Nicht nur die Präsenz der revoltierenden Truppen in Berlin, sondern auch die zahlreichen gewaltsamen Auseinandersetzungen zwischen Militärs und Zivilisten mochten hier eine Rolle gespielt haben. Denn der Putsch verlief alles andere als unblutig, wiederholt kam es zu Zusammenstößen zwischen putschenden Militärs und Demonstranten. Schätzungen zufolge sollen zu Beginn des Putsches in Deutschland über 250 Menschen ums Leben gekommen sein.[366]

Nach ersten Kontaktaufnahmen durch Vizekanzler Schiffer beschlossen die Gesandten der Länder, die preußischen Minister und die Unterstaatssekretäre des Reiches und Preußens am 16. März, Verhandlungen mit von Lüttwitz aufzunehmen. Während der Sitzung unterstrich Finanzminister Südekum, dass während des Generalstreiks Sozialdemokraten an offiziellen Verhandlungen nicht teilnehmen könnten, da der Ansehensverlust der Partei dadurch nicht wiedergutzumachen wäre. Etwas anderes sei es dagegen, wenn aus dem Kreis der Anwesenden geeignete Personen informelle Gespräche mit den Generälen führen würden.[367] So kam es am Abend desselben Tages gegen 20 Uhr im Reichsjustizministerium zu Verhandlungen zwischen Vizekanzler Schiffer und dem mit der Familie Schiffer befreundeten Hauptmann Pabst. An dem Abendessen und den sich daran anschließenden Gesprächen nahmen auch Hirsch, Südekum, Stegerwald, Oeser, Hergt, Polizeipräsident Ernst und einige Unterstaatssekretäre teil. Im Mittelpunkt stand anfangs die Frage einer Amnestie für die Putschisten, für die sich der Vizekanzler im Reichskabinett und in der Nationalversammlung einzusetzen versprach. Die von Pabst vorgebrachte Forderung von Lüttwitz' nach vorläufiger Beibehaltung des Oberbefehls traf dagegen nicht nur bei den Sozialdemokraten, sondern auch beim Kreis um Schiffer auf Widerspruch. Nach stundenlangen Beratungen konnten sich die Anwesenden auf Bedingungen einigen, mit denen ein Rücktritt von Kapp und Lüttwitz erreicht werden sollte. Dieses Verhandlungsergebnis, das Hirsch am 17. März im Reichsrat vor Vertretern der Länder und den Unterstaatssekretären des Reichs und Preußens erläuterte, umfasste den Rücktritt Kapps, die Niederlegung des Oberbefehls durch Lüttwitz

366 Vgl. Gietinger, Kapp-Putsch, S. 118–120.

367 Ein Auszug des Protokolls in: Erger, Kapp-Lüttwitz-Putsch, S. 340 f., hier S. 341, ferner S. 259–263.

und die Ernennung eines neuen Oberbefehlshabers. Im Gegenzug versprach der Vizekanzler sich für eine baldige Auflösung der Nationalversammlung, spätestens vier Wochen nach ihrer Konstituierung, für die direkte Volkswahl des Reichspräsidenten, eine Umbildung des Kabinetts und eine allgemeine Amnestie stark zu machen.[368] Damit hatten sich die Regierungsvertreter und vor allem die Sozialdemokraten weit aus dem Fenster gelehnt. Mit der Unterstützung dieses Kompromisspakets hofften die Sozialdemokraten weiteres Blutvergießen verhindern und einen schnellen Rückzug der Kappisten erreichen zu können. Zugleich verwiesen sie auf die mit dem Generalstreik verbundenen wirtschaftlichen Verwerfungen und die keineswegs gering zu veranschlagende Gefahr eines Linksputsches.[369]

Auch wenn den sozialdemokratischen Verhandlungspartnern lautere Absichten unterstellt werden müssen, kamen sie den Putschisten mit dem Zugeständnis der Auflösung der Nationalversammlung und der anschließenden Reichspräsidentenwahl, der Umbildung des Reichskabinetts und vor allem der Amnestie sehr weit entgegen. Angesichts der zahlreichen Toten, die der Putsch seit dem 13. März gefordert hatte, und dem sich abzeichnenden Erfolg des Generalstreiks stieß ihre Nachgiebigkeit in der Partei auf vollkommenes Unverständnis, zumal auch die nach Stuttgart Geflohenen dringend vor Verhandlungen mit den Putschisten gewarnt hatten. Die an jenem Abend im Ministerium erscheinenden Sozialdemokraten Lüdemann, Krüger und Stampfer erhoben deshalb auch scharfen Protest gegen diese Konzessionen.[370] Da Kapp und Lüttwitz auf einen linksradikalen Aufstand in Berlin hofften, der ihre Position hätte festigen können, lehnten sie das ihnen unterbreitete Angebot als ungenügend ab.[371] Aber die Situation der Putschisten war inzwischen aussichtslos geworden. Da sich die

368 Vgl. Akten der Reichskanzlei. Das Kabinett Bauer, Nr. 218: Aufzeichnung über die Verhandlungen des Reichsrats und der Unterstaatssekretäre im Reich und in Preußen in den Tagen vom 15. bis 20. März 1920. 3. April 1920, S. 771–791, hier S. 784.

369 Vgl. Erger, Kapp-Lüttwitz-Putsch, S. 262; Eugen Schiffer, Der Kapp-Putsch. Nach persönlichen Erinnerungen. Manuskript, in: BArch Koblenz, NL Eugen Schiffer, N 1191, Nr. 16, Bl. 95–97; vgl. auch den Brief Südekums an Reichskanzler Hermann Müller vom 25. 9. 1920, in: Ebd., NL Albert Südekum, N 1190, Nr. 99, Bl. 95–100, und sein Interview mit Berlla von der Zeitschrift „Morgen" „Zur Geschichte der Kapp-Tage" (Dezember 1921), in: Ebd., Bl. 111–137.

370 Vgl. Eugen Schiffer, Der Kapp-Putsch. Nach persönlichen Erinnerungen. Manuskript, in: BArch Koblenz, NL Eugen Schiffer, N 1191, Nr. 16, Bl. 97; Brief Südekums an Reichskanzler Müller, 25. 9. 1920, in: Ebd., NL Albert Südekum, N 1190, Nr. 99, Bl. 95–100, hier 95 u. 97.

371 Vgl. Erger, Kapp-Lüttwitz-Putsch, S. 263.

Ministerialbürokratie einer Zusammenarbeit verweigerte, die Reichsbank und die Reichshauptkasse den Geldhahn zudrehten und der Generalstreik das Leben in der Hauptstadt und im restlichen Reich lahmlegte, mussten sie den Rückzug antreten. Am 17. März traten Kapp und Lüttwitz zurück. Die Regierungsgeschäfte übernahm wieder Vizekanzler Schiffer, während General von Hülsen im Namen der Regierung Bauer den Oberbefehl über die Truppen erhielt.

Die Putschisten entzogen sich durch ihre Flucht ins Ausland der Justiz. Kapp ging nach Schweden, während Lüttwitz in Ungarn Unterschlupf suchte. Als Kapp im Frühjahr 1922 aus Schweden zurückkehrte, wurde er zwar verhaftet, doch starb er bereits im Juni in Untersuchungshaft. Ein Prozess gegen von Lüttwitz wurde erst gar nicht angestrengt. Lediglich Kapps Innenminister, der frühere Berliner Polizeipräsident, Traugott von Jagow, wurde wegen Beihilfe zum Hochverrat zu fünf Jahren Haft verurteilt. Korvettenkapitän Ehrhardt, dessen Marinebrigade für zahlreiche Toten verantwortlich zeichnete, tauchte mit Unterstützung der Behörden in der „Ordnungszelle Bayern" unter.[372] Auch nach dem Abzug der Putschisten dauerte der Generalstreik an. Der ADGB, der AfA-Bund und der Deutsche Beamten-Bund, die bisher den Ausstand getragen hatten, machten nun ganz allgemein ein Mitspracherecht bei der Neuordnung der politischen Verhältnisse geltend. In einem Neun-Punkte-Programm forderten sie nicht nur die Bestrafung der Putschisten und die Entwaffnung der unzuverlässigen Truppenteile, sondern auch die Demokratisierung der Verwaltung, die sofortige Sozialisierung des Bergbaus und die Schaffung eines von den organisierten Arbeitern getragenen Sicherheitsdienstes. Zu den Forderungen zählten auch die Entlassung Noskes und des preußischen Innenministers Heine, dem man vorwarf, die Verwaltung nicht von reaktionären Kräften gesäubert zu haben. Nachdem beide zurückgetreten waren und Zugeständnisse hinsichtlich der Einberufung einer Sozialisierungskommission, der Aufnahme von Arbeitern in die Sicherheitspolizei und der Bildung einer Arbeiterregierung gemacht worden waren, wurde der Generalstreik am 23. März für beendet erklärt.[373]

372 Vgl. Gietinger, Kapp-Putsch, S. 178–184; Erger, Kapp-Lüttwitz-Putsch, S. 294 f.

373 Vgl. Winkler, Weimar, S. 127 f.; Büttner, Weimar, S. 142 f. – Zum Rücktrittsgesuch Heines vom 18. 3. 1920 vgl. IISH, Otto Braun Papers, Nr. 151: „Ich bitte um meine Entlassung aus der Stellung des Ministers des Innern. Die politischen Ereignisse haben eine Lage geschaffen, in der ich befürchten muss, nicht die völlige Unabhängigkeit in der Führung meines Amtes zu behalten, die ich für nötig erachte." In seinem Antwortschreiben verwies Hirsch auf die Zuständigkeit des Präsidenten der Landesversammlung in dieser Frage und bat Heine, seine Geschäfte so lange weiterzuführen, bis Leinert mit ihm gesprochen habe. Das Schreiben Hirsch vom 20. 3. 1920, in: IISH, Otto Braun Papers, Nr. 153.

Als die Mitglieder der Exil-Regierung aus Stuttgart zurückkamen, waren sie über die Reaktionen der in Berlin Verbliebenen einigermaßen irritiert. In seinen Erinnerungen erwähnte Braun, dass ihn Hirsch bei seiner Rückkehr „mit der etwas vorwurfsvollen Frage empfangen" habe: „‚Warum bist du weggegangen? Das war hier im Staatsministerium, wo wir einen Tag militärisch bewacht wurden, sehr gemütlich.'"[374] Hirsch glaubte letztlich den Putsch politisch weitgehend unbeschädigt überstanden zu haben und hoffte die kritischen Stimmen in Partei und Gewerkschaft mit einer Kabinettsumbildung und der Neubesetzung der Ämter des Innen- und Eisenbahnministers besänftigen zu können. Er schien sich der Realität verweigern und die in der sozialdemokratischen Arbeiterbewegung herrschende Stimmung, die all jene, denen durch Versäumnisse und Unterlassungen eine Mitverantwortung an dem blutigen Putsch angelastet werden konnte, zur Rechenschaft ziehen oder doch zumindest aus verantwortlichen Positionen zu entfernen versuchten, nicht wahrhaben zu wollen.

Doch am 22. März wurde Hirsch brüsk in die Wirklichkeit zurückgeholt, als auf der Sitzung des preußischen Staatsministeriums eine kleine Kabinettsumbildung verworfen und der Beschluss gefasst wurde, „mit den Mehrheitsparteien zunächst Rücksprache zu nehmen und dabei die allseitige Bereitschaft, das Amt zur Verfügung zu stellen, zum Ausdruck zu bringen".[375] Dass Hirsch sich bis zuletzt gegen den geschlossenen Rücktritt des Kabinetts wandte und sich den Realitäten verweigerte, stieß bei seinen Parteifreunden auf Unverständnis und geradewegs auf Verachtung, die ihn, wie Ebert, ohnehin als „Schlappschwanz" kritisierten.[376] Auch die sozialdemokratische Fraktion der Landesversammlung ließ Hirsch im Stich, da sie sich, wie der „Vorwärts" am 25. März vermerkte, „einstimmig auf den Boden der neun Punkte gestellt" habe und damit letztlich die Bildung einer Arbeiterregierung befürworte. Auf die Meldung, dass vermutlich lediglich das preußische Innenministerium neu besetzt würde, konnte sich auch die „Vorwärts"-Redaktion den Kommentar nicht verkneifen, dass „eine viel radikalere Umbildung sowohl der Reichs- als [auch] der preußischen Regierung, als sie hier angekündigt wird", gefordert werden müsse.[377] Am folgenden

374 Braun, Weimar, S. 97.

375 Vgl. die Sitzung des preußischen Staatsministeriums vom 22. 3. 1920, TOP 7, in: GStA PK, VI. HA, NL Otto Braun, Nr. 28.

376 Gegenüber Haußmann habe Ebert gesagt, dass er Leinert „das preuss. Ministerpräsidium angeboten habe, da Hirsch ein Schlappschwanz sei". Aufzeichnung Haußmanns über ein Gespräch mit Ebert vom 23. 3. 1920, in: HStA Stuttgart, Bestand Q 1/2, Büschel 43.

377 Vorwärts Nr. 157 v. 25. 3. 1920, S. 1: Die Neubildung der Regierung. – Zur USPD-Perspektive vgl. Freiheit Nr. 89 v. 25. 3. 1920, S. 2: Herr Hirsch will bleiben; Nr. 90 v. 26. 3. 1920, S. 1 f., hier S. 1: Fortdauer der Krise.

Tag demissionierte das preußische Kabinett in seiner Gesamtheit. Durch den Putsch, so war in dem an den Präsidenten der Landesversammlung gerichteten Schreiben zu lesen, hätten sich die Voraussetzungen, unter denen das Kabinett vor einem Jahr ins Amt gekommen sei, völlig geändert. „Um Ihnen bei der Neubildung der Regierung freie Hand zu lassen, legen wir daher unsere Ämter in Ihre Hände zurück.“[378]

Der Vorstand der sozialdemokratischen Fraktion der Landesversammlung ließ zudem verlauten, dass er für die Neubesetzung des Kabinetts drei neue Männer vorgeschlagen habe, „weil die gegenwärtige Lage im Land eine entschiedene Umbildung des Kabinetts wünschenswert erscheinen lasse“.[379] Die Demission des Kabinetts machte über den Umweg von wenig erfolgreichen Verhandlungen mit der USPD über die Bildung einer Arbeiterregierung den Weg frei für eine Neuauflage der Weimarer Koalition. Die kompromittierten Regierungsmitglieder Heine, Südekum und Hirsch wurden nicht mehr aufgestellt. Damit war Hirsch gewissermaßen zurückgetreten worden.[380] Sein Nachfolger wurde der bisherige Landwirtschaftsminister Otto Braun, der am 29. März vom Landtagspräsidenten in sein Amt berufen wurde.[381] Hirschs Rücktritt, so urteilte Braun in seinen Erinnerungen, sei „kein politischer Verlust“ gewesen.[382] Mag die Geringschätzung, die Braun seinem Vorgänger gegenüber empfand, auch seinem Ehrgeiz und seinem ausgeprägten Selbstwertgefühl entsprungen sein, so passt sie in das Bild, dass Hirschs Rücktritt kaum einen Journalisten zu einem Kommentar veranlasste.[383] Selbst für den „Vorwärts“ erschien Hirsch zu kompromittiert, als dass er in den folgenden Tagen eine Würdigung gefunden hätte.

Die Regierungszeit des preußischen Ministerpräsidenten Hirsch einer abschließenden Bewertung zu unterziehen, fällt nicht leicht. Wenn man im März

378 StBPLV 1919/21, 131. Sitzung vom 30. 3. 1920, Sp. 10501.

379 VZ Nr. 160 v. 27. 3. 1920, S. 1: Die preußische Krise.

380 BT Nr. 141 v. 27. 3. 1920: Der Rücktritt des preußischen Kabinetts; Eine Erklärung der sozialdemokratischen Landtagsfraktion. Vgl. dazu auch die Sitzung des preußischen Staatsministeriums vom 30. 3. 1920, in: GStA PK, VI. HA, NL Otto Braun, Nr. 28: „Es wird beschlossen, daß die ausscheidenden Minister Hirsch, Heine, Dr. Südekum, ihre vollen bisherigen Bezüge als Staatsminister für das laufende und das folgende Quartal aus dem Dispositionsfonds weiter gezahlt erhalten.“

381 Vgl. Schulze, Braun, S. 299; StBPLV 1919/21, 131. Sitzung, Sp. 10501.

382 Braun, Weimar, S. 97.

383 Vgl. BT Nr. 141 v. 27. 3. 1920, und VZ Nr. 160 v. 27. 3. 1920. – Die „Freiheit“ hatte in den Tagen zuvor bereits nachdrücklich Hirschs Rücktritt gefordert: Die Regierung Hirsch habe „das Noske-System durch Heine in fast noch abstoßenderer Form und mit derselben Gehässigkeit vertreten“, sodass ihr Verbleiben „zur Unmöglichkeit geworden“ sei; Freiheit Nr. 90 v. 26. 3. 1920, S. 1 f., hier S. 1: Fortdauer der Krise.

1920 Soll und Haben der Regierung Hirsch addieren wollte, so dürfte man die Waage deutlich auf der Sollseite geneigt gesehen haben. Aus der Perspektive des Kapp-Putsches wird man die Fehler und Unterlassungen der Regierung bei der Demokratisierung und Republikanisierung des Verwaltungsapparats hervorheben müssen. Hinzu tritt die fehlende Sensibilität bei der Behandlung innenpolitischer Themen wie der Frage der Hohenzollern-Abfindung, die zu einer Entfremdung von Regierung und Partei führte und zahlreiche Arbeiterwähler von der Partei abstieß. Dennoch sollte man nicht nur die Defizite der Regierungspolitik fokussieren, sondern auch die Erfolge bei der Modernisierung der Verwaltungsstrukturen, der Demokratisierung des Kommunalwahlrechts, der Bildungspolitik und vor allem bei der Wahrung der staatlichen Einheit des Landes hervorheben. Mit anderen Worten: es gab nicht nur verpasste Chancen, sondern auch politische Erfolge – und verhinderte Katastrophen. Dies gilt es gerade mit Blick auf den Separatismus jener Jahre zu betonen.[384] Zudem darf nicht vergessen werden, dass die bei Hirsch vielfach beklagte Führungsschwäche auch der Rücksichtnahme auf die jeweiligen Koalitionspartner und damit dem Bemühen um Einbindung und Integration abweichender, teilweise disparater politischer Positionen und Interessen entsprang. Dies galt nicht nur für die Revolutionsregierung mit der USPD, sondern auch seit März 1919 für die Koalition mit DDP und Zentrum. Es wäre deshalb verfehlt, dem Ministerpräsidenten vorschnell das Etikett des Versagers aufzudrücken. Damit würde man seiner Politik und eben auch seiner Leistung insgesamt nicht gerecht.

384 Vgl. auch Gerlach, Von Rechts, S. 229.

IV. Zwischenstationen: Staatssekretär in Preußen und stellvertretender Bürgermeister in Berlin-Charlottenburg

1. Parlamentarischer Staatssekretär im Preußischen Wohlfahrtsministerium

Als Hirsch im März 1920 nach einer Amtszeit von nicht einmal anderthalb Jahren zurücktrat, musste er seine politische Rolle neu finden. Überraschend durch die Revolution im November 1918 an die Macht gelangt, hatte er sein Amt, wenn auch nicht ganz ohne eigenes Verschulden, ebenso plötzlich im Zuge einer Gegenrevolution verloren. Er sah sich wieder auf sein Landtagsmandat zurückgeworfen, das ihm noch verblieben war und das er letztlich bis 1932 innehaben sollte. Dieses parlamentarische Standbein mochte ihm den Verlust des politischen Führungsamtes und den politischen Absturz erleichtert haben.

Sein politisches Schicksal teilte er damals mit vielen Sozialdemokraten, die im Revolutionswinter 1918/19 oder nach den ersten demokratischen Wahlen Anfang 1919 Regierungsverantwortung übernehmen mussten und nach wenigen Jahren ihr Ministeramt wieder verloren. Insgesamt lassen sich in der Weimarer Republik 213 sozialdemokratische, d. h. der SPD oder USPD zugehörige Regierungsmitglieder in den Reichs- und Länderregierungen nachweisen. Von ihnen kamen 18 aus Preußen (8,5 %). Von 1918 bis 1933 stellten die sozialdemokratischen Parteien 44 Regierungschefs im Reich und in den Ländern, davon allein 39 Länderregierungschefs. Zu den Staats- bzw. Ministerpräsidenten zählten unter anderem Wilhelm Blos in Württemberg, August Frölich in Thüringen, Johannes Hoffmann in Bayern und Johannes Stelling in Mecklenburg-Schwerin.[1] Die Hälfte der sozialdemokratischen Regierungsmitglieder war nicht länger als zwei Jahre im Amt. Lediglich 11 % konnten auf eine Amtszeit von mehr als acht Jahren blicken. Dazu zählten neben dem preußischen Ministerpräsidenten Otto Braun, der mit kurzen Unterbrechungen von 1920 bis 1932 amtierte, die Regierungschefs von Kleinstaaten: Heinrich Drake in Lippe, Heinrich Lorenz in Schaumburg-Lippe und Heinrich Deist in Anhalt. Paul Hirschs relativ kurze Amtszeit

1 Zu Stelling vgl. Lehnert/Stalmann, Stelling.

von anderthalb Jahren war mithin keineswegs so außergewöhnlich und entsprach dem politischen Schicksal, das die meisten sozialdemokratischen Regierungsmitglieder damals teilten.

In dreierlei Hinsicht unterschied sich Hirsch allerdings vom Gros der sozialdemokratischen Ministerpräsidenten. Zwar gehörte auch er wie die meisten von ihnen der Generation der zwischen 1868 und 1877 Geborenen, der „Generation Ebert“[2] an, denen gemeinsam war, dass sie in das von der Gründergeneration in den 1860er- und 1870er-Jahren aufgebaute organisatorische Netzwerk politisch hineinwuchsen. Doch entsprachen seine soziale Herkunft, seine Bildung und sein konfessioneller Hintergrund nicht dem gängigen Muster. Denn die meisten entstammten einem Arbeiter- oder Handwerkermilieu, hatten einen handwerklichen oder industriellen Facharbeiterberuf erlernt und nach ihrem frühen Eintritt in die sozialdemokratische Arbeiterbewegung als Redakteur oder Angestellter in der Partei- oder Gewerkschaftsbürokratie Karriere gemacht, um schließlich nach ihrer Wahl in den Reichstag oder einen der Landtage auch parlamentarische Erfahrung sammeln zu können. Hirsch dagegen kam aus einem bürgerlichen Elternhaus. Er gehörte zu jenen 13 %, deren Väter einen nicht-manuellen Beruf ausgeübt hatten. Darüber hinaus besaß er einen akademischen Hintergrund wie ein Fünftel der sozialdemokratischen Minister, während die überwiegende Mehrheit (68 %) lediglich die Volksschule besucht hatte. Schließlich hob er sich auch durch seinen konfessionellen Hintergrund vom Gros seiner Ministerkollegen ab. Zwar firmierte Hirsch wie die meisten führenden Sozialdemokraten als Dissident, doch gehörte er aufgrund seiner jüdischen Herkunft zu einer, wenn auch starken Minderheit in der Partei.

Fragt man nach dem weiteren beruflichen und politischen Werdegang der 44 Regierungschefs, so fällt auf, dass 16 oder 36 % nach ihrem Rücktritt eine Anstellung als „politische“ Beamte fanden, während 8 oder 18 % in der Arbeiterbürokratie oder Parteipresse, 5 oder 11 % in ihrem bürgerlichen Beruf wieder unterkamen. Ein knappes Drittel (13 oder 30 %) hatte dagegen Schwierigkeiten, nach ihrem Rücktritt wieder Fuß zu fassen.[3] Paul Hirsch sollte zu jenen 36 % gehören, die eine Anstellung als politischer Beamter finden konnten. Zwei Monate nach seinem Rücktritt wurde er zum Parlamentarischen

2 Braun, Die „Generation Ebert“, hier S. 72.

3 Zu den sozialdemokratischen Regierungsmitgliedern vgl. Schröder, „Genosse Herr Minister“, hier S. 6 f., 40 f., 48 u. 62–64. Bei der Auflistung war Mehrfachzuordnung möglich (Reichskanzler Hermann Müller zählte also 1920 und 1928–1930). Zum jüdischen Hintergrund vgl. Gillerman, Deutsche Juden, hier S. 656 f.

Staatssekretär im neugegründeten Preußischen Ministerium für Volkswohlfahrt ernannt.[4]

Die Zeit bis zu seiner Ernennung zum Staatssekretär nutzte Hirsch, um sich für seine Partei im anlaufenden Reichstagswahlkampf zu engagieren und sich wieder in Position zu bringen.[5] Nach der infolge des Kapp-Lüttwitz-Putsches notwendig gewordenen Auflösung der Nationalversammlung waren die Wahlen zum Reichstag auf den 6. Juni angesetzt.[6] Für den Reichstag kandidierte Hirsch selbst nicht, zu umstritten war der frühere preußische Ministerpräsident für viele Sozialdemokraten noch, als dass man ihn aufgestellt hätte. Für Rechtsstehende figurierte Hirsch ohnehin nur als Spott- und Hassfigur und als Projektionsfläche für Missstimmungen aller Art. So brachte das Börsenblatt der Buchhändler im September 1920 die Anzeige einer Schrift als Karikatur, die die Überschrift „Aufgewärmte Kartoffeln" trug und eine Terrine abbildete, in der in der Form von Kartoffeln die maliziös karikierten Köpfe mehrerer Politiker der Weimarer Koalitionsparteien, unter ihnen die der Zentrumspolitiker Fehrenbach und Erzberger sowie die der Sozialdemokraten Scheidemann und Hirsch, zu sehen waren. Auf der Terrine waren die Worte zu lesen: „Ein Büchlein für Politiker, Schieber und Schornsteinfeger, für Reichspräsidenten, Schuster, Minister, Jungfrauen und solche, die es werden wollen."[7]

Die Siegesgewissheit, der sich Hirsch während des Wahlkampfs hingab[8], trog. Die Reichstagswahl am 6. Juni endete für die SPD in einem Fiasko. Die Partei verlor 16,2 % und erreichte gerade einmal 21,7 %. Aus Enttäuschung über ausgebliebene Reformen und eine als verfehlt angesehene Militärpolitik hatten viele Arbeiterwähler der Partei den Rücken gekehrt und ihr Kreuzchen bei der USPD gemacht, die mit 17,9 % (+ 10,3 %) einen Erdrutschsieg einfahren konnte. Die Kommunisten waren mit 2,1 % dagegen noch weitgehend randständig. Die Weimarer Koalition aus SPD, DDP und Zentrum war abgewählt worden, denn

4 Vgl. Stadtarchiv Dortmund, Bestand 111/01, Lfd. Nr.: 21/1: Personalakte.

5 So referierte er im Mai in einer Versammlung der Parteifunktionäre im Berliner Gewerkschaftshaus über die neue Stadtgemeinde Berlin und die Stadtverordnetenwahlen, die auf den 20. Juni anberaumt worden waren; vgl. Vorwärts Nr. 244 v. 13. 5. 1920, S. 7: Achtung! Parteigenossen!; ferner Nr. 250/251 v. 17. 5. 1920, S. 5: Groß-Berlin; Nr. 282 v. 4. 6. 1920, S. 6: Reaktion oder Demokratie?

6 Vgl. Lehnert, Parteien-, Parlaments- und Regierungskonflikte, dort auch die weiterführende Literatur.

7 Zit. nach Vorwärts Nr. 440 v. 4. 9. 1920, S. 7: Ehre und Unehre.

8 In allen Wahlversammlungen, so Hirsch gegenüber dem „Vorwärts", habe „frohe Siegesstimmung" geherrscht; Vorwärts Nr. 282 v. 4. 6. 1920, S. 3: Der Wahlkampf. Die Stimmung ist gut; ferner Freiheit Nr. 212 v. 6. 6. 1920, S. 3: Siegesstimmung im Rheinland.

auch die DDP verzeichnete horrende Verluste.[9] „Vormarsch der Reaktion", titelte denn auch der „Vorwärts" am folgenden Tag.[10]

Am 25. Juni war schließlich im „Vorwärts" die Meldung zu lesen, dass Eduard Gräf seine Ämter als parlamentarischer Unterstaatssekretär im preußischen Wohlfahrtsministerium und als Vorsitzender der SPD-Fraktion in der Preußischen Landesversammlung wegen seiner Wahl zum Bürgermeister der Stadt Frankfurt am Main niedergelegt und die Fraktion als neuen Unterstaatssekretär den früheren preußischen Ministerpräsidenten ausersehen habe. „Sie wünscht dadurch zum Ausdruck zu bringen, daß der Wechsel im Ministerpräsidium aus rein politischen Gründen vorgenommen worden ist, daß aber Hirsch ihr Vertrauen auch weiterhin genießt."[11] Am 1. Juli 1920 wurde Paul Hirsch zum Parlamentarischen Staatssekretär im Preußischen Wohlfahrtsministerium ernannt.[12] Über die Beweggründe, die zu seiner Ernennung führten, ist wenig bekannt. Es ist gleichwohl davon auszugehen, dass die SPD auf einen regierungserfahrenen Politiker nicht verzichten wollte. Zudem konnte über die Qualifikation Hirschs, der sich als Ministerpräsident und Kommunalfachmann wiederholt eingehend mit sozialpolitischen Fragen beschäftigt hatte, kein Zweifel bestehen.[13]

Seit 1920 firmierten die im Vorjahr geschaffenen Parlamentarischen Unterstaatssekretäre, die eine enge Verbindung zwischen der Regierung und den sie tragenden Parlamentsfraktionen gewährleisten sollten, als Staatssekretäre. Sie sollten die Interessen ihrer Partei im Ministerium wahrnehmen und für einen stetigen Informationsfluss sorgen.[14] Für die SPD war die Vertretung im Wohlfahrtsministerium, das insbesondere für die Sozialpolitik zuständig war, von großer Bedeutung. Den Posten sollte Hirsch allerdings nur gut zehn Monate bekleiden, ehe er im Mai 1921 zum hauptamtlichen Stadtrat und stellvertretenden

9 Vgl. Lehnert, Weimarer Republik, S. 83–90 u. 140.

10 Vorwärts Nr. 287 v. 7. 6. 1920, S. 1. Vgl. auch Freiheit Nr. 220 v. 11. 6. 1920, S. 2: Auf dem Weg zum Bürgerblock, die berichtete, dass sich Hirsch gegen ein Zusammengehen mit der DVP ausgesprochen habe.

11 Vorwärts Nr. 319 v. 25. 6. 1920, S. 3: Der Vorsitzende der sozialdemokratischen Fraktion.

12 Vgl. Stadtarchiv Dortmund, Bestand 111/01, Lfd. Nr.: 21/1: Personalakte von Paul Hirsch mit dem Personalbogen.

13 Vgl. Freiheit Nr. 244 v. 25. 6. 1920, S. 3: Aus der rechtssozialistischen Fraktion der Preußischen Landesversammlung.

14 Zum Problem der parlamentarischen Staatssekretäre in Preußen 1919–1921, vgl. Schneider, Die Parlamentarischen Staatssekretäre; Möller, Parlamentarismus, S. 327; Meyer, Von Bismarck, S. 99–110.

Bürgermeister von Berlin-Charlottenburg berufen wurde.[15] Es mag für Nachgeborene bemerkenswert erscheinen, dass ein Mann, der als Preußischer Ministerpräsident die Höhen der Macht erklommen hatte, bereit war, als Staatssekretär unter einem Zentrumspolitiker, der ihm zuvor noch als Untergebener zugeordnet war, zu dienen. Doch diesbezügliche Bedenken lagen Hirsch fern, dazu war gerade für Sozialdemokraten vieles zu neu und ungewohnt. Neben finanziellen Erwägungen dürfte in seinen Überlegungen auch die Sorge, von seiner Partei aussortiert zu werden und in der politischen Bedeutungslosigkeit zu verschwinden, ausschlaggebend gewesen sein.

Das preußische Wohlfahrtsministerium wurde nach dem Krieg neu geschaffen. Seine Errichtung hatte Hirsch als Ministerpräsident in seiner Regierungserklärung vom 25. März 1919 angekündigt und dabei auf die durch den Krieg verursachten Schäden verwiesen. „Hier Heilung zu bringen, die physische und sittliche Kraft des Volkes zu heben, bisher vernachlässigte Gebiete auszubauen, betrachtet die Regierung als eine so ernste Aufgabe, daß sie alle der Wohlfahrtspflege, insbesondere der Wohnungsreform und der öffentlichen Gesundheit dienenden Einrichtungen in einem neu zu begründenden Wohlfahrtsministerium zusammenfassen will."[16] Das Ministerium, das den Namen „Ministerium für Volkswohlfahrt" erhielt[17], setzte sich aus den drei Abteilungen für Wohnungswesen, Volksgesundheit und soziale Fürsorge zusammen, denen ein Unterstaatssekretär und drei Ministerialdirektoren vorstanden.[18] Es übernahm damit Abteilungen, die bislang auf fünf verschiedene Ministerien verstreut waren.[19] Durch die außen- und innenpolitischen Auseinandersetzungen konnte die Behörde erst am 1. November 1919 im Gebäude des früheren Herrenhauses ihre Arbeit aufnehmen. Die Leitung des Ministeriums übernahm der Zentrumspolitiker und Gewerkschafter Adam Stegerwald, dem mit dem Sozialdemokraten Eduard Gräf und dem Verwaltungsbeamten Adolf Scheidt zwei Unterstaatssekretäre zur Seite gestellt wurden. Zwei Zentrumspolitiker sollten im Übrigen im Wohlfahrtsministerium den Grundstein für

15 Vgl. Stadtarchiv Dortmund, Bestand 111/01, Lfd. Nr.: 21/1: Personalakte von Paul Hirsch mit dem Personalbogen. Vgl. auch Protokolle des Preußischen Staatsministeriums, Bd. 11/II, S. 603.

16 Vgl. StBPLV 1919/21, 10. Sitzung, Sp. 628–633, hier Sp. 630.

17 Zur Sitzung vom 7. Mai 1919 vgl. GStA PK, I. HA, Rep. 90 A, Nr. 3625, Bl. 84–86, hier Bl. 84.

18 Zur Sitzung des Preußischen Staatsministeriums am 10. April 1919, TOP 1, vgl. GStA PK, I. HA, Rep. 90 A, Nr. 3625, Bl. 60–63, hier Bl. 60.

19 Die Protokolle des Preußischen Staatsministeriums, Bd. 11/II, S. 19 f.

ihre politische Karriere legen, und zwar der damals 34-jährige promovierte Nationalökonom Heinrich Brüning, der 1930 zum Reichskanzler avancierte, und die 38-jährige Helene Weber, die im Juli 1920 zur Vortragenden Rätin im Wohlfahrtsministerium ernannt wurde und 1948 im Parlamentarischen Rat für die CDU als eine von vier Frauen an der Verabschiedung des Grundgesetzes mitwirken sollte.[20]

Bereits vor der Ernennung Hirschs zum Staatssekretär hatte Stegerwalds Wohlfahrtsministerium wichtige Entscheidungen für den Mieterschutz und gegen die damals herrschende Wohnungsnot getroffen. Die Höchstmietenverordnung vom 9. Dezember 1919 hatte für alle Gemeinden mit mehr als 2000 Einwohnern Höchstgrenzen für Wohnungsmieten vorgeschrieben und damit einen wichtigen Beitrag zum Mieterschutz geleistet. Abhilfe gegen den Wohnungsmangel vermochte darüber hinaus das im Mai 1920 von der Landesversammlung verabschiedete Gesetz über den Siedlungsverband Ruhrkohlenverband zu schaffen, das den Wohnungsbau im Ruhrgebiet wesentlich ankurbeln und bis November des Jahres zur Fertigstellung von 3500 Wohnungen führen sollte.[21]

Hirschs Wirken im preußischen Wohlfahrtsministerium lässt sich aufgrund fehlender Quellen nur schwer nachzeichnen. Zwar meldete sich Hirsch in jenen zehn Monaten im Landtag zweimal zu Wort, und zwar beide Male im Dezember 1920, doch war dies nicht seiner Position als Parlamentarischer Staatssekretär geschuldet. Vielmehr trat er am 4. Dezember an das Rednerpult des Parlaments, um die von seiner Fraktion mitgetragenen Anträge auf Annahme eines Gesetzentwurfs über die Bestellung von Mitgliedern des Reichsrats durch die Provinzialverwaltungen sowie über die Erhöhung der preußischen Stimmen im Reichsrat zu erläutern.[22] Eine Woche später wiederum sprach er zur Geschäftsordnung, um sich gegen eine Vertagung der ersten Beratung des Gesetzentwurfs über die Erhebung einer vorläufigen Steuer vom Grundbesitz auszusprechen.[23] Die Vermittlung der Politik des Ministeriums bei den Haushaltsberatungen überließ Hirsch dagegen seinem Vorgesetzten, dem Zentrumspolitiker Stegerwald.[24] Nicht die Vertretung des Ministers im

20 Vgl. Forster, Stegerwald, S. 246–252; Marcus, Das Preußische Ministerium für Volkswohlfahrt; Protokolle des Preußischen Staatsministeriums, Bd. 11/I, S. 12.

21 Vgl. Forster, Stegerwald, S. 252–258.

22 Vgl. StBPLV 1919/21, 189. Sitzung, Sp. 14552.

23 Hirsch am 11. Dezember 1920, in: StBPLV 1919/21, 195. Sitzung, Sp. 14903.

24 Vgl. die Sitzung vom 27. November 1920; StBPLV 1919/21, 181. Sitzung, hier Sp. 14096–14176, zur Rede Stegerwalds Sp. 14097–14123.

Parlament, sondern die Herstellung eines regen Informationsflusses und die Gewährleistung einer engen Kooperation zwischen Ministerium und Fraktion, ja auch die Wahrung der Fraktions- und Parteiinteressen in den jeweiligen Ressorts gehörten letztlich zu den genuinen Aufgaben der 1919 ins Leben gerufenen (Unter-)Staatssekretäre.[25] Dieser eng umschriebene Aufgabenkreis des Staatssekretärs verbunden mit seinen wiederholten Ausflügen in die Parteipolitik mag auch erklären, dass Hirsch im Ministerium kaum wahrgenommen wurde. So erachtete ihn der damalige Referent im Wohlfahrtsministerium und spätere Reichskanzler Heinrich Brüning in seinen Erinnerungen nicht eines Wortes für würdig.[26]

Wenn Hirsch in seiner Eigenschaft als Staatssekretär auch gelegentlich öffentlich auftrat und wie am 28. November 1920 in einer der großen Volksversammlungen der „Deutschen Kinderhilfe“ auf die prekäre Lage hinwies, in der sich viele deutsche Kinder in den Arbeitervierteln befänden[27], so schien doch sein parteipolitisches Engagement zu überwiegen. Seit dem 22. Oktober 1920 hielt er jeweils freitags an zehn Abenden Vorträge an der Sozialistischen Bildungsschule der SPD in Groß-Berlin zum Thema „Verfassung und Finanzen der Kommune“. Die Kurse der Bildungsanstalt, die neben Einführungskursen in die Geschichte des Sozialismus auch sozial- und kommunalpolitische Themenschwerpunkte anbot, richteten sich nicht nur an Jungsozialisten und Frauen, sondern auch an Parteifunktionäre und Mandatsträger. Mit seiner Vortragsreihe, die er im folgenden Jahr fortsetzte[28], versuchte Hirsch besonders Stadt- und Bezirksverordnete anzusprechen.[29]

25 Vgl. die Sitzungen des Preußischen Staatsministeriums vom 26.und 27. März 1919, TOP 2 bzw. TOP 1; Protokolle des Preußischen Staatsministeriums, Bd. 11/I, S. 60–62. Ferner Schneider, Die Parlamentarischen Staatssekretäre.

26 Vgl. Heinrich Brüning, Memoiren 1918–1934, Stuttgart 1970, hier S. 57–62 (Im preußischen Wohlfahrtsministerium).

27 Vorwärts Nr. 583 v. 27. 11. 1920, S. 3: Kinder in Not!; Nr. 585 v. 29. 11. 1920, S. 3: Für die notleidenden Kinder! Ferner Der Volksfreund (Mittelbaden) Nr. 288 v. 10. 12. 1920, S. 5: Zur deutschen Kinderhilfe. Fragen der Sozial- und Gesundheitspolitik sollten Hirsch ebd. auch später beschäftigen; Nr. 111 v. 13. 5. 1922, Beilage „Mußestunde“, S. 2 f.: Paul Hirsch, Für unsere Frauen. Gesundheitszeugnisse vor der Eheschließung.

28 Vorwärts Nr. 491 v. 18. 10. 1921, S. 5: Bildung und Wissen dem Volk!, mit dem Hinweis auf die an jenem Tag einsetzenden Vorlesungen an der Sozialistischen Bildungsschule, an denen Hirsch sich mit dem Thema „Einführung in Verfassung und Verwaltung von Reich, Staat und Kommune“ beteiligte.

29 Vorwärts Nr. 496 v. 7. 10. 1920, S. 4: Sozialistische Bildungsanstalt; ferner Nr. 7 v. 6. 1. 1921, S. 3: Bezirksbildungsausschuß.

2. Mitwirkung am neuen Parteiprogramm

Wichtiger als das Amt des Staatssekretärs war für Hirsch letztlich die Arbeit für seine Partei. Als sich die SPD an die Abfassung eines neuen Parteiprogramms machte, war denn auch Hirsch engagiert. Über das fast dreißig Jahre alte Erfurter Programm war die politische Entwicklung hinweggegangen, seine politischen, sozialen und wirtschaftlichen Programmpunkte waren in vielem überholt. So hatte die Revolution von 1918/19 manche Forderungen bereits erfüllt, während zahlreiche neue Anliegen und Wünsche hinzugetreten waren, die Berücksichtigung finden sollten. Die SPD war zudem nicht mehr Oppositionspartei, sondern hatte nunmehr die „Bürde der Macht“[30], die Last der Regierungsverantwortung mitzutragen.

Im August 1920 gab der Parteivorstand einen 169 Seiten umfassenden Band „Das Programm der Sozialdemokratie“ heraus, das Stellungnahmen „über die Reformbedürftigkeit des Parteiprogramms und über die Richtung, in der sich diese Reform bewegen soll“, enthielt. Zu den Beiträgern zählte neben Adolf Braun, Eduard Bernstein, Hermann Müller, Gustav Radbruch oder Robert Wissell auch Paul Hirsch. Während eingangs von Braun, Bernstein oder Heinrich Waentig die Notwendigkeit der Revision des sozialdemokratischen Parteiprogramms herausgearbeitet wurde, wurden im Folgenden verschiedene Themenfelder problematisiert, zu denen die Sozialisierung (Robert Schmidt), die Wirtschaftspolitik (Rudolf Wissell) oder die Frauenfrage (Antonie Pfülf) zählten.[31] Die Bedeutung, die der Parteivorstand der Wohnungspolitik beimaß, offenbart die Tatsache, dass er hierzu zwei Beiträge abdrucken ließ, die aus der Feder von Hirsch und August Ellinger, Abgeordneter der Hamburger Bürgerschaft und Mitglied der dortigen Baubehörde, stammten.[32]

Während Ellinger den Fokus auf das Siedlungs- und Heimstättenwesen legte, erläuterte Hirsch die Forderung seiner Partei nach Erlass eines Reichswohnungsgesetzes und der Errichtung eines Reichswohnungsamtes. Da die Wohnungsfrage im Erfurter Programm keine Berücksichtigung gefunden habe und auch spätere Parteitagsresolutionen diese Problematik nur am Rande gestreift

30 Miller, Die Bürde der Macht.

31 Braun, Das Programm der Sozialdemokratie; vgl. auch Vorwärts Nr. 388 v. 5. 8. 1920, S. 3: Ein neues Parteiprogramm.

32 A. Ellinger, Die Wohnungsfrage, und Paul Hirsch: Die Wohnungsfrage, in: Braun, Das Programm der Sozialdemokratie, hier S. 111–117 u. 146–156. – Zu Ellinger vgl. https://historikergenossenschaft.de/wp-content/uploads/2021/10/August-Ellinger-Bio25-10-2021.pdf.

hätten, so Hirsch, sei ein sozialdemokratisches Wohnungsprogramm dringend erforderlich. In vielfacher Hinsicht habe bereits die 1919 verabschiedete Reichsverfassung Forderungen sozialdemokratischer Wohnungspolitiker und Bodenreformer rezipiert. So würde Artikel 153 eine Enteignung von Grund und Boden zum Wohl der Allgemeinheit und auf gesetzlicher Grundlage ermöglichen, während Artikel 155 den Staat zu einer gerechten Verteilung und Nutzung des Bodens sowie zur Bereitstellung gesunder Wohnungen und entsprechender Wohnungs- und Wirtschaftsheimstätten verpflichten würde. Auch wenn Hirsch der Überzeugung war, dass die Wohnungsfrage erst mit der Vergesellschaftung des Grund und Bodens endgültig einer Lösung zugeführt werden könne, hielt er es für möglich, die Wohnungsnot innerhalb der kapitalistischen Wirtschaftsordnung durch einige Maßnahmen zu mildern. So sollte ein Reichswohnungsgesetz die Enteignung von Grund und Boden durch Reich, Länder und Gemeinden erleichtern, den Bau von Klein- und Mittelhäusern durch sozialpolitisch ausgestaltete Bauordnungen und Bebauungspläne sowie durch ein zeitgemäßes Umlegungsverfahren fördern und die Wohnungsaufsicht für das ganze Reich regeln. Dabei sollte das Reichswohnungsamt als eine Zentralbehörde für das gesamte Wohnungswesen fungieren. Ihre Ergänzung sollten diese legislativen Maßnahmen durch eine Reform des Realkreditwesens, des Mietrechts und der Zwangsvollstreckung finden. Auch die Arbeit der Baugenossenschaften, soweit sie keinen spekulativen Interessen folgen würden, wurde für förderungswürdig erachtet.[33] Hirsch und seinen Parteifreunden war bewusst, dass der aufgrund des eklatanten Wohnungsmangels erforderliche Bau von kleinen und mittleren Wohnungen zur Vermeidung der Bodenspekulation klaren Regeln unterworfen werden musste. Da der Wohnungsmangel durch die Privatwirtschaft nicht allein bewältigt werden konnte, mussten den Kommunen neue Instrumente an die Hand gegeben werden.

Der Wohnungsbauproblematik war auch das Referat verpflichtet, das Hirsch auf dem Kasseler Parteitag am 15. Oktober 1920 hielt. Neben der Agrarpolitik und der Revision des Parteiprogramms zählte die Wohnungsfrage zu den herausgehobenen Themen der Versammlung. Interessanterweise wurde dieser Gegenstand erneut von zwei namhaften Fachleuten der Partei behandelt: Neben Hirsch trat als Mitberichterstatter Wilhelm Engler auf, der als Freiburger Stadtrat und badischer Arbeitsminister (April 1919–August 1920) über einschlägige Erfahrungen und eingehende Detailkenntnisse auf diesem Politikfeld

33 Vgl. Paul Hirsch, Die Wohnungsfrage, in: Braun, Das Programm der Sozialdemokratie, S. 146–156.

verfügte.[34] Hirschs Fokus lag dieses Mal nicht mehr auf einzelnen begrenzten legislativen Maßnahmen. Vielmehr ging er einen Schritt weiter und erhob die grundlegende Forderung nach Sozialisierung des Bauwesens. „Es hat sich gezeigt, daß ein Wohnungsbau auf privatwirtschaftlicher Grundlage selbst mit noch so hohen staatlichen Unterstützungen in absehbarer Zeit ein Ding der Unmöglichkeit ist, und daß wir deshalb allen Grund haben, der Frage der Sozialisierung des Bauwesens mehr als bisher unsere Aufmerksamkeit zu widmen." So unterzog er den verschiedentlich diskutierten Vorschlag der Erhebung einer Abgabe zur Förderung des Wohnungsbaus einer kritischen Würdigung, um schließlich deutlich zu machen, dass mit Mitteln der Allgemeinheit kein neues Privateigentum geschaffen werden dürfe, sondern „die mit Hilfe dieser Mittel erbauten Wohnungen soziales, gesellschaftliches Eigentum werden" müssten. „Die Förderung des Kleinwohnungsbaues auf gemeinwirtschaftlicher Grundlage in Verbindung mit einer großzügigen Sozialisierungspolitik ist es, was wir von der Gesetzgebung verlangen."[35] Im Gegensatz zu seinem Vorredner hielt der Mitreferent Engler die Möglichkeit der von Hirsch vertretenen Kommunalisierung allerdings für unrealistisch und propagierte eine auf genossenschaftlicher Grundlage basierende Wohnungsfürsorge.[36]

Wegen der Dringlichkeit der Materie und der unterschiedlichen Lösungsansätze, die von den beiden Referenten und den Teilnehmern der anschließenden Diskussion in Vorschlag gebracht wurden, wurde auf Hirschs Empfehlung eine Sonderkommission aus Vertretern der Reichstagsfraktion, des Allgemeinen Deutschen Gewerkschaftsbunds und anderer Fachleute eingesetzt, die Gesetzesvorlagen zur Vergesellschaftung des Wohnungswesens ausarbeiten sollte.[37] Ob durch eine über den Kleinwohnungsbau, wie z. B. flankiert durch konsequenten

34 Vgl. Michael Kitzing, Engler, Wilhelm Friedrich, in: Badische Biographien. Neue Folge 6, Stuttgart 2011, S. 95–99; ders., Wilhelm Engler. Porträt eines Freiburger Sozialpolitikers im Zeitalter des Wilhelminismus und der Weimarer Republik, in: Vierteljahrschrift für Sozial- und Wirtschaftsgeschichte 97 (2010), S. 437–458.

35 Hirsch auf dem Parteitag in Kassel, in: Protokoll SPD-Parteitag 1920, S. 225–238, Zitate S. 234, 236 u. 238. Vgl. dazu auch Paul Hirsch, Gemeindesozialismus. Eine Kursusdisposition, Berlin 1920 (15 Seiten). Einen Gesetzentwurf der Reichsregierung über die Kommunalisierung von Wirtschaftsbetrieben, der in zahlreichen Fällen die Kommunalisierung von Betrieben an die Zustimmung der Reichsregierung binden wollte, hielt er für „weder Fisch noch Fleisch"; vgl. VZ Nr. 243 v. 13. 5. 1920, S. 5 f.: Paul Hirsch, Kommunalisierung von Wirtschaftsbetrieben, Zitat S. 6.

36 Protokoll SPD-Parteitag 1920, S. 238–258.

37 Zur Diskussion über die Wohnungsfrage am 16. Oktober 1920 vgl. ebd., S. 260–265; zu Hirschs Schlusswort S. 265 f.; zum Antrag 389 und zu dessen Annahme S. 267 u. 335.

Mieterschutz im Bestand ab 1923/24 in Wien[38], hinaus erfolgende Vergesellschaftung des Wohnungswesens die prekären Verhältnisse auf dem Wohnungsmarkt behoben und der herrschende Wohnungsmangel beseitigt werden konnten, war angesichts der Finanzlage in den Inflationsjahren und der Mehrheitsverhältnisse in Preußen und auf Reichsebene fraglich. Nach seinem zuletzt missglückten Ausflug in die politische Realität glich Hirschs Forderung in manchem einer Flucht in die Theorie und dem Versuch, wieder Halt bei der reinen Lehre zu finden.

Auf dem Parteitag wurde schließlich eine achtköpfige Kommission zur Revision des Parteiprogramms eingesetzt.[39] Während Molkenbuhr, der bereits 1875 und 1891 für die Ausarbeitung der Parteiprogramme mitverantwortlich gewesen war, zum Kommissionsvorsitzenden und Adolf Braun zum Geschäftsführer berufen wurde, gehörte Hirsch der erweiterten, aus anfangs rund 20 Mitgliedern bestehenden Kommission an, die die Arbeiten des achtköpfigen Gremiums zu begutachten und letztlich als Rückkopplungsinstanz fungieren sollte.[40] Als sich die Programmkommission am 22. Oktober konstituierte, wurden elf Unterkommissionen zur Ausarbeitung der verschiedenen Teile des Parteiprogramms gebildet, in denen Hirsch maßgeblich mitwirkte. So gehörte er nicht weniger als drei Unterkommissionen an, die für Finanz- und Wohnungsfragen sowie für die Kommunalpolitik zuständig waren.[41] Aufgabe des letztgenannten Unterausschusses war es, den neuen Programmentwurf unter kommunalpolitischen Gesichtspunkten zu überprüfen. Seine Bedeutung erwuchs aus der Tatsache, dass er die meisten der Unterkommissionen mit Vertretern beschicken und damit seine Stimme von Anfang an voll einbringen konnte. „Das ist besonders notwendig für all die Fragen, die in die Kommunalpolitik hinübergreifen", so Hirsch in einem Artikel in der „Kommunalen Praxis", zu denen Fragen der Wirtschafts- und Finanzpolitik, der Sozialpolitik und der Sozialisierung zählten. Um eine klare Haltung zu diesen

38 Zum Wohnungsbau in Wien und dessen gesetzlichen sowie finanziellen Grundlagen vgl. Detlef Lehnert, Kommunale Politik, Parteiensystem und Interessenkonflikte in Berlin und Wien 1919–1932. Wohnungs-, Verkehrs- und Finanzpolitik im Spannungsfeld von städtischer Selbstverwaltung und Verbandseinflüssen, Berlin 1991.

39 Der Kommission gehörten Eduard Bernstein, Adolf Braun, Heinrich Cunow, Georg Gradnauer, Wilhelm Keil, Hermann Molkenbuhr, Hermann Müller-Potsdam und Antonie Pfülf an. Vgl. Protokoll SPD-Parteitag 1920, S. 225.

40 Vorwärts Nr. 516 v. 19. 10. 1920, S. 7: Zur Revision des Parteiprogramms. Vgl. auch Dowe/Klotzbach, Programmatische Dokumente, S. 187.

41 Vorwärts Nr. 524 v. 23. 10. 1920, S. 8: Die Programmarbeit (berichtet von zwölf Unterkommissionen); nach Dowe/Klotzbach, Programmatische Dokumente, S. 187. Nach dem Bericht des „Vorwärts" wurde Hirsch für die Unterkommission für die Wohnungsfrage lediglich vorgeschlagen, doch ist davon auszugehen, dass er auch in das Gremium gewählt wurde.

Fragen, aber auch zu grundsätzlichen Problemen wie dem der Zuständigkeiten von Staat und Gemeinde einnehmen zu können, hielt Hirsch die Verabschiedung eines Kommunalprogramms für wünschenswert. „Worauf es ankommt, ist schnelle Arbeit und praktisches Handeln."[42] Auch wenn man bedenkt, dass an den Beratungen der Programmkommission und ihrer Untergliederungen etwa 60 Personen beteiligt waren[43], konnte Hirsch seine Mitgliedschaft in der erweiterten Programmkommission und seine Wahl in mehrere Unterkommissionen als Zeichen des Respekts und der Wertschätzung betrachten, die die Parteiführung ihm gegenüber weiterhin empfand.

Im August 1921, einen Monat vor dem Görlitzer Parteitag der SPD, erschien der mit Erläuterungen und Kommentaren versehene Entwurf des neuen Parteiprogramms.[44] Während Adolf Braun die Notwendigkeit eines neuen Programms darzulegen versuchte, Heinrich Cunow dessen theoretische Einleitung erläuterte und andere Mitarbeiter sich mit verschiedenen Politikfeldern beschäftigten, nahm Hirsch Stellung zu kommunal- und wohnungspolitischen Fragen.[45] In seinen Erläuterungen ging Hirsch zuerst auf die kommunalpolitischen Vorschläge für das neue Programm ein und versuchte die verschiedenen Punkte zu explizieren, die sich auf Fragen der Verfassung und Verwaltung, auf die Finanzen, das Schulwesen und die Wirtschaftsbetriebe der Gemeinden bezogen.[46] Nachdem er seine kommunalpolitischen Desiderata dargelegt hatte, kam er auf die Wohnungspolitik zu sprechen und versuchte erneut deutlich zu machen, dass zur Beseitigung der Wohnungsnot und des Wohnungselends „völlig neue Wege" eingeschlagen werden müssten. Das „Endziel" müsse die „Vergesellschaftung" des Grund und Bodens und damit des Wohnungswesens sein, „und bei jeder gesetzgeberischen Aktion haben wir uns, ebenso wie bei Verwaltungsmaßnahmen, zu fragen, ob wir uns dem Endziel nähern oder ob wir uns von ihm entfernen". Mietwohnungen und für die Bebauung geeignete Grundstücke sollten öffentlich-rechtlichen Körperschaften übertragen werden, die auch für den Wohnungsbau zuständig sein sollten. Auch das Baugewerbe und die Baustoffindustrien müssten sozialisiert werden. Hirsch war bewusst, dass gegen diese ins Grundsätzliche streifenden Forderungen bürgerliche Sozialpolitiker Sturm laufen würden. Doch hielt er die übrigen von der Kommission aufgestellten Postulate, wie die reichsgesetzliche Regelung des Wohnungs- und Siedlungswesens,

42 Paul Hirsch, Partei und Kommunalprogramm, in: KP 1920, Nr. 45, Sp. 985 f.

43 Vgl. Dowe/Klotzbach, Programmatische Dokumente, S. 187. Vgl. auch Paul Löbe auf dem Görlitzer Parteitag 1921; Protokoll SPD-Parteitag 1921, S. 296–299, hier S. 296.

44 Vorwärts Nr. 362 v. 3. 8. 1921, S. 3: Der sozialdemokratische Programmentwurf.

45 Braun, Programmentwurf, zu den Beiträgen von Paul Hirsch S. 46–51 u. 61–64.

46 Ebd., S. 46–51.

die planmäßige Siedlungspolitik auf der Grundlage gartenstädtischer Ansiedlung oder die Förderung einer gesunden Verkehrspolitik, für mehrheitsfähig. Die Sozialdemokratie „wird die notleidende Menschheit aus dem Wohnungselend erlösen und wie einstmals Winkelried der Freiheit so dem Fortschritt und dem Wohlstand eine Gasse sprengen".[47]

Die Vorstellungen zur Kommunalpolitik konnten durchaus auch jenseits der SPD Zustimmung finden. Doch war der im Postulat der kompletten Vergesellschaftung des Wohnungswesens und des Baugewerbes gipfelnde Forderungskatalog doch zu sehr älteren marxistischen Theoremen verpflichtet, als dass er auch in der Sozialdemokratie, die sich bei aller Traditionsgebundenheit doch in zunehmenden Maße über die Arbeiterschaft hinaus „als Partei des arbeitenden Volkes in Stadt und Land" (Görlitzer Programm) begriff und so auch weitere Bevölkerungsschichten ansprechen wollte, so akzeptiert worden wäre. Dass der Parteitag dieses Kapitel schließlich aus dem Programm streichen sollte, mochte denn auch nicht zu überraschen, zumal die mächtigen Gewerkschaften stärker auf von ihnen mitgestaltete und mit öffentlichen Mitteln unterstützte Genossenschaften setzten.

Die Teilnahme am Görlitzer Parteitag vom 18. bis 24. September 1921, auf dem die Beratung des neuen Parteiprogramms anstand, war Hirsch nicht vergönnt. Zwar hatten die Mitglieder der achtköpfigen Programmkommission ein Mandat für den Parteitag erhalten, nicht jedoch die der erweiterten Kommission.[48] Hirsch musste mithin als Außenstehender erleben, wie der Programmentwurf modifiziert und verändert wurde. Da das Programm auch „gelesen werden und Anhänger werben" solle, wie sich Paul Löbe in seinem Bericht für die auf dem Parteitag zur Überarbeitung des Programms eingesetzte Kommission ausdrückte[49], fiel Hirschs Kapitel über die Wohnungspolitik unter den Tisch[50]; auch der kommunalpolitische Forderungspunkt wurde gestrafft und mit der Beschränkung auf wenige, stichwortartig aufgeführte Postulate konziser gestaltet.[51]

47 Ebd., S. 61–64 (Arnold Winkelried war eine mythisch-heldenhafte Figur in der Geschichte der Schweiz). Vgl. dazu auch Castroper Zeitung Nr. 163 v. 15. 7. 1921, S. 1: Paul Hirsch, Die Abgabe zur Förderung des Wohnungsbaues.

48 Vgl. Protokoll SPD-Parteitag 1921, S. 403–409.

49 Rede Löbes am 23. 9. 1921, in: Protokoll SPD-Parteitag 1921, S. 296–299, Zitat S. 297.

50 Dazu führte Otto Braun auf dem Parteitag aus: „Die spezielle Behandlung der Wohnungsfrage ist eine Angelegenheit, die später in eingehenden Richtlinien dargelegt werden muß und deshalb aus dem Programm herausbleiben mußte." Protokoll SPD-Parteitag 1921, S. 307 f., Zitat S. 308.

51 Zum Görlitzer Parteiprogramm vgl. Dowe/Klotzbach, Programmatische Dokumente, S. 188–193.

3. Die Verabschiedung der preußischen Verfassung

Nicht nur in der Partei, sondern auch in der Landesversammlung gedachte Hirsch sich nicht ins zweite Glied einzureihen. Führend wirkte er noch bei den Verfassungsberatungen mit und verteidigte die Ausschussvorlage bei der zweiten Lesung der preußischen Verfassung am 28. Oktober als einen vertretbaren Kompromiss. Zwar habe seine Partei Zugeständnisse machen müssen, doch seien ihr diese insofern leicht gefallen, als die Parteien, die der Verfassung in der damaligen Form zustimmten, „dadurch ein unzweideutiges Bekenntnis zur republikanischen Staatsform ablegen" würden, die im Artikel 1 der Verfassung verankert worden sei. Hirsch rechtfertigte den Verzicht auf einen von DNVP und DVP geforderten preußischen Staatspräsidenten, begrüßte die vom Verfassungsausschuss vorgeschlagene Institution des Staatsrates als bei der Gesetzgebung und der Verwaltung des Staates konzipierte Vertretung der Provinzen und bekannte sich zu der den Provinzen eingeräumten Autonomie.[52]

Die preußische Verfassung konnte schließlich am 30. November 1920 mit den Stimmen der SPD, der DDP, des Zentrums und auch der DVP verabschiedet werden. Nur die USPD und die DNVP verweigerten dem Gesetz ihre Zustimmung.[53] Insgesamt stellte das Verfassungswerk einen ausgewogenen Kompromiss zwischen den divergierenden Forderungen und Zielsetzungen der drei Koalitionsparteien dar. Die Sozialdemokraten hatten ihre Vorstellungen nicht vollständig umsetzen können, sondern mussten sich mit dem Einbau von Faktoren abfinden, die die Macht des Parlaments einhegen und beschränken sollten. Das Bedürfnis nach Einbau retardierender Verfassungselemente illustrierte den in den bürgerlichen Parteien latenten antiparlamentarischen Affekt, der sich gegen die Alleinherrschaft eines Verfassungsorgans wandte, dessen Funktions- und Handlungsfähigkeit aufgrund der Segmentierung und Versäulung des Parteiensystems für gering erachtet wurde. Mit dem Ausbau des im Regierungsentwurf vorgesehenen Finanzrats zu einem als Provinzialvertretung konzipierten Staatsrat wurde nicht nur den allenthalben artikulierten Bedenken Rechnung getragen, sondern auch die Selbstverwaltungsrechte der Provinzen signifikant erweitert.

52 Zur Rede Hirschs am 28. Oktober 1920 vgl. StBPLV 1919/21, 170. Sitzung, Sp. 13230–13245, Zitat Sp. 13230. Zur Arbeit im Verfassungsausschuss im Juni 1920 vgl. Vorwärts Nr. 310 v. 20. 6. 1920, S. 13: Kein Staatspräsident, Kein Oberhaus! In einem Artikel in der Schwerter Zeitung Nr. 209 v. 6. 9. 1920, S. 1: Die preußische Verfassung, berichtete Hirsch über die Beratungen des Verfassungsausschusses.

53 StBPLV 1919/21, 185. Sitzung, Sp. 14319–14324.

1921 erschien Hirschs Broschüre über die preußische Verfassung, in der auf 46 Seiten die einzelnen Bestimmungen, aber auch die Genese des preußischen Staatsgrundgesetzes ausführlich behandelt wurden. Die Einleitung entsprach dabei in wesentlichen Teilen einem bereits 1920 in der Zeitschrift „Die Neue Zeit" erschienenen Beitrag über „Die Verfassung des Freistaats Preußen".[54] Verwiesen wurde auf den Charakter des Reiches als Bundesstaat und die Beseitigung der nicht zuletzt institutionalisierten preußischen Hegemonie. Dabei wurde auch auf die in Art. 18 der Reichsverfassung eingeräumte Möglichkeit der Gebietsänderung oder der Neubildung von Ländern eingegangen und das von der preußischen Landesversammlung wiederholt zum Ausdruck gebrachte Bekenntnis zum Einheitsstaat angesprochen, jedoch betont, dass dieses Ziel nicht durch eine Zerschlagung Preußens, sondern nur über den Weg einer Stärkung der provinziellen Autonomie erreicht werden könne. Nachdem in diesem Zusammenhang die verfassungsrechtlichen Kompetenzen des Staatsrats als Vertretung der Provinzen bei der Gesetzgebung und Verwaltung des Staates erläutert wurden, ging Hirsch ausführlich auf die Stellung der anderen Verfassungsorgane ein.[55]

Bestrebungen rechter Kreise, den Staatsrat zu einer ersten Kammer auszugestalten, erteilte Hirsch in der Folgezeit eine klare Absage. Als der von Vertretern der rechten Parteien dominierte Staatsrat im Sommer 1922 den Staatsgerichtshof zur Klärung seiner Befugnisse anrief und neben einer regelmäßigen Information über alle wichtigen Staatsgeschäfte eine erweiterte Mitwirkung bei der Verabschiedung von Gesetzen und die Vorlage von Verordnungen zur gutachterlichen Äußerung forderte, gab Hirsch der Hoffnung Ausdruck, dass der Gerichtshof den Staatsrat „desavouieren" werde. „Es würde aber auf nicht mehr und nicht weniger hinauslaufen als auf die Schaffung einer ersten Kammer, wenn dem Staatsrat so weitgehende Befugnisse eingeräumt würden, wie er sie jetzt ohne jeden Schein des Rechtes beansprucht."[56] In einem Beitrag für „Die Neue Zeit" betonte Hirsch erneut, dass der Staatsrat nach der Verfassung „kein vollberechtigtes Organ zur Mitwirkung bei der Gesetzgebung" sei und es auch nicht der Wille des Gesetzgebers gewesen sei, ihm die Rechte einer Ersten Kammer beizulegen. Man habe

54 Paul Hirsch, Die Verfassung des Freistaats Preußen, in: NZ 39/1 (1920), S. 184–189.

55 Ders., Die Verfassung des Freistaats Preußen vom 30. November 1920. Textausgabe und Register, Berlin 1921, hier S. 3–25; ferner Vorwärts Nr. 582 v. 27. 11. 1920, S. 8: Die neue preußische Verfassung, mit der Ankündigung des baldigen Erscheinens der Broschüre. Vgl. auch Die Gleichheit Nr. 2 v. 15. 1. 1921, S. 13: Bücherschau, lobte die „vorzügliche[ ] Einleitung" des Buches. „Dieses Büchlein sollte jeder politisch interessierte Mensch besitzen."

56 Vorwärts Nr. 358 v. 1. 8. 1922, S. 1 f.: Paul Hirsch, Der Preußische Staatsrat, Zitat S. 2.

in Preußen und Deutschland wahrlich Wichtigeres „zu tun, als unsere Zeit und unsere Arbeitskraft mit so nebensächlichen Dingen zu verzetteln".[57]

Einem belehrenden, didaktischen Impetus, der bereits sein Büchlein über die preußische Verfassung zugrunde lag, folgte im Januar 1921 auch sein Führer durch die preußischen Wahlgesetze, der auf 79 Seiten die Leser mit den verschiedenen preußischen Regelwerken, dem Landeswahlgesetz, der Landeswahlordnung, dem Wahlgesetz für die Provinziallandtage und Kreistage mit den Ausführungsbestimmungen sowie den Wahlen zum Staatsrat vertraut zu machen versuchte.[58] Mit den Worten „Waffen für den Wahlkampf!" bewarb der „Vorwärts" Ende Dezember 1920 denn auch die Broschüre, die die Sozialdemokraten in die Lage versetzen würde, sich über die einschlägigen Fragen zu den bevorstehenden Wahlen zum Landtag, zu den Provinziallandtagen und Kreistagen „leicht zu unterrichten".[59] 1929 folgte noch ein 68 Seiten starker Band über das im Vorjahr novellierte Gesetz.[60] Einen didaktischen Zweck verfolgte auch das 1924 erschienene, 16-seitige Heftchen „Das neue Gemeindewahlgesetz für Preußen"[61], dem sich fünf Jahre später ein doppelt so starker Band über das gleiche Thema anschloss.[62]

4. Die preußischen Landtagswahlen von 1921

Nach der Verabschiedung der Verfassung hatte die Landesversammlung ihre eigentliche Aufgabe erledigt, sodass Wahlen zum preußischen Landtag für den 20. Februar 1921 ausgeschrieben werden konnten. Auf dem außerordentlichen Bezirkstag Anfang Januar versuchte Hirsch, der wenige Wochen zuvor in Kreisvertreterkonferenzen von Friedrichshain und Berlin-Mitte als Kandidat aufgestellt worden war[63], die Delegierten auf den Wahlkampf einzu-

57 Paul Hirsch, Um den preußischen Staatsrat, in: NZ 40/2 (1922), S. 505–509, Zitate S. 506 u. 508.

58 Ders., Die preußischen Wahlgesetze. Landeswahlgesetz nebst Landeswahlordnung, Gesetz betr. die Wahlen zu den Provinziallandtagen und zu den Kreistagen nebst Ausführungsbestimmungen, Berlin 1921.

59 Vorwärts Nr. 622 v. 21. 12. 1920, S. 7: Waffen für den Wahlkampf!

60 Paul Hirsch, Gesetz für die Wahlen zu den Provinziallandtagen und zu den Kreistagen vom 7. Oktober 1925 in der Fassung des Gesetzes vom 29. Oktober 1928, 2. Aufl. Berlin 1929.

61 Ders., Das neue Gemeindewahlgesetz für Preußen, Berlin 1924.

62 Ders., Das preußische Gemeinde-Wahlgesetz, Berlin 1929.

63 Vorwärts Nr. 615 v. 16. 12. 1920, S. 3: Ueber die kommenden Landtagswahlen; Nr. 620 v. 19. 12. 1920, S. 6: Die erste Kreisvertretersitzung von Berlin-Mitte.

stimmen.[64] Als wichtigste Aufgabe des neuen Landtages nannte Hirsch die Reform der inneren Verwaltung Preußens, durch die die Mitwirkungsrechte des Volkes gestärkt werden sollten. „Wir können in den Wahlkampf eintreten mit dem Bewußtsein, daß wir auf das, was mit Hilfe unserer Partei in Preußen geleistet ist, mit Stolz blicken können. Von den großen Aufgaben, die in Jahrhunderten nicht gelöst worden sind, haben wir doch einige gelöst." Es verstand sich von selbst, dass der „Einpeitscher" der Berliner SPD die vom Bezirkstag aufgestellte Kandidatenliste für Berlin anführte.[65] Neben seinen Verpflichtungen als Redner[66] wurde Hirsch auch publizistisch aktiv, warb um die Stimmen des weiblichen Elektorats[67] und stellte erneut in einem Beitrag für die „Kommunale Praxis" die Notwendigkeit der Reform der kommunalen Selbstverwaltung als zentrale Aufgabe des neuen Landtags heraus. Nur bei einem Wahlerfolg der Sozialdemokraten sei auch die Gewähr dafür geschaffen, „daß die Gemeindeverfassungsgesetze von wirklich demokratischem und sozialem Geiste beseelt sind". Auch für die Reform der Kreis- und Provinzialordnung, des Kommunalabgabenwesens sei die Zusammensetzung des Landtags von entscheidender Bedeutung.[68]

Die preußischen Landtagswahlen vom Februar 1921 verliefen etwas glimpflicher für die SPD als die Reichstagswahlen im Jahr zuvor. War die Partei im Reich 1920 auf 21,7 % der Stimmen abgestürzt, so kam sie nun in Preußen mit Verlusten von immerhin gut 10 % auf 26,3 % und schien sich nach der Spaltung der USPD im Herbst 1920 wieder etwas erholt zu haben, was den „Vorwärts" etwas übermütig dazu verleitete, die Partei zu den Wahlgewinnern zu zählen.[69] Nicht zuletzt im Wahlkreis Berlin erhielt die SPD eine deutliche Quittung für ihre Regierungspolitik und stürzte von 35,1 auf 22,7 % ab. Anstelle von acht konnte sie nur mehr fünf von insgesamt 23 Berliner Mandaten stellen.[70] Zu den Gewählten zählte auch Hirsch.[71] Wenn sich der Stimmenrückgang auch

64 Vorwärts Nr. 9 v. 7. 1. 1921, S. 8: Aus der Partei.

65 Vorwärts Nr. 14 v. 10. 1. 1921, S. 1: Beginn des Berliner Wahlkampfes. Außerordentlicher Bezirkstag. Vgl. auch Freiheit Nr. 15 v. 11. 1. 1921, S. 2: Klassenkämpfer von 1890.

66 Vorwärts Nr. 19 v. 13. 1. 1921, S. 3: Oeffentliche Volksversammlungen; Nr. 24 v. 15. 1. 1921, S. 3: Wählerversammlungen; Nr. 79 v. 17. 2. 1921, S. 3: Kommt alle; Nr. 81 v. 18. 2. 1921, S. 3: Oeffentliche Wähler-Versammlungen; Nr. 83 v. 19. 2. 1921, S. 7: Ein letzter Appell.

67 Die Wählerin. Beilage des Vorwärts Nr. 3 v. 23. 1. 1921, S. 1: Frauen und Landtagswahlen.

68 Paul Hirsch, Landespolitik und Gemeindepolitik, in: KP 1921, Nr. 7, Sp. 129–132, Zitat Sp. 131.

69 Vorwärts Nr. 86 v. 21. 2. 1921, S. 1: Enttäuschte Hoffnung der Reaktion.

70 Vgl. https://www.wahlen-in-deutschland.de/wluBerlin.htm.

71 Vorwärts Nr. 89 v. 23. 2. 1921, S. 1: Die sozialdemokratische Fraktion.

nicht ganz so dramatisch ausnahm wie bei den Reichstagswahlen, so hatte die Partei ihre prädominante Stellung im preußischen Parlament verloren. Ihre Wähler waren zum Teil nach links abgewandert und hatten ihr Kreuzchen bei Kommunisten (7,4 %) oder Unabhängigen (6,6 %) gemacht oder waren gar nicht erst zur Wahl gegangen. Auf der Strecke blieb auch die DDP mit 6,2 % (1919: 16,2 %), selbst das Zentrum musste mit 17,2 % (1919: 20,6 %) Federn lassen. Hatten die Weimarer Koalitionsparteien 1919 noch eine knappe Dreiviertelmehrheit der Mandate errungen, so konnten sie zwei Jahre später gerade einmal die knappe Mehrheit der Sitze im Landtag auf sich vereinen (224 von 428). Zu den Wahlsiegern zählte am Abend des 20. Februar neben der radikalen Linken das rechtsnationale Lager aus DVP (14,2 %, + 8,5 %) und DNVP (17,9 %, + 6,7 %).[72]

Auch wenn Hirsch noch über ein Mandat im preußischen Landtag verfügte, vermochte er die politischen Ereignisse in Preußen kaum oder doch nur in begrenztem Maße zu beeinflussen. Nichtsdestotrotz versuchte er den Kurs der preußischen Parteiführung um Otto Braun nach Kräften zu unterstützen. Dies zeigte sich bei den nach der Ermordung des Zentrumspolitikers Erzberger im September 1921 einsetzenden Koalitionsgesprächen, die im November zur Bildung einer Großen Koalition aus SPD, Zentrum, DDP und DVP führten.[73] Als sich der erweiterte Bezirksverband für Groß-Berlin auf seiner Sitzung Anfang November, an der auch Hirsch teilnahm, mit der Frage der Regierungsumbildung in Preußen beschäftigte, wurden in einer einstimmig, d. h. auch mit Hirschs Zustimmung gefassten Resolution die Parteigenossen aufgefordert, ihre Bedenken gegen eine Koalition mit der rechtsliberalen DVP zurückzustellen und die Landtagsfraktion sowie die sozialdemokratischen Regierungsmitglieder in ihrem „zur Sicherung der Republik und der demokratischen Volksrechte" notwendigen Kurs zu unterstützen.[74]

72 Zu den Wahlergebnissen der preußischen Landtagswahl vom 20. 2. 1921 vgl. https://www.wahlen-in-deutschland.de/wlPreussen.htm.

73 Vgl. Stalmann, Linksliberalismus in Preußen, Bd. 1, S. LXXI–LXXIV.

74 Vorwärts Nr. 527 v. 8. 11. 1921, S. 1 f., hier S. 2: Das preußische Experiment. Noch nach der preußischen Landtagswahl hatte sich Hirsch im Februar 1921 entschieden gegen eine Koalition mit der DVP, die „ganz offen für die Wiederherstellung der Monarchie eintreten" würde, ausgesprochen; vgl. Solinger Tageblatt Nr. 48 v. 26. 2. 1921, S. 3: Preußenwahl und Regierungsbildung.

5. Die Berliner Stadtverordnetenwahlen vom Juni 1920 und die Wahl zum stellvertretenden Bürgermeister Charlottenburgs Anfang 1921

Die auf den 20. Juni 1920 angesetzten Berliner Stadtverordnetenwahlen boten der SPD die Möglichkeit, eine neue Machtbastion zu erobern. Es verstand sich fast von selbst, dass sich Hirsch als langjähriger Charlottenburger Stadtverordneter um ein Mandat im neuen Groß-Berliner Stadtparlament bewarb und auch auf dem Berliner Stadtwahlvorschlag der SPD hinter Hugo Heimann auf dem zweiten Platz zu finden war.[75] Seine Forderungen brachte er in einem im „Vorwärts" am 17. Juni 1920 abgedruckten Artikel zu Papier, in dem er es als Aufgabe des Berliner Magistrats und der Stadtverordnetenversammlung bezeichnete, auf dem Gebiet der Sozialpolitik „bahnbrechend voranzugehen". So reklamierte er nicht nur eine Reform der Armenpflege und der Arbeitslosenfürsorge, sondern zählte auch den Kampf gegen Unterernährung und Säuglingssterblichkeit zu den zukünftigen kommunalen Aufgabenfeldern.[76]

Bei den Berliner Kommunalwahlen wurde Hirsch zwar erwartungsgemäß als Stadtverordneter gewählt.[77] Dennoch dürfte er über den Wahlausgang wenig erfreut gewesen sein. Denn die Wahlen stellten für die Partei erneut eine herbe Enttäuschung dar. So kam die SPD gerade einmal auf 17,2 % der abgegebenen gültigen Stimmen, während die USPD mit 38,4 % zur stärksten Kraft in der Hauptstadt avancierte. Der sich bereits bei den Reichstagswahlen abzeichnende Rechtstrend fand auch bei den Berliner Wahlen mit deutlichen Zugewinnen von DVP und DNVP seinen Niederschlag. Bezogen auf das alte Berliner Stadtgebiet, wo SPD und USPD im Jahr zuvor noch fast gleichauf lagen mit 31,7 % bzw. 33,0 %, verlor Hirschs Partei 14,9 % und damit fast die Hälfte der Wähler.[78] Die Wahl stellte für die SPD ein Desaster dar. Zwar verfügten beide sozialdemokratischen Parteien über eine satte Mehrheit in der Stadtverordnetenversammlung,

75 Vorwärts Nr. 292 v. 10. 6. 1920, S. 5: Unsere Kandidaten zur Stadtverordnetenwahl. Hirsch bestritt am 17. und 18. 6. 1920 Versammlungen in Zehlendorf, Lichtenberg und Tempelhof; vgl. Nr. 302 v. 16. 6. 1920, S. 4: Wähler der Vororte!; Nr. 304 v. 17. 6. 1920, S. 4: Wählerversammlungen der S.P.D. und Groß-Berliner Parteinachrichten.

76 Vorwärts Nr. 305 v. 17. 6. 1920, S. 1 f.: Paul Hirsch, Groß-Berliner Sozialpolitik, Zitat S. 1.

77 Vorwärts Nr. 338 v. 7. 7. 1920, S. 4: Bekanntmachung betreffend das Gesamtergebnis der Stadtverordnetenwahlen.

78 Zur Wahl zur Groß-Berliner Stadtverordnetenversammlung von 1920 https://de.wikipedia.org/wiki/Wahl_zur_Stadtverordnetenversammlung_von_Berlin_1920; zur Wahl zur Berliner Stadtverordnetenversammlung von 1919 https://de.wikipedia.org/wiki/Wahl_zur_Stadtverordnetenversammlung_von_Berlin_1919.

doch war mehr als fraglich, ob die SPD nach der Pfeife der Unabhängigen, die zudem bald in einen Spaltungsprozess hineingeraten sollten, tanzen würde.

Nur wenige Reden Hirschs in der Berliner Stadtverordnetenversammlung sind überliefert. Da die Stenographischen Berichte der Groß-Berliner Stadtverordnetenversammlung in der Krisenzeit von November 1921 bis August 1924 nicht erschienen und damit nur wenige Jahrgänge gedruckt vorliegen[79], können für die Zeit von 1920 bis 1925 lediglich drei Reden des Jahres 1921 ausgemacht werden. Die kurzen Redebeiträge am 16., 21. und 28. Juni 1921 betrafen zudem Geschäftsordnungsfragen, wenngleich sie durchaus aufschlussreich waren, da Hirsch die Abgeordneten in belehrendem Ton über rechtliche Fragen aufzuklären und sie mit dem parlamentarischen Regelwerk der Geschäftsordnung vertraut zu machen versuchte. Auch im Kreise der Stadtverordneten vermochte er letztlich den akademischen Habitus und den dozierenden Tonfall, der seinen zahlreichen Schriften anhaftete, nicht abzustreifen.[80] Im Kommunalparlament bekleidete Hirsch im Übrigen bereits im Dezember 1920 als Steuerausschussreferent eine herausgehobene Position.[81]

Dass Hirsch auf kommunaler Ebene aufgrund seiner Fachkenntnis und Expertise weiterhin zu den führenden Politikern zählte, machte die Tatsache deutlich, dass er nach den Stadtverordnetenwahlen als potenzieller Kandidat für das Amt des neuen Oberbürgermeisters von Groß-Berlin im Gespräch war. Der „Vorwärts" bemühte sich Anfang Juli allerdings umgehend, derartige Spekulationen – genannt wurden auch noch der ehemalige Finanzminister Südekum und der frühere Reichsministerpräsident und damalige Oberbürgermeister von Kassel Scheidemann – als „haltlose Gerüchte" abzuqualifizieren, da sich die Stadtverordnetenfraktion mit dieser Frage noch nicht befasst habe.[82] Als Hirsch, der vom

79 Im Berliner Landesarchiv finden sich allerdings noch einzelne Verlaufsprotokolle der Monate November und Dezember 1921, Februar 1922 und vom März, Mai, Juni und Juli 1924. Vgl. Landesarchiv Berlin, A Rep. 000-02-01, Nr. 20, 21, 24, 25, 65, 77 u. 203. Ferner https://digital.zlb.de/viewer/metadata/16046606/1/LOG_0000/.

80 Zu den Reden Hirschs am 16., 21. und 28. Juni 1921 vgl. Landesarchiv Berlin, A Rep. 000-02-01, Nr. 3293. Zu den Stenographischen Berichten der Berliner Stadtverordnetenversammlung von 1920 bis 1925 vgl. ebd., Nr. 20, 21, 24, 25, 39, 65, 77, 200, 203 u. 314.

81 In dieser Funktion erstattete er über die Ausschussbeschlüsse zur neuen Gemeindeeinkommensteuer und die geplante Grundsteuerordnung dem Stadtparlament Bericht; vgl. Vorwärts Nr. 638 v. 31. 12. 1920, S. 3: Die Gemeindeeinkommensteuer beschlossen; ferner Nr. 105 v. 4. 3. 1921, S. 3: Berliner Hochseefischerei.

82 Vorwärts Nr. 335 v. 5. 7. 1920, S. 3: Die Bürgermeister-Kandidaturen. Ferner Berliner Börsen-Zeitung Nr. 291 v. 6. 7. 1920, S. 3: Der Kampf um den Groß-Berliner Oberbürgermeisterposten. – Auch als preußischer Wohlfahrtsminister und Nachfolger Stegerwalds war

preußischen Innenminister Severing als „bekannter hervorragender Kommunalwissenschaftler“ und „in der Kommunalpolitik erfahrene[r] Mann“ angepriesen wurde, von der SPD für den Posten des Oberbürgermeisters vorgeschlagen wurde, bekam die Partei jedoch von der USPD einen Korb, da viele früheren Weggefährten wie Adolph Hoffmann ihn „wegen seiner reaktionären Allüren“ ablehnten.[83]

Bei der Besetzung des Oberbürgermeisterpostens ließen die Sozialdemokraten, nachdem der bisherige Amtsinhaber Adolf Wermuth, der als bürgerlicher Sozialpolitiker alter Schule noch um die Einbindung der sich dann aber bald spaltenden USPD bemüht war, 65-jährig letztlich auch gesundheitsbedingt resignierte, schließlich den Linksliberalen den Vortritt. Am 20. Januar 1921 wurde der bisherige Kämmerer der Stadt Berlin, Gustav Böß, mit den Stimmen der SPD zum Oberbürgermeister Berlins gewählt. Der bei seiner Wahl 47-jährige promovierte Jurist hatte eine Karriere in der Kommunalverwaltung vorzuweisen, die ihn vom besoldeten Stadtrat Schönebergs 1912 zum Herrn über die städtischen Finanzen Groß-Berlins führte. Da die SPD nach dem für sie wenig schmeichelhaften Kommunalwahlergebnis weit von einer Mehrheit in der Stadtverordnetenversammlung entfernt war und die Unabhängigen sich einer Kooperation verweigerten, der allerdings auch ein Großteil der SPD widerstrebte, war der Linksliberale Böß ein passabler Kompromisskandidat, auf den sich Sozialdemokraten und mehrere bürgerliche Fraktionen hatten einigen können.[84]

Wenn Hirsch auch bei der Wahl des Stadtoberhaupts in Groß-Berlin nicht zum Zuge kam, so hatte er in Charlottenburg mehr Glück. Als der Ausschuss zur Vorbereitung der Wahl der besoldeten Mitglieder des Charlottenburger Bezirksamtes über die der Bezirksversammlung vorzuschlagenden Kandidaten beriet, kam man angesichts der herrschenden Mehrheitsverhältnisse zwar überein, für den Posten des ersten Oberbürgermeisters den seit 1917 amtierenden Inhaber Ernst Scholz von der DVP zu benennen. Stellvertretender Bürgermeister sollte jedoch nach Willen der Charlottenburger SPD-Führung Paul Hirsch werden.[85] Hirsch wurde schließlich auch gewählt und seine Wahl am 16. März 1921 vom zuständigen Oberpräsidenten bestätigt.[86] Bei der Amtseinführung in der

Hirsch kurzzeitig im Gespräch; vgl. Stuttgarter Neues Tagblatt Nr. 492 v. 23./24. 10. 1921, S. 1: Die Regierungsumbildung in Preußen.

83 Vgl. die Rede des preußischen Innenministers Severing mit dem Zwischenruf Hoffmanns am 3. Dezember 1920, in: StBPLV 1919/21, 188. Sitzung, Sp. 14500–14507, hier Sp. 14505.

84 Vgl. Christian Engeli, Gustav Böß, in: Stadtoberhäupter, S. 185–201.

85 Vorwärts Nr. 24 v. 15. 1. 1921, S. 3: Kandidaten für den 7. Bezirk. – Zu Scholz vgl. Barbara Hillen, Scholz, Ernst August Gustav, in: NDB, Bd. 23, Berlin 2007, S. 456.

86 Zur Wahl und zur Bestätigung der Wahl durch den Oberpräsidenten vgl. Vorwärts Nr. 127 v. 17. 3. 1921, S. 3: Bezirksamt Charlottenburg bestätigt.

Sitzung der Bezirksversammlung durch Oberbürgermeister Böß am 23. März 1921 dankte Hirsch „für die warme Begrüßung und gab der Ueberzeugung Ausdruck, daß alle Mitglieder des Kollegiums als Diener der Gesamtheit ihre ganze Kraft einsetzen werden zum Wohle des Bezirks und damit der Kommune Groß-Berlin".[87]

Als Stadtrat und stellvertretender Bürgermeister war Hirsch in Charlottenburg für das Wohnungsamt, das Mieteinigungsamt, die Kriegsbeschädigtenfürsorge und die Personalien zuständig.[88] Über sein Wirken als stellvertretender Bürgermeister von Charlottenburg und Stadtrat ist wenig bekannt, zumal auch die Protokolle der Charlottenburger Bezirksversammlung nicht überliefert sind. Nur wenige Debatten der Charlottenburger Bezirksversammlung fanden Eingang in die Parteipresse. So meldete sich Hirsch im Februar 1922 während der Debatte über eine vom Vorsitzenden der Beschwerdekommission begangene Indiskretion zu Wort.[89] Zwei Jahre später bot die Debatte des Falls des deutschnationalen Stadtverordneten Fedler, dem vorgeworfen wurde, vor dem Mieteinigungsamt einen Schwarzmieter gegen das Wohnungsamt vertreten und damit sein Ehrenamt in der Wohnungsdeputation missbraucht zu haben, Hirsch die Gelegenheit, das Verhalten des Deutschnationalen scharf zu verurteilen. Dem Versuch der Rechten, aus dem Fall Fedler einen Fall Hirsch zu machen, in dem sie auf die in Charlottenburg herrschende Wohnungsnot bei 28 000 gemeldeten Wohnungssuchenden und 16 000 Dringlichkeitsfällen verwiesen, war kein Erfolg beschieden.[90] Anfang Juli 1924 nahm Hirsch erneut das Wort, als Unterschlagungen von Lebensmitteln und „Liebesgaben" im Krankenhaus Westend verhandelt wurden, um Auskunft über den Sachverhalt zu geben.[91]

In der Berliner Stadtverordnetenversammlung verlangten die Auseinandersetzungen mit den Ende 1920 zu erheblichen Anteilen zur KPD übergetretenen früheren Unabhängigen Hirsch ein Höchstmaß an Gleichmut und Gelassenheit

87 Vorwärts Nr. 141 v. 25. 3. 1921, S. 3: Einführung des Bezirksamtes VII; ferner Nr. 139 v. 24. 3. 1921, S. 3: Einführung der neuen Stadträte; Nr. 127 v. 17. 3. 1921, S. 3: Bezirksamt Charlottenburg bestätigt.

88 Aktenvermerk des Dortmunder Oberbürgermeisters vom 19. 9. 1925 über ein Gespräch mit Hirsch, in: Stadtarchiv Dortmund, Bestand 111/01, Lfd. Nr. 21/1, Bl. 29.

89 Vorwärts Nr. 136 v. 21. 3. 1922, S. 3: Der Pfarrer als Doppelbewohner.

90 Vorwärts Nr. 185 v. 18. 4. 1924, S. 6: Ein „eigenartiger" Charakter; vgl. auch Nr. 447 v. 22. 9. 1925, S. 5: „Was muß man von Berlin wissen?"

91 Vorwärts Nr. 310 v. 4. 7. 1924, S. 6: Die Bürgermeisterwahl in Charlottenburg. – Zum Aktendiebstahl im Charlottenburger Wohnungsamt vgl. Nr. 71 v. 12. 2. 1926, S. 7: Aus den Bezirken.

ab.[92] Die zumeist tumultuösen Auseinandersetzungen zwischen Kommunisten und den übrigen Stadtverordneten, den Sozialdemokraten zumal, begannen in zunehmendem Maße den politischen Stil der Groß-Berliner Stadtverordnetenversammlung zu prägen. So musste sich der „Vorwärts" Anfang Januar 1921 über einen regelrechten „Rathausradau" beklagen, nachdem es während der Debatte über einen Antrag der Kommunisten über die Maßregelung von Elektrizitätsarbeitern nicht nur zu einem hitzigen Wortgefecht zwischen Hirsch und den Kommunisten, sondern auch zu Lärmszenen auf der Tribüne gekommen und der Versuch einer Tribünenräumung am hinhaltenden Widerstand der Besucher gescheitert war.[93]

Dass sich der frühere Ministerpräsident Anfeindungen und Verleumdungen zu erwehren hatte, mochte angesichts der innenpolitischen Polarisierung nicht überraschen. So kursierte im Februar 1921 das Gerücht, dass Hirsch neben Reichspräsident Ebert zu jenen Personen zählen würde, die vom Berliner Schlachthof ohne Fleischmarken versorgt worden seien. Bei den Untersuchungen und Zeugenvernehmungen, die der Stadtverordnetenausschuss zur Vorberatung des Antrags der Kommunisten über Unregelmäßigkeiten bei der amtlichen Verteilung von Fleisch hierzu anstellte, fanden diese Behauptungen jedoch keine Bestätigung. Lediglich zu Empfängen von auswärtigen Gästen, so der „Vorwärts", sei der Reichskanzlei und dem Staatsministerium eine begrenzte Menge Fleisch aufgrund von allein zu diesem Zweck ausgestellten Fleischmarken zugewiesen worden.[94]

Nachdem das Preußische Oberverwaltungsgericht im Juni 1921 die Wahl des Vorjahres wegen Wahlfälschungen für ungültig erklärt hatte, musste die Groß-Berliner Stadtverordnetenversammlung vorzeitig aufgelöst werden. Neuwahlen

92 Vgl. beispielsweise Vorwärts Nr. 604 v. 10. 12. 1920, S. 3: Attacke gegen die Beamten. Stürmische Debatte im Rathaus.

93 Vorwärts Nr. 9 v. 7. 1. 1921, S. 7: Wieder Rathausradau; BT Nr. 10 v. 7. 1. 1921, S. 3: Mißbrauch der Stadtverordnetentribüne: „Neben unflätigen Ausdrücken hagelte es Drohungen mit dem russischen Einmarsch, mit Maschinengewehren und der Guillotine, zumal gegen den Mehrheitssozialisten Paul Hirsch, der sich die Bemerkung erlaubte, daß die Kommunisten keine Arbeiterpolitik, sondern Parteipolitik trieben. Da auch wieder Stinkbomben geworfen wurden, so mußten die Stadtverordneten schließlich fluchtartig das Feld räumen." Um ihren Forderungen Nachdruck zu verleihen, setzten die Kommunisten anlässlich der Beratung der Arbeitslosenfrage im März 1921 auch einen Zug von demonstrierenden Arbeitslosen in Bewegung; vgl. Vorwärts Nr. 117 v. 11. 3. 1921, S. 3: Die Berliner Haushaltsberatung; Nr. 129 v. 18. 3. 1921, S. 3: Die Not der Arbeitslosen.

94 Vorwärts Nr. 93 v. 25. 2. 1921, S. 4: Markenloser Fleischbezug; Nr. 102 v. 2. 3. 1921, S. 3: Keine Fleischschiebungen. Haltlose kommunistische Verdächtigungen.

wurden für den 16. Oktober angesetzt.[95] Früh machte die SPD mobil und startete einen Versammlungsmarathon, an dem sich auch Hirsch engagiert beteiligte.[96] Erneut versuchte er mit einem forschen Artikel in der „Vorwärts"-Beilage „Die Wählerin" die weibliche Wählerschaft anzusprechen und zu mobilisieren.[97] Auch im Hauptteil des „Vorwärts" wies Hirsch auf die Bedeutung der Wahl hin. Sei doch das „gemeinsame Ziel unserer Gegner", „durch ihren Sieg der Sozialdemokratie und damit dem republikanischen Gedanken selbst einen empfindlichen Schlag zu versetzen!" Mit den „Gegnern" waren nicht nur die Kommunisten, die „die Parlamentstribüne lediglich als Agitationsboden" benutzen würden, sondern auch die Mitte-Rechts-Parteien gemeint, die von den Schwierigkeiten des Zusammenschlusses und den damit verbundenen unerquicklichen Begleiterscheinungen profitieren würden und eine „rein bürgerliche Mehrheit" aufrichten wollten, um „unter Außerachtlassung aller Rücksichten auf die proletarischen Massen nach eigenem Gutdünken zu schalten und zu walten".[98] Die Stadtverordnetenwahlen am 16. Oktober 1921 bescherten der SPD einen Zugewinn von 3,3 % und ein Ergebnis von 20,5 %. Wahlverlierer war die USPD, die die Hälfte ihrer Stimmen einbüßte und nunmehr mit 19,3 % hinter der SPD auf dem zweiten Platz landete. Ein Großteil ihrer Wähler war zur KPD gewandert, die mit 9,5 % im Berliner Kommunalparlament vertreten war. Von den Auseinandersetzungen im linken Lager konnte vor allem die DNVP mit einem satten Zugewinn profitieren. Die beiden liberalen Parteien hatten sich weitgehend behaupten können.[99] Hirsch wurde wiedergewählt und gehörte zu jenen 46 SPD-Abgeordneten, die im neuen 225 Sitze zählenden Stadtparlament Platz nahmen.[100]

Als einer der Väter des Groß-Berlin-Gesetzes galt Hirschs Aufmerksamkeit weiterhin den verfassungsrechtlichen Grundgegebenheiten Groß-Berlins und ihrer Weiterentwicklung. „Gewiß wäre es besser gewesen", so klagte Hirsch wenige Tage nach Verabschiedung des Gesetzes, „wenn die Landesversammlung

95 Vgl. Köhler, Berlin, hier S. 830.

96 So beispielsweise auf einer Wählerversammlung in Lichtenberg am 22. 9. 1921 mit einem Referat über „die politische Lage und die Stadtverordnetenwahlen"; Vorwärts Nr. 447 v. 22. 9. 1921, S. 4: Große öffentliche Wählerversammlungen. So auch am 28. 9. 1921 am Halleschen Tor mit dem Thema „Fortschritt und Reaktion in der Stadtgemeinde"; Nr. 453 v. 25. 9. 1921, S. 6: Große öffentliche Wählerversammlungen.

97 Die Wählerin. Beilage des Vorwärts Nr. 3 v. 9. 10. 1921, S. 1 f.: Paul Hirsch, Die Frau in der Gemeinde.

98 Vorwärts Nr. 477 v. 9. 10. 1921, S. 1 f.: Paul Hirsch, Der Kampf um Berlin, Zitate S. 1.

99 Vgl. https://de.wikipedia.org/wiki/Wahl_zur_Stadtverordnetenversammlung_von_Gro%C3%9F-Berlin_1921.

100 Zur Wiederwahl vgl. Vorwärts Nr. 492 v. 18. 10. 1921, S. 3: Die neuen Stadtverordneten.

sich voll auf den Boden der Regierungsvorlage gestellt und neben der Einheitlichkeit nicht noch die Dezentralisation geschaffen hätte. Aber mehr war nicht zu erreichen, und so müssen sich auch die Freunde des einheitlichen Groß-Berlin mit dem Kompromiß abfinden.“[101] Noch im selben Jahr gab Hirsch einen Führer durch das Gesetz über die neue Stadtgemeinde Berlin heraus.[102] „In gemeinverständlicher Weise“, so der „Vorwärts“, „erläutert der Verfasser, auf dessen Initiative in der Regierung die Ausarbeitung und Einbringung des Entwurfs zurückzuführen ist, die einzelnen Abschnitte des Gesetzes an der Hand der Akten des Parlaments und der Ausführungsbestimmungen des Ministeriums“. Die Einleitung bot zudem einen historischen Überblick über die kommunalen Verhältnisse, die zur Gründung der Stadtgemeinde Groß-Berlin führten, und die damit verbundenen Diskussionen über die Frage Groß-Berlin. Die 118 Seiten starke Arbeit „wird nicht nur den Mitgliedern der städtischen Körperschaften und den Bezirksämtern und Bezirksversammlungen ein willkommenes Hilfsmittel sein, sondern sie bietet auch darüber hinaus jeden, der sich für das Wesen der neuen Stadtgemeinde interessiert, wertvolle Anregungen.“[103]

Als nach der Landtagswahl von 1921 Forderungen nach einer Novellierung des Gesetzes, die auf eine Stärkung der Verwaltungsbezirke Groß-Berlins zielten, laut wurden, lehnte Hirsch dieses Ansinnen ab und wollte auch die deutschnationale Kritik am Finanzgebaren und der wachsenden Schuldenlast der Stadt nicht gelten lassen, indem er auf die während und nach dem Krieg gestiegene Aufgabenlast der Kommunen bzw. Groß-Berlin verwies. „Berlin hat Schwierigkeiten zu überwinden, Schwierigkeiten, an denen nicht die jetzige Verwaltung die Schuld trägt, sondern die vielmehr durch die Verhältnisse erzeugt sind, denen gegenüber wir alle ohnmächtig sind. Aber wir sind auf dem Wege, diese Schwierigkeiten zu überwinden, und ich bin überzeugt, wir werden ihrer Herr werden, wenn es uns möglich ist, ruhig und ungestört durch Eingriffe der Gesetzgebung

101 National-Zeitung Nr. 91 v. 28. 4. 1920, S. 1 f., hier S. 2: Paul Hirsch, Noch einmal: Groß-Berlin. Ein Nachwort.

102 Vgl. Paul Hirsch, Gesetz über die Bildung einer neuen Stadtgemeinde Berlin. Vom 27. April 1920, Berlin 1920. Ferner Köhler, Berlin, S. 820 f.

103 Vorwärts Nr. 320 v. 26. 6. 1920, S. 4: Ein Führer durch das Gesetz über die neue Stadtgemeinde Berlin; auch Nr. 412 v. 19. 8. 1920, S. 6: Gesetz über die Bildung einer neuen Stadtgemeinde Berlin. Am 20. November versuchte Hirsch auf einer Konferenz aller sozialdemokratischen Stadt- und Bezirksverordneten und Mitglieder des Bezirksvorstandes von Groß-Berlin im Bürgersaal des Rathauses seinem Publikum „Die nächsten Aufgaben der Bezirksversammlungen und Bezirksämter“ näher zu bringen; Nr. 572 v. 21. 11. 1920, S. 6: Die Arbeit in den Verwaltungsbezirken.

weiter zu arbeiten."[104] Dass Hirsch jedoch mit dem Groß-Berlin-Gesetz durchaus unzufrieden war, machte er 1922 in einem Aufsatz in der „Kommunalen Praxis" deutlich. „Daß das Gesetz reformbedürftig ist, geben auch diejenigen zu, die dem Kompromiß zugestimmt haben, sie haben im Interesse des Zustandekommens der Einheitsgemeinde manches Loch zurückstecken müssen." Es gebe letztlich zwei Wege, um die sich aus dem „Kompromißcharakter" des Gesetzes resultierenden „Widersprüche" zu beseitigen. Entweder stärke man die Selbständigkeit der Bezirke oder man schaffe eine einheitliche Stadt mit einer starken Zentralgewalt. Diese zweite Möglichkeit erschien Hirsch zur Verwirklichung der Einheit der Stadtgemeinde und zur Vereinfachung der Verwaltung geboten. Eine derartige Reform würde die Vorsitzenden der Verwaltungsbezirke zu weisungsgebundenen Beamten machen und zur Beseitigung der Bezirksversammlungen und der kollegialen Bezirksämter führen. An einer Einteilung der Stadt in Verwaltungsbezirke wollte Hirsch gleichwohl festhalten, da eine 4-Millionen-Metropole wie Berlin nicht von einer Zentralstelle aus geleitet werden könne.[105]

6. In der Kommunal- und Landespolitik: Themenfelder und Kontroversen

Anknüpfend an frühere Studien veröffentlichte Hirsch 1921 eine 24-seitige Broschüre mit dem Titel „Die Aufgaben der Kommunalpolitik", in der er die verschiedenen Tätigkeitsfelder „einer vom sozialen Geiste geleiteten Gemeindepolitik" zu benennen versuchte. Nach Ausführungen über herrschende soziale Problemlagen, zu denen er die Arbeitslosigkeit und die Wohnungsnot, aber auch Unterernährung, die Säuglings- und Kindersterblichkeit, die Schwindsucht und den Alkoholismus rechnete, schlug er einen weiten Bogen und definierte soziale und kulturelle Desiderata einer vorausschauend agierenden Kommunalpolitik, die vom Ausbau der Jugendpflege, Familien- und Wohnungsfürsorge und Armenpflege über die Einführung einer Arbeitslosenversicherung hin zur

104 Rede Hirschs am 1. 6. 1921, in: StBPLT 1921/24, 23. Sitzung, Sp. 1388–1401, hier Sp. 1401. Vgl. auch Vorwärts Nr. 439 v. 17. 9. 1921, S. 3: Paul Hirsch, Groß-Berliner Finanzen. Einige Wahrheiten an die Adresse der Heuchler. Vgl. auch die Rede Hirschs am 6. 7. 1921 vgl. StBPLT 1921/24, 34. Sitzung, Sp. 2296 f. u. 2300. Vgl. auch die Wahl Hirschs in den Landtagsausschuss zur Beratung der Novelle zum Groß-Berlin-Gesetz; Vorwärts Nr. 347 v. 26. 7. 1921, S. 4: Der Landtagsausschuß; ferner Nr. 43 v. 26. 1. 1922, S. 6: Die Feinde von Groß-Berlin.

105 Paul Hirsch, Groß-Berlin. Reform des Gesetzes vom 27. April 1920, in: KP 1922, Nr. 39, Sp. 641–644, Zitat Sp. 643 f.

Förderung des Volksbildungswesens und der Hebung der Volksschulen reichte. „Gewiß erfordert die Erfüllung dieser Aufgaben Kosten, die heute nur schwer aufgebracht werden können. Aber die Höhe der Kosten darf uns nicht schrecken. Sparsamkeit auf diesem Gebiet wäre unangebrachte Sparsamkeit. Die Mittel müssen beschafft, die Arbeit muß geleistet werden, mag es noch so schwer fallen."[106] Lobende Worte fand „Die Gleichheit" für Hirschs Studie, die „kurz und klar zusammengefaßt" die „Richtlinien für die gesamte kommunale Arbeit" vorgeben würde.[107]

Obschon als stellvertretender Bürgermeister Charlottenburgs und neugewählter Stadtverordneter keineswegs beschäftigungslos, engagierte sich Hirsch weiterhin publizistisch für die Partei. So wirkte er an dem vom Redakteur der „Kommunalen Praxis" Victor Noack 1922 herausgegebenen „Taschenbuch für Kommunalpolitiker" mit, das über alle wichtigen kommunalpolitischen Fragen informierte und Interessierten ein „gern benutztes Orientierungsmittel" bot.[108] Auf 340 Seiten kam das Taschenbuch dem unter den sozialdemokratischen Gemeindevertretern verbreiteten „Wunsch nach gründlicherer Belehrung über die Fragen der Kommunalpolitik, nach tieferer Erfassung kommunalpolitischer Probleme" entgegen. Der Band enthielt 22 Aufsätze von kommunalpolitisch erfahrenen Sozialdemokraten, zu denen neben Hirsch Max Quarck, Wilhelm Keil und Max Schippel zählten.[109] Aus Hirschs Feder stammte der Beitrag „Staat und Gemeinde", in dem auf die Bedeutung der Kommunen für die gedeihliche Entwicklung des Staates hingewiesen und die kommunalpolitischen Forderungen der SPD niedergelegt wurden. „Je größer die Rechte des einzelnen sind, desto freudiger wird er an dem Gedeihen des Staatsganzen mitarbeiten und seine Kräfte in den Dienst der Gesamtheit der Nation stellen."[110]

106 Paul Hirsch, Die Aufgaben der Kommunalpolitik, Berlin 1921, S. 24. In einem Artikel in der VZ Nr. 346 v. 13. 7. 1920, S. 1 f.: Arbeitslosenversicherung, informierte Paul Hirsch ausführlich über den dem Reichsrat zugeleiteten Regierungsentwurf eines Gesetzes über Arbeitslosenversicherung. In einem weiteren Beitrag, der in der Weltwirtschafts-Zeitung Nr. 40 v. 1. Oktober 1920, S. 1 f.: Neue Wege der Sozialpolitik, erschien, stellte er weitere sozialpolitische Gesetze vor, die sich in Vorbereitung befanden und die neben der Arbeitslosenversicherung das Schlichtungswesen und den Arbeitsnachweis betrafen. Vgl. auch Hirschs Beitrag „Zur Geschichte der Arbeitslosenversicherung in Deutschland" in: Die Gemeinde 1 (1924), S. 140–145.

107 Die Gleichheit Nr. 18/19 v. 15. 9. 1921, S. 191: Genosse Staatssekretär Paul Hirsch.

108 Vorwärts Nr. 497 v. 21. 10. 1921, S. 6: Ein kommunal-literarisches Unternehmen.

109 Vorwärts Nr. 17 v. 11. 1. 1922, S. 4: Aufgaben kommunaler Arbeit.

110 Paul Hirsch, Staat und Gemeinde, in: Victor Noack (Hg.), Taschenbuch für Kommunalpolitiker, Berlin 1922, S. 7–12.

6.1 Die Finanzpolitik

In den Fokus rückten früh die finanziellen Probleme der Kommunen, die sich nach dem Ersten Weltkrieg verschärft hatten. Die Finanz- und Steuerreform des Reichsfinanzministers und Zentrumpolitikers Matthias Erzberger von 1919/20 hatte unter dem Druck der Reparationslast zur Zentralisierung der Finanzverfassung und zur Einführung reichseinheitlicher Steuern wie der Reichseinkommensteuer geführt. Die dem Reich zugesprochene Finanzhoheit hatte allerdings tiefgreifende Auswirkungen auf die kommunale Steuer- und Finanzverfassung. So wurde den Gemeinden die Möglichkeit der Erhebung von Zuschlägen zur Einkommensteuer genommen und ihnen damit ihre wichtigste und ergiebigste Einnahmequelle entzogen. Sie verloren damit auch ihre Flexibilität bei der Gestaltung ihrer Haushaltspolitik. Die Kommunen wurden zum Kostgänger des Reiches, von dem sie fortan einen Anteil am Ertrag der Einkommen- und Körperschaftsteuer erhielten. Mit Einführung eines dreistufigen Verteilungssystems durch den mit dem Landessteuergesetz vom März 1920 eingeführten Finanzausgleich flossen die kommunalen Steueranteile dann zunächst den Ländern und aufgrund des staatlichen Finanzbedarfs in geschmälerter Form den Kommunen zu. Angesichts dieses Dotationssystems und des daraus resultierenden Vorrangs der Reichs- und Länderetats vor den kommunalen Haushalten mochten die Klagen über die kommunale Finanznot verständlich erscheinen.[111]

Mit und nach dem Krieg waren die Aufgaben und Anforderungen an die Gemeinden signifikant gestiegen. Die Bewältigung der Kriegsfolgelasten, der kriegs- und inflationsbedingte Nachholbedarf an kommunalen Investitionen wie im Bereich der Wohnungsbaupolitik und die Verstärkung der staatsinterventionistischen Maßnahmen in der erweiterten Daseinsfürsorge ließen sich ohne zusätzliche finanzielle Mittel nicht bewältigen. Zwar konnten die Stadtkämmerer neben den Steuerzuweisungen noch auf die Einnahmen aus der Grund- und Gewerbesteuer, der Vergnügungssteuer und den Zuschlägen zur Grunderwerbsteuer zurückgreifen. Doch mit diesen begrenzten und in Bezug auf die Steuerzuweisungen auch in ihrer Höhe ungewissen Einnahmequellen ließen sich die wachsenden Aufgaben kaum stemmen. Die sich nach dem Weltkrieg verstärkende Finanznot der Gemeinden wurde denn auch auf diese vermeintliche Unterfinanzierung der Kommunen zurückgeführt.[112] Seinen Unmut über die die Gemeinden betreffenden Auswirkungen der Steuerreform konnte Hirsch nicht verhehlen. In einem Beitrag, der im Januar 1921 in mehreren Zeitungen, wie der „Badischen

111 Vgl. Ullmann, Steuerstaat, S. 114–123.

112 Vgl. ebd.; Rebentisch, Selbstverwaltung, S. 90–92.

Presse" und der „Rhein- und Ruhrzeitung", erschien, wies er auf die „Finanznöte der Gemeinden" hin und forderte eine entsprechende Änderung der Steuergesetzgebung. „So kann es unmöglich weitergehen, mit all' diesen Palliativmittelchen wird nichts erreicht. Sollen die Gemeinden nicht verkümmern, sollen sie ihren großen Aufgaben gewachsen sein, dann bleibt nichts anderes übrig als eine gründliche Revision unserer Steuergesetzgebung nach der Richtung hin, daß den Gemeinden die Erhebung von Zuschlägen vor allem zur Reichseinkommensteuer gestattet wird. Gewiß steht die Befriedigung der Bedürfnisse des Reichs obenan, aber das Reich darf den Gemeinden nicht das Lebenslicht ausblasen."[113]

Die Ursachen der finanziellen Schwierigkeiten versuchte Hirsch im April in der „Kommunalen Praxis" am Berliner Beispiel herauszuarbeiten, um anschließend anhand der Diskussion über die Entkommunalisierung unrentabler Unternehmen mögliche Folgen zu benennen. Durch die Lasten und die Nachwirkungen des Krieges, zu denen er die Erwerbslosen- und Jugendfürsorge, die Notstandsarbeiten, aber auch den gestiegenen Zuschussbedarf der städtischen Betriebe rechnete, seien die Schulden von Groß-Berlin bzw. der vor dem Zusammenschluss noch selbständigen Kommunen weiter angestiegen. Zur Verschuldung hätten vor allem die Zuschüsse für Schulen, Kranken- und Irrenanstalten sowie für die kommunalen Betriebe, die Gas-, Wasser- und Elektrizitätswerke sowie die Straßen- und Schnellbahnen, beigetragen. Dazu seien Bauprojekte gekommen, die noch vor dem Krieg beschlossen worden seien, sich nun aber finanziell bemerkbar machen würden, wie der Bau des Westhafens, die Anlagen am Neuköllner Schifffahrtskanal und die Nordsüdbahn. Ausführlich ging er auch auf die Debatte über die Entkommunalisierung der unrentablen kommunalen Betriebe und insbesondere auf die Forderung nach Überführung der defizitär wirtschaftenden Straßenbahnen in Privatbesitz ein. Zwar lehnte Hirsch eine Privatisierung ebenso wie eine Tariferhöhung ab, doch hielt er eine Verpachtung der Straßenbahnen an kapitalkräftige Gesellschaften mit dem Ziel der finanziellen Sanierung der Bahnen für angemessen. „Es wird, so bedauerlich das an sich auch ist, nichts anderes übrig bleiben, als zunächst für einige Zeit dem Gedanken des Manchestertums Zugeständnisse zu machen, um dann nach Ueberwindung der

113 Badische Presse Nr. 17 v. 12. 1. 1921, S. 1: Paul Hirsch, Finanznöte der Gemeinden. Ferner Rhein- und Ruhrzeitung Nr. 14 v. 11. 1. 1921, S. 1. Vgl. auch ders., Das Steuerrecht der Gemeinden im neuen Deutschland, in: NZ 38/2 (1920), S. 433–440. Neben der Gewährung des Zuschlagrechts zur Einkommensteuer hielt Hirsch auch eine stärkere Beteiligung der Gemeinden an der Veranlagung der Reichssteuern für erwägenswert; vgl. Rheinisches Volksblatt Nr. 300 v. 24. 12. 1921, S. 5: Paul Hirsch, Die Finanznot der Gemeinden. Vgl. auch Castroper Zeitung Nr. 137 v. 15. 6. 1921, S. 1: Paul Hirsch, Die Finanzlage Preußens.

Schwierigkeiten unter günstigeren Vorbedingungen aufs neue an die Kommunalisierung zu gehen."[114] Unabhängig von der Debatte über die Probleme städtischer Unternehmen, in der er eine bemerkenswerte gedankliche Flexibilität verriet, wollte Hirsch in seinem Beitrag vor allem deutlich machen, dass an der finanziellen Misere der Stadt nicht die sozialistische Mehrheit im Rathaus, sondern die mit Kriegsausbruch einsetzenden wirtschaftlichen Verwerfungen verantwortlich waren.

Die finanziellen Kalamitäten der Kommunen wurden erneut im August 1921 in einem mit „P. H." unterzeichneten und hoher Wahrscheinlichkeit nach Paul Hirsch zuzuordnenden Beitrag über die Novelle des Kommunalabgabengesetzes in der „Kommunalen Praxis" Gegenstand der Erörterung. Detailliert wurde auf die Bestimmungen des Änderungsgesetzes zum Kommunalabgabengesetz eingegangen, das zwar die Befugnisse der Gemeinden zur Erhebung von Gebühren, von Zuschlägen zur Betriebssteuer oder einer Wohnungsluxussteuer erweiterte, gleichwohl nur als Übergangsgesetz gedacht werden konnte. Zwar erfahre, so der Autor, die finanzielle Not der Gemeinden „dadurch eine geringe Milderung, aber von ihrer Beseitigung kann keine Rede sein. Hierzu bedarf es anderer durchgreifenderer Maßnahmen." Erst im Zuge einer umfassenden Steuerreform, die den Bedürfnissen von Reich, Ländern und Gemeinden Rechnung tragen würde, könnten die finanziellen Probleme der Kommunen einer Lösung zugeführt werden.[115]

Auch im preußischen Landtag rückte die Finanznot der Gemeinden auf die Tagesordnung, als Anfang 1922 eine Große Anfrage der sozialdemokratischen Fraktion verhandelt wurde, die das Staatsministerium aufforderte, dafür einzutreten, dass die Kommunen ihren Anteil an der Reichseinkommensteuer sofort erhalten und ihnen gleichzeitig die Möglichkeit zur Erschließung neuer Einnahmequellen gegeben werde. Hirsch, der von seiner Fraktion mit der Begründung der Anfrage beauftragt wurde, verteidigte zwar die Erzbergersche Finanzreform und bekannte sich zum Grundsatz der Reichseinkommensteuer. Doch hob er hervor, dass Änderungen des Gesetzes „im Laufe der Zeit auch weiter unausbleiblich sein" würden, um die Gemeinden in die Lage zu versetzen, ihre Aufgaben wahrzunehmen.[116] Das Thema der Gemeindefinanzen sollte Hirsch

114 Paul Hirsch, Städtische Finanznöte mit besonderer Berücksichtigung der neuen Stadtgemeinde Berlin, in: KP 1921, Nr. 18, Sp. 361–368, Zitat Sp. 368. Vgl. dazu auch Freiheit Nr. 443 v. 22. 9. 1921, S. 5: Die Ueberschüsse der Straßenbahn.

115 P. H., Die Novelle zum Kommunalabgabengesetz, in: KP 1921, Nr. 32, Sp. 685–688, Zitat Sp. 688.

116 Zur Rede Hirschs am 14. 2. 1922 im Preußischen Landtag vgl. StBPLT 1921/24, 97. Sitzung, Sp. 6807–6814, Zitat Sp. 6808. Vgl. auch Rebentisch, Programmatik, S. 48.

auch später noch beschäftigen.[117] Die finanziellen Schwierigkeiten der Gemeinden sollten sich während der Weimarer Republik nicht wesentlich bessern. Die gestiegenen Aufgaben, die gewachsenen Ansprüche und die damit verbundenen Ausgaben bei gleichzeitig eng begrenzter eigener finanzieller Basis sollten dazu führen, dass viele Kommunen sich in der zweiten Hälfte der zwanziger Jahre hoch verschulden mussten.[118]

6.2 Die Städte- und Landgemeindeordnung

Neben den finanzpolitischen Problemen der Kommunen beschäftigte sich Hirsch in den folgenden Monaten auch mit dem Gemeindeverfassungsrecht, d. h. der Städte- und Landgemeindeordnung. Angesichts der historisch gewachsenen Vielfalt der allein in Preußen bestehenden Städte- und Landgemeindeordnungen stellte eine Reform des kommunalen Verfassungsrechts ein dringendes Desiderat dar. Vorgaben für die Ausgestaltung des Gemeindeverfassungsrechts fanden sich bereits in der Reichsverfassung, die im Art. 17 Abs. 2 das allgemeine, gleiche, unmittelbare und geheime Wahlrecht für Personen beiderlei Geschlechts nach den Grundsätzen der Verhältniswahl auch für die Gemeinden und im Art. 127 eine Garantie des Selbstverwaltungsrechts „innerhalb der Schranken der Gesetze" aussprach. Auch die preußische Verfassung enthielt im achten Abschnitt über die Selbstverwaltung einige für den Gesetzgeber relevante Grundzüge. So wurden den politischen Gemeinden und Gemeindeverbänden in Art. 70 „das Recht der Selbstverwaltung ihrer Angelegenheiten unter der gesetzlich geregelten Aufsicht des Staates" garantiert.[119]

Während der Ausarbeitung der Städte- und Landgemeindeordnung im Innenministerium brachte Hirsch im Juni 1921 in der „Kommunalen Praxis" die Forderungen seiner Partei zu Papier, sprach sich für eine weitgehende Angleichung der Städte- und Landgemeindeordnung, für die Beseitigung der

117 Hirschs Rede am 13. 12. 1922, in: StBPLT 1921/24, 194. Sitzung, S. 13983–13985. Vgl. auch ebd., Sp. 13990. In diesem Kontext beschäftigte sich Hirsch auch eingehend mit den Problemen des Finanzausgleichs; vgl. Paul Hirsch, Das preußische Ausführungsgesetz zum Finanzausgleichsgesetz, in: Die Gemeinde 2 (1925), S. 406–412; ders., Finanzausgleich, in: Ebd., S. 488–493; ders., Änderung des preußischen Ausführungsgesetzes zum Finanzausgleichsgesetz, in: Ebd., S. 899–905; ders., Das preußische Ausführungsgesetz zum Finanzausgleichsgesetz, in: Die Gemeinde 4 (1927), S. 400–402.

118 Vgl. Ullmann, Steuerstaat, S. 121–123; Jürgen Reulecke, Auswirkungen der Inflation auf die städtischen Finanzen, in: Gerald D. Feldman (Hg.), Die Nachwirkungen der Inflation auf die deutsche Geschichte 1924–1933, München 1985, S. 97–116.

119 Alois Vogels, Die Preußische Verfassung, 2. neubearb. Aufl. Berlin 1927, hier S. 177 f.

Gutsbezirke und der Zwerggemeinden sowie für eine erleichterte Umwandlung von Landgemeinden in Städte aus. Zudem reklamierte er die Ersetzung der Magistrats- und Bürgermeistereiverfassung durch ein „Einkörpersystem", bei dem ein Vertretungskörper als Beschluss-, Leitungs- und Exekutivorgan zu fungieren hatte. Um „die Demokratie voll zur Durchführung bringen" zu können, sollten auch Volksbegehren und Volksabstimmungen auf kommunaler Ebene eingeführt werden. Darüber hinaus galt es „die gemeindliche Selbstverwaltung von jeder überflüssigen Bevormundung", und das hieß vom staatlichen Bestätigungs- und Aufsichtsrecht zu entbinden. „Befreien wir uns endlich von überlebten Vorurteilen, machen wir ganze Arbeit und räumen wir den Gemeinden die Stellung ein, die ihnen angesichts ihrer Bedeutung in dem gewaltigen Kampfe um die Befreiung des Volkes und die Wiederaufrichtung des Staates gebührt."[120]

Es folgten weitere Artikel, in denen er nicht nur die Position seiner Partei darlegte, sondern auch sein Unbehagen nach Bekanntwerden der ersten Details der Entwürfe der Städte- und Landgemeindeordnung zum Ausdruck brachte. In der Kritik stand das Festhalten an den beiden Verfassungssystemen, der Bürgermeisterei- und der Magistratsverfassung, die mit der Beibehaltung des Bestätigungsrechts als unzureichend erachtete Regelung der Staatsaufsicht und die fehlende Einheitlichkeit der beiden Vorlagen.[121] Die vom Bezirksvorstand der Provinz Brandenburg zur Frage der Städte- und Gemeindeordnung einberufene Konferenz der sozialdemokratischen Kommunalpolitiker übte im Juni 1922 denn auch deutliche Kritik. Einstimmig, mithin auch mit Hirschs Stimme, wurde eine Resolution verabschiedet, in der die Entwürfe als „schwere Enttäuschung" bezeichnet wurden. „Durch die Aufrechterhaltung der Grundsätze des Obrigkeitsbeamtenstaates in den Entwürfen wird die Schaffensfreude und das Verantwortlichkeitsgefühl der örtlichen Volksvertretungen untergraben."[122] Es sei letztlich Aufgabe der sozialdemokratischen Landtagsfraktion, so Hirsch, die Mängel der Gesetzentwürfe, die in manchen Punkten „auf halbem Wege stehen" bleiben würden, zu beseitigen.[123]

120 Paul Hirsch, Zur Reform der Gemeindeverfassung, in: KP 1921, Nr. 26, Sp. 545–548, Zitate Sp. 546–548.

121 Ders., Neue Gemeindeverfassung, in: Vorwärts Nr. 158 v. 3. 4. 1922, S. 1 f.; ders., Kritisches zur Reform der Gemeindeverfassung in Preußen, in: NZ 40/2 (1922), S. 73–81; ders., Der Entwurf der Landgemeindeordnung, in: Volkswacht (östliches Westfalen und lippische Freistaaten) Nr. 97 v. 26. 4. 1922, S. 1 f.; auch in: Volkswille (Münster) Nr. 100 v. 28. 4. 1922, S. 1 f.; ferner Vorwärts Nr. 213 v. 6. 5. 1922, S. 1 f.: Paul Hirsch, Der Entwurf der Städteordnung; Nr. 280 v. 16. 6. 1922, S. 7: Paul Hirsch, Neue Landgemeindeordnung.

122 Vorwärts Nr. 266 v. 8. 6. 1922, S. 2 f.: Sozialdemokratie und Kommune; auch Nr. 526 v. 7. 11. 1922, S. 7: Groß-Berliner Partei-Nachrichten.

123 Vorwärts Nr. 594 v. 16. 12. 1922, S. 3: Die Städte- und Landgemeindeordnung.

Bei der ersten Beratung der beiden Entwürfe am 18. Januar 1923 fand Hirsch deutliche Worte. Die vom Minister vorgelegte Städteordnung schien zu einer abstoßenden Negativfolie, vor der sich nicht nur der Verwaltungsreformentwurf des damaligen preußischen Innenministers Drews, sondern selbst eine Regierungsvorlage aus dem Jahr 1876 positiv abhoben, zu verkommen. „Es tut mir leid", so Hirsch, „daß meinem Freunde Severing so etwas gesagt werden muß; noch mehr tut es mir leid, daß ich gezwungen bin, mir diese Kritik zu eigen zu machen. Aber ich glaube, wir leisten dem Minister des Innern einen viel besseren Dienst, wenn wir offen sagen, an welchen Stellen das Werk reformbedürftig ist, als wenn wir aus Parteirücksichten jede Kritik unterlassen. Eine sachliche Kritik kann einem vernünftigen Menschen nur angenehm sein."[124] Da eine schnelle Verabschiedung der Städte- und Landgemeindeordnung nicht zu erwarten war, regelte der Landtag die Frage der in den Gesetzentwürfen vorgesehenen Neuwahlen zu den Gemeindevertretungen. In der 1923 gegründeten Zeitschrift „Gemeindepolitik", dem Zentralorgan der Partei „für die gesamte kommunale Wirtschafts- und Verwaltungswissenschaft und -Praxis", stellte Hirsch das im März 1923 verabschiedete Gesetz über die vorläufige Regelung der Gemeindewahlen in Preußen vor und erläuterte die einzelnen Bestimmungen. Den Erläuterungen ließ Hirsch den Gesetzestext im Wortlaut folgen.[125]

Im September 1924 lagen endlich die Ausschussentwürfe der Gemeindeverfassungsgesetze vor. An Hirschs kritischer Haltung konnten sie jedoch nichts ändern. In einem Beitrag für die seit Juli von Max Fechner herausgegebene kommunalpolitische Halbmonatsschrift „Die Gemeinde" ließ er seiner Verärgerung freien Lauf. Zahlreiche Probleme, die beispielsweise das Verhältnis der Gemeinde zur Polizei oder zur Schule berührten, seien unberücksichtigt geblieben. Die Ausschussvorlage bedeute im Grunde nichts anderes als die Festschreibung der bestehenden Rechtslage. Dies zeigte auch ein Blick auf das Kapitel über die Staatsaufsicht, das mit der Beibehaltung des staatlichen Bestätigungsrechts „kaum einen Fortschritt" erkennen lasse. „Kein nennenswerter Fortschritt ist erzielt, viel Arbeit ist fruchtlos oder doch so gut wie fruchtlos in mehr als 60 langen Sitzungen verrichtet." Wenn er auch die Aufnahme des Bürgerschaftsbegehrens und des Bürgerschaftsentscheids als Formen direkter Demokratie oder den erleichterten Wechsel der Verfassungsform, d.h. der Magistrats- oder der

124 Hirschs Rede am 18. Januar 1923, in: StBPLT 1921/24, 197. Sitzung, Sp. 14089–14103, Zitat Sp. 14093.

125 Paul Hirsch, Gemeindewahlen in Preußen, in: Gemeindepolitik Nr. 5 v. Mai 1923, S. 65–70.

Bürgermeisterverfassung, dabei begrüßte, so konnte dies an seinem weitgehend negativen Gesamteindruck nichts ändern.[126]

Zu einer Verabschiedung der Gesetzentwürfe sollte es in der laufenden Wahlperiode angesichts der widerstreitenden Interessen der Koalitionsparteien nicht mehr kommen.[127] Da auch nach den Landtagswahlen 1924 eine Einigung über zentrale Grundfragen nicht erreicht werden konnte, kam es nur zur Verabschiedung einzelner Teilreformen, zu der vor allem die Auflösung der Gutsbezirke mit dem Gesetz über die Regelung verschiedener Punkte des Gemeindeverfassungsrechts gehörte.[128] Bei allem Verständnis für Hirschs Unmut muss an dieser Stelle einmal gefragt werden, ob manche seiner Forderungen, wie die Aufhebung der staatlichen Eingriffsrechte, wirklich den Problemen jener Zeit gerecht wurden. Denn die Infragestellung der Republik durch Links- und Rechtsextreme schien eine Beibehaltung des staatlichen Zugriffs auf kommunaler Ebene erforderlich zu machen, sodass der von Severing dem Parlament unterbreitete Vorschlag der politischen Situation angemessener zu sein schien.

6.3 Die Auseinandersetzung mit dem Antisemitismus

Der wachsende Antisemitismus machte auch vor dem Landtag nicht Halt. So wurden Hirschs Reden nicht selten von lauten Zurufen und tumultartigen Szenen begleitet. Als Beispiel mag hier die Sitzung vom 16. Januar 1925 angeführt werden. Angriffslustig setzte er sich an jenem Tag mit einem Abgeordneten auseinander, der sich durch „törichte antisemitische Zurufe“ bemerkbar machte. Auf die Denkfigur des rassistisch motivierten, auf die ethnischen und letztlich

126 Ders., Der Entwurf der preußischen Städteordnung, in: Die Gemeinde 1 (1924), S. 277–284. Ähnlich kritisch urteilte Hirsch im September 1924 über den Gesetzentwurf über die Vereinfachung der Verwaltung. So sprach er von einem „Stück- und Flickwerk, das die Regierung“ dem Parlament „als Abschlagszahlung auf die große Reform unterbreitet“ habe; vgl. Paul Hirsch, Das Schicksal der preußischen Verwaltungsreform, in: Die Glocke Nr. 25 (18. 9. 1924), S. 801–804, Zitat S. 801.

127 Vgl. dazu auch Volksblatt (Solingen), Beilage zu Nr. 92 v. 21. 4. 1926, S. 3: Paul Hirsch, Die preußische Städteordnung.

128 Vgl. Möller, Parlamentarismus, S. 473–493. Einen Überblick über die Entwicklung des kommunalen Verfassungsrechts gab Hirsch in einer Artikelserie, die 1926 in der Zeitschrift „Die Gemeinde“ erschien. Vgl. Paul Hirsch, Die Regelung des Gemeindeverfassungsrechts in Preußen. Ein historischer Rückblick, in: Die Gemeinde 3 (1926), S. 627–630 (I.), 689–694 (II.), 726–733 (III.), 785–789 (IV.). Vgl. auch die Rede am 25. Oktober 1922, in: StBPLT 1921/24, 181. Sitzung, Sp. 13062–13070. Ferner die Reden Hirschs am 11. Mai und 30. Juni 1925 vgl. StBPLT 1925/28, 39. Sitzung, Sp. 1754–1759; 57. Sitzung, Sp. 2834–2836.

äußerlichen Unterschiede zwischen Juden und Nichtjuden abhebenden Antisemitismus rekurrierend, mokierte sich Hirsch über den Störer, dem man ansehe, „daß er selbst erst vor ganz kurzem getauft ist – (große Unruhe und lebhafte Zurufe rechts – Gegenrufe bei der Soz.-Dem. P.) – Wer solch Aussehen hat wie Sie, sollte doch den Mund halten! (Zuruf rechts: Sind Sie auch Jude?) – Aber ein anständiger und nicht solcher wie Sie! (Großer Lärm rechts) – Sie sind scheinbar in das Parlament nur hineingekommen, um den Ton von Flegeln hineinzutragen. (Große Unruhe und Zurufe rechts) Ich bedaure, daß die deutsche Sprache keine schärferen Ausdrücke kennt. (Zuruf rechts: Daitsche Sprache!) – Dieser Zwischenruf beweist, wie recht ich habe. Das wäre ja noch schöner, wenn wir uns einen solchen Ton gefallen lassen wollten. Es scheint mir aber Ihr Bestreben zu sein, das Parlament mehr und mehr zu diskreditieren. (Andauernder Lärm rechts – Große Unruhe – Glocke des Präsidenten)“.[129]

Die Abfertigung dieses rechten Antisemiten schien Hirsch ein großes Bedürfnis gewesen zu sein. Die aufgestaute Wut, die sich in den vergangenen Jahren über die fortwährenden antisemitischen Angriffe auf führende Sozialdemokraten und namentlich auf seine Person angesammelt hatte, brach sich in dieser Rede Bahn.[130] Die politischen Rahmenbedingungen hatten sich nach der Landtagswahl vom Dezember 1924 letztlich auch verändert. So hatte sich nicht nur die Zahl der kommunistischen Mandate von 31 auf 44 signifikant erhöht. Vielmehr waren erstmals auch elf Nationalsozialisten im Parlament vertreten, die für einen aggressiven Umgangston sorgten.[131]

Durch den Weltkrieg und die Kriegsniederlage hatte der Antisemitismus an Virulenz und Stärke gewonnen. Bereits der 1919 vom Alldeutschen Verband und völkischen Gruppierungen gegründete Deutschvölkische Schutz- und Trutzbund, der bis zu seinem Verbot 1922 über 200 000 Mitglieder zählte und sich durch eine hemmungslose antisemitische Propaganda auszeichnete, sammelte die Unzufriedenen, die im Juden einen Schuldigen für alles Unrecht zu erblicken glaubten. 1920 verankerte die DNVP den Antisemitismus in ihrem Parteiprogramm und verpflichtete sich, die „Vorherrschaft des Judentums in Regierung und Öffentlichkeit“ zu bekämpfen. Die antisemitische Hetze sollte nicht folgenlos bleiben. Da auch Juden zu den führenden Akteuren des revolutionären Umbruchs von 1918/19 gehörten, wurde ihnen die Schuld für den Umsturz und

129 Vgl. auch die Rede Hirschs am 16. 1. 1925 vgl. StBPLT 1925/28, 5. Sitzung, Sp. 136–149, Zitate Sp. 137.

130 Zum Umgang von Reichstagsabgeordneten jüdischer Herkunft mit antisemitischen Angriffen vgl. Wein, Antisemitismus, S. 310–365.

131 Zur Mandatsverteilung vgl. Möller, Parlamentarismus, S. 601.

letztlich auch für die Kriegsniederlage gegeben. Der als Kollektivsingular verwendete Begriff „der Jude“ wurde zu einer dominierenden Kategorie im politischen Diskurs der Weimarer Republik. Man sprach von den „jüdischen Novemberverbrechern“ und der „jüdisch-bolschewistischen Revolution“. Der Hass schlug bald in Gewalt um und traf zuerst Vertreter der radikalen Linken wie Rosa Luxemburg im Januar 1919. Doch bald wurden auch Linksliberale wie der Reichsaußenminister Walther Rathenau im Sommer 1922 Opfer der Hetzpropaganda. Im Zuge der 1929 einsetzenden Weltwirtschaftskrise, die zu Firmenzusammenbrüchen und zu einer rasch ansteigenden Zahl von Arbeitslosen führte, gewann der Antisemitismus erneut an Stoßkraft. Die 1920 gegründete Nationalsozialistische Deutschen Arbeiterpartei (NSDAP), die lange Zeit nur von lokaler und regionaler Bedeutung war, stieg bei den Reichstagswahlen im September 1930 schlagartig mit 18,3 % der Stimmen zur zweitstärksten Kraft auf.[132]

Dabei lebten im Deutschen Reich 1925 nur rund 564 000 Juden, die 0,9 % der Bevölkerung ausmachten. Der Geburtenrückgang, der Assimilationsprozess und die Auswanderungsbewegung, an der zwischen 1920 und 1932 rund 40 000 Juden partizipierten, trugen zu einem weiteren Bedeutungsschwund der jüdischen Religionsgemeinschaft bei.[133] Dieser konnte auch durch den während und vor allem nach dem Ersten Weltkrieg erfolgenden Zustrom von osteuropäischen Juden nach Deutschland, die nach Kriegsende vor allem vor judenfeindlichen Ausschreitungen und Pogromen in Polen und der Ukraine flüchteten, nicht kompensiert werden. 1925 zählte man im Reich 108 000 osteuropäische Juden. Sie stellten damit fast ein Fünftel aller in Deutschland lebenden Juden. Da sie meist des Deutschen kaum mächtig waren, Jiddisch sprachen, sie sich durch ihr Äußeres, ihre zumeist religiöse Kleidung und die orthodoxe Form des jüdischen Glaubens von der überwiegenden Mehrheit der akkulturierten deutschen Juden unterschieden, gerieten sie rasch ins Schussfeld antisemitischer Angriffe, die nicht nur die Form verbaler Ausschreitungen, sondern auch physischer Gewalt, wie das Pogrom im Berliner Scheunenviertel im November 1923 zeigte, annehmen konnten.[134] Dass Juden ins Schussfeld der Kritik gerieten und zum Objekt rechter Hetze wurden, lag nicht nur an ihrer Konfession und der religiös motivierten Judenfeindschaft, sondern auch an der sozio-ökonomischen Sonderentwicklung als Folge der Jahrhunderte langen Verfolgung und Diskriminierung,

132 Vgl. Wein/Ulmer, Antisemitismus in der Weimarer Republik; Wein, Antisemitismus im Reichstag; Hecht, Deutsche Juden.

133 Zum demographischen Rückgang und zur Assimilationsbewegung vgl. Zimmermann, Die deutschen Juden, S. 1 f. u. 9–16.

134 Gillerman, Deutsche Juden, S. 652 f.

die in der Siedlungs-, Wirtschafts- und Berufsstruktur greifbar wird, worauf bereits früher eingegangen wurde.[135]

In der Weimarer Republik kam Juden auf zahlreichen Feldern eine herausragende Bedeutung zu. Dies galt nicht nur für den wirtschaftlichen und kulturellen Bereich, sondern auch für die Wissenschaft. So war ein Drittel der deutschen Nobelpreisträger, die während der Weimarer Republik ausgezeichnet wurden, jüdisch. Unter ihnen fanden sich so prominente Namen wie der Physiker Albert Einstein, der Chemiker Fritz Haber oder der Physiologe und Mediziner Otto Warburg.[136] In der Politik schien der jüdische Einfluss nach 1918 besonders augenfällig. Die hohe Sichtbarkeit deutscher Juden wurde vor allem in den ersten Jahren der Weimarer Republik deutlich. Im Reichsparlament, in der Nationalversammlung und im Reichstag von 1920 bis 1933, für die Daten vorliegen, gehörten den sozialdemokratischen Fraktionen zwischen zehn und fünfzehn Abgeordnete jüdischer Konfession oder Herkunft an, sodass der Anteil gemessen am jüdischen Bevölkerungsanteil, wie schon im Kaiserreich, mit rund zehn Prozent relativ hoch lag. Die revolutionären Ereignisse und die weiterhin führende Rolle jüdisch stämmiger Politiker trugen zu einer imaginären Identifizierung der Juden mit der politischen Linken bei, die nicht zuletzt auch zur Diffamierung der SPD als „Judenpartei" oder als Partei der „Judengenossen" führte.[137]

7. Die Preußische Personalabbauverordnung

Im Zuge der Währungsstabilisierung wurde in Preußen im Februar 1924 eine Personalabbauverordnung erlassen, durch die die öffentlichen Haushalte durch die Entlassung von mindestens 25 % der Staatsbeamten und die Verminderung der Zahl der Angestellten und Arbeiter entlastet werden sollten.[138] Angesichts

135 Vgl. ders., S. 648–656; Barkai, Die Juden als sozio-ökonomische Minderheitsgruppe, S. 332 f.; Bennathan, Die demographische und wirtschaftliche Struktur der Juden, S. 104 u. 118–120; Zimmermann, Die deutschen Juden, S. 14.

136 Vgl. Zimmermann, Die deutschen Juden, S. 35–37; Jost Hermand, Juden in der Kultur der Weimarer Republik, in: Grab/Schoeps, Juden in der Weimarer Republik, S. 9–37.

137 Vgl. Wein, Antisemitismus im Reichstag, S. 129–144; Hecht, Deutsche Juden; Dietrich, Im Schatten, passim; Angress, Juden im politischen Leben der Revolutionszeit; Knütter, Die Juden und die deutsche Linke; ders., Die Linksparteien.

138 Vgl. die Verordnung zur Verminderung der Personalausgaben der öffentlichen Verwaltung (Preußische Personal-Abbau-Verordnung). Vom 8. Februar 1924, in: Preußische Gesetzessammlung 1924, Nr. 11, S. 73–96.

der finanziellen Notlage des Landes traf die Verordnung bei Hirsch auf Verständnis, da er ungeachtet der Kritik an manchen Härten der Verordnung einschneidende Sparmaßnahmen für dringend notwendig erachtete.[139] Die Verordnung wurde allerdings von den Rechtsparteien rasch missbraucht. Nachdem bei den Kommunalwahlen vom Mai 1924 die Sozialdemokraten in zahlreichen Kommunalparlamenten ihre Mehrheit verloren hatten, versuchten die bürgerlichen Parteien in mehreren Städten die ihnen unliebsamen sozialdemokratischen Spitzenbeamten zu beseitigen. Ein probates Mittel hierzu schien ihnen § 53 der Verordnung zu bieten, der bestimmte, dass die Stadtverordnetenversammlung für die Entlassung von Magistratsmitgliedern, besoldeten Beigeordneten und des Bürgermeisters zuständig sein sollte.[140] Allerdings schrieb § 21 vor, dass die Auswahl der abzubauenden Beamten „weder durch die politische oder konfessionelle Betätigung […] noch durch die Zugehörigkeit oder Nichtzugehörigkeit zu einer politischen Partei“ bestimmt werden sollte.[141] Die Entlassung eines Beamten bei gleichzeitiger Beibehaltung der Stelle widersprach zudem dem Grundgedanken der Verordnung.

Von dem nun einsetzenden „Bürgermeisterabbau“[142] waren vor allem zwei prominente Sozialdemokraten betroffen: Hirschs Fraktionskollege Robert Leinert, der im November 1918 zum Oberbürgermeister von Hannover gewählt worden war, und Philipp Scheidemann, der nach seinem Rücktritt als Reichsministerpräsident als Oberbürgermeister in Kassel im Dezember 1919 eine neue politische Heimat gefunden hatte. Beide Sozialdemokraten waren kommunalpolitische Novizen und trafen bei den Mitte-Rechts-Parteien nicht nur wegen ihrer Parteizugehörigkeit, sondern auch wegen ihrer sozialen Herkunft, ihrer fehlenden juristischen Ausbildung und ihrer mangelnden kommunalpolitischen Erfahrung auf entschiedene Ablehnung. Hinzu trat, dass beide Sozialdemokraten auf ihre Mandate im Reichstag (Scheidemann) bzw. im Preußischen Landtag (Leinert) nicht verzichten wollten und damit ihren politischen Kontrahenten, die über ihre häufigen Reisen nach

139 Hirschs Rede am 21. 2. 1924, in: StBPLT 1921/24, 301. Sitzung, Sp. 21357–21369. Vgl. auch die Sitzung vom 18. 7. 1924 zum Antrag der SPD-Fraktion auf Aufhebung der preußischen Personalabbauverordnung, sowie Vorwärts Nr. 336 v. 19. 7. 1924, S. 9: Landtagsvertagung. Ferner StBPLT 1921/24, 332. Sitzung, Sp. 23467–23476.

140 Vgl. die Verordnung zur Verminderung der Personalausgaben der öffentlichen Verwaltung (Preußische Personal-Abbau-Verordnung). Vom 8. Februar 1924, in: Preußische Gesetzessammlung 1924, Nr. 11, S. 73–96, S. 83.

141 Vgl. ebd., S. 78.

142 Die Gemeinde 1 (1924), S. 164–166: Bürgermeisterabbau.

Berlin herzogen, zusätzliche Munition lieferten.[143] Die Parallelen zum stellvertretenden Bürgermeister Charlottenburgs schienen offenkundig zu sein, wenn auch bei Hirsch längere Reisen wegfielen. Seit Mai 1924 sahen sich Leinert und Scheidemann einer regelrechten Hetzkampagne der Konservativen ausgesetzt, die mit Hilfe der Personalabbauverordnung die Amtsinhaber aus dem Rathaus vertreiben wollten.[144] Während Leinert mit Rekurs auf die Personalabbauverordnung bereits zum Jahresende 1924 gestürzt wurde, resignierte Scheidemann im Juli 1925.[145]

Auch in Berlin nutzten die von Konservativen und Liberalen dominierten Bezirksversammlungen die Verordnung, um politisch missliebige Beamte aus der Verwaltung zu entfernen. Bereits im Bezirk Wilmersdorf, so berichtete der „Vorwärts" im September 1924, hätten DNVP und DVP den Abbau zweier Stadträte durchgesetzt, die der SPD und der DDP angehörten. Im Verwaltungsbezirk Charlottenburg wiederum, so das Blatt weiter, sei beabsichtigt, „auch den Bürgermeistervertreter Genossen Paul Hirsch abzubauen, dessen kommunalpolitische Befähigung wahrlich kein Gegner bestreiten kann. Gestern wies in der Bezirksversammlung die sozialdemokratische Fraktion darauf hin, daß eine solche Maßregel juristisch unhaltbar wäre. Ein Sonderausschuss wird die Frage prüfen."[146] In diesem „Abbauausschuß" hatten die Sozialdemokraten, die darauf beharrten, dass der Abbau von Wahlbeamten nicht ausdrücklich fixiert worden sei und deshalb aus rechtlichen Gründen nicht zulässig sei, einen schweren Stand. Auch wenn die Demokraten einem Abbau des Bürgermeister-Stellvertreters widersprachen, wurde in der Sitzung doch deutlich, dass die Mehrheit den Abbau der beiden Sozialdemokraten Hirsch und Karrer, der Stadtrat und Dezernent des Arbeitsamts war, anstrebte.[147] Der Ausschuss für Beamtenfragen, der die Anträge zum Personalabbau zu verhandeln hatte, forderte in einer Entschließung allerdings, den Abbau von Wahlbeamten bis zum Eingang eines Gutachtens über die Verfassungsmäßigkeit dieser Frage einzustellen. In der Aussprache im Landtag beklagte sich Hirsch daraufhin, dass der eigentliche Zweck rasch aus dem Blick verloren worden sei und man die Verordnungen „dazu mißbraucht" habe, „politisch unbequeme Beamte loszuwerden". Er verwies in diesem Zusammenhang auf die Fälle der beiden sozialdemokratischen

143 Vgl. Mühlhausen, „Das große Ganze", bes. S. 133–170; Berlit-Schwigon, Leinert, bes. S. 132–155.

144 Die Gemeinde 1 (1924), S. 164–166: Bürgermeisterabbau.

145 Vgl. Mühlhausen, „Das große Ganze", S. 141–170; Berlit-Schwigon, Leinert, S. 148–155.

146 Vorwärts Nr. 418 v. 5. 9. 1924, S. 5: Abbauorgien der Reaktion.

147 Vorwärts Nr. 427 v. 10. 9. 1924, S. 3: Abbau in Charlottenburg.

Bürgermeister Leinert und Scheidemann. „Das Ansehen der preußischen Stadtverordnetenvertretungen hat durch das Verhalten bürgerlicher Mehrheiten einen schweren Stoß erlitten." Wenn man sich auch nicht zur Aufhebung der Personalabbauverordnung entschließen könne, so solle doch zumindest der Antrag des Ausschusses, wenn auch in leicht modifizierter Form, angenommen werden.[148]

SPD, DDP und Zentrum brachten daraufhin einen Antrag auf Abänderung der Personalabbauverordnung ein, nach dem zum Abbau von Wahlbeamten die Zustimmung der Aufsichtsbehörde erforderlich sein sollte. In seiner von lauten Zurufen und Lärmszenen begleiteten Rede begründete Hirsch den Antrag mit dem Vorgehen von DNVP und DVP in den Stadtparlamenten, die wie in Berlin – dort allerdings mit Unterstützung von DDP und KPD – den Stadtschulrat Paulsen, nicht aber dessen Stelle beseitigt hätten. Letztlich gehe es nicht mehr darum, so Hirsch, durch eine Verwaltungsvereinfachung Ersparnisse zu erzielen, sondern „um den Abbau der Republik, und dem werden wir mit allen Mitteln, die uns zur Verfügung stehen, entgegentreten".[149] Eine Entscheidung des Ausschusses des Berliner Kammergerichts zum Abbau von Wahlbeamten stärkte Ende 1924 jedoch die Stellung der Konservativen. Denn nach dem Beschluss des Kammergerichtsausschusses hatte der § 21 der Personalabbauverordnung, nach dem die Auswahl der abzubauenden Personen nicht durch ihre politische oder konfessionelle Betätigung oder durch die Mitgliedschaft in Berufsvereinen oder Parteien beeinflusst werden dürfe, keine Gültigkeit für Wahlbeamte. Im „Vorwärts" empörte sich Hirsch als Mitglied des ständigen Landtagsausschusses, der während der sitzungsfreien Zeit die laufenden Geschäfte weiterführte, über den „Abbauskandal" und die „unhaltbare Entscheidung" des Gerichts. Pflicht des Landtages sei es, „sofort nach seinem Zusammentritt die ganze Personalabbauverordnung aufzuheben, damit dem Unfug mit dem Abbau politisch mißliebiger Beamter, der nachgerade zum Skandal ausgeartet ist, sofort ein Ende bereitet wird."[150]

148 Zur Rede Hirschs am 24. 9. 1924 vgl. StBPLT 1921/24, 334. Sitzung, Sp. 23524–23531, Zitate Sp. 23525 u. 23531. Ferner Vorwärts Nr. 451 v. 24. 9. 1924, S. 3: Der Abbau-Unfug; auch Nr. 452 v. 25. 9. 1924, S. 9: Der Abbau von Wahlbeamten.

149 Zur Rede Hirschs am 10. Oktober 1924 vgl. StBPLT 1921/24, 348. Sitzung, Sp. 24480–24486, Zitat Sp. 24486. Vgl. auch die Rede Hirschs am 15. 10. 1924; StBPLT 1921/24, 349. Sitzung, Sp. 24634 f. Vgl. dazu auch Engeli, Gustav Böß, S. 70–75.

150 Vorwärts Nr. 593 v. 17. 12. 1924, S. 2: Eine unhaltbare Entscheidung. Der Abbauskandal.

8. Die Preußischen Landtagswahlen vom 7. Dezember 1924 und die Regierungsbildung

Am 7. Dezember 1924 fanden die preußischen Landtagswahlen zusammen mit den Reichstagswahlen statt. Bereits der Wahlkampf vor den Reichstagswahlen vom Mai 1924 hatte eine beispiellose Verrohung der politischen Sitten zum Ausdruck gebracht. So war während einer Veranstaltung mit Hirsch im Rosenthaler Hof in Berlin-Mitte am 2. April plötzlich ein kommunistischer Stoßtrupp in den Saal eingedrungen und hatte eine wüste Schlägerei begonnen, in deren Folge mehrere Sozialdemokraten „blutig geschlagen" worden waren. „Da die Kommunisten, die auch noch auf der Straße unseren Genossen Hirsch belästigten, den Saal nicht räumen wollten, rief der Wirt des Lokals die Schupo herbei, die die Räumung vollzog." Diese Wahlkampfveranstaltung illustrierte letztlich die zunehmende gewaltsame Austragung der politischen Auseinandersetzung. Der „Vorwärts" sprach denn auch vollkommen zu Recht von „kommunistischem Terror".[151]

Es mag deshalb nicht überraschen, dass Hirsch vor den Reichstagswahlen und Preußischen Landtagswahlen am 7. Dezember 1924 zur Verteidigung der parlamentarischen Demokratie aufrief. Die „Kampfansage gilt der Republik, die man zertrümmern möchte".[152] Es sei lohnend, so Hirsch in einer Wahlversammlung am 2. Dezember, sich für die Erhaltung des Erreichten einzusetzen und für die Republik zu kämpfen.[153] Das Engagement machte sich bezahlt, bei den Landtagswahlen wurde Hirsch in Berlin wiedergewählt.[154] Dennoch hatte die SPD in Preußen Federn lassen müssen. Sie büßte erneut Stimmen ein, fiel auf 24,9 % und lag nur 1,2 % vor der DNVP. Etwas besser schnitt die Partei bei den Reichstagswahlen ab. Enttäuschend war das preußische Wahlergebnis vor allem für den Ministerpräsidenten Otto Braun, dessen Große Koalition von SPD, DDP, Zentrum und DVP zwar nicht die Mehrheit verloren hatte, aber deutlich dezimiert worden war.[155]

151 Vorwärts Nr. 159 v. 3.4.1924, S. 3: Kommunistischer Terror.

152 Vorwärts Nr. 517 v. 1.11.1924, S. 3: „Nieder mit dem Bürgerblock!"; ferner Nr. 508 v. 28.10.1924, S. 4: Auf zum Wahlkampf!

153 Vorwärts Nr. 570 v. 3.12.1924, S. 3: Der Wahltag naht!; Nr. 567 v. 2.12.1924, S. 6: Oeffentl. Wählerkundgebungen; ferner Nr. 573 v. 5.12.1924, S. 7: Oeffentliche Wählerkundgebungen (zu einer Veranstaltung am 5.12.1924).

154 Vorwärts Nr. 580 v. 9.12.1924, S. 2: Gewählte Sozialdemokraten in Preußen.

155 Vgl. Möller, Parlamentarismus, S. 601. Zu den Reichstagswahlen am 7.12.1924 vgl. Falter u.a., Wahlen, S. 44.

Eine Fortsetzung der Regierungszusammenarbeit mit der SPD widerstrebte der DVP, die deutliche Wahlverluste zu verzeichnen hatte und fortan auf eine Rechtsregierung reflektierte. Formell begründete sie ihr Ausscheren aus der Regierungskoalition mit Verweis auf Artikel 45 der preußischen Verfassung, der nach der Wahl den Rücktritt der Regierung und eine Neuwahl des Ministerpräsidenten erforderlich machen würde. In einem Spitzengespräch des noch amtierenden Ministerpräsidenten Braun mit den Führern der vier Koalitionsparteien, zu denen für die SPD neben Grzesinski auch Hirsch erschienen war, bestritten die Vertreter der anderen Koalitionsparteien eine derartige Notwendigkeit. Die DVP zog daraufhin ihre Minister aus dem Kabinett.[156] Da SPD, DDP und Zentrum lediglich über 222 von insgesamt 450 Landtagsmandaten verfügten und somit keine absolute Mehrheit mehr hatten[157], bedurften sie ergänzender parlamentarischer Unterstützung. Diese Notwendigkeit zeigte sich, als Kommunisten und Deutschnationale Misstrauensanträge gegen die noch geschäftsführend im Amt befindliche Regierung Braun einbrachten. Am 16. Januar 1925 kam es daraufhin im Landtag zur Aussprache über die Regierungserklärung Brauns, in der der Fraktionsvorsitzende der DVP, Rudolf von Campe, Mühe hatte, den Schritt seiner Partei zu motivieren.[158]

Für Hirsch, der von seiner Fraktion vorgeschickt wurde, war es ein Leichtes, die Widersprüche und Unstimmigkeiten in der Argumentationsführung des Volksparteilers aufzudecken. Der offensive, harte und fast schon aggressive Grundton seiner Rede fiel auch dem Kommentator des „Berliner Tageblatts" auf, der betonte, dass der frühere Ministerpräsident, „sonst eine konziliante Natur, diesmal gleich kräftig vom Leder" gezogen habe.[159] Scharf rechnete Hirsch mit der DVP und ihrem Fraktionsvorsitzenden ab, dem er vorwarf, sich mit seiner Haltung gegenüber dem Geschäftsministerium in Gegensatz zu seinem Parteifreund Stresemann zu setzen, der im Reich einer in Demission befindlichen Regierung das Recht zur Fassung entscheidender Beschlüsse zusprechen würde. Zudem hielt er unter großer Heiterkeit der Mitte des Parlaments Campe seine früheren Reden vor, in der dieser ein Loblied auf die Arbeit der großen Koalition angestimmt hatte. Nach der Wahlniederlage, so Hirsch, habe die DVP nicht zuletzt auch auf Druck industrieller Kreise „ganz bewußt auf eine Sprengung der Koalition hingearbeitet". „Die Volksparteiler erweisen sich hier wieder als das", „was sie früher unter der Firma ‚nationalliberal' auch gewesen sind,

156 Vorwärts Nr. 8 v. 6. 1. 1925, S. 1: Der Vorstoß gegen Preußen.
157 Vgl. Möller, Parlamentarismus, S. 601.
158 BT Nr. 28 v. 17. 1. 1925, S. 1 f., hier S. 1: Paul Steinborn, Eine neue Rede Brauns.
159 Ebd., Zitat S. 1.

nämlich als Sachwalter des Kapitals, als geschworene Feinde der Arbeiterklasse." Hirschs Rede gipfelte in einer trotzigen Kampfansage an die Gegner der Regierung. Den Fehdehandschuh, den sie der Regierung hingeworfen hätten, nehme man auf. „Wohlan, wenn es nicht mit der Volkspartei geht, dann ohne die Volkspartei und, wenn es nottut, auch gegen die Volkspartei." Es gelte, die „Republik gegen den Ansturm von rechts und von links" zu schützen.[160]

Die prekäre parlamentarische Grundlage der Regierung Braun wurde am 23. Januar deutlich, als über den kommunistischen Misstrauensantrag abgestimmt wurde und sich ein Patt von 221 zu 221 Stimmen ergab. Da eine erfolgreiche Regierungsarbeit unter diesen Umständen nicht mehr möglich war, trat das Ministerium noch am selben Abend zurück. Auch dem Zentrumspolitiker Wilhelm Marx, der am 10. Februar zum Ministerpräsidenten gewählt wurde, gelang es nicht, der Regierung eine breitere parlamentarische Grundlage zu verschaffen. Am 3. April wurde Otto Braun schließlich mit 220 von 432 abgegebenen Stimmen wieder zum Regierungschef gekürt. Dass er sich bis zum Ende der Legislaturperiode halten konnte, verdankte er letztlich der Furcht der oppositionellen Parteien vor Neuwahlen und der wiederholten Zusicherung, auf eine Verbreiterung der Regierung hinwirken zu wollen.[161] Wenn Hirsch auch im neuen Kabinett Braun nicht vertreten war, was an den nach wie vor virulenten Vorbehalten gegen seine Person gelegen haben dürfte, so zählte er doch in der Landtagsfraktion, und das hatte seine Rede vom 16. Januar 1925 deutlich gemacht, wieder zur Führungsriege.[162]

9. Blockierte Aufstiegsperspektiven

Ob sich Hirsch mit seinem bisherigen Wirkungskreis und seinen Aufgaben zufriedengeben und sich auf seine kommunalen Ämter und Mandate in der Stadtverordnetenversammlung und im Landtag beschränken würde, war lange Zeit unklar. Es schien keineswegs ausgeschlossen, dass der Ministerpräsident a. D.

160 Zur Rede Hirschs am 16. Januar 1925 vgl. StBPLT, 5. Sitzung, Sp. 136–149, Zitate Sp. 141 u. 148.

161 Vgl. Möller, Parlamentarismus, S. 356–375; Schulze, Braun, S. 466–474; Stalmann, Linksliberalismus in Preußen, Bd. 1, S. LXXIV–LXXVII.

162 So schrieb bereits 1921 die Schriftleitung des Solinger Tageblatts, dass der frühere preußische Ministerpräsident „in der sozialdemokratischen Fraktion der preußischen Landesversammlung eine besonders einflußreiche Stellung einnimmt"; Solinger Tageblatt Nr. 48 v. 26. 2. 1921, S. 3 (Anmerkung zum Artikel „Preußenwahl und Regierungsbildung" von Hirsch).

nicht doch einen erneuten Anlauf unternehmen würde, um wenn auch nicht auf Landes-, so doch auf kommunaler Ebene wieder ein führendes Amt zu bekleiden. 1924 schien er dazu jedoch noch nicht bereit. Als der amtierende Bürgermeister und Stellvertreter des Oberbürgermeister von Berlin Adolf Ritter im Januar 1924 starb und der Posten ausgeschrieben wurde, lehnte Hirsch die Bitte der sozialdemokratischen Stadtverordnetenfraktion ab, sich um das Amt zu bewerben.[163] Da er bereits stellvertretender Bürgermeister war, wenn auch eines Bezirks, mochte ihm vielleicht eine erneute Stellvertretung wenig zugesagt haben, vielleicht erschien ihm auch eine Mehrheit für seine Wahl nicht sicher. Zum Zuge kam schließlich der bisher amtierende Bezirksbürgermeister von Charlottenburg Arthur Scholtz (DVP), der im Mai 1924 von der Stadtverordnetenversammlung gewählt wurde.[164]

Nach der Wahl von Scholtz begann in Charlottenburg die Suche nach einem Nachfolger. Unter dem bürgermeisterlosen Zustand, so befand der „Vorwärts", würden die Geschäfte des Bezirksamts keineswegs leiden, würden sie doch „in mustergültiger Weise vom Stellvertreter des früheren Bürgermeisters, unserem Genossen Paul Hirsch, geführt. Aber der Umstand, daß Hirsch Sozialdemokrat und noch dazu Jude ist, scheint die 28 Bezirksväter und -mütter, welche in Charlottenburg in der vereinigten bürgerlichen Fraktion zusammengefunden haben, zu verdächtiger Eile anzuspornen." Rasch hätten sie den amtierenden Bürgermeister von Wilmersdorf, den Deutschnationalen Augustin, aufs Schild erhoben und zur Wahl als Charlottenburger Bürgermeister vorgeschlagen. Angesichts der bürgerlichen Mehrheit in der Charlottenburger Bezirksversammlung sei seine Wahl sicher, zumal auch die Demokraten ihre Zustimmung hätten durchblicken lassen. Gegen den SPD-Kandidaten Hirsch, „dessen umfassende Kenntnisse auf kommunalem Gebiete von keiner Seite auch nur angezweifelt wurden", hätten sie dagegen Stellung genommen. „Keiner von den in der Kommune tätigen Männern", so schloss das Blatt verbittert, „auch Augustin nicht, kennt die Verhältnisse in Charlottenburg so gründlich wie Hirsch, der am 1. Januar 1925 drei Jahrzehnte lang an weithin sichtbarer Stelle in der Kommune Charlottenburg unter Anerkennung von Freund und Feind gearbeitet hat. So wird allem Anschein nach die Reaktion in Charlottenburg einen frei gewordenen Posten, der auf Grund der Stärkeverhältnisse der Linken gehört, für sich erobern. Daß dieses Ergebnis auf so billige Weise nur erreicht werden kann durch Fahnenflucht der

163 Vorwärts Nr. 194 v. 25. 4. 1924, S. 6: Die Berliner Bürgermeisterwahl. Zu Ritter vgl. Joachim Lilla, Der Preußische Staatsrat 1921–1933. Ein biographisches Handbuch. Mit einer Dokumentation der im „Dritten Reich" berufenen Staatsräte, Düsseldorf 2005, S. 134.

164 Vgl. Berthold Grzywatz, Arthur Scholtz, in: Stadtoberhäupter, S. 203–233.

Demokraten, das ist das Beschämende dabei."[165] Augustin wurde schließlich am 2. Juli mit 32 von 60 Stimmen gewählt. Zwar erkannte der frühere Oberbürgermeister von Charlottenburg Ernst Scholz (DVP) Hirschs Fähigkeiten und Kenntnisse auf kommunalpolitischem Gebiet ausdrücklich an, doch konnte dies nichts daran ändern, dass Konservative und Rechtsliberale sowie ein Teil der DDP nicht bereit waren, einem Sozialdemokraten ihre Stimme zu geben.[166]

Für Hirsch musste es eine große Enttäuschung gewesen sein, dass er, der bereits die erste Machtposition im Staate erklommen hatte, wegen seiner Parteizugehörigkeit und seines jüdischen Hintergrundes bei den bürgerlichen Parteien auf Ablehnung stieß und selbst für einen führenden Posten in einem Berliner Verwaltungsbezirk nicht in Frage kam. Auch die „Vossische Zeitung" räumte in ihrer Rückschau ein, dass Hirsch „einer der erfahrensten und gescheitesten Kommunalpolitiker ist, über die die Stadt Berlin verfügt". Aber er sei eben Sozialdemokrat, und, so die Überlegung der nichtsozialdemokratischen Fraktionen, „solchen Gefahren darf man sich nicht aussetzen".[167] Wenn man bedenkt, dass führende Parteigenossen, die ebenfalls in die Kritik geraten waren, bereits mit hohen Verwaltungsposten abgefunden worden waren – man denke an Gustav Noske, der 1920 zum preußischen Oberpräsidenten der Provinz Hannover ernannt worden war[168] –, mochte man es Hirsch nicht verdenken, wenn er mit seinem Los zu hadern begann. Ein Gefühl der Verbitterung musste ihn beschlichen haben, als er in der Sitzung der Bezirksversammlung bei der Einführung des gewählten Bürgermeisters diesen im Namen des Kollegiums begrüßte.[169]

Am 28. Februar 1925 verstarb mit dem Sozialdemokraten Friedrich Ebert der erste Reichspräsident der Weimarer Republik im Alter von 54 Jahren an einer verschleppten Blinddarmentzündung. Sein Tod war für die SPD ein harter Schlag. Mit ihm verlor sie einen der profiliertesten und populärsten Politiker und die Republik einen ihrer bedeutendsten Staatsmänner.[170] In der daraufhin notwendig werdenden Reichspräsidentenwahl schickte die SPD den bisherigen preußischen Ministerpräsidenten Otto Braun ins Rennen. Im Wahlkampf machte sich auch Hirsch für seinen Amtsnachfolger stark, den er mit den Worten bewarb, dass dieser „als Reichspräsident dafür sorgen" werde, „daß das

165 Vorwärts Nr. 306 v. 2. 7. 1924, S. 7: Der Bürgerblock in Charlottenburg. Demokratische Wahlhilfe für die Deutschnationalen.
166 Vorwärts Nr. 310 v. 4. 7. 1924, S. 6: Die Bürgermeisterwahl in Charlottenburg.
167 VZ Nr. 315 v. 4. 7. 1924, S. 4: Städtisches Arbeiten.
168 Wette, Noske, S. 723–759.
169 Vorwärts Nr. 333 v. 17. 7. 1924, S. 3: Eine „feierliche" Einführung.
170 Vgl. Mühlhausen, Ebert, S. 967–980.

Ausland auch weiter Achtung behält vor Deutschland, vor dem Deutschland der Arbeit, der Friedensliebe und der Kultur".[171] Hirschs Engagement für Braun war nicht vergebens. Zwar gelang es keinem der Kandidaten im ersten Wahlgang am 29. März die absolute Mehrheit der Stimmen zu erringen, doch Braun konnte mit 29,0 % ein deutlich besseres Ergebnis als seine Partei bei den Reichstagswahlen im Dezember 1924 (26,0 %) einfahren; er blieb aber andererseits auch deutlich hinter dem „Kandidaten der Reaktionäre" Jarres zurück, der 38,8 % der Stimmen auf sich vereinigte. Letztlich zog Braun, ohne neues Votum der Wählerschaft, den Kürzeren. Nachdem der Reichsblock den populären früheren Generalfeldmarschall Paul von Hindenburg aus dem Hut zog, verständigten sich die Weimarer Koalitionsparteien auf den Zentrumspolitiker und früheren Reichskanzler Wilhelm Marx, der jedoch im zweiten Wahlgang am 26. April Hindenburg unterlag.[172]

Die fehlende Aufstiegsperspektive in Berlin und die fortwährende Infragestellung seiner Position als stellvertretender Bürgermeister in Charlottenburg dürften Hirsch veranlasst haben, über den Berliner Tellerrand hinauszublicken und in anderen Kommunen seine Chancen auszutesten. Im Ruhrgebiet sollte er schließlich eine neue Heimat finden. Am 23. Juli 1925 vermeldete der „Vorwärts", dass der frühere preußische Regierungschef und „Charlottenburger Kommunalpolitiker" Hirsch zum Bürgermeister von Dortmund gewählt worden sei.[173]

171 Vorwärts Nr. 132 v. 19. 3. 1925, S. 6: Sozialdemokratie und Präsidentenwahl. Vgl. auch die Wählerversammlungen am 26. und 27. 3. 1925 mit Hirsch als Redner; Nr. 142 v. 25. 3. 1925, S. 7: Parteinachrichten für Groß-Berlin; Nr. 144 v. 26. 3. 1925, S. 6: Oeffentliche Kundgebungen. Ferner Nr. 146 v. 27. 3. 1925, S. 6: Unsere Wahlversammlungen; in der Berliner Pasteurstraße empörte sich Hirsch über die Kandidatur von Jarres. „In einem anderen Lande wäre es unmöglich gewesen, daß ein Gegner der republikanischen Staatsform – und als solcher hat sich Herr Jarres bekannt – als Kandidat für das höchste Amt, das die Republik zu vergeben hätte, aufgestellt werden könne."

172 Lehnert, Weimarer Republik, S. 148–154; Büttner, Weimar, S. 344–349; Wolfram Pyta, Hindenburg. Herrschaft zwischen Hohenzollern und Hitler, München 2009, S. 461–476.

173 Vorwärts Nr. 343 v. 23. 6. 1925, S. 2: Bürgermeisterwahl in Dortmund.

V. Bürgermeister in Dortmund

1. Die Wahl Hirschs zum Bürgermeister

An jenem 22. Juli 1925 war die Stadtverordnetenversammlung gut besucht, 67 der 68 Stadtverordneten hatten im Saal ihren Platz eingenommen. Allerdings fehlten mehrere besoldete Magistratsmitglieder. „Auch der Oberbürgermeister war nicht anwesend", vermerkte der Dortmunder „General-Anzeiger". „Die über dem Saale brütende Schwüle wurde während der Sitzung durch manchmal recht heftige Reibereien zwischen den einzelnen Parteien noch erhöht." Zum ersten Tagesordnungspunkt, zur Wahl eines besoldeten Magistratsmitglieds zum Bürgermeister der Stadt Dortmund auf 12 Jahre, lagen zwei Anträge von DDP und KPD vor. Die Demokraten forderten eine Vertagung und eine Ausschreibung der Stelle. Selbst wenn die Annahme des Antrags „Persönlichkeiten kosten müsse", d. h. das Ansehen Hirschs darunter Schaden nehmen würde, so der demokratische Stadtverordnete Rohrbach, müsse die Sache „höher gestellt" und die Stelle deshalb ausgeschrieben werden. Der kommunistische Stadtverordnete Angsmann forderte wiederum, auf die Wahl eines zweiten Bürgermeisters aus Kostengründen ganz zu verzichten, um mit dem ersparten Geld den Wohnungsbau und die Wohlfahrtspflege fördern zu können. Während die demokratische Forderung immerhin noch die Unterstützung der Kommunisten fand, stieß der kommunistische Antrag auf allgemeine Ablehnung. Bei der Wahl, so der Bericht, votierten schließlich 36 Abgeordnete für Hirsch und 31 für den Zentrumspolitiker Kaiser.[1]

Neben den 19 Sozialdemokraten hatten 12 Kommunisten, 3 Demokraten – ein Demokrat hatte gefehlt – und die 2 Mitglieder der Partei Kriegs- und Arbeitsopfer für Hirsch votiert. Demgegenüber hatte Stadtrat Kaiser die Unterstützung der katholischen Partei und der bürgerlichen Arbeitsgemeinschaft von DVP, DNVP und Wirtschaftspartei erhalten. Nach der Wahl ging die Versammlung zur Tagesordnung über. In der anschließenden Debatte über wohnungspolitische Fragen ließ sich der kommunistische Abgeordnete Wünnenberg

1 GAD Nr. 200 v. 23. 7. 1925, S. 10: Der frühere preußische Ministerpräsident Paul Hirsch zum zweiten Bürgermeister von Dortmund gewählt!

allerdings die entlarvende Aussage entlocken, dass seine Fraktion nur deshalb Hirsch gewählt habe, um zu zeigen, dass „die Sozialdemokratie sich um kein Jota von der bürgerlichen Seite unterscheidet". Mochte diese Äußerung im Plenum auch allgemeines Gelächter hervorrufen[2], so machte sie doch deutlich, dass sich die Sozialdemokraten auf ihren linken Konkurrenten nicht verlassen konnten und die Suche nach Mehrheiten und damit die Überwindung der politischen Spaltung zwischen einem durch einige wenige Linksliberale verstärkten „linken" und einem rechtsbürgerlichen Lager zu einer vordringlichen Aufgabe des neuen Bürgermeisters werden würde. Mit 54 % der abgegebenen Stimmen wurde Hirsch mithin zum zweiten Bürgermeister Dortmunds gewählt und trat damit die Nachfolge des bisherigen Amtsinhabers Maximilian Fischer an. Fischer dürfte Hirsch im Übrigen gut gekannt haben, da dieser von 1916 bis zu seinem Amtsantritt als Dortmunder Bürgermeister 1920 Stadtrat in Berlin-Charlottenburg war.[3]

Paul Hirsch befand sich damals fernab der Westfalenmetropole. Zusammen mit seiner Familie verbrachte er seinen Sommerurlaub auf Norderney.[4] Für die Mitteilung seiner Wahl zum Bürgermeister sprach Hirsch am 3. August 1925 dem Stadtverordnetenvorsteher seinen Dank aus und erklärte sich bereit, das Amt anzunehmen unter der Voraussetzung, dass er in Bezug auf sein Ruhegehaltsdienstalter nicht schlechter gestellt werde. Nach den in der Groß-Berliner Verwaltung geltenden Grundsätzen habe sich sein ruhegehaltsfähiges Dienstalter am 30. Juni des laufenden Jahres auf 15 Jahre und 311 Tage belaufen. „Ich setze ferner voraus, daß die Verwaltung sich bemüht, mir in nicht allzu ferner Zeit eine meinen Ansprüchen genügende Wohnung in Dortmund zuzuweisen und daß mir die Umzugskosten nach Dortmund in voller Höhe erstattet werden."[5] Am 24. August kam es zu einer ersten persönlichen Aussprache

2 Vgl. Sitzungsprotokoll der Dortmunder Stadtverordnetenversammlung vom 22. 7. 1925, in: Stadtarchiv Dortmund, Bestand Nr. 3, Lfd. Nr. 2805, Bl. 4; GAD Nr. 200 v. 23. 7. 1925, S. 10: Der frühere preußische Ministerpräsident Paul Hirsch zum zweiten Bürgermeister von Dortmund gewählt!, und DZ Nr. 338 v. 23. 7. 1925, S. 10: Dortmund bekommt einen sozialdemokratischen Bürgermeister; Tremonia Nr. 208 v. 31. 7. 1925, S. 5 f.: Die Dortmunder Bürgermeister-Wahl.

3 Fischer übernahm den Posten des Generaldirektors der Vereinigten Elektrizitätswerke Westfalen; vgl. DZ Nr. 205 v. 4. 5. 1925, S. 6: Bürgermeister Dr. Fischer. Zu Fischer vgl. https://www.bundesarchiv.de/aktenreichskanzlei/1919-1933/11a/adr/adrag/kap1_6/para2_66.html.

4 Schreiben von Thea Kahn an Ernst Hamburger, Barranco, Peru, 27. 4. 1966, in: Leo Baeck Institute, Paul Hirsch Collection (AR 3382), Box 1, Folder 1.

5 Hirsch an den Stadtverordnetenvorsteher Henßler, Charlottenburg, 3. 8. 1925, in: Stadtarchiv Dortmund, Bestand Nr. 3, Lfd. Nr. 2805, Bl. 6; ferner das Schreiben des Stadtverordnetenvorstehers Henßler an Hirsch, Dortmund, 31. 7. 1925, ebd., Bl. 5.

zwischen dem Oberbürgermeister Dr. Eichhoff und dem frisch gekürten zweiten Bürgermeister.[6]

Ernst Eichhoff stand seit 1910 an der Spitze Dortmunds. Den Aufstieg des 1873 in Essen Geborenen dürfte seine Verwandtschaft mit der Krupp-Dynastie, für die sein Vater als Direktor und Prokurist tätig gewesen war, nicht unwesentlich befördert haben. Der promovierte Jurist machte rasch Karriere in der kommunalen Verwaltung. 1904 wurde er Beigeordneter im Kieler Stadtrat und 1907 Bürgermeister von Dortmund, ein Amt, das Hirsch 18 Jahre später übernehmen sollte. Nach dem Tode des langjährigen Oberbürgermeisters Wilhelm Schmieding wurde Eichhoff 1910 zum Stadtoberhaupt gewählt. Politisch der DVP nahestehend, konnte er sich nach Ablauf seiner 12-jährigen Amtsperiode bei seiner Wiederwahl 1922 nur knapp gegen seinen sozialdemokratischen Herausforderer Mehlich behaupten. Während seiner Zeit als Oberbürgermeister arbeitete er eng mit Hirsch und dem Stadtverordnetenvorsteher Henßler zusammen.[7]

Die Gründe, die bei der Aufstellung Hirschs als Bürgermeisterkandidat für die Dortmunder SPD-Führung maßgebend gewesen waren, lassen sich nur vermuten. Erst wenige Tage vor der Wahl hatte die Partei ihre Absicht bekundet, einen eigenen Kandidaten ins Rennen zu schicken. Als Bewerber war anfangs der Stadtverordnete Franz Klupsch[8] im Gespräch, der auf die Unterstützung der Kommunisten und der Linksliberalen angewiesen gewesen wäre.[9] Um dem Vorwurf der mangelnden Verwaltungserfahrung und kommunalpolitischen Expertise ihres Kandidaten begegnen zu können, holten die Sozialdemokraten schließlich mit Paul Hirsch ein kommunal- und landespolitisches Schwergewicht nach Dortmund, das nicht nur als ehemaliger preußischer Ministerpräsident und stellvertretender Bürgermeister Charlottenburgs über genügend Regierungs- und Verwaltungskenntnisse verfügte, sondern auch über die Parteigrenzen hinweg als ausgewiesener Kommunalexperte bekannt war. Hinzu kam, dass Hirsch „nicht als einer der besonders stark nach links eingestellten Sozialisten“[10] galt, was gerade mit Blick auf das Votum der linksliberalen Stadtverordneten, die

6 Vgl. das Schreiben des Protokollführers der Stadtverordnetenversammlung an Oberbürgermeister Eichhoff, Dortmund, 20. 8. 1925, in: Ebd., Bl. 8, über das auf 11.30 Uhr angesetzte Treffen mit Hirsch am 24. 8. 1925.

7 Vgl. Dirk Buchholz/Hans-Wilhelm Bohrisch, Bürgermeisterporträts, in: Heimat Dortmund (Zeitschrift des Historischen Vereins für Dortmund und die Grafschaft Mark), Nr. 1/2001, S. 38–45 (zu Eichhoff: S. 43).

8 Vgl. Jaspers/Reininghaus, Kandidaten, S. 106 f.; Friedemann, Franz Klupsch, in: Faulenbach u. a., Sozialdemokratie im Wandel, S. 92 f.

9 DZ Nr. 328 v. 17. 7. 1925, S. 5: Wer wird zweiter Bürgermeister?

10 DZ Nr. 331 v. 19. 7. 1929, S. 5: Zur Bürgermeisterwahl.

bei der Wahl das berüchtigte Zünglein an der Waage bilden würden, ein nicht unwichtiges Auswahlkriterium gewesen sein dürfte. Hirsch selbst schien sich um diesen Posten nicht bemüht zu haben, wenngleich ihm die Anfrage aus Dortmund aufgrund seiner prekären Situation in Charlottenburg durchaus gelegen gekommen sein dürfte.[11]

Die Wahl des Sozialdemokraten Hirsch zum Dortmunder Bürgermeister sorgte beim Zentrum, bei Rechtsliberalen und Deutschnationalen für große Verbitterung. Denn Hirsch war mit den Stimmen der Kommunisten gewählt worden.[12] Die KPD begann sich damals für eine neue Massenpolitik zu öffnen. Der Kampf gegen den vermeintlichen „Sozialfaschismus" der SPD stellte noch nicht das Hauptziel der Partei dar. Auf kommunaler Ebene gab es deshalb Kooperationsangebote an die SPD, gemeinsame Abstimmungen oder wie in Dortmund auch die Unterstützung sozialdemokratischer Kandidaten. Aber diese Phase währte nur wenige Jahre.[13] Wenige Tage vor der Wahl hatte die Dortmunder KPD noch einen Offenen Brief an die sozialdemokratische Stadtverordnetenfraktion veröffentlicht, in dem sie, noch in der Annahme, dass die SPD ihren Fraktionsvorsitzenden Franz Klupsch nominieren würde, ihre Bereitschaft signalisierte, den SPD-Kandidaten zu unterstützen. „Angesichts des allgemeinen reaktionären Vormarsches der Bourgeoisie und ihrer Beauftragten in Staat und Kommune wissen wir die Gefahr, die bei einem Sieg der bürgerlichen Parteien in Dortmund den Arbeitern daraus erwächst, voll zu schätzen." Als Bedingung für ihre Wahlhilfe verlangte die KPD, dass sich der sozialdemokratische Kandidat zur Durchführung einiger „Mindestforderungen" verpflichten sollte, zu denen Maßnahmen zur Behebung der Wohnungsnot, die tarifliche Entlohnung der bei Notstandsarbeiten beschäftigten Arbeiter, die 46-stündige Arbeitswoche für alle städtischen Arbeiter und Angestellten und die Ausdehnung der Schulspeisung auf Kinder erwerbsloser und bedürftiger Eltern gehörte.[14] Forderungen mithin, die bei Sozialdemokraten auf Zustimmung stoßen mussten.

Die sozialdemokratische „Westfälische Allgemeine Volkszeitung" konnte ein gewisses Erstaunen über den in diesem Brief zum Ausdruck kommenden „starken Wandel in der kommunistischen Taktik" nicht verhehlen, hätten sich

11 Siegener Volks-Zeitung Nr. 257 v. 1. 11. 1932, S. 1 f., hier S. 2: Paul Hirsch.

12 Vgl. dazu auch Fülberth, Beziehungen, bes. S. 240–242.

13 Klaus Kinner, Der deutsche Kommunismus. Selbstverständnis und Realität. Bd. 1: Die Weimarer Zeit, 2. Aufl. Berlin 2012, S. 90–149; Beatrix Herlemann, Kommunalpolitik der KPD im Ruhrgebiet 1924–1933, Wuppertal 1977; Fülberth, Beziehungen, S. 98–252.

14 WK Nr. 140 v. 18. 7. 1925, S. 1: Offener Brief der KPD. zur Bürgermeisterwahl.

die Kommunisten doch bislang in der Regel gegen SPD-Kandidaten gewandt und auch die Rechtsparteien beim Abbau sozialdemokratischer Beamter unterstützt.[15] Standen die Kommunisten nicht in Fundamentalopposition zur Weimarer Republik und zur parlamentarischen Demokratie? Hatten die neugewählten kommunistischen Stadtverordneten nicht lange beim traditionellen Handschlag des Oberbürgermeisters, mit dem sie in ihr Amt eingeführt werden sollten, rote Handschuhe aus Protest gegen das „System" getragen?[16] Wenn auch die kommunistischen Postulate bei Sozialdemokraten anschlussfähig sein mochten, so lehnten diese es weiterhin ab, sich auf Forderungen der KPD verpflichten zu lassen, und wiesen deshalb das Angebot als taktisches „Manöver" zurück.[17]

Die Wahl eines Sozialdemokraten in Dortmund fand große Beachtung und war denkwürdig, galt Dortmund doch lange Zeit als „Stadt der Zechen- und Hüttenkönige", als eine Stadt, in der ein Oberbürgermeister wie Wilhelm Schmieding, ein Mann „von Geldsacksgnaden", fast ein Vierteljahrhundert, von 1886 bis 1910 regierte, eine Stadt, in der „der Säbel über den Köpfen der Sozialisten", die gegen das Dreiklassenwahlrecht demonstrierten, drohend gehangen habe. Die Wahl Hirschs war deshalb für die „Westfälische" der SPD ein „Zeichen dafür, daß die Welt sich dreht". Die Forderung der Demokraten, die die Stelle ausschreiben lassen wollten, um „mit ihrer Diogeneslampe" erst noch auf Suche gehen zu können, war für das Blatt in erster Linie taktisch motiviert, um bei der für die Wahl des Sozialdemokraten „verlangten Tapferkeit ein gutes Gesicht zu zeigen". Die Unterstützung der Kommunisten wusste man sehr wohl einzuordnen, habe doch der kommunistische Stadtverordnete Wünnenberg nach der Wahl deutlich gemacht, dass seine Partei nur deshalb für Hirsch gestimmt habe, „um zu zeigen, daß die Sozialdemokraten auch nicht besser seien wie die bürgerlichen Parteien". Eine „ulkige Begründung für den kommunistischen Wahlarbeitseifer", befand das sozialdemokratische Presseorgan, das auch die an jenem Tag herrschende drückende Hitze für manche Reden verantwortlich machte. Seinen Bericht über

15 WAV Nr. 167 v. 21. 7. 1925: Zur Bürgermeisterwahl in Dortmund, in: Stadtarchiv Dortmund, Bestand Nr. 3, Lfd. Nr. 2805, Bl. 13.

16 Vgl. den Artikel „Die erste Stadtverordnetensitzung von Groß-Dortmund" vom 12. 6. 1928, Zeitung unbekannt, in: Stadtarchiv Dortmund, Bestand 3, Lfd. Nr. 414. Vgl. dazu auch Fülberth, Beziehungen, S. 163–165.

17 WAV Nr. 170 v. 24. 7. 1925, Ausschnitt: Wutgeheul der Unterlegenen", in: Ebd., Bl. 24. Dagegen betonte der „Westfälische Kämpfer", dass die Kommunisten „keine Fraktionsschieberei und persönliche Interessenpolitik" treiben würden, sondern ihre Entscheidungen davon abhängig machen würden, „inwieweit es der Arbeiterschaft zum Nutzen oder Schaden gereicht"; vgl. Nr. 146 v. 25. 7. 1925, S. 8: Die Bürgermeisterwahl im Stadtparlament.

die Wahl schloss die „Westfälische“ mit einem „Glückauf in Dortmund“, das sie dem neuen Bürgermeister zurief.[18]

Über die Wahl des neuen Bürgermeisters war die der DVP nahestehende „Dortmunder Zeitung“[19] wenig erbaut. Dortmund habe einen 57-Jährigen bekommen, der für 12 Jahre, d. h. bis zu seinem 70. Lebensjahr, gewählt sei. Keiner glaube, dass Hirsch die volle Amtszeit durchhalten werde, vielmehr sei zu erwarten, „daß die Dortmunder Steuerzahler in absehbarer Zeit wieder eine ansehnliche Pension zu zahlen haben“. Verärgert war die Zeitung über die kleine demokratische Fraktion, die als Zünglein an der Waage den Ausschlag gegeben hatte. Der demokratische Vertagungsantrag war für sie dabei lediglich ein „Bluff, um nach außen hin den Schein zu wahren“. Wenn die Linksliberalen die Wahl eines sozialistischen Bürgermeisters hätten verhindern wollen, hätten sie dies auch machen können. Mit Unbehagen sah das Dortmunder Blatt zudem, dass der neue Bürgermeister für die Finanzen, um die es ohnehin nicht gut bestellt sei, zuständig werde. Bewährte Verwaltungsbeamte seien dagegen nicht berücksichtigt worden, weil sie kein Parteibuch hätten. „Diese Wahl ist wiederum ein Beweis für die bedauerliche Entwicklung, die dahin geht, auch die Berufsbeamten nach rein parteipolitischen Gesichtspunkten und nicht nach ihren fachmännischen Fähigkeiten zu wählen.“[20]

In einer Mischung aus Verbitterung und Unverständnis kommentierte das Zentrumsorgan „Tremonia“ die Wahl Hirschs zum Dortmunder Bürgermeister. Es verstand sich von selbst, dass sie den Zentrumskandidaten Kaiser, der „seit Jahren in hervorragender Weise als Stadtrat in Dortmund tätig“ sei und „sich in allen Kreisen der Bürgerschaft der größten Sympathien“ erfreue, für wesentlich geeigneter und mit den lokalen Verhältnissen deutlich vertrauter hielt als den aus Berlin importierten Sozialdemokraten. Moniert wurde nicht nur das Alter des neu Gewählten, sondern auch sein Landtagsmandat, das dazu führen werde, dass er „etwa ¾ des Jahres an Berlin gebunden“ sei. [21] Darüber hinaus bot die Tatsache, dass Hirsch mit den Stimmen der Kommunisten gewählt worden war, Anlass zur Kritik.[22] Als ärgerlich empfand das Blatt zudem die Art und Weise, wie die SPD „ihren Parteifunktionären schöne Verwaltungsposten“

18 WAV Nr. 169 v. 23. 7. 1925: Paul Hirsch Bürgermeister in Dortmund, in: Stadtarchiv Dortmund, Bestand Nr. 3, Lfd. Nr. 2805, Bl. 15.

19 Vgl. Bohrmann, Die Dortmunder Presse, S. 41 f.

20 DZ Nr. 338 v. 23. 7. 1925, S. 10: Dortmund bekommt einen sozialdemokratischen Bürgermeister.

21 Tremonia Nr. 200 v. 23. 7. 1925, S. 9: Stimmungsbild.

22 Tremonia Nr. 208 v. 31. 7. 1925, S. 5 f.: Die Dortmunder Bürgermeister-Wahl.

zuschanzen würde. Wie „aus der Berliner Presse zu entnehmen ist, wurde Herr Hirsch in Charlottenburg schon seit langem als ‚überzählig' und überflüssig betrachtet und sah das ungemütliche Damoklesschwert des Abbaues über sich baumeln, was für die Parteigenossen in Dortmund das Signal zu einer schleunigen Hirsch-Agitation war". Dortmund sei mithin für Hirsch eine „Rettungsstation" gewesen.[23] Bei all den Anfeindungen mochte es nicht überraschen, dass auch Hirschs jüdische Herkunft mit in die Diskussion gezogen wurde. Dass der neue Bürgermeister „Israelit ist", so behauptete das Zentrumsblatt, „soll nach der Ansicht vieler Bürger für die demokratische Fraktion stark mitbestimmend gewesen sein"[24]. Mit dieser Insinuation bediente das Blatt ein bei Katholiken und Rechten beliebtes Feindbild und sprach damit auch tiefsitzende Ängste vor einer vermeintlich jüdischen Verschwörung an.

Diese antisemitischen Ausfälle konnte die „Westfälische" nicht unwidersprochen stehen lassen. „Von Zentrumsleuten und auch von Volksparteilern waren nach der Bürgermeisterwahl aufgeregte und höhnische Aeußerungen darüber zu hören, daß der Gewählte, Paul Hirsch, Jude sei. Für manchen schien dies der Hauptgrund des Mißmuts über den Wahlausgang zu sein." Diese Unterstellung „ist zu albern, als daß es nötig wäre, sie zurückzuweisen. Nein, umgekehrt: daß Hirsch Israelit ist, ist für die Raserei der ‚Tremonia' ‚stark mitbestimmend'."[25] Die Wut der „Westfälischen" über die Unterstellungen der katholischen und rechtsbürgerlichen Gazetten entlud sich in dem Schlussverdikt: „Elendes Heuchlergesox!"[26]

Die bürgerliche Rechte wollte sich mit der Wahl des Sozialdemokraten nicht abfinden. Aus formalen und sachlichen Gründen legten das Zentrum und die bürgerliche Arbeitsgemeinschaft beim Preußischen Staatsministerium Einspruch gegen die Wahl Hirschs ein. Als Begründung wurden formale Verstöße gegen die Städteordnung angeführt und gleichzeitig ein Ersuchen um eine Nachprüfung der sachlichen Notwendigkeit für die Wiederbesetzung der Stelle

23 Tremonia Nr. 201 v. 24. 7. 1925, S. 9: Dortmund als Rettungsstation; vgl. auch Nr. 202 v. 25. 7. 1925, S. 6: Eingesandt, und Nr. 208 v. 31. 7. 1925, S. 5 f.: Die Dortmunder Bürgermeister-Wahl.

24 Tremonia Nr. 208 v. 31. 7. 1925, S. 5 f., hier S. 5: Die Dortmunder Bürgermeister-Wahl.

25 WAV Nr. 178 v. 3. 8. 1925: Das Religionsbekenntnis des Bürgermeisters, in: Stadtarchiv Dortmund, Bestand Nr. 3, Nr. 2805, Bl. 31; ferner Nr. 171 v. 25. 7. 1925: Gemeinheiten der ‚Tremonia', in: Ebd., Bl. 25; Nr. 176 v. 31. 7. 1925: Nachlese zur Dortmunder Bürgermeisterwahl, in: Ebd., Bl. 28; auch Nr. 177 v. 1. 8. 1925: Die Antwort des Zentrums, in: Ebd., Bl. 32.

26 WAV Nr. 176 v. 31. 7. 1925: Nachlese zur Dortmunder Bürgermeisterwahl, in: Ebd., Bl. 28; vgl. auch Nr. 177 v. 1. 8. 1925: Die Antwort des Zentrums, in: Ebd., Bl. 32.

gestellt. Verwiesen wurde darauf, dass man sich „durch mündliche Verhandlungen der Parteiführer“ mit Oberbürgermeister Eichhoff anfangs darauf verständigt habe, „dass die Stadt diese Stelle aussparen könne, indem sie evtl. einen der jetzigen beamteten Stadträte zum Bürgermeister wähle“. Die SPD-Fraktion sei allerdings dann wenige Tage vor der Wahl mit der Kandidatur Hirschs hervorgetreten, der schließlich mit den Stimmen der Kommunisten gewählt worden sei. Auch sei die Wahl ohne vorherige Festsetzung der Qualifikationsbedingungen und der Besoldung erfolgt und der Magistrat in dieser Hinsicht nicht gehört worden, obschon dies Kommentatoren der Städteordnung ausdrücklich vorschreiben würden. Als weitere gegen die Wahl sprechende Gesichtspunkte wurden Hirschs vorgerücktes Alter, sein Landtagsmandat, die mögliche Übernahme des ihn aller Wahrscheinlichkeit nach überfordernden Finanzdezernats und die zur Sparsamkeit mahnende finanzielle Lage der Stadt aufgeführt.[27]

Gegenüber dem Arnsberger Regierungspräsidenten, an den als zuständige Aufsichtsbehörde das Staatsministerium die Unterlagen weiterleitete[28], nahm der Dortmunder Oberbürgermeister zu den Vorwürfen Stellung. Er gestand zu, dass er angesichts der angespannten finanziellen Situation der Stadt die Einsparung einer Stadtrats- oder Magistratsstelle durch die Wahl eines Stadtrats zum Bürgermeister für geboten gehalten hätte. Auch räumte er ein, dass vor der Wahl die Bedingungen der Anstellung des neuen Bürgermeisters nicht geklärt worden seien, allerdings habe es hinsichtlich der Eingruppierung ein stillschweigendes Einverständnis darüber gegeben, die Eingruppierung wie beim bisherigen Bürgermeister vorzunehmen. Die Festsetzung des Pensionsdienstalters könne ja auch erst dann vorgenommen werden, wenn die Person des Gewählten feststünde. Eine Entscheidung wiederum, welches Dezernat Hirsch übertragen werden könne, sei noch nicht gefallen. Ein Problem stelle hierbei Hirschs Landtagsmandat dar, da eine „ersprießliche Verwaltung“ der Stadt mit einer häufigen und längeren Abwesenheit des Bürgermeisters in diesen in finanzieller Hinsicht „überaus schwierigen Zeiten“ kaum vereinbar sei. Sollte nun aber das Finanzdezernat nicht zur Disposition stehen, „dann wird es kaum möglich sein, Herrn Hirsch Dezernate, die seiner Stellung als Bürgermeister

27 Schreiben der Zentrumsfraktion und der Arbeitsgemeinschaft der Fraktionen von DVP und DNVP an das Preußische Staatsministerium, Dortmund, 3. 8. 1925, in: Stadtarchiv Dortmund, Bestand 111/01, Lfd. Nr. 21/1, Bl. 3–5; vgl. auch das Schreiben des Vertreters des Dortmunder Bürgermeisters an den Arnsberger Regierungspräsidenten, Dortmund, 10. 8. 1925, in: Ebd., Bl. 6. Zum Presseecho vgl. ebd., Bl. 7–10. Dazu auch Vorwärts Nr. 464 v. 1. 10. 1925, S. 3: Die Bürgermeisterwahl von Dortmund.

28 Aktenvermerk, Dortmund, 7. 9. 1925, in: Stadtarchiv Dortmund, Bestand 111/01, Lfd. Nr. 21/1, Bl. 15.

angemessen sind, in genügender Zahl zu übertragen; denn es würde nicht im Interesse der Stadt liegen, wenn ich gewisse wichtige Dezernate, die von ausgezeichnet eingearbeiteten Herren einwandfrei verwaltet werden, diesen nähme und trotz seiner häufigen Abwesenheit Herrn Hirsch übertrüge, ganz abgesehen davon, dass es dann wieder an einer ausreichenden Beschäftigung für jene Herren fehlen würde. Gebe ich aber Herrn Hirsch wichtige Dezernate nicht in genügender Zahl, so wird auch dies, wie ich klar voraussehe, heftig beanstandet werden."[29]

Die in der „Tremonia" gegen die DDP erhobenen Vorwürfe[30] sollten noch ein Nachspiel haben. So gab der demokratische Fraktionsvorsitzende Rohrbach in der Stadtverordnetenversammlung vom 28. September nach Beendigung der Tagesordnung eine Erklärung zu Protokoll, in der er die Behauptung, dass die Einsparung einer Stadtratsstelle von allen bürgerlichen Parteien, einschließlich der Linksliberalen, vor der Wahl beschlossen gewesen sei und die Demokraten zugesichert hätten, sich an keiner sozialdemokratisch-kommunistischen Koalition zu beteiligen, als „irreführend und unrichtig" zurückwies. Zudem wurde die Veröffentlichung vertraulicher Gespräche als „Vertrauensbruch" verurteilt. Die Annahme, dass die Demokraten vor der Wahl mit der kommunistischen Fraktion oder der Kriegsbeschädigtenpartei Verhandlungen geführt hätten, sei überdies falsch.[31] Zur Klärung der Differenzen fand schließlich eine Besprechung der in Frage kommenden Parteien in Gegenwart des Oberbürgermeisters statt[32], auf der man sich dahingehend einigte, dass die beiden Stadtverordneten Rohrbach und Koch in der Stadtverordnetenversammlung vom 19. Oktober eine Erklärung zu Protokoll geben und damit die Angelegenheit beenden sollten[33].

Die gleichen Fronten wie bei der Wahl zum Bürgermeister standen sich auch bei der Festsetzung des Bürgermeistergehalts in der Sitzung vom 28. September

29 Schreiben des Dortmunder Oberbürgermeisters an den Arnsberger Regierungspräsidenten, Dortmund, 1. 9. 1925, in: Ebd., Bl. 13 f.

30 Tremonia Nr. 208 v. 31. 7. 1925, S. 5 f.: Die Dortmunder Bürgermeister-Wahl.

31 Erklärung der demokratischen Stadtverordnetenfraktion. Anlage zum Stadtverordneten-Sitzungsprotokoll vom 28. 9. 1925, in: Stadtarchiv Dortmund, Bestand Nr. 3, Nr. 2805, Bl. 35 f.; der Auszug aus dem Sitzungsprotokoll vom 28. 9. 1925, in: Ebd., Bl. 34. Vgl. dazu auch das Presseecho, in: Ebd., Bl. 44–51.

32 Auszug aus dem Sitzungsprotokoll des Stadtverordneten-Vorstandes vom 13. 10. 1925, in: Stadtarchiv Dortmund, Bestand Nr. 3, Nr. 2805, Bl. 52.

33 Besprechungsnotiz vom 16. 10. 1925, in: Ebd., Bl. 52 r. Vgl. Auszug aus dem Sitzungsprotokoll der Stadtverordnetenversammlung vom 19. 10. 1925 mit der Erklärung, in: Ebd., Bl. 54–56.

gegenüber. Vor der Sitzung mahnte vor allem die konservative Presse die Stadtparlamentarier zur Sparsamkeit. So machte die „Dortmunder Zeitung“ auf den Umstand aufmerksam, dass nach der Revolution Beamtenstellungen in Stadt- und Gemeindeverwaltungen mit Personen besetzt worden seien, die lediglich über Erfahrungen als Partei- und Gewerkschaftsangestellte verfügten, und nun ein Gehalt erhielten, „das sie sich vorher in ihren kühnsten Träumen nicht haben träumen lassen“. Da die Neuen in der Regel zu den Dienstjüngsten zählten und hinsichtlich ihrer Altersbezüge gegenüber den herkömmlichen Beamten schlechter gestellt seien, hätten es sich zahlreiche Körperschaften angewöhnt, „den neuen Beamten alle möglichen Zeitabschnitte der Vergangenheit als im Dienst der Gemeinde oder Stadt verbracht“ anzurechnen, wodurch diese auf „ein recht ansehnliches Dienstalter“ kommen würden. Nicht nur, dass die ehrenamtliche Tätigkeit als Stadt- und Gemeindevertreter Berücksichtigung gefunden hätte, vielmehr würde auch die im Dienst einer sozialdemokratischen Organisation oder einer privaten Gesellschaft verbrachte Zeit in Anrechnung gebracht. „Das alles geschieht aber selbstverständlich auf Kosten der Allgemeinheit und somit zum Schaden der Bürgerschaft, die für die so erzielte hohe Bezahlung des neuen Beamten den Beutel lappen muß.“[34]

Von solchen Einwänden ließ sich die linke Mehrheit des Stadtparlaments nicht beirren. Mit 36 gegen 26 Stimmen wurde Hirsch am 28. September ein Einzelgehalt der Gruppe B III, d. h. ein Jahreseinkommen von etwa 19 000 RM, eine Dienstwohnung mit Brand und Licht, d. h. Heizung und Strom, sowie ein Ruhegehaltsdienstalter vom 1. September 1909 bewilligt.[35] Zum Vergleich: Ein preußischer Ober(regierungs)rat kam 1925/26 mit etwa 10 000 M Jahresgehalt auf immerhin gut die Hälfte eines derartigen Betrags, was auch ungefähr heutigen Relationen entspricht, während die Differenz zu einfachen Tätigkeiten wie der eines Eisenbahnschaffners mit nur gut 2500 M damals um einiges größer

34 DZ Nr. 453 v. 28. 9. 1925, S. 2: Gehaltsfestsetzungen; ferner Nr. 455 v. 29. 9. 1925, S. 2: Nachklänge zur Stadtverordnetensitzung. Vgl. auch Tremonia Nr. 270 v. 1. 10. 1925, S. 5: Noch immer die Bürgermeisterwahl in Dortmund.

35 Vgl. den Auszug aus dem Sitzungsprotokoll der Stadtverordnetenversammlung vom 28. 9. 1925, in: Stadtarchiv Dortmund, Bestand Nr. 3, Nr. 2805, Bl. 35. Vgl. auch den Beschluss des Provinzialrats der Provinz Westfalen vom 3. 5. 1926 über die Genehmigung der Festsetzung des Hirsch zustehenden Ruhegehaltsdienstalters vom 1. 9. 1909, in: Ebd., Bestand 111/01, Lfd. Nr. 21/3, Bl. 5 f. – Zur Ruhegehaltsberechnung vgl. ebd., Bestand 111/01, Lfd. Nr. 21/1, Bl. 19. Ferner den Aktenvermerk vom 22. 9. 1925 zur Magistratssitzung; ebd., Bl. 33. Vgl. auch DZ Nr. 455 v. 29. 9. 1925, S. 2: Nachklänge zur Stadtverordnetensitzung. Vgl. auch Tremonia Nr. 270 v. 1. 10. 1925, S. 5: Noch immer die Bürgermeisterwahl in Dortmund.

war.[36] Hirschs Jahresgehalt setzte sich aus dem Grundgehalt von 14 850 M, dem Wohnungsgeldzuschuss von 1710 M und dem örtlichen Sonderzuschlag von 2484 Mark zusammen.[37] Darüber hinaus erhielt Hirsch nach der Besoldungsregelung von 1927 eine Dienstaufwandsentschädigung von 3000 Mark jährlich.[38] Hirschs Ruhegehalt hätte, wie das bei nicht auf Lebenszeit angestellten Bürgermeistern der Fall war, bis zum Ablauf des sechsten Dienstjahres ein Viertel, bis zum Ablauf des 12. Dienstjahres, mit jedem Dienstjahr ansteigend, die Hälfte seines Gehalts betragen.[39] Anfang 1926 bezog Hirsch seine Dienstwohnung in der Elisabethstr. 15, die aus Wirtschaftsräumen im Keller, vier Zimmern im Erdgeschoss und fünf Zimmern im Obergeschoss bestand. Zudem stand ihm die Benutzung des Gartens und des Trockenbodens im Haus zu. Nach dem Mietvertrag vom Februar 1926 zahlte die Stadt der Eigentümerin Frau Flörsheim eine Jahresmiete von 3600 RM und übernahm die auf dem Haus liegenden Abgaben. Für die Nutzung dieser Dienstwohnung wurde der Wohnungsgeldzuschuss samt dem darauf entfallenden Ortszuschlag einbehalten.[40]

Im Zuge der Weltwirtschaftskrise und der bald darauf einsetzenden Sparmaßnahmen musste Hirsch Gehaltskürzungen hinnehmen. So wurde im April 1931 seine Dienstaufwandsentschädigung um 960 Mark auf 2040 Mark gekürzt.[41] Im August verzichtete Hirsch, mit gutem Beispiel vorangehend, auf zehn Prozent seines Gehalts.[42] Allerdings wurden auch im Oktober die Dienstbezüge auf der Grundlage der Preußischen Sparverordnung vom September 1931 durch Verfügung des Regierungspräsidenten neu festgesetzt.

36 Dietmar Petzina u. a., Sozialgeschichtliches Arbeitsbuch. Materialien zur Statistik des Deutschen Reiches 1914–1945. Bd. 3, München 1978, S. 101 f.

37 Auszug aus den jetzt geltenden Bestimmungen über die Ruhegehaltsverhältnisse der besoldeten Magistrats-Mitglieder: Ortssatzung betr. Regelung der Ruhegehaltsverhältnisse der städtischen Beamten vom 15. März 1910, in: Stadtarchiv Dortmund, Bestand 111/01, Lfd. Nr. 21/1, Bl. 26–28, hier Bl. 26.

38 Aktennotiz des Oberbürgermeisters Eichhoff über ein Gespräch mit Hirsch, 19. 9. 1925, in: Ebd., Bl. 29 f.; ferner das Schreiben der Dortmunder Stadtverwaltung an Hirsch vom 6. 8. 1931, in: Ebd., Bl. 143. Ferner Aktenvermerk vom 19. 3. 1931, in: Ebd., Bl. 140.

39 Auszug aus den jetzt geltenden Bestimmungen über die Ruhegehaltsverhältnisse der besoldeten Magistrats-Mitglieder: Ortssatzung betr. Regelung der Ruhegehaltsverhältnisse der städtischen Beamten vom 15. März 1910, in: Ebd., Bl. 26–28, hier Bl. 26.

40 Schreiben Hirschs an Oberbürgermeister Eichhoff vom 2. 11. 1931, in: Ebd., Bestand 111/01, Lfd. Nr. 21/3, Bl. 3 f.

41 Schreiben der Dortmunder Stadtverwaltung an Hirsch vom 6. 8. 1931, in: Ebd., Bestand 111/01, Lfd. Nr. 21/1, Bl. 143. Ferner Aktenvermerk vom 19. 3. 1931, in: Ebd., Bl. 140.

42 Vgl. DZ Nr. 394 v. 25. 8. 1931, S. 7: Bürgermeister Hirsch verzichtet auf 10 Prozent seines Gehalts.

Die Kürzung des Grundgehalts sollte bis zum Oktober 1932 auf 20 Prozent beschränkt bleiben.[43]

2. Aufgabenbereiche und Amtseinführung

Am 19. September 1925 traf sich Hirsch mit Oberbürgermeister Eichhoff, um die Einzelheiten seiner Amtsübernahme zu besprechen. Schwierigkeiten bereitete die Frage, welche Dezernate Hirsch übertragen werden sollten. Da der neue Bürgermeister in Charlottenburg für das Wohnungs- und Mieteinigungsamt, die Kriegsbeschädigtenfürsorge und die Personalien zuständig gewesen sei, schienen sich diese Aufgabenfelder auch in Dortmund anzubieten. Doch die Kriegsbeschädigtenfürsorge war bereits Teil des Wohlfahrtsamtsdezernats. Die Übernahme des Wohnungsamts hielt Hirsch andererseits für bedenklich, da „er die örtlichen Verhältnisse nicht kenne". Darüber hinaus fehle ihm die „Kenntnis der Personalien-Verhältnisse". Deshalb würde er es „gern sehen, wenn er das Finanz-Dezernat bekommen könnte. Auch glaube er, dass ihm das Eingemeindungs-Dezernat, von dessen Übertragung ich [Eichhoff] ja bereits gesprochen hätte, sehr gut liegen würde." Das Gleiche gelte für das Kunst-Dezernat. Oberbürgermeister Eichhoff wiederum machte keinen Hehl aus seinen „Bedenken" gegen die Übertragung des Finanzdezernats, da Hirschs Landtagsmandat „ihm häufige und längere Abwesenheit in Berlin zur Pflicht" machen würde. Anders sähe es dagegen mit dem Eingemeindungsdezernat aus, auch wolle er die Übertragung des Kunstdezernats prüfen.[44]

Das Finanzwesen der Stadt sollte Hirsch denn auch nicht übertragen werden. Es blieb in der Verantwortlichkeit des Zentrumspolitikers Wilhelm Kaiser, der seit 1919 als Stadtkämmerer über die kommunalen Kassen wachte.[45] Es wäre auch ein allzu großer Affront gegenüber dem Zentrum gewesen, hätte man Kaiser nach seiner Wahlniederlage auch noch sein Ressort entzogen. Hirschs

43 Schreiben des Dortmunder Magistrats an Hirsch, 13. 11. 1931, in: Stadtarchiv Dortmund, Bestand 111/01, Lfd. Nr. 21/1, Bl. 147. Ferner das Schreiben Hirschs an Oberbürgermeister Eichhoff vom 2. 11. 1931, der Aktenvermerk über die Besprechung Eichhoffs und Hirschs mit dem Arnsberger Regierungspräsidenten vom 3. 11. 1931, der Aktenvermerk vom 23. 1. 1932, sowie das Schreiben des Magistrats an Hirsch vom 23. 12. 1931, in: Ebd., Bl. 2–4, 8 f. u. 12.

44 Vgl. den Aktenvermerk des Dortmunder Oberbürgermeisters vom 19. 9. 1925 über ein Gespräch mit Hirsch, in: Ebd., Bl. 29.

45 Vgl. Dieter Knippschild, Kaiser, Wilhelm, in: Hans Bohrmann (Hg.), Biographien bedeutender Dortmunder. Menschen in, aus und für Dortmund. Bd. 3, Essen 2001, S. 101–104.

Zuständigkeit erstreckte sich letztlich neben der Vertretung des Oberbürgermeisters als Magistratsdirigent auf die Dezernate Eingemeindungen, Kunst und Wissenschaft sowie auf das Statistische Amt.[46] Mit dieser Aufgabenzuteilung hatte das Bürgertum der Stadt nicht nur die Kontrolle über die städtischen Finanzen gewahrt, sondern auch größere Änderungen in der Ressortzuteilung vermieden. Für den „General-Anzeiger" war die „eigenartige Verteilung der Aemter" letztlich ein Zeichen für die „Kaltstellung des neuen Bürgermeisters"; „bekanntlich ist Herr Paul Hirsch sozialdemokratischer Parteimann und den reaktionären Kreisen im Stadtrat und Kollegium nicht genehm."[47]

Angesichts der geplanten Neuordnung des rheinisch-westfälischen Industriegebiets und des Dortmunder Raums im Besonderen lag es indes nahe, sich Hirschs kommunalpolitische Expertise und seine Erfahrungen bei der Bildung von Groß-Berlin zunutze zu machen. Gegenüber der Eingemeindungsproblematik, die Dortmund in den folgenden Jahren intensiv beschäftigen sollte, schien die Übertragung der Bereiche Kunst und Wissenschaft weitgehend nebensächlich zu sein. Doch sollte auch dieses Dezernat nicht unterschätzt werden, da für eine Großstadt, die sich gegenüber den rivalisierenden Städten Köln und Düsseldorf behaupten wollte, kulturelle Angelegenheiten als Statusfragen von großer Bedeutung waren. Es war zudem keineswegs ausgeschlossen, dass Hirsch seine guten Verbindungen nach Berlin zu nutzen vermochte, um namhafte Einrichtungen und Institutionen in die westfälische Metropole zu holen.

Nachdem Hirsch die behördliche Bestätigung seiner Wahl erhalten hatte[48], fand die Einführung des neuen Bürgermeisters in der Stadtverordnetensitzung am 9. November, somit am Jahrestag der Revolution von 1918 statt.[49] „Der Revolutionstag, an den das Bürgertum mit Abscheu denkt", so mokierte sich die „Dortmunder Zeitung", sei der linken Mehrheit „gleichzeitig ‚Ehrentag', an dem sie die Einführung des von ihnen auf den Thron erhobenen sozialistischen Bürgermeisters Hirsch erlebten".[50] Für Dortmund, so das Blatt, werde der 9. November

46 Vgl. Luntowski, Die kommunale Selbstverwaltung, S. 111, 116 u. 128 f.

47 GAD Nr. 312 v. 12. 11. 1925, S. 14: Der zweite Bürgermeister Hirsch nicht städtischer Finanzminister.

48 Schreiben des Preußischen Staatsministeriums, gez. Severing, Berlin, 17. 10. 1925, in: Stadtarchiv Dortmund, Bestand 111/01, Lfd. Nr. 21/1, Bl. 59. In einem Schreiben an den Oberbürgermeister vom 2. November 1925 erklärte sich Hirsch bereit, das Amt anzunehmen; vgl. ebd., Bl. 62. Vgl. WAV Nr. 246 v. 21. 10. 1925: Genosse Hirsch als Bürgermeister bestätigt, in: Ebd., Bl. 59.

49 Vgl. den Auszug aus dem Sitzungsprotokoll der Stadtverordnetenversammlung vom 9. 11. 1925, in: Ebd., Bl. 70.

50 DZ Nr. 526 v. 10. 11. 1925, S. 10: Die Sozialdemokraten.

„ein doppelt merkwürdiger Tag bleiben, der zu ernstem Nachdenken über die Verabsäumungen der sogenannten bürgerlichen Demokratie, die auch nicht um Haaresbreite von einem schweren Verstoß gegen die Interessen des Bürgertums entfernt sind, alle einsichtigen Bürger nochmals auffordert".[51] Angesichts seines bereits früher geleisteten Diensteides wurde Hirsch durch Handschlag auf sein neues Amt verpflichtet und ihm seine Anstellungsurkunde und die Bestätigungsurkunde des Staatsministeriums überreicht.[52]

Nachdem Eichhoff den neuen Bürgermeister als Kollegen im Magistrat herzlich willkommen geheißen hatte[53], dankte Hirsch für die Begrüßungsworte und gab der Hoffnung Ausdruck, dass er bei seiner Arbeit auch die Unterstützung derer erhalten werde, die ihn nicht gewählt hätten. Er trete sein Amt in schwierigen Zeiten an, wo auf die Belange der Gemeinden nicht immer Rücksicht genommen werde. „Sie werden von mir heute nicht ein kommunalpolitisches Programm verlangen." Jeder Beamte müsse sich als Vertreter der Gesamtheit fühlen und insbesondere auch die Interessen der „bedürftigen Schicht" wahrnehmen. Auch wenn es in Zukunft „heftige kommunalpolitische Kämpfe" geben werde, sollten diese Auseinandersetzungen „stets in sachlicher und nicht in persönlich-gehässiger Weise" geführt werden und man sich bemühen, „auch in dem politischen Gegner den Mann von Überzeugung zu achten".[54]

Der „General-Anzeiger" konnte seine Enttäuschung über den Verlauf der Sitzung nicht verbergen, habe man doch nach der „heftigen Pressefehde" die Einführung des neuen Bürgermeisters mit Spannung erwartet, doch die Sitzung sei „sang- und klanglos" vonstatten gegangen.[55] Eine Haltung skeptischer Zurückhaltung nahm der kommunistische „Westfälische Kämpfer" ein, der die Wahlhilfe der KPD für Hirsch noch einmal zu erklären versuchte und darauf hinwies, dass es sich „bald herausstellen" werde, „ob der sozialdemokratische Bürgermeister sich in den Dienst der Bourgeoisie stellt oder ob er die Forderungen der Arbeiterschaft vertritt".[56]

51 DZ Nr. 515 v. 3. 11. 1925, S. 2: Einführung des neuen Bürgermeisters am 9. November 1925.

52 Aktenvermerk vom 9. 11. 1925, in: Stadtarchiv Dortmund, Bestand 111/01, Lfd. Nr. 21/1, Bl. 65.

53 Redemanuskript von Oberbürgermeister Eichhoff, in: Ebd., Bl. 64; DZ Nr. 526 v. 10. 11. 1925, S. 10: Sitzungsbericht.

54 DZ Nr. 526 v. 10. 11. 1925, S. 10: Sitzungsbericht.

55 GAD Nr. 310 v. 10. 11. 1925, S. 13, über die Stadtverordnetenversammlung. Vgl. auch den Auszug aus dem Sitzungsprotokoll der Stadtverordneten-Versammlung vom 9. 11. 1925, in: Stadtarchiv Dortmund, Bestand 111/01, Lfd. Nr. 21/1, Bl. 61.

56 WK Nr. 237 v. 8. 11. 1925, S. 7: Zur Einführung des neuen Bürgermeisters.

Hirschs Umzugskosten sollten sich auf insgesamt 2127,11 RM belaufen, worunter nicht nur die Kosten des Spediteurs in Höhe von 1120 M, sondern auch die Arbeiten eines Tischlermeisters und Installateurs, die Fahrtkosten von Charlottenburg nach Dortmund (100,80 M), der Hotelaufenthalt in Charlottenburg während des Einpackens vom 26. März bis zum 1. April sowie der Hotel- und Voraufenthalt in Dortmund vom 2. bis 5. April 1925 zählten. Gegenüber den Packern zeigte sich Hirsch im Übrigen generös. So beliefen sich die Trinkgelder in Charlottenburg auf 65 M und in Dortmund auf 47 M.[57] Die Umzugskosten wurden vom neuen Arbeitgeber übernommen. Allerdings bestand eine Rückerstattungspflicht der Umzugskosten bei vorzeitigem Ausscheiden aus dem Amt, die vor Ablauf von zwei Jahren noch den vollen Betrag, ab dem 3. Jahr einen sinkenden Anteil der Kosten ausmachte und erst nach einer Dienstzeit von mehr als neun Jahren erlosch.[58] Da Hirsch aufgrund seiner Mandatsverpflichtungen seine Wohnung in Berlin behielt und ihm durch die Führung eines doppelten Haushalts Mehraufwendungen entstanden, beantragte er die Gewährung einer Wohnungsbeihilfe, die ihm schließlich auch im November 1925 in Höhe von 368 M bewilligt wurde.[59]

Als Magistratsmitglied gehörte er verschiedenen Deputationen und Kommissionen der Stadt an. So wurde er im Juli 1928 zum Mitglied der Eingemeindungskommission, des Eingemeindungs-(Überleitungs-)Ausschusses, der Theater- und Orchesterdeputation, der Deputation für Kunst und Wissenschaften, zum stellvertretenden Mitglied der Juristischen Kommission und des Ausschusses für Verfassungsfeiern ernannt.[60] Auch war er als Vorsitzender der Verkehrsdeputation anzutreffen.[61] Zu seinen Verpflichtungen als führendes Mitglied der Stadtverwaltung zählte zudem seine Mitgliedschaft im Aufsichtsrat der gemeinnützigen Wohnungsbaugesellschaft Bau A.G. Hellweg und der Luftverkehrs A.G. Westfalen (Welu).[62]

57 Aufstellung der Kosten des Umzugs von Berlin-Charlottenburg nach Dortmund, in: Stadtarchiv Dortmund, Bestand 111/01, Lfd. Nr. 21/1, Bl. 77.

58 Erklärung von Hirsch, Dortmund, 11. 5. 1926, in: Ebd., Bl. 90.

59 Schreiben des Dortmunder Oberbürgermeisters vom 28. 11. 1925, in: Ebd., Bl. 80.

60 Vgl. Stadtarchiv Dortmund, Bestand 3, Lfd. Nr. 4890, Bl. 87–91: Ernennung von Magistratsmitgliedern zu Mitgliedern von Deputationen, Kommission usw.

61 Vgl. DZ Nr. 138 v. 22. 3. 1930, S. 9: Groß-Dortmunder Verkehrsprobleme.

62 Vgl. DZ Nr. 284 v. 22. 6. 1931, S. 5: Dortmunder gemeinnützige Bau-A.-G. „Hellweg". Hirsch soll zudem dem Aufsichtsrat der Glückauf-Wohnungsbaugesellschaft angehört haben; vgl. Nr. 300 v. 1. 7. 1930, S. 11: Dauersitzung der Dortmunder Stadtväter. Zur Welu vgl. das Schreiben des Aufsichtsratsvorsitzenden der Luftverkehrs-A.-G. Westfalen an Hirsch, Dortmund, 1. 11. 1932, in dem Hirsch für sein „grosses Interesse" gedankt

Die Bürgermeister und insbesondere die Oberbürgermeister spielten in der Weimarer Republik eine herausgehobene Rolle. Rekrutieren sich die Minister in der Bundesrepublik zum nicht unwesentlichen Teil aus den Reihen der Ministerpräsidenten, so bildeten in der Weimarer Republik die kommunalen Spitzenämter den Kandidatenpool für Ministerposten im Reich. Während im wilhelminischen Kaiserreich von 1890 bis 1918 lediglich zwei Oberbürgermeister unter den 54 Staatssekretären der Reichsämter[63], deren Positionen späteren Reichsministern entsprachen, zu finden waren und diese bezeichnenderweise auch erst 1917 ins Amt kamen, stieg die Zahl der amtierenden bzw. ehemaligen Stadtoberhäupter zwischen 1918 und 1933 auf acht von insgesamt 102 Reichsministern, die allerdings 44 von ca. 300 Regierungspositionen bekleideten. In 19 der insgesamt 20 Kabinette zwischen 1919 und 1933 war mindestens ein OB zu finden, meistens waren es zwei oder drei. Mit Hans Luther bekleidete sogar ein Oberbürgermeister (Essen) den Posten des Reichskanzlers. Zu den Ministern mit kommunalem Erfahrungshintergrund gehörten neben Luther Otto Gessler (Oberbürgermeister von Nürnberg), Erich Koch-Weser (Kassel), Karl Jarres (Duisburg), Hermann Dietrich (Konstanz), Wilhelm Külz (Dresden), Franz Bracht (Essen) und Ernst Scholz (Charlottenburg). Journalisten sprachen schon mokant von der „‚Oberbürgermeisterecke' im Regierungsviertel", wobei sie damit je nach Phantasie einen „Drahtzieherklub oder dergleichen" im Sinn hatten, wie der langjährige Reichswehrminister und Nürnberger Oberbürgermeister Gessler rückblickend befand.[64] Die gestiegene Bedeutung der Oberbürgermeister resultierte aus der mit dem Übergang zur parlamentarischen Demokratie verbundenen Ausweitung des Kreises der ministrablen Politiker. Die wilhelminischen Spitzenbeamten, die juristisch vorgebildet, adlig und konservativ, aber meist ohne parteipolitische Bindung waren, vermochten unter den veränderten Rahmenbedingungen nicht mehr zu bestehen. Die in der Regel juristisch ausgebildeten, aber bürgerlichen und meist liberalen Oberbürgermeister verbanden dagegen die Fähigkeit zur Führung einer größeren Verwaltung mit politisch-parlamentarischer Erfahrung, die sie im kommunalen Rahmen bereits gewonnen hatten. In den Parlamenten waren die Stadtoberhäupter im Übrigen ebenfalls vertreten, doch befleißigten sie sich gegenüber dem Preußischen Landtag einer gewissen

wurde, das er „der Luftverkehrsentwicklung der Provinz Westfalen entgegengebracht" habe; vgl. Leo Baeck Institute, Paul Hirsch Collection (AR 3382), Box 1, Folder 1.

63 Rudolf Schwander (1906–1918 OB von Straßburg), 1917 Staatssekretär im Reichswirtschaftsamt; Max Wallraf (1907–1917 OB von Köln), 1917/18 Staatssekretär im Reichsamt des Innern.

64 Vgl. Otto Gessler, Reichswehrpolitik in der Weimarer Zeit, Hg. Kurt Sendtner, Stuttgart 1958, S. 388.

Zurückhaltung, vermochten sie über den Preußischen Staatsrat doch effektiver Einfluss auszuüben. Gehörten dem 1. Preußischen Landtag (1921–1924) lediglich ein amtierender (Leinert) und ein ehemaliger Oberbürgermeister (Wallraf/Köln) an, so war im 1928 gewählten Landtag neben Hirsch nur der Oberbürgermeister von Aachen, Farwick, für das Zentrum und der inzwischen aus seinem Amt ausgeschiedene Leinert zu finden. Zwar hatte Hirsch zu diesem Kreis der OB's noch nicht vollständig aufgeschlossen – kurzzeitig war er immerhin als SPD-Kandidat für den Oberbürgermeisterposten in Gelsenkirchen-Buer im Gespräch[65] –, doch zählte er letztlich im weitesten Sinne zum Kreis jener für ein Regierungsamt für befähigt erachteten kommunalen Spitzenpolitiker.[66]

Dass Sozialdemokraten an der Spitze der kommunalen Verwaltungen selten zu finden waren und im Ruhrgebiet lediglich in der mittelgroßen Stadt Wattenscheid mit Paul Überhorst den Oberbürgermeister stellten[67], lag am hohen Maß an Kontinuität in den deutschen Gemeinden, deren Oberbürgermeister nach dem Umsturz 1918/19 größtenteils im Amt blieben. Dies galt letztlich auch für den 1910 ins Amt gewählten Dortmunder Oberbürgermeister Eichhoff. Dennoch bildete Dortmund eine gewisse Ausnahme im Ruhrgebiet, da Sozialdemokraten an die Schaltstellen der Macht gelangten und prägenden Einfluss auf die Entwicklung ihrer Kommune ausüben konnten. Neben Paul Hirsch ist hier an den Wohlfahrtsdezernenten Walter Dudek (1922/24) zu erinnern, der 1925 Oberbürgermeister von Harburg wurde.[68]

Nach Hirschs Wahl zum Bürgermeister stellte sich die Frage, ob nicht die aus seinem Berliner Mandat herrührenden Verpflichtungen seine Arbeit und vor allem auch seine Akzeptanz in Dortmund erschweren müssten. Würde Hirsch ein ähnliches Schicksal ereilen wie Leinert und Scheidemann? Würde man auch ihm den Vorwurf machen, sein Amt aus parteipolitischen Gründen zu vernachlässigen und sich als preußischer Landtagsabgeordneter zu oft und zu lange in Berlin aufzuhalten? Hirsch schien diese Frage nicht zu berühren. Noch vor seiner Amtseinführung nahm er seine Verpflichtungen als Abgeordneter wieder

65 DZ Nr. 261 v. 6. 6. 1928, S. 2: Westfalen und Nachbarprovinzen.

66 Vgl. Wolfgang Hofmann, Zwischen Rathaus und Reichskanzlei. Die Oberbürgermeister in der Kommunal- und Staatspolitik des Deutschen Reiches von 1890 bis 1933, Stuttgart 1974, vor allem S. 174–289, die Zahlen nach S. 218 u. 223. Zu den Oberbürgermeistern des 1928 gewählten Preußischen Landtags zählt Hofmann, S. 206, auch Heinrich Huster aus Trier. Huster war jedoch nur Obermeister der Bäcker- und Konditoreninnung.

67 Joachim Lilla, Leitende Verwaltungsbeamte und Funktionsträger in Westfalen und Lippe (1918–1945/46). Biographisches Handbuch, Münster 2004, S. 298; Faulenbach/Högl, Eine Partei in ihrer Region.

68 Vgl. Ranft, Sozialdemokraten und Kommunalpolitik, S. 89–91.

wahr und ergriff im Preußischen Landtag am 13. Oktober 1925 anlässlich der zweiten Beratung des Haushalts des preußischen Innenministeriums das Wort.[69] Er schien geradezu die Zeit vor der Übernahme seines Dortmunder Amtes noch einmal ausnutzen zu wollen, um seiner Debattenleidenschaft, seiner Vorliebe für das Florett in der politischen Auseinandersetzung zu frönen. So folgte am 21. Oktober noch eine Rede zur Änderung des Preußischen Ausführungsgesetzes zum Finanzausgleichsgesetz, in der er die für die Kommunen entstehenden Nachteile herauszustreichen versuchte.[70] Auch publizistisch sollte er den Gesetzgebungsprozess in Preußen aufmerksam verfolgen und sich wie im Februar 1926 mit einem Artikel zum Gesetzentwurf einer Gebäudeentschuldungssteuer zu Wort melden.[71]

Wenn auch das preußische Landtagsmandat aufgrund häufiger Absenzen als Nachteil begriffen werden konnte, boten sich Hirsch angesichts seiner guten Beziehungen zur preußischen Regierung und zu führenden Vertretern des Landtags doch auch Chancen, die ihm bei seiner Arbeit in Westfalen von Vorteil sein mochten. So konnte er die auf Landesebene zu regelnden Eingemeindungsfragen als gut vernetzter Sozialdemokrat im Landtag pro-aktiv beeinflussen. Zudem eröffnete sich auch für die Stadt die Möglichkeit, mit Hilfe von Hirschs Kontakten und Konnexionen namhafte Einrichtungen und Institutionen nach Dortmund zu holen. Insofern mochte sich Hirschs Landtagsmandat keineswegs so unvorteilhaft ausnehmen, wie es auf den ersten Blick scheinen mochte. Er kandidierte deshalb 1928 erneut für den Landtag und wurde auch gewählt.[72]

Während seiner Zeit an der Spitze der Dortmunder Stadtverwaltung engagierte er sich auch weiterhin für seine Partei. So war er auf den kommunalpolitischen Foren der SPD zu finden und nahm beispielsweise im August 1925 am Verbandstag der Gemeinde- und Staatsarbeiter in Frankfurt am Main[73] oder

69 Rede Hirschs am 13. 10. 1925, in: StBPLT 1924/28, 76. Sitzung, Sp. 4233–4246.

70 Rede Hirschs am 21. 10. 1925, in: StBPLT 1924/28, 84. Sitzung, Sp. 4887–4890.

71 Vorwärts Nr. 68 v. 10. 2. 1926, S. 1 f.: Paul Hirsch, Für den Wohnungsbau. Die Gebäude-Entschuldungssteuer.

72 Als Mitte April 1928 der Berliner Bezirksparteitag die Kandidaten für die Reichs- und Landtagswahlen aufstellte, führte Paul Hirsch die Liste der Berliner Kandidaten an; vgl. Vorwärts Nr. 179 v. 15. 4. 1928, S. 1: Unsere Berliner Kandidaten; zur Wahl vgl. Nr. 242 v. 24. 5. 1928, S. 1: Die neue Landtagsfraktion. Zu den preußischen Landtagswahlen am 20. 5. 1928 vgl. Falter u. a., Wahlen, S. 101. Hirsch wurde im Juni 1928 als Vorsitzender des Hauptausschusses des Landtags wiedergewählt; vgl. Vorwärts Nr. 277 v. 14. 6. 1928, S. 2: Konstitution des Hauptausschusses.

73 Vorwärts Nr. 375 v. 11. 8. 1925, S. 10: Verbandstag der Gemeindearbeiter. Der „Kampf um bessere Lohn- und Arbeitsbedingungen", so Hirsch, sei „ein Kampf um die politische

an der ersten Reichskonferenz für Kommunalpolitik in Kiel[74] teil. Überdies setzte er sich für das 1924 gegründete Reichsbanner Schwarz-Rot-Gold ein, das sich dem Schutz der Republik und der sie tragenden Kräfte verschrieben hatte.[75] Wiederholt war er auch in Berlin als Redner zu finden.[76] Die Stadt blieb letztlich sein zweites Standbein. So mochte es nicht verwundern, dass er auch an dem ordentlichen Bezirksparteitag der SPD in Berlin am 12. und 13. April 1930 teilnahm, um über „Die Verwaltungsreform der Stadt Berlin" und den vorliegenden Gesetzentwurf zu informieren.[77] Auch publizistisch meldete er sich weiterhin zu allgemeinpolitischen Fragen, nicht zuletzt dann, wenn sie die Kommunalpolitik berührten, zu Wort.[78] Dennoch blieben diese Ausflüge in die Parteipolitik und in den Journalismus überschaubar und beanspruchten den Bürgermeister nicht derart, dass seine Amtsgeschäfte darunter hätten leiden müssen. Sie waren letztlich unvermeidbare Fingerübungen eines kommunalen Spitzenpolitikers, der mit seiner öffentlichen Präsenz auch weiterhin seinen Anspruch auf eine führende Stellung in der Partei unterstreichen wollte.

Macht". „Von den politischen Rechten, die die Revolution den Arbeitern gegeben hat, müssen sie den richtigen Gebrauch machen." Vgl. auch Nr. 218 v. 10. 5. 1927, S. 10: Reichskonferenz der Kraftwerksarbeiter, zur 2. Reichskonferenz der im Verband der Gemeinde- und Staatsarbeiter organisierten Gas-, Elektrizitäts- und Wasserwerksarbeiter.

74 Vgl. Vorwärts Nr. 246 v. 26. 5. 1927, S. 10: Kommunalpolitische Forderungen.

75 So sprach Hirsch am 24. Mai 1926 auf einer Kundgebung des Reichsbanners in der Dortmunder Westfalenhalle; vgl. Vorwärts Nr. 240 v. 25. 5. 1926, S. 1: Reichsbannertag in Dortmund. Auch auf den 1. Mai-Kundgebungen der Partei war Hirsch zu finden, interessanterweise in Berlin-Lichtenberg; vgl. Vorwärts Nr. 203 v. 29. 4. 1928, S. 10: Parteiveranstaltungen Dienstag, den 1. Mai. Zur Begrüßung der 5. Arbeiterjugendtagung in Dortmund am 4. 8. 1928 vgl. Nr. 367 v. 5. 8. 1928, S. 6: Zwanzigtausend junge Menschen!

76 So hielt Hirsch am 10. Januar 1929 auf einer Frauenveranstaltung in Berlin-Charlottenburg eine Rede über das Thema „Die Frau in der Kommunalpolitik"; vgl. Vorwärts Nr. 9 v. 6. 1. 1929, S. 11: Parteinachrichten für Groß-Berlin. Am 21. März 1929 folgte ein Vortrag auf einer Frauenveranstaltung in Berlin-Charlottenburg über „Sozialistische Wohnungspolitik"; vgl. Nr. 113 v. 8. 3. 1929, S. 7: Parteinachrichten für Groß-Berlin; ferner Nr. 131 v. 19. 3. 1929, S. 5: Demokratie in der Gemeinde.

77 Vgl. Vorwärts Nr. 163 v. 6. 4. 1930, S. 13: Parteinachrichten für Groß-Berlin; Nr. 176 v. 14. 4. 1930, S. 3: Berliner Bezirksparteitag.

78 Vgl. Aachener Anzeiger Nr. 527 v. 12. 11. 1927, S. 1: Paul Hirsch, Besoldungsreform und Gemeinden; Duisburger General-Anzeiger Nr. 536 v. 18. 11. 1927, S. 9: Paul Hirsch, Gehaltserhöhung auch für Kommunalbeamte, aber gibt den Gemeinden die Mittel!; Solinger Tageblatt Nr. 160 v. 10. 7. 1928, S. 2: Paul Hirsch, Die kommunalen Aufgaben des neuen Preuß. Landtages.

3. Entwicklung und Stellung der Stadt Dortmund

Dortmund, das für Hirsch zu seiner neuen politischen Heimat werden sollte, war damals die größte Stadt des Ruhrgebiets in der preußischen Provinz Westfalen.[79] Seit der Industrialisierung hatte die Stadt ein explosionsartiges Wachstum erlebt. Noch 1800 war Dortmund ein unscheinbares Ackerbürgerstädtchen mit gerade einmal 4000 Einwohnern. Aber mit der Erschließung und der wirtschaftlichen Expansion des Ruhrgebiets in der zweiten Hälfte des 19. Jahrhunderts begann eine Anwerbung von Arbeitskräften, die zu einer Zuwanderung aus anderen Teilen Deutschlands führte. Aus dem kleinen Landstädtchen wurde plötzlich eine beeindruckende Metropole. Zählte die Stadt 1875 noch 57 000 Einwohner, waren es bei der Volkszählung von 1910 bereits 214 000 und bei Kriegsende 1918 rund 300 000.[80] Nach Köln und Düsseldorf war sie im Westen, d. h. in den Provinzen Rheinland und Westfalen, die drittgrößte Stadt. Die Zuwanderung hatte zur Folge, dass der Anteil der in Westfalen geborenen Dortmunder von 1880 bis 1905 von 77 auf 66 % sank, während gleichzeitig der Anteil der aus den preußischen Ostprovinzen stammenden Einwohner im gleichen Zeitraum von 3,3 auf 15,3 % stieg.[81] Damit nahm auch der Anteil der polnisch sprechenden Einwohner zu. Während er in der Stadt 1910 lediglich 4,5 % betrug, machte er im Landkreis Dortmund bereits 12,2 % aus.[82] Gleichzeitig änderte sich auch die Konfessionsstruktur der Stadt. So führte die Zuwanderung zu einem signifikanten Anstieg des katholischen Bevölkerungsanteils von 20 % (1820) auf 44 % (1900).[83]

Den Aufstieg verdankte Dortmund dem Bergbau und der Hüttenindustrie. Die Schwerindustrie prägte das Bild der Stadt. Zu den führenden Stahl- und Montanunternehmen zählten die Harpener Bergbau AG, die Firma Hoesch, die Dortmunder Union für Eisen- und Stahlindustrie und die Phoenix AG für Bergbau und Hüttenbetrieb. Auch der Maschinen- und Anlagenbau und die Brauindustrie, die wie die Kronen-Brauerei oder die Dortmunder Actien-Brauerei Dortmunds Weltruf als Bierstadt begründete, waren in der Westfalenstadt vertreten. Die Mehrzahl der Erwerbstätigen war mithin in Großbetrieben beschäftigt. Für die verkehrsgeographische Entwicklung des Industrieplatzes Dortmund waren die Eisenbahn, mit der bereits 1847 eine Verbindung mit Köln und

79 Paul Hirsch, Groß-Dortmund, in: Die Heimat. Monatszeitschrift für Land, Volk und Kunst in Westfalen und Niederrhein 10,6 (1928), S. 162–164, hier S. 162.

80 Vgl. Luntowski, Jahrhundert, S. 292; Günther Högl, Das 20. Jahrhundert, S. 362.

81 Vgl. Luntowski, Jahrhundert, S. 293.

82 Vgl. ebd., S. 295.

83 Vgl. ebd., S. 296–303; ders., Kleine Geschichte, S. 44 u. 53.

Minden hergestellt wurde, und der Ausbau der Wasserstraßen namentlich von Ruhr und Lippe sowie der Bau des Dortmund-Ems-Kanals von großer Bedeutung.[84] Nach dem Weltkrieg stellte die Besetzung der Stadt durch französische Truppen nach dem Einmarsch ins Ruhrgebiet im Januar 1923 infolge von Verzögerungen bei deutschen Reparationslieferungen eine große Belastung dar. Erst im Oktober 1924 sollten die Besatzungstruppen die Stadt wieder räumen.[85]

Die Sozialdemokratie vermochte früh in Dortmund Fuß zu fassen. Nach dem Ende des Sozialistengesetzes stieg die Partei rasch zur tonangebenden Kraft auf. 1895 konnte sie bei einer Ersatzwahl für den Reichstag mit 54,4 % die absolute Mehrheit der Stimmen erobern und mit dem Redakteur der „Rheinisch-Westfälischen Arbeiterzeitung" Franz Lütgenau den ersten Abgeordneten des Ruhrgebiets in das Reichsparlament entsenden. Seit 1903 war der Reichstagswahlkreis Dortmund-Hörde fest in sozialdemokratischer Hand. Anders sah es auf kommunaler Ebene aus, wo das Dreiklassenwahlrecht lange Zeit die Wahl sozialdemokratischer Abgeordneter in die Stadtverordnetenversammlung verhinderte. Nachdem 1877 kurzzeitig einem Sozialdemokraten mit Unterstützung des Zentrums der Einzug in das honorable Kommunalparlament gelang, waren erst 1909 wieder vier Sozialdemokraten unter den 77 Stadtverordneten Dortmunds zu finden. Der Magistrat blieb der Partei zudem bis 1918 versperrt. Ungeachtet der Akzeptanz, die die Partei bei den Reichstagswahlen fand, überrascht es, dass sie nur über wenige beitragszahlende Mitglieder verfügte. So fanden von den knapp 38 000 Industriearbeitern bis 1907 lediglich 1100 den Weg in die Parteiorganisation. Publizistisches Rückgrat der Parteiorganisation bildete seit 1917 die „Westfälische Allgemeine Volkszeitung", die die Nachfolge der „Arbeiter-Zeitung" als Partei- und Gewerkschaftsorgan für das östliche Ruhrgebiet antrat.[86]

Zu den führenden Sozialdemokraten zählte nach dem Krieg der gebürtige Oberschlesier Ernst Mehlich (1882–1926), der 1919 Vorsteher der Stadtverordnetenversammlung und wenig später auch Reichs- und Staatskommissar für das rheinisch-westfälische Industriegebiet wurde. Der gelernte Buchdrucker war nicht nur Chefredakteur der Dortmunder „Arbeiter-Zeitung", sondern wie Hirsch auch schriftstellerisch im Bereich der Arbeiterbildung tätig. Hirsch sollte nur wenige Monate mit ihm zusammenarbeiten. Im August 1926 kam Mehlich

84 Vgl. Luntowski, Jahrhundert, S. 213–352; Högl, Das 20. Jahrhundert, S. 353–427.

85 Vgl. Winterfeld, Geschichte, S. 184–186; Högl, Das 20. Jahrhundert, S. 385–392.

86 Vgl. Luntowski, Jahrhundert, S. 296–303; ders., Kleine Geschichte, S. 44 u. 53. Zum Jahr 1912 vgl. ders., Die kommunale Selbstverwaltung, S. 100, insgesamt S. 100–103; Högl, Sozialdemokratie. Ferner Schledorn, Die westlich westfälische Sozialdemokratie.

bei einem Anschlag auf die Eisenbahnstrecke Hannover–Berlin bei Leiferde im Alter von 44 Jahren ums Leben.[87]

Das Amt des Vorstehers der Stadtverordnetenversammlung übernahm 1925 der Chefredakteur der „Westfälischen“ und gelernte Buchdrucker Fritz Henßler (1886–1953). Sein Amt sollte er bis 1933 bekleiden. Nicht nur als führender Kommunalpolitiker, als Journalist und Vorsitzender des Bezirks Westliches Westfalen, sondern auch als Reichstagsabgeordneter (1930–1933) spielte er eine maßgebliche Rolle innerhalb der Dortmunder SPD. Nach dem Zweiten Weltkrieg sollte er sozusagen in der Nachfolge von Paul Hirsch Oberbürgermeister von Dortmund (1946–1953) werden.[88] Zur Parteiführung gehörte auch Max König (1868–1941), der bis 1919 Parteisekretär für den Bezirk Westliches Westfalen in Dortmund war und seit 1912 dem Reichstag angehörte. 1919 wurde er mit der kommissarischen Verwaltung des Regierungspräsidiums von Arnsberg betraut und im folgenden Jahr zum Regierungspräsidenten ernannt. In dieser Funktion sollte er Hirsch 1925 auch in seinem Amt bestätigen.[89] Zu verweisen ist auch auf den gelernten Zimmermann Franz Klupsch (1874–1957), der anfangs als Kandidat für das Amt des Bürgermeisters im Gespräch war. Klupsch, der Bezirksparteisekretär, Redakteur des Parteiorgans und Mitglied der Dortmunder Stadtverordnetenversammlung war, gehörte seit 1919 wie Hirsch auch der Verfassunggebenden Preußischen Landesversammlung und dem Landtag an.[90]

87 Vgl. Matthias John, Die Dortmunder Sozialdemokratie um 1900. Erinnerungen von Konrad Haenisch, in: Beiträge zur Geschichte der Arbeiterbewegung, 47,3 (2005), S. 3–70, hier S. 55–58; Alois Klotzbücher, Ernst Mehlich (1882–1926), in: Günter Benser/Michael Schneider (Hg.), „Bewahren – Verbreiten – Aufklären“. Archivare, Bibliothekare und Sammler der Quellen der deutschsprachigen Arbeiterbewegung, Bonn/Bad Godesberg 2009, S. 190–195.

88 Vgl. Günther Högl/Hans-Wilhelm Bohrisch (Hg.), Fritz Henßler 1886–1953. „Die Person immer ganz weit hinter der Sache“. Sozialdemokrat, Reichstagsabgeordneter und Dortmunder Oberbürgermeister, Essen 2003; Günther Högl/Karl Lauschke, Fritz Henßler. Ein Leben für Freiheit und Demokratie 1886–1953. Begleitband zur gleichnamigen Ausstellung des Stadtarchivs Dortmund zum 100. Geburtstag von Fritz Henßler am 12. April 1986, Dortmund 1986; Günther Högl, Fritz Henßler – als Parlamentarier im Kampf für Demokratie und Sozialismus, in: Faulenbach/Högl, Eine Partei in ihrer Region, S. 183–191; Högl, 20. Jahrhundert, S. 396 (Stadtverordnetenvorsteher); Schröder, Sozialdemokratische Parlamentarier, S. 502.

89 Schröder, Sozialdemokratische Parlamentarier, S. 559; Günther Högl, Max König (1868–1941). Der „Rote König“, in: Faulenbach u. a., Sozialdemokratie im Wandel, S. 55 f.

90 Vgl. Friedemann, Franz Klupsch, in: Faulenbach u. a., Sozialdemokratie im Wandel, S. 92 f.; Schröder, Sozialdemokratische Parlamentarier, S. 554; Jaspers/Reininghaus, Kandidaten, S. 106 f.

Hatte die SPD noch bei den Wahlen zur Nationalversammlung in Dortmund mit 46,5 % knapp die absolute Mehrheit verpasst und die USPD (3,3 %) klar deklassieren können, so setzte in den folgenden Jahren ein markanter Abwärtstrend ein. Nachdem die Partei bei den Reichstags- und Kommunalwahlen vom Mai 1924 auf 15,5 % im Reich (Kommunalwahl: 17,2 %) abgestürzt und von der KPD mit 30,8 % (Kommunalwahl: 29,4 %) überholt worden war, vermochte sich die SPD bei den Kommunalwahlen im Dezember 1924 etwas zu erholen und mit 27,9 % wieder zur stärksten Arbeiterpartei zu avancieren (KPD 17,7 %). Die stärkste bürgerliche Fraktion stellte das Zentrum, auf das 23,5 % entfallen waren, während DVP (13,3 %), DNVP (5,9 %) und DDP (5,3 %) demgegenüber deutlich abfielen.[91]

4. Die Eingemeindungen 1928/29

Für die Berufung Hirschs hatten 1925 wie erwähnt mehrere Gründe gesprochen. Der stellvertretende Bezirksbürgermeister von Charlottenburg war nicht nur als ehemaliger preußischer Ministerpräsident ein prominenter Sozialdemokrat, sondern auch einer der herausragenden Kommunalexperten der Partei, und was vor allem entscheidend war, einer der Väter des Groß-Berlin-Gesetzes und damit ein ausgewiesener Kenner von Eingemeindungsfragen. Angesichts der geplanten Eingemeindungen im Rahmen der geplanten kommunalen Neuordnung des rheinisch-westfälischen Industriegebiets war dieser Umstand ein Beweggrund, der nicht nur für Dortmunder Sozialdemokraten, sondern auch für Linksliberale bei der Wahl Hirschs mit ausschlaggebend gewesen sein dürfte.

Das rapide Bevölkerungswachstum und die rasch fortschreitende Industrialisierung hatten seit dem späten 19. Jahrhundert zu einer Verdichtung der Räume geführt.[92] Im Zuge der Urbanisierung und Industrialisierung griffen die Städte auf die ländlichen Gebiete aus, wo sich Industrien ansiedelten und Wohnsiedlungen entstanden. Das Siedlungsgebiet entsprach nicht mehr den Gemeindegrenzen. Im Laufe des 19. und frühen 20. Jahrhunderts entstanden Agglomerationen wie das Ruhrgebiet und das sächsische Industriegebiet oder Stadtlandschaften, zu denen der Groß-Berliner Raum zählte. Das unkontrollierte Wachstum der Städte brachte mehrere Probleme mit sich, zu denen neben der grassierenden Bodenspekulation gesundheitliche und hygienische Missstände infolge der engen Bebauung zählten. Die dadurch bedingte Verschlechterung der

91 Vgl. Högl, 20. Jahrhundert, S. 377–398; Luntowski, Kleine Geschichte, S. 53.

92 Hoebink, Kommunale Neugliederung, S. 51 f.

Lebensverhältnisse der Arbeiter machte nach dem Ersten Weltkrieg planvolle und ordnende Eingriffe notwendig.[93] Neben dem Wunsch nach besseren sozialen, einheitlichen Rahmenbedingungen trat die Forderung nach einer Rationalisierung der Verwaltung und nach Ausdehnung der städtischen Steuerhoheit auf die ins Umland geflüchteten Unternehmen.[94] Da mit dem raschen industriellen Wandel des Ruhrgebiets die kommunale Entwicklung nicht Schritt hielt und ein Gemenge an Groß-, Mittel- und Kleinstädten sowie Landgemeinden entstanden war, wurde 1920 der Siedlungsverband Ruhrkohlenbezirk ins Leben gerufen, der nach dem Vorbild des seit 1911/12 bestehenden Zweckverbands Groß-Berlin für die Raumplanung, die Regelung der zwischengemeindlichen Verkehrsverhältnisse und die Sicherung von Frei- und Grünflächen zuständig war.[95]

Die Neugliederung der kommunalen Grenzen im Dortmunder Raum war ein 1905 einsetzender, gut zwei Jahrzehnte dauernder und in zwei Phasen ablaufender Prozess, der mit der umfassenden Neuordnung von 1928/29 zu einem Abschluss kam. Das sprunghafte Ausgreifen der Industrieunternehmen und der Zechenbetriebe auf das angrenzende Umland, aber auch der Wunsch nach einer Auflockerung der baulichen Verdichtung in der Stadt machte eine Neuregelung der kommunalen Grenzen erforderlich. In den ersten dreizehn Jahren wurden kleinere Gebietskörperschaften eingegliedert, um der wirtschaftlichen Ausdehnung der Stadt Rechnung zu tragen. Nachdem 1905 die Gemeinde Körne aus dem Landkreis Dortmund dem Stadtkreis angegliedert wurde, folgten im August 1914 acht Landgemeinden im Nordwesten[96] und im August 1918 zwei weitere im Osten[97], sodass Dortmund bei Ende des Weltkrieges etwa 300 000 Einwohner zählte. Um die planmäßige Ausdehnung des Stadtgebiets vorantreiben zu können, wurde im April 1914 ein Stadterweiterungsamt in Dortmund ins Leben gerufen.[98] Nach dem Ersten Weltkrieg begann man zu einer großflächigeren Planung überzugehen, um den Bedarf der Stadt Dortmund an gewerblich genutzten Flächen, Wohnvierteln und Naherholungsräumen zu befriedigen. Während die Initiative bislang bei der Stadt Dortmund lag, wurden nach 1918

93 Vgl. ebd., S. 52.

94 Vgl. Rebentisch, Selbstverwaltung, S. 96.

95 Vgl. Heinz G. Steinberg, Die Geschichte des Siedlungsverbandes Ruhrkohlenbezirk und seine Bedeutung für die Entwicklung der Landesplanung in Deutschland, in: ARL – Akademie für Raumforschung und Landesplanung (Hg.), Raumordnung und Landesplanung im 20. Jahrhundert, Hannover 1971, S. 3–16.

96 Deusen, Dorstfeld, Eving, Huckarde, Kemminghausen, Lindenhorst, Rahm und Wischlingen.

97 Brackel und Wambel.

98 Vgl. Luntowski, Die kommunale Selbstverwaltung, S. 28.

Fragen der Raumordnung und der Landesplanung auf Landesebene geregelt. Dies war bereits bei der Gründung des Siedlungsverbandes Ruhrkohlenbezirk im Jahre 1920 der Fall. Die geplante Neuordnung fand zwar die Unterstützung bei den Wirtschaftsverbänden und der Dortmunder Handelskammer[99], doch traf die Stadt in den betroffenen Gemeinden und besonders im Landkreis Hörde bei Landrat Wilhelm Hansmann (SPD) auf zum Teil heftigen Widerstand.[100] Bei den Verhandlungen über die territoriale Erweiterung des Stadtgebiets konnte schließlich Paul Hirsch als zweiter Bürgermeister aufgrund seiner guten Verbindungen zur preußischen Regierung, aber auch aufgrund seiner herausgehobenen Stellung im preußischen Landtag, in dem er als einer der führenden Politiker seiner Fraktion nicht zuletzt bei Fragen der Verwaltungsreform und der Neugliederung kommunaler Grenzen seine Fraktion vertreten sollte, eine zentrale Rolle spielen.[101] Seinen Einfluss illustriert schlaglichtartig ein Schreiben des preußischen Innenministers Grzesinski, in dem Hirsch im Sommer 1928 gebeten wurde, „anhand der Ausschuß-Beschlüsse des letzten Landtages zur Städte- und Landgemeindeordnung eine akzeptable Fassung in Vorschlag" zu bringen, die er „zur Grundlage der Beratungen im Staatsministerium nehmen" könne. Da Hirsch „ständig führend" an den Beratungen im Gemeindeausschuss beteiligt gewesen sei, würde er auch wissen, welche Forderungen durchsetzbar seien.[102] Hirsch ließ seinen Parteifreund nicht im Stich. Umgehend sandte er ihm seine Vorschläge zur Städte- und Landgemeindeordnung zu, wobei er in der Zusammenstellung der Ausschussbeschlüsse die als mehrheitsfähig erachteten Änderungsvorschläge berücksichtigt hatte: „ich glaube, die Novelle kann unverändert in die Vorlage eingearbeitet werden".[103]

In einer im Dezember 1926 dem Regierungspräsidenten von Arnsberg zugeleiteten Denkschrift erläuterten Eichhoff und Hirsch die Gründe, die für eine

99 Vgl. die Denkschrift der Industrie- und Handelskammer zu Dortmund vom 25. 5. 1926 über Eingemeindungspläne im Dortmunder Bezirk; Stadtarchiv Dortmund, Bestand 3, Lfd. Nr. 2620, Bl. 218 f.; ferner das Schreiben der Dortmunder Industrie- und Handelskammer an den preußischen Innenminister vom 7. 10. 1926 über die Denkschrift zu den Eingemeindungsplänen im Dortmunder Bezirk, in: Ebd., Bl. 223–226.

100 Vgl. Stadtarchiv Dortmund, Bestand 3, Lfd. Nr. 2642: Eingliederung von Gemeinden des Landkreises Hörde in der Stadtgemeinde Dortmund und Ausgemeindung von Stadtteilen vom 1. 8. 1929. Insges. vgl. Luntowski, Jahrhundert, hier S. 362 f.; ders., Die kommunale Selbstverwaltung, hier S. 25–34; Winterfeld, Geschichte, S. 182.

101 Vgl. dazu auch Luntowski, Die kommunale Selbstverwaltung, S. 28.

102 Grzesinski an Hirsch, 21. 6. 1928, in: IISH, Albert Grzesinski Papers, Nr. 1176.

103 Hirsch an Grzesinski, z. Zt. Norderney, 25. 7. 1928, in: Ebd., Nr. 1179. Vgl. auch Hirsch an Grzesinski, Dortmund, 25. 6. 1928, in: Ebd.

Zusammenlegung der Stadt Hörde und der größten Teile der Landkreise Dortmund und Hörde mit der Stadt Dortmund sprachen. Das rasante Wachstum der Industrie und die Ausbreitung der an die Kohlenvorkommen gebundenen Bergwerksbetriebe habe „der Stadt eine sprunghafte, städtebaulich planlose und unorganische Entwicklung aufgezwungen", die zu einer „erschreckend dichten Bebauung" und einer Häufung mehrgeschossiger Bauten geführt habe. Eine Auflockerung der städtischen Bebauung und eine planvollere Verteilung der Bevölkerung sei letztlich nur durch die Bereitstellung größerer Flächen zur Bebauung und Erholung möglich. Darüber hinaus sei es für Dortmund entscheidend, dass die Erweiterungsanlagen ihrer Eisen- und Stahlindustrie sowie des Kohlenbergbaus vor allem im Norden und Nordwesten entlang der Wasserstraßen, wie dem Dortmund-Ems-Kanal, mit der Stadt vereinigt würden. Eine Erhaltung der Landkreise Hörde im Süden und Dortmund im Norden sei nach Ausscheiden von Sodingen und Castrop-Rauxel nicht vertretbar, da deren Selbständigkeit und Lebensfähigkeit nicht gesichert sei. So seien die Zechen des Kreises Hörde bereits weitgehend stillgelegt und eine Ansiedlung anderer Industriezweige angesichts der schlechten Verkehrsverhältnisse und des ungünstigen Geländes nicht zu erwarten. „Die Stadt vertritt den Standpunkt, dass in möglichst grosszügiger Weise eine endgültige Regelung für die nächsten Jahrzehnte getroffen werden muss, damit innerhalb von Gross-Dortmund die wirtschaftliche Entwicklung sich gleichmässig in ruhigen Bahnen, unbeeinflusst durch politische Grenzen vollziehen kann." Neben dem Industrie- und Wirtschaftsgebiet sei auch die Erschließung des südlichen Landkreises Hörde als Erholungsgebiet zur Errichtung von Krankenhäusern und Erholungsheimen geeignet. Das für Eingemeindungen in Betracht kommende Gebiet werde begrenzt im Norden durch die Stadt Lünen, im Westen durch die Stadt Castrop-Rauxel und den Landkreis Bochum, im Südwesten durch die Stadt Witten, im Süden durch die Ruhr und im Südosten durch die Stadt Schwerte. Teillösungen in Form der Zuteilung einzelner Gemeinden in gewissen Zeitabständen wurden wegen der damit verbundenen Unzuträglichkeiten und fortwährenden Auseinandersetzungen abgelehnt.

Den Einwand, dass das nach den großen Eingemeindungen entstehende Groß-Dortmund mit einem Gebiet von 31 300 ha und rund 558 400 Einwohnern nicht ordnungsgemäß verwaltet werden könne, ließ die Denkschrift mit Verweis auf das 1920 gebildete Groß-Berlin nicht gelten. „Was sich in Berlin bei einem Flächenraum von fast 88 000 ha mit einer Bevölkerung von rund 4 Millionen unter den denkbar ungünstigsten Verhältnissen in der Inflationszeit und der Zeit des wirtschaftlichen Niederganges durchführen ließ, wird in einem Gebiet von nur 1/3 seiner Größe mit rund 1/2 Million Menschen in einer Zeit des wirtschaftlichen Aufstiegs erst recht möglich sein." Bei diesem Rekurs auf die Groß-Berliner

Verhältnisse ist Hirschs Handschrift klar erkennbar. Im Interesse der wirtschaftlichen Entwicklung des Dortmunder Bezirks, so der Bericht weiter, sei eine rasche Umsetzung der Umgemeindungen dringend erwünscht. „Der Fall Dortmund wäre ein ernster Versuch mit dem Typ einer neuen Industrie-Großstadt." Darüber hinaus gäbe es neben kommunalpolitischen auch staatspolitische Gründe, die für die Schaffung eines Groß-Dortmund sprechen würden. Dazu zählten die Vereinfachung der Verwaltung, die damit verbundenen Kosteneinsparungen, eine Vereinheitlichung des Finanz- und Steuerwesens, aber auch eine bessere Verteilung der Lehrkräfte und ein Ausgleich in der Klassenfrequenz. „Wenn wir auch zugeben, dass im Augenblick die Aussichten für die Durchführung der großen Verwaltungsreform sehr gering sind, da kaum damit zu rechnen ist, dass der Landtag in absehbarer Zeit ein derartiges Gesetz verabschieden wird, so wäre es aber doch nicht zu verstehen, wenn die Regierung auch die längst spruchreifen Reformen im Industriegebiet noch weiter hinausschieben würde. Die Regierung sollte nicht zögern, jetzt wenigstens die Pläne in die Tat umzusetzen, für die mit Sicherheit auf eine Mehrheit im Landtage zu rechnen ist. Und das scheint uns beim Dortmunder Projekt der Fall zu sein."[104] In einem 1928 erschienenen Beitrag in den Mitteilungen des Deutschen Städtetag, „Der Städtetag", brachte Hirsch es noch einmal auf den Punkt: „Es handelt sich nicht um Eingemeindungen im früheren Sinne des Wortes, sondern um Umgemeindungen, noch besser um wirtschaftliche Gebietsabgrenzungen, um ein Stück praktischer Verwaltungsreform, die schon lange vor dem Kriege hätte in Angriff genommen werden müssen."[105]

In den betroffenen Gemeinden wurden damals Eingemeindungsfragen intensiv und kontrovers diskutiert. Über ein Defizit an diesbezüglichen Zuschriften und entsprechenden Versammlungsberichten, die über die Stimmung vor Ort referierten, konnte sich Hirsch nicht beklagen.[106] Besonders hitzige Debatten schienen im Kreis Hörde stattgefunden zu haben, wo der Widerstand gegen eine Eingemeindung und der Wunsch nach Aufrechterhaltung der Selbständigkeit stark ausgeprägt waren und im Landratsamt auch einen namhaften Unterstützer

104 Ernst Eichhoff/Paul Hirsch, Zur Frage der Änderung der kommunalen Grenzen im Bezirk Dortmund-Hörde. Denkschrift, Dortmund 1926, Zitate S. 4 f., 10, 13, 15 u. 19.

105 Paul Hirsch, Wirtschaftliche Gebietsabgrenzungen, in: Der Städtetag Nr. 2 v. 20. 2. 1928, Sp. 127–132, Zitat Sp. 129. Im Auszug auch erschienen in Stuttgarter Neues Tageblatt Nr. 87 v. 22. 2. 1928, S. 6: Wirtschaftliche Gebietsabgrenzungen.

106 Vgl. Stadtarchiv Dortmund, Bestand 3, Lfd. Nr. 2642: Eingliederung von Gemeinden des Landkreises Hörde in der Stadtgemeinde Dortmund und Ausgemeindung von Stadtteilen vom 1. 8. 1929, hier die Zuschrift eines Ludwig Meier vom 18. 8. 1927 mit einem Bericht über eine Versammlung in Rüdingen, in der betont worden sei, dass Kreis und Amt Hörde, solange es die finanzielle Lage zulassen würde, selbständig bleiben solle; Bl. 53 f.

fanden.[107] Auch die Sozialdemokraten in den betroffenen Gemeinden spielten wie in Berghofen im Landkreis Hörde nicht immer mit und lehnten einen Anschluss an Dortmund ab.[108] Dennoch zeichnete sich in den einzelnen Kommunen des Kreises Hörde eine Mehrheit für eine Eingemeindung nach Dortmund ab.[109] Da Hirsch in die Verhandlungen über die Neugliederungsfrage im Preußischen Landtag involviert war, wurde er letztlich zum Adressaten für Einflussnahmen aller Art.[110]

Die Grundlage für eine umfassende Neuordnung des Dortmunder Raums boten das Gesetz über die weitere Neuregelung der kommunalen Grenzen im westfälischen Industriebezirk vom 22. März 1928 und dasjenige über die kommunale Neugliederung des rheinisch-westfälischen Industriegebiets vom 29. Juli 1929.[111] Als der Gesetzentwurf über die weitere Neuregelung der kommunalen Grenzen im westfälischen Industriebezirk, der die Auflösung des Landkreises Dortmund und die Vereinigung der Landgemeinden sowie der Stadt Hörde mit Dortmund vorsah, am 2. Dezember 1927 in erster Lesung im Preußischen Landtag beraten wurde, meldete sich auch der Dortmunder Bürgermeister zu Wort. Nach seiner Amtseinführung hatte Hirsch sein Engagement als Landtagsabgeordneter aufgrund seiner Amtsverpflichtungen, vermutlich aber auch mit Blick auf das Schicksal seiner Parteifreunde Leinert und Scheidemann deutlich zurückgefahren und im Parlament nur zu Geschäftsordnungsfragen kurz Stellung bezogen.[112] Auch in den folgenden Jahren sollte er sich auf wenige Reden

107 Vgl. das Schreiben des Rechtsanwalts Detmar Philippi an Hirsch, 3. 10. 1927, in: Ebd., Bl. 56–59.

108 Vgl. Aktenvermerk von Oberbürgermeister Eichhoff vom 21. 6. 1928 über eine Besprechung mit mehreren Herren aus Berghofen; ebd., Bl. 84. Vgl. auch den Aktenvermerk von Hirsch vom 15. 8. 1928 zu Berghofen; ebd., Bl. 85.

109 Vgl. das Schreiben der Interessengemeinschaft freier Haus- und Grundbesitzer Gartenstadt Schönau-Barop an Hirsch vom 30. 11. 1928 über die Stimmung in Barop; ebd., Bl. 140. Vgl. auch das Schreiben an die Mitglieder des Preußischen Landtages vom 6. 5. 1929, das sich für eine Angliederung des Nordteils der Gemeinde Annen an Dortmund aussprach; ebd., Bl. 217–220.

110 Vgl. das Schreiben des Rechtsanwalts Detmar Philippi an Hirsch vom 10. 5. 1927 über Fragen der Eingemeindung von Castrop-Rauxel und Herne, Stadtarchiv Dortmund, Bestand 3, Lfd. Nr. 2620, Bl. 236 f.; vgl. dazu auch DZ Nr. 542 v. 21. 11. 1927, S. 5: Die Eingemeindungen Dortmunds.

111 Preußische Gesetzsammlung 1928, Nr. 7, S. 17–22; 1929, Nr. 21, S. 91–137, vgl. auch das Einführungsgesetz zu dem Gesetz über die kommunale Neugliederung des rheinisch-westfälischen Industriegebiets. Vom 29. Juli 1929, in: Ebd., S. 137–149.

112 Vgl. die Reden Hirschs am 27. 2. 1926, in: StBPLT 1924/1928, 135. Sitzung, Sp. 9159 u. 9162; am 7. 7. 1926, in: Ebd., 200. Sitzung, Sp. 13898; am 14. 12. 1926, in: Ebd., 232. Sitzung,

beschränken und sich lediglich zu den ihn als Dortmunder und Berliner Politiker betreffenden Fragen der Verwaltungsreform oder des Finanzausgleichsgesetzes, wie im März 1928 anlässlich der Beratung des Haushalts der allgemeinen Finanzverwaltung, zu Wort melden.[113]

Selbst an jenem 2. Dezember 1927 hatte er ursprünglich nicht die Absicht gehabt, ans Rednerpult zu treten. Aber die Ausfälle und Angriffe des Kommunisten Benscheid zwangen ihn doch, im Plenum das Wort zu ergreifen. Der Vorwurf, man vertrete lediglich die Interessen der rheinisch-westfälischen Großindustrie, sei „barer Unsinn". Lange bevor sich die KPD oder auch die Industrie für Eingemeindungsfragen interessiert hätten, so Hirsch, hätte die Sozialdemokratie „Umgemeindungen im großen Stil verlangt", und zwar überall dort, wo es die wirtschaftlichen Verhältnisse geboten hätten. „Wie man unter diesen Umständen sich zu dem ungeheuren Ausspruch versteigen kann, die Sozialdemokratie führe die Befehle der rheinisch-westfälischen Großindustrie aus, das begreift nur ein kommunistisches Gehirn." Vielmehr vertrete die SPD in Eingemeindungsfragen die Belange der Allgemeinheit, die ein Interesse an einer sparsam wirtschaftenden Verwaltung habe. Hirsch räumte dabei ein, dass es sich im Zuge der Umgemeindungen nicht vermeiden ließe, Stellen einzusparen, dies auch aus Gründen der Verwaltungsvereinfachung wünschenswert sei. Die Partei habe sich zwar eine „großzügigere Lösung gewünscht", doch würde sie der Vorlage „im großen und ganzen zustimmen".[114] Am 6. Dezember sah sich Hirsch erneut genötigt, die Behauptungen der Vorredner richtigzustellen und Insinuationen zurückzuweisen. Die Koalitionsparteien und die von ihnen getragene Regierung werde sich von der Obstruktion der Opposition nicht beirren lassen. „Wir werden das tun, was wir im Interesse des preußischen Volkes für erforderlich halten, und das ist, daß endlich einmal mit den reaktionären Bestimmungen veralteter Gesetze ein Ende gemacht wird."[115]

Mit der Verabschiedung des Gesetzes kam es 1928 zur grundlegenden Neuordnung des Dortmunder Raums. So wurde die Stadt Hörde mit 35 000 Einwohnern zusammen mit 22 Gemeinden des Landkreises Dortmund eingemeindet. Dabei handelt es sich um die Orte Asseln, Bodelschwingh, Bövinghausen, Brechten, Brüninghausen, Derne, Ellinghausen, Grevel, Holthausen, Husen,

Sp. 16099; am 19. 1. 1927, in: Ebd., 238. Sitzung, Sp. 16416; am 22. 3. 1927, in: Ebd., 262. Sitzung, Sp. 18318; am 14. 10. 1927, in: Ebd., 311. Sitzung, Sp. 21813 f.

113 Vgl. die Rede Hirschs am 21. März 1928 anlässlich der Beratung des Haushalts der allgemeinen Finanzverwaltung, in: StBPLT 1924/1928, 364. Sitzung, Sp. 25949–25952.

114 Zur Rede Hirschs am 2. 12. 1927 vgl. StBPLT 1924/1928, 317. Sitzung, Sp. 22059–22061.

115 Rede Hirschs am 6. Dezember 1927, in: StBPLT 1924/1928, 321. Sitzung, Sp. 22235–22238.

Kirchderne, Kirchlinde, Kley, Kurl, Lanstrop, Lütgendortmund, Marten, Mengede, Nette, Oespel, Westerfilde, Wickede. Nach der Neuordnung des Jahres 1928 wuchs die Fläche der Stadt Dortmund von 7490 km^2 auf 20 169 km^2, während die Bevölkerungszahl von 321 743 auf 468 657 anstieg. Als die Eingemeindungsvorlage vom Landtag angenommen wurde, konnte die „Dortmunder Zeitung" nicht umhin, den Dortmunder Stadtoberhäuptern, Oberbürgermeister Eichhoff und Bürgermeister Hirsch, ihren Dank auszusprechen. „Unbekümmert um die vielen widerlichen Angriffe sind sie ruhig und zielbewußt ihren Weg gegangen. Sie haben die maßgebenden Regierungsstellen sachlich von der Notwendigkeit einer Vergrößerung Dortmunds überzeugt und die Regierung hat das Problem Groß-Dortmund von sich aus, unbekümmert um alle Angriffe, weitergetrieben."[116]

1929 wurde das Gesetz über die kommunale Neugliederung des rheinisch-westfälischen Industriegebiets verabschiedet, durch das neun weitere Kommunen im Süden Dortmunds im Zuge der Aufteilung des Landkreises Hörde hinzukommen sollten. In einem Beitrag für das „Berliner Tageblatt" bezeichnete Hirsch im März die Umgemeindungsvorlage der preußischen Regierung als einen Teil der überfälligen Verwaltungsreform, durch die die kommunalen Grenzen der wirtschaftlichen Entwicklung angepasst und die Verwaltung rationaler gestaltet würde. Die Verringerung der Zahl der Stadt- und Landkreise, die im Industrierevier, in dem eine Industriegemeinde neben der anderen liegen würde, überholt seien, verteidigte er als unumgänglich. Letztlich habe bei der Neuordnung der kommunalen Grenzen der Wille der einzelnen Gemeinde gegenüber dem öffentlichen Wohl zurückzutreten. „Nichts wäre verkehrter als die so dringende Reform noch länger hinauszuschieben. Den Schaden davon hätten in erster Linie die von der Umgemeindung betroffenen Gemeinden, die aus dem Zustande dauernder Unsicherheit überhaupt nicht mehr herauskämen und an ersprießlicher Arbeit auf unabsehbare Zeit verhindert wären."[117]

Mit dem Gesetz über die kommunale Neugliederung des rheinisch-westfälischen Industriegebiets von 1929 wurden die Kommunen des Landkreises Hörde, Aplerbeck, Barop, Berghofen, Kirchhörde, Schüren, Sölde, Somborn, Syburg und Wellinghofen, nach Dortmund eingemeindet. Durch die Eingemeindungen der Jahre 1928 und 1929 wurde Dortmund mit 27 152 Hektar zur

116 DZ Nr. 115 v. 7. 3. 1928, S. 1: Groß-Dortmund endgiltig beschlossen; Hoebink, Kommunale Neugliederung, S. 56.

117 BT Nr. 134 v. 19. 3. 1929, S. 1 f.: Paul Hirsch, Die Umgemeindungen im Industriebezirk, Zitat S. 2. Vgl. auch Volkswille (Münster) Nr. 69 v. 22. 3. 1929, S. 1 f.: Paul Hirsch, Die Umgemeindung. Ferner DZ Nr. 269 v. 12. 6. 1929, S. 1: Das westliche Eingemeindungsgesetz; Nr. 287 v. 23. 6. 1929, S. 1: Syburg kommt zu Dortmund.

flächenmäßig größten Stadt Deutschlands nach Groß-Berlin. Die Einwohnerzahl hatte mit 541 667 die halbe Million überschritten. Mit dieser kommunalen Gebietsreform unterstand auch das Einzugsgebiet der Dortmunder Stadtverwaltung. Erst 1975 fanden diese Maßnahmen durch kleinere Gebietserweiterungen ihren Abschluss.[118]

Hirsch hatte wesentlichen Anteil an der Neugestaltung der kommunalen Grenzen im rheinisch-westfälischen Industriegebiet. Als Leiter des Eingemeindungsdezernats war er der direkt Verantwortliche für die aus wirtschaftlichen, sozialen und politischen Gründen für notwendig erachtete Neuordnung, die er zugleich als Landtagsabgeordneter aktiv mitzugestalten vermochte. Mit dem Ausgreifen der Stadt auf das angrenzende Umland konnte der wirtschaftlichen Ausdehnung der Bergbau-, Eisen- und Stahlindustrie Rechnung getragen und Dortmund der erforderliche Raum für gewerbliche Anlagen, Wohnviertel und Erholungsflächen zur Verfügung gestellt werden.

5. Dezernent für Kunst und Wissenschaft

Neben der Eingemeindungsfrage erhielt Hirsch nach seiner Bestellung zum Dortmunder Bürgermeister die Zuständigkeit für Kunst und Wissenschaft, d. h. für die städtischen Bühnen, Orchester, das Konservatorium, die Musikangelegenheiten, Museen, Vortragswesen und Volkshochschule. Die Nähe zu Kunst und Kultur, zum Theater zumal, war bei Hirsch in familiärer Hinsicht gegeben. Denn sein neun Jahre jüngerer Bruder Martin, der sich später Martin Hartwig nannte, war ein bekannter Schauspieler und Regisseur.[119] Deshalb mochte es auch nicht verwundern, dass Hirsch nach Kräften versuchte, die kulturellen und wissenschaftlichen Bestrebungen in der Westfalenmetropole zu fördern. So sagte Hirsch dem am 14. Mai 1926 feierlich eröffneten „Westfälisch-Niederrheinischen Institut für Zeitungsforschung" die Unterstützung durch die Stadt zu.[120] Das Fundament

118 Vgl. Hoebink, Kommunale Neugliederung, S. 52–58, die Zahlen für 1928 S. 56; Högl, Das 20. Jahrhundert, S. 413 f., die Zahlen nach 1929 S. 414; Luntowski, Die kommunale Selbstverwaltung, S. 28–34.

119 https://de.wikipedia.org/wiki/Martin_Hartwig; BArch Berlin, R 9361-V/52178. Im Oktober 1925 gehörte Hirsch auch zu den Unterzeichnern eines Aufrufs „Für die Freiheit der Kunst". Anlass war die Verurteilung des Schauspielers Rolf Gärtner zu einer Gefängnisstrafe wegen der Mitwirkung an einer Veranstaltung der KPD zum 7. Jahrestag der russischen Revolution; vgl. Heinrich Hannover/Elisabeth Hannover-Drück, Politische Justiz 1918–1933, Frankfurt a. M. 1966, S. 239–243.

120 DZ Nr. 223 v. 15. 5. 1926, S. 2: Zeitungswissenschaftliches Forschungsinstitut.

des neuen Instituts bildete die seit 1907 angelegte Zeitungssammlung des Direktors der Stadtbibliothek Erich Schulz, der in Personalunion auch die Leitung des neuen Instituts übernahm. An der Wiege des neuen Instituts, das der wissenschaftlichen Beschäftigung mit Zeitungen neue Impulse geben und der Ausbildung von Verlegern und Redakteuren dienen sollte, standen neben der Stadtbibliothek die Stadt Dortmund, der Niederrheinisch-Westfälische Zeitungsverlegerverein und die Universität Münster. Heute beherbergt das Institut für Zeitungsforschung einer der größten Sammlungen von Zeitungen und Zeitschriften in Deutschland.[121]

Gemeinhin wird es Hirsch als Verdienst angerechnet, dass er dank seiner guten Kontakte nach Berlin, zur preußischen Regierung und zum Landtag, wichtige Einrichtungen und Ämter nach Dortmund zu holen vermochte. So wurden im Jahr 1927 das Hochschulinstitut eröffnet, das eine engere Verbindung zwischen Universität und höhere Schule schaffen wollte, das Deutsche Institut für wissenschaftliche Pädagogik errichtet und zwei Jahre später das Kaiser-Wilhelm-Institut für Arbeitsphysiologie, das als Max-Planck-Institut für Molekulare Physiologie heute noch besteht, nach Dortmund verlegt. Hinzu kamen in jenem Jahr noch die Gründung und der Neubau der Pädagogischen Akademie und die Augenklinik.[122] Auch die Verlegung des Landesarbeitsamts nach Dortmund wurde Hirschs Einfluss zugeschrieben.[123]

121 Vgl. Hans Bohrmann, Gründung und Entwicklung des Instituts für Zeitungsforschung in der Weimarer Republik, in: Alois Klotzbücher (Hg.), Von Büchern und Bibliotheken in Dortmund. Beiträge zur Bibliotheksgeschichte einer Industriestadt, Dortmund 1982, S. 101–108, hier S. 104; ders., Von der Zeitungssammlung zum Forschungsinstitut. Die ersten fünf Jahrzehnte des Instituts für Zeitungsforschung. 1926 bis 1977, in: Astrid Blome (Hg.), 90 Jahre Institut für Zeitungsforschung. Rückblicke und Ausblick, Essen 2016, S. 11–45. Vgl. auch Högl, Das 20. Jahrhundert, S. 405; DZ Nr. 151 v. 1. 4. 1932, S. 5: 25 Jahre Dortmunder Stadtbibliothek.

122 Vgl. Högl, Das 20. Jahrhundert, S. 405 f.; ferner Max-Planck-Institut für molekulare Physiologie, in: Peter Gruss u. a. (Hg.), Denkorte, Dresden 2010, S. 276–291; Theo Plesser/Hans-Ulrich Thamer (Hg.), Arbeit, Leistung und Ernährung: vom Kaiser-Wilhelm-Institut für Arbeitsphysiologie in Berlin zum Max-Planck-Institut für Molekulare Physiologie und Leibniz-Institut für Arbeitsforschung in Dortmund, Stuttgart 2012; ferner die Sitzung der Stadtverordnetenversammlung vom 23. 4. 1928 über die Nachbewilligung des Neubaus des arbeitsphysiologischen Instituts, in: Stadtarchiv Dortmund, Bestand 88, Lfd. Nr. 1, Bl. 3–9, hier Bl. 5 r. Zur Eröffnung der neuen Augenklinik im September 1932 und zur Rede Hirschs vgl. DZ Nr. 430 v. 14. 9. 1932, S. 5: Uebergabe der neuen Städtischen Augenklinik; Tremonia, Nr. 255 v. 14. 9. 1932, 2. Blatt: Eröffnung der Augenklinik der Städt. Krankenanstalten.

123 GAD Nr. 255 v. 15. 9. 1932, S. 5: Bürgermeister Paul Hirsch hat sein Pensionierungsgesuch eingereicht.

Hirsch, so lobte Karl Böttcher im November 1932 in der „Westfälischen Allgemeinen Volkszeitung“, habe „bei den Regierungsstellen in Berlin die Dortmunder Interessen mit Nachdruck und Erfolg vertreten. Wenn wir heute die Pädagogische Akademie und das Arbeitsphysiologische Institut in Dortmund haben, wenn so mancher großzügige Plan Wirklichkeit geworden ist, der Dortmund in die Reihe der führenden Großstädte des ganzen Westens gestellt hat, ist das Paul Hirsch's Verdienst. Auch daß die Augenklinik nach Dortmund kam, ist vor allem den guten Beziehungen des sozialdemokratischen Bürgermeisters zu den Berliner Fachkreisen zu danken.“[124] In der Kulturpolitik erstreckte sich Hirschs Verantwortungsbereich auf die Theater und Opernhäuser, auf das Stadttheater, die Kammerspiele und das Burgwalltheater.[125] Hirschs Tochter, Thea Kahn, erinnerte sich später mit Wehmut an jene Jahre, als bedeutende Künstler, wie Eugen Klöpfer, Käthe Dorsch, Alexander Moissi, Anna Pawlowna u. a., Gastspiele an den Dortmunder Theatern hielten. Auch die „Jedermann“-Inszenierung von Max Reinhardt in der Westfalenhalle hielt sie für erwähnenswert.[126]

In seinem Beitrag zur Entwicklung des Dortmunder Stadttheaters in der 1929 erschienenen Festschrift über das 25-jährige Bestehen der Städtischen Bühnen Dortmunds hob Erich Schulz das Wirken von Paul Hirsch hervor, der als zuständiger Dezernent „erst Raum und Möglichkeit einer Entwicklung des Dortmunder Theaters“ geschaffen habe, „dem andere Städte des Westens den Rang bereits abgelaufen hatten“. Einen wichtigen Schritt in dieser Richtung habe die Berufung von Richard Gsell zum neuen Intendanten im Jahre 1927 dargestellt, der „das Zeug dazu“ gehabt hätte, „den künstlerisch versandeten Rhein-Ruhr-Kanton aus der provinziellen Sterilität zu erwecken“. Er habe das Theater reorganisiert, eine moderne Beleuchtungsanlage angeschafft und für die wirtschaftliche

124 Karl Böttcher, Paul Hirsch, in: WAV Nr. 57 v. 1. 11. 1932, S. 1 f.; derselbe Artikel auch in Siegener Volks-Zeitung Nr. 257 v. 1. 11. 1932, S. 1 f.

125 Vgl. dazu Ulrike Gärtner, Lichtblicke. Theater und Avantgarde in Dortmund, in: Günther Högl/Karl-Peter Ellerbrock (Hg.), Die 1920er Jahre. Dortmund zwischen Moderne und Krise. Sonderheft, Dortmund 2012, S. 127–130; zum Theater in der Weimarer Republik vgl. auch Sabina Becker, Experiment Weimar. Eine Kulturgeschichte Deutschlands 1918–1933, Darmstadt 2018, S. 419–519. Zu Details des Dortmunder Kulturbetriebs vgl. den Antrag Hirschs an die Stadtverordnetenversammlung vom 17. 1. 1928 betr. Neuinstallation der Bühnenbeleuchtung des Stadttheaters und Beschaffung eines neuen elektrisch betriebenen Rund-Horizonts, in: Stadtarchiv Dortmund, Bestand 3, Lfd. Nr. 414, Bl. 106 f.; vgl. dazu auch GAD, Nr. 31 v. 31. 1. 1928, 1. Blatt: Die Stadtverordneten bewilligen eine neue Bühnenbeleuchtung.

126 Schreiben von Thea Kahn an Ernst Hamburger, Barranco, Peru, 27. 4. 1966, in: Leo Baeck Institute, Paul Hirsch Collection (AR 3382), Box 1, Folder 1.

Sicherstellung der Bühnenangehörigen sowie für eine Verjüngung von Ensemble und Ballett gesorgt.[127] Gsell, so ist in dem Band „100 Jahre Theater Dortmund“ zu lesen, „begründete in Dortmund die Tradition eines demokratischen, bürgerlichen Stadttheaters, das sich als gesellschaftskritische Reflexionsinstanz verstand“.[128] Aber die Verjüngungskur, die Gsell[129] dem Personal verordnete, und die damit verbundenen Entlassungen stießen auf zum Teil scharfe Kritik. Als sich Gsell abfällig über einige Kollegen in der Presse äußerte, sprach die überwiegende Mehrheit des Personals ihrem neuen Chef das Misstrauen aus und wandte sich hilfesuchend an die von Hirsch präsidierte Theaterdeputation. Doch diese stellte sich nicht nur aus künstlerischen, sondern auch mit Blick auf eine zu zahlende Abfindung aus finanziellen Gründen hinter den Intendanten, was in der Presse für einigen Missklang sorgte.[130] Als großes Problem erwies sich der rückläufige Theaterbesuch infolge der wirtschaftlich angespannten Lage und der neu entstandenen Konkurrenz durch Kino und Radio, was zu sinkenden Einnahmen führte und steigende Zuschüsse erforderlich machte. Als die Kommunisten 1929 bei den Haushaltsberatungen in der Stadtverordnetenversammlung den Antrag stellten, den Theateretat ganz zu streichen, fand Hirsch deutliche Worte. Eine Streichung des Etats würde Dortmund keineswegs mehr Geld bringen, im Gegenteil. Denn die Stadt müsste ihre Verpflichtungen weiter erfüllen und hätte gleichzeitig durch den Wegfall des Theaterbesuchs einen Einnahmeausfall zu beklagen. Durch die Schließung des Theaters würden zudem 124 Mitarbeiter arbeitslos, die unterstützt werden müssten. Dennoch räumte Hirsch ein, dass die Situation angesichts der drastisch gestiegenen Zuschüsse in den letzten Jahren nicht mehr tragbar sei und Konsequenzen ergriffen werden müssten. Die von ihm erhobene Forderung nach größter Sparsamkeit ließ erahnen, dass Entlassungen sich in den folgenden Jahren vermutlich nicht vermeiden lassen würden.[131]

127 Erich Schulz, Die Entwicklung des Dortmunder Stadttheaters, in: Das Theater. Festschrift zum 25jährigen Bestehen der Städtischen Bühnen zu Dortmund, Dortmund [1929], nicht paginiert; Leo Baeck Institute, Paul Hirsch Collection (AR 3382), Box 1, Folder 1. Vgl. auch 100 Jahre Theater Dortmund, bes. die Beiträge von Brandenburg, Stadttheater zwischen Provinz und Emanzipation, und von Häußner, Das Dortmunder Theater 1904 bis 1944; 75 Jahre Städtisches Theater in Dortmund.

128 Brandenburg, Stadttheater zwischen Provinz und Emanzipation, hier S. 30.

129 Zu Gsell vgl. Högl, Das 20. Jahrhundert, S. 406. Vgl. auch Häußner, Das Dortmunder Theater 1904 bis 1944, hier S. 99–105; 75 Jahre Städtisches Theater, S. 71–75.

130 Vgl. den Leserbrief, in: DZ Nr. 58 v. 3. 2. 1928, S. 5: Zur Theaterkrise; auch Nr. 88 v. 21. 2. 1928, S. 15: Eine endlose Theaterdebatte im Stadtparlament.

131 DZ Nr. 185 v. 22. 4. 1929, S. 16: Der Dortmunder Haushaltsplan angenommen. Vgl. auch das Sitzungsprotokoll vom 19./20. April 1929, in: Stadtarchiv Dortmund, Bestand 88,

In der erwähnten Broschüre von 1929 rief Hirsch als Dezernent der Städtischen Bühnen die betroffenen Künstler und Schauspieler dazu auf, nicht zu verzweifeln. „Wie Reich und Länder so sind auch die Gemeinden in ernster Sorge um die Ordnung ihrer Finanzen. Zu gewaltig sind die ihnen auferlegten Verpflichtungen, zu umfangreich der Kreis der ihnen zugewiesenen Aufgaben, als daß sie nicht zu größter Sparsamkeit gezwungen wären. Ohne Einschränkungen wird es auch auf kulturellem Gebiete, wird es auch auf dem Gebiete der Theaterkultur nicht gehen. Ein Abbau in gewissem Umfange läßt sich nicht vermeiden. Die soziale Theaterpflege selbst aber kann und darf nicht aufgegeben werden, denn mit ihr würde ein Stück Kultur verschwinden, dessen Bedeutung richtig gewürdigt und das planmäßig weiterentwickelt zu haben der Stolz der deutschen Städte ist. Allseitige Erkenntnis und Wertschätzung des Theaters als Bildungsstoff für jung und alt, verbunden mit aufopferndem Einsetzen aller Kräfte in den Dienst der Gesamtheit wird uns auch über diese Krisis, die ja nicht nur eine Krisis des Theaters ist, hinweghelfen und wertvolles Kulturgut retten. Vorwärts trotz alledem!“[132] Hirsch, so Detlef Brandenburg in seinem Artikel über das Dortmunder Stadttheater, „vertrat die Position des besorgten Kulturdezernenten, dem angesichts der heraufziehenden Wirtschaftskrise um die Finanzierung des Theaters angst und bange ward“.[133]

Die Weltwirtschaftskrise und die bald darauf einsetzende Sparpolitik führten in Dortmund zu teilweise einschneidenden Haushaltskürzungen. Um die Schließung des Stadttheaters zu verhindern, schlug Hirsch deshalb im Januar 1931 anlässlich der Etatberatungen in der Finanzdeputation vor, den jährlichen Zuschuss um 175 000 auf 860 000 RM zu kürzen, ihn mithin im Kern aufrechtzuerhalten, konnte sich in der Deputation jedoch nicht durchsetzen.[134] Auch wenn Hirsch deutlich zu machen versuchte, dass weitere Kürzungen das Niveau des Theaters gefährden würden, beschloss die Stadtverordnetenversammlung im April 1931, den Zuschuss an das Theater auf 750 000 RM bei gleichzeitiger

Lfd. Nr. 2, Bl. 161–176, hier Bl. 163. Das Burgwalltheater wurde schließlich 1930 für zehn Jahre an die Direktoren der „Scala“ in Berlin Jules Marx und Anton Spitz verpachtet. Zu diesem Zweck wurde eine Gesellschaft mit beschränkter Haftung gegründet; vgl. DZ Nr. 601 v. 27. 12. 1929, S. 4: Verpachtung des Burgwalltheaters.

132 Das Theater. Festschrift zum 25jährigen Bestehen der Städtischen Bühnen zu Dortmund, Dortmund (1929), unpaginiert (S. 3); Leo Baeck Institute, Paul Hirsch Collection (AR 3382), Box 1, Folder 1.

133 Brandenburg, Stadttheater zwischen Provinz und Emanzipation, hier S. 30.

134 Vgl. DZ Nr. 8 v. 6. 1. 1931, S. 5: Um das Dortmunder Stadttheater; Nr. 10 v. 7. 1. 1931, S. 5 f.: Die Tragödie des Dortmunder Stadttheaters.

Verkürzung der Spielzeit auf 9 Monate zu reduzieren. Die DVP hatte noch umfangreichere Kürzungen beantragt.[135] Das Theater konnte schließlich dank des unermüdlichen Einsatzes des Theaterdezernenten gerettet werden. Auch im folgenden Jahr waren Hirschs Bemühungen um eine Aufrechterhaltung des Kulturbetriebs von Erfolg gekrönt.[136] Man dürfe eben „nicht aus einer gewissen Psychose heraus", so machte Hirsch auf dem Höhepunkt der Weltwirtschaftskrise in einem auf der Deutschen Welle im März 1932 gehaltenen Vortrag deutlich, „unter Verzicht auf jede soziale Kunstpflege leichtsinnig künstlerische und kulturelle Werte" preisgeben.[137]

Zu den Themen, die die Dortmunder Öffentlichkeit in den zwanziger Jahren bewegten, gehörte auch die Forderung nach Gründung einer Hochschule. Dieses bereits vor der Jahrhundertwende gestellte Anliegen war 1908 von der preußischen Regierung, die dem Ausbau der bestehenden Hochschulen Priorität beimaß, ablehnend beschieden worden. Als 1926 die Gründung einer Technischen Hochschule erneut in der Presse diskutiert wurde, besprach sich Hirsch im April mit dem preußischen Kultusminister, bekam jedoch zu hören, dass von der Errichtung neuer Technischer Hochschulen aus Ersparnisgründen vorerst Abstand genommen und eine Angliederung Technischer Fakultäten an bestehende Universitäten präferiert würde. Dortmund, so erklärte Hirsch im Juli gegenüber der Presse, sei bereit, das benötigte Terrain kostenlos zur Verfügung zu stellen. „Wir haben unsererseits alles getan und werden auch in Zukunft alles tun, daß sich die Regierung und die Parteien doch noch für Dortmund einstellen."[138] Dem vom Dortmunder Magistrat verfolgten Plan sollte kein Erfolg beschieden sein. Erst nach dem Zweiten Weltkrieg entschloss sich die nordrhein-westfälische Landesregierung im Zuge der Bildungsreform, eine Universität in Dortmund anzusiedeln, die schließlich 1968 ihre Pforten öffnen konnte.[139]

135 Vgl. DZ Nr. 173 v. 15. 4. 1931, S. 9 f.: Der Dortmunder Haushaltsplan angenommen. Vgl. das Protokoll der Sitzung der Stadtverordnetenversammlung vom 13./14. April 1931, in: Stadtarchiv Dortmund, Bestand 88, Lfd. Nr. 4, Bl. 254–259, hier Bl. 255 f.

136 So wurde Hirsch auch im preußischen Innenministerium vorstellig, um eine Fortzahlung der Staatsbeihilfen zu sichern; vgl. DZ Nr. 202 v. 1. 5. 1932, S. 6: Um die Aufrechterhaltung des Stadttheaters und des Orchesters; ferner Nr. 226 v. 18. 5. 1932, S. 5: Die Zukunft des Dortmunder Stadttheaters ist völlig ungewiß; ferner Nr. 288 v. 23. 6. 1932, S. 5: Stadttheater Dortmund.

137 Paul Hirsch, Kann das gemeinnützige Theater gerettet werden? Vortrag, gehalten auf der Deutschen Welle am 7. März 1932, in: Die Gemeinde 9 (1932), S. 268–273, Zitat S. 273.

138 DZ Nr. 348 v. 29. 7. 1926, S. 5: Bekommt Dortmund eine Technische Hochschule?

139 Högl, Das 20. Jahrhundert, S. 499.

Neben den Fragen der Eingemeindung, der Kunst und Wissenschaft nahm sich Hirsch in den Sitzungen der Stadtverordnetenversammlung auch anderen kommunalpolitischen Themen an. Ein thematischer Schwerpunkt bildete dabei die kommunale Wohnungspolitik, dessen stärkere finanzielle Förderung durch das Reich er wiederholt anmahnte.[140] Im Rahmen seiner Verpflichtungen als Bürgermeister ließ er es sich im Übrigen auch nicht nehmen, nach der Eröffnung der Reichsgesundheitswoche in Dortmund im April 1926 einen Vortrag über „Reichsverfassung und Volksgesundheit" zu halten, ein Thema, das ihm als früheren Staatssekretär im preußischen Wohlfahrtsministerium vertraut war.[141]

6. Die Verabschiedung des Kommunalprogramms der SPD 1928

Als Dortmunder Bürgermeister engagierte sich Hirsch auch weiterhin für seine Partei. Seine Aufmerksamkeit galt dabei vor allem der Verabschiedung eines Kommunalprogramms, dessen Notwendigkeit angesichts des Bedeutungszuwachses der Kommunalpolitik für die SPD nach der Demokratisierung der Rekrutierungssysteme in zunehmendem Maße erkannt wurde. Während die Partei vor dem Weltkrieg 1913 auf knapp 11 700 Vertreter in Stadtverordneten- und Gemeindeversammlungen und 320 Magistrats-, Stadtrats- und Gemeindevorstandsmitglieder blicken konnte[142], zählte sie 1919/20 nicht weniger als 44 811 und 1926 noch 35 863 Mandatsträger in den Stadt- und Gemeindeparlamenten.[143] In zahlreichen Großstädten verfügten sie zeitweise über die Mehrheit in den Stadtverordnetenversammlungen. Insofern überrascht es, dass sie

140 Vgl. die Sitzung der Dortmunder Stadtverordnetenversammlung vom 4. 1. 1926, in: DZ Nr. 6 v. 4. 1. 1926, S. 14: Die erste Stadtverordnetensitzung im neuen Jahre; ferner Nr. 100 v. 1. 3. 1927, S. 5: Das neue Städtebaugesetz.

141 DZ Nr. 179 v. 19. 4. 1926, S. 3: Die Reichsgesundheitswoche. Vgl. auch die Rede Hirschs anlässlich der Eröffnung des 16. Ordentlichen Mitgliederversammlung des Gesamtverbandes der Krankenkassen Deutschlands im Juli 1926: „Er schilderte Dortmund als die Stadt der Arbeit, in der man alles tun müsse, um Krankheiten zu verhüten oder ihnen wenigstens vorzubeugen. Das sei echt vaterländische Arbeit"; Nr. 320 v. 13. 7. 1926, S. 2: Deutscher Krankenkassenkongreß 1926. Vgl. auch die Eröffnung der Ausstellung „Der Mensch in gesunden und kranken Tagen" durch Hirsch Ende Oktober 1927; Nr. 508 v. 31. 10. 1927, S. 5: Ausstellungseröffnung „Der Mensch".

142 Protokoll SPD-Parteitag 1913, S. 26 f.

143 Die Zahlen von 1919/20 nach Rebentisch, Programmatik, S. 35. Die Zahlen von 1926 errechnet nach Johannes Stelling, Kommunalpolitische Organisationen, in: Die Gemeinde 4 (1927), S. 919–927, hier S. 924.

in verschiedenen Städten, wie in Berlin, Frankfurt am Main, Kiel, Königsberg und Nürnberg, vor der Übernahme der politischen Führung zurückschreckte und linksliberalen Politikern das Amt des Oberbürgermeisters überließ. Für die Zeit der Weimarer Republik finden sich sozialdemokratische Oberbürgermeister lediglich in 19 größeren Städten, darunter in Altona, Braunschweig, München, Hannover und Kassel.[144] Während in der Umbruchszeit von November 1918 bis Oktober 1919 in neun der 24 Großstädte mit mehr als 200 000 Einwohnern ein Wechsel an der Spitze der Kommune erfolgte, kamen nur in drei Fällen Sozialdemokraten zum Zug: in Hannover Robert Leinert, in Magdeburg Hermann Beims und in Bremen Karl Deichmann, wenngleich dieser nur wenige Monate im Amt blieb. Zu den prominenten SPD-Oberbürgermeistern der Weimarer Republik zählten neben Leinert (1918–1924) und Beims (1919–1931) Eduard Schmid in München („Erster Bürgermeister" 1919–1924), Scheidemann in Kassel (1919–1925), Max Brauer in Altona (1924–1933) und Ernst Reuter als Nachfolger von Beims in Magdeburg (1931–1933). Wie randständig Sozialdemokraten unter den führenden Kommunalbeamten waren, illustriert die Tatsache, dass sich 1931 unter den zwanzig größten Städten Preußens lediglich zwei SPD-Oberbürgermeister fanden: Brauer in Altona und Reuter in Magdeburg[145], und nur sie konnten nach 1945 (in Hamburg und Berlin) wieder als Stadtoberhäupter amtieren.

Im Görlitzer Programm von 1921 hatte die Partei bereits erste kommunalpolitische Forderungen formuliert. Viele dieser Postulate griffen dabei liberale Vorstellungen des 19. Jahrhunderts auf. Dazu zählte die Forderung nach einer einheitlichen Gemeindeordnung ebenso wie die Forderung nach Gemeindefreiheit, die in der Forderung nach Aufhebung des staatlichen Bestätigungsrechts und der Beschränkung der staatlichen Kontrollbefugnisse auf die Überprüfung der Gesetzmäßigkeit kommunalen Verwaltungshandelns ihren Ausdruck fanden. In einigen Punkten ging das Programm auch über den überkommenen liberalen Forderungsbestand hinaus, indem genuin sozialdemokratische, durch die Revolution verstärkte Anliegen zu Papier gebracht wurden. Dies betraf die verfassungsrechtliche Stellung der Gemeindevertretungen, die zur

144 Zugrunde gelegt wurde die Aufstellung von Miller, Sozialdemokratische Oberbürgermeister, mit den korrigierten Angaben von Lehnert, SA-Mordopfer, S. 7–11. So führt Miller, S. 110, zwar den zweiten Bürgermeister Kiels auf, vergisst jedoch den Ersten Bürgermeister Münchens Eduard Schmid (1919–1924); vgl. zu diesem Angermair, Eduard Schmid, S. 56–86.

145 Miller, Sozialdemokratische Oberbürgermeister; Winkler, Schein der Normalität, S. 413 f.

allein ausschlaggebenden Entscheidungs- und Verwaltungsinstanz der Kommunen avancieren sollten, aber auch die Forderung nach Einführung der direkten Demokratie auf kommunaler Ebene. Darüber hinaus stellte die Forderung nach kommunaler Sozialisierung und damit das Verlangen nach Übernahme bestimmter kommunaler Wirtschaftszweige durch die öffentliche Hand einen zentralen, durch die Revolution an Aktualität gewonnenen Programmpunkt dar. Eingebettet werden sollten die Kommunen in ein gegliedertes System von Selbstverwaltungsorganen, das in der Formel vom „Ausbau des Reiches zum dezentralisierten Einheitsstaat" zum Ausdruck kam.[146] 1922 erläuterte Hirsch in einer 20-seitigen Broschüre mit dem Titel „Gemeindepolitik" die kommunalpolitischen Anliegen des Görlitzer Programms. „Möge es gelingen, recht bald eine gesetzliche Regelung zu finden, die es den Gemeinden ermöglicht, sich in umfangreicherer Weise als bisher auf diesem so wichtigen Gebiete zu betätigen."[147]

1925 erfolgte die Gründung der Zentralstelle für Kommunalpolitik beim Parteivorstand, durch die dieses Politikfeld nachhaltig aufgewertet wurde. Die Verluste, die die SPD bei den preußischen Kommunalwahlen am 4. Mai 1924 hinnehmen musste, mochten einen zusätzlichen Impuls gegeben haben.[148] In den Beirat dieser Zentralstelle, dem neben Beims und dem damaligen Berliner Stadtverordneten Reuter der frühere Ministerpräsident von Mecklenburg-Schwerin Johannes Stelling und der Redakteur der Zeitschrift „Gemeinde" Max Fechner angehörten, wurde auch Hirsch berufen.[149] Zu den Aufgaben der Zentralstelle zählten die organisatorische Zusammenfassung und Vernetzung der sich auf Tagungen zu eigenen Fraktionen zusammenschließenden sozialdemokratischen Vertreter in den Stadtparlamenten, die Auskunftserteilung in Rechts- und sonstigen Fragen, die Veranstaltung von Fortbildungskursen für Gemeindevertreter, die Vermittlung kommunaler Stellen und die Herausgabe der seit 1924 als „Halbmonatsschrift für sozialistische Arbeit in Stadt und Land" erscheinenden Zeitschrift „Die Gemeinde". Die Zeitschrift, die nicht nur über die Arbeit der Partei in den Gemeinden informierte, sondern auch der theoretischen Debatte über kommunalpolitische Fragen ihre Spalten öffnete, wies 1925 eine Auflage von 8500 Exemplaren auf. Seit 1927 organisierte die Zentralstelle auch kommunale Reichskonferenzen, die nicht nur dem

146 Vgl. Rebentisch, Programmatik, S. 36 f.

147 Paul Hirsch, Gemeindepolitik. Erläuterungen zum Görlitzer Programm, Berlin 1922, Zitat S. 20. Vgl. auch Vorwärts Nr. 446 v. 21. 9. 1922, S. 7: Gemeindepolitik.

148 Vgl. Rebentisch, Programmatik, S. 40.

149 Vgl. Vorwärts Nr. 240 v. 23. 5. 1925, 2. Beilage, S. 12: Aus der Partei.

Erfahrungsaustausch, sondern auch der Vorbereitung auf anstehende Gemeindewahlen dienten.[150]

Aber eine programmatische Grundlage für die Arbeit in den Kommunen fehlte letztlich, sieht man einmal von den knappen Ausführungen im Görlitzer Programm ab, die vom Heidelberger Programm von 1925 weitgehend übernommen wurden.[151] Auf die Notwendigkeit eines zeitgemäßen Kommunalprogramms wies Hirsch bereits auf der ersten Reichskonferenz für Kommunalpolitik hin, die Ende Mai 1927 in Kiel stattfand. Zwar räumte er ein, dass nicht nur die unterschiedlichen Städte- und Gemeindeordnungen, sondern auch die in der SPD obwaltenden Meinungsunterschiede in Fragen des Finanzausgleichs oder der Eingemeindungen Hindernisse darstellen würden. Doch könne man „nicht umhin, durch große Richtlinien einen einheitlichen Willen und ein geschlossenes Vorgehen zu ermöglichen, ohne dabei eine schematische Bindung an Worte zu fordern". Die Versammlung folgte dem Referenten und forderte den Kommunalpolitischen Beirat beim Parteivorstand auf, Richtlinien sozialdemokratischer Kommunalpolitik und gegebenenfalls auch ein Kommunalprogramm auszuarbeiten.[152]

Im September 1928 konnte Hirsch die von ihm mitentwickelten kommunalpolitischen Richtlinien auf der vom Kommunalpolitischen Beirat und vom Reichsausschuss für Kommunalpolitik veranstalteten Kommunalpolitischen Tagung der SPD vorstellen. In seiner Rede wies er darauf hin, dass die Richtlinien „nicht etwas Unabänderliches" darstellen würden, sondern den sich

150 Vgl. Johannes Stelling, Kommunalpolitische Organisationen, in: Die Gemeinde 4 (1927), S. 919–927; Krapf, Bastionen, S. 22–29; Winkler, Schein der Normalität, S. 408–416; Saldern, Gemeinde; Fülberth, Konzeption; Rebentisch, Programmatik, S. 40–47; Gerhard A. Ritter, Die Sozialdemokratie im Deutschen Kaiserreich in sozialgeschichtlicher Perspektive, München 1989, S. 23–26. Zur Kommunalpolitischen Zentralstelle beim Parteivorstand vgl. auch Protokoll SPD-Parteitag 1925, S. 62; ferner Vorwärts Nr. 479 v. 12. 10. 1929, S. 2: Sozialdemokratie und Kommunalwahlen; Nr. 481 v. 13. 10. 1929, S. 4: Kommunalpolitik der Sozialdemokratie; Die Gemeinde 6 (1929), S. 963–1039. Zur sozialdemokratischen Fraktion des Städtetages und zur Rolle Hirschs vgl. Vorwärts Nr. 457 v. 27. 9. 1928, S. 3: Die Finanznot der Gemeinden.

151 Allerdings verzichtete das Heidelberger Programm auf die Forderung nach Beschränkung des staatlichen Aufsichtsrechts und der Beseitigung des Bestätigungsrechts. Gefordert wurde lediglich, dass die Selbstverwaltungskörper ihre Geschäfte „im Rahmen der Reichs- und Landesgesetze selbständig und unter eigener Verantwortung" erledigen sollten; vgl. Dowe/Klotzbach, Programmatische Dokumente, S. 194–203, hier S. 198 f., Zitat S. 199.

152 Vorwärts Nr. 246 v. 26. 5. 1927, S. 10: Kommunalpolitische Forderungen. Vgl. auch Paul Hirsch, Kommunalpolitische Richtlinien, in: Die Gemeinde 4 (1927), S. 561–568.

verändernden politischen Rahmenbedingungen angepasst werden müssten. „Die vorgelegten Richtlinien sind von sozialpolitischem Geist erfüllt. An die Spitze stellen sie die Forderung der freien Gemeinde im freien Staat. Sie behandeln dann Forderungen an die Gesetzgebung und danach Forderungen an die Gemeinden, deren Erfüllung im Rahmen der bestehenden Gesetze möglich ist. Bildungswesen, Gesundheitswesen, Boden- und Wohnungspolitik, Wohlfahrtspflege, Arbeiterpolitik, Gemeindebetriebe, Lebensmittelversorgung, Verdingungswesen werden eingehend berücksichtigt."[153] Die Richtlinien wurden schließlich am zweiten Tag der Kommunalpolitischen Tagung mit einigen Änderungen angenommen. Zu den kommunalpolitischen Postulaten zählten das Einkörpersystem, die Einführung von Plebisziten, die Beseitigung der das Wahlrecht einschränkenden Aufenthaltsbestimmungen und die Einführung von Diäten für Gemeindevertreter. Darüber hinaus sollte die Selbstverwaltung durch die Abschaffung des Bestätigungsrechts und die Beschränkung der Staatsaufsicht auf die Beanstandung ungesetzlicher Verwaltungsakte gestärkt werden. Zugleich war mit der Reduzierung der Zwischeninstanzen zwischen Gemeinde und Reich an eine allgemeine Verwaltungsreform gedacht. Ausführlich wurde der Gemeindesozialismus thematisiert und ein Reichskommunalisierungsgesetz postuliert, das die Kommunalisierung der örtlichen Bedarfsversorgung ermöglichen sollte. In der Steuerpolitik sprachen sich die Richtlinien zwar gegen die Erhebung von Zuschlägen zur Einkommen- und Körperschaftsteuer aus, forderten jedoch eine Verbesserung des Verteilungsschlüssels zugunsten der Kommunen. Angesprochen wurden schließlich auch die Bildungspolitik, die Boden- und Wohnungspolitik, für die ein Reichsenteignungsgesetz postuliert wurde, oder das Arbeiter- und Angestelltenrecht.[154] Erneut hatte Hirsch seine Bedeutung als führender Kommunalpolitiker der Partei unterstrichen, der nicht nur über praktische Erfahrung als stellvertretender Bürgermeister Charlottenburgs und Bürgermeister Dortmunds verfügte, sondern auch in theoretischer bzw. programmatischer Hinsicht wegweisend war.[155]

153 Vorwärts Nr. 461 v. 29. 9. 1928, S. 6: Rüstet zu den Gemeindewahlen!

154 Vgl. Vorwärts Nr. 463 v. 30. 9. 1928, S. 9: Richtlinien sozialistischer Arbeit. – Die Kommunalpolitischen Richtlinien der SPD. Beschlossen in der gemeinsamen Sitzung des Kommunalpolitischen Beirats und des Reichsausschusses für Kommunalpolitik am 29. September 1928, Berlin 1928; die Richtlinien auch in: Die Gemeinde 5 (1928), S. 916–925. Die Richtlinien veranlassten die „Dortmunder Zeitung" zu der Frage, woher denn die SPD „die ungeheuren Mittel zu dieser irdischen Glückseligkeit nehmen" wolle, „die sie in ihren ‚Richtlinien' den deutschen Arbeitern" versprechen würde. Vgl. DZ Nr. 528 v. 9. 11. 1928, S. 3: Die neuen Kommunalpolitischen Richtlinien der Sozialdemokratie.

155 Vgl. dazu auch Wachenheim, Vom Großbürgertum, S. 108.

7. Die Erinnerungen „Der Weg zur Macht"

Als Hirsch am 17. November 1928 seinen 60. Geburtstag feierte, konnte er auf eine bewegte politische Karriere zurückblicken, die ihn an die Spitze des preußischen Staates und nach seinem erzwungenen Rücktritt erneut in ein maßgebliches kommunalpolitisches Amt geführt hatte. Hatten andere sozialdemokratische Politiker wie Philipp Scheidemann ihren Absturz aus den Höhen der Politik nicht recht zu verkraften vermocht, so schien Hirsch seinen partiellen Rückzug aus der preußischen Politik durch seine kommunalpolitische Expertise und die Wahl in kommunale Spitzenämter kompensieren zu können. Auch weiterhin stellte er in der Partei eine feste Größe dar. Er gebe sich „der aufrichtigen Hoffnung hin", so formulierte es der preußische Ministerpräsident Braun in seinem Glückwunschtelegramm, „daß Ihre bewährte staatsmännische Kraft unserem öffentlichen Leben noch viele Jahre erhalten bleibe". Den Glückwünschen schloss sich auch der „Vorwärts" an: „Wir wünschen dem rastlos für die Arbeiterschaft, die Partei und das Gemeinwohl Tätigen, der auch durch Jahrzehnte ein eifriger Mitarbeiter des ‚Vorwärts' gewesen ist, noch viele Jahre unverminderter, arbeitsfreudiger Rüstigkeit."[156] Auch der Dortmunder „General-Anzeiger" entbot seine Grüße: „Selbst seine politischen Gegner werden, wenn sie eine einigermaßen anständige Gesinnung haben, dem trefflichen Manne ihre Anerkennung nicht versagen."[157]

Im Dezember 1929 veröffentlichte Hirsch seine Erinnerungen unter dem Titel „Der Weg der Sozialdemokratie zur Macht in Preußen", in denen er auf knapp 250 Seiten seinen politischen Werdegang bis zu seinem Rücktritt als preußischer Ministerpräsident nachzuzeichnen versuchte. Das Buch, das in drei Kapiteln die Zeit vor, im und nach dem Weltkrieg behandelte und als Anlagen zwei seiner Reden, einen Erlass des Bildungsministeriums und das Programm der Regierung präsentierte, zeichnete nicht nur die Kämpfe der SPD in Preußen und die Auseinandersetzungen um das Dreiklassenwahlrecht in aller Eindringlichkeit nach, sondern diente auch der Rechtfertigung des eigenen politischen Handelns als Fraktionsvorsitzender und preußischer Regierungschef. „Ein langer und dornenvoller Weg war es, den die Sozialdemokratie zurücklegen mußte,

156 Vorwärts Nr. 545 v. 17. 11. 1928, S. 2: Paul Hirsch sechzig Jahre; ferner Nr. 599 v. 22. 12. 1929, S. 11: Geburtstage, Jubiläen usw. – Glückwünsche erhielt Hirsch auch von seinem Parteifreund und Reichskanzler Müller.

157 GAD Nr. 317 v. 17. 11. 1928, 4. Blatt: Bürgermeister Paul Hirsch 60 Jahre alt; dort auch Brauns Glückwunschtelegramm. Vgl. auch DZ Nr. 544 v. 19. 11. 1928, S. 9: Bürgermeister Hirsch 60 Jahre alt. – Glückwünsche erhielt Hirsch u.a. auch vom Lehrerkollegium des Städtischen Konservatoriums in Dortmund; vgl. Jüdisches Museum Berlin, InvNr. 2006/147/3, Schenkung von Eva Hirsh.

um die Macht in Preußen zu erobern. Diesen Weg weiter zu gehen, nicht zu rasten, bis auch die letzten Schranken gefallen sind, das Werk ihrer Väter zu vollenden, ist Aufgabe der Jugend." Hirsch schloss das Vorwort mit der Hoffnung, dass sein Buch „die Jugend mit neuem Kampfesgeiste beseelen" möge und es ihr „eine Mahnung" sei, „die Streitaxt untereinander zu begraben und einmütig und geschlossen der Festigung der Republik ihrer Kräfte zu weihen!"[158]

Für diese Neuerscheinung fand der „Vorwärts" lobende Worte. „Wer Paul Hirsch kennt, der weiß, daß Abneigung gegen jeden äußeren Aufputz, gegen Phrasen und Schnörkel einen Grundzug seines [Wesens][159] bilden. Mit schlichter Knappheit und sachlichem Ernst, wie es der Natur des Verfassers entspricht, sind die Ereignisse dargestellt, nirgends drängt Hirsch seine Person und seinen eigenen Anteil am Geschehen, obwohl dieser nicht gering ist, in den Vordergrund, sondern läßt die Ereignisse für und durch sich sprechen." Wenn vielfach auch die Regierung Braun-Severing als „eigentliche Schöpferin des heutigen republikanischen Preußens" betrachtet werde, so dürfe doch nicht vergessen werden, dass die von Hirsch geführte Regierung bereits „wichtige Vorarbeiten hierzu" gelegt habe und dass die der Regierung angelasteten Fehler, die „in der schweren Zeit unmittelbar nach der Revolution zum Teil unvermeidbar" gewesen seien, „weniger auf das persönliche Konto des damaligen Ministerpräsidenten als einiger seiner Ministerkollegen entfallen". Es sei letztlich auch ein Verdienst des ersten demokratisch gewählten Ministerpräsidenten Preußens gewesen, den preußischen Staat gegen die verschiedenen separatistischen Bestrebungen zusammengehalten und die Einheit des Reiches gewahrt zu haben.[160]

Für die Zusendung eines Exemplars bedankte sich im Dezember 1930 auch Gustav Noske, der seit 1920 als Oberpräsident der preußischen Provinz Hannover amtierte. Der Lektüre des Buches habe er „mit grossem Interesse" entnommen, „mit welcher abgeklärten Ruhe Sie nachträglich die unerfreulichsten

158 Paul Hirsch, Der Weg der Sozialdemokratie zur Macht in Preußen, Berlin 1929, S. 9 f., Zitate S. 10.

159 Im Original irrtümlicherweise: „Wissens".

160 Vorwärts Nr. 593 v. 19. 12. 1929, S. 3: Ein Stück preußische Geschichte. Zur Besprechung von Ernst Hamburger vgl. Bücherwarte, Heft 2, Februar 1930; Leo Baeck Institute; Paul Hirsch Collection (AR 3382), Box 1, Folder 1: „Ohne die mühsame, grundlegende Arbeit der Regierung Hirsch", so Hamburger, „wäre die nach dem Kapp-Putsch eingeleitete kraftvolle Tätigkeit des Kabinetts Braun-Severing, die der preußischen Politik seitdem den Stempel aufgedrückt hat, nicht möglich gewesen. […] Der künftige Historiker, der die Bedeutung der Preußenpolitik für die deutsche Republik in ihren Anfängen einst würdigen wird, wird an dem wichtigen Quellenmaterial, das Hirsch ihm bietet, nicht vorübergehen können."

Dinge zu behandeln verstehen, unter sorgfältiger Beachtung der Tatsache, dass die Einigung mit der USP. doch nun einmal erfolgt ist". Noske räumte ein, dass manche Vorgänge in der kleinen sozialdemokratischen Fraktion des Abgeordnetenhauses dem Außenstehenden fremd geblieben sind und „deshalb vielfach zu Missdeutungen Anlass gegeben" hätten. „Ich verhehle Ihnen nicht, dass ich zu denen gehört habe, die Ihre taktische Einstellung zeitweise recht wenig erfreulich gefunden haben, aber ich stehe auch nicht an, heute offen anzuerkennen, dass in Ihrer Position offenbar so gehandelt werden musste, wie Sie es getan haben." Damit bezog sich Noske nicht zuletzt auf die Auseinandersetzungen innerhalb der preußischen Landtagsfraktion während des Weltkrieges. Noske schloss seinen Brief mit einem Ausdruck der Dankbarkeit für „die freundliche Würdigung, die Sie meinem Tun und Treiben haben zuteil werden lassen".[161]

8. Der Sklarek-Skandal und seine Auswirkungen

Am 26. September 1929 wurden in Berlin die Brüder Leo, Max und Willy Sklarek, Besitzer eines großen Textilunternehmens, verhaftet, da sie im Verdacht standen, durch Betrug und Urkundenfälschungen der Stadt Berlin einen Schaden von 10 Mio. Mark zugefügt zu haben. Die drei in Berlin geborenen Söhne eines russisch-jüdischen Einwanderers hatten 1926 die überschuldete städtische Kleiderverwertungsgesellschaft gekauft, mit der die Stadt Berlin während des Ersten Weltkrieges den Eigenbedarf ihrer Verwaltungen gedeckt hatte. In den folgenden Jahren konnte sich die Firma mit Hilfe von Bestechungen eine monopolartige Stellung bei der Belieferung der städtischen Dienststellen sichern. So vermochten zahlreiche kommunale Spitzenpolitiker wie Oberbürgermeister Böß (DDP) ihren Bekleidungsbedarf stark verbilligt oder kostenlos bei der Firma zu decken. Zur Festigung ihrer Geschäftsbasis hatte die Firma vom Magistrat einen höheren Kredit bewilligt bekommen und anschließend von der Stadtbank mehrere Überbrückungskredite ohne ausreichende Sicherheit erhalten. Bei einer Generalrevision der städtischen Kassen im Bezirksamt Spandau im September 1929 ergaben sich schließlich erhebliche Unregelmäßigkeiten bei der Kreditvergabe. So hatten die Brüder Sklarek Rechnungen für nicht erbrachte Bestellungen gefälscht und damit die Stadt um Millionen betrogen.

Die Nachricht von der Verhaftung der drei jüdischen Textilgroßhändler platzte mitten in den Berliner Kommunalwahlkampf und wurde sofort von

161 Gustav Noske an Paul Hirsch, Hannover, 30. 12. 1930, in: Leo Baeck Institute, Paul Hirsch Collection (AR 3382), Box 1, Folder 1.

KPD, DNVP und NSDAP politisch instrumentalisiert und gegen die Regierenden im Besonderen sowie die parlamentarische Demokratie im Allgemeinen ins Feld geführt. Bei den persönlichen Beziehungen der drei Brüder zu führenden Vertretern der Demokratie war es für die Gegner der Republik ein Leichtes, die Angelegenheit zu einem politischen Skandal zu überhöhen, mit dem die Weimarer Republik als korrupt und von Juden beherrscht diskreditiert und in Verruf gebracht werden konnte, obschon der wirtschaftliche Schaden mit etwa 10 Mio. Mark im Grunde noch einigermaßen überschaubar war. Auf Antrag der DNVP setzte der Preußische Landtag im Oktober 1929 einen Untersuchungsausschuss ein. Zwei Jahre später wurde der Prozess gegen Leo und Willy Sklarek eröffnet – der gegen ihren Bruder Max wurde wegen dessen Erkrankung zurückgestellt. Im Juni 1932 endete das Verfahren gegen die Brüder Sklarek mit ihrer Verurteilung zu mehrjährigen Zuchthausstrafen wegen Betrugs in Tateinheit mit schwerer Urkundenfälschung.

Die Frage, ob dem Treiben der Sklareks, die Millionäre und prominente Rennstallbesitzer waren, durch Unterstützung städtischer Beamten Vorschub geleistet wurde, sollte in den Wochen vor den Berliner Kommunalwahlen am 17. November 1929 die Öffentlichkeit beschäftigen und sich in der Sensationspresse zu den wildesten Gerüchten auswachsen. Rasch geriet Oberbürgermeister Böß ins Schussfeld der Kritik, weil er seiner Frau zu ihrem Geburtstag im Sommer 1928 einen Pelzmantel geschenkt hatte, der bei der Firma Sklarek für einen Bruchteil des eigentlichen Wertes bezogen worden war. Böß hatte allerdings gleichzeitig einen höheren Geldbetrag für einen wohltätigen Zweck gespendet. Doch die Angriffe auf seine Person zwangen ihn schließlich, am 7. November von seinem Amt zurückzutreten. Da die Brüder Sklarek gut vernetzt waren, waren vom Skandal mehrere Politiker und Beamte betroffen. Zwar hatten auch die kommunistische „Rote Hilfe" und selbst die DNVP Zuwendungen von der Firma Sklarek in Form von Kleiderspenden oder finanziellen Zuschüssen erhalten, doch traf der Skandal vor allem die in Berlin Regierenden. Neben dem Demokraten Böß waren dies vor allem die Sozialdemokraten, zumal Leo und Willy Sklarek seit 1928 Mitglieder der SPD waren.[162] Verstrickt in den Skandal war der Bezirksbürgermeister von Berlin-Mitte Fritz Schneider (SPD), der sich

162 Leo Sklarek soll sich auch seiner Beziehungen zum früheren preußischen Ministerpräsidenten Hirsch, der ihm Ansichtskarten mit Grüßen geschickt haben soll, gebrüstet haben; vgl. Vorwärts Nr. 456 v. 28. 9. 1929, S. 3: Die Sklareks und die Parteien. Im Prozess gegen Leo und Willy Sklarek spielte auch ein silberner Pokal als Beweismittel für die Freundschaft zahlreicher Prominenter eine Rolle. Der Pokal trug die Inschrift „Unserer Freundschaft. 28. Jänner 1928" und die Namenszüge der Brüder Sklarek sowie

regelmäßig mit den Sklareks in deren Jagdhaus in Mecklenburg getroffen und neben Kleidungsstücken Aktien im Wert von 31 000 Mark und eine Reise nach Italien bezahlt bekommen hatte. Im Gegenzug hatte er für günstige Grundstücke und Mieten gesorgt. Von den Annehmlichkeiten der Textilunternehmer profitierte auch der Direktor der Berliner Brennstoffgesellschaft und seit 1929 Personaldirektor der Berliner Verkehrsbetriebe, Fritz Brolat (SPD), der den Brüdern verschiedene Vorteile gewährt hatte.[163] Es mag mithin nicht überraschen, dass bei den Berliner Kommunalwahlen die SPD deutliche Verluste hinnehmen musste (– 4,2 %) und nur noch auf 28,4 % kam, während die radikalen Flügelparteien KPD und NSDAP beachtliche Zugewinne verbuchen konnten. Dank einer hemmungslosen antisemitischen Hetze erzielten die Nationalsozialisten, die bislang in Berlin keine nennenswerte Rolle gespielt hatten, mit 5,8 % oder 13 Abgeordneten einen beunruhigenden Achtungserfolg.[164]

In den Sklarek-Skandal wurde auch Paul Hirsch mit hineingezogen, der am 10. Oktober in der „Westfälischen Allgemeinen Volkszeitung" einräumen musste, „in freundschaftlichen Beziehungen zu den Gebrüdern Sklarek gestanden" zu haben. „Er habe sie, wie sehr viele andere Leute auch, für ernste und anständige Geschäftsleute gehalten." So habe er auch bei der Firma gekauft und sei auch zweimal bei den Sklareks zu Besuch im mecklenburgischen Waren gewesen. „Bei diesen Besuchen haben keine Zechgelage stattgefunden. In seiner *amtlichen* Tätigkeit habe er nie mit Sklareks etwas zu tun gehabt. Es sei auch von Sklareks nie versucht worden, seine amtlichen Eigenschaften auszunutzen."[165]

Es war nicht das erste Mal, dass sich Hirsch gegen Verleumdungen und Anschuldigungen übelster Art zur Wehr setzen musste.[166] Bereits während des

zahlreicher Politiker, unter ihnen auch die der Sozialdemokraten Fritz Brolat, Fritz Schneider und Paul Hirsch; vgl. Nr. 499 v. 24. 10. 1931, S. 4: Sklareks gesegneter Kelch.

163 Vgl. Klein, Korruption, S. 296–366; Weigel, Sklarek-Skandal; Malinowski, Politische Skandale, S. 55–61; Harsch, Der Sklarek-Skandal; Reese, Skandal und Ressentiment; Engeli, Böß, S. 226–274; Winfried Steffani, Die Untersuchungsausschüsse des Preußischen Landtages zur Zeit der Weimarer Republik. Ein Beitrag zur Entwicklung, Funktion und politischen Bedeutung parlamentarischer Untersuchungsausschüsse, Düsseldorf 1960, S. 224–229.

164 Vgl. https://de.wikipedia.org/wiki/Wahl_zur_Stadtverordnetenversammlung_von_Gro%C3%9F-Berlin_1929.

165 Auszug aus der WAV Nr. 238 v. 11. 10. 1929, S. 2: Der Sklarek-Skandal. Vgl. dazu auch GAD Nr. 280 v. 12. 10. 1929, 3. Blatt: Die Freunde Sklareks.

166 1928 behauptete der frühere Oberpräsident von Ostpreußen und nach rechts abgedriftete ehemalige Sozialdemokrat August Winnig, dass er 1919 auf Anweisung des früheren Ministerpräsidenten Hirsch eine Million Mark an Wahlgeldern aus der Staatskasse der

Barmat-Skandals war er ins Fadenkreuz seiner Gegner geraten. Der Konzern des aus Russisch-Polen stammenden und seit 1919 in Berlin ansässigen jüdischen Unternehmers Julius Barmat, der sich während der Inflation ein Konglomerat unterschiedlichster Firmen und Unternehmen aufbauen konnte, war 1924 in Insolvenz geraten. Vom Zusammenbruch des Konzerns, der Schulden in Höhe von 39 Millionen Mark hinterließ, waren vor allem öffentliche Kreditanstalten betroffen, nicht zuletzt die Reichspost und die Preußische Staatsbank. Da Barmat enge Beziehungen zu führenden Politikern unterhielt, wurde rasch der Vorwurf der Bestechlichkeit und der Vorteilsnahme im Amt laut.[167] In die Kritik geriet auch Hirsch, dem Anfang Februar 1925 in der Stadtverordnetenversammlung vom kommunistischen Abgeordneten Stolt vorgeworfen wurde, eine größere Summe von Barmat erhalten zu haben.[168] Dem stellvertretenden Bürgermeister Charlottenburgs, der vehement bestritt, von Barmat oder einem seiner Konzerne jemals Gelder erhalten zu haben[169], konnte letztlich eine Verwicklung in den Skandal nicht nachgewiesen werden. Im Vergleich zur Barmat-Affäre waren die im Zusammenhang mit dem Sklarek-Skandal erhobenen Vorwürfe allerdings von einer Schärfe, die bedrohlich wirken musste.

Am 28. November 1929 erschien Hirsch im preußischen Innenministerium, um vor dem Hintergrund der laufenden Ermittlungen der Behörden eine Erklärung zu seiner Beziehung zu den Brüdern Sklarek abzugeben. Konkreter Anlass war eine sich im Besitz der Staatsanwaltschaft befindende Liste mit

SPD „unrechtmäßig" zugeführt habe. Dem „Vorwärts" blieb es vorbehalten, darauf hinzuweisen, dass die „in Inflationsgeld gegebene Summe" zur „Abwehr außenpolitischer Gefahren von der isoliert gelegenen Provinz" gedacht gewesen sei. Winnigs Behauptung sei mithin ein „elender und erbärmlicher Schwindel"; vgl. Vorwärts Nr. 217 v. 9. 5. 1928, S. 2: Ein erbärmlicher Schwindel.

167 Vgl. Martin H. Geyer, Kapitalismus und politische Moral in der Zwischenkriegszeit oder: Wer war Julius Barmat?, Hamburg 2018; Klein, Korruption, S. 229–293; Malinowski, Politische Skandale, bes. S. 48–55.

168 Vorwärts Nr. 62 v. 6. 2. 1925, S. 8: Eine verschlafene Barmat-Debatte.

169 Vorwärts Nr. 63 v. 6. 2. 1925, S. 2: Gegen kommunistische Verleumdungen. In einer Sitzung des Reichstagsuntersuchungsausschusses über die Barmat-Affäre verlas der Vorsitzende Saenger (SPD) einen Brief Hirschs, in dem dieser erklärte, sich niemals für Barmat verwendet zu haben; vgl. auch Nr. 85 v. 19. 2. 1925, S. 3: Meißner vor dem Reichstagsausschuß. Im Untersuchungsausschuss des Preußischen Landtages machte Hirsch deutlich, „daß er sich weder schriftlich noch mündlich für Barmat verwendet habe"; vgl. Vorwärts Nr. 92 v. 24. 2. 1925, S. 10: Barmat-Bureauklatsch; ferner Nr. 95 v. 25. 2. 1925, S. 3: Die Quellen der Hetze; Nr. 96 v. 26. 2. 1925, S. 2: Regierungsrat Krüger als Zeuge; Nr. 357 v. 31. 7. 1925, S. 3: Das Verleumdernest KKK.

Personen, die, so Hirsch, „angeblich von den Sklarek's laufende Zuwendungen erhalten haben sollen" und auf der auch sein Name stehen würde. Hierzu gab er Folgendes zu Protokoll: „Seit vielen Jahren unterstütze ich auf Grund meiner langjährigen Tätigkeit in Berlin Wohlfahrtseinrichtungen und auch einzelne einer Unterstützung bedürftige und würdige Personen. Mittel hierzu bekomme ich von einer großen Reihe menschenfreundlicher Persönlichkeiten. Auf Grund meiner persönlichen Bekanntschaft mit den Gebr. Sklarek habe ich auch von ihnen wiederholt Beträge für diesen Zweck erhalten und zwar erst zu einer Zeit, als ich nicht mehr amtlich in Berlin tätig war. Ich habe die Zuwendungen der Gebr. Sklarek ebenso wie die von anderen Personen lediglich für die genannten Zwecke verwendet. Abgesehen von geringfügigen Beträgen habe ich mir regelmäßig Quittungen von den Stellen und Personen, denen ich Zuwendungen machte, ausstellen lassen. Ich unterhalte ein besonderes, von meinem persönlichen Konto getrenntes separates Bankkonto für diesen Zweck." Daraufhin, so das Protokoll, habe Hirsch mehrere Quittungen vorgelegt, aus denen hervorgegangen sei, dass er im Laufe der vergangenen Jahre für die angegebenen Zwecke insgesamt 3250 Mark verwendet habe. Präsentiert worden sei auch ein neuerer Auszug aus seinem Bankguthaben, aus dem deutlich geworden sei, dass auf einem separaten Sonderkonto noch 1894 Mark vorhanden gewesen seien.[170] Von diesem Aktenvermerk erhielt Hirsch drei Durchschläge, von denen er je einen dem Arnsberger Regierungspräsidenten und dem Dortmunder Oberbürgermeister zukommen lassen wollte.[171] Unter dem von Ministerialdirektor von Leyden unterzeichneten Protokoll mit der Erklärung Hirschs fand sich auch ein Vermerk vom 9. Dezember 1929, nachdem der Arnsberger Regierungspräsident von Leyden mündlich mitgeteilt habe, dass er „auf Anregung der Staatsanwaltschaft in Berlin Ermittlungen wegen der Beschuldigungen des Herrn Bürgermeisters Hirsch im Zusammenhang mit der Sklarek-Affaire eingeleitet habe".[172]

Zu der im Innenministerium abgegebenen Erklärung sah sich Hirsch nicht nur wegen der öffentlich gegen ihn erhobenen Anschuldigungen genötigt. Vielmehr drohte seine amtliche Stellung in Dortmund durch die wie auch immer

170 Aktennotiz von Ministerialdirektor von Leyden vom preußischen Innenministerium vom 28. 11. 1929 über eine Erklärung Hirschs, in: Stadtarchiv Dortmund, Bestand 111/01, Lfd. Nr. 21/1, Bl. 114. Ferner auch IISH, Albert Grzesinski Papers, Nr. 101.

171 Vgl. die Notiz auf dem Aktenvermerk vom 28. 11. 1929, in: Stadtarchiv Dortmund, Bestand 111/01, Lfd. Nr. 21/1, Bl. 114.

172 Vgl. ebd.; vgl. dazu auch Ministerialdirektor von Leyden an den preußischen Innenminister Grzesinski, Berlin, 17. 12. 1929, in: IISH, Albert Grzesinski Papers, Nr. 101.

geartete Verwicklung in den Skandal Schaden zu nehmen. Sein Vorgehen, von Anfang an alle Karten auf den Tisch zu legen und für eine möglichst große Transparenz zu sorgen, war deshalb der Situation angemessen.

Ein Interview des wegen aktiver Bestechung verurteilten Unternehmers Julius Barmat mit der kommunistischen „Welt am Abend" schien die Vorurteile gegen Hirsch zu bestätigen. „Ich kann mir sehr gut vorstellen", so Barmat, „wie das alles gewesen ist. Der Hirsch, Sie wissen, der Bürgermeister von Dortmund, das ist ein ganz Gerissener. Der hat die Sklareks ins Geschäft gebracht. Ich kenne das! Ich kenne auch den Hirsch. Nur möchte ich wissen, was da eigentlich unreell ist, wenn die maßgebenden Stellen und die höchsten Beamten einem die Sachen direkt ins Haus bringen. Aufdrängen, tun sie sich einem. [...] Und soll man ihnen vielleicht abschlagen, wenn sie ab und zu mit Bitten um kleine Gefälligkeiten kommen?" Wenn der verurteilte Barmat auch als Krimineller kein guter Zeuge oder Leumund war, so hielt dies den kommunistischen „Westfälischen Kämpfer" nicht davon ab, Hirsch mit polemischen Zweideutigkeiten und Invektiven zu belegen. „Ein faules Dementi wird nichts an seiner jahrelangen Freundschaft mit den Oberschiebern und Großunternehmern Sklareks ändern. Als SPD.-Führer darf er sich auch in Zukunft bei seiner arbeiterfeindlichen Politik in Sklarekfracks und -smokings bewegen. Die Dortmunder Erwerbslosen tragen wohl auch Fracks und Smokings, Herr ‚Arbeitervertreter' Hirsch?"[173]

Obwohl die Kommunisten in den Sklarek-Skandal verwickelt waren, nutzten sie die Möglichkeit, um vor der Negativfolie der vermeintlich korrupten Sozialdemokraten sich als wahre Repräsentanten des arbeitenden Volkes zu präsentieren, den politischen Gegner mit ihrem Spott zu überziehen und die parlamentarische Demokratie verächtlich zu machen. Aber nicht nur kommunistische, sondern auch bürgerliche Blätter nahmen Hirsch ins Fadenkreuz. So wies das Zentrumsorgan „Tremonia" darauf hin, dass der für das verantwortungslose Geschäftsgebaren der Stadtbank verantwortliche Stadtkämmerer Lange erklärt habe, dass er erst mit den Sklareks verkehrt habe, „nachdem er erfahren hatte, daß zahlreiche Stadtverordnete dort ein- und ausgingen und daß der frühere Ministerpräsident Hirsch öffentlich erklärt habe, die Sklareks seien Kaufleute seriösester Art".[174]

Am 18. Dezember folgte eine Besprechung beim preußischen Innenminister Albert Grzesinski (SPD), an der neben Hirsch der Arnsberger Regierungspräsident König, Ministerialrat Hirschfeld und der sozialdemokratische

173 WK Nr. 262 v. 8. 11. 1929, S. 1: Sozialdemokrat Hirsch – der Sklarek-Freund, in: Stadtarchiv Dortmund, Bestand Nr. 500, Bl. 96.

174 Tremonia Nr. 293 v. 24. 10. 1929: „Kaufleute seriösester Art", in: Ebd., Bl. 95.

Fraktionsvorsitzende im preußischen Landtag Heilmann teilnahmen. „Hirsch gab zu dem Inhalt der vom Staatsanwalt dem Regierungspräsidenten übersandten Akten ausreichende und befriedigende Erklärungen und belegte mit Quittungen noch die Summen, die dem Regierungspräsidenten bis dahin ungeklärt schienen. Ich stellte mich unter Berücksichtigung der ganzen Situation auf den Standpunkt, daß ein Anlaß zu einer Untersuchung gegen Hirsch seitens der Kommunal-Aufsichtsstelle in Arnsberg nicht vorliegt und die Akten deswegen der Staatsanwaltschaft zurückgegeben werden könnten. Zu der Zeit, als Hirsch noch Bürgermeister in Charlottenburg war, hat er die Sklarek's überhaupt nicht gekannt und mit Dortmund haben die Sklareks während der Zeit, als Hirsch dort Bürgermeister war, keine geschäftlichen Verbindungen gehabt. Infolgedessen ist das Verhältnis von Sklarek's zu Hirsch und umgekehrt ein rein persönliches gewesen; und wenn Hirsch von ihnen Geld genommen hat, um die Beträge für Wohltätigkeits- und andere Zwecke zu verwenden, so ist daran nichts auszusetzen. Auf keinen Fall liegt auch nur zu einer disziplinaren Ermittlung Anlaß vor." Diesem abschließenden Urteil schlossen sich alle Anwesenden an, und Regierungspräsident König gab zu verstehen, dass er dementsprechend verfahren werde. Der SPD-Fraktionsvorsitzende Heilmann teilte darüber hinaus mit, dass der Sklarek-Untersuchungsausschuss des Landtags beschlossen habe, sich nur mit den Fragen zu beschäftigen, „wo eine dienstliche Verbindung mit den Sklareks bestanden hat, und in eine Erörterung der rein privaten Beziehungen nicht einzutreten".[175]

Am 9. Januar 1930 lag der Untersuchungsbericht des Arnsberger Regierungspräsidenten König vor. Deutlich wurde, dass Hirsch von der Firma Sklarek von 1925 bis 1929 Anzüge, Kleider und Waren im Wert von rund 3000 Mark erhalten habe. Im Dezember 1929 sei vom Konkursverwalter noch ein Betrag von 2136 Mark eingefordert worden, den Hirsch umgehend entrichtet habe. Noch weitere offenstehende Beträge seien der Staatsanwaltschaft dem Konkursverwalter mitgeteilt worden und würden von diesem eingezogen werden. Nach einer „Kladde", d. h. einem Notizbuch der Firma Sklarek, soll Hirsch zudem vom Februar 1928 bis September 1929 7026 Mark in bar erhalten haben. Hirsch habe zugegeben, monatlich 300 Mark bekommen zu haben, was in dem besagten Zeitraum einem Betrag von rund 6000 Mark entsprechen würde. Es könne allerdings „nicht festgestellt werden, ob die Eintragungen in der Kladde der Firma Sklarek ‚Spesen Dortmund', ‚Propaganda Dortmund', ‚Propaganda Westfalen', ‚Propaganda West' u.s.w. als Beweis zu gelten haben, dass Bürgermeister Hirsch diese Beträge alle bekommen hat. Bürgermeister Hirsch gibt an, die

175 Aktennotiz, Berlin, 18. 12. 1929, in: IISH, Albert Grzesinski Papers, Nr. 101.

von Max Sklarek erhaltenen Barbeträge zur beliebigen Verwendung für Wohlfahrts- und ähnliche Zwecke erhalten zu haben, ohne verpflichtet zu sein, darüber Rechenschaft abzulegen." Die Frage, ob Hirsch die Zuwendungen der Firma in Form von Geldbeträgen oder Geschenken nur aus Freundschaft bekommen oder ob er dafür Gegenleistungen erbracht habe, konnte der Regierungspräsident nicht beantworten. Die Aussage Hirschs, dass die Freundschaftsdienste mit keinerlei Verpflichtung verbunden gewesen seien, könne nicht überprüft werden, da Max Sklarek, der über diese Beziehung hätte Auskunft geben können, sich zur Untersuchung seiner geistigen Gesundheit in einer Anstalt befände und nicht vernehmungsfähig sei. Oberbürgermeister Eichhoff wiederum habe betont, dass Hirschs amtliche Tätigkeit durch die von der Firma Sklarek geleisteten Vergünstigungen nicht beeinflusst worden sei und die Stadt Dortmund keinerlei Geschäftsbeziehungen zur Firma Sklarek und einer ihrer abhängigen Unternehmungen unterhalten habe. „Da anderes Beweismaterial zur weiteren Aufklärung der Angelegenheit nicht beigebracht werden kann, sind daher die Ermittelungen hiermit abgeschlossen. Das Resultat der Prüfung gibt mir keine Anhaltspunkte zur Einleitung eines Disziplinarverfahrens."[176]

Wenn der Bericht auch die Angaben Hirschs zu bestätigen schien, so zeugt doch die Tatsache, dass Hirsch von einem ihm kaum bekannten Unternehmer Waren und Geldbeträge in einem nicht unerheblichen Umfang erhalten hatte, von einer Unvorsichtigkeit, die zu denken geben musste. Selbst wenn er diese Zuwendungen nur für soziale Zwecke verwandt haben mochte, bewegte er sich in einer Grauzone, die zu allerhand Spekulationen Anlass geben und Kritiker herausfordern musste. Neben der Unbedenklichkeitsbescheinigung des Arnsberger Regierungspräsidenten war letztlich entscheidend, dass Oberbürgermeister Eichhoff sein Wort gab, dass die amtliche Stellung des Dortmunder Bürgermeisters durch die Beziehungen zur Firma Sklarek nicht tangiert worden sei, und er sich somit für seinen Stellvertreter, der sich um die Eingemeindungsfragen verdient gemacht hatte, nach Kräften einsetzte.

Der Sklarek-Skandal sollte am 13. Januar 1930 auch die Dortmunder Stadtverordnetenversammlung beschäftigen, als eine Anfrage der Kommunisten an die Stadtverwaltung verhandelt wurde, ob sie gewillt sei, „die Beziehungen des Bürgermeisters Hirsch zu den Sklareks klarzustellen" und „während dieser Zeit der Untersuchung den Bürgermeister Hirsch zu suspendieren".[177] In der Sitzung der Stadtverordnetenversammlung ergriff Oberbürgermeister Eichhoff erneut

176 Bericht des Regierungspräsidenten von Arnsberg vom 9. 1. 1930, in: Stadtarchiv Dortmund, Bestand 111/01, Lfd. Nr. 21/1, Bl. 122 f.

177 Antrag der Kommunistischen Stadtverordnetenfraktion, in: Ebd., ohne Blattangabe.

Partei für seinen angegriffenen Kollegen, erläuterte noch einmal den Sachverhalt, um schließlich deutlich zu machen, dass Hirschs Beziehungen zu den Gebrüdern Sklarek „für sich allein nicht den Tatbestand irgend eines Vergehens darstellen“ würden. Den Artikel in der „Welt am Abend“, so Eichhoff weiter, habe Hirsch „für zu töricht“ gehalten, „um darauf zu antworten“. „Er bestreitet die angebliche Behauptung Barmat's auf's entschiedenste und hat mir versichert, die geschäftlichen Beziehungen der Sklarek's zu großberliner Verwaltungsstellen gingen bis in eine Zeit zurück, in der er die Sklarek's nicht einmal dem Namen nach gekannt habe.“ Der Magistrat lehne es deshalb ab, „auf Grund einer angeblichen völlig unsubstanziierten Kaffeehaus-Bemerkung eines Barmat eine Untersuchung gegen einen Mann einzuleiten, der bisher unbescholten und hoch geachtet dastand“. Auch Ermittlungen, die der Regierungspräsident König (SPD) von Arnsberg angestrengt habe, hätten „keinen Anlaß zum Einschreiten“ geboten.[178] Nach der Rede Eichhoffs erklärte der Stadtverordnetenvorsteher diesen Tagesordnungspunkt für erledigt. Ein Antrag auf Besprechung der Anfrage fand in der Stadtverordnetenversammlung nicht die erforderliche Mehrheit. Zur Empörung der kommunistischen Stadtverordneten wurde daraufhin die Sitzung geschlossen.[179]

In der veröffentlichten Meinung war der Fall damit noch lange nicht vom Tisch. Die Kommunisten hetzten weiter und versuchten den Dortmunder Bürgermeister als korrupten Beamten, als „Sklarek-Hirsch“, zu diskreditieren.[180] Die konservative Wochenzeitung „Dortmunder Herold“ wollte das Gutachten des Arnsberger Regierungspräsidenten nicht gelten lassen, da König derselben Partei wie der angegriffene Bürgermeister angehöre: „eine Krähe hacke der anderen kein Auge aus!“ Auch wenn Hirsch kein Rechtsverstoß nachgewiesen werden konnte, so sei doch zu fragen, „ob ein Mann, der das Pech hatte, mit ausgemachten Halunken und Gaunern freundschaftlich zu verkehren (und trotz seines sonst bekannten Scharfsinns nichts davon merkte!!!) weiterhin auf sehr repräsentativen Posten bleiben kann“. Kontrastiert wurde der Fall mit den Verhältnissen im Kaiserreich und der damals in der Verwaltung herrschenden

178 Erklärung von Oberbürgermeister Eichhoff in der Stadtverordnetenversammlung am 13. Januar 1930, in: Ebd., Bl. 125 f.

179 Vgl. das Protokoll der Stadtverordnetenversammlung vom 13. 1. 1930, in: Ebd., Bestand 88, Lfd. Nr. 3, Bl. 7 r; ferner DZ Nr. 22 v. 14. 1. 1930, S. 11 f., hier 12: Die Wahl der unbesoldeten Magistratsmitglieder; vgl. auch die Sitzung vom 3. 2. 1930; Nr. 58 v. 4. 2. 1930, S. 13: Sturm im Dortmunder Stadtparlament. Vgl. auch Der Bürger Nr. 3 v. 18. 1. 1930, in: Stadtarchiv Dortmund, Bestand Nr. 500, Bl. 111.

180 WK Nr. 12 v. 15. 1. 1930, S. 8: Was ist mit Sklarek-Hirsch?, sowie S. 7: Nazi-König und Reichsbanner-Klupsch.

„Reinlichkeitspflege", die den „Ruf vom makellosen und unbestechlichen preußischen Beamten begründet" habe.[181]

Angesichts des der Stadt Berlin entstandenen materiellen Schadens wog der Verlust an politischer Glaubwürdigkeit und moralischer Integrität schwer, den die politischen Parteien und namentlich die SPD durch die Verwicklung einzelner Politiker in den Skandal erlitten. Die Kritik an den Sozialdemokraten bezog dabei ihre Stoßkraft aus der Tatsache, dass die Partei nach 1918 mit dem moralischen Impetus aufgetreten war, vieles besser machen zu können, ein Anspruch, der sich an den Ecken und Kanten der unwirtlichen Realität zu stoßen schien. KPD, Deutschnationale und Nationalsozialisten nutzten die Gelegenheit, mit den sozialen Aufsteigern der SPD abzurechnen, die zwischen 1920 und 1929 zahlreiche besoldete Magistratsmitglieder stellte.[182] Rechten boten sie ohnehin genügend Anlass zur Kritik, da die in Amt und Würden gelangten Sozialdemokraten weder über die entsprechende juristische Ausbildung noch über die als unerlässlich angesehene Verwaltungspraxis verfügten und damit die bislang erforderlichen Voraussetzungen für den Beruf nicht erfüllten. Sie wurden als soziale Emporkömmlinge, als proletarische Parvenus, als ungebetene und ungeliebte Aufsteiger angesehen, die nach der Revolution die traditionelle Elite verdrängt und sich an der Spitze des Staates oder auch der Gemeinde breit gemacht hätten.

Der Sklarek-Skandal hatte nicht nur persönliches Fehlverhalten, sondern auch institutionelle Unzulänglichkeiten aufgedeckt. Die DNVP brachte deshalb im März 1930 im Preußischen Landtag einen Antrag ein, der auf eine Umwandlung der Groß-Berliner Einheitsgemeinde in eine Gesamtgemeinde und damit auf eine stärkere Dezentralisierung abzielte. Die Zentralverwaltung sollte zu einer bloßen Kontrollbehörde heruntergestuft, die Stadtverordnetenversammlung abgeschafft und ihre Funktionen von den Bezirksversammlungen übernommen werden. Der Magistrat sollte durch einen von den Bezirksversammlungen gewählten und von den Bezirksbürgermeistern dominierten Senat ersetzt werden.[183] Im Grunde lief dieser Antrag auf eine Rückkehr zu den Verhältnissen vor Inkrafttreten des Groß-Berlin-Gesetzes von 1920 und damit zu den Vorkriegszuständen hinaus. In die entgegengesetzte Richtung und damit auf eine Stärkung der Zentrale zielte ein vom Staatsministerium vorgelegter Entwurf

181 Dortmunder Herold Nr. 4 v. 19. 1. 1930, S. 1 f.: Bürgermeister Hirsch und die Sklarek-Affäre, in: Stadtarchiv Dortmund, Bestand 500. Während des Sklarek-Prozesses 1931/32 wurde Hirsch erneut der allerdings wenig substantiierte Vorwurf gemacht, sich bei der Bank der Arbeiter, Angestellten und Beamten A.G. für die Sklareks als Kunden eingesetzt zu haben; vgl. Vorwärts Nr. 608 v. 30. 12. 1931, S. 5: Eine Erklärung der Arbeiterbank.

182 Vgl. Reese, Skandal und Ressentiment, S. 385.

183 StBPLT 1928/32, Anlagen, Bd. 6, Nr. 4402, Gesetzentwurf vom 11. 3. 1930.

eines Selbstverwaltungsgesetzes für die Hauptstadt Berlin, der eine Bürgermeisterverfassung an Stelle der Magistratsverfassung vorsah.[184]

Während der zweiten Beratung des Gesetzentwurfs im Landtag trat Hirsch in seiner Funktion als Berichterstatter vor das Plenum. Ausführlich bezog sich Hirsch auf die Ausschussberatungen und referierte die von dem Gremium gefassten Beschlüsse zur Regierungsvorlage, wobei er vor allem auf die herausgehobene Stellung des Oberbürgermeisters und den zwischen Stadtverordnetenversammlung und Magistrat angesiedelten Stadtgemeindeausschuss einging. „Ich bin davon überzeugt", so schloss Hirsch seine Rede, „daß, wenn der Entwurf Gesetz wird und die Verwaltung Berlins im Sinne des Gesetzgebers geführt wird, dann die Möglichkeit geschaffen ist, in Berlin geordnete Verhältnisse herbeizuführen und das Vertrauen zur Reichshauptstadt zu stärken. Durch die Verabschiedung des Gesetzes wird der Landtag nicht nur der Stadt Berlin, sondern dem ganzen Lande einen großen Dienst erweisen."[185] Mit der Verabschiedung des Gesetzes wurde dem Bedürfnis nach einer besseren Zusammenarbeit zwischen der Zentrale und den Bezirken Rechnung getragen, ohne die übergeordnete Stellung von Stadtverordnetenversammlung und Magistrat, ergänzt um Oberbürgermeister und Gemeindeausschuss, zu tangieren. Bei einer Vier-Millionen-Stadt wie Berlin war eine dezentrale Verfassung mit einer Bezirksverwaltung, der Aufgaben delegiert wurden, die aber doch einer zentralen Kontrolle unterworfen blieb, unerlässlich.

9. Der Rücktritt im September 1932

Am 12. September 1932 beantragte Hirsch mit Verweis auf seine angeschlagene Gesundheit seine Versetzung in den Ruhestand zum 1. November. In dem seinem Schreiben beigefügten ärztlichen Gutachten vom 27. Juli 1932 kam der Chefarzt der Ohren-, Nasen- und Kehlkopfklinik der Städtischen Krankenanstalten, Nühsmann, zu dem Ergebnis, dass Hirsch wegen seiner „fortschreitenden Schwerhörigkeit auf beiden Ohren" nicht mehr in der Lage sei, seinen „Pflichten in seinem

184 Vgl. dazu Köhler, Berlin, S. 905–907; Engeli, Böß, S. 129–132.

185 Rede Hirschs am 7. März 1931, in: StBPLT 1928/32, 215. Sitzung, Sp. 18697–18703. Auf dem Berliner Bezirksparteitag hatte Hirsch am 13. April 1930 bereits Kritik an dem auf eine Reorganisation Groß-Berlins zielenden Gesetzentwurf geübt; vgl. dazu Vorwärts Nr. 176 v. 14. 4. 1930, S. 3: Berliner Bezirksparteitag; auch Nr. 147 v. 28. 3. 1930, S. 6: Wie soll Berlin verwaltet werden?; ferner Nr. 47 v. 29. 1. 1931, S. 3: Das Groß-Berlin-Gesetz; Nr. 57 v. 4. 2. 1931, S. 3: Berlins Selbstverwaltung.

anstrengenden Berufe weiter nachkommen zu können". Seit 1929 sei Hirsch bei ihm in Behandlung. „Schon bei der ersten Untersuchung grenzte die auf dem linken Ohr vorhandene Schwerhörigkeit an Taubheit, indem bei Ausschaltung des rechten Ohres Flüstersprache überhaupt nicht, Umgangssprache nur unmittelbar an der Ohrmuschel gehört wurde." Auf dem rechten Ohr sei damals Flüstersprache noch in einer Entfernung von einem Meter, Umgangssprache in vier Metern Entfernung gehört worden. „Im Laufe der letzten 3 Jahre ist eine weitere Verschlimmerung des Ohrenleidens eingetreten. Links ist die Hörfähigkeit überhaupt ganz unsicher geworden, rechts wird nur bei angestrengter Aufmerksamkeit Flüstersprache für kurze Zeit in etwa 30 cm Entfernung vernommen. Es ist Herrn Bürgermeister Hirsch, wie er angibt, oft unmöglich, den Ausführungen anderer bei Sitzungen und Verhandlungen einwandfrei zu folgen. Die dazu notwendige geistige Anspannung ruft einen oft unerträglichen Kopfdruck und immer häufiger allgemeine und nervöse Erschöpfung hervor. In solchen Stadien der Ermüdung und Erschöpfung ist dann die Hörfähigkeit noch weiter eingeschränkt." Das vorliegende Leiden wurde als „progressive labyrinthäre bezw. Nervenschwerhörigkeit" identifiziert. Da mit einer Besserung nicht gerechnet werden könne und „eine günstige Beeinflussung des Ohrenleidens nicht zu erwarten" sei, müsse Hirsch letztlich als dauernd dienst- und arbeitsunfähig gelten. Nühsmann empfahl dem Magistrat noch ein besonderes Gutachten über den allgemeinen körperlichen Gesundheitszustand des Bürgermeisters durch den behandelnden Arzt Dr. Neubeck einzuholen.[186] Auch wenn Hirschs Schwerhörigkeit den entscheidenden Anlass zu seinem Rücktritt bot, so schien sie in seinen Überlegungen doch nicht allein maßgeblich gewesen zu sein. So sprach Rechtsanwalt Henry Roy, der Hirschs Tochter nach dem Zweiten Weltkrieg vertrat, im Jahre 1953 davon, dass der frühere Dortmunder Bürgermeister in „Erkenntnis der Dinge, die sich im Jahre 1932 bereits abspielten", „aus ‚Gesundheitsrücksichten' seine Stellung" niedergelegt habe, „zumal er im Jahre 1933 65 Jahre alt wurde".[187] Die beständigen Anfeindungen dürften mithin in Hirschs Entscheidungsfindung mit eingeflossen sein.[188]

186 Schreiben Hirschs an den Magistrat z. Hd. des Oberbürgermeisters Eichhoff vom 12. 9. 1932 und Gutachten des Leiters der Ohren-, Nasen- und Kehlkopfklinik der Städtischen Krankenanstalten Dortmunds Nühsmann vom 27. 7. 1932, in: Stadtarchiv Dortmund, Bestand 111/01, Lfd. Nr. 21/3, Bl. 15 f.

187 Schreiben des Rechtsanwalts Henry Roy an den Dortmunder Oberbürgermeister, Los Angeles (USA), 13. 10. 1953, in: Ebd., Bl. 155.

188 So war in einem Flugblatt der NSDAP zu lesen: „Vor den Staatsgerichtshof mit Euch, ihr senilen, verklakten [gemeint: verkalkten] Nutznießer, ihr befrackten Würdeträger, ihr Geldschrankpatrioten, ob ihr nun Hirsch, Severing, Henßler, Mahraun, Scholz, Westarp,

Nachdem Hirsch sein Pensionierungsgesuch eingereicht hatte, fuhr er nach Berlin, womit er, wie die „Dortmunder Zeitung" schrieb, „praktisch bereits seine Dienstgeschäfte aufgegeben" habe. Seine Rückkehr nach Dortmund würde lediglich der „formalen Übergabe seiner Dienstgeschäfte" gelten. Das bürgerliche Blatt nutzte den Anlass zu ein paar Seitenhieben gegen die Dortmunder SPD-Führung, zu der der noch amtierende Bürgermeister „keinen engen Kontakt bekommen" habe. Der Grund dafür sei, „daß Hirsch durch seine jahrelange Tätigkeit als Kommunalpolitiker erkennen mußte, daß der sture SPD.-Standpunkt ohne große Schäden für die Kommunen nicht vertreten werden konnte".[189]

Hirschs Pensionierungsgesuch nahm die Dortmunder Presse zum Anlass, ein Fazit seiner Amtszeit zu ziehen. Die Urteile fielen nicht nur in der sozialdemokratischen[190], sondern auch in der linksbürgerlich-unabhängigen Presse weithin positiv aus. Hirsch, so der „General-Anzeiger", sei „es wesentlich zu verdanken, wenn heute Groß-Dortmund als ein kommunales Riesengebilde dasteht, das an Einwohnerzahl manchen deutschen Freistaat übertrifft. Ihm verdanken wir die Errichtung des Arbeitspsychologischen Instituts und die Verlegung des Landesarbeitsamtes nach Dortmund." Allerdings goss die Gazette auch ein wenig Wasser in den Wein und verbarg ihre Unzufriedenheit in kulturpolitischer Hinsicht nicht. So habe Hirsch auf „seinem eigentlichen Referentengebiet, dem des Theaters", „durch das hartnäckige Festhalten an einem Intendantenvertrage wesentliches" versäumt, „obwohl es ihm möglich gewesen wäre, in seiner Stadt, die eine überwiegend demokratische und sozialistische Bevölkerung hat, theatergeschichtlich wertvolle, richtunggebende Arbeit zu leisten". Über den Rücktritt des Bürgermeisters war das Blatt keineswegs überrascht, wäre dieser doch im folgenden Jahr mit Erreichen der Altersgrenze ohnehin aus seinem Amt geschieden. Die eigentliche Ursache für sein vorzeitiges Ausscheiden, so spekulierte die Zeitung, die den für seinen Rücktritt angeführten gesundheitlichen Problemen nicht so recht Glauben schenken wollte, „dürfte in der letzten Entwicklung der politischen Verhältnisse Preußen-Deutschlands zu suchen sein".[191]

Koch-Löwenstein, Brüning, Sklarek oder Maier-Staatspartei heißt"; vgl. DZ Nr. 146 v. 27. 3. 1931, S. 4: Ein politischer Prozeß.

189 DZ Nr. 433 v. 15. 9. 1932, S. 2: Bürgermeister Hirsch. Die WAV Nr. 219 v. 17. 9. 1932, S. 5: Bürgermeister Hirsch verläßt sein Amt, dementierte das Vorliegen „tiefgehende[r] Gegensätze" zwischen Hirsch und der Dortmunder SPD-Führung; Leo Baeck Institute, Paul Hirsch Collection (AR 3382), Box 1, Folder 1.

190 Vgl. WAV Nr. 219 v. 17. 9. 1932, S. 5: Bürgermeister Hirsch verläßt sein Amt; auch in: Leo Baeck Institute; Paul Hirsch Collection (AR 3382), Box 1, Folder 1.

191 GAD Nr. 255 v. 15. 9. 1932, S. 5: Bürgermeister Paul Hirsch hat sein Pensionierungsgesuch eingereicht.

Damit schien sich das Blatt auf Papens sog. Preußenschlag vom 20. Juli 1932, d. h. die Absetzung der seit den preußischen Landtagswahlen vom 24. April 1932 nur mehr geschäftsführend im Amt befindlichen Regierung Braun, und die Dominanz der radikalen Flügelparteien in der Politik, nicht zuletzt der NSDAP, die bei den Landtagswahlen 36,3 % der Stimmen hatte holen können, zu beziehen.[192]

Kritische Töne waren von katholischen Blättern, wie der „Kölnischen Volkszeitung", zu vernehmen, die sich darüber monierte, dass sich Hirsch bei der Frage der kommunalen Neuregelung des Ruhrgebiets „wohl ausschließlich von Dortmunder Interessen leiten" gelassen und „von seinem weitreichenden Einfluss auf die sozialdemokratischen Regierungs- und Abgeordnetenkreise in Preußen den stärksten Gebrauch" gemacht habe. „Das allzu lebhafte Betreiben der Eingemeindungen wird man Herrn Hirsch kaum zum Verdienst anrechnen. Die neue Umstellung kam an vielen Stellen zu früh und die Wunden, die damals einzelnen Gemeinden geschlagen wurden, sind heute noch nicht vernarbt."[193] Mag es auch sein, dass Zentrumsblätter die Amtszeit Hirsch nicht immer wohlwollend begleitet haben, so waren diese Seitenhiebe doch vor allem der Rivalität der Städte des rheinisch-westfälischen Industriegebiets untereinander geschuldet.

Während der kommunistische „Westfälische Kämpfer" Hirsch mit Nichtachtung strafte[194], konnte die in Bochum erscheinende Parteizeitung der NSDAP „Westfälische Zeitung – Rote Erde" ihre Genugtuung über den Abgang ihres langjährigen politischen Gegners nicht verhehlen. „Sklarek-Freund Hirsch geht", so lautete die Schlagzeile vom 16. September 1932. „Der jüdische Bürgermeister hat sein Pensionierungsgesuch eingereicht", und weiter: „Ein typischer Vertreter des marxistisch-kapitalistischen Systems verschwindet von der Bildfläche", wobei diese sinnlos erscheinende Formulierung typisch radikalantisemitisch gleichermaßen Marxismus und Kapitalismus als „jüdisch" stigmatisierte. „Ein fremdrassiger Jude […] auf einem hohen kommunalen Verwaltungsposten, – das war ein unhaltbarer Zustand, der nun durch die Initiative des Herrn Hirsch sein Ende gefunden hat. Und das war nach der blamablen Verstrickung des Herrn Hirsch in den Sklarek-Skandal auch die höchste Zeit." Für das Nazi-Blatt waren nicht die gesundheitlichen Probleme oder die vom „Dortmunder

192 Vgl. Möller, Parlamentarismus in Preußen, S. 555–576 u. 601.

193 Kölnische Volkszeitung Nr. 273 v. 4. 10. 1932, S. 3: Rücktritt des Bürgermeisters Hirsch in Dortmund; auch in: Leo Baeck Institute, Paul Hirsch Collection (AR 3382), Box 1, Folder 1. Für Hirschs Pensionierungsgesuch fand die „Tremonia" dagegen nur wenige Zeilen; vgl. Nr. 256 v. 15. 9. 1932, 2. Blatt: Bürgermeister Hirsch tritt in den Ruhestand.

194 Vgl. die September- und Oktoberausgabe 1932 des „Westfälischen Kämpfers".

General-Anzeiger“ insinuierten politischen Verhältnisse Preußens, sondern letztlich allein die vermeintliche Verstrickung in den Sklarek-Skandal für den Abgang Hirschs ausschlaggebend.[195]

Am 11. Oktober 1932 teilte Oberbürgermeister Eichhoff Hirsch mit, dass der Magistrat am 27. September dessen Antrag auf Versetzung in den Ruhestand gebilligt habe. Bei einer ruhegehaltsfähigen Dienstzeit von 23 Jahren und 61 Tagen würde sich Hirschs Ruhegehalt unter Zugrundelegung seines ruhegehaltsfähigen Diensteinkommens zusammen mit dem Wohnungsgeldzuschuss von insgesamt 17 440 RM auf 72 % und somit 12 556,80 RM belaufen. Nach Berücksichtigung des örtlichen Sonderzuschlags von 5 % (576 RM), der Gehaltskürzungen infolge der Verordnungen in Höhe von 22 % und eines Einbehaltungsbetrags von 2,5 % würde ein jährliches Ruhegehalt von 10 125,27 RM oder monatlich 843,77 RM verbleiben.[196] Zuzüglich des in der Sparverordnung vom September 1931 vorgesehenen Härteausgleichs sollte sich Hirschs Ruhegehalt schließlich auf 894,51 RM belaufen.[197] Nach der Verlegung seines Wohnsitzes nach Berlin und der Kürzung des örtlichen Sonderzuschlags summierte sich sein Ruhegehalt ab Dezember 1932 auf 879,05 RM[198].

Mit „lebhaftem Bedauern“ nahm der Vorsteher der Dortmunder Stadtverordnetenversammlung und Parteifreund Fritz Henßler den Rücktritt Hirschs

195 Rote Erde, Bochum, Nr. 209 v. 16. 9. 1932: Sklarek-Freund Hirsch geht, in: Stadtarchiv Dortmund, Bestand 111/01, Lfd. Nr. 21/3, Bl. 18. – 1927 hatte Hirsch dem preußischen Innenminister Grzesinski sein Mitgefühl zum Ausdruck gebracht, nachdem er „von den niederträchtigen Angriffen der Völkischen“ gelesen habe. „Seien Sie versichert, daß jeder anständige Mensch, gleichviel welcher Partei er angehört, sich mit Ekel und Abscheu von einer Gesellschaft abwendet, der selbst die Toten nicht heilig sind und die in der Verunglimpfung ihrer Gegner auch das uns allen so hehre Gefühl der Mutterliebe in den Kot zieht. Es drängt mich, Ihnen diese wenigen Zeilen zu schreiben, da ich mich in Ihre Stimmung hineinversetzen kann.“ Hirsch an Grzesinski, Bad Gastein, 25. 7. 1927, in: IISH, Albert Grzesinski Papers, Nr. 69. Grzesinski dankte Hirsch für seine Zeilen, meinte aber, dass ihn „diese Dreckspritzer“ nicht treffen könnten. Grzesinski an Hirsch, 28. 7. 1927, in: IISH, Albert Grzesinski Papers, Nr. 243.

196 Schreiben Eichhoffs an Hirsch vom 11. 10. 1932, in: Stadtarchiv Dortmund, Bestand 111/01, Lfd. Nr. 21/3, Bl. 23 f.

197 Ruhegehaltsbezüge Bürgermeister Hirsch, in: Ebd., Bl. 32.

198 Ruhegehaltsbezüge für Herrn Bürgermeister Hirsch ab 1. Dezember 1932 (nach Verlegung des Wohnsitzes nach Berlin), in: Ebd., Bl. 33. Vgl. auch das Schreiben Hirschs an Textor vom 8. 1. 1933 über seine Steuerkarte, in: Ebd., Bl. 44. Da auf seiner Steuerkarte seine inzwischen 22-jährige Tochter nicht mehr verzeichnet war, musste er mit einem Steuerabzug von 9 % gegenüber 8 % im Vorjahr rechnen; vgl. Aktenvermerk vom 9. 1. 1933, ebd., Bl. 44.

zur Kenntnis. „Während Ihrer siebenjährigen pflichtgetreuen und gewissenhaften Tätigkeit im Dienste unserer Stadt sind Sie unserer Verwaltung durch Ihr vielseitiges Wissen, Ihre reichen Erfahrungen und das Gewicht Ihrer Persönlichkeit eine wertvolle Stütze gewesen. Ihre tatkräftige Mitwirkung bei der großen Umgemeindung, durch die Dortmund eine Einwohnerzahl von über eine halbe Million erhielt und die räumlich zweitgrößte Stadt Deutschlands wurde, wird ebenso unvergessen bleiben, wie die Klugheit und Gewandtheit, mit der Sie das Dezernat für Kunst und Wissenschaft verwalteten, insbesondere die Aufrechterhaltung des Betriebes unseres Stadttheaters erreichten." Im Namen der Stadtverordnetenversammlung sprach Henßler deshalb Hirsch für sein „verdienstvolles Wirken" seinen „wärmsten Dank" aus und wünschte ihm „aufrichtig und von Herzen recht baldige Genesung und einen frohen und glücklichen Ruhestand". Das Schreiben wurde Hirsch bei seiner Verabschiedung durch Oberbürgermeister Eichhoff überreicht.[199]

Karl Böttcher vermutete in seinem Artikel in der „Siegener Volks-Zeitung", dass Paul Hirsch noch lange nicht an „ein geistiges Ausruhen" denke. „Vollgestopfte Bücherschränke sind seit Jahren seine treuesten Lebensgefährten in arbeitsreichen Tagen, in arbeitsdurchwachten Nächten gewesen, und so wird aus seiner Feder jetzt noch manches fließen, was Interesse und Beachtung verdient. So denkt sich der sozialdemokratische Bürgermeister von Dortmund selbst seine Ruhejahre. Möge ihm seine starke Energie helfen, auch nach seinem Rücktritt vom Amt mit recht viel Freude an der Arbeit so lange zu schaffen, wie er das selber will."[200]

Sieben Jahre vermochte Hirsch die Entwicklung und Geschicke Dortmunds an führender Stelle mitzugestalten. Seine Erfahrung, seine Expertise und seine nach Berlin reichenden Beziehungen trugen wesentlich zur erfolgreichen Verabschiedung der beiden Eingemeindungsgesetze und zur Neuordnung des rheinisch-westfälischen Industriebezirks bei. Das heutige Dortmund verdankt seinem früheren Bürgermeister viel. Durch sein Engagement bei der Neuregelung des Dortmunder Raums, aber auch durch seinen Einsatz bei der Ansiedlung wissenschaftlicher Institute und medizinischer Einrichtungen sowie der Pflege und dem Erhalt des kulturellen Betriebs in einer wirtschaftlich äußerst schwierigen Zeit erwarb er sich große Verdienste um die Stadt.

199 Das von Oberbürgermeister Eichhoff und Stadtverordnetenvorsteher Henßler unterzeichnete Schreiben an Hirsch vom 31. 10. 1932, in: Leo Baeck Institute, Paul Hirsch Collection (AR 3382), Box 1, Folder 1. Ferner Stadtarchiv Dortmund, Bestand 111/01, Lfd. Nr. 21/3, Bl. 34.

200 Siegener Volks-Zeitung Nr. 257 v. 1. 11. 1932, S. 1 f., hier S. 2: Karl Böttcher, Paul Hirsch.

Verglichen mit dem Wirken anderer führender sozialdemokratischer Kommunalpolitiker kann sich Hirschs politische Bilanz mithin sehen lassen. War er auch nicht Oberbürgermeister und musste aus der zweiten Reihe heraus agieren, so vermochte er doch, wie beispielsweise Oberbürgermeister Hermann Beims in Magdeburg, der Stadt Dortmund seinen Stempel mit aufzudrücken. Im Vergleich zu seinen Parteifreunden wie Leinert und Scheidemann, die teilweise unfreiwillig durch politische Kontroversen und Animositäten ihrer Gegner von sich reden machten, konnte Hirsch unter seit 1925 zunächst günstigeren Rahmenbedingungen sein ruhiges, sachlich-zurückhaltendes und erfolgreiches Wirken trotz dargestellter Widrigkeiten auf einigen Handlungsfeldern längerfristig prägender entfalten.

VI. Unter dem nationalsozialistischen Terrorregime

Mit der Ernennung Hitlers zum Reichskanzler am 30. Januar 1933 veränderten sich die politischen Rahmenbedingungen grundlegend. Ein dunkler Schatten legte sich über das Land. Der Brand des Reichstagsgebäudes in der Nacht vom 27. auf den 28. Februar 1933 bot den Anlass zum Erlass der sog. Reichstagsbrandverordnung, mit der die in der Weimarer Reichsverfassung verbürgten Grundrechte außer Kraft gesetzt wurden und politische Gegner des Nationalsozialismus mit Hilfe der Polizei oder der SA verfolgt werden konnten. Zwar erhielt Hitlers Partei bei den vorgezogenen, nicht mehr unter freien Bedingungen stattfindenden Reichstagswahlen vom 5. März 1933 keine absolute Mehrheit. Aber die Parteien der bürgerlichen Mitte konnten durch Druck und Einschüchterung dazu gebracht werden, am 23. März 1933 einem Ermächtigungsgesetz zuzustimmen, mit dem die gesetzgebende Gewalt des Reichstags auf die Reichsregierung übertragen wurde. Die Selbstausschaltung des Reichstags machte den Weg zur Errichtung einer Alleinherrschaft der Nationalsozialisten frei. Waren im Februar und März vor allem Kommunisten inhaftiert oder in die Emigration getrieben worden, so wurden nun auch Sozialdemokraten und Juden entrechtet und verfolgt.[1]

Paul Hirsch war nach seinem Rücktritt als Dortmunder Bürgermeister in seine Wohnung in der Dahlmannstraße 1 gezogen, wo er bis 1934 wohnen blieb.[2] Nach seinem Rückzug aus der Politik schien er eine Zeitlang daran gedacht zu haben, in Fortsetzung seines 1929 erschienenen Buches „Der Weg der Sozialdemokratie zur Macht in Preußen“, das die Zeit bis 1920 behandelte, seine Erinnerungen an die folgenden Jahre zu Papier zu bringen. Seine Tochter Thea berichtete 1966 davon, dass er nach seiner Pensionierung entsprechende Vorbereitungen hierzu angestellt hätte. „Aber die ‚Machtuebernahme‘ und deren Folgen, die er als alter Politiker sicher gleich uebersah, nahmen ihm jeglichen Mut zu weiterer Arbeit.“[3] Ob die resignative Grundstimmung, die ihn nach der Ernennung Hitlers

1 Winkler, Der Weg in die Katastrophe, S. 867–949; Echternkamp, Das Dritte Reich, S. 12–20.

2 https://www.stolpersteine-berlin.de/de/gervinusstr/24/paul-hirsch.

3 Schreiben von Thea Kahn an Ernst Hamburger, Barranco, Peru, 27. 4. 1966, in: Leo Baeck Institute, Paul Hirsch Collection (AR 3382), Box 1, Folder 1.

zum Reichskanzler beschlichen haben mochte, hierfür allein ausschlaggebend gewesen war, ein derartiges Vorhaben nicht weiterzuverfolgen, ist nicht eindeutig zu klären. Vielleicht spielte auch die Überzeugung, mit seiner Publikation von 1929 bereits alles gesagt zu haben, und die Erwartung eines geringen öffentlichen Interesses an seinem kommunalpolitischen Wirken eine Rolle. Es ist bezeichnend, dass Sozialdemokraten, die im Reich und in Preußen eine führende Stellung bekleidet hatten, in ihren Erinnerungen ihr kommunalpolitisches Engagement geradezu schamhaft verschwiegen, erschien ihnen doch die Übernahme eines kommunalpolitischen Amtes nach ihrer Tätigkeit als führendes Mitglied der preußischen oder Reichsregierung als zu großer Bruch oder gar als deplorabler Abstieg.[4] Angesichts seines jahrelangen kommunalpolitischen Einsatzes dürfte Hirsch einen anderen Blick auf diese Problematik gehabt und den Stellenwert einer kommunalen Spitzenposition besser einzuordnen vermocht haben. Auf seine erfolgreiche Tätigkeit als Dortmunder Bürgermeister dürfte er mit Stolz zurückgeblickt haben.

Nach 1933 begann für die Familie Hirsch ein ständiger Kampf ums Überleben. Aus Solidarität mit seinen verfolgten Glaubensgenossen, so berichtete Pauls Tochter Thea 1966, sei ihr Vater „sofort nach der Machtuebernahme" wieder in die Synagogengemeinde eingetreten. Er habe, auch wenn er sich als konfessionslos verstanden habe, „wohl nie verleugnet", „dass er Jude sei". Er sei „ein ueberaus korrekter Mensch und Beamter" gewesen, „der vielleicht Aussenstehenden hart erschien; ich glaube jedoch behaupten zu können, dass Vater ein sehr guetiger Mensch war, der nie jemandem seinen Rat und Hilfe versagte."[5] In der jüdischen Gemeinde sollte er sich in der sozialen Fürsorge engagieren. Auch zu seinen Parteifreunden schien der Kontakt nicht abgebrochen zu sein. Ein Treffen mit dem früheren Reichstagspräsidenten Paul Löbe, dem vormaligen preußischen Kultusminister Adolf Grimme und dem ehemaligen preußischen Innenminister Carl Severing in seiner Wohnung ist zumindest belegt.[6]

1. Die Verweigerung der Ruhegeldzahlungen

Den Nationalsozialisten reichte es nicht, dass ihr Feindbild Hirsch die politische Bühne verlassen hatte. Sie wollten ihn auch materiell vernichten. Am 28. März 1933 verfügte der Reichskommissar für das preußische Innenministerium

4 Vgl. Scheidemann, Memoiren, Bd. 2, S. 418.

5 Schreiben von Thea Kahn an Ernst Hamburger, Barranco, Peru, 27. 4. 1966, in: Leo Baeck Institute, Paul Hirsch Collection (AR 3382), Box 1, Folder 1.

6 Karnowsky, Paul Hirsch, ein preußischer Ministerpräsident, S. 315.

Hermann Göring die sofortige Einstellung der Zahlung von Bezügen jeglicher Art, die Hirsch aus seinen früheren Funktionen erhalten hatte.[7] Der Anordnung wurde Folge geleistet. Auf dem Schreiben des Reichskommissars findet sich ein Aktenvermerk des Dortmunder Magistrats vom 11. April, dass die Ruhegehaltsbezüge für Hirsch „mit Beginn des neuen Rechnungsjahres (April 1933) nicht mehr angewiesen worden" seien.[8] Unklar bleibt, wie Hirsch nach dem Verlust der materiellen Existenzgrundlage den Lebensunterhalt für sich und seine Familie bestreiten konnte. Mit dieser Maßnahme war der sich gegen Hirsch richtende Prozess der Entrechtung und Diskriminierung aber noch nicht beendet. Denn die neuen Machthaber wollten dem „Sklarek-Freund" Hirsch den Prozess machen und seinen Ruf und sein Ansehen vernichten. Der kommissarische Regierungspräsident von Arnsberg wandte sich deshalb an den Generalstaatsanwalt beim Landgericht I in Berlin hinsichtlich des Sachstandes im Fall Hirsch-Sklarek. Er musste jedoch am 30. Mai erfahren, dass gegen den früheren Dortmunder Bürgermeister bislang kein Strafverfahren durchgeführt wurde, weil hierfür kein Grund vorliegen würde. „Die Ermittlungen haben zwar ergeben, dass Hirsch von den Gebrüdern Sklarek in erheblichem Maße Zuwendungen erhalten hat; es besteht jedoch kein Anhalt dafür, dass diese Zuwendungen für irgend welche Amtshandlungen gegeben worden sind."[9]

Die Nationalsozialisten ließen sich davon jedoch nicht beirren. Eine gute Woche später bat der neue Arnsberger Regierungspräsident Max von Stockhausen Staatskommissar Schüler in Dortmund um Mitteilung darüber, ob gegen Hirsch nicht ein Dienststrafverfahren eingeleitet werden könnte.[10] Die rechtliche

7 Anordnung des Reichskommissars für das preußische Innenministerium (in Vertretung gezeichnet von Bismarck), Berlin, den 28. 3. 1933, in: Stadtarchiv Dortmund, Bestand 111/01 Lfd. Nr. 21/3, Bl. 58. – Seit dem sog. Preußenschlag, der widerrechtlichen Absetzung der geschäftsführenden preußischen Regierung unter Ministerpräsident Braun am 20. Juli 1932, übten Reichskommissare die Geschäfte der preußischen Landesregierung aus. Vom 30. Januar bis zum 21. April 1933 fungierte Göring, der zweite Mann im NS-Staat hinter Hitler, als Reichsminister ohne Geschäftsbereich und kommissarischer preußischer Innenminister. Vgl. Joachim Lilla, Der Reichskommissar für das Land Preußen 1932 bis 1933, in: Forschungen zur Brandenburgischen und Preußischen Geschichte 19,1 (2009), S. 91–118, hier S. 114 u. 118.

8 Anordnung des Reichskommissars für das preußische Innenministerium vom 28. 3. 1933 mit dem Aktenvermerk des Dortmunder Magistrats vom 11. 4. 1933, in: Stadtarchiv Dortmund, Bestand 111/01 Lfd. Nr. 21/3, Bl. 58.

9 Abschrift des Schreibens des Berliner Generalstaatsanwalts beim Landgericht I an den kommissarischen Regierungspräsidenten von Arnsberg, 30. 5. 1933, in: Ebd., Bl. 59.

10 Schreiben des Regierungspräsidenten von Arnsberg an den Staatskommissar Schüler in Dortmund, Arnsberg, 7. 6. 1933, in: Ebd.

Grundlage sollte das Gesetz über die Wiederherstellung des Berufsbeamtentums vom 7. April 1933 bilden. Nach § 14 Abs. 2 des Gesetzes konnte Beamten, die vor Inkrafttreten des Gesetzes in den Ruhestand getreten waren, die aber die für die Laufbahn übliche Vorbildung nicht besaßen (§ 2), nicht arischer Abstammung waren (§ 3) und durch ihre bisherige politischen Betätigung gezeigt hatten, dass sie dem Nationalsozialismus ablehnend gegenüberstanden (§ 4), das Ruhegeld aberkannt werden.[11] Das Gesetz sollte die bisherigen Personalveränderungen in der öffentlichen Verwaltung legalisieren und den Modus des Ausschlusses von Beamten normieren. Betroffen waren politisch unerwünschte Personen, Juden und Personen jüdischer Herkunft.[12] Dieses Instrumentarium bot auch die rechtliche Grundlage, um Hirsch die Zahlung der Ruhegehaltsbezüge zu verweigern. Dadurch konnte Görings Beschluss vom März 1933 nachträglich legitimiert werden. Eines Dienststrafverfahrens hätte es dazu nicht bedurft. Aber den Nationalsozialisten ging es eben auch darum, einen politischen Gegner moralisch zu vernichten und ihn und das von ihm vertretene System als korrupt zu diskreditieren.

Bei Staatskommissar Schüler rannte der Regierungspräsident offene Türen ein. Hirsch, so pflichtete Schüler von Stockhausen bei, habe für seine verschiedenen Amtsstellungen nach 1918 nicht die hierfür vorgeschriebene oder übliche Vorbildung besessen, sei nicht arischer Abstammung und politisch im NS-Sinne nicht zuverlässig. Seine „gesamte politische Betätigung“, nicht zuletzt nach 1918, seine herausgehobene Stellung in der Partei und sein „rücksichtsloses“ Engagement für Ziele der Bewegung lassen es unnötig erscheinen, Einzelheiten aufzuführen.[13] Am 24. Juni 1933 teilte der Arnsberger Regierungspräsident Max von Stockhausen daraufhin dem früheren preußischen Ministerpräsidenten mit, dass gegen ihn wegen seiner Verwicklung in den Sklarek-Skandal aufgrund der preußischen Beamtendienststrafordnung und des Gesetzes zur Wiederherstellung des Berufsbeamtentums ein Dienststrafverfahren eingeleitet werde. Während seiner Amtstätigkeit als Dortmunder Bürgermeister habe er von den wegen aktiver Beamtenbestechung verurteilten Brüdern Sklarek über mehrere Jahre

11 Gesetz zur Wiederherstellung des Berufsbeamtentums. Vom 7. April 1933, in: RGBl. 1933, I, Nr. 34, S. 175–177, hier S. 175 u. 177.

12 Sigrun Mühl-Benninghaus, Das Beamtentum in der NS-Diktatur bis zum Ausbruch des Zweiten Weltkrieges. Zu Entstehung, Inhalt und Durchführung der einschlägigen Beamtengesetze, Düsseldorf 1996, S. 1–93. Ferner Hans Mommsen, Beamtentum im Dritten Reich. Mit ausgewählten Quellen zur nationalsozialistischen Beamtenpolitik, Stuttgart 1966, S. 39–61; Uwe Dietrich Adam, Judenpolitik im Dritten Reich, Düsseldorf 1972, S. 51–64.

13 Schreiben von Staatskommissar Schüler an den Arnsberger Regierungspräsidenten, Dortmund, 14. 6. 1933, in: Stadtarchiv Dortmund, Bestand 111/01, Lfd. Nr. 21/3, Bl. 60.

hinweg Zuwendungen angenommen. „Als Gegenleistung hierfür haben Sie sich u. a. unter Ausnutzung Ihrer Beziehungen als früherer Preussischer Ministerpräsident bei dem Justizministerium für die Beförderung des mit den Gebr. Sklarek befreundeten Staatsanwaltschaftsrats Wasmundt mehrfach verwandt." Da nun ein förmliches Dienststrafverfahren gegen ihn eingeleitet werde, würde ab Juli 1933 gemäß der Dienststrafordnung die Hälfte des Hirsch zustehenden Diensteinkommens einbehalten.[14]

Da die Zahlung der Ruhegehaltsbezüge an Hirsch bereits im April 1933 ausgesetzt worden war, machte die letzte Bestimmung keinen Sinn. Sie entsprach letztlich nur dem Wunsch der Nationalsozialisten, ihrem illegalen Treiben einen Schein von Legitimität zu verleihen. Insgesamt wirkte die Argumentation des Regierungspräsidenten gezwungen. Der Wunsch, gegen einen zum Feindbild hochstilisierten Sozialdemokraten vorzugehen und ihm den Prozess zu machen, war offenkundig. War die Gegenleistung für die von Hirsch bereits 1929 eingeräumten materiellen und finanziellen Zuwendungen der Firma Sklarek, die angebliche Verwendung für einen mit den Sklareks befreundeten Staatsanwaltschaftsrat derart, dass sie sein Wirken als Dortmunder Bürgermeister beeinflusst und Anlass zu entsprechenden Amtshandlungen geboten hätte? Der konkrete Sachverhalt war letztlich nebensächlich, entscheidend war, dass ein politischer Gegner als korrupt diskreditiert und politisch und materiell vernichtet werden konnte.

Am 22. Juni 1933 wurde die SPD verboten und sämtlichen Abgeordneten der Partei die weitere Ausübung ihrer Mandate in den Volks- und Gemeindevertretungen verwehrt.[15] Auch wenn Hirsch seit den preußischen Landtagswahlen vom 24. April 1932 über kein Mandat mehr verfügte und auch in keinem Kommunalparlament mehr vertreten war, waren doch viele seiner Parteifreunde von diesem Verbot betroffen.

Nach der Einstellung der Ruhegehaltsbezüge und der Einleitung des Dienststrafverfahrens folgte Anfang 1934 der nächste Schlag. Mit Erlass vom 30. Januar wurden Hirsch gemäß § 2 Abs. 4 des Gesetzes zur Wiederherstellung des Berufsbeamtentums von 1933 die Rechte als Ruhestandsbeamter der Stadt Dortmund aberkannt.[16] Nach der Aberkennung der Rechte als Ruhestandsbeamter machte

14 Schreiben des Arnsberger Regierungspräsidenten an Hirsch, Arnsberg, 24. 6. 1933, in: Ebd., Bl. 62.

15 Schreiben des preußischen Innenministers Göring an die staatlichen Behörden, Berlin, 23. Juni 1933, in: GStA PK, I HA Rep. 169 D I J Nr. 2, Bd. 2, Bl. 31–33. Vgl. auch Winkler, Der Weg in die Katastrophe, S. 907–949.

16 Schreiben des Oberstadtdirektors an Rechtsanwalt Henry Roy, Dortmund, 13. 11. 1953, in: Stadtarchiv Dortmund, Bestand 111/01, Lfd. Nr. 21/3, Bl. 156.

das Dienststrafverfahren keinen Sinn mehr, da ihm die rechtliche Grundlage entzogen worden war. Deshalb bat das preußische Innenministerium Anfang August 1934 den Arnsberger Regierungspräsidenten um Einstellung des Verfahrens und der Voruntersuchung. Die zurückbehaltenden Ruhestandsbezüge müssten zudem unverzüglich nachgezahlt werden, sofern die Stadt Dortmund nicht ihrerseits Ansprüche gegen Hirsch erheben sollte.[17] Der Arnsberger Regierungspräsident wollte sich nicht so ohne weiteres geschlagen geben. Zwar kam eine Rundfrage unter den Dortmunder Dezernenten zu dem Ergebnis, dass gegen Hirsch keine Schadenersatzansprüche geltend gemacht werden konnten, dennoch glaubte man, überzogene Versorgungsbezüge, eine noch zu erstattende Krisenlohnsteuer und Stromkosten in Rechnung stellen zu müssen.[18] Darüber hinaus setzte der Regierungspräsident eine zu Lasten des früheren Dortmunder Bürgermeisters gehende Neufestsetzung der Bezüge und der ruhegehaltsfähigen Dienstzeit durch.[19]

Zur Durchsetzung seiner Interessen schaltete Hirsch im August 1934 den promovierten Juristen Fritz Kaul ein.[20] Der damals 28-Jährige war nach der sog. Machtergreifung wegen seiner jüdischen Abstammung als Referendar aus dem Justizdienst entlassen worden und seitdem als Rechtskonsulent tätig.[21] Am 22. August führte Kaul im Auftrag seines Klienten ein erstes Gespräch mit dem neuen Dortmunder Bürgermeister Fluhme und bat ihn zwei Tage später noch einmal schriftlich, „mit möglichster Beschleunigung die Prüfung der Auszahlung vornehmen zu wollen".[22] Über die Neufestsetzung der Bezüge legte er Mitte September Beschwerde ein und verwies darauf, dass das vom Regierungspräsidenten angeführte Reichsgesetz falsch ausgelegt worden sei, da die betreffende Bestimmung nur dann zur Anwendung komme, wenn es Leistungen

17 Schreiben des preußischen Innenministeriums (gez. Grauert) an den Arnsberger Regierungspräsidenten, Berlin, 6. 8. 1934, in: Ebd., Bl. 69 f.

18 Aktenvermerk, Dortmund, 1. 9. 1934, in: Ebd., Bl. 86. Vgl. auch das Schreiben des D.O.B. [Dortmunder Oberbürgermeisters] an die Dezernenten, Dortmund, 24. 8. 1934, in: Ebd., Bl. 74.

19 Entwurf eines Schreibens an Hirsch, 1. 9. 1934, in: Ebd., Bestand 111/01, Lfd. Nr. 21/3, Bl. 86 f. u. 95.

20 Prozeß-Vollmacht von Hirsch für Dr. Kaul, Berlin, 24. 8. 1934: „Dem Herrn Dr. Kaul, Berlin W. 30, Motzstr. 34, wird hiermit Vollmacht erteilt, mich in der Frage der Auszahlung meiner Ruhegehaltsbezüge der Stadt Dortmund gegenüber zu vertreten und rechtsverbindliche Erklärungen in dieser Angelegenheit abzugeben." Ebd., Bl. 83.

21 Annette Rosskopf, Friedrich Karl Kaul. Anwalt im geteilten Deutschland (1906–1981), Berlin 2002, bes. S. 27–30.

22 Schreiben Fritz Kauls an den Dortmunder Bürgermeister Fluhme, Berlin, 24. 8. 1934, in: Stadtarchiv Dortmund, Bestand 111/01, Lfd. Nr. 21/3, Bl. 81 f., Zitat Bl. 81.

betreffe, die nach den Vorschriften zukünftig in Fortfall kämen. Da die Stadt Dortmund Hirsch mit Wirkung vom 1. Oktober 1933 in Besoldungsgruppe B 8 heruntergestuft hätte, müsste ihm bis zum Oktober der volle Betrag nachgezahlt werden. Auch die Neufestsetzung der ruhegehaltsfähigen Dienstzeit aufgrund einer Durchführungsverordnung zum Gesetz zur Wiederherstellung des Berufsbeamtentums vom 6. Mai 1933 traf auf Kauls Widerstand, da diese erst mit dem auf die Festsetzung folgenden Monat wirksam werden könne und auch eine gesetzlich vorgeschriebene schriftliche Benachrichtigung über die Neufestlegung nicht erfolgt sei. Kaul bat deshalb die von ihm genannten gesetzlichen Bestimmungen bei der Neuregelung der Ruhegehaltsbezüge zu berücksichtigen.[23]

In der Auseinandersetzung über die Neufestsetzung der Ruhegehaltsbezüge und die Kürzung der ruhegehaltsfähigen Dienstzeit hatten Hirsch und sein Rechtsvertreter von Anfang an schlechte Karten. Denn der Dortmunder Oberbürgermeister war nicht bereit, die von Kaul vorgenommene Gesetzesinterpretation zu akzeptieren. Die Rechtslage, so hieß es am 21. September, sei eindeutig. Nach einer vom Rechnungsprüfungsamt vorgenommenen Aufstellung der Ruhegehaltsbezüge, Einbehaltungs- und Aufrechnungsbeträge bliebe Hirsch nur noch ein Restbetrag zu zahlen in Höhe von 1283,19 RM.[24] Ein Blick auf die Aufstellung der noch zu entrichtenden Ruhegeldbezüge macht das Ausmaß der Perfidie deutlich. So kamen vom ursprünglichen Ruhegeld von 7069,20 RM in Abzug Gehaltskürzungen auf Grundlage von Verordnungen in Höhe von 21 %, ein Einbehaltungsbetrag von 2,5 % sowie mehrere Steuern, die Lohn-, Bürger- und Krisensteuer, ferner die Arbeitslosenhilfe, die Überzahlung des Härteausgleichs abzüglich Lohnsteuer und der Arbeitslosenhilfe sowie Stromkosten, wobei unklar war, weswegen Stromkosten überhaupt berechnet wurden, zumal Hirsch keine Dienstwohnung mehr besaß.[25]

Kaul legte Ende Oktober erneut Widerspruch ein[26], aber seine Bemühungen waren vergeblich. Denn der Dortmunder Oberbürgermeister zeigte sich unnachgiebig.[27] Hirsch wandte sich deshalb am 13. Dezember 1934 an den früheren

23 Schreiben von Kaul an den Dortmunder Oberbürgermeister, Berlin, 11. 9. 1934, in: Ebd., Bl. 93 f.

24 Schreiben des Dortmunder Oberbürgermeisters an Fritz Kaul, Dortmund, 21. 9. 1934, in: Ebd., Bl. 96.

25 Aufstellung der zu zahlenden Ruhegehaltsbezüge, in: Ebd., Bl. 95.

26 Schreiben von Fritz Kaul an den Dortmunder Oberbürgermeister, Berlin, 24. 10. 1934, in: Ebd., Bl. 100–102.

27 Schreiben des Dortmunder Oberbürgermeisters an Fritz Kaul, Dortmund, 5. 11. 1934, in: Ebd., Bl. 103.

Staatssekretär im preußischen Finanzministerium, Franz Schleusener, um seinen Rat und seine Hilfe in Anspruch zu nehmen. Schleusener, früheres Mitglied der DDP, war 1933 von seinen Ämtern enthoben worden und arbeitete seitdem als Rechtsanwalt und Notar in Berlin.[28] Er habe, so Hirsch, am 11. September 1934 um nochmalige Prüfung des Erlasses über die Aberkennung seiner Rechte als Ruhestandsbeamten nachgesucht, habe jedoch „kurzer Hand die Antwort" erhalten, „daß es bei der Verfügung vom 30. Januar verbleibe". Er habe sich diesen ablehnenden Bescheid nicht erklären können, doch erst durch ein Schreiben Schleuseners am 1. des Monats müsse er in seinem früheren Verkehr mit den Brüdern Sklarek den Grund für die Haltung des preußischen Innenministers erblicken. Noch einmal versuchte sich Hirsch zu verteidigen, betonte, dass er sie „für anständige Kaufleute" gehalten habe und der Kontakt durch den Vetter und damaligen Berliner Vertreter des Generalkonsuls, Georg Roselius, vermittelt worden sei. „In der gleichen Lage wie ich befanden sich angesehene Persönlichkeiten des öffentlichen Lebens [...], die genau so wie ich getäuscht worden sind. Ich kann mir nicht denken, daß in meine persönlichen Verhältnisse nur deshalb so vernichtend eingegriffen wird, weil ich mit anderen ehrbaren Leuten in meinem Vertrauen zu Personen, die dieses Vertrauen nicht würdig waren, getäuscht worden bin, und wäre Ihnen, sehr geehrter Herr Staatssekretair, zu großem Danke verpflichtet, wenn Sie eine persönliche Aussprache zwischen Herrn Staatssekretair Grauert und mir in Ihrer Gegenwart ermöglichen könnten." Er sei sich bewusst, dass dies eine ungewöhnliche Vorgehensweise sei, aber einen anderen Weg fände er nicht.[29]

Rechtsanwalt Schleusener bat daraufhin Staatssekretär Grauert um eine Aussprache. Er habe sich an ihn gewandt, weil er gehört habe, wie es Hirsch gehe und er ihn als „auf Grund meiner auf einer mehr als zehnjährigen gemeinsamen Arbeit beruhenden Beobachtung als einen ehrenhaften und anständigen Menschen kennengelernt habe" und dieser auch früher von allen im Landtag vertretenen Parteien so eingeschätzt worden sei. Auf den politischen Standpunkt des im Mai 1933 der NSDAP beigetretenen Adressaten berechnet, hob Schleusener hervor, dass Hirsch als „Vorkämpfer" gegen die Kommunisten „politisch unersetzlich" gewesen sei.[30] Grauert ließ sich jedoch nicht beeindrucken und teilte Schleusener eine Woche später mit, dass „eine Abänderung der gegen Hirsch

28 Manfred Agethen, Schleusener, Franz, in: NDB, Bd. 23, Berlin 2007, S. 69 f.

29 Schreiben von Paul Hirsch an den früheren Staatssekretär Schleusener, Charlottenburg, 13. 12. 1934, in: GStA Berlin, I. HA, Rep. 77, Nr. 9, Bl. 78 f.

30 Schreiben von Rechtsanwalt Schleusener an Staatssekretär Grauert, Berlin, 14. 12. 1934, in: Ebd., Bl. 80.

getroffenen Entscheidung nicht möglich“ sei und auch dessen Schreiben keine neuen Gesichtspunkte biete, sodass er sich „von einer persönlichen Aussprache mit ihm nichts versprechen“ würde. Sein Brief schloss er mit einem schroffen „Heil Hitler!“[31]

2. Der Rechtsstreit um den Bücherankauf der Stadt Dortmund

Waren die Aberkennung der Ruhegehaltsbezüge, die immerhin bis Ende Januar 1934 nachgezahlt wurden[32], und die rechtliche Zurücksetzung in der Besoldungsfrage auch nur schwer zu ertragen, so wollte Hirsch die einseitige Aufkündigung eines Kaufvertrags mit der Stadt Dortmund nicht widerspruchslos hinnehmen. Unmittelbar vor seinem Rücktritt, am 27. Oktober 1932, hatte Hirsch einen Vertrag mit der Stadt Dortmund über den Verkauf von 267 Büchern an die Stadt- und Landesbibliothek für den Preis von 1800 RM, zahlbar in drei Jahresraten zu je 600 RM, geschlossen. Der abgegebene Bestand umfasste sozialdemokratische und linksliberale Schriften, nämlich 52 Bände des Sozialpolitischen Centralblatts, der Sozialen Praxis und der Kommunalen Praxis, 133 Bände der Sozialistischen Monatshefte und der Neuen Zeit, 5 Bände des Internationalen Jahrbuchs für Politik, 6 Bände des Archivs zur Geschichte des Sozialismus und 71 Bände der Schriften des Vereins für Sozialpolitik. Den Kauf hatte die Deputation für Kunst und Wissenschaft in einer Anfang 1933 abgehaltenen Sitzung mit Blick auf die Tatsache, dass Hirsch bereits während seiner Amtszeit eine Sammlung von 2000 Bänden im Wert von 6–10 000 RM der Stadtbibliothek geschenkt habe, genehmigt. Die am 1. April 1933 fällig werdende erste Rate war allerdings nicht beglichen worden, obwohl der Bibliotheksdirektor Hirsch am 3. März 1933 mitgeteilt hatte, dass der Betrag zur Zahlung angewiesen worden sei.[33]

Bereits in seinem ersten Gespräch mit dem Dortmunder Bürgermeister Fluhme am 22. August 1934 hatte Kaul auf die Anerkennung des mit der Stadt geschlossenen Kaufvertrags und um eine umgehende Begleichung dieser und der inzwischen fällig gewordenen beiden anderen Raten gedrängt. Doch im Interesse einer möglichst raschen Auszahlung der Ruhegehaltsbezüge war er bereit, dieses Problem vorerst zurückzustellen. Denn „die materielle Situation des Herrn

31 Schreiben von Staatssekretär Grauert an Rechtsanwalt Schleusener, 21. 12. 1934, in: Ebd., Bl. 81.

32 Schreiben des Oberstadtdirektors an Rechtsanwalt Henry Roy, Dortmund, 13. 11. 1953, in: Stadtarchiv Dortmund, Bestand 111/01, Lfd. Nr. 21/3, Bl. 156.

33 Schreiben von Kaul an den Dortmunder Oberbürgermeister, Berlin, 11. 9. 1934, in: Stadtarchiv Dortmund, Bestand 111/01 Lfd. Nr. 21/3, Bl. 93 f.

Hirsch" lasse „ein weiteres längeres Warten auf diese ihm zustehenden Beträge nicht" zu.[34] Ende Oktober brachte er sein Unverständnis darüber zum Ausdruck, dass der Verkauf von Büchern an die Stadt- und Landesbibliothek noch einmal einer Nachprüfung unterzogen werden sollte, obwohl die zuständigen Instanzen den Kaufvertrag bereits genehmigt hätten. Er sprach deshalb „die ergebene Bitte" aus, die bisher fälligen Raten in Höhe von 1200 RM anweisen zu wollen.[35]

Während die deutlich gekürzten Ruhegehaltsbezüge für die Zeit bis Januar 1934 offensichtlich zur Auszahlung kamen, zog sich die Auseinandersetzung über den Kaufvertrag lange hin. Die Nationalsozialisten hatten sichtlich kein Interesse an sozialistischen Publikationen und waren deshalb nicht bereit, Geld für derartige Schriften auszugeben. Hirsch sah sich deshalb gezwungen, vor Gericht zu ziehen. Im März 1936 reichte er Klage vor dem Dortmunder Landgericht gegen die Stadt Dortmund auf Zahlung von 1800 RM sowie von 5 % von 600 RM seit dem 1. 4. 1933 und von 1200 RM seit dem 1. 4. 1934 ein. In ihrer Klageschrift wiesen die Prozessbevollmächtigten des Klägers, die Rechtsanwälte Justizrat Blumenthal, Dr. Koppel und Dr. Hoffmann, darauf hin, dass die Stadt- und Landesbibliothek in ihrem Schreiben vom 23. November 1934 die Berechtigung der Kaufpreisforderung des Klägers anerkannt und erklärt habe, die erste Rate von 600 RM und von der zweiten Rate den Betrag von 96,28 RM auf die von der Stadt für den Kläger verauslagten Krisenlohnsteuer zu verrechnen. Da die Krisenlohnsteuer, die nicht 696,28 RM, sondern 782,21 RM betragen habe, bereits auf die Gehaltsbezüge verrechnet worden sei, sei die nochmalige Verrechnung „irrig" gewesen. Die Rechtsanwälte forderten deshalb die Auszahlung des dem Kläger zustehenden Kaufpreises.[36]

Die Stadt Dortmund, die Rechtsanwalt Schneider mit der Vertretung ihrer Interessen beauftragte, wollte der Argumentation des Klägers nicht folgen und bestritt, dass ein Kaufvertrag zustande gekommen sei, da nur ein Magistratsmitglied den Vertrag unterzeichnet hätte und nach der westfälischen Städteordnung die Unterschriften von zwei Magistratsmitgliedern erforderlich gewesen seien. Zudem habe ein Geschäft der laufenden Verwaltung nicht vorgelegen, da der angebotene Buchbestand und der Kaufpreis den Rahmen der bei der

34 Schreiben von Kaul an den Dortmunder Bürgermeister Fluhme, Berlin, 24. 8. 1934, in: Ebd., Bl. 81 f., Zitat Bl. 82.

35 Schreiben von Kaul an den Dortmunder Oberbürgermeister, Berlin, 24. 10. 1934, in: Ebd., Bl. 100–102, Zitat Bl. 100.

36 Abschrift der Klage des früheren Bürgermeisters Hirsch gegen die Stadt Dortmund, Dortmund, 4. 3. 1936, in: Ebd., Bl. 106 f. – Da Kaul das zweite Staatsexamen nicht abgelegt hatte und nicht als Rechtsanwalt zugelassen war, musste Hirsch zugelassene Rechtsanwälte mit der Vertretung seines Falls beauftragen.

Bibliothek üblichen Anschaffungen und die zur Verfügung stehenden Haushaltsmittel bei weitem überschritten hätten. Da Hirsch bei Abschluss des Vertrags noch dem Magistrat angehört habe, hätte der Vertrag von der kommunalen Vertretungskörperschaft oder einem von ihr bestimmten Ausschuss genehmigt werden müssen. Auch habe die Stadt die Kaufpreisforderung nicht anerkannt. Das von den Klägern angeführte und von Bibliotheksdirektor Schulz unterzeichnete Schreiben der Stadt- und Landesbibliothek sei hierbei irrelevant, da Schulz nicht berechtigt sei, verpflichtende Erklärungen für die Stadt abzugeben.[37] Rechtsanwalt Schneider beantragte deshalb am folgenden Tag beim Dortmunder Landgericht, die Klage Hirschs abzuweisen und im Falle der Verurteilung der Stadt nachzulassen, die Zwangsvollstreckung durch Sicherheitsleistung abzuwenden.[38] Die mündliche Verhandlung vor dem Landgericht Dortmund wurde daraufhin auf den 28. April anberaumt.[39]

Den von Hirsch beauftragten Rechtsanwälten war es ein Leichtes, die Argumentation der beklagten Seite zurückzuweisen. Den Einwand, für die Rechtsgültigkeit des Vertrags sei die Unterschrift von zwei Magistratsmitgliedern erforderlich gewesen, wollten sie nicht gelten lassen, da diese Bestimmung lediglich auf Urkunden, nicht jedoch auf nicht formbedürftige Rechtsgeschäfte zutreffe. Dies sei insbesondere bei Geschäften der laufenden Verwaltung der Fall, für die in der Rechtsprechung Formfreiheit zugestanden würde. Dass „eine Anschaffung von 1.800.– Rmk. nicht zu den ‚Geschäften der laufenden Verwaltung' gehöre, wird einem Unbefangenen nicht klar zu machen sein". Verpflichtende Rechtsgeschäfte würden zwar den gesetzlichen Vorschriften unterliegen, doch würde anstelle der Unterschrift eines zweiten Magistratsmitglieds auch die eines nicht dem Magistrat angehörenden Kommissionsmitglieds ausreichen, was bei Bibliotheksdirektor Schulz der Fall gewesen sei. Mit Unverständnis wurde die Tatsache quittiert, dass die Beklagte nicht zur Kenntnis nehmen würde, dass die zuständige Deputation dem Ankauf Anfang 1933 zugestimmt habe und somit auch der zweite Einwand der Stadt nicht relevant sei. Auch der dritte Punkt, das Anerkenntnis der Kaufpreisforderung durch Bibliotheksdirektor Schulz sei „in Ordnung", da dies „im ausdrücklichen Auftrage des Oberbürgermeisters" erfolgt sei.[40]

37 Schreiben des Dortmunder Oberbürgermeisters an Rechtsanwalt Schneider, Dortmund, 3. 4. 1936, in: Ebd., Bl. 108 f.

38 Antrag von Rechtsanwalt Schneider vom 4. 4. 1936, in: Ebd., Bl. 113–115.

39 Aktennotiz vom 11. 4. 1936, in: Ebd., Bl. 115 r.

40 Erwiderung auf die Klagebeantwortung durch die Rechtsanwälte Blumenthal, Koppel und Hoffmann, Dortmund, 20. 4. 1936, in: Ebd., Bl. 118–121, Zitate Bl. 119 f.; vgl. auch das Schreiben der Rechtsanwälte an das Landgericht Dortmund, Dortmund, 2. 6. 1936, in: Ebd., Bl. 133 f.

Vor der Eröffnung der mündlichen Verhandlung kam es am 27. April zu einer Besprechung zwischen dem Dortmunder Stadtrat Schüler und Stadtrechtsrat Gottschalk, die deutlich machte, dass die Argumente der Nationalsozialisten nicht stichhaltig waren. So verständigten sich die Kommunalbeamten darauf, Hirsch die Rückgabe der Bücher bei gleichzeitigem Verzicht auf die Rückzahlung der bereits geleisteten Anzahlung von 600 RM anzubieten, wenn der Kläger im Gegenzug auf etwaige weitergehende Ansprüche verzichten würde. Von einer Übernahme der Prozesskosten durch die Stadt sollte noch Abstand genommen werden. Rechtsanwalt Koppel habe sich mit einer kurzen Vertagung der für den Folgetag angesetzten mündlichen Verhandlung einverstanden erklärt und wollte diesen Vergleichsvorschlag seinem Mandanten überbringen.[41] Auch der von der Stadt beauftragte Rechtsanwalt Schneider sprach sich für diesen Vergleich aus, „da die weitere Rechtsverfolgung keine Aussicht auf Erfolg“ bieten würde[42], sodass sich auch der Dortmunder Oberbürgermeister mit der vorgeschlagenen Regelung der Angelegenheit einverstanden erklärte.[43] In einer Unterredung mit Untergebenen machte der Oberbürgermeister deutlich, dass das Urteil „mit Sicherheit nach Klageantrag ergehen“ würde, und plädierte deshalb erneut für eine „vergleichsweise Regelung“ mit dem Kläger dahingehend, „daß Hirsch einen erheblichen Preisnachlaß auf etwa 1.200,– RM gewährt und diese Summe sofort zur Auszahlung gelangt“. Rechtsanwalt Koppel habe bereits angedeutet, dass sein Mandant „zur Ermäßigung des Kaufpreises auf etwa 1.500,– RM vielleicht bereit sein würde“.[44] Am 9. Mai musste Schneider in seinem Schreiben an das Dortmunder Landgericht allerdings das Scheitern der Vergleichsverhandlungen einräumen. „Selbstverständlich ist die Beklagte“, d. h. die Stadt Dortmund, so der Rechtsanwalt, „jederzeit bereit, die

41 Aktennotiz, Dortmund, 28. 4. 1936, in: Ebd., Bl. 122.

42 Schreiben von Rechtsanwalt Schneider an den Dortmunder Oberbürgermeister, Dortmund, 29. 4. 1936, in: Ebd., Bl. 123.

43 Aktennotiz vom 30. 4. 1936, in: Ebd., Bl. 124.

44 Aktennotiz vom 11. 5. 1935, in: Ebd., Bl. 125. In jener Aktennotiz ist weiter zu lesen: „In der Sache selbst ist meiner Ansicht nach für die Stadt nichts mehr herauszuholen, da der in dem Schriftsatz der Stadt vom 4. 4.36 angeführte Ministerialerlaß vom 16. 12.32 zweifellos keine Anwendung findet. Der Beschluss der Deputation für Kunst und Wissenschaft, der von dem Ankauf der Bücher vorbehaltlos Kenntnis nimmt, ist nämlich bereits vom 15. 12.32. Abgesehen davon, würde auch ein Verstoß gegen diesen Ministerialerlass das Rechtsgeschäft nicht nichtig machen. Rechtsanwalt Dr. Schneider ist aber telefonisch angewiesen, doch ausdrücklich in einem Schriftsatz darauf hinzuweisen, daß Hirsch in sittenwidriger Weise seine Vorgesetztenstellung gegenüber dem Bibliotheksdirektor Schulz zur Herbeiführung des Kaufgeschäftes ausgenutzt habe.“

Bücher dem Kläger herauszugeben; die Beklagte hat nicht das geringste Interesse an deren Besitz."[45]

Am 4. Juni wurde das Urteil verkündet. Die 3. Zivilkammer des Landgerichts in Dortmund verurteilte die Stadt dazu, Hirsch 1800 RM sowie 4 % Zinsen von 600 RM seit dem 1. April 1933 und von 1200 RM seit dem 1. April 1934 zu zahlen. Hirschs Mehrzinsforderung (er hatte 5 % gefordert) wurde dagegen abgewiesen. Die Prozesskosten wurden der Stadt auferlegt. Gegen eine Sicherheitsleistung von 2200 RM sollte das Urteil vorläufig vollstreckbar sein. In der Urteilsbegründung wies das Gericht darauf hin, dass nach den Bestimmungen der westfälischen Städteordnung für eine rechtsverbindliche Verpflichtungserklärung der Stadt die Unterschriften zweier Magistratsmitglieder erforderlich seien, an ihre Stelle allerdings auch ein Magistratsmitglied und der Vorsitzende der betreffenden Deputation bzw. ein Vorsitzender und ein Mitglied der Deputation treten könnten. Da mit dem Finanzdezernenten Kaiser ein Magistratsmitglied, der anstelle von Hirsch Vorsitzender der Deputation gewesen sei, und mit dem Bibliotheksdirektor Schulz ein Mitglied der Deputation den Vertrag unterzeichnet hätten, sei die Verpflichtungserklärung rechtswirksam zustande gekommen. Zudem sei der Vertrag von der Deputation für Kunst und Wissenschaft genehmigt worden. Dem Kläger könne eine Ausnutzung seiner Stelle als Bürgermeister nicht vorgeworfen werden. Denn nach Aussage des Bibliotheksdirektors seien allein sachliche Gründe für die Anschaffung der Zeitschriftenreihen ausschlaggebend gewesen. Auch eine Anhörung der Vertretungskörperschaft in dieser Angelegenheit sei nicht erforderlich gewesen. „Nach alledem ist der Klageanspruch begründet."[46]

Da Hirsch und seine Rechtsanwälte befürchteten, dass die Stadt dem Urteil womöglich nicht Folge leisten könnte, boten sie der Stadt am 10. Juni einen Vergleich an. Sie betonten noch einmal den Anspruch ihres Mandanten auf 1986 RM, eine Summe, die sich aus der Hauptsumme von 1800 RM und den Urteilszinsen bis Ende Juni von 186 RM zusammensetzte. Andererseits hoben sie die Bereitschaft des Klägers hervor, „bei sofortiger Auszahlung der ihm zustehenden Summe und bei Übernahme der Prozesskosten durch die Stadt sich vergleichsweise mit 1600 RM zufrieden zu geben". Bei dieser Differenz von 386 RM handele es sich für ihren Mandanten um „einen empfindlichen Nachlass an

45 Schreiben von Rechtsanwalt Schneider an das Landgericht Dortmund, Dortmund, 9. 5. 1936, in: Ebd., Bl. 127.

46 Urteil des Landgerichts Dortmund in Sachen Hirsch gegen die Stadt Dortmund, verkündet am 4. Juni 1936, in: Ebd., Bl. 140–143, Zitat Bl. 143. Vgl. auch die Zeugenaussage von Bibliotheksdirektor Schulz, Anlage zum Protokoll vom 3. Juni 1936 in Sachen Hirsch gegen Dortmund, in: Ebd., Bl. 137.

seiner Forderung".[47] Ob sich beide Seiten auf die Zahlung von 1600 RM einigen konnten, ist nicht überliefert. Fraglich ist mithin, ob das Anfang Juni verkündete Urteil umgesetzt worden ist. Aber selbst wenn der vom Gericht angesetzte Betrag zur Auszahlung gekommen sein sollte, dürfte er die Notlage, in der sich Hirsch und seine Familie seit der Einstellung seiner Ruhegehaltsbezüge befanden, nur kurzzeitig gemildert haben.

Neben diesen Frustrationen traten ständige antisemitische Diffamierungen und Verleumdungen der nationalsozialistischen Presse. Als Beispiel der damals herrschenden Pogromstimmung mag eine Sonderausgabe der von Julius Streicher herausgegebenen Hetzschrift „Der Stürmer" gelten, die im September 1934 unter dem Titel „Die Juden als Weltfeind" erschien und, nach den Worten der im noch französisch regierten Saarbrücken herausgegebenen sozialdemokratischen Zeitung „Deutsche Freiheit", „eine einzige Mordhetze gegen die Juden" verbreiten würde. Das Heft enthielt mehr als 50 retuschierte und bearbeitete Fotos, die prominente jüdische Persönlichkeiten wie den Vater der Weimarer Reichsverfassung, Hugo Preuß, den Bankier Max Warburg und auch Paul Hirsch karikierten. Diese wurden in eine Reihe gestellt mit russischen Revolutionären wie Trotzki und Sinowjew oder korrupten Unternehmern wie Barmat. Die verschiedenen Kapitel des Begleittextes trugen Überschriften wie „Juden als Schwindler", „Juden als Träger der Korruption", „Juden als Vernichter der Moral" oder „Juden als Rote".[48] Juden wurden als minderwertige, national unzuverlässige, ja kriminelle Elemente dargestellt, die, so wurde dem Leser suggeriert, unschädlich gemacht und aus dem Volkskörper entfernt werden sollten.

3. Das Familienschicksal und die letzten Lebensjahre

Als sich nach den Nürnberger Rassengesetzen von 1935 die antisemitische Hetze verstärkte, entschloss sich Pauls achtundzwanzigjährige Tochter Thea, die Kindergärtnerin und Erzieherin geworden war, 1936 dazu, Deutschland zu verlassen und nach Südamerika zu emigrieren. In der Hauptstadt Perus, in Lima, kam sie bei der Familie Weisser als Kindererzieherin unter. Nach der Pogromnacht vom November 1938 folgte ihr ihre jüngere Schwester Eva, die ein Medizinstudium

47 Schreiben der Rechtsanwälte Blumenthal, Koppel und Hoffmann an die Dortmunder Stadtverwaltung, Dortmund, 10. 6. 1936, in: Ebd., Bl. 139.

48 Deutsche Freiheit Nr. 217 v. 19. 9. 1934, S. 3: So sieht er aus! – Rückblickend sprach Friedrich Stampfer in einem Brief an Paul Löbe vom 24. 3. 1950 treffend von „NS-Gesindel". AdsD, NL Paul Löbe, 1/PLAB000043.

begonnen hatte. Sie wanderte über Südafrika nach Kalifornien aus, wo sie als orthopädische Therapeutin ein Auskommen fand. Ungeachtet der sich verschärfenden innenpolitischen Situation hatten die Schwestern ihre Eltern nicht dazu bewegen können, ihrerseits der NS-Diktatur zu entfliehen und ins Ausland zu gehen. Mehrere Gründe mochten für Paul und seine Frau Lucie eine Rolle gespielt haben. Vermutlich hielten sie sich für zu alt, um im Ausland neu beginnen zu können, und vor allem schienen sie, wie viele andere Deutsche, es für unmöglich gehalten zu haben, dass ein Regime Menschen allein aus religiös-rassistischen Gründen physisch vernichten würde. Es schien letztlich Pauls Grundvertrauen in die Vernunft, die Moral und den Anstand seiner Mitmenschen, oder doch der meisten von ihnen, gewesen zu sein, die ihn von der Flucht ins Ausland abhielt. In Berlin schien er zudem über einen mehr oder weniger großen Freundeskreis verfügt zu haben, der ihm bei der Bewältigung der alltäglichen Probleme helfen konnte. Mit Ausbruch des Krieges im September 1939 änderte sich die Situation des Ehepaares allerdings grundlegend. Die Möglichkeit der Flucht war ihnen nunmehr versperrt.[49]

Über Pauls letzte Jahre ist wenig bekannt, doch ein Familienfoto von 1937 zeigt ihn gegenüber dem für damalige Verhältnisse deutlich jünger und noch vital aussehenden Dortmunder Bürgermeister des Krisenjahres 1932 – wie auf dem Coverfoto dieses Buches abgebildet – in den Gesichtszügen um Dekaden gealtert und vom niederdrückenden Schicksal am schwersten von allen zehn Abgebildeten gezeichnet.[50] Verarmt und auf die Hilfe Dritter angewiesen, musste er seine Wohnung aufgeben und in einem sog. Judenhaus in bedrängten Verhältnissen mit anderen Konfessionsgenossen zusammenleben. Nachdem er bereits nach seinem Rücktritt als Bürgermeister einen Teil seiner Bibliothek verkauft hatte, trennte er sich in den folgenden Jahren auch von seinen restlichen Büchern.[51] Eine Verordnung vom August 1938 zwang Juden dazu, einen zusätzlichen Vornamen anzunehmen, durch den sie als Juden kenntlich gemacht werden sollten. So mussten männliche Juden den Vornamen Israel, weibliche Personen den Vornamen Sara tragen.[52] Der frühere preußische Ministerpräsident musste sich seitdem Paul Israel Hirsch nennen. „Soweit mir bekannt ist", erinnerte sich

49 Karnowsky, Paul Hirsch, ein preußischer Ministerpräsident, S. 315 f.; Renate Brucker-Karnowsky/Leopoldo Kahn, Paul Hirsch, in: https://www.stolpersteine-berlin.de/de/gervinusstr/24/paul-hirsch.

50 https://www.berlin.de/ba-charlottenburg-wilmersdorf/ueber-den-bezirk/geschichte/stolpersteine/artikel.359800.php.

51 Karnowsky, Paul Hirsch, ein preußischer Ministerpräsident, S. 316.

52 Zweite Verordnung zur Durchführung des Gesetzes über die Änderung von Familiennamen und Vornamen. Vom 17. August 1938, in: RGBl. 1938, I, Nr. 130, S. 1044.

Pauls Tochter Thea im Jahre 1966, „und mir auch von Zeugen bestaetigt wurde, ist mein Vater nicht durch das Naziregime behelligt worden, ich meine damit, er hatte keinerlei Freiheitsberaubung oder sonstige Misshandlungen zu erleiden. Man sperrte ihm bereits im Jahre 1933 seine Pension und spaeter sperrte man ihm sein Bankkonto und gab ihm davon monatlich soviel, wie die Herren glaubten, dass er zum Leben benoetige."[53]

Zwei Briefe Evas an ihre Eltern und einer von Paul und Lucie an ihre Tochter sind zusammen mit den entsprechenden Antworten überliefert. In diesen vom Roten Kreuz beförderten, nur wenige Zeilen umfassenden und im Telegrammstil kurz und knapp gehaltenen Schreiben wurde in der Regel die Freude über den zuletzt erhaltenen Brief zum Ausdruck gebracht und das Befinden des Adressaten erfragt. Wenig erfährt der heutige Leser über die Situation, in der sich damals Paul und seine Frau befanden. Die Beteuerung Pauls, „bei uns im allgemeinen [alles] beim Alten" oder „Bei uns nichts geändert", man sei „gesund", sollte sicherlich beruhigend wirken, bedeutete jedoch nichts anderes, als dass sich die bedrückende Situation des Ehepaares in Berlin nicht gebessert hatte.[54] Nur gelegentlich scheinen die Probleme jener Zeit durch, wenn Paul von den „Schwierigkeiten" seines Bruders Richard, aus Deutschland auszureisen, sprach oder Eva sich im September 1940 nach der angeschlagenen Gesundheit ihres Vaters erkundigte.[55]

Doch war Paul Hirsch bereits am 1. August im Alter von 71 Jahren „nach kurzer, schwerer Krankheit" verstorben, wie in seiner Todesanzeige im Jüdischen Nachrichtenblatt vom 6. August zu lesen war. Unterernährung und physische Erschöpfung schienen seinen Tod herbeigeführt zu haben. Nach der Todesanzeige, mit der seine Frau Lucie im Namen der Hinterbliebenen seiner gedachte, hatte die Einäscherung bereits am 5. August stattgefunden. Unter dem Namen seiner Frau finden sich die Namen mehrerer Städte Südafrikas sowie Nord- und Südamerikas, die all jene Orte bezeichneten, in die Mitglieder der Familie hatten flüchten können: „Lima, Pretoria, New York, Venezuela, La Paz, San Francisco". Hier hatten sie Schutz finden können. Bezeichnenderweise fanden sich

53 Schreiben von Thea Kahn an Ernst Hamburger, Barranco, Peru, 27. 4. 1966, in: Leo Baeck Institute, Paul Hirsch Collection (AR 3382), Box 1, Folder 1.

54 Schreiben von Paul an Eva Hirsch vom 1. 6. 1940; Jüdisches Museum Berlin, InvNr. 2006/147/7, Schenkung von Eva Hirsh. Ferner das Schreiben von Paul an Eva Hirsch, das die beiden Daten 30. 1. 1940 und 4. 4. 1940 trägt; ebd., InvNr. 2006/147/6.

55 Antwort Paul Hirschs auf der Rückseite des Schreibens von Eva an Paul Hirsch, 26. 1. 1940; ebd., InvNr. 2008/24/1; Schreiben Eva Hirschs an ihre Eltern vom 22. 9. 1940; ebd., InvNr. 2006/147/7.

keine europäischen Städte darunter. Es waren Orte ferner Kontinente, die außerhalb des Einflussbereichs Hitler-Deutschlands lagen.[56]

Pauls Frau Lucie sollte ihm bald folgen. Ihr Gesundheitszustand verschlechterte sich zusehends. Nachdem bei ihr Krebs diagnostiziert wurde und die Amputation des Beines bevorstand, nahm sie sich das Leben.[57] Damit entging sie letztlich der Deportation in ein Vernichtungslager. Sie sei, so hieß es in der Todesanzeige, die ihr Bruder Alfred im Namen der „trauernden Hinterbliebenen" aufsetzte, nach „schwerem, in Geduld ertragenem Leiden [...] heimgegangen". Erneut wurden die fernen Wohnorte der Familienmitglieder aufgeführt, die der „geliebte[n] Mutter, Schwester, Schwägerin und Tante" nachtrauerten.[58] Paul und Lucie Hirsch fanden auf dem Jüdischen Friedhof in Berlin-Weißensee ihre letzte Ruhe. Ein hartes Los traf auch Pauls Geschwister. Seine Schwester Fanny wurde im KZ Theresienstadt ermordet, während ihr Bruder Alfred das Ende des Krieges im Konzentrationslager erlebte. Auch ihr Bruder Richard wurde deportiert und gilt seitdem als verschollen. Pauls 1877 geborener Bruder Martin, der als Regisseur und Schauspieler bei Film und Theater gearbeitet hatte, gelang dagegen die Flucht über Südamerika in die USA, wo er in New Jersey 1966 verstarb.[59] Die sehr große Lebensspanne seines Bruders und auch von Pauls und Lucies Töchtern Thea (1908–2002) und Eva (1910–2011) mag Indizien liefern, dass Paul nach seinem Rücktritt als Bürgermeister 1932 ohne das NS-Terrorregime noch viele Jahre seinen wohlverdienten Ruhestand hätte genießen und auch mit weiteren Publikationen aktiv gestalten können.

56 Todesanzeige von Paul Israel Hirsch, in: Jüdisches Nachrichtenblatt Nr. 63 v. 6. 8. 1940, S. 3. Vgl. auch das Schreiben Thea Hirschs an Frau Heymann, 13. 9. 1940, mit der Nachricht vom Tod ihres Vaters; Jüdisches Museum Berlin, InvNr. 2006/147/8, Schenkung von Eva Hirsh.

57 Schreiben von Alfred Hirsch an Eva Hirsch, 14. 8. 1941, in: Ebd., InvNr. 2006/147/10.

58 Todesanzeige von Lucie Sara Hirsch geb. Jacoby, in: Jüdisches Nachrichtenblatt Nr. 58 v. 22. 8. 1941, S. 3. Vgl. auch das Schreiben Alfred Hirschs an Eva Hirsch vom 7. 10. 1941 mit der Abschrift der Grabrede; Jüdisches Museum Berlin, InvNr. 2006/147/11, Schenkung von Eva Hirsh.

59 Schreiben von Thea Kahn an Ernst Hamburger, Barranco, Peru, 27. 4. 1966, in: Leo Baeck Institute, Paul Hirsch Collection (AR 3382), Box 1, Folder 1. Ferner Karnowsky, Paul Hirsch, ein preußischer Ministerpräsident, S. 315 f.; Renate Brucker-Karnowsky und Leopoldo Kahn, Paul Hirsch, in: https://www.stolpersteine-berlin.de/de/gervinusstr/24/paul-hirsch.

Schluss

Paul Hirsch war in vielem repräsentativ für seine Zeit, für die elementare Aufbruchsstimmung und die geradezu überschäumenden Erwartungen, die viele Zeitgenossen, sozialdemokratische zumal, nach dem Ende des Ersten Weltkrieges erfüllte. Auf ihn wirkten aber auch die inneren Gegensätze und Unvereinbarkeiten seiner Epoche ein, sodass ihn neben überschwänglicher Zuversicht auch ein gegenläufiges Gefühl beschlichen haben mochte, das mit Ende der Weimarer Republik und den politischen und antisemitischen Anfeindungen immer wirkmächtiger geworden sein muss. Die Doppelgesichtigkeit seiner Zeit, dieses Nebeneinander von großen, in vielem unerfüllt bleibenden Hoffnungen und nachfolgenden pessimistischen Zukunftserwartungen prägte letztlich auch Hirsch.

Während der Reichsgründungskriege geboren, wuchs Hirsch in einem jüdisch-bürgerlichen Elternhaus auf, das sein Selbstverständnis, seine Dispositionen und seinen Habitus formen sollte, mochte er auch später diese Prägungen mit seinem Eintritt in die SPD wieder in Frage stellen. Die bürgerliche Sozialisation und die ihm vermittelten bürgerlichen Leitbilder, die um die Begriffe Arbeit, Leistung und Bildung kreisten, formulierten Einstellungen und Werthaltungen, die auch später zum Tragen kamen. Dazu gehörte besonders die Hochschätzung der Bildung, die für ihn als Schüler des Berliner Gymnasiums zum Grauen Kloster und als Student der Medizin, aber auch später in seinen vielen Publikationen, die ihren unterweisenden, informativen Charakter nicht verbergen konnten, von nachhaltiger Bedeutung war. Auch seinen Vorträgen in Parteiversammlungen oder in Kursen der Arbeiter-Bildungsschule haftete stets etwas Belehrendes und Dozierendes an. Der Drang, seine Parteifreunde, die nur über eine einfache Schulbildung verfügten, über komplizierte verfassungsrechtliche und allgemeinpolitische Probleme unterrichten und aufklären zu wollen, war offensichtlich.

Zu den Grundzügen und Grundlinien seiner Biographie zählte auch sein konfessioneller Hintergrund, auch wenn Hirsch später die Brücken zum Glaubensjudentum abbrach oder doch abbrechen wollte. Nicht nur die durch politische Überzeugungen forcierte Geringschätzung der Religion, sondern auch die Hoffnung, durch den Austritt aus dem Judentum seine Karriere erleichtern und sich dadurch judenfeindlicher Angriffe entledigen zu können, mochte in seine Entscheidungsfindung eingeflossen sein. Aber rasch sollte er erfahren, dass Antisemiten nicht bereit waren, zwischen jüdischer Konfessionszugehörigkeit und

Dissidententum zu differenzieren, weshalb die antisemitischen Anfeindungen während seiner Zeit als preußischer Ministerpräsident und Dortmunder Bürgermeister anhalten, ja bedingt durch die krisenhafte Entwicklung der Weimarer Republik sich noch verschärfen sollten. Während des Barmat- und vor allem des lange nachwirkenden Sklarek-Skandals von 1929 geriet er, gerade auch wegen seiner Konfession, ins Fadenkreuz der Nationalsozialisten, obschon ihm rechtlich nichts vorzuwerfen war. Dass er nach Hitlers Machtergreifung 1933 auch zu den Opfern der sich gegen die jüdische Bevölkerung richtenden Politik der Ausgrenzung und Entrechtung wurde, führte zu einer Solidarisierung mit seinen jüdischen Glaubensbrüdern, von denen er sich aufgrund seiner politischen Weltanschauung lange Zeit distanziert hatte. Unter dem Druck des NS-Regimes fand Hirsch zu seinen jüdischen Wurzeln zurück. Er begann sich auch in der Gemeinde zu engagieren. Die jüdische Konfessionszugehörigkeit bildete mithin eine wirkungsmächtige und zuletzt verhängnisvolle Grundlinie in seiner Biographie.

In Hirschs Biographie gab es einige Ereignisse, die einen nachhaltigen Einfluss auf seine Entwicklung nahmen. Dazu gehörte der frühe Tod des Vaters 1885. Zwar gelang es Paul noch, sein Abitur abzulegen und anschließend ein Studium der Medizin zu beginnen. Doch die Ersparnisse der Familie erlaubten es offenbar nicht, dieses Studium auch mit einem Abschluss zu krönen. Seine Enttäuschung über diesen blockierten Berufsweg musste groß gewesen sein. Denn das Zeug zu einer wissenschaftlichen Karriere hätte er allemal gehabt. Seiner 1897 erschienenen Schrift „Verbrechen und Prostitution als soziale Krankheitserscheinungen" haftete gewissermaßen der Charakter einer Doktorarbeit an. Auch seine weiteren zahlreichen Publikationen verrieten vom Aufbau und der Struktur den Akademiker, den er auch bei seinen vielen Vorträgen und Vorlesungen vor Parteigenossen nicht abzulegen vermochte. Aus Paul Hirsch hätte ohne Frage ein angesehener Hochschullehrer werden können, was auch seine Gastvorlesungen in späteren Jahren unterstrichen.

Doch sein Lebensweg nahm einen anderen Verlauf. Er wurde Stenograph im Preußischen Abgeordnetenhaus und lernte den Maschinenraum des parlamentarischen Betriebs kennen. Bald trat er der SPD bei und meldete sich fortan publizistisch in den einschlägigen Zeitschriften und Zeitungen wiederholt zu Wort. Er begann sich auf kommunalpolitische Themen zu fokussieren, die in der Partei lange Zeit vernachlässigt worden waren und erst nach der Jahrhundertwende verstärkt Beachtung fanden. Wegen der geltenden Anschauung, dass Politik in der Gemeinde nichts verloren habe, aber auch wegen des auf kommunaler Ebene geltenden plutokratischen Wahlrechts galt Kommunalpolitik lange Zeit als randständig. Nach der Jahrhundertwende begannen jedoch Revisionisten und reformorientierte Politiker der SPD dieses Themenfeld zu entdecken. Neben Hugo Lindemann und Albert Südekum sollte Hirsch zu einem der sachkundigsten Kommunalexperten der Partei avancieren. Es war mithin folgerichtig, dass er sich 1899 in die Charlottenburger Stadtverordnetenversammlung wählen ließ und nach seiner Zeit als Ministerpräsident seine berufliche Laufbahn mit einem hohen kommunalpolitischen Amt in Dortmund beschließen sollte.

Aber Hirschs Blick ging über den kommunalen Tellerrand hinaus. So setzte er sich – nicht zuletzt mit Blick auf seinen weiteren eigenen politischen Weg – früh für eine Beteiligung an den preußischen Abgeordnetenhauswahlen ein, die wegen des herrschenden Dreiklassenwahlrechts in der Partei vor der Jahrhundertwende auf Ablehnung stieß. Der erstmalige Einzug der Sozialdemokraten in das preußische Abgeordnetenhaus im Jahre 1908 – neben Hirsch wurden sechs weitere Abgeordneten (von 443) gewählt – war für die Partei ein großer Achtungserfolg, wenngleich der Mandatsanteil von 1,6 % scharf mit dem auf die Partei entfallenden Stimmenanteil von 23,9 % kontrastierte. Ungeachtet ihres marginalen Einflusses im Landesparlament und der Diskriminierungspraktiken der konservativen Mehrheit und des Präsidiums des Hauses versuchte das kleine unerschrockene sozialdemokratische Häuflein nicht nur der Forderung nach einer Reform des Wahlrechts, der angesichts der Mehrheitsverhältnisse im Landtag lediglich plakativ-symbolischer Charakter zukam, wiederholt Nachdruck zu verleihen, sondern auch konstruktiv an den Problemen in der Bildungs-, Sozial- und Wohnungsbaupolitik mitzuarbeiten. Dass Hirsch 1911 zum Vorsitzenden der kleinen sozialdemokratischen Fraktion gewählt wurde, lag nicht nur an seinem akademischen Hintergrund, der Fähigkeit, jeweils pointiert zu formulieren und sicher auftreten zu können oder an seinem sich durch seine zahlreichen Publikationen erworbenen Ansehen. Vielmehr empfahl er sich auch durch sein zurückhaltendes, auf Ausgleich bedachtes Wesen für ein Führungsamt, für das sich im Reichstag nicht nur charismatische Redner wie der legendäre August Bebel, sondern eben auch der mehr im Hintergrund wirkende Paul Singer von bürgerlich-jüdischem Profil als geeignet erwiesen hatten.

Die Fähigkeit zu integrieren und die Interessen der unterschiedlichen Kräfte einbinden zu können, sollte besonders nach Ausbruch des Ersten Weltkrieges gefordert sein. Während die Kriegskreditverweigerer in der Reichstagsfraktion nur eine, allerdings mit den Jahren wachsende Minderheit bildeten, stellten sie in der kleinen preußischen Fraktion die Hälfte der Abgeordneten. Um eine Spaltung der Fraktion zu verhindern, die auch eine gewisse präjudizierende Wirkung für das Reich gehabt hätte, war Hirsch gezwungen, Rücksicht auf die Befindlichkeiten dieses „linken" Flügels zu nehmen und auf die Abgabe einer Erklärung und der Formulierung von Grundsatzforderungen während der sog.

Kriegstagungen des Abgeordnetenhauses zu bestehen. Bei Parteirechten stieß dies jedoch auf Unverständnis und brachte ihm den Vorwurf der evidenten Führungsschwäche, ja der „feigen Rechnungsträgerei“ (Eduard David) ein. Die Kritiker übersahen jedoch meist die prekäre Machtgrundlage, auf der Hirsch zu operieren gezwungen war. Erst 1917, als die Fronten im Reich klar abgesteckt waren und der Parteivorstand eine Spaltung der Partei letztlich als unumgänglich ansah, gab nun auch Hirsch seine Zurückhaltung auf. Zu spät für viele Parteirechte, die ihm bereits damals das Etikett des führungsschwachen und wankelmütigen Politikers anhefteten.

Man mag an dieser Stelle fragen, weshalb die preußische SPD nicht bereits mit Ausbruch der Revolution im November 1918 Otto Braun zum Ministerpräsidenten auswählte – einen Mann, dem von späteren Historikern Durchsetzungsvermögen und Entschlossenheit attestiert wurde, mithin Eigenschaften, die nicht zuletzt viele Nachgeborene Hirsch absprechen zu müssen glaubten. Sicherlich besaß Braun als Chef des ostpreußischen Bezirksverbands, als langjähriger Hauptkassierer im Parteivorstand und Landtagsabgeordneter eine keineswegs unbedeutende Machtstellung in der Partei. Doch schienen nach dem Umsturz Qualitäten gefragt zu sein, über die nicht der zuweilen schroff auftretende Braun, sondern eben Hirsch verfügte. Die Fähigkeit zur Integration und zum Kompromiss wurde damals als wichtiger erachtet als die entschiedene Vertretung politischer Positionen und ein entschlossenes Durchregieren. Für die Zusammenarbeit mit den Unabhängigen schien Hirsch ohnehin geeigneter zu sein als ein Mann wie Braun, der aus seiner Geringschätzung und Verachtung gegenüber den Linken um Liebknecht und Ströbel keinen Hehl machte. Auch nach der Wahl zur preußischen Landesversammlung und der Bildung der Weimarer Koalition waren integrative Kompetenzen für ein erfolgreiches Regieren erforderlich. Der gut drei Jahre jüngere Braun gewann letztlich erst unter Hirsch als Landwirtschaftsminister im Kampf gegen den reformfeindlichen Großgrundbesitz seinen Ruf eines entschlossenen Landespolitikers.

Hirschs Amtsjahre als Ministerpräsident werden in der Forschung weitgehend negativ bewertet, seine Führungsdefizite betont, seine Nachgiebigkeit gegenüber den alten Funktionsträgern und seine Versäumnisse namentlich bei der Demokratisierung der Verwaltung kritisiert, die beim Kapp-Lüttwitz-Putsch im März 1920 offen zutage traten. Er bildet mithin die abstoßende Negativfolie, vor der sich der künftig durchsetzungsstarke Otto Braun historiographisch zu positionieren vermag. Doch die von den Zeitgenossen und Nachgeborenen vielfach beklagte Führungsschwäche war letztlich Folge der Rücksichtnahme auf die Koalitionspartner, auf USPD, später DDP und Zentrum, die die Kompromissfindung zu einem wichtigen politischen Entscheidungsmodus erhob. Auch die

Kriegsniederlage und die damit einhergehenden Probleme erlaubten keine großen Sprünge und beschränkten den ohnehin auf Landesebene nicht übermäßig großen Handlungsspielraum der damaligen Akteure. Darüber hinaus sollten Hirschs Leistungen nicht ausgeblendet werden, insbesondere bei der Fundierung der republikanischen Staatsordnung und der von ihm auf den Weg gebrachten Demokratisierung der Landes- und Gemeindeverfassung, der Bewahrung der von den separatistischen Bestrebungen bedrohten Einheit des Landes oder auch bei der Aufrechterhaltung der Ordnung und der Sicherstellung der Lebensmittel- und Energieversorgung. Seine politische Bilanz als Ministerpräsident war mithin keineswegs so negativ, wie dies manche Geschichtsbücher nahelegen mögen.

Mit seinen Stärken und seinen Schwächen war Hirsch in gewisser Weise auch repräsentativ für seine Partei, die davon überzeugt war, dass die Macht ihr nach dem in naher Zukunft zu erwartenden Zusammenbruch der kapitalistischen und monarchisch-obrigkeitsstaatlichen Ordnung fast wie von selbst zufliegen würde. Das Spannungsverhältnis von marxistischer Theorietradition und sozialreformerischer Praxis vermittelte zwar den sozialdemokratischen Wählern tagesaktuelle Politikangebote und eine Vision für eine bessere Zukunft, doch begünstigte sie letztlich auch einen politischen und gedanklichen Immobilismus. Der Glaube an eine selbsttragend evolutionäre Entwicklung zum Sozialismus führte dazu, dass die Partei zu lange keine Konzepte für die Zeit nach dem viel beschworenen „Kladderadatsch", d. h. dem Zusammenbruch der herrschenden Ordnung, glaubte ausarbeiten zu müssen. Weitgehend unvorbereitet übernahmen die Sozialdemokraten 1918 die Macht, ohne weitreichende Vorstellungen von einer Demokratisierung des Staatsgefüges und der Bewältigung der damit einhergehenden Probleme zu haben. Der Vorwurf der Führungsschwäche und mangelnden Durchsetzungsfähigkeit, der Hirsch von Zeitgenossen und dann vor allem von Nachgeborenen entgegengebracht wurde, geht mithin auch auf diese Ambivalenz von abstrakter Theorie und konkreter Programmatik und die damit für viele Handlungsfelder verbundene Konzeptionslosigkeit der SPD auf gesamtstaatlicher Ebene zurück.

Nach seinem Rücktritt im März 1920 wurde Hirsch von seiner Partei keineswegs aussortiert, sondern kam als Parlamentarischer Staatssekretär im Preußischen Wohlfahrtsministerium unter. Die Personaldecke der SPD war gemessen am großen Zuwachs an zu besetzenden Positionen letztlich zu dünn, als dass die Partei auf all jene Politiker hätte verzichten können, die im Winter 1918/19 an die Macht gelangt und wenige Jahre später wieder zurückgetreten waren. Aber weder sein Amt als Staatssekretär noch das als stellvertretender Bürgermeister Charlottenburgs schienen Hirsch hinlänglich ausfüllen zu können. Der Ruf aus Dortmund im Jahr 1925 kam ihm mithin sehr gelegen.

Auch wenn Hirsch nur den Posten eines Bürgermeisters, d. h. eines Stellvertreters des Oberbürgermeisters bekleidete, war sein Einfluss auf die Entwicklung der Westfalenmetropole doch beträchtlich. Als Fachmann für Eingemeindungsfragen und als Mitinitiator des Groß-Berlin-Gesetzes von 1920 vermochte er dank seiner Expertise, seiner politischen Verbindungen und Kontakte nach Berlin die Neugliederung des Dortmunder Raums in Berlin parlamentarisch zu begleiten und vor Ort umzusetzen. Dortmund verdankt seine heutige Größe und Gestalt nicht unwesentlich seinem damaligen sozialdemokratischen Bürgermeister. Auch Hirschs Verdienste bei der Pflege und Aufrechterhaltung des kulturellen Betriebs, nicht zuletzt des städtischen Theaters, das ohne Hirschs Engagement während der Weltwirtschaftskrise aus Kostengründen hätte geschlossen werden müssen, sollten hervorgehoben werden. Angesichts der Tatsache, dass kulturelle Fragen auch Statusfragen waren und angesichts der Rivalität Dortmunds mit Köln und Düsseldorf eine nicht zu vernachlässigende Rolle spielten, ist Hirschs Einsatz keineswegs gering zu veranschlagen. Umso mehr erstaunt es, dass Hirsch in der Erinnerungskultur der Stadt heute kaum eine Rolle spielt.

Hirsch war der erste und bis heute einzige jüdische bzw. jüdischstämmige Bürgermeister Dortmunds.[1] Aufgrund seiner herausgehobenen Position als führender Landes- und Kommunalpolitiker und seines konfessionellen Hintergrunds mochte es nicht überraschen, dass der Sozialdemokrat Hirsch nach der Ernennung Hitlers zum Reichskanzler 1933 ins Fadenkreuz der Nationalsozialisten geriet. Trotz seiner Verdienste stellte Dortmund die Zahlung seiner Pension ein und kam der Verpflichtung erst nach einem Rechtsstreit noch für ein Jahr nach. Diskriminiert, marginalisiert und verarmt beschloss Paul Hirsch 1940 in einem Judenhaus in Berlin sein Leben. Mit ihm starb ein Politiker, der bei all seinen Schwächen und Fehlern sich große Verdienste um ein demokratischer und sozialer gestaltetes Preußen, um Berlin und Dortmund erworben hatte.

1 https://www.schalom-dortmund.de/paul-hirsch.

Verzeichnis der verwendeten Quellen und Literatur

1. Archivalien

Archiv des Jüdischen Museums, Berlin
Sammlung Paul Hirsch

Archiv für soziale Demokratie, Bonn (AdsD)
NL Carl Severing
NL Wilhelm Dittmann
NL Hermann Müller
NL Adolph Köster
NL Paul Löbe
Sammlung Personalia, Nr. 4462

Bundesarchiv Koblenz (BArch Koblenz)
NL Albert Südekum, N 1190
NL Eugen Schiffer, N 1191

Bundesarchiv Berlin (BArch Berlin)
NL Konrad Haenisch, N 2104
NL Wolfgang Heine, N 2111
NL Paul Löbe, N 2178
R 43-I/378
R 43-I/2271
R 1501/207362
R 8034-III/200

Geheimes Staatsarchiv Preußischer Kulturbesitz, Berlin (GStA PK)
Rep. 77 – Preußisches Innenministerium
Rep. 90 – Preußisches Staatsministerium
Rep. 90 Annex A – Sitzungsprotokolle des Preußischen Staatsministeriums
Rep. 169 – Preußisches Abgeordnetenhaus
Nachlass Otto Braun

International Institute of Social History (IISH)

Otto Braun Papers
Albert Grzesinski Papers
Wilhelm Liebknecht Papers
Wolfgang Heine Papers

Hauptstaatsarchiv Stuttgart (HStA Stuttgart)

Bestand Q 1/2: Nachlass Conrad Haußmann

Landesarchiv Berlin

A Rep. 000-02-01
A Rep. 001-02
A Rep. 037-02, 037-08
A Pr. Br. Rep. 030
B Rep. 025-01

Landesarchiv Schleswig

Abt. 301 Nr. 2252

Leo Baeck Institute

Paul Hirsch Collection

Stadtarchiv Dortmund

Bestand 3, Lfd. Nr. 414
Bestand 3, Lfd. Nr. 2805
Bestand 3, Lfd. Nr. 4890
Bestand Nr. 500
Bestand 88, Lfd. Nr. 1
Bestand 89, Lfd. Nr. 2
Bestand 89, Lfd. Nr. 7
Bestand 3, Lfd. Nr. 2642
Bestand 3, Lfd. Nr. 2620
Bestand 111/01, Lfd. Nr. 21/1
Bestand 111/01, Lfd. Nr. 21/2
Bestand 111/01, Lfd. Nr. 21/3
Bestand 89, Lfd. Nr. 4
Nachlass Schücking

Stadtarchiv Prenzlau

Rep. 8, Nr. 97
Wohnungs-Anzeiger der Stadt Prenzlau 1866 ff.

Universitätsarchiv der Humboldt-Universität Berlin

AZ, 11. 12. 1893: Paul Hirsch
Studentenverzeichnisse SH 1888–WH 1893/94

2. Zeitungen und Zeitschriften

Badische Presse
Berliner Börsen-Zeitung
Berliner Tageblatt
Castroper Zeitung
Correspondenzblatt der Generalkommission der Gewerkschaften Deutschlands
Fränkische Tagespost
Der Volksfreund. Tageszeitung für das werktätige Volk Mittelbadens
Deutsche Allgemeine Zeitung
Dortmunder Zeitung
Die Freiheit bzw. Freiheit (Berlin)
Die Gemeinde
Gemeindepolitik
General-Anzeiger für Dortmund und die Provinz Westfalen
Die Gleichheit
Die Glocke
Hamburger Echo
Kölnische Zeitung
Kommunale Praxis
Leipziger Tageblatt und Handelszeitung
Leipziger Volkszeitung
Mitteilungsblatt des Verbandes der sozialdemokratischen Wahlvereine Berlins und Umgegend
National-Zeitung
Neue Preußische Zeitung
Die Neue Zeit
Niederrheinisches Tageblatt (Kempener Zeitung)
Ohligser Anzeiger

Rheinisches Volksblatt
Rote Erde, Bochum
Schwerter Zeitung
Siegener Volks-Zeitung
Solinger Tageblatt
Sozialdemokratischer Pressedienst
Der Sozialistische Akademiker
Sozialistische Monatshefte
Städtetag
Steglitzer Zeitung
Stuttgarter Neues Tagblatt
Tremonia
Volksblatt. Organ der Sozialdemokratischen Partei (Solingen)
Volkswacht. Organ der Sozialdemokratie für das östliche Westfalen und die lippischen Fürstentümer (nach 1918: lippische Freistaaten)
Volkswille (Münster)
Vorwärts. Berliner Volksblatt
Vossische Zeitung
Die Wählerin (Beilage des Vorwärts)
Welt am Montag
Weltwirtschafts-Zeitung
Westfälische Allgemeine Volkszeitung
Westfälischer Kämpfer

3. Literatur und gedruckte Dokumente

Akten der Reichskanzlei. Weimarer Republik. Das Kabinett Scheidemann: 13. Februar bis 20. Juni 1919. Bearb. Hagen Schulze, Boppard a. Rh. 1971.

Akten der Reichskanzlei. Weimarer Republik. Das Kabinett Bauer: 21. Juni 1919 bis 27. März 1920. Bearb. Anton Golecki, Boppard a. Rh. 1980.

Albertin, Lothar: Liberalismus und Demokratie am Anfang der Weimarer Republik. Eine vergleichende Analyse der Deutschen Demokratischen Partei und der Deutschen Volkspartei, Düsseldorf 1972.

Angermair, Elisabeth: Eduard Schmid 1861–1933. Ein sozialdemokratischer Bürgermeister in schwerer Zeit, München 2001.

Angress, Werner T.: Juden im politischen Leben der Revolutionszeit, in: Mosse/Paucker (Hg.), Deutsches Judentum in Krieg und Revolution, S. 137–316.

Apelt, Willibald: Geschichte der Weimarer Verfassung, München 1946.

Auernheimer, Gustav: „Genosse Herr Doktor". Zur Rolle von Akademikern in der deutschen Sozialdemokratie 1890 bis 1933, Gießen 1985.

Prinz Max von Baden: Erinnerungen und Dokumente. Hg. Golo Mann/Andreas Burckhardt, Stuttgart 1968.

Barkai, Abraham: Die Juden als sozio-ökonomische Minderheitsgruppe in der Weimarer Republik, in: Grab/Schoeps (Hg.): Juden in der Weimarer Republik, S. 330–346.

Bennathan, Esra: Die demographische und wirtschaftliche Struktur der Juden, in: Mosse/Paucker (Hg.): Entscheidungsjahr 1932, S. 87–131.

Berlit-Schwigon, Anna: Robert Leinert. Ein Leben für die Demokratie. Sozialdemokratische Politik in der Weimarer Republik, Hannover 2012.

Bernstein, Eduard: Die deutsche Revolution von 1918/19. Geschichte der Entstehung und ersten Arbeitsperiode der deutschen Republik (1921), Hg. und eingel. von Heinrich August Winkler, Bonn 1998.

Bey-Heard, Frauke: Hauptstadt und Staatsumwälzung. Berlin 1919. Problematik und Scheitern der Rätebewegung in der Berliner Kommunalverwaltung, Stuttgart 1969.

Bieber, Hans-Joachim: Gewerkschaften in Krieg und Revolution. Arbeiterbewegung, Industrie, Staat und Militär in Deutschland 1914–1920, 2 Bde., Hamburg 1981.

Biefang, Andreas: Parlamentarische Eliten in Preußen. Vom Preußischen Abgeordnetenhaus zum Preußischen Landtag 1913–1921, in: Dieter Dowe u. a. (Hg.), Parteien im Wandel. Vom Kaiserreich zur Weimarer Republik. Rekrutierung – Qualifizierung – Karrieren, München 1999, S. 211–228.

Bischof, Erwin: Rheinischer Separatismus 1918–1924. Hans Adam Dortens Rheinstaatsbestrebungen, Bern 1969.

Bloch, Max: Albert Südekum (1871–1944). Ein deutscher Sozialdemokrat zwischen Kaiserreich und Diktatur, Düsseldorf 2009.

Bohrmann, Hans: Die Dortmunder Presse in den 1920er Jahren, in: Günther Högl/Karl-Peter Ellerbrock (Hg.), Die 1920er Jahre. Dortmund zwischen Moderne und Krise (Sonderheft der Zeitschrift „Heimat Dortmund"), Dortmund 2012, S. 41–45.

Boldt, Hans: Deutsche Verfassungsgeschichte. Bd. 2: Von 1806 bis zur Gegenwart, München 1990.

Born, Karl Erich: Preußen im deutschen Kaiserreich 1871–1918. Führungsmacht des Reiches und Aufgehen im Reich, in: Handbuch der preußischen Geschichte. Hg. Wolfgang Neugebauer, Bd. 3: Vom Kaiserreich zum 20. Jahrhundert und große Themen der Geschichte Preußens, Berlin 2000, S. 15–148.

Brandenburg, Detlef: Stadttheater zwischen Provinz und Emanzipation. Zur Ideologiegeschichte einer deutschen Theaterform, in: 100 Jahre Theater Dortmund, S. 25–44.

Brandt, Peter: Die deutsche Revolution von 1918/19 – historischer Überblick und zusammenfassende Deutung, in: Zilkenat (Hg.), „... alle Macht den Räten!", S. 15–33.

Brandt, Peter/Lehnert, Detlef: „Mehr Demokratie wagen". Geschichte der Sozialdemokratie 1830–1920, Berlin 2013.

Braun, Adolf: Das Programm der Sozialdemokratie. Vorschläge für seine Erneuerung, Berlin 1920.

Braun, Adolf: Programmentwurf der Sozialdemokratischen Partei. Ein Kommentar, Stuttgart 1921.

Braun, Bernd: Die „Generation Ebert", in: Klaus Schönhoven/Bernd Braun (Hg.): Generationen in der Arbeiterbewegung, München 2005, S. 69–86.

Braun, Magnus Freiherr von: Von Ostpreußen bis Texas. Erlebnisse und zeitgeschichtliche Betrachtungen eines Ostdeutschen, Stollhamm (Oldenburg) ^{2}1955.

Braun, Otto: Von Weimar zu Hitler (1940), Hildesheim 1979.

Braune, Andreas u. a. (Hg.): Die USPD zwischen Sozialdemokratie und Kommunismus 1917–1922. Neue Wege zu Frieden, Demokratie und Sozialismus?, Stuttgart 2018.

Brecht, Arnold: Aus nächster Nähe. Lebenserinnerungen 1884–1927, Stuttgart 1966.

Brilling, Bernhard, Zur Geschichte der jüdischen Gemeinde in Prenzlau (1698–1942), in: Heimatkreis Prenzlau (Hg.), Prenzlau – Hauptstadt der Uckermark 1234–1984, Hamburg 1984, S. 167–182.

Büttner, Ursula: Weimar. Die überforderte Republik 1918–1933, Stuttgart 2008.

Carsten, Francis Ludwig: Eduard Bernstein (1850–1932). Eine politische Biographie, München 1993.

Charlottenburg. Teil 1: Die historische Stadt. Hg. Helmut Engel u. a., Berlin 1986.

Conze, Eckart: Die große Illusion. Versailles 1919 und die Neuordnung der Welt, München 2020.

Czitrich-Stahl, Holger: Arthur Stadthagen – Anwalt der Armen und Rechtslehrer der Arbeiterbewegung: Politische Biographie eines beinahe vergessenen sozialdemokratischen Juristen und Reichstagsabgeordneten, phil. Diss. Hagen 2014.

Dähnhardt, Dirk: Revolution in Kiel. Der Übergang vom Kaiserreich zur Weimarer Republik 1918/19, Neumünster 1978.

Deutscher Reichsanzeiger und Preußischer Staatsanzeiger, 1918 ff.

Dietrich, Christian: Im Schatten August Bebels. Sozialdemokratische Antisemitismusabwehr als Republikschutz 1918–1932, Göttingen 2021.

Dowe, Dieter/Klotzbach, Kurt (Hg.): Programmatische Dokumente der Deutschen Sozialdemokratie, Bonn [4]2004.

Dreyer, Michael: Hugo Preuß. Biographie eines Demokraten, Stuttgart 2018.

Echternkamp, Jörg: Das Dritte Reich. Diktatur, Volksgemeinschaft, Krieg, Berlin 2018.

Ehni, Hans-Peter: Bollwerk Preußen? Preußen-Regierung, Reich-Länder-Problem und Sozialdemokratie 1928–1932, Bonn/Bad Godesberg 1975.

Eichhorn, Emil: Eichhorn über die Januar-Ereignisse. Meine Tätigkeit im Berliner Polizeipräsidium und mein Anteil an den Januar-Ereignissen, Berlin 1919.

Eimers, Enno: Das Verhältnis von Preußen und Reich in den ersten Jahren der Weimarer Republik (1918–1923), Berlin 1969.

Elben, Wolfgang: Das Problem der Kontinuität in der deutschen Revolution. Die Politik der Staatssekretäre und der militärischen Führung vom November 1918 bis Februar 1919, Düsseldorf 1965.

Engel, Gerhard u. a. (Hg.): Groß-Berliner Arbeiter- und Soldatenräte in der Revolution 1918/19. Dokumente der Vollversammlung und des Vollzugsrates. 3 Bde., Berlin 1993–2003.

Engeli, Gustav: Gustav Böß. Oberbürgermeister von Berlin 1921 bis 1930, Stuttgart 1971.

Epstein, Klaus: Matthias Erzberger und das Dilemma der deutschen Demokratie, Frankfurt a. M. 1976.

Erbe, Michael: Berlin im Kaiserreich (1871–1918), in: Wolfgang Ribbe (Hg.), Geschichte Berlins, Bd. 2: Von der Märzrevolution bis zur Gegenwart, München 1987, S. 689–793.

Erdmann, Karl Dietrich: Adenauer in der Rheinlandpolitik nach dem Ersten Weltkrieg, Stuttgart 1966.

Erger, Johannes: Der Kapp-Lüttwitz-Putsch. Ein Beitrag zur deutschen Innenpolitik 1919/20, Düsseldorf 1967.

Erinnerungen und Dokumente von Joh. Victor Bredt 1914 bis 1933. Bearb. Martin Schumacher, Düsseldorf 1970.

Falter, Jürgen u. a.: Wahlen und Abstimmungen in der Weimarer Republik. Materialien zum Wahlverhalten 1919–1933, München 1986.

Faludi, Christian/Bartuschka, Marc (Hg.): „Engere Heimat“. Die Gründung des Landes Thüringen 1920, Wiesbaden 2020.

Faulenbach, Bernd/Högl, Günther (Hg.): Eine Partei in ihrer Region. Zur Geschichte der SPD im Westlichen Westfalen, Essen 1988.

Faulenbach, Bernd u. a. (Hg.), Sozialdemokratie im Wandel. Der Bezirk Westliches Westfalen 1893–2001, Essen [4]2001.

Feder, Ernst: Heute sprach ich mit ... Tagebücher eines Berliner Publizisten 1926–1932. Hg. Cécile Lowenthal-Hensel/Arnold Paucker, Stuttgart 1971.

Feldman, Gerald D.: Armee, Industrie und Arbeiterschaft in Deutschland 1914 bis 1918, Berlin 1985.

Fischart, Johannes (i.e. Erich Dombrowski): Das alte und das neue System. Die politischen Köpfe Deutschlands, Berlin 1919.

Fischart, Johannes (i.e. Erich Dombrowski): Das alte und das neue System. Neue Folge = Folge 2: Die Männer der Übergangszeit, Berlin 1920.

Forster, Bernhard: Adam Stegerwald (1874–1945). Christlich-nationaler Gewerkschafter, Zentrumspolitiker, Mitbegründer der Unionsparteien, Düsseldorf 2003.

Friedemann, Peter: Franz Klupsch (1874–1957). Organisator der Partei im Westlichen Westfalen, in: Faulenbach u. a. (Hg.), Sozialdemokratie im Wandel, S. 92 f.

Führer, Karl Christian: Mieter, Hausbesitzer, Staat und Wohnungsmarkt. Wohnungsmangel und Wohnungszwangswirtschaft in Deutschland 1914–1960, Stuttgart 1995.

Führer, Karl Christian: Carl Legien 1861–1920. Ein Gewerkschafter im Kampf um ein „möglichst gutes Leben" für alle Arbeiter, Essen 2010.

Fülberth, Georg: Konzeption und Praxis sozialdemokratischer Kommunalpolitik 1918–1933, Marburg 1984.

Fülberth, Georg: Die Beziehungen zwischen SPD und KPD in der Kommunalpolitik der Weimarer Periode 1918/19 bis 1933, Köln 1985.

75 Jahre Städtisches Theater in Dortmund 1904–79, Hg. Direktorium der Städtischen Bühnen Dortmund, Dortmund o. J. (1979).

Gellinek, Christian: Philipp Scheidemann. Eine biographische Skizze, Köln 1996.

Gerlach, Hellmut von: Von Rechts nach Links (1937). Mit einer Einleitung und einem Epilog von Emil Ludwig, Frankfurt a. M. 1987.

Giesecke, Hermann: Zur Schulpolitik der Sozialdemokraten in Preußen und im Reich 1918/19, in: Vierteljahresheft für Zeitgeschichte 13 (1965), Heft 2, S. 162–177.

Gietinger, Klaus: Kapp-Putsch. 1920 – Abwehrkämpfe – Rote Ruhrarmee, Stuttgart 2020.

Gillerman, Sharon: Deutsche Juden in der Weimarer Republik, in: Rossol/Ziemann (Hg.), Aufbruch und Abgründe, S. 647–676.

Golombek, Dieter: Die politische Vorgeschichte des Preußenkonkordats (1929), Mainz 1970.

Grab, Walter/Schoeps, Julius H. (Hg.): Juden in der Weimarer Republik. Skizzen und Porträts, Darmstadt [2]1998.

Graf, Rüdiger: Die Politik der reinen Vernunft – das Scheitern des linken Sozialdemokraten Heinrich Ströbel zwischen Utopie und Realpolitik, in: Andreas Wirsching/Jürgen Eder (Hg.), Vernunftrepublikanismus in der Weimarer Republik. Politik, Literatur, Wissenschaft, Stuttgart 2008, S. 131–155.

Grau, Bernhard: Kurt Eisner 1867–1919. Eine Biographie, München 2001.

Grebing, Helga: Jüdische Intellektuelle in der deutschen Arbeiterbewegung zwischen den beiden Weltkriegen, in: Archiv für Sozialgeschichte 37 (1997), S. 19–38.

Groh, Dieter: Negative Integration und revolutionärer Attentismus. Die deutsche Sozialdemokratie am Vorabend des Ersten Weltkrieges, Frankfurt a. M. 1973.

Groschopp, Horst (Hg.): „Los von der Kirche!" Adolph Hoffmann und die Staat-Kirche-Trennung in Deutschland, Aschaffenburg 2009.

Groschopp, Horst: Adolph Hoffmann aus heutiger Sicht, in: Ders. (Hg.), „Los von der Kirche!", S. 7–28.

Grünthal, Günther: Reichsschulgesetz und Zentrumspartei in der Weimarer Republik, Düsseldorf 1968.

Häußner, Werner: Das Dortmunder Theater 1904 bis 1944. Personen und Entwicklungen, in: 100 Jahre Theater Dortmund, S. 93–118.

Hamburger, Ernest: Juden im öffentlichen Leben Deutschlands. Regierungsmitglieder, Beamte und Parlamentarier in der monarchischen Zeit 1848–1918, Tübingen 1968.

Harsch, Donna: Der Sklarek-Skandal 1929 und die sozialdemokratische Reaktion, in: Heid/Paucker (Hg.), Juden und deutsche Arbeiterbewegung, S. 193–213.

Haupts, Leo: Deutsche Friedenspolitik 1918–19. Eine Alternative zur Machtpolitik des Ersten Weltkrieges, Düsseldorf 1976.

Haußmann, Conrad: Schlaglichter. Reichstagsbriefe und Aufzeichnungen. Hg. Ulrich Zeller, Frankfurt a. M. 1924.

Hecht, Cornelia: Deutsche Juden und Antisemitismus in der Weimarer Republik, Bonn 2003.

Heid, Ludger/Paucker, Arnold (Hg.): Juden und deutsche Arbeiterbewegung bis 1933. Soziale Utopien und religiös-kulturelle Traditionen, Tübingen 1992.

Heimann, Siegfried: Der Preußische Landtag 1899–1947. Eine politische Geschichte, Berlin 2011.

Hentschel, Volker: Geschichte der deutschen Sozialpolitik 1880–1980, Frankfurt a. M. 1983.

Heuss, Theodor: Erinnerungen 1905–1933, Tübingen ^{4}1963.

Hindenburg, Barbara von: Biographisches Handbuch der Abgeordneten des Preußischen Landtags. Verfassunggebende Preußische Landesversammlung und Preußischer Landtag 1919–1933, 4 Bände, Frankfurt a. M. 2017.

Hirsch, Paul: Geschichte der Arends'schen Stenographie. Nach authentischen Quellen bearbeitet, 2 Teile, Berlin 1894.

[Hirsch, Paul:] Freie stenographische Presse. Redigiert und hgg. von Paul Hirsch und Wilhelm Engelbrecht, Berlin 1894/95.

Hirsch, Paul: Unterrichts-Briefe für die Erlernung der Arendsschen Stenographie, Berlin 1897.

Hirsch, Paul: Verbrechen und Prostitution als soziale Krankheitserscheinungen, Berlin 1897.

Hirsch, Paul: Der Kampf gegen die Arbeiter-Koalitionen. Material zur Zuchthaus-Vorlage, Charlottenburg 1899.

Hirsch, Paul: Die Knebelung der Arbeiterklasse durch das preußische Junkerparlament, Berlin 1899.

Hirsch, Paul: Die Sozialdemokratie im Wahlkreise Teltow-Beeskow-Storkow-Charlottenburg. Auf Grund der amtlichen Statistik der Reichstagswahlen von 1890, 93 und 98, Charlottenburg 1899.

Hirsch, Paul: Die sociale Gesetzgebung im 19. Jahrhundert, Berlin 1901.

Hirsch, Paul: Die Sozialdemokratie im Wahlkreise Teltow-Beeskow-Storkow-Charlottenburg – Die Reichstags- und Landtagswahlen von 1903, Charlottenburg ^{2}1904.

Hirsch, Paul/Lindemann, Hugo: Das kommunale Wahlrecht, Berlin 1905.

Hirsch, Paul: Kommunale Wohnungspolitik, Berlin 1906.

Hirsch, Paul: Unter dem elendsten aller Wahlsysteme. Materialien zur Beurteilung der politischen Rechtlosigkeit der Arbeiterklasse in Preußen, Berlin 1906.

Hirsch, Paul/Borchardt, Bruno: Die Sozialdemokratie und die Wahlen zum deutschen Reichstage, Berlin 1907 (erw. Neuaufl. Berlin 1912).

Hirsch, Paul: 25 Jahre sozialdemokratischer Arbeit in der Gemeinde. Die Tätigkeit der Sozialdemokratie in der Berliner Stadtverordnetenversammlung. Auf Grund amtlicher Quellen geschildert, Berlin 1908.

Hirsch, Paul (Hg.): Der preußische Landtag. Handbuch für sozialdemokratische Landtagswähler, Berlin 1908.

Hirsch, Paul: Die Städteordnung für die sechs östlichen Provinzen der Preußischen Monarchie vom 30. Mai 1853, Berlin 1910.

Hirsch, Paul: Das Kommunal-Programm der Sozialdemokratie Preußens, Berlin 1911.

Hirsch, Paul: Die Sozialdemokratie, in: Paul Laband u. a. (Hg.), Handbuch der Politik, Bd. 2: Die Aufgaben der Politik, Berlin 1912, S. 43–54.

Hirsch, Paul: Gemeindeverfassung, in: Die Arbeiterschaft im neuen Deutschland, Hg. Friedrich Thimme/Carl Legien, Leipzig 1915, S. 68–80.

Hirsch, Paul: Kommunale Kriegsfürsorge, Berlin 1915.

Hirsch, Paul: Kriegsfürsorge in Berlin und Vororten, Berlin 1915.

Hirsch, Paul (Bearb.): Die Versorgung der Kriegsteilnehmer, ihrer Familien und ihrer Hinterbliebenen. Führer durch das Gesetz betr. die Unterstützung von Familien in den Dienst eingetretener Mannschaften (vom 28. Februar und 4. August 1914) durch das Mannschaftsversorgungs-Gesetz (Gesetz über die Versorgung der Personen der Unterklassen des Reichsheeres, der Kaiserlichen Marine und der Kaiserlichen Schutztruppen vom 31. Mai 1906 und 3. Juli 1913) durch das Militär-Hinterbliebenen-Gesetz (vom 17. Mai 1907) nebst den einschlägigen Bestimmungen der Reichsversicherungsordnung, Berlin 1915.

Hirsch, Paul: Städtische Wohnungs- und Bodenfragen im Kriege, in: Archiv für Sozialwissenschaft und Sozialpolitik 43 (1916/17), S. 808–840.

Hirsch, Paul: Aufgaben der deutschen Gemeindepolitik nach dem Kriege. Verfassungs- und Verwaltungsfragen, Finanzwesen, Armen- und Waisenpflege, Arbeitslosenfürsorge, Schul- und Bildungswesen, Berlin 1917.

Hirsch, Paul: Führer durch das preußische Wohnungsgesetz und das Bürgerschaftssicherungsgesetz vom 1. April 1918, Berlin 1918.

Hirsch, Paul: Für Republik und Demokratie! Gegen Reaktion und Terror!, Berlin 1919.

Hirsch, Paul: Gemeindesozialismus: Eine Kursusdisposition, Berlin 1920.

Hirsch, Paul: Gesetz über die Bildung einer neuen Stadtgemeinde Berlin. Vom 27. April 1920, Berlin 1920.

Hirsch, Paul: Kommunalpolitische Probleme. Vorträge an der Universität Berlin, Leipzig 1920.

Hirsch, Paul: Die Wohnungsfrage, in: Braun, Das Programm der Sozialdemokratie (1920), S. 146–156.

Hirsch, Paul: Die Aufgaben der Kommunalpolitik, Berlin 1921.

Hirsch, Paul: Die Verfassung des Freistaats Preußen vom 30. November 1920. Textausgabe und Register, Berlin 1921.

Hirsch, Paul: Die preußischen Wahlgesetze. Landeswahlgesetz nebst Landeswahlordnung, Gesetz betr. die Wahlen zu den Provinziallandtagen und zu den Kreistagen nebst Ausführungsbestimmungen, Berlin 1921.

Hirsch, Paul: Gemeindepolitik. Erläuterungen zum Görlitzer Programm, Berlin 1922.

Hirsch, Paul: Staat und Gemeinde, in: Victor Noack (Hg.), Taschenbuch für Kommunalpolitiker, Berlin 1922, S. 7–12.

Hirsch, Paul: Das neue Gemeindewahlgesetz für Preußen, Berlin 1924.

Hirsch, Paul: Sozialdemokratie, in: Handwörterbuch der Kommunalwissenschaften, Hg. Josef Brix u. a. Bd. 3: Kommunalpolitik der politischen Parteien – Staatsgeschäfte in den Gemeinden, Jena 1924, S. 29–35.

Hirsch, Paul: Groß-Dortmund, in: Die Heimat. Monatszeitschrift für Land, Volk und Kunst in Westfalen und Niederrhein, 10. Jg., Juni 1928, Nr. 6, S. 162–164.

Hirsch, Paul: Gesetz für die Wahlen zu den Provinziallandtagen und zu den Kreistagen vom 7. Oktober 1925 in der Fassung des Gesetzes vom 29. Oktober 1928, Berlin ^{2}1929.

Hirsch, Paul: Das preußische Gemeinde-Wahlgesetz, Berlin 1929.

Hirsch, Paul: Jastrow als Politiker, in: Sozialpolitische Studien. Festgabe für Ignaz Jastrow zum 70. Geburtstag, Hg. Carl Clodius, Berlin 1929, S. 1–14.

Hirsch, Paul: Kommentar zu den kommunalpolitischen Richtlinien der Sozialdemokratischen Partei Deutschlands, Berlin 1929 (mit einem Vorwort von Johannes Stelling).

Hirsch, Paul: Der Weg der Sozialdemokratie zur Macht in Preußen, Berlin 1929.

Hoebink, Hein: Kommunale Neugliederung im rheinisch-westfälischen Industriegebiet 1919–1929. Ziele und Aufgaben aus der Sicht der Staatsregierung, in: Kurt Düwell/Wolfgang Köllmann (Hg.), Rheinland-Westfalen im Industriezeitalter, Bd. 3: Vom Ende der Weimarer Republik bis zum Land Nordrhein-Westfalen, Wuppertal 1984, S. 51–61.

Högl, Günther: Das 20. Jahrhundert: Urbanität und Demokratie, in: Luntowski u. a., Geschichte der Stadt Dortmund, S. 353–506.

Högl, Günther: Die Sozialdemokratie im Bezirk Westliches Westfalen von 1893 bis 1918, in: Faulenbach u. a. (Hg.), Sozialdemokratie im Wandel, S. 38–52.

Hömig, Herbert: Das preußische Zentrum in der Weimarer Republik, Mainz 1979.

Hoff, Wilhelm: Erinnerungen aus Leben und Arbeit, Berlin 1931.

Hoffmann, Wolfgang: Aufgabe und Struktur der kommunalen Selbstverwaltung in der Zeit der Hochindustrialisierung, in: Deutsche Verwaltungsgeschichte, Hg. Kurt G. A. Jeserich u. a., Bd. 3: Das Deutsche Reich bis zum Ende der Monarchie, Stuttgart 1984, S. 578–644.

Huber, Ernst Rudolf: Dokumente zur deutschen Verfassungsgeschichte. Bd. 3: Dokumente der Novemberrevolution und der Weimarer Republik 1919–1933, Stuttgart 1966

Huber, Ernst Rudolf (Hg.): Dokumente zur deutschen Verfassungsgeschichte. Bd. 3: Deutsche Verfassungsdokumente 1900–1918, Stuttgart ^{3}1990.

Huber, Ernst Rudolf: Deutsche Verfassungsgeschichte seit 1789, Bd. 5: Weltkrieg, Revolution und Reichserneuerung 1914–1919, Nachdr. der 1. Aufl. Stuttgart 1992.

Huber, Ernst Rudolf: Deutsche Verfassungsgeschichte seit 1789, Bd. 6: Die Weimarer Reichsverfassung, Nachdr. der 1. Aufl. Stuttgart 1993.

100 Jahre Theater Dortmund. Rückblick und Ausblick, Hg. Theater Dortmund, Dortmund 2004.

Jaspers, Katrin/Reininghaus, Wilfried: Westfälisch-lippische Kandidaten der Januarwahlen 1919. Eine biographische Dokumentation, Münster 2020.

Jones, Mark: Am Anfang war Gewalt. Die deutsche Revolution 1918/19 und der Beginn der Weimarer Republik, Berlin 2017.

Kahlenberg, Friedrich P.: Großhessenpläne und Separatismus – das Problem der Zukunftsorientierung des Rhein-Main-Gebietes nach dem Ersten Weltkrieg (1918–1923), in: Geschichtliche Landeskunde, Bd. 5: Festschrift für Ludwig Petry, Teil 2, Wiesbaden 1969, S. 355–395.

Karnowsky, Renate: Paul Hirsch, ein preußischer Ministerpräsident aus Prenzlau, in: Prenzlau, Hauptstadt der Uckermark, 1234–1984. Ein bürgerliches Lesebuch. Hg. Heimatkreis Prenzlau, Prenzlau 1984, S. 301–321 (zitiert als Karnowsky, Paul Hirsch, ein preußischer Ministerpräsident).

Karnowsky, Renate: Paul Hirsch, in: Biographien bedeutender Dortmunder, Menschen in, aus und für Dortmund. Hg. Hans Bohrmann, Dortmund 1994, S. 41–43 (zitiert als Karnowsky, Hirsch).

Keil, Wilhelm: Erlebnisse eines Sozialdemokraten, 2 Bde., Stuttgart 1947.

Klein, Annika: Korruption und Korruptionsskandale in der Weimarer Republik, Göttingen 2014.

Knütter, Helmuth: Die Juden und die deutsche Linke in der Weimarer Republik 1918–1933, Düsseldorf 1971.

Knütter, Helmuth: Die Linksparteien, in: Mosse/Paucker (Hg.), Entscheidungsjahr 1932, S. 323–345.

Kocka, Jürgen: Klassengesellschaft im Krieg. Deutsche Sozialgeschichte 1914–1918, Göttingen 1973.

Köhler, Henning: Adenauer und die rheinische Republik. Der erste Anlauf 1918–1924, Opladen 1986.

Köhler, Henning: Berlin in der Weimarer Republik (1918–1932), in: Geschichte Berlins. Hg. Wolfgang Ribbe. Bd. 2: Von der Märzrevolution bis zur Gegenwart, München 1987, S. 797–923.

Köster, Gabriele u. a. (Hg.): Die Ära Beims in Magdeburg. Ein Oberbürgermeister als Wegbereiter der Moderne, Halle a. d. Saale 2021.

Kohn, Gerhard: Prenzlau, in: Diekmann, Irene (Hg.): Jüdisches Brandenburg – Geschichte und Gegenwart, Berlin 2008, S. 292–303.

Kolb, Eberhard: Die Arbeiterräte in der deutschen Innenpolitik 1918–1919, Düsseldorf 1962.

Kolb, Eberhard: Revolutionsbilder. 1918/19 im zeitgenössischen Bewusstsein und in der historischen Forschung, Heidelberg 1993.

Kolb, Eberhard: Der Frieden von Versailles, München 2019.

Koszyk, Kurt: Zwischen Kaiserreich und Diktatur. Die sozialdemokratische Presse von 1914 bis 1933, Heidelberg 1958.

Krapf, Manfred: Die letzten Bastionen? Die deutsche Sozialdemokratie in den Städten und Kreisen, Baden-Baden 2019.

Krause, Hartfrid: USPD. Zur Geschichte der Unabhängigen Sozialdemokratischen Partei Deutschlands, Frankfurt a. M. 1975.

Krause, Hartfrid: Die USPD 1917–1931. Spaltungen und Einheit, Münster 2021.

Das Kriegstagebuch des Reichstagsabgeordneten Eduard David 1914 bis 1918. Bearb. Erich Matthias u. a., Düsseldorf 1966.

Krimm, Konrad (Hg.): Der Wunschlose. Prinz Max von Baden und seine Welt, Stuttgart 2016.

Kühne, Thomas: Dreiklassenwahlrecht und Wahlkultur in Preußen 1867–1914. Landtagswahlen zwischen korporativer Tradition und politischem Massenmarkt, Düsseldorf 1994.

Kühne, Thomas: Handbuch der Wahlen zum Preußischen Abgeordnetenhaus 1867–1918. Wahlergebnisse, Wahlbündnisse und Wahlkandidaten, Düsseldorf 1994.

Leesch, Klaus: „Vorwärts" in „Die Neue Zeit". Die sozialdemokratische Presse im langen 19. Jahrhundert, Leipzig 2014.

Lehnert, Detlef: Die Weimarer Republik, Stuttgart ^{2}2009.

Lehnert, Detlef (Hg.): Hugo Preuß. Genealogie eines modernen Preußen, Köln 2011.

Lehnert, Detlef/Müller, Christoph (Hg.): Hugo Preuß. Gesammelte Schriften, 5 Bde., Tübingen 2007–2015.

Lehnert, Detlef (Hg.): Das pluralistische Staatsdenken von Hugo Preuß, Baden-Baden 2012.

Lehnert, Detlef (Hg.): Revolution 1918/19 in Norddeutschland, Berlin 2018.

Lehnert, Detlef (Hg.): Revolution 1918/19 in Preußen. Großstadtwege in der Demokratiegründung, Berlin 2019.

Lehnert, Detlef/Stalmann, Volker: Johannes Stelling 1877–1933. Sozialdemokrat in Opposition und Regierung: Hamburg – Lübeck – Schwerin – Berlin, Berlin 2021.

Lehnert, Detlef: Das SA-Mordopfer Johannes Stelling im demokratiegeschichtlichen Kontext, in: ZfG 69 (2021), Heft 1, S. 5–24.

Lehnert, Detlef: Friedrich Stampfer 1874–1957. Sozialdemokratischer Publizist und Politiker: Kaiserreich – Weimar – Exil – Bundesrepublik, Berlin 2022.

Lehnert, Detlef (Hg.): Konfliktdemokratie 1920. Politische, sozioökonomische und kulturelle Polarisierung in großstädtischer Tagespresse, Berlin 2022.

Lehnert, Detlef: Parteien-, Parlaments- und Regierungskonflikte im Reichstagswahljahr 1920, in: Ders. (Hg.), Konfliktdemokratie 1920, S. 155–240.

Lexikon deutsch-jüdischer Autoren. Hg. Archiv Bibliographia Judaica, 22 Bde., München 1992–2013.

Luntowski, Gustav: Kleine Geschichte des Rates der Stadt Dortmund, Dortmund 1970.

Luntowski, Gustav: Die kommunale Selbstverwaltung. Geschichte Dortmunds im 19. und 20. Jahrhundert. Bd. 1, Dortmund 1977.

Luntowski, Gustav u. a.: Geschichte der Stadt Dortmund. Hg. Stadtarchiv Dortmund, Dortmund 1994.

Luntowski, Gustav: Das Jahrhundert der Industrialisierung (1803 bis 1914), in: Luntowski u. a., Geschichte der Stadt Dortmund, S. 213–352.

Luxemburg, Rosa: Gesammelte Werke, Bd. 4., August 1914 bis Januar 1919, Berlin 1987.

Machtan, Lothar: Prinz Max von Baden. Der letzte Kanzler des Kaisers. Eine Biografie, Berlin 2013.

Malettke, Klaus: Hirsch, Paul, in: Neue Deutsche Biographie, Bd. 9, Berlin 1927, S. 217 f.

Malinowski, Stephan: Politische Skandale als Zerrspiegel der Demokratie. Die Fälle Barmat und Sklarek im Kalkül der Weimarer Rechten, in: Jahrbuch für Antisemitismusforschung 5 (1996), S. 46–64.

Mann, Bernhard: Biographisches Handbuch für das Preußische Abgeordnetenhaus 1867–1918, Düsseldorf 1988.

Mann, Bernhard: Die SPD und die preußischen Landtagswahlen 1893–1913, in: Gerhard A. Ritter/Elisabeth Müller-Luckner (Hg.), Der Aufstieg der deutschen Arbeiterbewegung. Sozialdemokratie und Freie Gewerkschaften im Parteiensystem und Sozialmilieu des Kaiserreichs, München 1990, S. 37–48.

Marcus, Paul: Das Preußische Ministerium für Volkswohlfahrt (1919–1932). Vorgeschichte, Geschäftskreis und Auflösung sowie seine Überlieferung im Geheimen Staatsarchiv Preußischer Kulturbesitz, in: Archivalische Zeitschrift 83 (2000), S. 93–137.

Matthias, Erich/Morsey, Rudolf (Bearb.): Die Regierung des Prinzen Max von Baden, Düsseldorf 1962.

Meyer, Oscar: Von Bismarck zu Hitler, Offenbach 1948.

Miller, Susanne: Burgfrieden und Klassenkampf. Die deutsche Sozialdemokratie im Ersten Weltkrieg, Düsseldorf 1974.

Miller, Susanne: Die Bürde der Macht. Die deutsche Sozialdemokratie 1918–1920, Düsseldorf 1978.

Miller, Susanne: Sozialdemokratische Oberbürgermeister in der Weimarer Republik, in: Klaus Schwabe (Hg.), Oberbürgermeister, Boppard 1981, S. 109–124.

Möller, Horst: Parlamentarismus in Preußen 1919–1932, Düsseldorf 1985.

Möller, Horst: Die Verwaltung in den Ländern des Reiches. Preußen, in: Deutsche Verwaltungsgeschichte. Hg. Kurt G.A. Jeserich u. a., Bd. 4: Das Reich als Republik und in der Zeit des Nationalsozialismus, Stuttgart 1985, S. 540–557.

Morsey, Rudolf: Die Deutsche Zentrumspartei 1917–1923, Düsseldorf 1966.

Morsey, Rudolf: Zeitgeschichte in Lebensbildern. Aus dem deutschen Katholizismus des 19. und 20. Jahrhunderts, Bd. 1, Mainz 1973.

Mosse, Werner/Paucker, Arnold (Hg.): Entscheidungsjahr 1932. Zur Judenfrage in der Endphase der Weimarer Republik, Tübingen 1965.

Mosse, Werner/Paucker, Arnold (Hg.), Deutsches Judentum in Krieg und Revolution 1916–1923. Ein Sammelband, Tübingen 1971.

Mühlhausen, Walter: Friedrich Ebert 1871–1925. Reichspräsident der Weimarer Republik, Bonn 2006.

Mühlhausen, Walter: „Das große Ganze im Auge behalten". Philipp Scheidemann. Oberbürgermeister von Kassel (1920–1925), Marburg 2011.

Müller, Guido: Weltpolitische Bildung und akademische Reform. Carl Heinrich Beckers Wissenschafts- und Hochschulpolitik 1908–1930, Köln 1991.

Müller, Hermann: Die Novemberrevolution. Erinnerungen, Berlin 1928.

Müller, Paul: Alexander Dominicus. Ein Lebensbild, Berlin 1957.

Na'aman, Shlomo: Die Judenfrage als Frage des Antisemitismus und des jüdischen Nationalismus in der klassischen Sozialdemokratie, in: Heid/Paucker (Hg.), Juden und deutsche Arbeiterbewegung, S. 43–58.

Nagel, Karl-Jürgen: Der Kreis Prenzlau und seine Landräte, in: Prenzlau, Hauptstadt der Uckermark, 1234–1984. Ein bürgerliches Lesebuch. Hg. Heimatkreis Prenzlau, Hamburg 1984, S. 221–248.

Neue Deutsche Biographie, 27 Bde., Berlin 1953–2020.

Niess, Wolfgang: Die Revolution von 1918/19 in der deutschen Geschichtsschreibung. Deutungen von der Weimarer Republik bis ins 21. Jahrhundert, Berlin 2013.

Nipperdey, Thomas: Deutsche Geschichte 1866–1918, Bd. 1: Arbeitswelt und Bürgergeist, München 1990.

Nipperdey, Thomas: Deutsche Geschichte 1866–1918, Bd. 2: Machtstaat vor der Demokratie, München 1992.

Nohlen, Dieter: Wahlrecht und Parteiensystem. Zur Theorie und Empirie der Wahlsysteme, Opladen [7]2014.

Noske, Gustav: Erlebtes aus Aufstieg und Niedergang einer Demokratie, Offenbach 1947.

Nowack, Hans: Das Werden von Groß-Berlin 1890–1920, Berlin 1953.

Orlow, Dietrich: Weimar Prussia 1918–1925. The Unlikely Rock of Democracy, Pittsburgh 1986.

Oschilewski, Walther G.: Zeitungen in Berlin. Im Spiegel der Jahrhunderte, Berlin 1975.

Patemann, Reinhard: Der Kampf um die preußische Wahlreform im Ersten Weltkrieg, Düsseldorf 1964.

Plate, August: Die Geschäftsordnung des Preußischen Abgeordnetenhauses, ihre Geschichte und ihre Anwendung. Unter Berücksichtigung der Geschäftsordnung und der Gewohnheiten des Deutschen Reichstages, Berlin 1903, ND London 2018.

Potthoff, Heinrich/Weber, Hermann (Hg.): Die SPD-Fraktion in der Nationalversammlung 1919–1920, Düsseldorf 1986.

Preußische Gesetzsammlung 1918 ff.

Protokoll über die Verhandlungen des Parteitages der Sozialdemokratischen Partei Deutschlands. Abgehalten zu Halle a. S. vom 12. bis 18. Oktober 1890, Berlin 1890.

– Abgehalten zu Gotha vom 11. bis 16. Oktober 1896, Berlin 1896.

– Abgehalten zu Hamburg vom 3. bis 9. Oktober 1897, Berlin 1897.

– Abgehalten zu Stuttgart vom 3. bis 8. Oktober 1898, Berlin 1898.

– Abgehalten in Magdeburg vom 18. bis 24. September 1910, Berlin 1910.

– Abgehalten in Kassel vom 10. bis 16. Oktober 1920, Berlin 1920.

– Abgehalten in Görlitz vom 18. bis 24. September 1921, Berlin 1921.

– Abgehalten in Heidelberg vom 13. bis 18. September 1925, Berlin 1925.

Protokolle der Sitzungen des Parteiausschusses der SPD 1912 bis 1921, inkl. Protokoll der Parteikonferenz in Weimar am 22. und 23. März 1919, Protokoll über die Verhandlungen der Reichskonferenz der SPD in Berlin am 5. und 6. Mai 1920. Nachdrucke. Hg. Dieter Dowe, mit einer Einleitung von Friedhelm Boll, 2 Bde., Berlin 1980.

Die Protokolle des Preußischen Staatsministeriums 1817–1934/38. Hg. Berlin-Brandenburgische Akademie der Wissenschaften unter der Leitung von Jürgen Kocka (Acta Borussica. Neue Folge, 1. Reihe).

Bd. 10: 14. Juli 1909 bis 11. November 1918, Bearb. Reinhold Zilch, Hildesheim 1999.

Bd. 11/I: 14. November 1918 bis 31. März 1925, Bearb. Gerhard Schulze, Hildesheim 2002.

Ranft, Norbert: Sozialdemokraten und Kommunalpolitik im Revier in der Zeit der Weimarer Republik, in: Faulenbach/Högl (Hg.), Eine Partei in ihrer Region, S. 88–95.

Rebentisch, Dieter: Die Selbstverwaltung in der Weimarer Republik, in: Günter Püttner (Hg.), Handbuch der kommunalen Wissenschaft und Praxis, Berlin [2]1981, Bd. 1, S. 86–100.

Rebentisch, Dieter: Programmatik und Praxis sozialdemokratischer Kommunalpolitik in der Weimarer Republik, in: Die alte Stadt. Vierteljahreszeitschrift für Stadtgeschichte, Stadtsoziologie, Denkmalpflege und Stadtentwicklung 12 (1985), S. 33–56.

Rebentisch, Dieter: Die deutsche Sozialdemokratie und die kommunale Selbstverwaltung. Ein Überblick über Programmdiskussion und Organisationsproblematik 1890–1975, in: Archiv für Sozialgeschichte 25 (1985), S. 1–78.

Reese, Dagmar: Skandal und Ressentiment. Das Beispiel des Berliner Sklarek-Skandals von 1929, in: Rolf Ebbinghausen/Sighard Neckel (Hg.), Anatomie des politischen Skandals, Frankfurt a. M. 1989, S. 374–395.

Die Regierung der Volksbeauftragten 1918/19. 2 Bde., eingel. von Erich Matthias, bearb. von Susanne Miller unter Mitwirkung von Heinrich Potthoff, Düsseldorf 1969.

Reichsgesetzblatt 1919 ff.

Die Reichstagsfraktion der deutschen Sozialdemokratie 1898 bis 1918. Bearb. Erich Matthias/Erich Pikart, Düsseldorf 1966.

Reimer, Klaus: Rheinlandfrage und Rheinlandbewegung (1918–1933). Ein Beitrag zur Geschichte der regionalistischen Bestrebungen in Deutschland, Frankfurt a. M. 1979.

Reulecke, Jürgen: Geschichte der Urbanisierung in Deutschland, Frankfurt a. M. 1985.

Ritter, Gerhard A./Miller, Susanne (Hg.), Die deutsche Revolution 1918/1919. Dokumente, Frankfurt a. M. [2]1983.

Ritter, Gerhard A./Niehuss, Merith: Wahlgeschichtliches Arbeitsbuch. Materialien zur Statistik des Kaiserreichs 1871–1918, München 1980.

Rossol, Nadine/Ziemann, Benjamin (Hg.): Aufbruch und Abgründe. Das Handbuch der Weimarer Republik, Darmstadt 2021.

Rürup, Reinhard: Die Revolution von 1918/19 in der deutschen Geschichte. Vortrag vor dem Gesprächskreis Geschichte der Friedrich-Ebert-Stiftung in Bonn am 4. November 1993, Bonn 1993.

Rürup, Reinhard: Jüdische Geschichte in Deutschland. Von der Emanzipation bis zur nationalsozialistischen Gewaltherrschaft, in: Blasius, Dirk/Diner, Dan (Hg.), Zerbrochene Geschichte. Leben und Selbstverständnis der Juden in Deutschland, Frankfurt a. M. 1993, S. 79–101.

Runge, Wolfgang: Politik und Beamtentum im Parteienstaat. Die Demokratisierung der politischen Beamten in Preußen zwischen 1918 bis 1933, Stuttgart 1965.

Saldern, Adelheid von: Die Gemeinde in Theorie und Praxis der deutschen Arbeiterorganisationen 1863–1920, in: IWK 12 (1976), S. 295–352.

Saldern, Adelheid von: Sozialdemokratische Kommunalpolitik in Wilhelminischer Zeit, in: Karl-Heinz Naßmacher (Hg.), Kommunalpolitik und Sozialdemokratie, Bonn-Bad Godesberg 1977, S. 18–63.

Saldern, Adelheid von: SPD und Kommunalpolitik im Deutschen Kaiserreich, in: Archiv für Kommunalwissenschaften 23 (1984), H. 2, S. 193–214.

Saldern, Adelheid von: Frühe sozialdemokratische Kommunalpolitik 1890–1933, in: Heinz Reif/Moritz Feichtinger (Hg.), Ernst Reuter. Kommunalpolitiker und Gesellschaftsreformer 1921–1953, Bonn 2009, S. 19–50.

Scheidemann, Philipp: Der Zusammenbruch, Berlin 1921.

Scheidemann, Philipp: Memoiren eines Sozialdemokraten, 2 Bde., Dresden 1928.

Schledorn, Uwe: Die westlich westfälische Sozialdemokratie in der Zeit der Weimarer Republik, in: Faulenbach u. a. (Hg.), Sozialdemokratie im Wandel, S. 78–91.

Schmersal, Helmut: Philipp Scheidemann 1865–1939. Ein vergessener Sozialdemokrat, Frankfurt a. M. 1999.

Schmidt, Michael: Adolph Hoffmann und die Trennung von Schule und Kirche in der Novemberrevolution, in: Groschopp (Hg.), „Los von der Kirche“, S. 109–127

Schneider, Hans: Die Parlamentarischen Staatssekretäre in Preußen 1919–1921, in: Festschrift für Ulrich Scheuner zum 70. Geburtstag. Hg. Horst Ehmke u. a., Berlin 1973, S. 563–574.

Schöler, Uli: Wie funktioniert innerparteiliche Demokratie? Die sozialdemokratische Debatte in der Endphase der Weimarer Republik, in: Detlef Lehnert (Hg.), Parteiendemokratie. Theorie und Praxis in Deutschland und Nachbarländern, Berlin 2020, S. 213–240.

Schönhoven, Klaus: Die Revolution von 1918/19 in Deutschland, in: Peter Wende (Hg.): Große Revolutionen in der Geschichte. Von der Frühzeit bis zur Gegenwart, München 2000, S. 208–224.

Schorske, Carl E.: Die große Spaltung. Die deutsche Sozialdemokratie 1905–1917, Berlin 1981.

Schröder, Wilhelm Heinz: „Genosse Herr Minister". Sozialdemokraten in den Reichs- oder Länderregierungen der Weimarer Republik 1918/19–1933, in: Historical Social Research 26 (4) 2001, S. 4–87.

Schröder, Wilhelm Heinz: Sozialdemokratische Parlamentarier in den deutschen Reichs- und Landtagen 1867–1933. Biographien, Chronik, Wahldokumentation, Düsseldorf 1995.

Schüren, Ulrich: Der Volksentscheid zur Fürstenenteignung 1926, Düsseldorf 1978.

Schütte, Dieter: Charlottenburg, Berlin 1988.

Schulz, Gerhard: Zwischen Demokratie und Diktatur. Verfassungspolitik und Reichsreform in der Weimarer Republik. 3 Bde., Berlin 1963–1992.

Schulze, Hagen: Otto Braun oder Preußens demokratische Sendung. Eine Biographie, Frankfurt a. M. 1977.

Schwarz, Hans-Peter: Adenauer, Bd. 1: Der Aufstieg: 1876–1952, Stuttgart ^{2}1986.

Spenkuch, Hartwin: Preußen – eine besondere Geschichte. Staat, Wirtschaft, Gesellschaft und Kultur 1648–1947, Göttingen 2019.

Spenkuch, Hartwin: Das Preußische Herrenhaus. Adel und Bürgertum in der Ersten Kammer des Landtages 1854–1918, Düsseldorf 1998.

Staatsgesetzblatt für den Staat Deutschösterreich 1919.

Stadtoberhäupter. Biographien Berliner Bürgermeister im 19. und 20. Jahrhundert, Hg. Wolfgang Ribbe, Berlin 1992.

Stalmann, Volker (Bearb.): Linksliberalismus in Preußen. Die Sitzungsprotokolle der preußischen Landtagsfraktion der DDP und DStP 1919–1932, 2 Bde., Düsseldorf 2009.

Stalmann, Volker (Bearb.): Bernhard Falk (1867–1944). Erinnerungen eines liberalen Politikers, Düsseldorf 2012.

Stalmann, Volker/Stehling, Jutta (Bearb.): Der Hamburger Arbeiter- und Soldatenrat 1918/19, Düsseldorf 2013.

Stalmann, Volker: Die Wiederentdeckung der Revolution von 1918/19. Forschungsstand und Forschungsperspektiven, in: ZfG 64 (2016), Heft 6, S. 521–541.

Stang, Joachim: Die Deutsche Demokratische Partei in Preußen 1918–1933, Düsseldorf 1994.

Stein, Adolf: Rumpelstilzchen. Bei mir – Berlin!, Berlin 1924.

Stenographische Berichte über die Verhandlungen des Preußischen Hauses der Abgeordneten 1908 ff.

Troeltsch, Ernst: Die Fehlgeburt einer Republik. Spektator in Berlin 1918 bis 1922. Zusammengestellt und mit einem Nachwort versehen von Johann Hinrich Claussen, Frankfurt a. M. 1994.

Trotnow, Helmut: Karl Liebknecht. Eine politische Biographie, Köln 1980.

Ullmann, Hans-Peter: Das Deutsche Kaiserreich 1871–1918, Frankfurt a. M. 1995.

Ullmann, Hans-Peter: Der deutsche Steuerstaat. Geschichte der öffentlichen Finanzen vom 18. Jahrhundert bis heute, München 2005.

Ullrich, Volker: Zwischen Zusammenbruch und Neubeginn: Die Revolution von 1918/19, in: Hans Sarkowicz (Hg.): Aufstände, Unruhen, Revolutionen. Zur Geschichte der Demokratie in Deutschland, Frankfurt a. M. 1998, S. 125–142.

Verhandlungen der Verfassunggebenden Deutschen Nationalversammlung 1919/20.

Verhandlungen des Deutschen Reichstags 1920 ff.

Vogels, Alois: Die preußische Verfassung, Berlin ^{2}1927.

Volkov, Shulamit: Antisemitismus als kultureller Code. Zehn Essays, München ^{2}2000.

Volkov, Shulamit: Die Juden in Deutschland 1780–1918, München ^{2}2000.

Vor die Tür gesetzt. Im Nationalsozialismus verfolgte Berliner Stadtverordnete und Magistratsmitglieder 1933–1945. Hg. Verein Aktives Museum, Berlin 2006.

Wachenheim, Hedwig: Vom Großbürgertum zur Sozialdemokratie. Memoiren einer Reformistin, Berlin 1973.

Weber, Hermann/Herbst, Andreas (Hg.): Deutsche Kommunisten. Biographisches Handbuch 1918 bis 1945, Berlin ^{2}2008.

Weigel, Bjoern: Sklarek-Skandal (1929), in: Wolfgang Benz (Hg.), Handbuch des Antisemitismus. Judenfeindschaft in Geschichte und Gegenwart. Band 4: Ereignisse, Dekrete, Kontroversen, Berlin 2011, S. 381–384.

Wein, Susanne: Antisemitismus im Reichstag. Judenfeindliche Sprache in Politik und Gesellschaft der Weimarer Republik, Frankfurt a. M. 2014.

Wein, Susanne/Ulmer, Martin: Antisemitismus in der Weimarer Republik, in: Rossol/Ziemann (Hg.), Aufbruch und Abgründe, S. 465–486.

Weipert, Axel: Die Zweite Revolution. Rätebewegung in Berlin 1919/1920, Berlin 2015.

Wette, Wolfram: Gustav Noske und die Revolution in Kiel 1918, Heide 2010.

Wieland, Lothar: „Wieder wie 1914!". Heinrich Ströbel (1869–1944). Biographie eines vergessenen Sozialdemokraten, Bremen 2009.

Wieser, Waldemar: Paul Hirsch – preußischer Ministerpräsident aus Prenzlau, in: Heimatkalender Prenzlau 2016, S. 83–90.

Wininger, Salomon: Große Jüdische National-Biographie, Bd. 3, Czernowitz 1928.

Winkler, Heinrich August: Von der Revolution zur Stabilisierung. Arbeiter und Arbeiterbewegung in der Weimarer Republik 1918 bis 1924, Berlin 1984.

Winkler, Heinrich August: Der Schein der Normalität. Arbeiter und Arbeiterbewegung in der Weimarer Republik 1924 bis 1930, Berlin 1985.

Winkler, Heinrich August: Der Weg in die Katastrophe. Arbeiter und Arbeiterbewegung in der Weimarer Republik 1930 bis 1933, Berlin 1987.

Winkler, Heinrich August: Weimar 1918–1933. Die Geschichte der ersten deutschen Demokratie, München [2]1994.

Winterfeld, Luise von: Geschichte der freien Reichs- und Hansestadt Dortmund, Dortmund [7]1981.

Der Zentralrat der Deutschen Sozialistischen Republik. 19. 12. 1918–8. 4. 1919. Vom ersten zum zweiten Rätekongress. Bearb. Eberhard Kolb unter Mitwirkung von Reinhard Rürup, Leiden 1968.

Zilkenat, Reiner (Hg.): „... alle Macht den Räten!" Die deutsche Revolution 1918/1919 und ihre Räte. Konferenzband zum Öffentlichen Symposium „Die Novemberrevolution und ihre Räte 1918/1919" am 9. Mai 2018 in Berlin-Marzahn, Berlin 2018.

Zimmermann, Moshe: Die deutschen Juden 1914–1945, München 1997.

Abkürzungsverzeichnis

AdsD	Archiv der sozialen Demokratie (Friedrich-Ebert-Stiftung)
BArch	Bundesarchiv
BT	Berliner Tageblatt
BVP	Bayerische Volkspartei
DAZ	Deutsche Allgemeine Zeitung
DDP	Deutsche Demokratische Partei
DNVP	Deutschnationale Volkspartei
DVP	Deutsche Volkspartei
Fn.	Fußnote
GAD	General-Anzeiger für Dortmund und die Provinz Westfalen
GStA	Geheimes Staatsarchiv (Berlin)
GWU	Geschichte in Wissenschaft und Unterricht
HStA	Hauptstaatsarchiv
HU	Humboldt-Universität
HZ	Historische Zeitschrift
IISH	International Institute of Social History
IWK	Internationale wissenschaftliche Korrespondenz zur Geschichte der deutschen Arbeiterbewegung
KP	Kommunale Praxis
KPD	Kommunistische Partei Deutschlands
LA	Landesarchiv (Berlin)
Lfd. Nr.	Laufende Nummer
MB	Mitteilungs-Blatt des Verbandes der sozialdemokratischen Wahlvereine Berlins und Umgegend
MdR	Mitglied des Reichstags
NDB	Neue Deutsche Biographie
NL	Nachlass
NSDAP	Nationalsozialistische Deutsche Arbeiterpartei
NZ	Die Neue Zeit
RGBl.	Reichsgesetzblatt
SA	Sturmabteilung
SAG	Sozialdemokratische Arbeitsgemeinschaft
SM	Sozialistische Monatshefte
Sp.	Spalte

SPD	Sozialdemokratische Partei Deutschlands
StBPAH	Stenographische Berichte des Preußischen Abgeordnetenhauses
StBPLT	Stenographische Berichte des Preußischen Landtags
StBPLV	Stenographische Berichte der Preußischen Landesversammlung
TOP	Tagesordnungspunkt
VZ	Vossische Zeitung
USPD	Unabhängige Sozialdemokratische Partei Deutschlands
WAV	Westfälische Allgemeine Volkszeitung
Welu	Luftverkehrs A.G. Westfalen
WK	Westfälischer Kämpfer
ZfG	Zeitschrift für Geschichtswissenschaft

Personenregister

HISTORISCHE DEMOKRATIEFORSCHUNG

Schriften der Hugo-Preuß-Stiftung und der Paul-Löbe-Stiftung

Herausgegeben von Detlef Lehnert

Band 23

DETLEF LEHNERT (Hg.)

Transnationale Demokratisierung in Europa

Von den Anfängen bis in die Gegenwart

2023 | ISBN: 978-3-86331-689-1 | 395 Seiten | 24,– €

Band 22

DETLEF LEHNERT (Hg.)

Konfliktdemokratie 1920

Politische, sozioökonomische und kulturelle Polarisierung in großstädtischer Tagespresse

2022 | ISBN: 978-3-86331-641-9 | 518 Seiten | 26,– €

Band 21

FRIEDRICH STAMPFER

Der Kampf um Deutschland

Exilschrift zu „Weimar“ und der NS-Katastrophe

Hg. und eingeleitet von Detlef Lehnert

2022 | ISBN: 978-3-86331-632-7 | 350 Seiten | 24,– €

Band 20

DETLEF LEHNERT

Friedrich Stampfer 1874–1957

Sozialdemokratischer Publizist und Politiker: Kaiserreich – Weimar – Exil – Bundesrepublik

2022 | ISBN: 978-3-86331-623-5 | 502 Seiten | 26,– €

HISTORISCHE DEMOKRATIEFORSCHUNG

Schriften der Hugo-Preuß-Stiftung und der Paul-Löbe-Stiftung

Herausgegeben von Detlef Lehnert

Band 19

DETLEF LEHNERT / VOLKER STALMANN

Johannes Stelling 1877–1933

Sozialdemokrat in Opposition
und Regierung: Hamburg –
Lübeck– Schwerin – Berlin

2021 | ISBN: 978-3-86331-567-2 | 394 Seiten | 24,– €

Band 18

DETLEF LEHNERT / CHRISTINA MORINA (Hg.)

Friedrich Engels und die Sozialdemokratie

Werke und Wirkungen eines Europäers

2020 | ISBN: 978-3-86331-554-2

335 Seiten | 24,– €

Band 17

DETLEF LEHNERT (Hg.)

Parteiendemokratie

Theorie und Praxis in Deutschland und Nachbarländern

2020 | ISBN: 978-3-86331-543-6

406 Seiten | 24,– €

HISTORISCHE DEMOKRATIEFORSCHUNG

Schriften der Hugo-Preuß-Stiftung und der Paul-Löbe-Stiftung

Herausgegeben von Detlef Lehnert

Band 16

DETLEF LEHNERT (Hg.)

Soziale Demokratie und Kapitalismus

Die Weimarer Republik im Vergleich

2019 | ISBN: 978-3-86331-489-7

334 Seiten | 24,– €

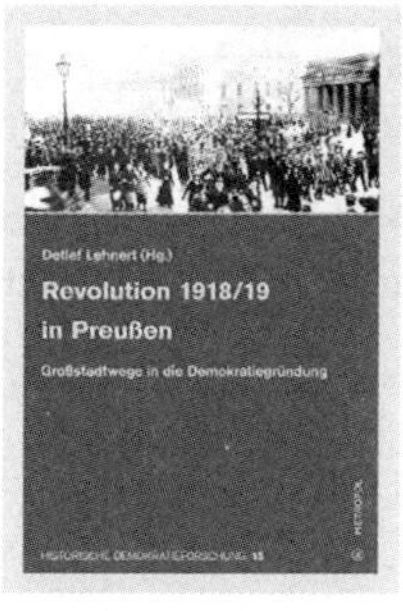

Band 15

DETLEF LEHNERT (Hg.)

Revolution 1918/19 in Preußen

Großstadtwege in die Demokratiegründung

2019 | ISBN: 978-3-86331-464-4

400 Seiten | 24,– €

Band 14

DETLEF LEHNERT (Hg.)

Wahl- und Stimmrechtskonflikte in Europa

Ursprünge – Neugestaltungen – Problemfelder

2018 | ISBN: 978-3-86331-440-8

327 Seiten | 24,– €

HISTORISCHE DEMOKRATIEFORSCHUNG

Schriften der Hugo-Preuß-Stiftung und der Paul-Löbe-Stiftung

Herausgegeben von Detlef Lehnert

Band 13

DETLEF LEHNERT (Hg.)

Revolution 1918/19 in Norddeutschland

2018 | ISBN: 978-3-86331-407-1

383 Seiten | 24,– €

Band 12

DETLEF LEHNERT (Hg.)

„Das deutsche Volk und die Politik"

Hugo Preuß und der Streit um „Sonderwege"

2017 | ISBN: 978-3-86331-365-4

365 Seiten | 24,– €

Band 11

DETLEF LEHNERT (Hg.)

Verfassungsdenker

Deutschland und Österreich 1870–1970

2017 | ISBN: 978-3-86331-350-0

360 Seiten | 24,– €